Erziehung in Wissenschaft und Praxis

Herausgeber: Andreas Flitner

6

Erziehung in früher Kindheit

Pädagogische, psychologische und psychoanalytische Texte, herausgegeben von

Günther Bittner
und
Edda Schmid-Cords

R. Piper & Co. Verlag
München

ISBN 3-492-01650-2
6. Auflage, 24.–26. Tausend 1976

Gesamtherstellung Clausen & Bosse, Leck/Schleswig
Umschlagentwurf Gerhard M. Hotop
Printed in Germany

Inhalt

IV. Die Erlebniswelt des Kleinkindes

V. Entwicklungskrisen

VI. Die Familie

VII. Kindergarten und Vorschul-Erziehung

Einleitung

von Günther Bittner

»Ich freue mich zu erfahren, daß Sie die Wichtigkeit der Erziehung auf der frühesten Lebensstufe anerkennen; die Bedeutung derselben wurde beinahe allgemein übersehen. Die menschenfreundlichen Bestrebungen, sowohl die vergangener Zeiten wie auch die heutigen, sind im allgemeinen auf die Vervollkommnung der Schule und deren mannigfaltige Unterrichtsarten gerichtet gewesen. Man wird von mir nicht erwarten, daß ich irgend etwas sage, das darauf hinausliefe, derartige Bemühungen in ihrem Werte herabzusetzen ... Aber ich kann Sie, mein lieber Freund, auf Grund der Erfahrungen von mehr als einem halben Jahrhundert und aus innerster Herzensüberzeugung, die auf dieser Erfahrung beruht, versichern, daß ich unsere Aufgabe nicht einmal als halb gelöst ansähe, daß ich nicht die Hälfte der Folgen für das wirkliche Wohlergehen der Menschheit erwartete, solange unser Verbesserungssystem der Ausdehnung auf die früheste Erziehungsstufe ermangelte.« [1]

Man wird kaum vermuten, daß diese Sätze vor hundertfünfzig Jahren geschrieben wurden. Sie stammen aus einem Brief, in dem Pestalozzi 1818 seinem englischen Freunde Greaves die Grundsätze seiner Erziehung erläuterte. Seine Feststellungen haben bis heute nichts von ihrer Gültigkeit verloren. Die frühkindliche Erziehung ist nach wie vor eines der am meisten vernachlässigten pädagogischen Gebiete geblieben.

An weit verstreuten Einsichten über die Bedeutung der frühen Kindheit und der Erziehung des kleinen Kindes hat es in der Geschichte der Pädagogik nicht gefehlt. Schon Comenius wies der frühesten Erziehung, der »Mutterschule«, wie er sie nannte, einen festen Platz in der Gesamtschule zu und entwarf eine erste systematisch konzipierte Theorie der frühkindlichen Erziehung, die allerdings noch ganz in seinem spekulativen System wurzelt. Die moderne Wende zum Kinde und zur Beachtung seiner

Eigenart wird erst mit Rousseau vollzogen. Ihm verdanken wir die Einsicht, daß jede Lebensphase ihren Eigenwert besitzt und ihrem inneren Gesetz gemäß durchlaufen werden muß, wenn die spätere Entwicklung glücken soll. Reich an Einsichten über die Bedeutung der frühen Kindheit ist das Werk Jean Pauls, ohne daß sich seine in ihrer Treffsicherheit überraschenden Vorwegnahmen moderner psychologischer und pädagogischer Ansichten nahtlos zu einer Erziehungslehre zusammenfügen ließen [2].

Den nachhaltigsten Einfluß auf die Gedanken zur Erziehung in der frühen Kindheit hatte Friedrich Fröbel. Er legte zum ersten Male eine systematisch geschlossene und zugleich der Eigenständigkeit der Altersstufe Rechnung tragende Theorie der frühkindlichen Erziehung vor und verwirklichte selbst seine Ideen in Gestalt des Kindergartens, der von ihm Namen und überdauernde Form erhielt. Fröbels pädagogisches System gründet sich einerseits auf eine lebendige und feinfühlige Erfassung der Eigenart des kindlichen Welterlebens und auf eine tiefe Ehrfurcht vor dem Eigengesetz der kindlichen Entwicklung. Doch auf der anderen Seite hat auch sein Gedankengebäude – wie zuvor die Systeme des Comenius und Rousseau – einen Zug zum Systematisch-Konstruierenden, Spekulativen. Bei Fröbel sind es Einflüsse romantischer Identitätsphilosophie, der Gedanke der Allbeseelung und die tiefe Sehnsucht nach Lebenseinigung, die das Bild des Kindes in einer ganz bestimmten Beleuchtung erscheinen lassen und die darüber hinaus seine Schlüsselstellung innerhalb des Fröbelschen Gedankensystems bestimmen.

Wie neuere Interpretationen gezeigt haben, kann man bei einer Auseinandersetzung um die von Fröbel geschaffene Erziehungsform nicht einfach von diesem Hintergrunde absehen und aus dem Konzept des Kindergartens, wie ihn Fröbel geschaffen hat, das herausnehmen, was einem gerade praktisch brauchbar erscheint [3]. Doch ist eine Fortentwicklung der Kindergartenidee in ihren geistigen Grundlagen – aus welchen Gründen auch immer – über Ansätze nicht hinausgekommen. Die Erziehungslehre Fröbels ist bis heute im wesentlichen das Fundament des Kindergartens geblieben. Bereichert wurde die Idee des Kindergartens zu Beginn dieses Jahrhunderts durch Anregungen aus der Reformpädagogik, vor allem aus der Kunsterziehungsbewegung mit ihrer hohen Wertschätzung des freien kindlichen Gestaltens. Andere Einflüsse reformpädagogischen Ursprungs wie die Montessori-Pädagogik konnten nach heftigen Kontroversen in den zwanziger Jahren von den konservativen Fröbelianern vom deutschen Kindergarten weithin ferngehalten werden [4].

Wenn die Diskussion um die frühkindliche Erziehung in den letzten Jahrzehnten ein wenig ins Stocken geraten ist, so mag dies mit darin begründet sein, daß der deutsche Kindergarten mit seinen Grundlagen bei Fröbel und der Kunsterziehungsbewegung eine relativ feste und bewährte Form gefunden hatte. Es wurde nicht als drängende Notwendigkeit empfunden, die Kleinkinderpädagogik grundsätzlich zu revidieren und an den Fortschritten der anthropologischen Wissenschaften stets wieder neu zu orientieren. Daher entwickelte sich die in den Seminaren gelehrte Kindergartenpädagogik in einer gewissen Selbstgenügsamkeit abseits der Entwicklung in der allgemeinen Erziehungswissenschaft.

Unser Auswahlband möchte dazu beitragen, die Pädagogik der frühen Kindheit in ihrer Verflochtenheit mit dem Fortgang der Erkenntnis in den verschiedenen Wissenschaften vom Kinde darzustellen. Besonders wichtig erscheint es uns, die Aufmerksamkeit auf drei Problemkreise zu lenken:

1. die Bedeutung, welche der frühen Kindheit im Gesamtzusammenhang des menschlichen Lebenslaufs zukommt;

2. die Bereicherung des Bildes von der frühen Kindheit um einzelne Züge und Betrachtungsweisen, die bislang vernachlässigt wurden;

3. die Analyse typischer Erziehungskonflikte und aktueller pädagogischer Probleme und Aufgaben in dieser Lebensphase.

1. Die Bedeutung der frühen Kindheit

Wenn auch manche der großen pädagogischen Denker auf die Bedeutung der frühesten Eindrücke des Kindes für sein späteres Leben hingewiesen haben, so beginnt die wissenschaftliche Entdeckung der frühen Kindheit doch erst um die Zeit der letzten Jahrhundertwende.

Nach den Vorarbeiten von W. Preyer und K. Groos haben vor allem das Ehepaar Stern, die Forscher der Wiener Schule (Karl und Charlotte Bühler, H. Hetzer) sowie in Amerika St. Hall und sein Schülerkreis über die Tatsachen der kindlichen Entwicklung vom frühesten Alter an ein beinahe unübersehbar reichhaltiges Material gesammelt. Doch beschränkten sich diese Forschungen im wesentlichen auf das Sammeln und Ordnen von Entwicklungstatsachen – die Frage nach der Entwicklungsbedeutung der frühkindlichen Erfahrungen im Gesamtzusammenhang des menschlichen Lebenslaufs wurde im Rahmen der allgemeinen entwicklungspsychologischen Forschung erst später und auch dann nur selten gestellt, am nachdrücklichsten wohl von Jean Piaget und einigen lerntheoretisch orientierten amerikanischen Entwicklungspsychologen[5].

Innerhalb der großen pädologischen Forschungs- und Interessenrichtung um die Jahrhundertwende hat sich vor allem die Psychoanalyse Sigmund Freuds speziell der Untersuchung der Zusammenhänge zwischen den Lebensschicksalen in der frühen Kindheit und der Struktur der späteren Erwachsenenpersönlichkeit gewidmet.

Freuds Interesse an diesem Gegenstand war ärztlicher Natur. Bei der Erforschung der Ursachen seelischer Erkrankungen und Fehlentwicklungen sah er sich immer wieder auf traumatische Erlebnisse seiner Patienten verwiesen, durch die das seelische Leiden verursacht worden war. Es sei bemerkenswert und verwunderlich, meint Freud, daß die Autoren, welche sich mit der Erklärung der Eigenschaften und Reaktionen des erwachsenen Individuums beschäftigen, der Erblichkeit so viel mehr Einfluß zugesprochen haben als der frühkindlichen Erfahrung. »Man sollte doch meinen, der Einfluß dieser Lebensperiode wäre leichter zu verstehen und hätte ein Anrecht, vor der Erblichkeit berücksichtigt zu werden.« »Es ist ja auch nicht möglich«, fügt er in einer Anmerkung noch hinzu, »den der Erblichkeit gebührenden Anteil richtig zu erkennen, ehe man den der Kindheit zugehörigen gewürdigt hat.«[6]

Während Freuds Hauptinteresse der Phase des sog. Ödipuskonflikts zwischen dem vierten und dem sechsten Lebensjahr galt – einer Zeit, die sich aus den Erinnerungen Erwachsener noch ohne allzu große Schwierigkeiten rekonstruieren läßt –, wandten sich mehrere seiner Schüler der Erforschung der allerfrühesten Kindheitsphasen zu. Vor allen anderen ist in diesem Zusammenhang René Spitz zu nennen, dessen auf direkten Beobachtungen von Säuglingen und Kleinkindern fußende Untersuchungen eine neue Phase der psychoanalytischen Erforschung des frühen Kindesalters eingeleitet haben. Bahnbrechend waren vor allem seine Hospitalismusstudien, die in diesem Auswahlband zum erstenmal in deutscher Sprache vorgelegt werden: Spitz konnte durch den Vergleich zweier Säuglingspflegeheime in eindrucksvoller Weise zeigen, wie sehr das Neugeborene auf Ansprache und menschlichen Kontakt angewiesen ist, um sich gesund zu entwickeln[7]. Diese klassischen Studien von Spitz haben in methodischer Hinsicht zu mancherlei Diskussionen Anlaß gegeben[8], doch sind die Ergebnisse inhaltlich durch spätere Untersuchungen und klinische Beobachtungen von Forschern verschiedener psychologischer und medizinischer Schulrichtungen (Bowlby, Dennis, Meierhofer-Keller, Nitschke) eindrucksvoll bestätigt worden[9].

Einen anderen Weg zur Erhellung der frühesten Lebensstadien hat die englische psychoanalytische Schule (M. Balint, M. Klein, W. D. Winnicott) eingeschlagen[10]. Dieser Weg ist rekonstruktiv-analytisch: Auch die Beobachtung an erwachsenen Patienten läßt Rückschlüsse auf die Bedeutung der frühesten Lebensstadien zu, selbst wenn diese nicht mehr durch Erinnerungen der Patienten in allen Einzelheiten zu bestätigen sind.

Die These von der entscheidenden Bedeutung der frühen Kindheit für die Entwicklung der menschlichen Persönlichkeit hat in jüngerer Zeit Unterstützung durch die Ergebnisse biologischer und kulturvergleichend-soziologischer Forschungen gefunden[11]. Die philosophische und pädagogische Anthropologie der Gegenwart hat begonnen, sich der Bedeutung der frühen Kindheit zu vergewissern[12]. Reservierter blieb bis heute die akademische Entwicklungspsychologie, die stärker dazu neigt, den vorläufigen, wandelbaren und korrigierbaren Charakter der frühkindlichen Erfahrungen zu betonen[13].

Die Erziehungspraxis kann nicht warten, bis der Streit der Gelehrten über die Bedeutung der frühen Kindheit in allen Einzelheiten ausgetragen ist. Erzieherisches Handeln vollzieht sich zumeist in einer gewissen »Unentschiedenheit der anthropologischen Voraussetzungen« (Schleiermacher). Über die prägende Bedeutung der frühkindlichen Erfahrungen liegt jedenfalls bereits so viel schlüssiges Beweismaterial vor, daß es geraten erscheint, die frühe Kindheit stärker als bisher in den Umkreis pädagogischer Reflexion und Planung einzubeziehen. Die Erziehungswissenschaft könnte dann von sich aus zur Klärung der noch offenen Sachfragen mit eigenen Forschungen beitragen.

2. Bereicherung des Bildes von der frühen Kindheit

Die meisten Erzieher, die beruflich mit kleinen Kindern zu tun haben, eignen sich ihre kinderpsychologischen Kenntnisse aus dem einen oder anderen der gängigen entwicklungspsychologischen Lehrbücher an. Unsere Textauswahl will das dort gebotene Bild von der frühen Kindheit teils ergänzen, teils korrigieren.

Ergänzen im Hinblick auf Erscheinungen des kindlichen Lebens, die bei der Fülle des darzustellenden Stoffes in den entwicklungspsychologischen Lehrbüchern meist zu kurz kommen: zum Beispiel die Entwicklung der Wahrnehmungsfunktionen beim kleinen Kinde[14], die Angst des Kindes[15]. Dazu kommen weitere Phänomene des Kinderlebens, die oft übersehen werden, weil sie sich der objektivierenden Beobachtung entziehen und nur dem intimen Mitleben des Erwachsenen mit dem Kinde erschließen. Dazu gehört der gesamte Bereich der kindlichen Phantasien[16].

Doch geht es nicht in erster Linie darum, weniger bekannte Erscheinungen des Kinderlebens einfach als Tatsachen zu präsentieren. Zugleich soll an den ausgewählten Phänomenen und ihrer Behandlung durch die zitierten Autoren deutlich werden, was diese Phänomene für die Entwicklung, für den Aufbau der reifenden Persönlichkeit bedeuten. Die Frage nach dem Sinn der kindlichen Lebensäußerungen im biographischen Zusammenhang ist von der wissenschaftlichen Kinderpsychologie – wohl aus der Befürchtung heraus, mit solchen Deutungen in unwissenschaftliches Spekulieren zu geraten – allzusehr in den Hintergrund gedrängt worden. Die Pädagogik kann auf die Bedeutungsfrage jedoch nicht verzichten. Wenn wir nach dem Sinn einer Lebensäußerung im anthropologischen und biographischen Zusammenhang fragen, so liegt uns doch jener platte Finalismus fern, der meint, den »Entwicklungssinn« jeder kindlichen Lebensäußerung präzis ermitteln und formulieren zu können[17]. Vielmehr sind die einzelnen Phänomene der kindlichen Entwicklung vom Lebenszusammenhang im ganzen, von den künftig sich erschließenden Daseinshorizonten her, zu bedenken. Freud hat dies in seinem Aufsatz ›Über infantile Sexualtheorien‹ getan; Langevelds Arbeit ›Das Ding in der Welt des Kindes‹ hätte als Gegenstück in diesen Band aufgenommen werden sollen, was jedoch aus äußeren Gründen nicht möglich war[18]. In einem eigenen Aufsatz hat der Herausgeber versucht, die Bedeutung des Kinderspielzeugs in pädagogisch-anthropologischen Zusammenhängen zu erörtern[19].

Ein letzter, wichtiger Punkt der Korrektur vor allem an den deutschsprachigen Lehrbüchern der Entwicklungspsychologie: Entwicklung wird in diesen Werken[20] als etwas letzthin Gegebenes aufgefaßt, dem sich die Erziehung mit ihren Maßnahmen anzuschließen habe. Uns liegt daran, diese Vorstellung von Entwicklung als einem biologisch festgelegten, organismischen Entfaltungsprozeß durch eine andere zu ersetzen: Entwicklung als Funktion der Gesamtsituation, als abhängige Variable, die durch biologische Determinanten, durch das kulturelle und erzieherische

Umfeld, durch die eigene Entdeckungsleistung des Kindes, durch seine Lebensgeschichte, Erinnerungen, Eindrücke, später auch eigene Phantasien und Zukunftspläne in einem von Fall zu Fall neu zu ermittelnden Verhältnis der Kräfte bestimmt wird [21]. Der Veranschaulichung dieses Sachverhalts, der in der amerikanischen Literatur weit größere Beachtung gefunden hat als bei uns [22], dienen die Studien über die Kindheit in fremden Kulturen, die in diesen Band aufgenommen wurden [23].

3. Praxis und Theorie der Kleinkindererziehung

Lange Zeit war die Erziehung des Kleinkindes – die Familienerziehung wie auch die Erziehung im Kindergarten – kein wesentlicher Gegenstand pädagogischen und psychologischen Interesses. Zuerst verlor die Familienerziehung ihren traditionsgeleiteten Charakter: Es entstand eine Vielzahl von Elternbüchern verschiedensten Niveaus und unterschiedlichster Provenienz, die Ratschläge und Anweisungen für die zunehmend unsicherer gewordenen Eltern bei der Erziehung ihrer Kinder enthielten.

Bücher mit pädagogischen Ratschlägen können der Erziehungspraxis nur einen begrenzten Dienst leisten. Sie kümmern sich nicht darum, ob der Leser die Ratschläge in seinem Lebenskreis, mit seinen individuellen Voraussetzungen usw. sinnvoll zu realisieren vermag. Sie erschließen auch nur ungenügend den Bedeutungszusammenhang, innerhalb dessen die empfohlenen erzieherischen Maßnahmen sinnvoll werden. Sie vergewissern sich weder wissenschaftlich-kritisch der vorgefundenen pädagogischen Tatsachen, noch reflektieren sie über die stillschweigend vorausgesetzte Theorie, die den Ratschlägen zugrunde liegt. Der Beitrag von Th. Schulze analysiert die Leitvorstellungen und Theorien, die einigen der bei uns am meisten verbreiteten Elternbücher zugrunde liegen [24].

Unsere Auswahl von Aufsätzen zur Familienerziehung und zu einzelnen kritischen pädagogischen Situationen in früher Kindheit will zeigen, daß auch für den Bereich der Familie die naive Form der Praxisanleitung in Gestalt eines gedruckten Ratgebers überwunden werden kann, daß es auch in diesem Bereich möglich ist, Bedingungszusammenhänge erzieherischen Verhaltens aufzuweisen und pädagogische Standpunkte zu reflektieren. Besondere Bedeutung kommt dabei dem Problemkreis der frühesten Mutter-Kind-Beziehung zu [25].

Erst in jüngster Zeit ist die Diskussion um den Kindergarten zu neuem

Leben erwacht. Dies ist vor allem der wissenschaftlichen und publizistischen Aktivität von H. R. Lückert zu danken, der, gestützt auf amerikanische Untersuchungen, nachweisen konnte, daß bereits das zwei- bis dreijährige Kind eine große Lernfähigkeit und Lernbereitschaft mitbringt, die es ohne weiteres befähigt, in diesem Alter das Lesen – jedenfalls als Worterkennen – und andere Kulturtechniken zu erlernen. Diese Phase gesteigerter Lernbereitschaft, so meint Lückert, werde im derzeitigen Kindergarten ungenutzt vertan.

Die Antwort der Kindergartenpädagogik ließ nicht lange auf sich warten: Daß man zwei- bis dreijährigen Kindern Lesen beibringen *könne*, sei durch die von Lückert herangezogenen amerikanischen Untersuchungen zwar erwiesen – doch ob man das auch tun *solle*, sei eine andere Frage. Erika Hoffmann gibt in ihrer Antwort an Lückert zu bedenken, daß viele Hinweise von psychologischer, speziell von tiefenpsychologischer Seite vorlägen, welche annehmen ließen, daß der Spielphase der frühen Kindheit, die noch nicht durch zweckhaftes Lernen eingeengt sei, wesentliche Bedeutung für den Aufbau der kindlichen Persönlichkeit zukomme.

In den ersten Lebensjahren geht es nicht darum, sich bestimmte Kulturtechniken anzueignen und damit den Altersgenossen beim Kampf um die sozialen Aufstiegschancen um eine Nasenlänge vorauszusein, sondern darum, jene grundlegenden Persönlichkeitsdispositionen zu erwerben, die eine spätere erfolgreiche Teilnahme am Leben der Gesellschaft überhaupt erst ermöglichen. Nicht das Erlernen von Kulturtechniken, sondern die *basale* Sozialisation und Personalisation des Kindes scheint die sinnvolle pädagogische Aufgabe zu sein, die sich für die Erziehung in den ersten Lebensjahren stellt [26].

An den Thesen von Lückert wird erneut deutlich, welche Schwierigkeiten sich der Verwendung empirischer Ergebnisse in der pädagogischen Argumentation zur Zeit noch entgegenstellen. Die Erziehungswissenschaft kann sich solchen Ergebnissen heute nicht mehr verschließen; sie kann sich jedoch auch nicht durch bestechende, oftmals aus dem Zusammenhang der Forschung gerissene Einzelergebnisse von ihrer eigenen Fragestellung abbringen lassen. Die pädagogische Theorie hat in der Konfrontation mit den Ergebnissen der empirischen Nachbarwissenschaften eine neue Art des Argumentierens entwickeln müssen.

Die Aufsätze im letzten Teil des vorliegenden Bandes suchen die Entwicklungsstadien pädagogischer Theoriebildung im Hinblick auf den Kindergarten zu dokumentieren. Der Aufsatz von Elisabeth Blochmann zeigt noch den Duktus einer in sich geschlossenen pädagogischen Theorie. Erika Hoffmanns Beitrag setzt sich mit neuen Problemen auseinander, welche sich durch die Entwicklung von Kindergarten, Schule und Familienumwelt in den letzten Jahrzehnten gestellt haben. Die Studie von Andreas Flitner mag als Beispiel für einen Typus pädagogischer Argumentation stehen, wie ihn die heutige Situation in den Humanwissenschaften nahelegt. Pädagogische Gedankengänge werden in der Auseinandersetzung mit dem Forschungsstand in den psychologischen und soziologischen Nachbardisziplinen entwickelt. Die Realisierbarkeit pädagogischer Vorstellungen wird immer wieder neu am Stande des empirisch gesicherten Tatsachenwissens überprüft. Zugleich aber wird ein spezifisch pädagogischer Beitrag zur Diskussion geleistet: Keine der Nachbardisziplinen kann es der Erziehungswissenschaft abnehmen, die Erziehungsaufgaben angesichts der vorgefundenen psychologischen und sozialen Gegebenheiten zu formulieren [27].

Auch in der Erziehung des Kleinkindes scheint die Periode des naiven Traditions- und Prinzipiendenkens abgelaufen zu sein. Für die Erziehung in der frühen Kindheit, dieser grundlegend bedeutsamen Lebensphase, können erzieherische Intuition und pädagogische Kunstlehren »aus der Praxis für die Praxis« allein nicht mehr genügen. Eltern, Kindergärtnerinnen, Jugendleiterinnen und allen, die es mit kleinen Kindern zu tun haben, bei der Suche nach einem neuen, vertieften Verständnis ihrer erzieherischen Aufgaben zu helfen mag der entscheidende Dienst sein, den die Erziehungswissenschaft der pädagogischen Praxis in Familie und Kindergarten zum gegenwärtigen Zeitpunkt leisten kann.

I. Die Bedeutung der frühen Kindheit

Erika Hoffmann

Die Bedeutung der Erziehung des Kleinkindes

Es ist nützlich, sich klarzumachen, daß es immer Kinder gegeben hat, daß aber eine Kindheit, ein inneres und äußeres Land der Kindheit, ein Ergebnis der Differenzierung des Menschen ist. Der Mensch ist anders geworden, und die deutliche Trennung von kindlichem und erwachsenem Sein ist eine Folge dieser Änderung. Wir finden heute noch Menschengruppen, die wir primitiv nennen – was durchaus ohne Wertung geschieht und nur heißt, daß diese Menschengruppen noch an einem Anfang stehen, demgegenüber wir einen langen Weg zurückgelegt haben. In solchem primitiven Leben stehen Erwachsene und Kinder sich sehr nahe, und man könnte ebensogut sagen: dort sind die Kinder kleine Erwachsene – wie: jene Erwachsenen sind noch kindhaft. Jedenfalls teilen die Kinder in solcher anfänglicher Lebensweise das einfache Leben der Erwachsenen und sind überall dabei. Im Heranwachsen erfahren sie alles, was sie wissen müssen, um zur gegebenen Zeit ihr Leben selbständig und verantwortlich zu führen. Wenn solche Gruppen Sitte, Tradition und Brauch entwikkeln, muß es auch über das alltägliche Leben, das im Zuschauen und Nachahmen übernommen wird, hinaus Mitteilungsformen dessen geben, was in der Vergangenheit so gewesen ist, daß es eine Verpflichtung an die Zukunft einschließt. So entsteht Geschichte. Das beginnt sehr früh, schon in den Verhältnissen, die wir primitiv nennen. Es geschieht dann etwa in Form von Einführungsriten für die Jünglinge, also in der letzten Lebensstufe vor dem Eintritt in das verantwortliche Mittragen der Stammestradition. Das ist eine der ersten pädagogischen Formen.

Wenn wir nach der pädagogischen Bedeutung der frühen Kindheit fragen, sind wir am Ende eines langen Weges angelangt. Viele Jahrhunderte lang hat man sich damit begnügt, Kinder in besonderen Instituten, den Schulen, zu belehren über die Vergangenheit und sie vorzubereiten für ihre

Zukunft. Die weitere Erziehung überließ man der Familie, und bis zum Eintritt in die Schule überließ man der Familie das Kind ganz.

Seit 125 Jahren gibt es den Kindergarten, eine Institution für die Erziehung der Drei- bis Sechsjährigen – mit dem Auftrag, die Familienerziehung zu ergänzen. Es ist gemeint, daß auch die beste und heilste Familie Werte solcher Ergänzung nötig habe. Die Einsicht, daß es so ist und die Familie deshalb nicht gekränkt zu sein braucht, setzt sich erst in unseren Jahren durch. Es klärt sich nämlich zugleich der unveräußerliche Anteil, den die Familie in der Erziehung zu leisten hat, den sie immer schon geleistet hat, ohne daß man dem Wort und Begriff gegeben hätte. Ehe wir näher darauf eingehen, wollen wir uns dem ersten Lebensabschnitt zuwenden, dem von 0 bis 3. Erst wenn wir fragen, in welcher Weise dieses Alter pädagogisch bedeutsam ist, sind wir am Ende des Weges angekommen, auf dem vom Jünglingsalter her immer weiter auf den Anfang des Lebens zu nach pädagogischer Verantwortlichkeit gefragt wird.

Vom ersten dummen Vierteljahr spricht man nicht mehr, und auch die Meinung ist überholt, junge Mütter könnten, solange das Kind noch klein sei, es ruhig anderen pflegenden Händen überlassen, es merke noch nichts davon.

Aus verschiedenen Wissenschaften wächst uns sicheres Wissen über die Entwicklung in den ersten Lebensjahren zu. Biologie, Psychologie, Soziologie befassen sich mit dem Anfang des Menschseins – die Pädagogik muß die Ergebnisse der Einzelwissenschaften verarbeiten und zu eigenen Fragestellungen und Lösungsversuchen kommen. Ganz allgemein bekannt ist die Deutung der frühesten Lebenszeit geworden, die der Biologe Portmann gegeben hat: das erste Lebensjahr sei biologisch gesehen noch Embryonalzeit, die menschliche Geburt nach neun Monaten sei eine Frühgeburt. Dieser Kunstgriff komme in der Natur öfters vor, und zwar immer, um eine höhere Entwicklung einzuleiten. Vergleichsweise läßt sich der Unterschied von Nestflüchtern und Nesthockern bei den Vögeln heranziehen. Die Nestflüchter verlassen das Ei »fertiger« und können nach wenigen Stunden sich selbst bewegen. Die Nesthocker sind unfertiger und bedürfen einer aufopfernden Brutpflege im Nest. Die Nesthocker sind die höherentwickelten Vögel. Im Vergleich zu den hochentwickelten Säugetieren ist nun das menschliche Kind auch körperlich viel unfertiger und deshalb von eigengesteuerter Entwicklung zurückgehalten. Portmann spricht davon, daß das Kind in einem sozialen Mutterschoß eingeordnet leben müsse. Und er deutet, es geschehe in dieser Zeit eine seelisch-geistige Formung, ehe das Kind sich mit Eigenkraft an die Eroberung der Umwelt mache. Damit ist die ältere Generation angewiesen, sich um die Erziehung des Säuglings zu sorgen. Ehe das Kind sich also als Einzelwesen aus eigener Kraft behaupten lernt, kann es und soll es schon durch rechte Erziehung entscheidend erzogen worden sein, und was man hier versäumt, wird sich schwerlich so günstig noch einmal ermöglichen. Es gehört zur Freiheit des Menschen, daß viele Versäumnisse nachzuholen sind, aber das bedeutet immer einen großen Kraftaufwand, und man wird niemals wissen können, zu welchem Ziele rechtzeitig unterstützte Entwicklung gekommen wäre.

Die Tiefenpsychologie gibt uns zu der biologischen Theorie von Portmann eine ergänzende Deutung, indem sie Theorien entwirft, was sich in der vorrationalen Kommunikation zwischen Kind und Mutter als ständiger Pflegerin ergibt, was also eine frühe soziale Menschenerziehung bedeutet. Das Entscheidende ist, daß ein und dieselbe Person gewährt und versagt. Der Gefühlsstrom, im Unbewußten entspringend, ist ambivalent und äußert sich im Streben nach eigener Lust, die bei Gewährung hingebend genossen wird; bei der Verneinung und Versagung des Strebens sind Unlust, Widerstand die Antwort, Liebe und Haß sind so die Pole der angelegten Gefühlsspannung; vereinigen sich aber diese grundsätzlichen Gefühlstendenzen auf ein und dieselbe Person, so wird das Versagen angenommen um der Gewährung willen. Das Kind lernt im Verzichten vertrauen. Und wenn die Pflegerin, die dem Kinde wehrt – etwa im Speisehabenwollen, weil sie weiß, daß das Kind genug hat –, das Kind liebend, neckend, kosend ablenkt und seine Aufmerksamkeit auf die Umwelt richtet, folgt es ihr vertrauend. Sie zeigt ihm das Bunte, Strahlende, Tönende, sie erfindet die ersten Spiele des Schauens und Horchens, die das Kind aus dem Bann des Bedürfnisses hinausführen zu dem spezifisch menschlichen Interesse, das die sinnenhaft zugeordnete Umwelt zur Welt macht – und damit erfährt der kleine Mensch seine erste menschenerziehende Einwirkung. Die Welt ist für den Menschen nicht nur zum Haben da, zum Einverleiben, zur Befriedigung seiner biologischen Bedürfnisse – sondern auch zum Anschauen, bei dem man Abstand halten muß. Die erziehende Pflege des Anschauens beginnt ganz früh. Der dem Kind abgeforderte Verzicht auf Lustgewinn über die Bedürfnisbefriedigung hinaus durchbricht den Kreis von Begehren und Befriedigtwerden und macht Kraft frei, die zum Anschauen gewendet werden kann. Voraussetzung allerdings ist, daß die Not des Begehrens gestillt wird; das Bedürfnis muß abgesättigt sein. Es ist alte Kinderstubenweisheit, abzulenken auf etwas, das gewährt werden kann, wenn das Kind etwas begehrt, was man ihm nicht gestatten kann. Nicht dies – aber das kannst du haben. Und das Kind lernt Freude zu haben (Freude und nicht nur Lust) an seinem Schauen, Horchen, in dem sich nichts haben läßt und das doch ganz erfüllt.

Von so großer Bedeutung ist also die liebende Zuwendung zum Kinde, die Gewährung des Notwendigen und des nicht Notwendigen in spielender Vermittlung. Das frühe Nein ist die Grenze, die diese Freiheit erst ermöglicht. Grenzenlosigkeit, Unbestimmtheit gibt keine Freiheit, in keinem Lebensalter. Auch da, wo gegen falsch sitzende Schranken gekämpft werden muß, kann es nur geschehen, damit neue richtig gesetzt werden. Ein Kind fühlt sich ohne Begrenzung auch gar nicht wohl. Denn die Ordnung der Welt, die ihm gegenüber vertreten wird, gibt seiner Umwelt Umriß und damit Sicherheit.

Mit dem Sichaufrichten und selbständigen Fortbewegen erweitert sich der Aktionsraum des Kindes. Es tut sich jetzt in der Welt um. Das ist eine neue, wichtige Phase. Das Kind verschmilzt dabei mit dem Ding, das es ergreift, zu einer Handlungseinheit. Das heißt: es geht noch nicht mit einem Gegenstand um, sondern der Gegenstand ist eine Erweiterung seiner selbst, seines Machtbereichs. Diese Erfahrung müssen wir zulassen, auch wenn die Dinge dabei oft vernichtet werden, aber wir müssen auch Grenzen setzen. Denn der ungezügelte Zugriff des Kindes ist Bemächtigung, und sein Tun ist ein Zertun, Einverleiben. Das Papier wird zerrissen mit herrlichem Krachen, die Fetzen werden in den Mund gesteckt, der aufgezogene Schub an der Kommode wird ausgeräumt, und alles wird benagt. Es ist wahrscheinlich großartig, wenn mit Zerren und Beißen die Dinge kaputtzumachen sind. Das ist aber doch wie ein Rückschritt gegenüber dem staunenden Horchen und Schauen des kleinen hilflosen Kindes im Arm der Mutter. Was gewinnt das Kind bei solchem Umtun? Es macht Erfahrungen, natürlich ohne sie als solche zu registrieren. Aber diese Erfahrungen seiner Sinne sind Material für das spätere vergleichende Denken. Wir dürfen dem Kinde diesen Erfahrungsraum nicht zu eng stecken. Es soll gewiß zertun dürfen, aber schließlich nicht alles. In manchen Fällen brächte es sich selbst in Gefahr, in anderen vernichtete es wertvolle Dinge, die zu achten und zu bewahren es später erzogen sein soll. Und vor allem, es geriete ohne Grenze setzendes Nein in einen unangemessenen Bemächtigungsrausch, in dem es verlernte, was im früheren Stadium der Entwicklung schon seine Freude gewesen war, das Abstand nehmende Lauschen und Schauen. Wir werden also die Bemächtigungstendenzen des Kindes beobachten müssen, um es wieder zu lenken durch gelegentliches Versagen und ablenkendes Gewähren. Je früher das Kind das freundliche Nein schon kennengelernt hat, das dies versagt und jenes gewährt, desto leichter wird es auch jetzt Grenzsetzung annehmen. Mit dieser Erfahrung verbindet sich, wiederum als unbewußtes Material späterer Entwicklung, daß Grenzen nicht verschließen, sondern zugleich immer freien Raum aufschließen.

Der Spielpflege in diesem Alter kommt noch eine andere Bedeutung zu. Der mitspielende Erwachsene bringt in das ungeformte Tun des Kindes Gestalt, und zwar durch Rhythmisierung und Wiederholung. Das hat seinen Anfang auch schon in frühester Kindheit. Das neugeborene Kind findet sich zunächst in einem Chaos von Sinneseindrücken vor. Schon der leise wiederholte Pfeifton läßt das Kind aufhorchen und das Wiederertönen erwarten. Ein immer wieder Gezeigtes oder Hingereichtes, um das sich die Hand des Kindes schließt, hat ordnende Funktion. Bewegt ein Kind die Kinderklapper, so ist das zunächst ein Geräusch. Faßt die Mutter aber das Händchen mit der Klapper und bewegt sie es rhythmisch, spricht dazu einen gereimten Singsang, so schließt sich Gestaltkreis um Mutter, Kind und tönendes Ding, wie die Psychologen sagen.

Das geschieht auch, wenn das etwas ältere Kind sich selbständig umtuend die Umwelt erobert, nach allem Faßbaren greift und es zertut – sobald wir mittun, haben wir die Möglichkeit, dem Kinde eine Gestalt entgegenzustellen, die von ihm Schauen und Abstand verlangt, eine menschliche Haltung, die es auffordert, in den Gestaltkreis des gemeinsamen Spielens einzutreten. Wenn wir den weggestoßenen Ball aufhalten und ihn dem Kinde wieder sanft zurollen, seinen ungeschickten Gegenstoß »beantworten« und den Ball wieder zurückrollen lassen, etwa dazu halbsingend, halbsprechend sagen: jetzt kommt das Bällchen zu dir, zu mir, zu dir..., so entsteht eine solche Gestalt. Was das Kind dabei lernt, ist das sanftere Zufassen und das absichtliche Richtunggeben, damit ein Ding verbindend zwischen dir und mir spielt. Es muß das Ding sein lassen, ihm einen Wert für sich geben, es muß Abstand halten. Von sich allein aus gibt das Kind in dieser Zeit noch nicht Gestalt, aber es reagiert darauf, denn das Menschliche ist Gestaltgeben, der Mensch ist daraufhin angelegt.

Im Grunde ist hier ein Teil verschütteter alter Kinderstubenweisheit wiederzugewinnen. Sie war verlorengegangen in einem falsch verstandenen Freiheitsbegriff. Dieser gründete wieder – zum Teil wenigstens – in dem wissenschaftlichen Bemühen, die eigene kindliche Entwicklung zu erkennen. Wir müssen bedenken, daß Kinderpsychologie eine junge Wissenschaft ist, nicht älter als siebzig Jahre. Damit man die aus sich selbst sich entwickelnde Kraft des Kindes beobachten könnte, stoppte man alles lokkende Vormachen ab. In der Tat beobachtete man auf diese Weise viel Unerwartetes, was wir sonst gar nicht in den Blick bekommen hätten. Aber es ist ein Irrtum zu meinen, man könnte jeglichen Einfluß der Umgebung ausschließen. Die Umwelt des Kindes ist geprägt, das Kind fällt nicht in eine stumme und ungeformte Welt. Und Entwicklung ist immer die Komponente von Eigenkraft und weckender Einwirkung. Das lockende Vorwegnehmen ist weckend und entwicklungsfördernd, wenn es nicht zu stark ist und dem Kinde den Raum nimmt, bei seiner Entwicklung selbst tätig zu sein. Die noch nicht so weit entschwundene Vergangenheit hat uns mit dem Verbot, dem Kinde etwas vorzumachen, eine größere Aufmerksamkeit, einen schärfer beobachtenden Blick hinterlassen. Aber wieder zugewachsen ist uns die Einsicht, daß wir nicht nur von weitem zuschauen, sondern verstehend unterstützen müssen. Mit dem Zuspielen von Gestalt schließen wir das Kind in den Gestaltkreis Spiel ein. Kind – Mutter – Ball bilden einen solchen einheitlichen Kreis. Damit wecken wir im Kinde etwas spezifisch Menschliches und bereiten es vor, aus sich Gestalten zu schaffen. Wir zügeln den wilden Wuchs seiner Bemächtigungstendenzen, zu dem es mit wachsenden Körperkräften und mit der Beherrschung des Raumes gelangt. Das Entscheidende wird sein, daß wir das Kind im abgesteckten Raum seine Erfahrungen frei machen lassen, aber Begegnungen in einem von uns gestalteten Spiel regelmäßig, wiederum nicht zu oft einschalten. Nicht zu oft deshalb, damit wir uns nicht des Kindes bemächtigen, sondern ihm die ihm zustehende Freiheit geben.

Allerdings würde eine Gewalt über das Kind entwicklungsmäßig einen Endpunkt finden: im Trotz nämlich, der gegen Ende des dritten Lebensjahres einsetzt. Das ist eine ganz positive Erscheinung, deren Ausbleiben zunächst bequem zu sein scheint, in Wirklichkeit aber Entwicklungshemmungen bedeuten würde. Im Trotz gewinnt das Kind ein weiteres Stück Selbständigkeit. Es löst sich aus der engen Bindung zur Mutter. Bedenken wir, wie die erste Trennung von Mutter und Kind in der Geburt einsetzt. Bis dahin ist ihre Gemeinsamkeit leiblich. Die leibliche Verselbständigung des Kindes wird zugleich wieder aufgehoben durch die Einbettung in die vorrationale seelische Einheit. Dadurch ist das Kind lenksam, wenn es frühzeitig an Versagung gewöhnt wird, bei gleichzeitiger Gewährung des Notwendigen und eines bekömmlichen Maßes gleichbleibender Zärtlichkeit. Aber aus diesem Einssein mit der Mutter oder Pflegeperson strebt es im ersten Trotzalter heraus. Es handelt sich weniger um inhaltlich eigene Willensstrebungen, die das Kind mit der Umwelt in Konflikt bringen, als um die Entdeckung formaler Selbstbestimmung. Es mutet an, als werde das Kind jetzt gewahr, daß es nein sagen und nein tun kann – und als müsse es das ausprobieren. Ja, es kann sich um solcher Selbstbestimmung willen selber einen geschätzten Genuß versagen. Hat das Bürschchen so eine Neinsage-Serie angetreten, dann sagt es auch nein, wenn man fragt: Willst du Schokolade haben? Wenn man sich den positiven Sinn dieser Erscheinung klarmacht, wird man den individuell helfenden Weg finden. Wir prägten uns einmal das Wort: es sei jetzt elastischer Widerstand am Platze, um auszudrücken, das Kind brauche jetzt den festen und doch wiederum nachgiebigen Widerstand, um daran zu reifen. Wie gut, wenn das Kind schon vorher an das liebende Folgen gewöhnt war, wenn es das feste Nein und vertrauende Annehmen einer Grenze kannte. Das mildert die Trotzerscheinung. Wann es nötig ist, dem Nein des Kindes zu widerstreben und die negierte Ordnung aufrechtzuerhalten – oder nachgebend dem Kinde den Sieg des Sichablösens zu lassen, das kann keine Regel vorher bestimmen. Ziel muß sein, daß das Kind wollen lernt, daß es lernt, sich vertrauend sachlich bestimmen zu lassen, auch wenn es sachliche Gründe noch nicht einsieht. Dazu müssen ihm Übungsmöglichkeiten für Wahl und Entscheidung in den Weg geschoben werden. Die Mutter muß Ablösungstendenzen des Kindes unterstützen, auch wenn es ihr schwerfällt. Denn auch die Mutter gibt etwas auf vom Glück des Einsseins mit ihrem Kinde. Und wir können uns nicht wundern, wenn das Kind seinerseits versucht, seinen Willen durchzusetzen und zugleich die Mutter in Zärtlichkeit zu beherrschen. Das Kind kann nicht wissen, um was es geht, aber die Mutter muß es wissen: Es ist auch etwas zu gewinnen bei diesem Aufgeben, es gilt ein neues Verhältnis zwischen Mutter und Kind entstehen zu lassen, in dem wohl die intime Nähe aufgehoben, aber andere Formen der Einigung, auch der liebenden Gemütseinigung gefunden werden. Jede Wandlung verlangt Opfer, ohne das gibt es keinen Gewinn. Das Kind löst sich aus einer emotionalen seelischen Einheit mit der Mutter, aber es schließt einen neuen Liebesbund mit ihr in der Entschiedenheit seines jungen Willens, in dem zum Beispiel eine kurzfristige Trennung eine Steigerung und Klärung des Gefühls bedeuten kann.

Und dies ist nun die Zeit, wo der Kindergarten helfend neben die Familienerziehung tritt. Das Streben nach Lösung aus der engen Mutterbindung wird vom Kinde nicht bewußt erlebt, sondern kleidet sich in das Streben nach Gemeinschaft mit Altersgenossen. Um das eine zu haben, muß man das andere lassen. Wenn kein Kindergarten da ist, verlassen die Kinder Haus und Garten und suchen auf der Straße Kameraden. Dort treffen sie nur nicht die richtigen; die Straße wird beherrscht von den jüngeren Schulkindern. Für sie ist diese Spielgemeinschaft der richtige Übungsraum – wenn die Straße nicht zu gefährlich ist. Aber die Drei- bis Sechsjährigen finden hier nicht die Gelegenheit, ihrem Alter gemäß sich einzuordnen. Sie brauchen noch den überlegenen erwachsenen Spielführer, unter dessen Schutz das Leben dieser Stufe gedeiht. Mutter und Kind erhalten durch den Kindergarten die Hilfe, die ihr Verhältnis zueinander in dieser Zeit braucht. Das Kind lernt, gerade in der Entfernung von der Mutter, an sie zu denken, es lernt, etwas für sie zu tun: ein Bild malen, Blumen pflükken, es lernt, zu Hause zu erzählen, was im Kindergarten geschehen ist. Das gibt neue beglückende Umgangsformen. Das Kind vergleicht Kindergärtnerin und Mutter, weniger bewußt und in der Fähigkeit, es zu sagen – als emotional erfahrend. Es formt eine differenzierte Haltung zu fremden Menschen heraus; denn die Kindergärtnerin ist ein mütterlicher Mensch, aber nicht die Mutter. Sie ist einesteils mehr für die Kinder da, nämlich ganz und ungeteilt – andererseits ist sie nie für ein Kind allein da. So erlebt ein Kind eine neue Zuwendung zu sich, und doch wiederum eine Forderung, Grenze zu halten.

Das Vordergründige, was das Kind bewußter erlebt, ist das Glück, Altersgenossen zu treffen und die Bereicherung des Spielens zu erleben, dem der Erwachsene die Ordnung gibt. Was die Kinder sich gegenseitig geben, kann dem einzelnen Kind der liebevollst zugewandte Erwachsene nicht zuwenden: die gleichwertigen Partner, die sie jetzt zum ersten Male wirklich brauchen. Im Geschwisterkreis sind höchstens Zwillinge zusammen dreijährig, und zwei sind noch keine Gemeinschaft. 1 bis 1 1/2 Jahre älter oder jünger sein, ist in diesem Alter ein großer Abstand. Das Viereinhalbjährige ist, wenn es wiederum ein 1 bis 1 1/2 Jahre älteres Geschwister hat, in seinem Nachstreben im Banne der Interessen des Fünf- bis Sechsjährigen. Im Kreise von fünfzehn bis zwanzig Kindern zwischen drei und sechs aber finden sich die Kleinen und Großen zu Gruppen zusammen und unterstützen sich gegenseitig, zu sein, wie sie sind. Sie trauen sich mehr, ihrer Eigenart gemäß sich zu äußern, weil keine größeren Geschwister sie auslachen und weil der Druck von ihnen genommen ist, ihnen zu imponieren. Es entsteht eine eigentümliche Atmosphäre der Frühe, der geistigen Kommunikation, des Verständnisses von Gebärde und Wort. So wachsen

Spielideen und Spielformen, gegenseitig angeregt und sich steigernd, auf die ein Erwachsener nicht käme. Am deutlichsten tritt das hervor in den Darstellungsweisen Zeichnen und Formen. Da wird vor allem dem Erwachsenen die Eigenart dieses Alters am leichtesten anschaulich. In diesem Gestalten kommt auch die individuelle Eigenart des einzelnen Kindes am deutlichsten zum Ausdruck.

Um die volle Bedeutung einer pädagogischen Ausdruckspflege in diesem Alter in den Blick zu bekommen, müssen wir die Aufgabe des Kindergartens noch von anderer Seite her betrachten. Wir sahen es bisher von der psychischen und sozialen Entwicklung des Kindes her. Nun könnte man aber doch sagen: dies zu entwickeln war vor zweihundert Jahren auch schon nötig. Und damals gab es keinen Kindergarten. Wie erwarben die Kinder damals diese Fähigkeiten in der Familie? Hat die Familie heute ihre Erziehungskraft verloren?

Nein, ganz gewiß nicht. Die Familienbeziehungen haben sich ohne Zweifel auch differenziert und verfeinert. Damit sind sie auch anfälliger und komplizierter geworden. Aber die Familie selbst hat eine andere soziale Einordnung erfahren, und infolgedessen braucht sie für die komplizierter gewordene Aufgabe, das Kleinkind auf das Leben vorzubereiten, eine Ergänzung. All diese Veränderungen sind noch in Fluß, und Zeiten des Übergangs sind immer besonders unsicher und manchmal unbequem.

Wir müssen uns vergegenwärtigen, wie sich die Veränderung der Familienstruktur für das Kind von drei bis sechs Jahren auswirkt. Was hat sich verändert? Die Großfamilie im engen Nachbarschaftsbereich hat sich gewandelt zur Kleinfamilie, isoliert und ohne von außen gesetzten Zusammenhang mit dem Nachbarn. Vater, Mutter und Kind leben in einer Etagenwohnung, neben sich ebensolche Familien, nicht verbunden durch gemeinsame Arbeit, bei der man sich helfen müßte. Das ist der Typus der neuen Familie. Es können wohl auch hier Verbindungen entstehen: Freundschaften auf Grund von Neigungen und Wohlgefallen aneinander. Es gibt auch Verbindungen durch die religiöse Gemeinde, auch durch nachbarschaftliche Hilfeleistung in aktueller Not. Aber all dies sind Kann-Beziehungen geworden, man muß sie herstellen in persönlicher Entscheidung und im Willensentschluß; sie sind auch wieder löslich.

Die Großfamilie im dörflichen Verband und über diesen hinaus im Sippenverband, das war ein ganz anderer Zusammenhalt. Er wurde nicht persönlich geleistet, sondern durch die Umstände selbstverständlich gesetzt, durch die Arbeits- und Lebensweise gefordert. Wenn ein einzelner eigene

Wege hätte gehen wollen, dem Nachbarn nicht helfen und sich nicht helfen lassen wollen, dann hätte er nicht existieren können. Man brauchte einander; jeder kam schließlich in die Lage, daß die anderen für ihn einzutreten hatten. Dieser Lage entsprachen Rechte und Pflichten, feste Sitte und Ordnung, überhöht durch an die Kirche gebundene Religiosität. Diese Ordnung war patriarchalisch. Pfarrer, Lehrer, Bürgermeister, Hausvater waren Varianten derselben väterlichen Gewalt, im letzten Sinn Widerschein der göttlichen Macht. Wie müssen das kleine Kinder in dieser Gemeinschaft erlebt haben?

Sie sahen vor allen Dingen die großen Menschen unter diesem Gesetz der Autorität leben. Ihr kindlicher Gehorsam war nur ein Glied in der Kette unwidersprochener Gehorsamsleistungen. Gehorchen, das war nichts Fragliches, sondern Lebensbedingung. Das gleiche galt für das gegenseitige Helfen. Die Kinder sahen die großen Menschen arbeiten, um die Kinder und die alten Menschen zu erhalten und sie zu schützen. Nahrung und Kleidung, Haus und Möbel, Heuwagen und Egge, das sahen sie durch geschickte Hände der Großen entstehen. Liebe und Zärtlichkeit empfing das Kind weniger als heute, aber die Atmosphäre der Geborgenheit, die unseren Kindern heute so oft fehlt, ergab sich wortlos und real, sinnfällig – nicht so gefühlig, wie wir den Ruf nach Geborgenheit für unsere Kinder heute empfinden. Es ergab sich aus dem sichtbaren Besorgtwerden. Die Arbeit war damals Sorge für den andern und nicht Geldverdienen, damit man sich alles kaufen kann, was man haben möchte. Wie sollte man solche Väter nicht achten und fürchten, ihnen nicht gehorchen, sie nicht auch dankbar lieben und ehren, wie das vierte Gebot es befahl. Es stand gar nicht im Entschluß, dies zu glauben, nicht in der Betrachtung, ob solche Gefühle echt seien, sie waren selbstverständlich. Die mächtigen Großen müssen auf die Kinder wie Götter gewirkt haben. Der Vater Herr Gott im Himmel – und der Herr Vater auf Erden müssen sich ziemlich ähnlich gewesen sein. Etwas von den allmächtigen Zügen hat die Vatergestalt heute noch, jedenfalls für kleine Kinder. Sie erwarten noch, daß die Väter alles können. Aber dann rollen sie sich auch mit ihnen auf dem Teppich herum und lassen sich als Reittier benützen, sie irren sich auch mal und geben das sogar zu. Es liegt ihnen nicht mehr, den unfehlbaren Herrn im Hause hervorzukehren. Sie teilen gern die Herrschaft drinnen im Haus und draußen im Außengeschäft mit den Müttern. Es gibt zwar alle Varianten, aber auch die früheren Formen noch. Aber sollte ein Vater noch Neigung haben, nach altem Muster den unnahbaren, unnachgiebig fordernden, unantastbare Würde ausstrahlenden Herrn im Haus zu spielen, so wird er nicht großen, vor allem nicht dauerhaften Erfolg haben. Die Kinder werden ihn bald nicht mehr ernst nehmen, auch wenn sie das vielleicht verbergen, oder sie werden Angst haben und vielleicht neurotisch werden. Um so wie früher mit Fug und Recht väterliche Autorität zu haben, brauchte es den Hintergrund, sichtbar der Heranschaffer aller guten schützenden Dinge zu sein, von denen umgeben der kleine Mensch anfängt zu leben. Natürlich ist der Anspruch, als Vater Autorität zu haben und zu sein, nicht erloschen; er ergibt sich nur nicht mehr so einfach aus der Situation.

Zu Beginn sagte ich, das Land der Kinder entwickele sich mit der Differenzierung des Menschen und seiner Lebensweise, der Kultur, es sei nicht von Anfang an da. Die Verhältnisse zur Zeit der bäuerlichen und handwerklichen Großfamilie sind nicht mehr anfänglich gewesen. Da gibt es schon ein Stück Kindheit, aber nicht so ausgeprägt wie heute. Das Tun und Treiben der Erwachsenen war nicht mehr so einfach, daß Kinder überall dabeisein konnten. Sie waren schon ins Zuschauen verwiesen und probierten das Nachahmen spielend. Aber es gab noch viel zum Zuschauen, und was zu sehen war, war ohne erklärendes Wort verständlich. So konnte man verstehend sich hineinsehen in die Arbeitsvollzüge und dann den richtigen Handgriff machen, um zu helfen. Das aufmerksame Kind erfaßte, wann man rechtzeitig einen Nagel reichen, wie man die Latte halten mußte, damit der Vater zum Nageln kam. Alles, was der Erwachsene tat mit dem Werkzeug in seiner Hand, war durchsichtig auf den Zusammenhang von Ursache und Wirkung hin, wie ein Bild. So erfüllte sich der wachsende Geist mit den anschaulichen Bildern der Tätigkeit, die ihm später zufallen würde, verständlich im Vollzug und der technischen Bedingtheit wie auch verständlich in Ziel und Sinn. Das: wie macht man das – und: wozu macht man das – waren die Fragen, die man nicht zu stellen brauchte. Man wuchs tätig, helfend in diese anschaulichen Lebensbezüge hinein.

Die modernen Entwicklungspsychologien und zuvor schon die romantische Pädagogik Friedrich Fröbels weisen uns auf, daß die geistige Kraft der Kinder am Tun erwacht und wächst, daß auf diese Weise sinnfällige Grunderfahrungen gemacht werden, die ihnen ein Verstehen der Welt im Bilde vermitteln, ehe sie es denkend erfassen. Wie bedeutsam die Bilder sind, zeigt sich darin, daß – da die Welt kein verstehbares Bilderbuch mehr ist, das dem schauenden Kind die Welt aufschließt – der Drang zum eigenen Bildschaffen im Kinde stark wird, so daß wir jetzt aus seinen Bildern verstehen können, wie es die Welt versteht, was es uns in Worten noch nicht sagen könnte. Ob Kinder früher weniger gemalt und gezeichnet haben, weil es nicht nötig war – oder weil die Großen es nicht unterstützten und beachteten, wird man mit der Sicherheit, die wir heute wissenschaftlich verlangen, nicht aussagen können. Aber jedenfalls ist heute das Bildschaffen des Kindes, sein Malen, Zeichnen, in Ton Plastizieren, sein Bauen, sein Stegreifspielen für uns die Äußerung, an der es zu verstehen ist. Und weil das Kind in unserem Erwachsenenleben nicht mehr so eingebettet ist im sozialen Mutterschoß wie der Vogel im Nest, so fraglos geborgen – deshalb ist es nötig, es zum Äußern zu bringen und durch seine Äußerungen zu verstehen. Früher schauten die Kinder den Erwachsenen zu, um das Leben zu begreifen und nachahmend zu tun – heute müssen die Erwachsenen dem Kinde zuschauen, um es zu verstehen und ihm in seiner Entwicklung, die aus der Umwelt nicht mehr so selbstverständlich unterstützt wird, in rechter Weise zu Hilfe zu kommen.

Das ist doch ganz deutlich geworden: Das Kind vor zweihundert Jahren im Raum der bäuerlichen und handwerklichen Welt brauchte vor der Schule keine bewußte pädagogische Zuwendung. Es gedieh in seiner Umwelt, die ihm sein zukünftiges Leben bildhaft spiegelte und in die es helfend hineinwuchs. Aber diese Welt ist bis auf wenige Reste verschwunden.

Als Fröbel 1840 den Kindergarten gründete, war noch viel von dieser Welt da. Obwohl die Maschine das Arbeitsleben schon stark verändert hatte, das gesellschaftliche Leben sich zu wandeln begann, war doch das Haus und die mütterlich-kindliche Welt noch wenig beeinflußt, jedenfalls nicht in den bürgerlichen Kreisen. Für das Arbeiterkind gab es schon die Kleinkinderbewahranstalten, die Spiel- oder Warteschulen. Gerade in der Frühzeit der Industrie war die Frau der bevorzugte Arbeiter, weil sie billiger war und weil Fabrikarbeit geringeren Kraftaufwand als die Handarbeit erforderte. Die ersten Anstalten dieser Kinderversorgung gab es schon seit 1781, 60 Jahre zuvor, ehe Fröbel den Kindergarten forderte. Und zwar forderte er ihn allgemein als Ergänzung und Intensivierung der häuslichen Erziehung, nicht als Ersatz für die Erziehung der Mütter, die arbeiten mußten. Fröbel beobachtete an den Schulkindern in seiner Privaterziehungsanstalt Keilhau bei Rudolstadt, daß es den Kindern an manueller Geschicklichkeit, an einem wachen Blick für die Umgebung, an Tatkraft, an Phantasie und selbständiger Denkkraft fehlte, und erkannte, daß diese Kinder aus reichen, gutbürgerlichen Häusern stammten mit Müttern, die nicht in Küche und Haus hantierten und für die Familie sichtbar sorgten, sondern im Salon saßen und Deckchen stickten. So waren diese Kinder nicht genügend tätig gewesen in der Zeit, wo das Kind seine Welt spielend und schaffend erobern muß. Es fehle ihnen an Sachanschauung, Sacherfahrung, meinte Fröbel. Und er richtete in seiner Schule regelmäßige Spiel- und Bastelstunden ein, um nachträglich dem Wortverstehen ein bildhaftes Gestaltverstehen zugrunde zu legen. 1840 trat er mit Gründung des Kindergartens hervor als eines Vereins für Mütter und Jungfrauen, die sich sammeln sollten um die Idee der Kinderpflege, der Pflege des kindlichen Spieltriebs und Triebes zur schaffenden Tätigkeit. Ausdrücklich sollten diese Anstalten nicht Schulen heißen, schrieb er in einem Brief, weil hier noch nicht zu unterrichten sei, sondern das kindliche Leben allseitig gepflegt werden sollte. Das häusliche Leben sollte durch den Kindergarten angeregt werden. Niemals sollte der Kindergarten Konkurrenz oder gar Ersatz für die häusliche Erziehung sein. Aber zu seiner Zeit war der Gedanke doch noch sehr neu, daß das kleine Kind pädagogische Beachtung brauchte, daß Spiel wichtig sei und Spielzeug ein Bildungsmittel und nicht bloßer Tand zum Zeitvertreib. Daß aber auch das Haus sich mit Maschinen füllen werde und damit die Tätigkeit im Haushalten dem Kind unverständlich werden würde, hat damals niemand voraussehen können.

Stellen wir uns vor: kein Feuer im Ofen mehr, sondern Röhren unterm Fenster, die warm und kalt werden; kein flackerndes Feuer im Herde mehr, sondern Platten, die heiß werden, wenn man einen Hebel umlegt; keine Kerzen und Petroleumlampen mehr, die schon wunderbar genug waren, deren Funktion man aber doch noch schauend begreifen konnte – sondern dafür einen knipsenden Hebel an der Wand, der das Zimmer erhellt. Kein Brunnen auf dem Hof, aus dem man das Wasser ins Haus trägt, sondern ein Hahn in der Wand, darunter das siebartige Loch, wohin man das schmutzige Wasser schüttet. Eine Nähmaschine gab es in meiner Kindheit schon, und ich erinnere mich an das Rätsel, wie die von oben stechende Nadel dasselbe vollbringen konnte wie die von Hand bewegte, deren Zusammenbinden von zwei Stoffteilen so gut verstehbar war. Ich sah wohl, wie der Fußhebel über die Gummischnur das große Rad bewegte und diese Bewegung auf die Nadel durch das kleinere Rad übertragen wurde. Aber weil man soweit die Tätigkeit des Erwachsenen verstehen und verfolgen konnte, deshalb kam die Frage zustande: wie heftet nun die immer von oben stechende Nadel die Stoffteile zusammen? Aber das ist nun das Entscheidende: Kinder fragen heute nicht mehr so vom Halbverstanden-Haben her. Das Kind ist hineingewachsen in das fraglose Hantieren mit Dingen, in das Hervorbringen von großartigen Effekten durch leichten Hebeldruck.

Kinder, mit denen die Erwachsenen viel und liebevoll umgehen, werden wachgemacht durch das Wort, durch den Hinweis zu beobachten, durch die eingehende Erklärung. Sind sie begabt, so werden sie früh wortgewandt. Sie scheinen das Bild nicht zu entbehren. Sie reifen verfrüht auf das intellektuelle Eindringen und Beherrschen der Welt zu. Andere Kinder, denen die Zuwendung der Erwachsenen fehlt, können bei durchschnittlicher Begabung verkümmern, weil ihnen die Welt stumm und verhangen bleibt. Allein gelassen können die Kinder nicht mehr wie von selbst in unsere Welt wachsen. Wir müssen uns Gedanken darüber machen, wie wir ihnen ein organisches Wachsen ermöglichen – und wie wir Frühreife vermeiden.

Frühe Kindheit ist die Zeit der vorrationalen Bewältigung der Welt durch ein Erleben und Erfahren, das noch nicht in Begriffen begreift, sondern Dingliches mit den Händen greifen muß und so Material anhäufen für ein späteres Begriffebilden in der nächsten Stufe. Zunächst wird die Welt durch Gestalten geordnet. Das ist der sinnenhafte, leibhaftige Untergrund für eigenständiges Denken, Material für die Weise, wie die Schule das Kind lehrt, mit der Welt fertigzuwerden.

Da Kinder sich erst langsam herauslösen aus der engen Verflochtenheit mit dem Erwachsenen, nehmen sie einfühlend teil an unserem Leben, und, wenden wir uns ihnen nicht zu, um ihnen einen eigenen Raum der Kindheit auszusparen, so schmiegen sie sich uns an und nehmen, sich anpassend, teil an unserem bildlosen rationalen Beherrschen der Welt. Das heißt: Ein solches Mitleben mit uns beschleunigt die kindliche Entwicklung und kürzt die Periode ab, in der Bilder und Gestalten die Ordnung schaffen.

Und hier haben wir uns nun pädagogisch zu entscheiden, ob wir die Beschleunigung unterstützen wollen oder ob wir ihr leise entgegenwirken wollen, ja – ich scheue das Wort nicht – geradezu retardierend entgegenwirken. Der nicht allzu große Kreis von Altersgenossen, die das Kind im Kindergarten vorfindet, unterstützt es in seiner eigentümlichen Weise der Auseinandersetzung mit der Welt. Ein Beispiel: im Kindergarten war ein fünfjähriger Junge dazugekommen, ein nervöses, etwas frühreifes Kind. Auf einem der ersten Spaziergänge kamen die Kinder im Wäldchen an einem der Brunnenhäuser der Stadt vorbei. Es rauschte darin – und eines der Kinder sagte: die Wasserfrau! Das war niemals von der Kindergärtnerin vorgeschlagen worden, es war eine eigene Erfindung des Kindes. Darauf der Neuling: Das gibt's ja nicht! Darauf ein drittes Kind – die anderen nahmen gespannt schweigend teil an dem Gespräch: Wohl, bei uns im Kindergarten gibt es das!

Bei uns im Kindergarten – das ist eine eigene Welt, da widerspricht man nicht, wenn jemand in das Häuschen unter den Tannen, wo es rauscht, ein gutes Wesen setzt, das die Häuser in der Stadt mit Wasser versorgt, das aus der Wand läuft. Dabei wissen die anderen es auch, und nicht nur der Neuling, daß es außerhalb des Kindergartens so etwas nicht gibt. Die großen Geschwister und die Kinder auf der Straße lachen über solche Rede – aber im Kindergarten, da gibt es das. Vorhin sagte ich: die Unterstützung, die sich die Kinder hier geben, kann der Erwachsene einem Kind allein nicht geben. Das wäre ein Beispiel dafür.

Neben dem Raum für die märchenhafte Phantasiegestalt liegen hier aber auch die Möglichkeiten, im Spiel und schaffenden Gestalten auf ganz reale Erfahrungen zurückzuführen, die in der technischen Umwelt verdeckt sind. Eine Funktion des Spielzeugs ist ganz gewiß, die Umwelt im Kleinen abzuspiegeln. So muß unter dem Spielzeug heute unbedingt das Auto erscheinen. Aber was für eins? Ich empfehle: keines mit verdeckter Bewegungsmechanik, elektrisch oder mit Schraubenfedern zu bedienen, sondern eines, das unter der modernen Karosserie (am schönsten aus Holz) in verstehbarer Weise Räder an einem sichtbaren Achsenkreuz hat. Das Rad ist nämlich eine der größten technischen Erfindungen der Menschheit – und man sollte gerade den Kindern unseres technischen Zeitalters das schauende Eindringen in diese grundsätzliche Lösung eines technischen Problems ermöglichen: die leichte Beweglichkeit einer schweren Last durch den rollenden Punkt der Unterstützung. Es braucht an dieser Stelle nichts erklärt zu werden, das Bild dürfte hier nicht ins Wort aufgelöst werden, es genügt, wenn das Kind sich den Wagen von unten besieht, mit den Händen die Räder frei rollen läßt, dann den Wagen auf die Erde setzt und mit seinen Händen vorwärts schiebt. Damit kommt noch eines hinzu: Das hölzerne Auto bewegt das Kind mit der Hand – eigentlich bewegt es nicht das Auto, sondern es wird selbst zum Auto. Und dabei macht es eine Grunderfahrung, die sich ihm erst viel später und vielleicht niemals voll in den Wortbegriff umsetzen wird: Alles, was bewegt wird, muß durch eine Kraft bewegt werden. Daß es bei seinem ersten Kinderspiel selbst die bewegende Kraft war, braucht ihm durchaus nicht als Erinnerung einzufallen, wenn es als Schüler der Oberstufe diesem physikalischen Problem gegenübersteht – aber die Erfahrung in seinem frühen Leben wird ihm ohne Zweifel zur Hilfe im Durchschauen solcher Probleme, wenn auch unbewußt.

Keineswegs sollten wir den Kindern im Kindergarten eine museale Welt aufbauen, auf die Errungenschaften der Welt, der modernen Lebensweise mit elektrischen Geräten usw. verzichten. So ist es nicht gemeint. Das kleine Kind lebt ja mit uns in unserer Welt. Es muß sich anpassen, andernfalls käme es in dieser Welt der Hebel und Schrauben und elektrischen Kontakte zu Schaden. Aber im Spiel müssen wir ihm rücklaufende Erfahrungen vermitteln, die ihm ein Hantieren nach seiner Art ermöglichen und es handgreiflich in die Grundgesetze der Welt einführen. Es muß auf einem neuen Weg zu exemplarischen Bildungserlebnissen geführt werden, die ihm unsere Welt einsichtig machen, und zwar in diesem frühen Alter noch nicht im unterrichtenden Wort, sondern im Spiel und Schaffen, das im Dienst der Liebe steht. Alle seine kleinen Werke verschenkt das Kind. Es tut alles, was es tut, jemand zuliebe. Es schafft noch nicht, um zu leisten und zu gelten. Der auf sich selbst zurückgewandte Rausch der eigenen Mächtigkeit: das habe ich gemacht, ich habe es besser gemacht als du – das gehört noch nicht in den Kindergarten. Und wo den Kindern solche Lust an der eigenen Leistung schon erweckt ist, kann sie im Kindergarten, in diesem fröhlichen Miteinander und Füreinander, noch einmal für eine Weile zurücktreten.

Eine Grundbedingung des Lebens sollte hier ganz gewiß zum Erlebnis kommen: daß der Mensch nicht alles machen kann, daß ein Teil der Dinge *wird*, wächst, dem Machtbereich des Menschen entzogen ist. Früher war dieses Erleben dem Kinde, angeschlossen an die Erwachsenenwelt, ganz zugänglich. Die Großen streuten den Samen in die wohlvorbereitete Erde, und dann mußten sie zuwarten, was Gott daraus werden ließ. In schlechten Jahren war die Ernte geringer, als man erwartet hatte. Heute wird das ausgeglichen durch Technik und Wirtschaft. Frische Früchte gibt es immer, und das Bauernkind bekommt sie aus der Kühltruhe. Wie wichtig ist es für die Kinder unserer Zeit, ein Stückchen Erde zu bearbeiten, zu besäen und zu bepflanzen und die sorgende Geduld zu erlernen, die solche Arbeit abnötigt. Ich halte es für den tiefsten Ansatz der religiösen Erziehung, so leibhaftig zu erfahren, daß der Mensch nicht alles machen kann. Es muß sonst dem kleinen Kinde fast so erscheinen, als könne der Mensch alles. Diese Begrenzung des Lebens sollte nicht erst die Schule, sondern Familie und Kindergarten dem Kinde zuwenden. Das gehört zu den wichtigsten Grunderfahrungen der frühen Kindheit.

Welche Bedeutung also hat die frühe Kindheit? Es ist die Zeit des Anfangs, die voll genutzt werden muß, um die richtigen Konturen des Menschseins anzulegen. Im begrenzten Raum die Freiheit gebrauchen zu lernen, das muß hier sinnenfällig erlebt werden. Im tätigen Schaffen erlebt der kleine Mensch seine Fähigkeit, Erlebnisse durch Bildgestalt zu ordnen – und diese Fähigkeit müssen wir erwecken, indem wir der kindlichen Welt Ordnung geben durch Bild und Gestalt.

II. *Kinderpflege und Erziehung in verschiedenen Kulturen*

SIBYLLE ESCALONA

Betrachtungen zum Wandel der Kleinkinderpflege in neuerer Zeit

Wenn man die Themen überblickt, die wir uns bei wissenschaftlichen Tagungen stellen – oder die Aufsätze, die wir füreinander schreiben –, wird eine gemeinsame Tendenz deutlich: das starke Bestreben, Forschungsgebiete miteinander zu verbinden, die früher weitgehend unabhängig voneinander bearbeitet wurden. In der Psychologie allgemein, und noch auffälliger auf dem speziellen Forschungsgebiet der Entwicklung des Kindes, kann man fortlaufend die Bemühungen erkennen, bestehende Fachgrenzen zu durchbrechen. Früher hat man uns gelehrt, die sozialen Aspekte der kindlichen Entwicklung als ein Forschungsgebiet anzusehen, das für sich allein bestand, auf einen umschriebenen Inhalt beschränkt war und mit spezifischen, auf die Aufgabe zugeschnittenen Methoden bearbeitet wurde. Andere Aspekte des kindlichen Wachstums, wie etwa die intellektuelle Entwicklung, die Persönlichkeitsentwicklung usw. wurden als deutlich voneinander geschiedene Gebiete behandelt. Wohl bemühte man sich, Verbindungen zwischen den einzelnen Forschungsobjekten herzustellen, die für jedes dieser Gebiete charakteristisch waren, aber man ging nicht darüber hinaus, sondern begnügte sich mit der Tatsache, daß sich zwischen diesen verschiedenen Bereichen der Entwicklung Parallelen ziehen lassen.

Zur Stunde liegt der Schwerpunkt unseres Interesses an anderer Stelle. Wir betonen jetzt, wie wichtig es ist, zu verstehen, daß die verschiedenen Teilprozesse der Entwicklung in ihrer Struktur und Dynamik voneinander abhängig sind. Wir setzen voraus, daß sowohl physische Reifung, intellektuelle Möglichkeiten oder Hemmnisse, so wie sie beim Kinde wirksam sind, als auch weitere soziale und kulturelle Faktoren sich gegenseitig bedingen, in der Weise, daß kein Einzelaspekt der kindlichen Entwicklung isoliert von den anderen begriffen und beschrieben werden kann.

Wenn es uns ernst ist mit unseren Bemühungen um Integration, müssen wir manche der Konzeptionen und Methoden, an die wir gewöhnt sind, fallen lassen. Der Ausdruck »Psychosoziale Entwicklung«, der im Programm dieses Symposiums verwendet wird, stellt den Versuch dar, die Zäune zwischen den psychischen und den sozialen Aspekten der kindlichen Entwicklung niederzureißen. Dennoch reicht dieser Terminus nicht aus, wenn er im herkömmlichen Sinn verwendet wird; es wird dadurch lediglich versucht, bestimmte Erscheinungsformen zueinander in Beziehung zu setzen, statt sie womöglich als Einheit zu betrachten.

Zugunsten dieser Diskussion schlage ich vor, noch einen Schritt weiter zu gehen und über einige der neuartigen Methoden auf dem Gebiet der Kinderpflege und Erziehung in ihrem größeren sozialen und kulturellen Zusammenhang zu sprechen. Auf Grund des vorhin erwähnten theoretischen Standpunktes betrachten wir jeden Bereich des Wachstums und der Entwicklung als nur einen Aspekt desselben Prozesses, so als ob wir, wenn wir die Entwicklung der Sprache, der Motorik oder der Persönlichkeit studieren, jedesmal durch ein anderes Fenster schauten, um zu sehen, was in ein und demselben Gebäude vorgeht. Auf Grund dieser Betrachtungsweise bilden die Art und Weise, in der ein Kind aufgezogen wird, und die Einstellung zu ihm eine Einheit innerhalb der kindlichen Entwicklung selbst und nicht bloße Faktoren, die diese beeinflussen.

In unserem Land und in abgewandelter Form auch in andern Ländern haben wir miterlebt, wie innerhalb kurzer Zeit sich ein bemerkenswerter Wandel in den Anschauungen über spezielle Methoden der Erziehung und Pflege des Kleinkindes vollzogen hat. Es trifft für das heutige Amerika ebenso wie für das vergangene zu, daß den Kindern, ihrem Wohlbefinden und ihrer Erziehung eine höhere kulturelle Bedeutung zugemessen wird als in andern Ländern der westlichen Zivilisation. Das hängt wahrscheinlich damit zusammen, daß für die Amerikaner die Zukunft wichtiger ist als Vergangenheit und Gegenwart. Historisch gesehen ist Amerika immer für eine konkrete, praktikable und realistische Selbstverwirklichung eingetreten – wo nicht hier und jetzt, dann doch in absehbarer Zukunft –, während anderen Kulturnationen mehr an einer ungebrochenen Tradition oder an abstrakten Idealen zu liegen scheint. Die Bedeutung, die die Kinder für unsere Gesellschaft haben, hat sich nicht wesentlich verändert, aber die Art, wie die Gesellschaft mit Kindern umgeht, wie Eltern, Lehrer, Ärzte und andere Personen sich ihnen gegenüber verhalten, hat sich weitgehend gewandelt.

Vor kaum zehn Jahren bekannte sich die maßgebliche öffentliche Meinung zu Gefühlen und Grundsätzen, die man wie folgt umschreiben könnte: Körperliches und seelisches Wohlbefinden basieren auf einem streng programmierten Tageslauf, und zwar vom frühesten Zeitpunkt der Entwicklung an. Eine genau dosierte Flaschennahrung ist dem Stillen durch die Mutter vorzuziehen, hauptsächlich, weil man so die einzelnen Bestandteile kennt und das Ganze dadurch ein Prozeß wird, den man kontrollieren kann. Wenn Säuglinge oder Kleinkinder ohne ersichtliche Ursache schreien, soll man es ruhig geschehen lassen. Der Erwachsene trägt die Verantwortung dafür, daß das Kind lernt, zwischen falsch und richtig zu unterscheiden, sei es in bezug auf die Essens- oder Schlafenszeiten, das Spiel oder sonstige Aktivitäten. Die Norm für das »Richtige« in all diesen Dingen war eine Kombination von Lebensgewohnheiten der Erwachsenen und wissenschaftlichen Erkenntnissen über das Wachstum der Kinder. Zu jener Zeit galt diese Einstellung als höchst vernünftig. Sie fand sich in Übereinstimmung mit der Vorstellung von einer stabilen, geordneten und bis ins letzte voraussehbaren Weltordnung, die die ersten Jahrzehnte des 20. Jahrhunderts charakterisierte. Aus der Sicht der Gegenwart ist es schwer, die Gefühle und Erwartungen nachzuvollziehen, auf denen solche Auffassungen über Kindererziehung und -pflege basierten. Die außerordentlichen Fortschritte der Naturwissenschaften und ihre Anwendung auf fast alle Gebiete unseres Lebens – vom Brückenbau bis zur Luftfahrt, von Routine-Impfungen bis zur vorfabrizierten Babynahrung – vermittelten der maßgebenden Gruppe in unserer Kultur ein Gefühl der Sicherheit und der Macht. Man hatte irgendwie das Gefühl, als ob man, zum mindesten im Prinzip, die äußeren Kräfte der Natur in die Gewalt bekommen habe. An uns war es, die Zukunft zu meistern. Kein Wunder, daß wir auf Grund solcher Haltungen zu der Ansicht kamen, man könne größere und bessere Kinder produzieren – wie Automobile und Waschmaschinen – mit Hilfe spezieller, mechanischer, genau vorgeschriebener Prozeduren. Dabei soll man aber nicht vergessen, daß eine Mutter, die ihrem Kind alle vier Stunden eine genau abgemessene Nahrungsmenge durch die Kehle zwängte, daß eine Kindergärtnerin, die das Kind mit Goldsternen belohnte, das nicht laut geschrien oder sich um sein Spielzeug gebalgt hatte, und daß der Lehrer, der das Einmaleins nur durch Drill einpaukte, daß alle diese Personen das mit nicht weniger Liebe und Hingabe taten als die Mutter, die ihr Kind dann füttert, wenn es danach verlangt, oder der Lehrer, der ein Kind durch rhythmische Spiele dazu bringt, einen ihm gemäßen Ausdruck zu finden. Die Mütter von heute, die ihr Kind flexibel und nachgiebig behandeln, und die Mütter von damals, die ihre Kinder hart und streng erzogen, wurden, die einen wie die anderen, von dem Gedanken beseelt, für ihre Kinder das Beste zu tun und sich in Übereinstimmung mit der Meinung der Experten zu finden.

Im Verlauf der letzten Jahre haben wir das naive Gefühl verloren, die Welt beherrschen zu können, in der wir leben. Nicht nur die Gelehrten, sondern die Menschen im allgemeinen haben aufgehört, zu glauben, daß der technische Fortschritt die Probleme unserer menschlichen Existenz lösen wird. Wir erschrecken vielmehr vor den Konsequenzen der Kernspaltung und anderer Erfindungen, die die natürlichen Kräfte entbinden und manipulieren. Zur gleichen Zeit macht sich das Gefühl einer allgemeinen Unsicherheit breit: Selbst an der Oberfläche besitzen wir kein stabiles Wertsystem mehr. Solche Wandlungen in der kulturellen Atmosphäre hat es natürlich in der Geschichte oft gegeben. Sie sind charakteristisch für Zeiten nach und zwischen Kriegen und werden oft als Perioden der Dekadenz und Desintegration beschrieben.

In einer Hinsicht jedoch unterscheidet sich das kulturelle Milieu, das den Bezugsrahmen (Matrix) bildet, in dem unsere Kinder heranwachsen und in dem sie sich entwickeln, von demjenigen früherer Zeiten in sozialen Krisen. Jedermann, auch der Wissenschaftler, neigt heute dazu, die menschliche Natur selbst als die Hauptquelle für eine Bedrohung unserer zukünftigen Sicherheit und unser Wohlergehen anzusehen. Die Furcht vor den Göttern, vor Feinden und vor Naturgewalten hat der Furcht vor dem Unbewußten Platz gemacht oder vor dem, was sonst die Handlungsweise der Menschen bestimmen mag. Die Psychoanalyse hat mehr dazu beigetragen als jede andere Theorie, die scheinbar so irrationalen Seiten des menschlichen Handelns zu beleuchten. Gelegentlich wird behauptet, die Erkenntnisse der Psychoanalyse hätten dazu beigetragen, die Stabilität unserer Anschauungen und Werte zu unterminieren, und seien am Zustandekommen der gegenwärtigen Verwirrung beteiligt. Nach unserem Eindruck ist das Gegenteil der Fall. Wir glauben, daß die enorme Wirkung, die die Psychoanalyse auf das populäre Denken gehabt hat, ihr Einfluß auf Medizin, Erziehung, Literatur und selbst auf den Film eher die Konsequenz des Verlustes von stabilen Werten ist als ihr Anlaß[1].

Wir haben das strenge Programmieren, die sorgfältige Dosierung von Gefühlsäußerungen und die Flut von formelhaften Vorschriften erwähnt, die noch vor kurzem die maßgebliche Ansicht über die Pflege des Kleinkindes ausmachten. Die Gesamtheit dieser Haltungen und Methoden haben wir als einen Teil des sozial-kulturellen Milieus kennengelernt, dessen Stabilität und Stetigkeit auf dem Gefühl technischer Beherrschung beruhte. Wie steht es nun mit dem gegenwärtigen geistigen Hintergrund für die Kindererziehung? Hier einige repräsentative Ansichten: Heute glaubt man, daß es die Pflicht der Erwachsenen sei, den Bedürfnissen des Kleinkindes entgegenzukommen und nicht von ihm zu erwarten, daß es sich frühzeitig ihrer Welt anpaßt. Hand in Hand damit geht natürlich auch die Pflicht, dem Kind seine Nahrung zu reichen, wenn es selbst danach verlangt, und ähnliches mehr. Von größter Bedeutung ist nach unserem Dafürhalten das Bedürfnis des Kleinkindes nach Liebe und nach einer intimen Beziehung zur Mutter. Dabei neigen wir dazu, diese Dinge für lebenswichtiger zu halten als die sorgfältigste körperliche Pflege. Wir schätzen Spontaneität im kindlichen Verhalten, Aufrichtigkeit der Gefühle und echtes Interesse höher ein als gute Manieren, Selbstbeherrschung oder intellektuelle Leistungen. So weit, so gut: Jede Kultur hat das Recht und die Pflicht, die Ziele in der Erziehung selbst zu setzen, für die sie kämpfen will, und die oben erwähnten Zielsetzungen scheinen genau das zu sein, was wir als Gruppe für unsere Kinder erstreben.

Betrachten wir jetzt aber die Mittel, mit deren Hilfe wir diese neuen Ziele erreichen wollen. Nicht so sehr die Autoritäten auf dem Gebiet der Kinderpflege als vielmehr ihre Interpreten (in der Presse, in den ›Well Baby Clinics‹, in den Fürsorge-Organisationen, auf den Gesundheitsämtern usw.) haben eine Ideologie entwickelt, die uns nahelegt, Zufriedenheit und normale Entwicklung beim Kinde ließen sich nur unter weitgehender Selbstaufgabe der Eltern erreichen. Besonders die Mutter müsse alles, ihr Bedürfnis nach Schlaf und Erholung, die Erledigung der Hausarbeiten und die Pflege anderweitiger Interessen, jederzeit dieser einen Pflicht unterordnen. Ja, man erwartet von ihr sogar, daß sie es mit tiefer Befriedigung und freudig tut. Wenn wir einen Augenblick lang alles außer acht lassen, was wir über die Entwicklung der Persönlichkeit gelernt haben (was ja gerade zu diesen neuen Methoden geführt hat), und nur die vage ideologische Orientierung vieler Eltern und anderer Personen im Auge behalten, die diese neuen Prinzipien wirklich anwenden, so gewinnt man den Eindruck, als hätten die Erwachsenen es dabei in vieler Hinsicht unbequem. Wird das Kind in der Klinik zur Mutter gelegt (*rooming-in*), so bedeutet das, daß die Mutter aktiv Verantwortung übernehmen muß zu einer Zeit, in der sie sich früher ausruhen konnte und von allen Seiten bedient wurde. Bekommt das Kind sofort Nahrung, wenn es danach verlangt, besonders, wenn es gestillt wird oder ein enger Kontakt zwischen Mutter und Kind bei den Mahlzeiten für notwendig gehalten wird, bedeutet es, daß alle andern Beschäftigungen dem kindlichen Rhythmus angepaßt werden müssen, was der Mutter eine Entfernung von zu Hause beinahe unmöglich macht. Gibt man dem Kind freien Auslauf, um die Welt zu erforschen, so muß die Mutter unendliche Geduld und Arbeitszeit aufwenden, um Schmutz aufzuwischen oder zahllose andere Dinge zu tun.

Will man Beziehung zwischen weitgefaßten kulturellen Tendenzen und den Praktiken der Kindererziehung herstellen, so müßten Beobachtungen wie die oben angestellten, selbst wenn sie richtig sind, von sehr beschränkter Bedeutung sein, falls sie sich nur auf dieses Gebiet allein bezögen. Aber auch nur die oberflächlichste Betrachtung der anerkannten Verhaltensweisen und Praktiken auch auf ganz andern Gebieten läßt eine Tendenz erkennen, die darauf abzielt, das Leben für die Erwachsenen schwieriger und härter zu machen. Zum Beispiel: Früher brauchten die Menschen nach Operationen meist wochenlange Bettruhe – heutzutage müssen sie schon innerhalb der ersten Tage danach aufstehen und herumgehen. Die übliche Dauer des Klinikaufenthalts der Wöchnerinnen hat sich von zehn Tagen auf sechs verringert. Eine Infektion, die früher mehrere Wochen gedauert hätte, kann heutzutage mit Hilfe des Penizillins und anderer Mittel in ein paar Tagen auskuriert werden. Bricht sich einer das Bein, so kann er mit Hilfe des Gehgipses innerhalb von ein paar Tagen wieder gehen. Ist jemand zu müde zum Arbeiten, so helfen ihm stimulierende Mittel beinahe sofort wieder auf die Beine. Alle diese Hilfsmittel und Medikamente stellen unschätzbare Vorteile dar und bedingen einen wesentlichen Fortschritt in der menschlichen Erkenntnis. In gleicher Weise ist aber auch unser neues und vollständigeres Verständnis für die Bedürfnisse des Kindes wertvoll und hat sich zu einer Erkenntnis verdichtet, auf die wir nicht mehr verzichten können. Es stimmt allerdings, daß es für Erwachsene innerhalb unserer Kultur außerordentlich schwer geworden ist, legitime Kanäle für ein Sichgehenlassen zu finden. Wo es um passive Bedürfnisse geht, stößt auch schon der leiseste Versuch, sie zu befriedigen, auf die Kritik unserer Kultur.

Ein solcher Zustand wird natürlich von vielen Faktoren bedingt. Wenn aber unsere oben angestellten Spekulationen richtig sind, das heißt, wenn es wahr ist, daß wir jetzt eher dazu neigen, die Verantwortung für Kriege und andere aufrührende Ereignisse im »menschlichen Element« zu suchen als bei äußeren Kräften, so mag diese Tatsache als eine neben vielen anderen in Betracht gezogen werden, die zu der gegenwärtig strengeren Haltung gegenüber den Bedürfnissen der Erwachsenen geführt hat. Auf eine kurze Formel gebracht, lautet unser Gedankengang also folgendermaßen: Wenn wir die Verantwortung für unsere soziale Existenz übernehmen, so tragen wir sie automatisch auch für unsere gegenwärtige Lage, die von uns selbst geschaffen wurde, und auch die Schuld daran fällt auf uns. Außerdem ließe sich daraus ableiten, daß die Hoffnung auf eine bessere Welt auf unserer Fähigkeit beruht, unsere Kinder vernünftiger, tüchtiger und besser geeignet zu machen, eine gesicherte Existenz zu führen, als wir es waren.

Eine solche Haltung ist vernünftig, mit Ausnahme vielleicht des Elementes der Schuld. Und gerade diese spiegelt sich in manchen unserer Methoden, Kinder aufzuziehen. Im Falle des Individuums wissen wir, daß Schuldgefühle leicht in Aktionen gegen die eigene Person ausmünden, die bestimmt sind, eher die eigene Angst zu dämpfen, als die Situation zu bessern, die gerade diese Schuldgefühle herbeigeführt hat. Es ist durchaus möglich, daß wir als Kollektiv, als Kultur dasselbe tun. Es ist, als ob die Erkenntnis der Tatsache, daß, je besser wir es lernen, die Ereignisse unter Kontrolle zu halten, um so größer auch unsere Verantwortung dafür wird, was auch einschließt, daß wir unsern Kindern gegenüber eine uns entschuldigende Haltung einnehmen müßten (*an apologetic state of mind*). So als ob wir nicht nur bedauerten, daß wir für sie nicht mehr getan haben, sondern auch das Gefühl hätten, wir müßten ihnen etwas abbitten durch um so größere Nachsicht und auch dadurch, daß wir uns selbst bestrafen.

Damit soll nicht behauptet werden, daß die Eltern im Einzelfalle oder irgendwelche Personen, die mit Kindern umgehen, sich deutlich und ausdrücklich solcher Gedankengänge bewußt sind, wie sie oben angedeutet wurden. Jedoch dürfen wir im gegenwärtigen Augenblick annehmen, daß solche Unterströmungen in unserer Gesellschaft existieren und einige unserer Verhaltensweisen gegenüber Kindern motivieren oder auch aktivieren. Was würde das aber für die Entwicklung der Kinder bedeuten, die unter diesen Umständen aufwachsen?

Eine Diskussion dieses Punktes würde mehr Zeit erfordern, als hier zur Verfügung steht, aber das Folgende mag den Trend unserer Spekulationen verdeutlichen. Es stimmt im allgemeinen, daß, wenn wir individuell oder kollektiv mit Kindern zu tun haben, wir auf sie nicht nur unsere bewußten Absichten, sondern auch unsere Gefühle und Haltungen (bewußt oder unbewußt) übertragen, die diese Absichten begleiten. Wir können also ruhig annehmen, daß, wenn unser Verhalten gegenüber Kindern teilweise von

Angst und Schuld motiviert ist – wie in diesem Vortrag ausgeführt wurde –, die Kinder dies spüren. Man kann erwarten, daß die Entwicklung ihrer Persönlichkeit und der Welt um sie herum dadurch beeinflußt wird. Wie es oft der Fall ist, kann uns psychopathologisches Material den Schlüssel liefern für Beobachtungen am Verhalten normaler Kinder. Klinische Beobachtungen haben uns gezeigt, daß auf indirekte Weise Kinder das Gefühl bekommen, man sei ihnen etwas schuldig. Darüber hinaus und verwandt hiermit könnte die Wahrnehmung von Unsicherheit, Angst und Schuldgefühl beim Erwachsenen im Kind eine Barriere entstehen lassen, die der Entwicklung des Vertrauens in die Stärke und in das überlegene Urteil der Großen entgegenwirken würde – beides Dinge, welche Kinder benötigen, wenn sie sich selbst sicher und geborgen fühlen sollen.

In dieser Diskussion haben wir nicht versucht, die neue Ideologie, die der Kindererziehung zugrunde liegt, zu werten oder zu kritisieren. Auch liegt mir fern, die Verdienste irgendeiner dieser oben erwähnten Methoden herabzusetzen, die aus einer neuartigen Auffassung des Kindes resultieren. Tatsächlich liegt mir daran zu betonen, daß wir die neuen Kinderpflege- und Erziehungsmaßnahmen als praktische Anwendung gültiger und nützlicher Einsichten in das Wesen der Persönlichkeitsentwicklung auffassen.

Vor allem möchten wir die Aufmerksamkeit auf die Art und Weise lenken, in der viele von den Fakten, die die Psychoanalyse, die Kinderpsychologie usw. beigesteuert haben, interpretiert und angewendet worden sind. Es scheint uns, als sei die Anwendung unserer neuen Ansichten in einer Weise geschehen, daß viele der empfohlenen neuen Methoden der Kindererziehung zum Vehikel unserer Gruppenangst und kollektiven Schuld wurden. Wir glauben nicht, daß dies eine logische Notwendigkeit ist. Statt dessen sollten wir sie lieber als verständliches sozialpsychologisches Phänomen betrachten, das vielleicht durch bewußte Erkenntnis verändert und in seiner Bedeutung verkleinert werden könnte. Der Nachdruck, den man auf die psychologischen Wirkungen der Kindererziehungsmethoden legt, wird sich noch verstärken, und das ist wünschenswert. Jedoch sollte sich auch eine Wandlung in den sie begleitenden Einstellungen vollziehen. Zunehmende Einsicht in die weniger rationalen Elemente unseres Verhaltens – in die unbewußten Motivierungen und in die inneren Verbindungen von Gefühlen, Überzeugungen und Aktionen – ist nützlich, da sie uns eher dazu befähigt, diese Elemente besser unter Kontrolle zu halten und zu beherrschen, so wie wir die physische Welt zu beherrschen gelernt haben. Es würde Ironie und Tragik zugleich bedeuten, wenn wir bei der Bemühung, Frustrationen und Hemmungen zugunsten einer optimalen psychischen Entwicklung aufzuheben, ausgerechnet einem wahren Verständnis der seelischen Bedürfnisse der Kinder entgegenarbeiten würden, indem wir sie mit unseren historisch und sozial zu verstehenden Schrecknissen und Unsicherheiten belasteten.

Margaret Mead

Frühe Einflüsse auf die Persönlichkeitsbildung der Arapesh

Wie wird aus dem Arapesh-Säugling die gutmütige, freundliche und aufgeschlossene Persönlichkeit des erwachsenen Arapesh? Welchen entscheidenden Faktoren in der Erziehung des Kindes ist es zu verdanken, wenn es sanft und zufrieden, warmherzig, gelehrig und vertrauensvoll und weder aggressiv noch ehrgeizig oder draufgängerisch wird? Natürlich werden in jeder einfachen, undifferenzierten Gesellschaft die Kinder, sind sie erwachsen, die gleichen Wesensmerkmale zeigen wie ihre Eltern und Vorfahren. Aber das ist nicht einfach ein Ergebnis der Nachahmung. Zwischen der Art und Weise, wie ein Kind ernährt, schlafen gelegt, gebändigt, Selbstbeherrschung gelehrt, liebkost, bestraft und ermutigt wird, und der endgültigen Ausrichtung des Erwachsenen besteht ein sehr feiner und eindeutiger Zusammenhang. Darüber hinaus gibt die Art, in der Männer und Frauen ihre Kinder behandeln, den allerbezeichnendsten Aufschluß über die Persönlichkeit der Erwachsenen eines Volkes und beleuchtet die zwischen den Geschlechtern bestehenden Gegensätze am schärfsten. Wir können die Arapesh und das warmherzige, mütterliche Wesen sowohl der Männer wie der Frauen nur dann richtig verstehen, wenn wir die frühen Eindrücke ihrer Kindheit und die Eindrücke, die sie ihrerseits ihren Kindern zuteil werden lassen, betrachten.

Während der ersten Monate seines Lebens wird ein Säugling niemals allein gelassen. Wenn die Mutter umhergeht, trägt sie das Kind entweder in einem Tragnetz, das von ihrer Stirn herunterhängt, oder unter der Brust in einer Schlinge aus Bastgewebe bei sich. Das Tragnetz ist bei den Flachland-Arapesh üblich, die Brustschlinge bei den Küstenleuten; die Frauen in den Bergen verwenden beide Mittel, wobei sie sich nach dem Gesundheitszustand des Kindes richten: Ist es unruhig und reizbar, dann tragen sie es lieber in der Schlinge, weil es dann leichter an die tröstende Brust gelegt werden kann. Wenn das Kind weint, ist das eine Tragödie; sie muß um jeden Preis vermieden werden – das gilt auch für das weitere Leben. Die anstrengendste Zeit kommt für die Mutter, wenn das Kind etwa drei Jahre, also zu alt ist, um an die Brust gelegt zu werden, aber noch zu jung, um die Gründe für sein Weinen klar ausdrücken zu können. Man läßt das Kind beim Tragen oft aufrechtstehen, damit es sich mit den Füßen gegen die Arme oder Beine der Träger stemmen kann. Auf diese Weise lernt es oft, auf die Hände gestützt, früher stehen als sitzen. Es wird gestillt, wann immer es schreit, und ist an den engen Kontakt mit dem mütterlichen Körper – im Tragnetz auf ihrem Rücken, in ihren Armen oder auf ihrem Schoß – so gewöhnt, daß es das Gefühl ständiger Geborgenheit hat. Es hat nur zwei Erschütterungen durchzumachen, die beide ihre Auswirkungen auf die spätere Entwicklung der Persönlichkeit erkennen lassen: Nach den ersten Monaten, in denen es bedachtsam mit warmem Wasser gewaschen worden ist, wird es mit einem Strahl kalten Wassers aus einem Bambusrohr bespritzt – ein häßlicher, abrupter, kalter Schock. Alle Kinder nehmen diese Behandlung sehr übel und behalten die Abneigung gegen Kälte und Regen ihr ganzes Leben lang [1]. Der zweite Schock besteht darin, daß das Kind, wenn es abgehalten wird, von der haltenden Person schnell auf eine Seite gedreht wird, damit sie nicht selbst beschmutzt wird. Diese plötzliche Bewegung unterbricht den normalen Verlauf der Entleerung und verdrießt das Kind. Im späteren Leben beherrschen die Arapesh ihre Schließmuskeln auffallend schlecht und betrachten dies als normale Nebenerscheinung in besonders schwierigen Situationen.

Das Leben des Säuglings verläuft in Wärme und Wohlbehagen. Er wird niemals allein gelassen; tröstende menschliche Haut und menschliche Stimmen sind immer in der Nähe. Mädchen wie Jungen lieben kleine Kinder und sind immer bereit, sie auf den Armen zu halten. Wenn die Mutter zum Arbeiten in den Garten geht, nimmt sie ein größeres Kind mit, das auf den Säugling aufpaßt, statt ihn den ganzen Vormittag allein auf einer Bastdecke oder in seinem kleinen Netz aufgehängt zurückzulassen. Ist der kleine Aufpasser ein Junge, so hält er das Kind in seinen Armen, während Mädchen das Babynetz auf dem Rücken tragen.

Sobald das Kind zu laufen beginnt, ändert sich der ruhige Rhythmus seines bisherigen Lebens. Es ist jetzt bereits zu schwer, um dauernd von der Mutter getragen zu werden, und kann auch schon eine Weile ohne Saugen an der mütterlichen Brust auskommen. Die Mutter läßt das Kind also in der Obhut des Vaters oder eines anderen Verwandten im Dorf, während sie in den Garten geht oder Brennholz holt. Bei ihrer Rückkehr findet sie häufig ein weinendes und verdrossenes Kind vor und legt es voller Reue für etwa eine Stunde an die Brust. Dieser Rhythmus, der mit einer Stunde Abwesenheit und einer Stunde tröstenden Stillens beginnt, wird allmählich auf längere Perioden ausgedehnt, bis die Mutter schließlich, wenn das Kind etwa drei Jahre alt ist, einen ganzen Tag hindurch abwesend ist, um das Kind, das inzwischen natürlich eine entsprechende Ersatznahrung erhält, am nächsten Tag ununterbrochen in ihrem Schoß zu halten und es trinken oder spielen zu lassen, wann immer es will, und ihm so das Gefühl der Geborgenheit wiederzugeben. Dieses Erlebnis genießt die Mutter ebenso stark wie das Kind. Sobald das Kind alt genug ist, mit den Brüsten der Mutter zu spielen, übernimmt diese eine aktive Rolle im Prozeß des Stillens. Sie hält die Brust in der Hand und bewegt die Brustwarze sanft zwischen den Lippen des Kindes hin und her. Sie bläst in das Ohr des Kindes oder zupft es an den Ohren, schlägt ihm sanft auf die Geschlechtsteile oder kitzelt es an den Zehen. Das Kind lacht und jauchzt und macht aus dem Trinken ein ausgedehntes, behagliches Spiel. Auf diese Weise gibt der Vorgang des Nährens Gelegenheit zu innigsten Liebesbeweisen und führt dazu, daß das Kind am ganzen Körper sensibel gegenüber Zärtlichkeiten wird. Hier wird nicht einem vollständig bekleideten Kleinkind eine kühle, harte Flasche gereicht, die es schnell austrinken muß, um dann sofort einzuschlafen, damit die Mutter von der Last befreit ist, die Flasche zu halten; sondern das Nähren ist für die Mutter wie für das Kind ein langes, köstliches, begehrtes Spiel, in dem die behagliche, warme Liebesfähigkeit eines ganzen Lebens begründet ist.

Wenn es älter wird und die Mutter immer länger fortgeht, lernt das Kind neue Freuden als Ersatz für die mütterliche Brust kennen. Es lernt, mit seinen Lippen zu spielen. Dieses Spiel schaut es den größeren Kindern ab, und diese spielen auch mit den Lippen des Säuglings, womit sie ihm eine Beschäftigung zeigen, die so gut für die Zeit des Alleinseins und Hungerns geeignet ist. Interessanterweise lutscht kein Arapesh-Kind ständig am Daumen oder an einem anderen Finger [2]. Aber das Lippenspiel wird in jeder erdenklichen Form getrieben, die Oberlippe wird mit dem Daumen, mit dem Zeigefinger, dem Mittelfinger beklopft; die Backen werden aufgeblasen und mit dem Handteller oder Handrücken gepatscht; die Innenseite der Unterlippe wird mit der Zunge gekitzelt, die Arme und Knie beleckt. Die größeren Kinder kennen Hunderte von Arten, mit dem Mund zu spielen, und das kleine Kind lernt sie von ihnen im Laufe seiner Entwicklung.

Das Lippenspiel, getrieben in jeder nur denkbaren Form, ist der rote Faden im Gefühlsleben des Kindes, der die glückliche Geborgenheit im Arm der Mutter mit der sanften Freude am abendlichen Feuer im Kreise der Älteren verbindet und schließlich zu einem ausgeglichenen, unkomplizierten Geschlechtsleben führt. Die Arapesh sehen im Lippenspiel das Symbol der Kindheit. Jungen und Mädchen, die Geschichten erzählen, die für ihr Alter unpassend sind, werden ermahnt, hinterher ihre Lippen zu reiben, weil sie sonst vorzeitig graue Haare bekommen. Nach der Initiierung werden die Knaben angehalten, das Lippenspiel aufzugeben, das doch nur für »Kinder« paßt; als Ersatz wird ihnen Betelkauen und Rauchen gestattet, damit die Lippen, die so daran gewöhnt waren, daß man sich mit ihnen beschäftigt, »sich nicht einsam fühlen«. Junge Mädchen dürfen das Lippenspiel fortsetzen, bis sie Mütter geworden sind – das entspricht der Überzeugung, daß die Entwicklung der Frau sich langsamer vollzieht als die des Mannes.

Noch während es in ihrem Schoß liegt, pflanzt die Mutter dem Kind den Keim des Vertrauens und der freundlichen Aufgeschlossenheit ein gegenüber der Welt, der Nahrung, den Tieren, den Menschen. Sie hält ein Stück Taro in der Hand, und während das Kind saugt, sagt die Mutter in sanftem Singsang: »Guter Taro, guter Taro, schmeckt dem Kind, iß ein bißchen Taro, guten Taro«, und wenn das Kind für einen kleinen Augenblick die Brust losläßt, wird ihm ein Stückchen Taro in den Mund geschoben. Der Hund oder das zahme kleine Schwein, die ihre Nase neugierig unter den Arm der Mutter schieben, werden von ihr festgehalten, und während sie die Haut des Kindes an dem Fell reibt, murmelt sie: »Guter Hund, gutes Kind, guter Hund, gut, gut.« Auf ähnliche Weise weckt sie in dem Kind auch das Vertrauen zu den Verwandten und erfüllt die verwandtschaftlichen Bezeichnungen mit freundlichem Inhalt. Ehe das Kind ihre Worte verstehen kann, stellt die Mutter ihm die Verwandten vor und flüstert ihm ins Ohr: »Das ist deine andere Mutter (ihre Schwester), deine andere Mutter, deine andere Mutter. Sieh sie dir an, sie ist gut. Sie lächelt. Sie bringt dir etwas zu essen. Sie ist gut.« Diese Worte schaffen in ihm ein solches Vertrauen, daß das Kind unter ihrer akustischen Wirkung gelegentlich fast gegen sein Gefühl handelt. So flüchtete einmal ein kleines, etwa zweijähriges Mädchen mit allen Zeichen des Entsetzens vor mir. Seine Mutter kam aus der Hütte und erklärte dem erschrockenen Kind, daß ich seine Tante sei. Sofort kam es zu mir, setzte sich vertrauensvoll auf meinen Schoß und fühlte sich sogleich wieder in einer geborgenen Welt.

Die einzigen Rangunterschiede, zu deren Anerkennung durch ein entsprechendes Betragen das Kind erzogen wird, sind die Altersunterschiede. Es wird angehalten, bei einer Besorgung für den Großvater schneller zu laufen als bei einer für den Vater; es fühlt die besondere Freundlichkeit und Befriedigung, mit der der Großvater sagt: »Ich bleibe jetzt zu Hause, und meine Enkel spielen miteinander um meine Hausleiter.« Oft wird erwähnt, daß ein Kind als zweites oder drittes geboren wurde. »Sieh her, das Zweitgeborene ißt schön, aber das Erstgeborene sitzt da und spielt mit seinem Essen.« Oder: »Das Zweitgeborene geht jetzt zur Arbeit, und das Erstgeborene sitzt ruhig zu Hause.« Auf diese Weise erfährt es, daß es nicht bedeutungslos ist, ob man als erstes Kind oder als eines der folgenden geboren wurde, und lernt damit auch seine eigene Rangstellung in der Familie kennen. Im übrigen lernt es, allen zu vertrauen und alle zu lieben, denen es begegnet. Jeder Bewohner des Dorfes ist für das Kind »Onkel«, »Bruder«, »Vetter« oder »Tante« usw. Infolgedessen, aber auch wegen der notorischen Nachlässigkeit der Arapesh sind die einzelnen Grade der Verwandtschaft bei ihnen verschwommen. Schon das kleine Kind ist daran gewöhnt, mit »mein kleiner Großvater« oder »mein dickes Onkelchen« tituliert zu werden. Die Verwandtschaftsgrade werden auch dadurch noch durcheinandergeworfen, daß der älteste einer Geschwistergruppe mit »Onkel« angeredet werden kann, die zweitälteste mit »Großmutter«, der dritte mit »Sohn« – je nachdem, von welcher Warte die Verwandtschaft im gegebenen Augenblick angesehen wird. Manchmal nennt auch ein Mann eine Frau Schwester und deren Mann »Großvater«. In einer Welt, in der kein besonderes Verhalten zwischen Vettern oder Schwägern vorgeschrieben ist, wo keiner Scheu vor dem andern hat und alle verwandtschaftlichen Beziehungen gegenseitiges Vertrauen und Wohlwollen ausstrahlen und in der jeder sicher sein kann, von den anderen Nahrung und Beistand in allen Lebenslagen zu erhalten, wird natürlich auch das Kind keine deutlichen Unterschiede zwischen den Menschen seiner Umwelt machen.

Obwohl der Unterschied zwischen den Geschlechtern begrifflich klar ist, wird er durch das Verhalten der Arapesh völlig verwischt. Es wird einem Kind nicht beigebracht, daß nur seine Eltern unbewacht zusammen in einer Hütte schlafen dürfen, während eine Tante oder ein Vetter vor einem so engen Kontakt mit Verwandten des entgegengesetzten Geschlechts zurückschrecken müßten. Die Arapesh wissen nichts von solchen Hemmungen. Ein Junge lernt von seinem Vater: »Wenn du unterwegs bist, dann darfst du in jedem Haus schlafen, in dem sich eine Tante, eine Base, eine Nichte oder auch eine Schwiegertochter befindet.« Daß Leute, zwischen denen geschlechtliche Beziehungen verboten sind, lieber nicht allein gelassen werden sollten, würde ein Arapesh nie begreifen.

Bis zum Alter von etwa vier oder fünf Jahren tragen weder Jungen noch Mädchen irgendwelche Kleidung. Sie lernen es, die physiologischen Unterschiede in ihrem Aussehen ohne Scham oder Verlegenheit hinzunehmen. Von kleinen Kindern wird nicht unbedingt verlangt, daß sie ihre Bedürfnisse nicht vor anderen Leuten verrichten; selbst Erwachsene begeben sich zu einem solchen Zweck höchstens an den Dorfrand – ihr Verhalten ist aber mehr rücksichtsvoll als verschämt zu nennen. Alle Frauen schlafen nachts vollkommen nackt, und die Männer schieben ihre kleinen Lendenschurze sorglos beiseite, um sich in aller Ruhe zu kratzen. Kleine Kinder werden nicht dadurch zur Sauberkeit erzogen, daß man an ihr Schamgefühl appelliert, sondern indem man mit Abscheu von allem Unsauberen spricht. Dieser Abscheu ist so stark entwickelt, daß schon Vier- und Fünfjährige sich schaudernd von unbekannten Dingen wie Klebstoff oder Schimmel auf Leder abwenden. Die üblichere Ideenverbindung von Ausscheidungen mit den Genitalien und daher mit Geschlechtsunterschieden ist kaum jemals vorhanden.

Von kleinen Kindern wird nicht gefordert, daß sie in ihrem Verhalten zu anderen Kindern einen Unterschied zwischen Kindern des eigenen und des andern Geschlechts machen. Vierjährige Knaben und Mädchen tollen miteinander am Boden herum, und niemand kümmert sich darum, wie weit es dabei zu körperlicher Berührung kommt. So entwickelt sich in den Kindern eine selbstverständliche, unbekümmerte Vertrautheit mit dem Körper des anderen Geschlechts, eine Vertrautheit, die nicht durch Schamgefühl beeinträchtigt wird.

Wenn das Kind älter wird, ist seine Betreuung nicht mehr so ausschließlich auf seine Eltern beschränkt. Kinder werden »ausgeliehen«. Eine Tante kommt zu Besuch und nimmt das Vierjährige für eine Woche mit in ihre Hütte und gibt es dann an andere Verwandte, damit diese es gelegentlich zu den Eltern zurückbringen. Daraus folgt, daß das Kind die Welt als eine Welt voller Eltern sehen lernt und nicht als einen Ort, in dem Sicherheit und Glück allein von der Kontinuität seiner Beziehungen zu den eigenen Eltern abhängen. Der Kreis seines Vertrauens erweitert sich, ohne daß sich seine Liebe allzusehr verallgemeinert. Es kommt nicht mit einem Halbdutzend Müttern oder Vätern zusammen, wobei die eigenen Eltern zu einem verschwommenen Bild werden würden; sondern diese behalten eine Sonderstellung, da das Kind mit ihnen am häufigsten zusammen ist. Die Gewöhnung an das Hinüberwechseln von einer Familie in die andere erklärt auch, warum man ein kleines Kind der Arapesh nur ein Weilchen zu herzen braucht, damit es einem zutraulich überallhin folgt. Von klein auf daran gewöhnt, daß man niemanden und nichts zu fürchten braucht, schließt es sich freudig jedem an, der ihm den Magen kitzelt oder seinen ständig juckenden kleinen Rücken kratzt. Die Kinder kugeln auf dem Boden von einem freundlichen Erwachsenen zum andern und lassen sich neben jedem nieder, der sich mit ihnen abgibt.

Niemand verlangt, daß die Kinder rasch erwachsen werden oder irgendwelche besonderen Fähigkeiten erwerben, und es fehlt auch völlig an Methoden zur körperlichen Ertüchtigung. Man läßt es zu, daß sie Dinge versuchen, die ihre Kraft weit übersteigen, eine Leiter hinaufklettern und auf dem halben Wege Angst bekommen, mit einem Messer spielen, mit dem sie sich schneiden würden, wenn man nicht ständig auf sie aufpaßte. Es gibt nur eine Ausnahme: Mädchen wird schon in frühester Jugend beigebracht, daß sie Lasten auf dem Kopf zu tragen haben. Schon in einem Alter, wo sie größtenteils noch von der Mutter getragen werden, wird damit begonnen. Sie lernen, daß es eine besondere Vergünstigung ist, wenn sie Besitztümer ihrer Eltern auf dem Kopf tragen dürfen. Sonst aber ist die körperliche Erziehung der Kinder ganz planlos. Ein kleines Kind klettert eine Hausleiter hinauf; auf halbem Wege beginnt es vor Angst zu schreien, und sofort kommt ihm jemand zu Hilfe. Ein Kind stolpert. Es wird aufgefangen und geherzt. So wächst das Kind auf mit dem Bewußtsein, in der Fürsorge der anderen geborgen zu sein und seine Sicherheit nicht dadurch zu gewinnen, daß es seine Umwelt beherrschen lernt. Die Welt ist kalt, feucht, voller Fallgruben, verborgener Wurzeln und Steine, über die die kleinen Füße stolpern – aber stets ist da eine hilfsbereite Hand, eine freundliche Stimme, die einen rettet. Man muß in erster Linie Vertrauen zu seiner Umwelt haben – was man selbst tut, ist gar nicht wichtig.

Die Einstellung der Arapesh zu den Gebrauchsgegenständen und zur Körperbeherrschung wirkt sich in dem mangelhaften technischen Verständnis der Erwachsenen aus. Die Arapesh kennen keine genormten Arbeitsmethoden; selbst die Knoten, mit denen sie die Balken ihrer Häuser verbinden, sehen jedesmal anders aus. Wenn sie irgend etwas abmessen, sind die festgestellten Maße fast immer falsch. Statt den Fehler zu berichtigen, passen sie den weiteren Bau diesem einen Fehler an. Die Häuser sind nachlässig und unsymmetrisch gebaut. Die Matten und Körbe, die sie flechten, die Armreifen und Gürtel, die sie herstellen – das alles ist nachlässige und unvollkommene Arbeit. Sie importieren laufend schöngearbeitete Gegenstände von der Küste als Modelle, degradieren aber den Entwurf durch eine rohe Imitation, sofern sie einen solchen Versuch nicht überhaupt rasch wieder aufgeben. Disziplin von Hand und Auge fehlt ihnen völlig.

In der Malerei sind sie wohl noch am stärksten. Ein großzügiger impressionistischer Stil ermöglicht es den besonders Begabten, fast ohne jede Anleitung und Tradition gelegentlich zauberhafte Muster auf große Baumrindenstücke zu malen. Aber eine solche Einzelbegabung hat kaum eine nachhaltige Wirkung auf das mangelnde Vertrauen der Leute in ihre eigenen Fähigkeiten, auf ihre ständige Erwartung in die Kunstwerke anderer Völkerstämme, weil sie sich selbst für unfähig halten. Die Kinder lernen höchstens, sich begeistert zu zeigen, wenn ihnen eine hübsche Farbe oder ein neues Lied vorgeführt wird. Diese Haltung haben sie den Erwachsenen abgesehen, die angesichts eines Bildes aus einem amerikanischen Magazin nicht etwa fragen: »Was ist das?«, sondern stets ausrufen »Oh, wie herrlich!«

Das ständige Umherziehen von einem Ort zum andern wirkt sich natürlich auf das Leben der Kinder aus. Nie sind genug Kinder für Gruppenspiele beisammen; jedes Kind hängt sich an einen Erwachsenen oder an ältere Geschwister. Die langen Wege zwischen den einzelnen Gärten und der lange Rückweg zum Dorf ermüden sie, so daß sie bei der Heimkehr teilnahmslos dasitzen und mit ihren Lippen spielen, während die Mutter das Essen bereitet und der Vater mit anderen Männern am Feuer plaudert. Es gibt so gut wie keine Kinderspiele. Kleinere Kinder dürfen überhaupt nur so lange miteinander spielen, als sie nicht in Streit geraten. Sobald der kleinste Zank entsteht, schaltet sich ein Erwachsener ein. Der Angreifer wird sofort vom Schlachtfeld gezerrt und festgehalten. Ein zorniges Kind darf mit den Füßen um sich schlagen und schreien, sich im Schmutz wälzen, Steine und Brennholz auf den Boden werfen – aber es darf niemals das andere Kind berühren. Diese Gewohnheit, seine Wut auf andere an den Dingen seiner nächsten Umgebung auszulassen, bleibt das ganze Leben hindurch erhalten. Ein zorniger Mann kann eine Stunde damit verbringen, auf seinen Gong zu schlagen oder auf seine eigenen Palmen einzuhacken.

Die Kinder werden nicht dazu erzogen, ihre Gefühle zu beherrschen, sondern darauf zu achten, daß ihre Gefühlsäußerungen höchstens ihnen selbst schaden. Bei einem Mädchen werden Zornesausbrüche schon sehr früh unterdrückt. Die Mütter machen ihnen hübsche Baströcke, die bei einer Balgerei im Schmutz beschädigt würden, und befestigen ihnen auf den Köpfen geflochtene Täschchen, deren Inhalt doch nicht verloren gehen darf! Die Mädchen lernen daher früher Selbstbeherrschung als die Knaben, die sich noch als Fünfzehnjährige wütend auf dem Boden herumwälzen, ohne sich zu schämen. Der Unterschied zwischen den Geschlechtern wird dabei noch durch zwei Umstände verschärft: Wenn ein Junge etwa vier oder fünf Jahre alt geworden ist, hängt er sich mehr und mehr an seinen Vater; er folgt ihm auf allen Wegen, schläft nachts in seinen Armen und wird vollkommen abhängig von ihm. Ein Mann kann natürlich sein Kind noch viel weniger immer mit sich nehmen als die Mutter. Infolgedessen wird der kleine Junge häufiger gerade von dem zurückgestoßen und verlassen, an dem er am meisten hängt. Ist er ein wenig älter, dann wird der Vater ihn häufig nicht der Mutter oder der Nebenfrau, die vom Kind ebenfalls »Mutter« genannt wird, anvertrauen, sondern den älteren Brüdern, bei denen er sich noch verlassener fühlt. Die geringste Neckerei, besonders wenn ihm Essen vorenthalten wird, läßt ihn in laute Heulerei und Wutanfälle ausbrechen. Die traumatische Situation des von der Mutter für mehrere Stunden allein gelassenen kleinen Kindes scheint sich hier in dem großen Jungen zu wiederholen, und mit seinem kindlichen Wutausbruch versucht er die frühere Folge, nämlich die Zärtlichkeitsbezeugungen hingebungsvoller, reuiger Eltern, wieder herbeizuführen. Damit hat er meist auch Erfolg; denn alle, der große Bruder eingeschlossen, sind entsetzt über seinen Kummer und versuchen, ihn zu beruhigen. Die kleinen Mädchen dagegen werden schon viel früher zu Arbeiten in der Familie herangezogen, und da sie sich selten vornehmlich ihrem Vater anschließen, brauchen sie auch nicht diese »zweite Entwöhnung« durchzumachen. Es ist bezeichnend, daß drei kleine Mädchen, die zu Wutanfällen neigten wie Jungen, Töchter von Vätern waren, die keinen Sohn hatten und die kleinen Mädchen daher wie Söhne erzogen. Verließ einer dieser Väter für längere Zeit das Haus in Geschäften, um auf die Jagd zu gehen oder den Zauberer aufzusuchen, der einem Verwandten den Tod anzauberte, dann riß das kleine Mädchen sein Grasröckchen ab und warf sich genau wie ein Junge auf den Boden. Für gewöhnlich sind jedoch Mädchen keiner derartigen zweiten Entwöhnungsperiode unterworfen; erst später, wenn der erwachsenen Frau der Mann stirbt, erlebt sie als Witwe wieder die traumatische Erfahrung des Verlustes eines teuren Menschen, was oft mit heftigen Gefühlsstörungen verbunden ist. Aber nicht jeder Frau ist diese Erfahrung bestimmt, und meistens ist sie dem späteren Lebensalter vorbehalten.

Da es ferner einem »großen Mann« durchaus gestattet ist, Wut und Trotz in seinen öffentlichen Reden zu simulieren, den Speer zu schwingen, auf den Boden zu stampfen und wütend zu schreien, hat der kleine Junge ein Vorbild für solche Gefühlsausbrüche, das einem Mädchen völlig fehlt; er ist noch viel zu unerfahren, um zu wissen, daß dieses Verhalten des »großen Mannes« lediglich Theater ist.

Solche Gefühlsausbrüche sind fast immer auf Unsicherheit oder Ablehnung durch einen anderen zurückzuführen. Dem Kind wurde ein Wunsch versagt, es hat irgendwen nicht begleiten dürfen, es ist von einem anderen Kind gestoßen oder angeschrien worden oder, und das ist das Schlimmste, Essen ist ihm verweigert worden. Die Wutanfälle aus Gründen der Nahrungsverweigerung sind die häufigsten und auch die interessantesten, da das Kind auch durch nachträglich angebotenes Essen nicht beruhigt werden kann. Die Verweigerung der ersehnten Kokosnuß, des begehrten Stückchens Zuckerrohr hat Reaktionen hervorgerufen, die weit über die Macht eines Nahrungsmittels hinausgehen, Beruhigung herbeizuführen; das Kind weint unter Umständen eine Stunde lang als wehrloses Opfer einer Situation, in der die Eltern gleicherweise machtlos sind. Diese Wutanfälle wegen einer Verweigerung dienen dazu, den Zorn als Reaktion auf einen feindlichen Akt von dritter Seite aufzufangen und zu neutralisieren.

Wenn Kinder miteinander streiten, werden sie von den Eltern unter Anspielung auf die zwischen ihnen bestehende Verwandtschaft getadelt: »Willst du, der jüngere Bruder, etwa deinen älteren Bruder schlagen?« – »Willst du, der Sohn von seines Vaters Schwester, den Sohn des Bruders deiner Mutter schlagen?« – »Es geht nicht, daß zwei Vettern miteinander zanken wie kleine Hunde.« Kinder werden nicht zur Härte erzogen, zu dem, was wir Sportsgeist nennen, zu dem Hartsein im Nehmen, das in unserer Gesellschaft für typisch männlich gehalten wird. Die kleinen Arapesh-Jungen werden vor jedem Angriff, vor rauhen Erziehungsmaßnahmen von seiten älterer Kinder oder zorniger Eltern gehütet wie das liebevollst erzogene und zarteste kleine Mädchen bei uns. Daher werden die Arapesh-Jungen nichts weniger als »sportlich« und fühlen sich schon durch einen Schlag, ja, durch ein hartes Wort aufs tiefste verletzt. Selbst erwachsene Männer brechen in Tränen aus, wenn sie ungerecht beschuldigt werden.

Die Kinder nehmen diese Abneigung gegen Spannungen mit ihren Kameraden ins spätere Leben hinüber. Ihre Kultur hat einige sichtbare Mittel, einen echten Zwist symbolisch auszudrücken, erkennbare Zeichen von Mißhelligkeiten, mit deren Hilfe die Situation gemeistert wird, ohne daß es zu einem Zusammenstoß zwischen den beteiligten Personen kommen muß. So passiert es zuweilen, daß ein Mann zu der Überzeugung gekommen ist, seine Frau sei nicht fähig, Schweine zu füttern. Diese Überzeugung ist außerordentlich schwerwiegend, denn das Schweinefüttern ist ja die Krönung der Sozialleistungen der Frau. Die Sache wird durch den Umstand kompliziert, daß es sich dabei fast niemals um die eigenen Schweine handelt, sondern um die irgendwelcher Verwandter. Der Tod des Tieres, durch Krankheit oder Verirren, durch einen Habicht oder eine Pythonschlange, ist eine Tragödie, für die der Mann seine Frau bestrafen muß. Wiederholen sich derartige Todesfälle, so daß schließlich alle die Unfähigkeit der Frau, Schweine aufzuziehen, erkennen, dann nagelt der Mann den Schweinetrog aus Baumrinde mit dem Speer an die Tür ihres Hauses, bindet ein Stückchen Yamfrucht, ein Stückchen Taro und ähnliches daran und spickt ihn mit Pfeilen. Dann weiß jeder, wie er über die Sache denkt; er braucht mit seiner Frau nicht darüber zu diskutieren, und wenn sie schmollt, dann tut sie das wegen einer Situation, die unpersönlich und offiziell geworden ist. Sind zwei Verwandte ernstlich böse aufeinander, so hängt sich der temperamentvollere einen Krotonblattknoten als Gedächtnisstütze an seine Haustüre, womit er sagen will, daß er nie wieder mit diesem unangenehmen Verwandten essen will. Damit dieses formelle Zeichen eines Bruchs wieder beseitigt werden kann, muß derjenige, der den Knoten befestigt hat, ein Schwein schlachten. Ein *buanyin*, dem die *buanyin*-Bindung zuwider ist, kann sie dadurch lösen, daß er eine geschnitzte hölzerne Schale mit einem Rand von Zweigen auf den *agehu* stellt, womit er erklärt, daß die Bindung beendet ist. Aber diese aufwendigen Methoden des Bruchs von Beziehungen sind selten; ein Mann überlegt es sich lang, ehe er einen derartig drastischen Schritt tut und damit eine Situation herbeiführt, die sehr lästig aufrechtzuerhalten ist und nur mit großen Kosten wieder rückgängig gemacht werden kann.

Die Angst und das Unbehagen, die jede Äußerung von Zorn hervorruft, sind auch in die Vorstellungen verwoben, die mit Zauberei zusammenhängen. Ein wütender Mann darf einen anderen weder schlagen noch mit harten Worten zurechtweisen. Aber um sich zu rächen, darf er vorübergehend ein Verhalten zeigen, das nicht einem Verwandten und einem Mitglied der gleichen Gemeinde gegenüber, sondern gegenüber den Leuten aus der Ebene, einem Fremden und einem Feind üblich ist. Für die Arapesh-Kinder besteht die Welt aus zwei großen Kategorien: Die eine bilden die Verwandten – etwa drei- bis vierhundert Menschen aus dem eigenen Dorf und aus Nachbardörfern, mit denen ihre Verwandten durch Heirat verbunden sind, ferner aus der großen Zahl der Frauen und Kinder von angestammten Tauschhandelsfreunden des Vaters; die andere Kategorie sind die Fremden und Feinde, meist *waribim*, Leute der Ebene, genannt – wörtlich »Menschen von den Flußgebieten«. Diese spielen im Leben der Kinder die Doppelrolle des gefürchteten »schwarzen Mannes« und des Feindes, den man hassen, verspotten und überlisten, kurz, dem man all das Böse zufügen darf, das gegenüber den eigenen Leuten verboten ist. Die Kinder hören ihre Eltern murren und fluchen, wenn die eingebildeten Flachland-Leute vorbeikommen; sie hören, daß diese Männer für Unglück und Tod verantwortlich sind. Schon mit etwa fünf Jahren werden die Kinder gewarnt: »Du darfst nie eine angebissene Frucht dort herumliegen lassen, wo Fremde sind. Wenn du ein Stück Zuckerrohr abbrichst, paß auf, daß kein Fremder dich dabei beobachtet; er könnte den Stiel ausreißen und dich damit verzaubern. Wenn du eine Betelnuß ißt, wirf die Schale nicht achtlos fort. Wenn du eine zähe Yamswurzel ißt, iß sie ganz; laß nichts davon übrig, das von einem Fremden benutzt werden könnte, dich zu verzaubern. Wenn du in einem Haus schläfst, in dem Fremde sind, lege dich auf den Rücken, damit kein Speichel heruntertropfen kann, den der Feind später fortschafft und versteckt. Wenn dir jemand einen Opossumknochen zum Abnagen gibt, behalte ihn bei dir, bis du ihn unbemerkt beseitigen kannst.« Der kleine Junge bekommt einen Korb aus Palmblättern, das kleine Mädchen eine winzige Netztasche, in denen sie solche Nahrungsreste aufbewahren können, damit sie nicht den Fremden in die Hände fallen. Die Arapesh sind geradezu besessen von dieser Angst vor ›*dirt*‹. Beim Essen, beim Betelkauen, beim Rauchen, beim Geschlechtsverkehr muß man ständig darauf achten, daß kein Überbleibsel in die Hand eines Fremden fällt; sonst drohen Krankheit oder Tod. Das Kind lernt, daß Feindseligkeit, ein Gefühl, das nur zwischen Fremden existiert, sich normalerweise im Stehlen und Verstecken solchen Abfalls äußert. Diese Auffassung, die Furcht und Wut mit einem bestimmten Verhaltensmuster in Zusammenhang bringt, ist eine Zwangsvorstellung für den erwachsenen Arapesh.

Angenommen, ein Mann wird von seinem Bruder oder Vetter gekränkt, der durch diesen unfreundlichen Akt vorübergehend zum »Fremden«, zum

»Feind« wird. Der Gekränkte weiß nichts von irgendwelchen Gradunterschieden innerhalb seiner Verwandtschaft; er kennt nur zwei Arten des Verhaltens: das gegenüber Angehörigen der eigenen großen und vertrauten Gemeinschaft und das gegenüber einem Feind. Der Bruder, der ihn gekränkt hat, rechnet in dem Moment zu seinen Feinden; er stiehlt diesem Bruder also etwas *dirt* und bringt ihn zu den Flachland-Leuten. Tatsächlich wird aller *dirt*, der seinen Weg in die kleinen Verstecke der Flachland-Arapesh nimmt, nicht von deren Zauberern gestohlen, sondern von den Berg-Arapesh selbst, deren erzürnten Brüdern oder Vettern oder Ehefrauen. Natürlich ist dies den Leuten vom Berg bekannt. Wenn sie den Wohnort des Zauberers herausbekommen wollen, der den *dirt* eines kranken Mannes vermutlich aufbewahrt, gehen sie die Handelsfreunde des Mannes der Reihe nach durch, den der Kranke vor kurzem verärgert hat. Trotzdem wird für den Tod nicht der Mann verantwortlich gemacht, der den *dirt* gestohlen hat. Von ihm wird angenommen, daß er seinen Zorn schon längst vergessen hat. Dafür wird die Schuld dem Zauberer in die Schuhe geschoben, dessen Verhalten der zornige Mann während der Wut auf seinen Freund gewissermaßen unter Zwang imitierte.

So zwingen das Fehlen differenzierter Ausdrucksmöglichkeiten für Ärgernisse und die Unkenntnis anderer Kategorien für menschliche Beziehungen als der totaler Freundschaft oder totaler Feindschaft die Arapesh zu einem Verhalten, das sie selbst als unerklärliche momentane Verrücktheit ablehnen. Und das Fehlen jeder sportlichen Betätigung, jeder harmlosen Streiterei unter den Kindern macht einen Arapesh natürlich ganz besonders empfindlich gegenüber der leisesten Zornesäußerung. Furcht und Panik überfallen ihn, und das Stehlen von *dirt* ist meist die geradezu zwangsläufige Folge. Wenn ein Mann von einer solchen Tat berichtet, dann geschieht das ganz unbeteiligt, als beschriebe er das unwillkürliche Blinzeln seiner Augen bei starkem Lichteinfall: »Er hat sich gegen mich gestellt und den Leuten geholfen, die meine Mutter entführt haben. Er sagte, sie würde mit jenem Mann verheiratet bleiben. Er hat mir überhaupt nicht geholfen. Ich war mit ihm im Haus des Bruders meiner Mutter. Da hat er ein Stück Känguruh-Fleisch gegessen. Er hat den Knochen aus der Hand gelegt. Er hat ihn vergessen. Er ist aufgestanden und zum Haus hinausgegangen. Meine Augen sahen, daß niemand zuschaute. Meine Hand flog vor und ergriff den Knochen. Ich versteckte ihn rasch in meinem Korb. Am nächsten Tag traf ich auf der Straße einen Mann aus Dunigi, den ich mit ›Großvater‹ anredete. Ich habe ihm den Knochen gegeben. Ich gab ihm keinen Ring dazu.« (Ein solcher Ring wird als Entlohnung betrachtet, und wenn er nicht zur gleichen Zeit mit dem *dirt* übergeben wird, dann bedeutet das, daß der Zauberer zunächst nichts unternehmen, sondern erst auf seinen Lohn warten wird – entweder von dem Mann, der ihm den *dirt* gegeben hat, oder von einer später verärgerten Person; letzteres ist meist erfunden und wird nur als Entschuldigung angeführt.) Ein solcher Bericht wird mit leiser, unbewegter Stimme abgegeben, die weder Stolz noch Reue noch Schuldbewußtsein erkennen läßt. Das in früher Kindheit gelernte Verhalten hat sich ganz und gar behauptet.

Um zum Spiel der Kinder zurückzukehren: Es gibt keine Spiele, die Streitlust oder Ehrgeiz anfeuern könnten, keine Wettkämpfe, keine Spiele mit zwei Parteien[3]. Die Kinder spielen Opossum oder Känguruh, oder ein Kind ist ein schlafender Kasuar, den die anderen aufschrecken; viele Spiele gleichen den Kindergartenspielen unserer Kleinsten. Es sind Singspiele, in denen irgendeine einfache Pantomime, etwa die Nachahmung der Sagoernte, einen alten, überlieferten Text begleitet. Aber selbst solche Spiele sind selten. Meist sind nur die großen Feste Anlaß zum Zusammenkommen so vieler Kinder, daß Spiele sich lohnen würden. Aber die Kinder begnügen sich viel lieber mit der Rolle von Zuschauern bei den Tänzen und Zeremonien der Erwachsenen, was sie mehr fesselt. Im frühesten Alter tröstete sie ihr Lippenspiel über diese Rolle hinweg. Schon als Babys haben sie bei solchen Festen Nächte hindurch auf den Schultern von Müttern und Tanten getanzt. Bei diesen Tänzen, die etwa eine Yamsernte oder eine erfolgreiche Jagd feiern, tanzen die Frauen gern mit einem Kind auf der Schulter, und so werden die kleinen Kinder von einer Frau zur anderen weitergereicht und hüpfen schläfrig auf den schwingenden Schultern der tanzenden Frauen auf und ab. Schon früh lernen sie, rittlings auf dem Hals eines Erwachsenen sitzend zu schlafen, wobei sie mit einer Hand festgehalten werden; ohne aufzuwachen, passen sie sich dabei jeder Bewegung des Tanzenden an. Durch diese frühen Erlebnisse gewöhnen sie sich daran, ein Teil des Gesamtbildes zu sein und die passive Rolle, die sie später in der Gemeinschaft zu spielen haben, einem aktiven Kindesleben vorzuziehen.

Im Zusammenleben der Kinder gibt es einen Unterschied zwischen Jungen und Mädchen, der das ganze Leben hindurch Gültigkeit behält. Kleine Mädchen werden zum Lastentragen, zum Unkrautjäten, zum Sammeln von Nahrungsmitteln und Brennholz herangezogen. Steht ein Fest oder eine Ernte bevor, dann werden alle kleinen weiblichen Verwandten zusammengetrommelt, um einen Tag lang hart zu arbeiten. Das ist praktisch die einzige Gelegenheit für sie, zusammenzusein; denn am Festtag selbst sind sie noch stärker eingespannt als am Werktag. Abends sind sie von all der Schlepperei selbst zum Plaudern zu müde. Eng umschlungen fallen die besten Freundinnen, Mädchen von elf oder zwölf Jahren, auf dem gleichen Lager sofort in Schlaf. Viele Menschen und Arbeit gehören in der Vorstellung der kleinen Mädchen ebenso eng zusammen wie gemütliches Plaudern, das Freisein von allzu anstrengender Arbeit und die kleine Gruppe der nächsten Verwandten, die sich abends um das Feuer im Hauptdorf des Clans versammelt.

Die Jungen machen ganz anders geartete Erfahrungen. Ihre Arbeit vollzieht sich nicht in der Gruppe; sie haben den Vater oder den älteren Bruder auf die Jagd oder in den Wald zu begleiten, um Kräuter oder Reben zu sammeln oder um Bauholz für ein Haus zu beschaffen. Die normale männliche Arbeitsgruppe besteht aus einem kleinen Jungen und ein bis zwei Erwachsenen. Sind keinerlei Unternehmungen der erwähnten Art im Gange, dann kommen wohl auch ein paar Jungen zusammen, um Pfeile und Bogen zu schnitzen und sich im Schießen auf Eidechsen oder auf ein von einer leuchtenden Orange gebildetes Ziel zu üben; oder sie stellen Rattenfallen auf, machen Klappern und Knallbüchsen. Dieses unbelastete Zusammensein mit Altersgenossen ist ihre glücklichste Zeit, und daraus mag sich später die Rastlosigkeit der Männer erklären, wenn sie zu lange auf ein kleines Dorf beschränkt waren, ihr Drang, immer unterwegs zu sein und Brüder und Vettern zu besuchen. Dieses Verlangen der Männer, zum Besuchemachen unterwegs zu sein, ist für die Frauen ständiger Anlaß zu scherzhaften Vorwürfen; ein Mann, der diese Vorliebe zu weit treibt, erhält den Spitznamen Herumtreiber oder Bummelant. Eine der Formen leichter nervöser Unbeständigkeit bei den Arapesh ist die Überempfindlichkeit gegenüber Geselligkeiten: Ein Mann kann Eremit werden und im tiefsten Busch leben oder ruhelos von einer festlichen Veranstaltung zur andern wandern, nur weil er dem Ton der entferntesten Trommeln nicht widerstehen kann.

Die Belehrung, die ein Kind über den Begriff des Eigentums erhält, soll vor allem die Achtung vor dem Eigentum anderer und das Vertrauen in das Eigentum der eigenen Familie wecken, aber keineswegs den Besitzsinn. Kinder werden getadelt, wenn sie das Eigentum anderer beschädigen, und Ermahnungen wie »Das gehört Balidu, sei vorsichtig« oder »Das gehört Großvater, mach es nicht kaputt« begleiten die Erkundungsreisen des

Kindes in einem fremden Haus. Die Bemerkung »Das gehört nicht dir«, die die nörgelnden Ermahnungen der Manus-Mütter vervollständigt, fehlt hier ganz. Die Unterscheidung von Mein und Dein spielt kaum eine Rolle, dafür aber die Notwendigkeit, mit den Sachen anderer Leute sorgsam umzugehen. Das Eigentum der Familie wird ganz anders behandelt. Das Kind bekommt alles, wonach es weinend verlangt. So kommt es oft vor, daß es die Ohrringe der Mutter zerbricht oder die Halskette aus aufgereihten Beuteldachs-Zähnen zerreißt. Das Haus, in dem das Kind aufwächst, ist keine verbotene Welt, angefüllt mit Schätzen, die es nicht berühren darf, so daß sie in seinen Augen natürlich einen ungeheuren Wert erhalten. Wenn die Eltern irgend etwas besitzen, das das Kind beschädigen könnte, so verstecken sie es sorgsam, so daß das Kind niemals danach verlangen wird. Diese Einstellung wurde sehr lebendig illustriert, als ich den Arapesh einmal einen roten Luftballon zeigte. Es war der leuchtendste und schönste farbige Gegenstand, den diese Menschen je erblickt hatten. Die Kinder jauchzten vor Freude, und selbst den Erwachsenen verschlug es den Atem – aber nur für einen kurzen Augenblick. Dann sagten sie traurig: »Steck das lieber wieder weg. Du hast doch unmöglich viel von diesen schönen Dingen, und die Kinder werden danach verlangen.«

Wird das Kind älter, dann wird ihm erklärt, daß der geschnitzte Holzteller, der nur bei festlichen Anlässen benutzt wird, oder der kostbare Kopfputz aus Paradiesvogelfedern, den der Vater bei den Tänzen trägt, ihm, dem Kind, gehöre. Aber seine Eltern benutzen diese Dinge natürlich auch weiterhin. Der Vater führt das Kind in den Busch, zeigt ihm dort die jungen Sagoschößlinge und erklärt ihm, daß sie ebenfalls ihm gehören. »Dein Eigentum« wird also gleichbedeutend mit zukünftigen Dingen, die jetzt noch von anderen benutzt werden. Bei einer solchen Einstellung kann es keine eifersüchtige Verteidigung des Eigentums und damit auch weder Diebstahl noch verschlossene Türen noch einen Zauberbann auf das Eigentum – die primitive Entsprechung des Verschließens – geben. Die Arapesh haben ein paar Schutzamuletts für ihre Gärten, deren eigentlichen Sinn sie aber so völlig vergessen haben, daß ein Mann mit einem solchen Amulett an seinem Zaun die Ernte auch vor dem Appetit der eigenen Familie schützen will.

Laura Thompson – Alice Joseph

Kindheit bei den Hopi

Die Hopi verstehen den Kreis des menschlichen Lebens als Lebensreise zwischen Geburt und Tod. Die Reise bedeutet ein allmähliches Wachsen und Sichentwickeln des einzelnen durch vier Phasen hindurch: Kindheit, Jugend, Erwachsensein und Alter. Diese Auffassung wird graphisch in einem Sandbild in der Powamu-Zeremonie symbolisiert, indem eine gelbe Linie (die Lebenslinie), südöstlich von dem *kiva si'papu* verlaufend, durch vier Biegungen gekennzeichnet ist. Jeder Abschnitt der Reise, der einen Teil des Prozesses allmählicher Reifung darstellt, wird vorgestellt als aus den vorhergehenden erwachsend und die künftigen vorbereitend. Die Übergänge von einer Phase zur anderen werden durch Zeremonien besonders markiert, die deren vergänglichen Charakter, ihr Symbolisieren der Idee von Geburt und Wiedergeburt, betonen, bis endlich der Tod die Wiedergeburt des Individuums in der Unterwelt kennzeichnet. Die idealen Verhaltensmuster einer Person des einen oder des anderen Geschlechts sowie die Rollen, von denen man erwartet, daß sie sie in jeder Phase spielen wird, werden für diesen »Weg der Hopi« vorgeschrieben, der, so man ihm folgt, das Wohl der Gemeinschaft fördert und zu langem und glücklichem Leben führt.

Die erste Krise, die Geburt, ist ein wichtiges Ereignis für die ganze Stammesgruppe, denn es bedeutet die Einführung eines neuen Mitglieds und die Erneuerung der Lebenskraft der Gruppe. Kinder sind bei den Hopi sehr erwünscht; sie halten sie, getreu ihren Grundanschauungen, vom Zeitpunkt ihrer Geburt an für Persönlichkeiten von großer Bedeutung. Die Sorge der Eltern für ihre Kinder drückt sich in Geschichten aus, in denen Kinder in Hexen, Schlangen, Schildkröten und so weiter verwandelt werden. Obgleich beide Geschlechter willkommen sind, hält man Mädchen wegen ihrer Rolle bei der Fortführung des Clans für besonders wichtig. Die zentrale Stellung der Frau im Verwandtschaftssystem der Hopi und ihre genau bestimmte und hochveranschlagte Rolle in der Hausgemeinschaft geben den Hopi-Frauen, im Gegensatz zu den Männern, eine festere Position und größere Sicherheit während des ganzen Lebens. Dies spiegelt sich, wie wir sehen werden, in ihren Verhaltensmustern und ihrer Persönlichkeitsstruktur in jeder untersuchten Altersgruppe.

Wie schon angeführt, gehört das Kind dem Clan der Mutter an, und ihm bleibt es von Geburt an bis zum Tod am stärksten zugehörig. Es wird jedoch auch als »Kind« des väterlichen Clans gedacht, und diese Beziehung beginnt mit einer Reihe von Riten, in denen vor allem die Großmutter väterlicherseits eine führende Rolle spielt. Diese enden am Morgen des zwanzigsten Tages nach der Geburt, wenn es einen Namen erhält und vor aller Augen der Sonne, der großen Vatergottheit der Hopi, präsentiert wird. Diese Riten begründen einen bestimmten Modus des zeremoniellen Austauschs von Geschenken und Diensten zwischen dem Kind und den Angehörigen des Clans seines Vaters, der für das ganze Leben gültig bleibt. In bestimmten Abständen wird das Kind von anderen Clans einschließlich dem seines Paten bei der ersten Initiationszeremonie und dem der Schwester dieses Paten »adoptiert«; das gleiche gilt für den Clan eines Medizinmannes, der es von schwerer Krankheit geheilt haben mag. Durch diese Riten und das Aufnehmen in Geheimbünde geschieht es, daß ein Netz von Bindungen und gegenseitigen Verpflichtungen geschaffen wird, das praktisch jeden im Dorf einschließt und sich über den gesamten Stamm erstreckt.

Die Geburt findet im Hauswesen der Mutter statt, der Ehemann der Frau und ein oder mehrere weibliche Angehörige der Mutter sind meist dabei. Ein Medizinmann mag gerufen werden, falls sich die Entbindung verzögert, aber bis man den Arzt oder eine Schwester der Verwaltung holt, müssen die Wehen schon seit Tagen andauern. Obgleich ein paar der am meisten zivilisierten Hopi-Frauen im Krankenhaus in Keams niederkommen, fehlt es den meisten Hopi an Vertrauen in eine Klinik und ihre Vertreter, nach der Aussage von Informanten, weil Gebräuche, denen der Hopi größte Wichtigkeit beimißt, wie das Weglassen von Salz und Fleisch bei der Nahrung der jungen Mutter und der Schutz vor Sonne im Krankenhaus unterbleiben. Die Nachgeburt wird zusammen mit dem Blut, das die Frau bei der Geburt verloren hat, dem Sand, der die Stelle der Geburt bedeckte, und einigen heiligen Maisspeisen in einen Korb getan und von der Mesa in eine ganz bestimmte Spalte geworfen. Dasselbe geschieht mit einer Totgeburt und einem Kind, das vor der ersten Initiation stirbt. Die Nabelschnur wird, falls es sich um ein Mädchen handelt, an einem Rührholz, bei einem Knaben an einen Bogen gebunden und am Dachgebälk des Hauses aufgehängt, denn der Nabel hat besondere Bedeutung als Sitz der Lebensseele. Dieser alte Brauch, der die Erwachsenenrolle der beiden Geschlechter symbolisiert, zeigt bildlich die Neigung der Hopi, die Zukunft vorauszunehmen, sich auf sie vorzubereiten und sie auf magische Weise in den Griff bekommen zu wollen.

Während der ersten 24 Stunden wird das Neugeborene, auf dem Rücken liegend, in der Wiege festgebunden. Gewöhnlich besteht diese aus einem flachen Brett mit einem gebogenen Weidengeflecht am einen Ende, um den Kopf des Kindes zu schützen. Außer wenn es gerade gebadet wird, bringt während der ersten drei Lebensmonate das Kind praktisch die ganze Zeit an die Wiege festgebunden zu. Niemals wird das Wiegenbrett aufgehängt oder das Kind aufgesetzt, wie zum Beispiel bei den Navaho, noch kommt es oft ins Freie. Hernach wird der Gebrauch der Wiege allmählich auf die Zeiten eingeschränkt, in denen das Kind wirklich schläft, sowohl tags als auch nachts; je nach dem Verlangen des Kindes wird der Gebrauch der Wiege im Alter zwischen sechs Monaten und einem Jahr eingestellt. Diese Einschränkung der Bewegungsmöglichkeit des wachsenden Kindes beeinflußt die Entwicklung der motorischen Kontrolle nicht nennenswert und trägt doch wahrscheinlich dazu bei, daß das Kind sich sicher fühlt. Außerdem bereitet dies Verfahren auf künftige Beschränkungen vor. Obwohl das Kind natürlich nicht weiß, daß ihm diese Einschränkungen von der Gesellschaft auferlegt werden, so werden sie doch mit zunehmendem Alter immer mehr zu Teilen des großen sozialen Gefüges, das dem Kind ein Gefühl der Sicherheit und des Wohlbefindens in einer außerordentlich unsicheren Umwelt gibt, da es das Kind fest in seinem Beziehungssystem hält. Während des ersten Lebensjahres bleibt das Kind besonders nahe bei seiner Mutter und anderen weiblichen Verwandten des Haushalts. Nie wird es allein gelassen, aus Furcht, böse Geister könnten ihm Schaden zufügen. Nachts schläft es in nächster Nähe seiner Mutter, und es wird gestillt und beruhigt, wann immer es schreit oder andere Zeichen von Hunger oder den Wunsch nach Behaglichkeit zeigt. Es darf trinken, bis es satt ist, und wird nie gekitzelt oder in die Luft geworfen, aber es wird geliebkost und vor Unannehmlichkeiten geschützt, die sich störend auf sein Wohlbefinden und seine Zufriedenheit auswirken könnten. Die Beobachter stimmen darin überein, daß Hopi-Babys meist zufrieden sind, häufig lachen und selten schreien.

Im Alter von etwa drei oder vier Monaten wird das Kind in ein Tuch geschlagen und auf dem Rücken der Mutter oder einer anderen Verwandten gelegentlich außer Haus mitgenommen. Hat die Mutter bereits andere Kinder und nehmen ihre Familienpflichten sie ganz in Anspruch, so mag die Sorge für das Kind tagsüber in die Hände einer älteren Schwester gelegt oder sogar einem älteren Bruder anvertraut werden; das allerdings nur, wenn keine weibliche Person verfügbar ist. Das Kind, das für es sorgt, ist gewöhnlich zwischen fünf und zwölf Jahren alt, nimmt es überallhin mit, in seine Spielgruppe und zu seinen gewohnten Verrichtungen.

Zu dieser Zeit ißt das Kind zum erstenmal feste Nahrung. Da man ihm praktisch alles gibt, was es will, wird es allmählich mit der ganzen Hopi-Nahrung vertraut, von in Kaffee eingeweichten Tortillas bis zu Pfirsichen und anderen Früchten. Das Abstillen geschieht nach und nach und in der Regel ohne große Schwierigkeiten. Normalerweise ist es abgeschlossen, ehe das Kind zwei Jahre alt ist, obgleich einige Kinder bis zu vier Jahren oder noch länger gestillt werden. In schwierigen Fällen legt man Chili oder einen Wurm auf die Brust, damit das Kind sich den Mund verbrennt oder erschrickt. Wenn ein älteres Kind sich immer noch stillen läßt, wird es von seinen Spielgefährten durch Hänselei davon abgebracht.

Wenn es anfängt zu gehen und zu sprechen, was man ungefähr im Alter von 15 Monaten erwartet, setzt die Reinlichkeitserziehung ein. Auch sie vollzieht sich schrittweise und mit einem Minimum an Zwang. Wenn das Kind Zeichen von Unbehaglichkeit zeigt, nimmt man es mit hinaus und sagt ihm, es müsse gehen, wenn es ein Bedürfnis verspüre. Wenn es nicht folgt, wird es nochmals aufgefordert, und wenn es immer noch nicht gehorcht, wird es ausgeschimpft oder bekommt einen Klaps. Später erwartet man von ihm, daß es seine Notdurft außerhalb des Dorfes verrichtet. Die meisten Eltern sagen, ihre Kinder hätten keine Schwierigkeiten, die Reinlichkeit zu erlernen; es ist interessant, daß Verstopfung bei den Hopi und besonders bei den Hopi-Kindern selten vorkommt.

Vor dem zweiten Lebensjahr erwartet man keine Kontrolle der Ausscheidungen während der Nacht. Gelegentlich jedoch kommt Bettnässen bis ins Alter von sechs oder sieben Jahren vor. In einem solchen Fall wird ein Mädchen lediglich angehalten, sein Nachtgewand zu waschen, während ein Junge auf dem Rücken seines Mutterbruders mit anderen Jungen bei Tagesanbruch in ein Wasserclanhaus getragen wird, wo über ihn feierlich gesungen wird und man ihn zusammen mit den anderen Jungen mit kaltem Wasser begießt. Diese Institutionalisierung der Behandlung bei Bettnässen ausschließlich für Knaben zeigt, daß die Gewohnheit bei Knaben weiter verbreitet ist als bei Mädchen, eine Feststellung, zu der Beobachtungen über andere Anpassungsschwierigkeiten bei Hopi-Kindern gut passen, etwa Daumenlutschen, Wutanfälle, Raufen und Stehlen, was, wie wir sehen werden, zwar bei beiden Geschlechtern ungewöhnlich ist, bei Knaben jedoch häufiger vorkommt und sich länger hält als bei Mädchen.

Das Erlernen der einfachsten Verhaltensmuster und der anderen Arten der Selbstbeherrschung, die der Lebensweg der Hopi erfordert, wie auch die Einführung in die Schwierigkeiten des Verwandtschaftssystems mit seinen komplexen wechselseitigen Vorschriften ist Aufgabe der Hausgemeinschaft, die während des ganzen Lebens einen gewissen einschränkenden Einfluß auf den einzelnen behält. Während der Kindheit und der Jugend bei Mädchen und bei Knaben bis zum sechsten Lebensjahr, liegt die Erziehung hauptsächlich in den Händen der Mutter und der anderen weiblichen Angehörigen des Haushalts; sie werden unterstützt vom Bruder der Mutter und auch vom Vater und dem Großvater mütterlicherseits, falls schärferes Durchgreifen erforderlich wird. Alle diese Verwandten können gelegentlich das Kind ausschelten oder es auslachen, wenn es etwas falsch macht, die Mutter und der Mutterbruder können, falls es notwendig ist, kräftiger einschreiten. Sie werden außerdem durch die gabenspendenden *Katschinas* unterstützt, die dadurch, daß sie gutes Verhalten der Kinder belohnen, als wichtige Verhaltensregler dienen, in seltenen Fällen auch durch die menschenfressenden *Katschinas*, die an die Tür kommen und drohen, böse kleine Kinder zu fressen oder fortzuschleppen.

Das Grundmuster der Hopi-Erziehung ist jedoch im wesentlichen Annehmen und Erlauben; das Kind lernt vorwiegend durch Nachahmen und Probieren und dadurch, daß es als wichtiges Glied der Gruppe behandelt wird. Es hat sowohl individuelle Rechte und Vorrechte als auch beginnende Pflichten und Verantwortung. Auf der einen Seite gibt man ihm bemerkenswerte Bewegungsfreiheit, seine Umwelt zu erkunden; andererseits wird es sanft, aber bestimmt in den Grenzen der körperlichen Sicherheit gehalten und vor übernatürlichen Gefahren geschützt.

Einige dieser Gefahren, solche, die mit Hexen, bösen Geistern, Trockenheit, Krankheit und Tod verbunden sind, sind aus der Sicht der Hopi Realitäten, aber andere, etwa solche, die mit den *Katschinas* verbunden sind, werden vorgetäuscht und von den Erwachsenen anschaulich geschildert, um das Kind im Gehorsam zu belohnen oder zu erschrecken, ohne seine Feindseligkeit gegen sie selbst zu wecken. Diese Schocks erhalten ihren spezifischen Charakter dadurch, daß sie nicht persönlich zugefügt werden, sondern allen Kindern von der äußeren natürlichen oder übernatürlichen Umwelt, so daß die Eigenart dieser Schocks das Gefühl persönlicher Verfolgung und Feindschaft gegen einzelne nicht aufkommen läßt. Solche furchterweckenden Erfahrungen, ob nun zu tatsächlichen oder eingebildeten Gefahren gehörig, bereiten das Kind schon in sehr frühem Alter auf die gefährliche Natur der Hopi-Umwelt vor.

In diesem Zusammenhang ist es jedoch wichtig, sich zu vergegenwärtigen, daß es angesichts dieser Bedrohungen seiner Existenz dem Kind nie möglich ist, sich isoliert oder verlassen zu fühlen. Immer hat es ganze Gruppen von Verwandten, an die es sich um Trost und Beruhigung wenden kann. Zu diesen zählen neben seinem Vater besonders die Angehörigen von dessen Clan, vor allem seine Tanten väterlicherseits, in deren Hauswesen es immer willkommen ist. Die Beziehung zwischen der Vaterschwester und ihrem Neffen ist besonders herzlich und mag etwas dazu dienen, das außerordentlich enge Band zwischen den weiblichen Angehörigen des mütterlichen Haushalts, besonders das zwischen Mutter und Tochter, auszugleichen.

Obgleich die meisten Hopi-Kinder die einfachen Verhaltensregeln ohne große Schwierigkeiten lernen, beginnen doch Daumenlutschen, Wutanfälle und sogar Stehlen sich bei einzelnen Knaben im dritten Lebensjahr zu zeigen, während von Mädchen unter fünf Jahren keine Verhaltensauffälligkeiten berichtet werden. Diese frühen Anzeichen von Anpassungsschwierigkeiten bei Knaben treten bei der Entwöhnung und bei beiden Geschlechtern bei der Erziehung zur Reinlichkeit auf und auch in einigen Fällen bei der Geburt eines weiteren Kindes in der Familie und dem Entfernen des Kindes vom Bett der Mutter zu dem einer anderen Verwandten oder dem seines Großvaters. Ihr frühes Auftreten nur bei Knaben wird jedoch verständlich, wenn wir uns die Unterschiede in der Stellung des männlichen und des weiblichen Kindes im Haushalt und die Erwartungen, die an jedes Geschlecht geknüpft sind, vergegenwärtigen.

Wie bereits angeführt, wird das kleine Mädchen in eine Gruppe mit gemeinsamem Haushalt hineingeboren. Man erwartet, daß es darin aufwächst, heiratet und in vielen Fällen dort weiterlebt, bis es einst als Glied einer eng verbundenen und mächtigen Gruppe weiblicher Personen stirbt. Auf der anderen Seite erwartet man von dem kleinen Jungen, daß er sich von der Gruppe, in der er geboren wurde, trennt und mit vier oder fünf Jahren beginnt, der weniger stabilen und gefährlicheren Welt der *kiva*, der Felder und Berge anzugehören und während seines ganzen Lebens im Hinblick auf das Hauswesen eine Randstellung einzunehmen.

Während die Rollen beider Geschlechter Ausdauer, Fleiß und Geduld erfordern, verlangt die der männlichen Hopi, im Gegensatz zu der der weiblichen, ständige Wachsamkeit und einen hohen Grad an Anpassungsfähigkeit, um den natürlichen, übernatürlichen und sozialen Kräften und Mächten der eingeschränkten und weniger sicheren Welt des Mannes gewachsen zu sein. Die Züge des Hopi-Charakters wurden in der Vergangenheit ausgebildet, wo ein Mann nicht nur ein erfahrener Getreidebauer, Regenmacher und steinzeitlicher Jäger sein mußte, sondern auch ein Krieger im Kampf ums Überleben; aber noch immer haben sie Gültigkeit und sind heute noch wirksam. Trotz des Endes der Verteidigungskämpfe, dem Zurückgehen des Wildes und dem Anwachsen der Viehzucht haben sich die Lebensprobleme der Hopi auch in neueren Zeiten nicht wesentlich geändert.

Offensichtlich beginnt das Kind beinahe von Geburt an, diese nach Geschlecht verschiedenen Erwartungen wahrzunehmen, die ihm dauernd in seinen zwischenmenschlichen Beziehungen eingeprägt werden. Das kleine Mädchen wird in seinen Bemühungen ermuntert, indem man ihm sagt, es werde groß werden und eine gute Köchin sein, während man dem Jungen sagt, er werde ein schneller Läufer. Sogar die gabenspendenden *Katschinas* helfen beim Bestimmen der Geschlechterrollen, indem sie den Mädchen *Katschina*-Abbildungen schenken, Fruchtbarkeitssymbole, die vorwiegend dazu bestimmt sind, im Haus aufgehängt zu werden, also nicht als Puppen gebraucht werden sollen. Die Knaben bekommen Bogen, die zwar beim Spiel gebraucht werden, vor allem aber als Symbol wichtig sind und hoch bewertet werden. Tatsächlich ist die ganze Erziehung auf diese Ziele hin ausgerichtet.

Im Hinblick auf diese Tatsachen überrascht es nicht, daß das Aufwachsen bei den Knaben mehr Schwierigkeiten macht als bei den Mädchen und daß es bei den Hopi, wenn auch selten, vorkommen kann, daß Männer Frauenkleider anlegen und auch die Rolle von Frauen übernehmen, während hingegen Fälle, in denen Frauen ihre Rolle zugunsten des anderen Geschlechtes zurückwiesen, unbekannt sind.

Natürlich haben auch die Mädchen Anpassungsschwierigkeiten, denn die weibliche Rolle bietet außer der generativen Zeugungsfunktion (die, aus der Quote der Müttersterblichkeit und den Bevölkerungsstatistiken zu schließen, bei den Hopi besonders gefährlich ist) weniger Beweglichkeit und Antrieb und weniger aktiv-schöpferische Entfaltungsmöglichkeiten als die des Mannes, die reichliche, wenn auch ritualisierte Selbstverwirklichung, sowohl in zeremonieller Kunst und im Handwerk als auch im hohen Reiz der Jagd, früher des Krieges, ermöglicht.

Das kleine Hopi-Mädchen beginnt offenbar im fünften Lebensjahr die Beschränkungen, die in der weiblichen Rolle liegen, zu fühlen, in dem Alter, in dem sein männlicher Altersgenosse anfängt, aus der Haushaltsgruppe der Frauen auszubrechen, während es zu Hause bleiben muß und seiner Mutter bei den Hausarbeiten zu helfen oder für jüngere Kinder zu sorgen hat. Nun treten zum erstenmal bei Mädchen Fälle von fehlangepaßtem Verhalten auf, etwa Wutanfälle, Stehlen, Daumenlutschen und Raufen, allerdings weniger vorherrschend als bei Knaben.

Daß die Anpassungsschwierigkeiten des kleinen Jungen ebenfalls im fünften Jahr zunehmen, zeigt das Anwachsen der Verhaltensprobleme in diesem Alter; sie schließen das Raufen wie auch alle jene früher aufgetretenen Verhaltensstörungen ein. Seine Schwierigkeiten, dem von weiblichen Personen beherrschten Haushalt zu entkommen, sind in folgendem Vorfall aus der Autobiographie eines Hopi sinnbildlich illustriert.

Don, vier oder fünf Jahre alt, bat, mit seinem Vater auf die Felder gehen zu dürfen. Als sein Vater sich weigerte, ihn mitzunehmen, folgte er ihm längs des Pfades die Mesa hinunter. Am heiligen Schrein der Spinnenfrau sah er »die alte Frau selbst«, sie saß neben einem viereckigen Loch in der Erde. »Du bist auf meiner Spur gegangen«, sagte sie, »und jetzt habe ich ein Recht auf dich als mein Enkelkind.« Gerade als Don in das Loch gezogen wurde, rettete ihn ein Vorüberkommender. Don wurde krank, man brachte ihn schließlich zu einem Medizinmann, der sagte, der Junge sei im Netz der Spinnenfrau gefangen gewesen und sie halte ihn fest (in einer anderen Version der Geschichte sagt der Medizinmann, der Körper des Jungen sei in ein feines Spinnennetz verstrickt, das ihn zu Tode würge). Er massierte Arme und Bauch des Jungen und riet dem Vater, der Spinnenfrau ein Feder-Gebetsopfer darzubringen.

Trotz ihrer frühen Verpflichtungen haben die Hopi-Kinder doch sehr viel Zeit für Spaß und Spiel. Zuerst kommen die Pflichten, aber wenn sie erfüllt sind, sind die Kinder frei, im Dorf herumzustreifen und sich zu vergnügen, wie sie wollen, solange sie sich nicht in die Beschäftigungen der Erwachsenen einmischen. In diesem Alter spielen Mädchen und Jungen ungezwungen miteinander. Gewöhnlich bilden sie jedoch zwei Arten von Spielgemeinschaften, die eine umfaßt die älteren Mädchen mit ihren kleinen Anvertrauten und die andere die nichtinitiierten Jungen von vier Jahren an. Mit feuchtem Schlamm bauen die kleinen Mädchen Häuser. Hölzer und Knochen nehmen sie als Puppen, die die Personen in den Häusern darstellen. Sie spielen auch Malen und Töpfern. Die kleinen Jungen spielen Bauer und Hirte und schießen mit Pfeil und Bogen. Sie veranstalten Wettläufe und Reiterspiele. Obgleich die meisten Hopikinder kein Spielzeug haben, das ausgenommen, das sie von den *Katschinas* erhalten oder sich selbst anfertigen, halten sie sich oft kleine Tiere, wie Vögel, Kaninchen und Präriehunde, als Spieltiere und behandeln diese so roh, daß die Tiere oft dabei umkommen. Eine gewisse Grausamkeit gegenüber Tieren ist auch im Verhalten der Erwachsenen zu bemerken.

Kinder beginnen in sehr frühem Alter – wenn sie kaum gehen und sprechen können – Tanzschritte zu üben, zu singen und zu trommeln, und schon mit vier Jahren können sie an bestimmten Zeremonien teilnehmen, etwa beim Schlangen- oder Büffeltanz. Überdies werden als Teil bestimmter Feste besondere Kinderveranstaltungen geboten, zum Beispiel ein Wettlauftag der Kinder, der einen Fußballwettkampf einleiten mag.

Aber es gibt keine festbestimmte Grenze in der Erziehung zwischen Arbeit, Spiel und Zeremonie. Das Kind verbringt seine Zeit mit der einen oder anderen dieser Tätigkeiten; sie sind Ereignisse im »Immer-größer-Werden«, das die Kindheit darstellt. Und wenn diese erste Phase seines Lebens mit der *Katschina*-Initiation in der Zeit zwischen dem sechsten und zehnten Lebensjahr endet, wird von dem Kind nicht nur erwartet, daß es die einfachen Verhaltensweisen bewältigt hat, die Verwandtschaftssysteme und die Hauptzüge der Vorstellung vom Lebensweg kennt, sondern daß es auch ein nützliches Glied der Gesellschaft geworden ist, mit sozialen und wirtschaftlichen Pflichten, mit Verantwortlichkeiten und Vorrechten, wie sie seinem Geschlecht und seinem Alter entsprechen.

Otto Klineberg

Kulturelle Faktoren in der Persönlichkeitsentwicklung bei Kindern

Kürzlich pries Stuart Chase bei einer Erörterung des derzeitigen Standes der Sozialwissenschaften die »Entdeckung« der Kultur durch die Völkerkundler. Wir können über das Datum dieser Entdeckung streiten; wir können sogar fragen, ob sie sich nicht auf etwas bezieht, was wir schon immer wußten. Es ändert nichts daran, daß heute das Betonen kultureller Faktoren sowohl bei der normalen als auch bei der abnormen Persönlichkeitsentwicklung allgemein üblich ist. Wir alle wurden kulturbewußt, nicht nur die Vertreter der herkömmlichen Sozialwissenschaften unter uns, sondern auch Psychiater, Angehörige sozialer Berufe, Ärzte, Kriminologen, Erzieher, Juristen. Was wir schreiben und was wir reden, zeigt diese völkerkundliche Weisheit; wir stehen auf Du und Du mit Malinowskis Trobriandern und M. Meads Mundugumor. Die Beschäftigung mit der Kultur wurde geradezu ein Stück unseres eigenen Kulturverhaltens.

Mit Büchern, die sich speziell mit Kindern in verschiedenen Kulturen beschäftigen, könnte man eine Bibliothek füllen. Viele Völkerkundler erbrachten in der Feldarbeit Darstellungen über frühkindliche Erziehung, Verhältnisse in der Familie, allgemeines über den Vergesellschaftungsprozeß; sie lieferten Beschreibungen von Grundstrukturen der Persönlichkeit und stützten ihre Schlüsse mit Rorschachprotokollen oder nahmen auch den Thematischen Apperzeptionstest (TAT) zu Hilfe. Auch in unserer direkten Umwelt wurde überall die Kultur »wiederentdeckt«: im Zusammenhang mit der Kindererziehung verschiedener sozioökonomischer Klassen (Davis und Havighurst), im Verhalten unserer Heranwachsenden (Parsons: *»youth culture«*) wie auch bei Kindergemeinschaften verschiedener Altersstufen (in den *»peer cultures«*). Wenn ich mir aber die Daten betrachte, die mir vertraut sind, so finde ich viele Leerstellen, viele ungelöste Probleme, vernachlässigte oder unzureichend beantwortete Fragen. Sie werden mir, hoffe ich, erlauben, Ihre Aufmerksamkeit auf einige dieser Fragen zu richten.

Man sagt uns zum Beispiel viel über Erziehungsmaßnahmen, die Erwachsene gegenüber Kindern ergreifen, aber nicht immer genug darüber, wie sie denn auf das Kind wirken. Das beste Beispiel findet man vielleicht in Berichten über die Art der Erziehung, die man in den Pueblos des Südwestens antrifft, besonders bei den Hopi und Zuñi. Der Hopi-Vater gebraucht, wenn überhaupt, selten körperliche Strafen, um aus seinem Kind ein Glied der Gesellschaft zu machen; er vertraut auf Unterweisungen, Beispiel und Ermahnen. Gelegentlich wehrt sich ein Kind dagegen, erwachsen zu werden. Der Vater droht ihm dann unter Umständen mit den Katschinas, den Maskentänzern, die oft von wahrhaft schreckeinflößendem Aussehen sind und die man dem Kind als Geister oder Gottheiten erklärt. Wenn sich das Kind nicht bessert, wird sich ihm ganz bestimmt beim nächsten Fest eine Katschina nähern und ihm sagen, daß es jetzt hart gestraft werde. Der Vater »versucht«, sein Kind zu schützen; er sagt ihm, es solle weglaufen, oder er bittet die Katschina, seinem Kind nicht weh zu tun, und verspricht, es wolle jetzt brav sein. Gewöhnlich aber bleibt die Katschina hart, und das Kind wird, manchmal streng, bestraft. Das Kind erfährt natürlich nicht, daß es der »schützende« Vater ist, der für die ganze schmerzhafte Prozedur verantwortlich ist.

Aus der Sicht der Eltern-Kind-Beziehungen scheint das ein gutes System zu sein. Der Vater bleibt Freund und Beschützer, keine väterliche Strafe bedroht die freundliche Atmosphäre. Feindseligkeiten kommen von unpersönlichen, übernatürlichen Wesen, und ihnen gegenüber ist man feindlich eingestellt; die Gefahr der ödipalen Reaktion ist gemildert. Was geschieht aber, wenn das etwas älter gewordene Kind die schreckliche Entdeckung macht, daß die Katschinas nichts als Männer mit Masken sind? Was bedeutet es *für das Kind*, den Verrat seines Vaters zu entdecken?

In der Hopi-Biographie ›Sun Chief‹ von Leo Simmons lesen wir, daß die Entdeckung der wahren Natur der Katschinas eine desillusionierende, ja verheerende Erfahrung sein kann. Fred Eggan zitiert einen Hopi: »Ich schrie und schrie, als ich erfuhr, daß die Katschinas keine Götter, sondern richtige Menschen waren.« Wir wissen nicht, was das alles für das Kind im Hinblick auf seine späteren Beziehungen zum Vater bedeutet. Die reinen kulturellen Tatbestände müssen durch eine Erläuterung der Situation [*»definition of the situation«*], wie W. I. Thomas es nennt, ergänzt werden, durch die Erfahrung, wie sie von den hauptsächlich Handelnden in diesem sich immer wiederholenden Familiendrama erlebt wird, und ganz besonders durch die Situation, wie *das Kind* sie sieht.

Ein zweites, ähnliches Problem hängt mit der Beziehung zwischen den kulturellen Faktoren im Leben des jungen Kindes und der Persönlichkeit der Erwachsenen in der Gemeinschaft zusammen. Noch wird üblicherweise angenommen, daß die frühen Erziehungsmaßnahmen, denen das Kind unterworfen ist, wenn sie schon nicht verantwortlich für die Persönlichkeit des Erwachsenen sind, so doch in ihr nachwirken. (Ich werde auf die Frage von Ursache und Wirkung später ausführlich zurückkommen.) Müssen sich die Erziehungsmaßnahmen und die spätere Persönlichkeit notwendig entsprechen? Ist das Kind unbedingt und in jedem Falle der »Vater des Mannes«? Unter diesem Aspekt findet sich eine reiche Literatur: Reinlichkeitserziehung des Japaners mit Beziehung zu späteren zwanghaften Zügen, Kinderwickeln der Russen in Verbindung mit späterer Aggressivität, der »orale Optimismus« der Chinesen im Zusammenhang mit ihrer späteren Freiheit von »Streß« (natürlich vor den Tagen Rotchinas!) und so weiter. Ich behaupte keineswegs, daß solche Beziehungen nicht existieren; ich frage nur nach Art, Ausmaß und Stärke der vermuteten Beziehungen.

Vor langer Zeit hat uns Ruth Benedict mit dem Verständnis von ›Dauer und *Richtungswechsel* der kulturellen Bedingungen‹ [›*Continuities and Discontinuities in Cultural Conditioning*‹] vertraut gemacht. Die Entwicklung von der Kindheit zur Erwachsenenpersönlichkeit verläuft nicht immer gradlinig, und die Vermutung, daß sie es, wenn nicht notwendig bei Individuen, so doch bei Kulturen sei, dürfte uns in ernsthafte Interpretationsschwierigkeiten bringen.

Einige Züge, die für Erwachsene charakteristisch sind, können früh in das Leben des Kindes eingeführt und folgerichtig entwickelt werden. Beispielsweise scheint dies bei den Sioux für den Zug der Großzügigkeit wahrscheinlich; sie war eine der Kardinaltugenden in der Gesellschaft der alten Dakota, und sie ist dort auch heute noch stark ausgeprägt. MacGregor schreibt: »Die Kinder der Dakota von heute werden sorgfältig in dieser Tradition erzogen ... Kinder von fünf, sechs und sieben Jahren geben freiwillig und gerne ihren jüngeren Brüdern und Schwestern ab. Kleine Kinder lernen die Regeln des Abgebens beim Beobachten der älteren ... Bei den Sioux hat der Besitz nicht den hohen Wert, der ihm in der Gesellschaft der Weißen beigemessen wird. Das wirkt sich auf die Kindererziehung der Dakota in einer Art aus, die die weißen Beobachter erstaunt.«

Ein ähnliches Beispiel von Tradition findet sich im relativen Fehlen des Wettbewerbsstrebens bei den Hopi, bei alten wie jungen. Laura Thompson schreibt: »In bemerkenswertem Gegensatz zu den Wettbewerbsnormen in der Kultur der weißen Amerikaner findet sich bei den Hopi die festverwurzelte Haltung, keinen einzelnen, durch Lob oder durch besondere Anerkennung, hervorzuheben. Eine Lehrerin, die selbst eine Hopi ist, hält es nicht für wünschenswert, ein Kind in Gegenwart anderer Kinder zu loben ... Ein solches Vorgehen, meinte sie, führe zu Verstimmung der anderen, keineswegs zum Nacheifern. Weder zum Lob noch zum Tadel hebt diese Lehrerin jemals ein Kind hervor.« Thompson bringt einige Beobachtungen Aschs, der das entsprechende Verhaltensmuster des erwachsenen Hopi im vergleichbaren Verhalten fünf- und sechsjähriger Kinder gespiegelt fand.

Etwas mehr Schwierigkeiten bereitet uns die Beschreibung (von Davis und Havighurst) von Praktiken der Kindererziehung in den Subkulturen, welche die sozioökonomischen Klassen darstellen. Von Mädchen aus dem Mittelstand wird zum Beispiel eher als von denen der niederen Schicht erwartet,daß sie im Haushalt, bei der Pflege der jüngeren Geschwister, beim Kochen, Geschirrspülen und so weiter mithelfen. Ein direkter Zusammenhang zwischen diesen Grundformen einer Erziehung und den im späteren

Leben voneinander verschiedenen Verpflichtungen der beiden Gruppen ist nicht leicht ersichtlich.

Am erstaunlichsten sind wohl die Fragen, die durch Kluckhohns Beobachtungen bei den Navaho aufgeworfen werden. Die Kinder werden dort gut behandelt und gut genährt; die Entwöhnung geschieht spät und allmählich, die Erziehung zur Reinlichkeit geschieht weder auf strenge Weise noch zu früh; »Spannung und – als Äquivalent dazu – Angst sollten sich im ersten Lebensjahr eigentlich nur schwach entwickeln.« Kluckhohn fährt fort: »Die auffälligste theoretische Frage, die sich aus der Berücksichtigung einiger der Hauptaspekte der Navaho-Kindheit ergibt, ist: Wie läßt sich dieses Bild in Zusammenhang bringen mit der Zauberei bei den Navaho, mit den erregten Zuständen krankhafter Melancholie und endemischer innerer Unruhe, die für erwachsene Navaho vielfach bezeugt sind? Wie kann der Grad der Angst in einem Volke so hoch sein, wo die Kinder, wann immer sie es wollen, gehätschelt werden, wo die Regeln der Kindererziehung so gewährend sind, wo es soviel ursprüngliche Zuneigung zu Kindern gibt? Wenn das, was gewisse Psychoanalytiker schreiben, buchstäblich wahr wäre (und die ganze Wahrheit wäre), sollten erwachsene Navaho eigentlich ruhige und wundervoll ausgeglichene Persönlichkeiten sein. Das aber ist sicherlich nicht der Fall. Ungeachtet der Tatsache, daß Navaho-Kinder ein Maximum von Schutz und Befriedigung genießen, neigen sie dazu, als Erwachsene launisch zu sein und sich viele Sorgen zu machen.«

Die Erklärung solcher Diskontinuitäten stellt eine Aufgabe dar, welche von denen, die in der frühen Kindheit *alle* Wurzeln späteren Wachstums und späterer Entwicklung sehen wollen, noch nicht gelöst worden ist.

Die dritte Frage, auf die ich Ihre Aufmerksamkeit gerne lenken möchte, ist die nach Ursache und Wirkung. Bestimmt die Erziehung des Kindes die Persönlichkeit des Erwachsenen? Oder ist das Umgekehrte der Fall? Oder beides? Es ist nicht leicht auszumachen, ob das feindselige und selbstbewußte Verhalten der Mundugumor-Frauen Ursache oder Wirkung der relativ unfreundlichen Behandlung der Kinder ist. Es ist schwer zu sagen, ob das Bestehen auf Gehorsam in der deutschen Familie Ursache (um Shaffners Analyse zu folgen) oder Spiegelung der weitverbreiteten Betonung der Disziplin und des Gehorsams ist, die angeblich die deutsche Kultur kennzeichnet.

Im theoretischen Modell, das Kardiner entwickelt hat, verhelfen die Grundformen der Kindererziehung (die primären Institutionen) der eigentlichen Persönlichkeitsstruktur zu ihrer Entwicklung, und diese hinwiederum wirkt auf die sekundären Einrichtungen (z. B. den religiösen Glauben und den Kultus) ein. Eine der Hauptfragen, die sich im Zusammenhang mit Kardiners anregender These erhebt, zielt auf die *Richtung* der kausalen Beziehung. Es liegt auf der Hand zu vermuten, daß die basale Persönlichkeit ebenfalls die Kindererziehung *beeinflußt* und daß religiöse Einstellungen dazu beitragen, sowohl die Familienbeziehungen wie auch die allgemeinen Züge der Persönlichkeit zu formen.

Der übliche Ausweg aus diesen Schwierigkeiten besteht darin, einen Zirkelzusammenhang anzunehmen. Newcomb zum Beispiel behauptet, daß »verschiedene Praktiken der Kindererziehung *Konsequenzen* der Verschiedenheiten sowohl in der Kultur wie in der Persönlichkeit« sind und daß ebenfalls »verschiedene Praktiken der Kindererziehung zu Verschiedenheiten sowohl in der Kultur wie in der Persönlichkeit führen«. Das schiene mir noch am einleuchtendsten, obgleich es nicht immer der am klarsten formulierte Standpunkt ist. Aber er läßt eine große Anzahl wichtiger Fragen unbeantwortet. Bedeutet dieses Zirkelverhältnis, daß alle Aspekte der Beziehung gleich wichtig sind? Welche können am schnellsten geändert werden? Ist eine Veränderung einer Seite genauso bedeutsam wie die der anderen? Die Fragen werden praktisch bedeutsam in Verbindung mit dem derzeitigen Interesse an den Folgerungen, die sich für den Menschen aus dem Wandel in der Technisierung ergeben. Was bedeuten neue Praktiken bei der Kinderbetreuung für die übrigen Bereiche der Kultur? Wie wirkt sich das Errichten einer Fabrik auf die Eltern-Kind-Beziehung aus? Diese Fragen könnten beliebig vermehrt werden. Die Forschungen, die gegenwärtig durchgeführt werden oder für die Zukunft geplant sind, auf Gebieten, in denen Änderungen in großem Stil erfolgen, können uns vielleicht weitere Einsicht in diese Beziehungen vermitteln, wenn die humanen und sozialen Aspekte der Technisierung ständig im Auge behalten werden.

Ein viertes Hauptproblem ergibt sich, wenn man den *absoluten* und den *relativen* Effekt kulturbedingter Handlungen, die mit der Kindesentwicklung zusammenhängen, einander gegenüberstellt. Ein Beispiel soll das verdeutlichen: Oscar Lewis schreibt in seinem ›Life in a Mexican Village‹ im Zusammenhang mit der Einstellung der Frauen zum Kinderbekommen: »Frauen ›akzeptieren‹ Kinder im allgemeinen schicksalergeben als eine Last, die getragen werden muß.« Und weiter: »Gewöhnlich klagen Frauen, wenn sie viele Kinder gebären müssen, und halten es für eine Strafe Gottes.« Das klingt, gemessen an unseren Normen, pathogen; es liegt darin ein gewisses Maß an Ablehnung durch die Mutter, und ich vermute, daß die meisten Psychiater eine solche Einstellung nicht gerade für die beste Voraussetzung für eine gesunde Beziehung zwischen Mutter und Kind halten. Ich kann nun meine Fragestellung etwas genauer formulieren: Welchen Einfluß (zum Beispiel in unserer eigenen Gesellschaft) hat ein bestimmtes Maß mütterlicher Ablehnung auf ein Kind, das *überall um sich* andere Kinder sieht, die ihren Müttern willkommen und erwünscht sind? Und wie läßt sich das mit der Wirkung auf ein Kind vergleichen, das *überall um sich* andere Kinder sieht, die im gleichen Maße ›abgelehnt‹ werden? Diese Fragen müssen beantwortet werden, ehe wir es gelten lassen können, daß ein ursächlicher Zusammenhang zwischen Kindererziehung und Erwachsenenpersönlichkeit in einem kulturellen und sozialen Kontext zuverlässig auf einen anderen übertragen werden kann. Dies ist es, was ich unter dem absoluten, beziehungsweise relativen Effekt verstehe. Die Bedeutung eines bestimmten Maßes an Frustration für den einzelnen variiert sicherlich entsprechend dem Maße der Frustration, dem er andere ausgesetzt sieht.

Dieses Problem geht viele von uns direkt an. Es ist wahrhaftig ein seltener Fall, wenn in unserer Gesellschaft Eltern von ihrem Kind nicht schon mehr als einmal zu hören bekamen: »Warum darf ich das nicht? Fritz Müller darf es und ist sogar jünger als ich.« Wahrscheinlich bewirkt nicht so sehr die absolute wie vielmehr die im Vergleich mit anderen erlittene Frustration die Verstimmung. Ich wurde durch diese Überlegung sehr betroffen, als ich zum erstenmal den Streuungsbereich der Antworten sah, die Eltern einer relativ homogenen Gesellschaft im Mittelwesten auf eine Umfrage gaben, in welchem Alter sie ihren Töchtern erlaubten, ohne Aufsicht mit Jungen auszugehen. Sie schwankten zwischen 14 und 20 Jahren (Butterfield, Love Problems of Adolescence). Man denke an die Frustration eines jeden dieser Mädchen, das älter als 14 ist! Zweifelsohne gibt es Vergleichbares im Zusammenhang mit der Zeit, zu der Jugendliche abends zu Hause sein müssen (der Cinderella-Komplex!), mit der Anzahl der Verabredungen, die erlaubt werden, den Nachtlokalen, die man besuchen darf, dem Gebrauch des Familienautos und so weiter. Verschiedentlich habe ich vorgeschlagen, daß der Nervenverschleiß, für beide Seiten, Eltern und Kinder, dadurch gemildert werden könnte, daß Durchschnittsregeln angenommen und von beiden akzeptiert werden, um diese gewaltige Streuung zu mildern. Dieser Vorschlag war kürzlich Gegenstand zweier Artikel von Dorothy Barclay in der ›New York Times‹ und wurde ziemlich heftig diskutiert.

Ich bin nicht für eine nationale Volksabstimmung, die die Entscheidung der Mehrheit zum Gesetz macht. Zwang, auch nur für einen einzelnen oder eine Familie, ist bei einer Angelegenheit, die persönliche Lebensinteressen angeht, nicht am Platz. Eine allgemeine Übereinkunft kann bestimmt in einem so heterogenen Land wie dem unseren nicht erzielt werden. Die Regeln müßten örtlich verschieden sein und mehr beraten als verpflichten. Schroffe Individualisten mögen ihre Töchter weiterhin zwingen, früher nach Hause zu kommen – oder auch länger auszubleiben! – als der Durchschnitt. Diese Regeln müßten schließlich selektiv sein und nur für die Punkte erstellt werden, in denen es möglich ist, zu einer Übereinkunft zu kommen. Die Wissenschaft könnte in der Weise helfen, daß sie einen Überblick über die einschlägigen Einstellungen gibt und die Art der Schwierigkeiten, die sich in den einzelnen Familien ergeben, analysiert. Wenn er Erfolg hat, könnte dieser Angleichungsversuch sehr wohl viele der Spannungen mildern, die als Folge *relativer* Frustrationen auftreten, selbst in Gruppen, die, äußerlich gesehen, wenig Grund zur Klage haben.

Dieses Gebiet hängt eng mit einem weiteren Problem zusammen, das sehr viel mehr Erforschung benötigt, als ihm bisher zugewandt worden ist. Ich meine die sogenannten *›peer cultures‹* (Systeme von Altersgruppen), die Normen des Verhaltens, die Kinder *sich selbst* auferlegen, mit starkem Zwang zur Konformität, oft in Widerspruch zu den von Erwachsenen gesetzten Normen und mit deutlichen Maßnahmen gegen die »Quertreiber«. Diese Erscheinung wird besonders in der Zeit vom 13. bis zum 20. Lebensjahr deutlich, Talcott Parsons sprach von *›youth culture‹*; sie schließt »eine Gruppe von Verhaltensmustern und bestimmten Verhaltenserscheinungen« ein, »die eine hochkomplexe Verbindung von Elementen der Alters-, der Bildungs- und der Geschlechts-Rolle darstellen«. Diese verschiedenen *›peer cultures‹* warten noch auf eingehende Analysen und Beschreibungen durch die Sozialanthropologen, obgleich es sich herausstellen mag, daß die Aufgabe, einen korrekten Bericht mit Hilfe der notwendigen Informanten aufzustellen, schwieriger ist als Chavante oder Kaffern zu untersuchen. Mir zumindest bleiben viele Aspekte der *›peer cultures‹* ein Rätsel. Wie entwickeln sich ihre Verhaltensmuster, und wie verändern sie sich? Wieso sind bestimmte Jungen-Mädchen-Beziehungen in einem Jahr akzeptabel und im nächsten schlecht angesehen? Wer entscheidet, wieviel Freiheiten erlaubt werden sollten und wo man die Grenzen zieht? Welcher Art sind die Prozesse des Erfindens, der Übernahme oder Ausbreitung dieser Kultur? Wie kommt man überein, daß eine bestimmte Kleidung von »allen Mädchen« getragen werden muß oder in welchem Alter »man« einen Lippenstift benutzt, wer legt fest, wann Jungen Bier trinken und Pfeife rauchen? Sicherlich nicht – zumindest nicht in allen Fällen – die Eltern, da die Verhaltensnormen, die sie für Kinder haben, nicht immer mit denen übereinstimmen, die die Kinder sich selbst setzten. Es handelt sich um eine wichtige Frage, da sich herausstellen könnte, daß die Anpassung des Kindes an seine ›*peer culture*‹ mindestens so wichtig für seine Gefühle persönlicher Sicherheit und Bedeutung ist wie der Angleichungsprozeß an die Welt der Erwachsenen.

Als nächstes möchte ich noch das Problem des Kultur*konflikts* berühren. Uns wurde dieser Komplex im Zusammenhang mit der Assimilation von Einwanderern vertraut. Es hat heftige Diskussionen darüber gegeben, ob Unterschiede zwischen alten und neuen kulturellen Normen persönliche Fehlhaltungen, einschließlich illegalen und verbrecherischen Verhaltens, hervorbringen könnten. Auch in unserer eigenen ›amerikanischen‹ Kultur, so wurde betont (von den Lynds, Horney und anderen), gebe es innerhalb der Wertvorstellungen viele ernste Widersprüche und Konflikte; wir erwarten von unseren Kindern sowohl Unabhängigkeit als auch Konformität; wir glauben an den Fortschritt und an den Status quo, wir verherrlichen den Wettbewerb und befürworten zur gleichen Zeit die ›Goldene Regel‹. Diese und ähnliche Konflikte hat man für die »neurotische Persönlichkeit unserer Zeit« verantwortlich gemacht. Kinder, die sich so widersprüchlichen Verhaltensregeln gegenübergestellt sehen, mögen sehr wohl Anpassungsschwierigkeiten haben. Die Frage aber, die ich stellen möchte, bezieht sich auf das Ausmaß, in dem Konflikte innerhalb der *Kultur* zu Konflikten im Individuum werden können. Falls wir auf dem einen Gebiet oder zu bestimmten Zeiten oder unter bestimmten Bedingungen an den Fortschritt glauben, können wir vielleicht in anderem Zusammenhang weiterhin an den Status quo glauben, ohne daß es einen Konflikt geben muß. Konkurrenzkampf und ›Goldene Regel‹ mögen friedlich in einer Person vereint sein, falls sie es versteht, ihre ›Seelenfächer‹ säuberlich getrennt zu halten. Wir werden nicht wissen, wie wichtig kulturelle Konflikte im Bereich der persönlichen Anpassung sind, solange wir nicht ausführlich untersucht haben, was sie sowohl für die Gesellschaft als ganze als auch für bestimmte Individuen bedeuten.

Abschließend noch ein Wort über das Problem der individuellen Verschiedenheiten innerhalb der gleichen Kultur. Einige von uns waren etwas irritiert durch die Neigung einiger Forscher auf diesem Gebiet, zu schnell zu weitgehend zu verallgemeinern. Ein bedeutsames Korrektiv dieser Neigung findet sich bei einer Anzahl kürzlich erschienener Untersuchungen (z. B. Jules Henry über die Pilagá, Thompson und Joseph über die Hopi, Kluckhohn und die Leightons über die Navaho, Lewis über die Tepoztecan), bei denen die Kombination psychologischer und ethnologischer Verfahren dem einzelnen wieder seinen eigentlichen Platz gegeben haben. Wir müssen diese Beschäftigung mit dem einzelnen noch ausdehnen, wenn wir kulturelle Gegebenheiten untersuchen. Im gewissen Sinne bleibt der einzelne ein Rätsel, trotz aller Forschungsergebnisse, über die wir verfügen. Zwei Kinder, die in der gleichen Gesellschaft unter gleichen Familienbedingungen, mit den in gleicher Weise behütenden Müttern und verständnisvollen Vätern, mit gleicher Ernährung und Reinlichkeitserziehung usw. aufwachsen, behalten dennoch in gewissem Maße ihre eigene Einzigartigkeit. Vor vielen Jahren sprach Piéron von der *›semipermeablen Membran‹*, die jede Persönlichkeit einhüllt, die einige Erfahrungen durchläßt, andere ausschließt. Jeder einzelne trifft seine eigene Wahl unter dem, was seine Kultur ihm bereit hält, und interpretiert es auf seine Weise. Erklärungen im Sinne von Drüsenunterschieden, Konstitutionstypen, Erbanlagen, pränatalen Einflüssen und frühkindlicher Erziehung erwiesen sich bislang als unbefriedigend. Künftige Forschung könnte erfolgreicher sein, falls das Bestreben, die Grundlage individueller Verschiedenheiten zu entdekken, mit der Untersuchung der Kultur Hand in Hand ginge, statt einen separaten Weg einzuschlagen.

Ich habe wenig von dem gebracht, was wir wissen, und viel mehr über das, was wir wissen müßten. Ein Blick zurück kann herzerquickend sein, aber die Aufforderung, vorwärts zu schauen, ist stärker. In den Reihen der ›Gesellschaft für Orthopsychiatrie‹ mit ihrem interdisziplinären Mitgliederkreis könnten die Fachkenntnisse gefunden werden, die uns den Antworten, die wir alle suchen, näher zu bringen vermögen.

III. Das erste Lebensjahr

René A. Spitz

Hospitalismus I

Eine Untersuchung der Genese psychiatrischer Krankheitsbilder in der frühen Kindheit (Vorläufiger Bericht)

»En la Casa de Ninos Expositos el nino se va poniendo triste y muchos de ellos mueren de tristeza.« (1760, aus dem Tagebuch eines spanischen Bischofs)

1. Das Problem

Das Wort *Hospitalismus* bezeichnet einen Entkräftungszustand des Körpers auf Grund eines langen Aufenthaltes im Krankenhaus, aber auch die ungesunde Atmosphäre in einem Krankenhaus. Der Ausdruck wird immer mehr benützt, um, besonders aus der Sicht des Psychiaters, spezifisch die nachteilige Wirkung des Aufenthalts in Pflegeanstalten auf Säuglinge zu umschreiben, die sehr früh in solche Anstalten eingewiesen werden. Die vorliegende Untersuchung beschäftigt sich besonders mit der Wirkung eines fortgesetzten Anstaltsaufenthalts auf Kleinkinder unter einem Jahr, die nicht wegen Krankheit in einer Institution versorgt werden. Ein Beispiel für solche Anstalten ist das Findelhaus.

Ärzte und Verwaltungsbehörden haben die Unzulänglichkeiten derartiger karitativer Institutionen seit langem erkannt. Am Anfang dieses Jahrhunderts hatte eines der großen Findelhäuser in Deutschland bei den Säuglingen im ersten Lebensjahr eine Sterblichkeitsquote von 71,5 % (19*). Chapin (5) zählte 1915 zehn Anstalten in den größeren Städten der USA auf, hauptsächlich an der Ostküste, in denen die Sterblichkeitsquote der im ersten Lebensjahr aufgenommenen Kinder am Ende des zweiten Le-

* In Klammern gesetzte Zahlen beziehen sich auf die Literaturhinweise im Anhang dieses Bandes.

bensjahres zwischen 31,7 und 75 % lag. Im gleichen Jahr stellte Dr. Knox aus Baltimore anläßlich einer Diskussion im Rahmen der American Pediatric Association (6) fest, daß in den Anstalten der Stadt Baltimore 90 % der Säuglinge vor dem Ende ihres ersten Lebensjahres starben. Er war der Ansicht, daß die übrigen 10 % wahrscheinlich gerettet wurden, weil sie rechtzeitig aus der Anstalt herausgenommen worden waren. Dr. Shaw aus Albany sagte in der gleichen Diskussion, die Sterblichkeit im Randalls Island Hospital betrage wahrscheinlich 100 %.

Die Zustände haben sich seither sehr verändert. Zur Zeit verzeichnen die besten amerikanischen Institutionen, wie z. B. das Bellevue Hospital in New York City, eine Sterblichkeitsziffer von weniger als 10 % (1), die sich von den Sterblichkeitsziffern des übrigen Landes vorteilhaft abhebt. Während in den USA und in Europa diese und ähnliche Erfolge erzielt wurden, stellte sich den Ärzten und Verwaltungsbehörden bald ein neues Problem: Sie entdeckten, daß die »Anstaltskinder« praktisch ohne Ausnahme später psychische Störungen bekamen und asozial, kriminell, geistesschwach, psychotisch oder schwer erziehbar wurden. Wahrscheinlich hatte vorher die hohe Sterblichkeit diese Folgen nicht offenkundig werden lassen. Nun, da die Kinder weiterlebten, kamen die anderen Nachteile des Anstaltsaufenthalts deutlich zum Vorschein. In den USA führte dies dazu, daß man die Heimpflege weitgehend durch eine Unterbringung in Pflegefamilien ersetzte.

Die erste Untersuchung der an den psychischen Folgen der Heimpflege bei Säuglingen im ersten Lebensjahr beteiligten Faktoren wurde 1933 von H. Durfee und K. Wolf (8) in Österreich durchgeführt. L. G. Lowrey (17), L. Bender und H. Yarnell (2), H. Bakwin (1) und W. Goldfarb (11–14) haben weitere Beiträge zu diesem Thema geleistet. Die Ergebnisse all dieser Untersuchungen sind ungefähr gleich.

Bakwin fand eine stark erhöhte Infektionsanfälligkeit, obwohl Hygiene und Ernährung hohen Ansprüchen genügten. Durfee und Wolf stellten fest, daß Kinder unter drei Monaten keine nachweisbare Schädigung als Folge eines Anstaltsaufenthalts zeigen; aber Kinder, die im ersten Lebensjahr mehr als acht Monate lang in einer Anstalt gewesen waren, zeigten so schwere psychische Schäden, daß man sie nicht testen konnte. Bender, Lowrey und Goldfarb stellten fest, daß nach dreijährigem Anstaltsaufenthalt die eingetretenen Veränderungen irreversibel sind. Lowrey beobachtete, daß zwar die Schädigung der im ersten Lebensjahr in einer Anstalt untergebrachten Kinder sich anscheinend nicht wieder gutmachen läßt, daß jedoch die im zweiten oder dritten Lebensjahr erlittenen Schäden heilbar sind.

Die meisten Autoren machen zwei Faktoren, auf die schon Durfee und Wolf hingewiesen haben, für die psychischen Schädigungen dieser Kinder verantwortlich.

Der erste Faktor heißt: Mangel an Reizen. Am schlechtesten schnitten die am besten ausgestatteten und hygienisch einwandfreiesten Anstalten ab, denen es zwar gelang, die Umgebung des Kindes keimfrei zu machen, die aber zugleich die Psyche des Kindes der Sterilität aussetzten. Selbst die ärmlichste Heimstatt bietet mehr geistige Anregung als die übliche Krankenstation.

Der zweite Faktor ist die Anwesenheit oder Abwesenheit der Mutter des Kindes. Die Anregung durch die Mutter ist immer stärker als die durch noch so gut ausgebildetes Personal (18). Die Anstalten, in denen die Mütter anwesend waren, erreichten bessere Ergebnisse als diejenigen, in denen nur voll ausgebildete Kinderschwestern verwendet wurden. Die Anwesenheit der Mütter konnte sogar zahlreiche andere Mängel ausgleichen.

Wir glauben, daß weitere Forschungsarbeit notwendig ist, um die Faktoren klar herauszustellen, die in dem Verfall wirksam werden, der auf einen langdauernden Anstaltsaufenthalt folgt. Die Anzahl der von Bakwin, Durfee-Wolf und Lowrey in einzelnen Institutionen untersuchten Säuglinge ist sehr gering, und Bender, Yarnell und Goldfarb haben die Kinder nicht während des ersten Lebensjahres beobachtet. Wir stellen hier nicht die Frage, ob Anstalten den Pflegefamilien vorzuziehen seien – ein Thema, das heute kaum noch erörtert wird –, die Entscheidung versteht sich nach den Ergebnissen der Iowa-Studiengruppe bei ihren umfassenden Forschungen in bezug auf die Kontroverse »Anlage-Bedingungen gegen Umwelt-Bedingungen« [*nature versus nurture*] (21–23, 25, 27, 28) von selbst. Es mag einem seltsam vorkommen, daß im Verlauf dieser Kontroverse keine Untersuchung sich mit dem Gebiet des ersten Lebensjahres in Anstalten und Heimen befaßt hat [1]. Alle Forscher der Universität Iowa haben entweder Kinder in Pflegefamilien untersucht oder aber Kinder, die älter waren als ein Jahr, und haben dann ihre Feststellungen retrospektiv gedeutet [2]. Sie hatten keine Untersuchungsmethode zur Verfügung, die die Bewertung und quantitative Erfassung der geistigen, körperlichen und sozialen Entwicklung im ersten Lebensjahr gestattet hätte. Ihr einziges Instrument ist der Intelligenz-Quotient (I. Q.), der unzuverlässig (20) und im ersten Lebensjahr nicht anwendbar ist. Die von Hetzer und Wolf (15) entwickelten Baby-Tests füllen jedoch diese Lücke und liefern nicht nur einen Intelligenz-Quotienten, sondern auch quantifizierbare Daten für die Entwicklung im ganzen, wie z. B. einen Meßwert für das Entwicklungsalter und einen Entwicklungs-Quotienten (E. Q.). Außerdem liefern sie quantifizierbare Daten über sechs deutlich abgegrenzte Bereiche der Persönlichkeit, nämlich: Entwicklung der Wahrnehmung, Beherrschung der Körperbewegungen, soziale Beziehungen, Gedächtnis, Beziehung zu unbelebten Gegenständen und Intelligenz (die im ersten Lebensjahr auf das Verstehen von Beziehungen zwischen Objekten und Einsicht in ihre Funktionen beschränkt ist).

Mit Hilfe dieser Daten (*»Dimensionen«*) wird ein Entwicklungsprofil (eine Persönlichkeitskurve) erstellt, aus dem relevante Schlüsse gezogen werden können und das den Vergleich von Kindern untereinander ermöglicht. So können für bestimmte Umweltbedingungen Durchschnittswerte der Entwicklung in jedem einzelnen Bereich oder für alle Bereiche insgesamt ermittelt werden. Schließlich kann man die relevanten Fortschritte ein und desselben Kindes in den einzelnen Bereichen der Persönlichkeit verfolgen. Die Profile bieten einen Querschnitt durch die Entwicklung des Säuglings in jedem gegebenen Zeitpunkt, aber sie lassen sich auch zu longitudinalen Kurven der Entwicklungsfortschritte der Gesamtpersönlichkeit des Kindes zusammenfügen; das gleiche ist für die verschiedenen Einzelbereiche der Persönlichkeit möglich.

Das Ziel meiner Forschung besteht darin, die krankmachenden Faktoren zu isolieren und zu untersuchen, die dafür verantwortlich sind, ob die Entwicklung des Kindes eine günstige oder eine ungünstige Wendung nimmt. Hier könnte ein psychiatrisches Vorgehen wünschenswert erscheinen; die Säuglingspsychiatrie als eigene Disziplin besteht jedoch noch nicht; sie zu fördern ist eines der Anliegen der vorliegenden Untersuchung.

II. Das Material[3]

Im Hinblick auf dieses Ziel wurde eine auf einen längeren Zeitraum angelegte Untersuchung von 164 Kindern begonnen[4]. Angesichts der Ergebnisse früherer Untersuchungen wurde diese Studie weitgehend auf das erste Lebensjahr begrenzt und beschränkte sich auf zwei Anstalten, um die Gesamtpopulation beider (130 Säuglinge) zu erfassen. Da die beiden Anstalten in verschiedenen Ländern der westlichen Welt lagen, wurde dadurch eine Vergleichsgrundlage geschaffen, daß wir in beiden Ländern Kinder der gleichen Altersgruppe, die nicht in Heimen lebten, in ihrer Familienumgebung untersuchten. Von diesen Kindern wurden insgesamt 34 untersucht. Wir haben also vier verschiedene Umwelten:

Tabelle I

Art der Umwelt	Anstalt Nr. 1 *	Entsprechendes Familienmilieu **	Anstalt Nr. 2	Entsprechendes Familienmilieu
Anzahl der Kinder	69	11	61	23

III. Das Verfahren

In jedem Fall wurde eine Anamnese erhoben, die nach Möglichkeit Angaben über die Mutter des Kindes enthielt. In jedem Fall wurden die Hetzer-Wolf-Babytests verwendet. Im Verlauf der Untersuchung auftauchende Fragen, die in der Test-Situation nicht gelöst werden konnten, wurden mit Hilfe besonderer, jeweils für den spezifischen Zweck entworfener Experimente bearbeitet. Solche Fragen stellten sich zum Beispiel in bezug auf Einstellung und Verhalten der Kinder als Reaktion auf Reize in der Form unbelebter Gegenstände, sozialer Situationen usw. Jedes beobachtete ungewöhnliche oder unerwartete Verhalten eines Kindes wurde sorgfältig protokolliert und untersucht.

Eine große Anzahl von Tests, alle Experimente und einige der besonderen Situationen wurden auf 16-mm-Film aufgenommen. Die Ergebnisse unserer Untersuchungen bis heute sind auf über zehntausend Metern Film aufgezeichnet. Bei der Film-Analyse wurde folgende Methode angewendet: Das Verhalten wurde mit Tonfilmgeschwindigkeit, das heißt mit 24 Bildern pro Sekunde, gefilmt. Das erlaubt bei der Projektion eine Verlang-

* Die Anstalt Nr. 1 wird von nun an als ›Säuglingsheim‹, die Anstalt Nr. 2 als ›Findelhaus‹ bezeichnet.

** Die geringe Anzahl der Kinder, die in dieser besonderen Umwelt untersucht wurde, war durch den Umstand gerechtfertigt, daß sie früher schon von anderen Forschern gründlich untersucht worden war; wir hatten dabei nur die Absicht, unsere Ergebnisse mit den ihren zu korrelieren. Im Lauf eines Jahres wurde jedoch jedes Kind mindestens in regelmäßigen Abständen von einem Monat getestet.

samung der Handlung auf etwa ein Drittel der ursprünglichen Geschwindigkeit, so daß das Verhalten in verlangsamter Form beobachtet werden kann. Ein Projektor mit zusätzlichem Handantrieb erlaubt darüber hinaus ein Betrachten der einzelnen Bilder nacheinander und, wenn nötig, ein Zurückdrehen und eine Wiederholung der Projektion jeder Einzelheit, so oft es erforderlich ist. Zugleich werden die schriftlichen Protokolle der Experimente studiert und beide Beobachtungen miteinander verglichen.

IV. Ergebnisse

Zum Zweck der Orientierung ermittelten wir den durchschnittlichen Entwicklungsquotienten für das erste Drittel des ersten Lebensjahres in jedem der untersuchten Milieus. Wir stellten dann diese Durchschnittszahlen neben die durchschnittlichen Entwicklungsquotienten aus dem letzten Drittel des ersten Lebensjahres. Dieser Vergleich gibt einen ersten Hinweis auf die Bedeutung von Umwelteinflüssen auf die Entwicklung.

Tabelle II

Art der Umwelt	Kulturelles und soziales Milieu	Entwicklungsquotienten	
		Durchschnitt für die ersten 4 Monate	Durchschnitt für die letzten 4 Monate
Familie	Akademiker	133	131
	Dorfbevölkerung	107	108
Anstalt	Säuglingsheim	101,5	105
	Findelhaus	124	72

Die Kinder der ersten Kategorie stammen aus Akademikerfamilien in einer großen Stadt; ihr E.Q. ist von Anfang an hoch und bleibt es auch im Verlauf der Entwicklung.

Die Kinder der zweiten Kategorie stammen aus einem abgelegenen Fischerdorf mit 499 Bewohnern, wo die Bedingungen der Ernährung, der Unterbringung, der Hygiene und der ärztlichen Versorgung sehr schlecht sind; ihr durchschnittlicher E.Q. in den ersten vier Lebensmonaten ist viel niedriger und bleibt auch auf einer niedrigeren Stufe als der der ersten Kategorie.

In der dritten Kategorie, im Säuglingsheim, waren die Kinder durch ihre Herkunft von Geburt an benachteiligt; die näheren Umstände sollen später erörtert werden. Am Anfang ist ihr E.Q. sogar noch etwas niedriger als bei den Dorfkindern; im Lauf der Entwicklung nimmt er aber etwas zu.

In der vierten Kategorie, im Findelhaus, stammen die Kinder aus einem städtischen (lateinamerikanischen) Milieu, sie stellen keine Auslese dar. Bei der Aufnahme liegt ihr E.Q. unter dem unserer besten Kategorie, aber wesentlich über dem der beiden anderen. Am Ende des ersten Jahres hat sich das Bild vollkommen gewandelt; nun ist ihr E.Q. auf die erstaunlich niedrige Stufe von 72 gesunken.

Die Kinder in den ersten drei Umwelten waren also am Ende des ersten Lebensjahres im großen ganzen gut entwickelt und normal, ob sie nun in ihren fortschrittlichen Familien der Mittelklasse aufgezogen wurden (wo offensichtlich optimale Bedingungen herrschten und wo die Kinder der durchschnittlichen Entwicklung um ein gutes Stück voraus waren) oder in einer Anstalt oder in einer dörflichen Familie, wo die Entwicklung zwar nicht hervorragend war, aber doch einen vollkommen normalen und befriedigenden Durchschnitt erreichte. Die Kinder in der vierten Umgebung hatten zwar mit einem fast ebenso hohen Durchschnitt begonnen wie die besten der drei anderen, aber sie hatten sich auffallend verschlechtert.

Die Kinder im Findelhaus zeigten alle Symptome des Hospitalismus, und zwar physisch und psychisch. Obwohl die Hygiene und die Vorsichtsmaßregeln gegen Ansteckungen untadelig waren, zeigte sich bei den Kindern vom dritten Monat an eine extreme Anfälligkeit für Infektionen und Erkrankungen jeder Art. Es gab kaum ein Kind, in dessen Fallgeschichte wir keine Angaben über Mittelohrentzündung, Masern, Windpocken, Ekzeme oder die eine oder andere Darmerkrankung fanden. Wir konnten keine Zahlen über die allgemeine Sterblichkeit in Erfahrung bringen, aber während meines Aufenthalts in der Anstalt wurde diese von einer Masernepidemie heimgesucht, die erstaunlich hohe Sterblichkeitsziffern zur Folge hatte, obwohl in reichlichem Maß Rekonvaleszenten-Serum und Globuline gegeben wurden und obwohl die hygienischen Verhältnisse ausgezeichnet waren. Von insgesamt 88 Kindern bis zum Alter von 2 1/2 Jahren starben 23. Besonders auffallend ist der Vergleich der Sterblichkeit bei den 45 Kindern bis zu 1 1/2 Jahren mit der der 43 Kinder zwischen 1 1/2 und 2 1/2 Jahren; gewöhnlich ist das *Vorkommen* von Masern bei der jüngeren Altersgruppe gering, aber die Sterblichkeit der Infizierten ist höher als in der Gruppe der Älteren. Da in dem Findelhaus alle Kinder infiziert waren, bleibt die Frage des Vorkommens hier ohne Belang; entgegen den Erwartungen war aber die Sterblichkeit bei den älteren Kindern viel höher. Von den jüngeren starben 6, das heißt etwa 13 %; von der Gruppe der Älteren starben 17, das heißt nahezu 40 %. Wie bedeutsam diese Zahlen sind, wird klar, wenn man erfährt, daß die Sterblichkeit bei Masern im ersten Lebensjahr in der betreffenden Stadt *außerhalb* der Anstalt weniger als ½ % betrug.

Angesichts der Schäden, die die Kinder während ihres Aufenthalts in dieser Anstalt in allen Persönlichkeitsbereichen erlitten, halten wir die Annahme für vertretbar, daß ihre Vitalität (was immer das sein mag), ihre Widerstandskraft gegen Krankheiten ebenfalls allmählich untergraben wurde. Auf der Station der Kinder zwischen 18 Monaten und 2 ½ Jahren sprechen nur zwei von den sechsundzwanzig überlebenden Kindern ein paar Worte. Die gleichen Kinder können auch laufen; ein drittes Kind fängt gerade damit an. Fast keines der Kinder kann allein essen; sie sind noch nicht sauber, und alle nässen noch ein.

Das Bild, das die ältesten Kinder im Säuglingsheim – 8 bis 12 Monate alt – bieten, steht hierzu in scharfem Gegensatz. Das Problem ist hier nicht, ob die Kinder gegen Ende des ersten Lebensjahres laufen oder sprechen können; bei diesen 10 Monate alten Kindern ist es ein Problem, wie man die Neugier und Unternehmungslust der gesunden Dreikäsehochs eindämmen soll. Sie klettern an den Gitterstäben ihrer Bettchen hoch, wie Südseeinsulaner auf Palmen klettern. Man mußte besondere Sicherheitsmaßnahmen einführen, um sie vor Schaden zu bewahren, nachdem es einem 10 Monate alten Kind tatsächlich gelungen war, sich über das mehr als 60 cm hohe Geländer seines Bettchens zu schwingen. Sie lallen eifrig vor sich hin, und manche sprechen wirklich schon ein oder zwei Wörter. Alle aber verstehen die Bedeutung einfacher sozialer Gebärden. Wenn man sie aus dem Bettchen nimmt, können alle mit Unterstützung laufen, einige können es auch schon allein.

Was sind nun die Unterschiede zwischen den beiden Anstalten, die zur Folge haben, daß aus der einen normale akzeptable Kinder hervorgehen und daß die andere derart erschreckende Wirkungen zeitigt?

A. Ähnlichkeiten[5]

1. Herkunft der Kinder

Das *Säuglingsheim* ist eine Anstalt des Strafvollzugs, in der straffällige Mädchen abgesondert werden. Wenn sie, wie es oft der Fall ist, bei der Einlieferung schwanger sind, werden sie in einer nahe gelegenen Entbindungsanstalt entbunden, und nach dem Wochenbett werden ihre Kinder bis zum Ende des ersten Lebensjahres in dem Säuglingsheim versorgt. Die Herkunft dieser Kinder macht sie zu einer deutlich negativ geprägten Auslese, da die Mütter meistens straffällige Minderjährige sind, oft auf Grund sozialer Fehlanpassung oder Debilität oder weil sie psychisch geschädigt, psychopathisch oder kriminell sind. Psychische Normalität und angemessene soziale Anpassung kommen fast überhaupt nicht vor.

Die andere Anstalt ist ganz einfach ein *Findelhaus*. Eine gewisse Anzahl von Kindern unterscheidet sich ihrer Herkunft nach nicht sehr von den Kindern im Säuglingsheim; aber eine genügend große Anzahl stammt von sozial gut angepaßten Müttern, die nur nicht in der Lage sind, sich und ihre Kinder zu erhalten (was bei Frauen lateinamerikanischer Herkunft kein Zeichen von mangelnder Anpassung ist). Dies drückt sich in dem durchschnittlichen E.Q. während der ersten 4 Monate in den beiden Anstalten aus, wie er aus Tabelle II zu entnehmen ist.

Durch die Herkunft der Kinder in den beiden Anstalten wird also das Säuglingsheim nicht begünstigt; im Gegenteil, sie bedeutet einen deutlichen Vorteil für das Findelhaus.

2. Die Verhältnisse der Unterbringung

Beide Anstalten liegen außerhalb der Stadt, in großen, weiträumigen Gärten. In beiden werden die Gebote der Hygiene und Asepsis sorgfältig beachtet. In beiden werden die Neugeborenen von Geburt an sechs Wochen lang von den älteren Säuglingen getrennt und in einer besonderen Neugeborenen-Abteilung untergebracht, in die man nur eingelassen wird, wenn man sich die Hände gewaschen und einen frisch sterilisierten Kittel angezogen hat. In beiden Anstalten werden die Säuglinge nach 2 oder 3 Monaten von der Neugeborenen-Abteilung in die Abteilung der älteren Säuglinge verlegt, wo sie in einzelnen Abteilen liegen, die im Säuglingsheim rundherum verglast sind, im Findelhaus an drei Seiten verglast, an der vierten aber offen sind. Im Findelhaus bleiben die Kinder bis zum Alter von 15 bis 18 Monaten in ihren ›Einzelzellen‹; im Säuglingsheim werden sie nach dem 6. Monat in Zimmer mit je vier bis fünf Bettchen verlegt. Die eine Hälfte der Kinder im Findelhaus liegt in einem verhältnismäßig matt beleuchteten Teil des Saales; die andere Hälfte liegt im vollen Licht der großen Fenster, die nach Südosten gehen und durch die reichlich Sonnenschein hereinkommt. Im Säuglingsheim haben alle Kinder gut beleuchtete Abteile. In beiden Anstalten sind die Wände in einer hellen, neutralen Farbe gestrichen, die im Säuglingsheim weiß wirkt, im Findelhaus dagegen graugrün. Die Bettchen der Kinder sind in beiden Häusern weiß gestrichen. Das Säuglingsheim steht finanziell weit besser da: Man findet dort gewöhnlich in jedem Abteil einen kleinen Metalltisch mit dem Zubehör für die Kinderpflege sowie einen Stuhl, während es im Findelhaus eine Ausnahme ist, wenn man einen niedrigen Schemel in den Abteilen findet, in denen gewöhnlich nichts weiter ist als das Kinderbett.

3. Ernährung

In beiden Anstalten wird angemessene Nahrung ausgezeichnet zubereitet und den Bedürfnissen der einzelnen Kinder in jedem Alter angepaßt; die Trinkflaschen der Kinder werden sterilisiert. In beiden Anstalten wird ein hoher Prozentsatz der kleineren Kinder gestillt; im Säuglingsheim ist der Anteil kleiner, so daß in den meisten Fällen Flaschennahrung zugesetzt wird, und in vielen Fällen wird früh abgestillt. Im Findelhaus werden grundsätzlich alle Kinder gestillt, solange sie noch nicht 3 Monate alt sind, außer wenn eine Krankheit es notwendig macht, von dieser Regel abzuweichen.

4. Kleidung

Die Kleidung ist in beiden Anstalten praktisch gleich. Die Kinder haben zweckmäßige pastellfarbige Kleidchen und Bettdecken. Die Raumtemperatur ist angemessen. Wir haben in keiner der beiden Einrichtungen jemals ein fröstelndes Kind gesehen.

5. Ärztliche Versorgung

Das Findelhaus wird mindestens einmal, oft zweimal am Tag vom Chefarzt und dem Ärztepersonal besucht; bei diesen Visiten wird jedes Kind und sein Kurvenblatt kontrolliert. Für besondere Beschwerden stehen ein

Hals-Nasen-Ohren-Arzt und andere Fachärzte zur Verfügung, die ebenfalls tägliche Visiten machen. Im Säuglingsheim gibt es keine täglichen Visiten, da sie nicht notwendig sind. Der Arzt kommt zu den Kindern, wenn er gerufen wird.

Bis hierher scheint es wenig wichtige Unterschiede zwischen den Kindern in den beiden Anstalten zu geben. Das Findelhaus zeigt allenfalls einen geringen Vorteil vor dem Säuglingsheim, und zwar in bezug auf die Auslese der aufgenommenen Kinder, das Stillen und die ärztliche Versorgung. Erst in den nun folgenden Punkten treten fundamentale Unterschiede zutage.

B. Unterschiede

1. Spielzeug

Im Säuglingsheim ist es die Ausnahme, wenn ein Kind kein Spielzeug hat, die meisten haben mehrere. Im Findelhaus hatte ich zunächst den Eindruck, kein einziges Kind habe ein Spielzeug. Dieser Eindruck wurde später berichtigt. Im Lauf der Zeit, möglicherweise als Reaktion auf unsere Anwesenheit, tauchte immer mehr Spielzeug auf, manchmal war es ganz geschickt mit einer Schnur über dem Kopf des Kindes befestigt, so daß es danach greifen konnte. Als wir fortgingen, hatte ein Großteil der Kinder im Findelhaus ein Spielzeug.

2. Gesichtskreis

Im Säuglingsheim vermittelt der Gang zwischen den Abteilen, obwohl er streng in Weiß gehalten ist und keinen besonderen Schmuck aufweist, einen freundlichen Eindruck von Wärme. Das kommt vermutlich daher, daß man an beiden Seiten die Landschaft und den Himmel sieht und weil gewöhnlich eine geschäftige Betriebsamkeit herrscht, Mütter ihre Kinder hin- und hertragen, versorgen, füttern und mit ihnen spielen oder mit Kindern auf dem Arm miteinander schwatzen. Die Abteile der Kinder sind zwar von Glaswänden umgeben, aber diese gehen so weit herunter, daß jedes Kind jederzeit alles beobachten kann, was ringsumher vor sich geht. Sobald es sich auf die Ellbogen stützt, kann es in den Gang hineinschauen. Es kann zum Fenster hinaussehen, und wenn es nur den Kopf dreht, kann es die Kinder in den Nachbarabteilen sehen. Ein Beweis dafür: Immer, wenn ein Experimentator in einem der Abteile mit einem Baby spielt, schauen die Kinder in den beiden Nachbarabteilen fasziniert zu, versuchen, sich an dem Spiel zu beteiligen, klopfen an die gläsernen Trennwände und fangen oft an zu weinen, wenn man sie nicht beachtet. Bei den meisten Bettchen sind die Gitterstäbe weit genug voneinander entfernt, so daß sie die Sicht nicht behindern. Wenn das Kind mit 6 Monaten auf die Station der größeren Kleinkinder verlegt wird, bereichert sich sein Gesichtskreis, da dann mehrere Kinder im gleichen Raum zusammen sind und auch miteinander spielen.

Im Findelhaus ist der Gang, nach dem hin die Abteile offen sind, obwohl er wenigstens auf einer Seite volles Licht hat, immer trostlos und verlassen, außer zur Zeit der Fütterung, wenn fünf bis acht Schwestern hereinkommen und die Kinder versorgen. Meistens geschieht gar nichts, was die Aufmerksamkeit der Kinder erregen könnte. Außerdem herrscht in dem Findelhaus der besondere Brauch, daß über das Fußende und die Seitengitter der Bettchen Bettücher gehängt werden. Das Bett selbst ist etwa 45 cm hoch, die Seitengitter sind etwa 50 cm hoch und die Gitter am Fuß- und Kopfende etwa 70 cm. Wenn also Bettücher über die Gitter gehängt werden, ist das in dem Bettchen liegende Kind wirksam von der Welt abgeschirmt. Es ist auch von den anderen Abteilen isoliert, denn die Glasscheiben in den hölzernen Trennwänden fangen erst 18 bis 20 cm über der Höhe des Gitters am Kopfende an. Infolge dieses Systems liegt jedes Kind so lange in »Einzelhaft«, bis es im Bettchen stehen kann, und sein einziger Anblick ist die Zimmerdecke.

3. Spielraum der Lokomotion

Im Säuglingsheim wird der Spielraum der Lokomotion von dem innerhalb des Bettchens zur Verfügung stehenden Raum bestimmt, der bis zum Alter von etwa 10 Monaten einen ziemlich befriedigenden Bereich darstellt.

Theoretisch gilt für das Findelhaus dasselbe. Aber in der Praxis ist dies nicht der Fall, denn die Säuglinge liegen, wahrscheinlich weil ihnen so wenig Reize geboten werden, viele Monate lang in ihren Bettchen auf dem Rücken, so daß sich in ihren Matratzen eine Vertiefung bildet. Wenn sie das Alter erreichen, in dem sie sich aus der Rückenlage auf die Seite drehen könnten (etwa im siebten Monat), hemmt diese Vertiefung sie derart in ihrer Aktivität, daß sie sich tatsächlich nicht nach irgendeiner Seite dre-
und 12 Monaten, auf dem Rücken liegend vor; sie spielen mit dem einzi-
hen können. Infolgedessen finden wir die meisten Kinder, selbst mit 10

gen Objekt, das ihnen zur Verfügung steht, mit ihren eigenen Händen und Füßen.

4. Personal

Im Findelhaus stehen für insgesamt 45 Säuglinge eine Oberschwester und 5 Hilfsschwestern zur Verfügung. Diese Schwestern haben *ganz und gar* für diese Kinder zu sorgen, eine Ausnahme bilden nur die Säuglinge, die noch so klein sind, daß sie gestillt werden. Die Brustkinder werden in gewissem Maß von ihren eigenen Müttern oder von Ammen versorgt, aber nach ein paar Monaten werden sie in die Einzelabteile der allgemeinen Station verlegt, wo sie sich die Fürsorge *einer* Schwester mit mindestens sieben anderen Kindern teilen müssen. Es ist klar, daß eine Schwester, die für acht Kinder zu sorgen hat, für das einzelne Kind nur sehr wenig tun kann. Diese Schwestern sind ungewöhnlich mütterliche, kinderliebe Frauen, aber trotzdem fehlt natürlich den Säuglingen im Findelhaus den größten Teil des Tages über jeder menschliche Kontakt.

Das Säuglingsheim wird von einer Oberschwester und ihren drei Helferinnen betrieben; ihre Pflichten bestehen nicht darin, selbst die Kinder zu versorgen, sondern hauptsächlich in der Unterweisung der Mütter in der Kinderpflege und in deren Beaufsichtigung. Die Kinder werden von ihren eigenen Müttern gefüttert, gepflegt und versorgt, oder, wenn aus irgendeinem Grund eine Mutter von ihrem Kind getrennt wird, von der Mutter eines anderen Kindes oder von einem schwangeren Mädchen, das auf diese Weise die für die Pflege ihres eigenen zukünftigen Kindes notwendige Erfahrung sammelt. So hat also im Säuglingsheim jedes Kind die ganze Zeit die Fürsorge seiner eigenen Mutter oder wenigstens einer Ersatzmutter, die von der sehr fähigen Oberschwester nach Möglichkeit so lange ausgewechselt wird, bis sich jemand findet, der das Kind wirklich gern hat.

V. Diskussion

Wenn wir sagen, daß in dem Säuglingsheim jedes Kind eine »hauptamtliche« Mutter hat, dann bedeutet das vom psychologischen Standpunkt aus ein *»understatement«*, d.h. wir sagen damit noch zu wenig. So modern eine Strafanstalt auch sein mag und wie konstruktiv und nachsichtig auch die Umerziehungsmethoden, sie nimmt den straffälligen Mädchen doch zwangsläufig sehr viel. Ihre Möglichkeiten, Ventile für ihre Interessen, ihren Ehrgeiz, ihre Aktivität zu finden, werden sehr stark eingeschränkt. Die früheren sexuellen Befriedigungen, wie auch die Befriedigungen des Wettbewerbs auf sexuellem Gebiet, hören plötzlich auf: Vorschriften verbieten auffallend bunte Kleider, leuchtenden Nagellack und extravagante Frisuren. Die Art des Gesellschaftslebens, in dem die Mädchen sich wichtig machen konnten, ist nicht mehr vorhanden. Das ist besonders traumatisch, da diese Mädchen ja straffällig werden, weil sie nicht in der Lage sind, ihren Sexualtrieb zu sublimieren und Ersatzbefriedigung zu finden; darum haben sie auch keine Verhaltensweise entwickelt, die ihnen erlaubt, auf ein Vergnügen zu verzichten, wenn es ihnen versagt wird. Außerdem finden sie keinen Ausgleich in Beziehungen zu Familie und Freunden, wie sie ihn vorher hatten. Diese Faktoren verbinden sich mit dem Verlust der persönlichen Freiheit, dem Aufgeben des persönlichen Besitzes und der strengen Ordnung in der Strafanstalt zu einem schweren narzißtischen Trauma, das mit der Einweisung beginnt und während der ganzen Haftzeit die narzißtischen und libidinösen Bereiche beeinflußt.

Glücklicherweise bleiben noch ein paar Sicherheitsventile für ihre Emotionen übrig: (1) die Beziehung zu Wärterinnen, Hausmüttern und Schwestern, (2) zu den Mitgefangenen und (3) zu dem Kind. In der Beziehung zu Wärterinnen, Hausmüttern und Schwestern, die offensichtlich Elternfiguren darstellen, wird ein Großteil der Aggressionen und des Grolls der Gefangenen gebunden. Ein anderer Teil wird in der Haßliebe-Beziehung zu den Mitgefangenen ausgelebt, in der alle Phänomene der Geschwister-Rivalität wieder auferstehen.

Das Kind jedoch wird für die Gefangenen zum Repräsentanten ihrer Sexualität, ein Produkt, das sie hervorgebracht haben, ein Objekt, das sie besitzen, das sie herausputzen und schmücken können, an das sie ihre Zärtlichkeit und ihren Stolz verschwenden können und mit dessen Fertigkeiten, Leistungen und Aussehen sie prahlen können. Das äußert sich in dem unter ihnen beständig herrschenden Wettstreit, wer das besser angezogene, besser entwickelte, intelligentere, hübschere, schwerere, größere, aktivere – mit einem Wort, wer das bessere Kind hat[6]. Für sich selbst haben sie den Wettstreit um Liebe mehr oder weniger aufgegeben, aber sie sind höchst eifersüchtig auf jede Aufmerksamkeit, die ihren Kindern von den Hausmüttern, Wärterinnen und Mitgefangenen zuteil wird.

Nur ein sehr genauer Versuchsleiter würde ein Experiment erfinden, das in bezug auf die Mutter-Kind-Beziehung derart diametral entgegengesetzte Bedingungen aufwiese, wie es in diesen beiden Anstalten der Fall ist. Das Säuglingsheim stellt jedem Kind eine potenzierte Mutter zur Verfügung, eine Mutter, die dem Kind alles gibt, was ihm eine gute Mutter zu geben pflegt, und darüber hinaus auch noch alles übrige, was sie hat[7]. Das Findelhaus gibt dem Kind nicht nur keine Mutter, auch keine Ersatzmutter, sondern nur ein Achtel einer Schwester.

Wir sind nun in der Lage, uns die in jeder der beiden Anstalten erreichten Resultate genauer und mit größerem Verständnis anzusehen. Wir haben schon einige erwähnt. Wir haben gesagt, daß der E. Q. im Säuglingsheim am Ende des ersten Lebensjahres einen normalen Durchschnitt von etwa 105 erreicht, während er im Findelhaus auf 72 sinkt, außerdem haben wir von dem auffallenden Unterschied zwischen den Kindern in den beiden Anstalten gesprochen, den man schon auf den ersten Blick bemerkt. Wir wollen zunächst den Punkt betrachten, an dem die Wege der Entwicklung in den beiden Anstalten auseinandergehen.

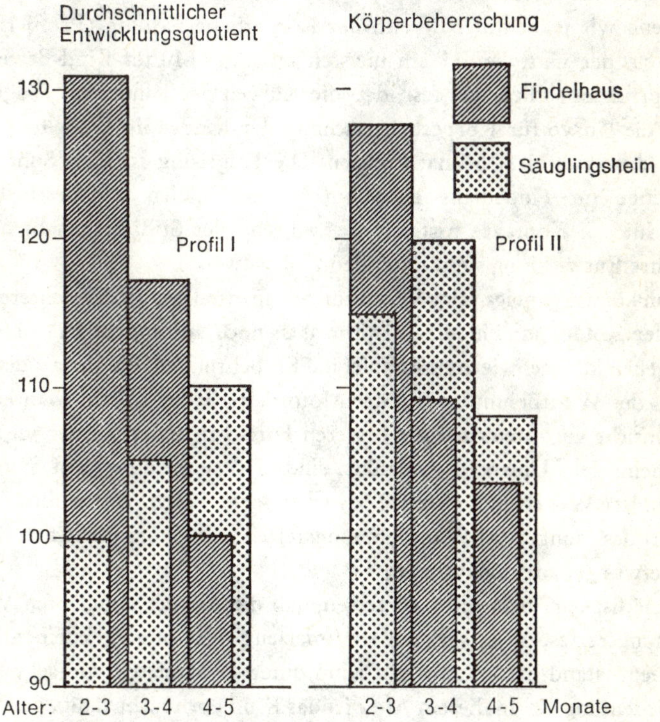

Vergleich der Entwicklung im Säuglingsheim und im Findelhaus während der ersten fünf Monate

Bei der Aufnahme haben die Kinder des Findelhauses einen weit besseren Durchschnitt als die Kinder des Säuglingsheims; ihre Erbanlagen sind besser als die der Kinder von straffälligen Minderjährigen. Aber während im Findelhaus der Entwicklungsindex rasch absinkt, steigt er im Säuglingsheim stetig an. Die Kurven der beiden Werte kreuzen sich zwischen dem 4. und 5. Monat, und von diesem Punkt an fällt die Kurve des durchschnittlichen Entwicklungsquotienten im Findelhaus mit zunehmender Geschwindigkeit, um nie wieder anzusteigen (Profil I).

Der Kreuzungspunkt der beiden Kurven ist bedeutungsvoll. Die Zeit, in der die Kinder im Findelhaus entwöhnt werden, liegt am Anfang des vierten Lebensmonats. Die Zeitverschiebung um einen Monat beim Absinken des E.Q. unter den Normalwert erklärt sich aus dem Umstand, daß der Quotient einen Querschnitt aus allen Bereichen der Entwicklung repräsentiert und daß in einigen der anderen Bereiche Kompensationsversuche gemacht werden.

Wenn wir jedoch den Bereich der Körperbeherrschung (Profil II) betrachten, der nach Wolf [8] am meisten über die Mutter-Kind-Beziehung aussagt, dann stellen wir fest, daß die Kurven der Kinder im Säuglingsheim die Kurve für Körperbeherrschung der Kinder im Findelhaus zwischen dem 3. und 4. Monat kreuzen. Die Folgerung ist klar. Sobald die Säuglinge im Findelhaus entwöhnt werden, fallen die bescheidenen menschlichen Kontakte fort, die sie während der Stillzeit gehabt haben, und ihre Entwicklung sinkt unter den Normalwert.

Man könnte geneigt sein, Vermutungen anzustellen, ob der weitere Verfall der Kinder im Findelhaus nicht auch noch auf andere Faktoren zurückgehen könnte, wie zum Beispiel die Entbehrungen, die sie auf den Gebieten der Wahrnehmung und der Motorik zu leiden haben. Man könnte die Ansicht vertreten, daß die besseren Fortschritte der Kinder im Säuglingsheim dem Umstand zu danken sind, daß sie in bezug auf Spielzeug und andere Wahrnehmungsreize besser versorgt waren. Wir wollen darum die Art des Mangels an Wahrnehmungsreizen und lokomotorischen Reizen noch etwas genauer analysieren.

Zunächst darf man nicht vergessen, daß die Art des unbelebten Wahrnehmungsreizes, ob es sich um ein Spielzeug oder um irgendeinen anderen Gegenstand handelt, für ein Kind unter 12 Monaten von sehr geringer Bedeutung ist. In diesem Alter ist das Kind noch nicht fähig, den wirklichen Zweck eines Gegenstands zu erkennen. Es kann ihn nur in einer Weise benützen, die seinen eigenen funktionalen Bedürfnissen entspricht

(23). Unsere These lautet: Wahrnehmung ist eine Funktion libidinöser Besetzung und daher das Ergebnis des Hinzutretens einer so oder so gearteten Emotion[9]. Emotionen werden dem Kind durch das Hinzutreten (Eingreifen) eines menschlichen Partners geboten, das heißt durch die Mutter oder ihre Stellvertreterin. Eine fortschreitende Entwicklung des emotionalen (affektiven) Austauschs mit der Mutter liefert dem Kind Wahrnehmungserlebnisse seiner Umwelt. Das Kind lernt zu »be-greifen«, indem es an der Brust der Mutter trinkt und die emotionale Befriedigung dieses Erlebnisses mit taktilen Wahrnehmungen verbindet. Es lernt lebendige Objekte von unbelebten zu unterscheiden durch den Anblick, den ihm das Gesicht seiner Mutter (10) in Situationen gewährt, die von emotionaler Befriedigung erfüllt sind. Der Austausch zwischen Mutter und Kind ist beladen mit emotionalen Faktoren, und in diesem Austausch lernt das Kind zu spielen. Es lernt seine Umgebung dadurch kennen, daß die Mutter es herumträgt; mit ihrer Hilfe lernt es die Sicherheit bei der Fortbewegung ebenso wie in jeder anderen Hinsicht. Diese Sicherheit (Geborgenheit) wird dadurch verstärkt, daß die Mutter dem Kind vollständig zur Verfügung steht. In diesen emotionalen Beziehungen mit der Mutter wird das Kind mit dem Lernen vertraut und später mit der Nachahmung. Wir haben schon erwähnt, daß die mutterlosen Kinder im Findelhaus nicht sprechen, nicht allein essen und keine Sauberkeitsgewohnheiten erwerben können: Die Sicherheit, die ihm die Mutter auf dem Gebiet der Lokomotion bietet, die emotionale Lockung, die sich darin ausdrückt, daß sie das Kind ruft, »veranlassen« das Kind zu laufen. Wenn dieser Anreiz fehlt, können selbst zwei- bis dreijährige Kinder nicht laufen.

Die Kinder im Findelhaus haben theoretisch ebensoviel Spielraum für die Lokomotion wie die Kinder im Säuglingsheim. Sie hatten zwar zunächst kein Spielzeug, aber sie hätten sich greifend und tastend an den Bettdecken, an ihrer Kleidung, selbst am Bettgitter betätigen können. Wir haben auch im Säuglingsheim Kinder ohne Spielzeug gesehen; sie sind dort die Ausnahme – aber der Mangel an Material genügt nicht, um sie am Erwerb lokomotorischer Fähigkeiten und am Greifenlernen zu hindern. Die Gegenwart der Mutter oder einer Stellvertreterin reicht aus, um alle anderen Mängel auszugleichen.

Es ist wahr, daß die Kinder im Findelhaus zur Einzelhaft in ihren Bettchen verurteilt sind. Aber wir glauben nicht, daß es der *allgemeine* Mangel an Wahrnehmungsreizen ist, der für ihre Entbehrungen wesentlich ist. Wir glauben, daß sie leiden, weil ihre Wahrnehmungswelt von mensch-

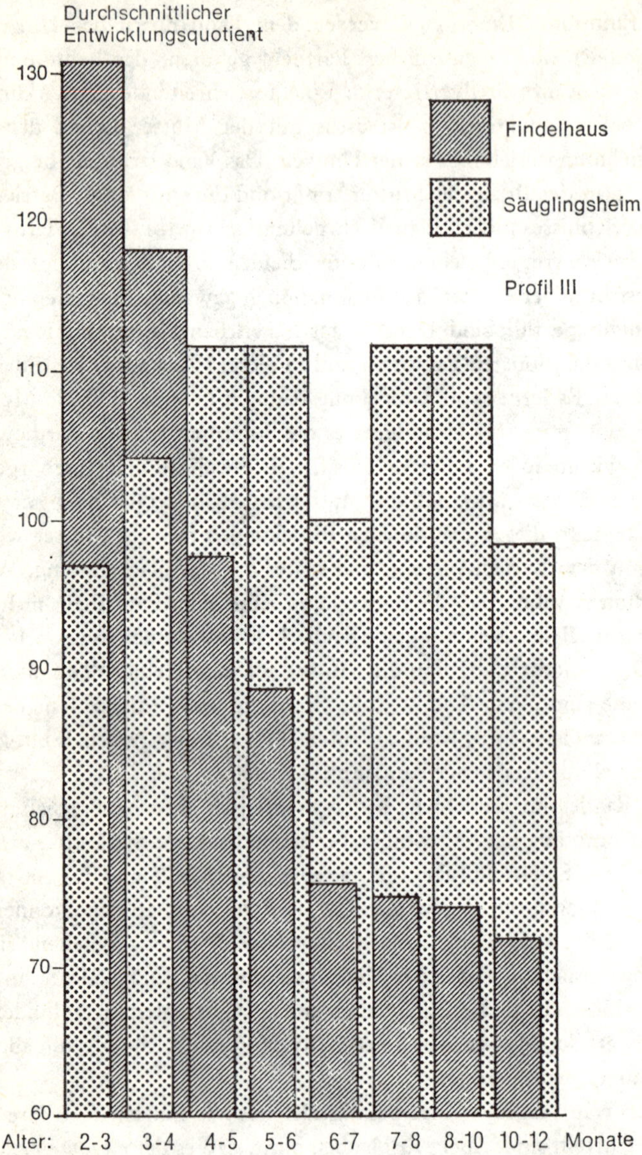

Vergleich der Entwicklung im Säuglingsheim und im Findelhaus lichen Partnern entleert ist, weil ihre Isolierung sie von jeder Anregung durch irgendwelche Menschen abschneidet, die für ein Kind in diesem Alter Muttergestalten darstellen könnten[10]. Die Folge ist, wie Profil III zeigt, eine vollständige Einschränkung der psychischen Kapazität am Ende des ersten Lebensjahres.

Diese Einschränkung der psychischen Kapazität ist keine vorübergehende Erscheinung. Sie ist, wie man an dem Profil ablesen kann, ein fortschreitender Prozeß. In welchem Maß dieser Verfall hätte aufgehalten werden können, wenn man die Kinder am Ende des ersten Lebensjahres aus dem Heim herausgenommen hätte, ist eine offene Frage. Der Umstand, daß sie im Findelhaus bleiben, fördert wahrscheinlich diesen fortschreitenden Prozeß. Am Ende des zweiten Jahres sinkt der Entwicklungsquotient auf 45, was einem Entwicklungsalter von ungefähr 10 Monaten entspricht und diese Kinder als Imbezille ausweisen würde.

Das Entwicklungsprofil der Kinder im Säuglingsheim weicht nicht signifikant von der Norm ab. Die Kurve fällt an zwei Stellen, zwischen dem 6. und 7. Monat und zwischen dem 10. und 12. Monat. Diese Abweichungen liegen innerhalb des Normalbereichs; ihre Bedeutung wird in einem besonderen Artikel erörtert werden. Sie hat nichts mit dem Einfluß von Anstalten zu tun, denn die Kurve der Dorfgruppe ist fast gleich.

VI. Vorläufige Schlußfolgerungen

Die gegensätzlichen Bilder dieser beiden Anstalten zeigen die Bedeutung der Mutter-Kind-Beziehung für die Entwicklung des Kindes im ersten Lebensjahr. Entbehrungen auf anderen Gebieten, wie zum Beispiel Gesichtskreis und Spielraum der Lokomotion, können durch angemessene Mutter-Kind-Beziehungen ganz ausgeglichen werden. »Angemessen« ist hier kein vager, allgemeiner Ausdruck. Die gewählten Beispiele stellen die beiden Extreme des Maßstabs dar.

Die Kinder im Findelhaus haben zwar eine Mutter – eine Zeitlang, am Anfang –, aber sie müssen sie sofort mit mindestens einem anderen Kind teilen, und vom Alter von 3 Monaten an sogar mit sieben anderen Kindern. Der quantitative Faktor springt hier ins Auge. Es gibt ein Maß, unter das man die Mutter-Kind-Beziehungen im ersten Lebensjahr des Kindes nicht herabsetzen kann, ohne einen Schaden anzurichten, der nicht wiedergutzumachen ist. Die übertriebene Mutter-Kind-Beziehung im Säuglingsheim andererseits führt einen quantitativen Faktor anderer Art ein. Für jeden, der mit diesem Gebiet vertraut ist, ist es überraschend, daß das Säuglingsheim so ausgezeichnete Ergebnisse aufzuweisen hat, denn man weiß ja, daß ein Heimaufenthalt für Kinder im ersten Lebensjahr schädlich ist; aber im Säuglingsheim sind die schädigenden Faktoren durch die gesteigerte Intensität der Mutter-Kind-Beziehung ausgeglichen worden.

Diese Feststellungen sollten nicht als eine Empfehlung gedeutet werden, Kinder übermäßig besorgt zu behandeln. Grundsätzlich ist die libidinöse Situation im Säuglingsheim fast ebensowenig wünschenswert wie das andere Extrem im Findelhaus. Weder in dem Säuglingsheim einer Anstalt des Strafvollzugs noch in einem Findelhaus für elternlose Kinder kann man die normale libidinöse Situation erwarten, die in einer Familie herrscht. Die beiden Anstalten sind hier als experimentelle Beispielfälle gewählt worden, um Variationen libidinöser Faktoren zu untersuchen, die von äußerster Versagung (Frustration) bis zu äußerster Befriedigung reichen. Daß die extreme Versagung, die im Findelhaus praktiziert wird, beklagenswerte Folgen hat, ist gezeigt worden; die extreme Befriedigung im Säuglingsheim ist für die dort untergebrachten Kinder aus zwei Gründen erträglich:

(1) Die Mütter haben das Glück, von der Oberschwester und ihren Helferinnen verständig angeleitet zu werden; auf diese Weise werden die schlimmsten Übertreibungen abgestellt.

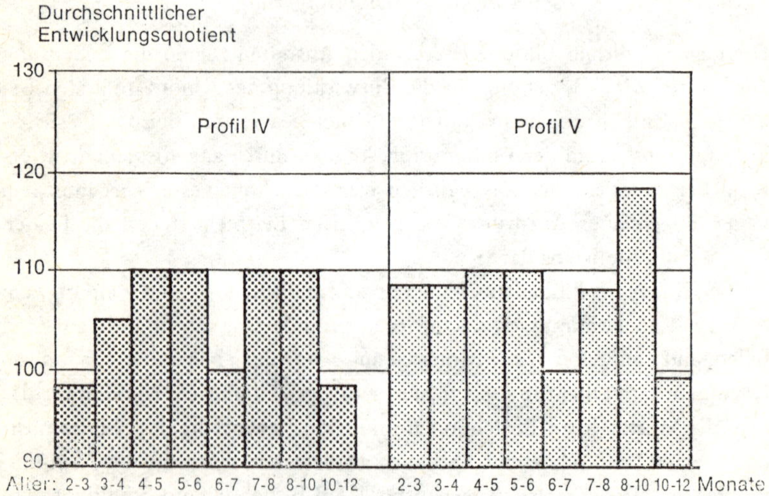

Entwicklung im Säuglingsheim und in der Dorfgruppe

(2) Kinder können die ungünstigen Wirkungen einer derartigen Situation im ersten Lebensjahr viel besser vertragen als später. In dieser Hinsicht hat das Säuglingsheim gut daran getan, die Dauer des Aufenthalts der Kinder im Heim auf die ersten zwölf Lebensmonate zu beschränken. Wir würden eine libidinöse Konstellation wie die im Säuglingsheim für ältere Kinder als sehr gefährlich ansehen.

VII. Weitere Probleme

Dies ist die erste einer Reihe von Veröffentlichungen über die Ergebnisse eines Forschungsprojekts über Kleinkinder, das wir durchführen. Es handelt sich also um einen vorläufigen Bericht. Wir haben nicht die Absicht, mehr zu zeigen als den allgemeinsten Umriß der Folgen der Heimunterbringung in der frühen Kindheit, wobei wir zugleich andeuten, in welcher Weise wir vorgehen. Die ganze Reihe anderer Probleme, über die diese Untersuchung einigen Aufschluß erbracht hat, sowie die Formulierung jener Probleme, die erst im Verlauf der Untersuchung als solche zu erkennen waren, sind in der vorliegenden Studie nicht berührt worden und können nur kurz erwähnt werden; es sind gewissermaßen Überschriften der Kapitel unseres zukünftigen Veröffentlichungsprogramms.

Abgesehen von der schweren Entwicklungsverzögerung war der auffallendste Einzelfaktor, der im Findelhaus zu beobachten war, die Veränderung in der Verhaltensweise gegenüber Fremden im letzten Drittel des ersten Lebensjahres (10). Das gewohnte Verhalten wurde abgelöst durch ein Verhalten, das von extremer Freundlichkeit gegenüber jedem menschlichen Partner, kombiniert mit ängstlicher Scheu vor unbelebten Gegenständen, bis zu einer allumfassenden Angst gehen konnte, die sich in markerschütterndem Schreien ausdrückte, das unter Umständen unaufhörlich fortgesetzt wurde. Es ist klar, daß diese von der Norm abweichenden Verhaltensweisen eine gründlichere und ausführlichere Erörterung erfordern, als sie im Rahmen der vorliegenden Untersuchung möglich gewesen wäre.

Wir haben auch ungewöhnliche Abweichungen von der Norm in bezug auf das Erscheinen und Verschwinden bekannter Entwicklungsphänomene beobachtet; ferner Erscheinungen, die beim normalen Kind unbekannt sind, wie zum Beispiel bizarre, gleichförmige motorische Phänomene, die deutlich an die Stereotypie der katatonen Motilität erinnern. Diese und andere Phänomene, die wir im Findelhaus beobachtet haben, erfordern eine umfassende Erörterung, damit bestimmt werden kann, welche von ihnen als Reifungsphänomene einzuordnen sind (die sogar unter den ungünstigsten Umständen erscheinen und die mit entsprechender Verzögerung auftreten, wenn ein allgemeiner Rückstand vorliegt) und welche als die ersten Symptome des Entstehens schwerer psychischer Störungen anzusehen sind. Im Zusammenhang mit diesem Problem ist eine gründlichere Erörterung der Geschwindigkeit geplant, mit der im Findelhaus die Entwicklungsquotienten absinken.

Eine weitere Studie soll sich mit den Problemen beschäftigen, die durch die enorme »Über-Bemutterung« im Säuglingsheim entstehen.

Schließlich muß auch noch die eigentliche Grundlage der Routine in dem einen Heim im Gegensatz zu der Routine im anderen Heim eingehender besprochen werden. Diese Studie wird es möglich machen, zu entscheiden, wie man unvermeidliche Veränderungen in der Umwelt von früh verwaisten Kindern ausgleichen kann. Sie wird auch einigen Aufschluß geben über die sozialen Folgen des fortschreitenden Zerfalls des Familienlebens auf Grund der zunehmenden Berufstätigkeit der Frauen und der Anforderungen des Krieges. Wir dürfen wohl sagen, daß wir im Verlauf dieser Entwicklung eine entsprechende Zunahme der Asozialität, der Anzahl schwer erziehbarer und straffälliger Kinder, der geistig Geschädigten und Psychotiker voraussehen.

Es wird notwendig sein, in unseren Anstalten und Heimen, in unseren karitativen Einrichtungen und in unserer Sozialgesetzgebung die übermächtige und einzigartige Bedeutung ausreichender und befriedigender Mutter-Kind-Beziehungen im ersten Lebensjahr zu berücksichtigen, wenn wir die unvermeidlichen und nicht wiedergutzumachenden psychischen Folgen eindämmen wollen, die jede Vernachlässigung während dieses Lebensabschnitts mit sich bringt.

René A. Spitz

Hospitalismus II

Katamnese zur 1945 veröffentlichten Untersuchung

I

Das eindrucksvolle Bild der im Findelhaus untersuchten Kleinkinder hat uns ermutigt, alle nur möglichen Anstrengungen zu unternehmen, so viele Informationen über die weitere Entwicklung der einzelnen Kinder zu bekommen, wie wir konnten. Die Entfernung hat es dem Autor unmöglich gemacht, selbst diese Aufgabe auf sich zu nehmen. Der Untersucher, der bei der ursprünglichen Studie assistiert hatte, wurde daher angewiesen, in regelmäßigen Abständen bestimmte objektiv feststellbare Fakten über all jene Kinder in Erfahrung zu bringen, die noch greifbar waren. Er hat in den zwei auf unsere eigene Studie folgenden Jahren das Findelhaus in viermonatlichen Abständen besucht. Bei diesen Anlässen hat er, ausgestattet mit einem vom Autor vorbereiteten Fragebogen, dem Pflegepersonal eine Reihe von Fragen gestellt. Er hat das allgemeine Verhalten jedes Kindes beobachtet und versucht, mit jedem Kontakt aufzunehmen. Er hat einige Filme von den Kindern aufgenommen und am Ende der zwei Jahre eine Reihe von Fotos. Schließlich wurden auch noch einige Körpermessungen vorgenommen; Gewicht, Größe und Kopfumfang wurden festgestellt.

Die Fragen bezogen sich auf drei Hauptbereiche der Persönlichkeit:

1. Körperliche Leistungsfähigkeit: Der grobe Maßstab war, ob das Kind sitzen, stehen oder laufen konnte.

2. Intellektuelle Fähigkeit der Handhabung von Material: Der grobe Maßstab war, ob das Kind in der Lage war, allein mit Hilfe eines Löffels zu essen, und ob es sich allein anziehen konnte.

3. Soziale Beziehungen: Diese wurden eruiert, indem man feststellte, wieviel Wörter jedes Kind sprechen konnte und ob es sauber war.

Wir sind uns nur allzu klar darüber, daß die Informationen, die man auf diese Weise bekommt, für eine gründliche Untersuchung unzureichend sind. Wir werden jedoch sehen, daß sogar diese unzureichende Nachuntersuchung eine Reihe instruktiver Daten erbracht hat.

Wie es gewöhnlich bei Nachuntersuchungen der Fall ist, konnte auch hier nur eine relativ kleine Anzahl der ursprünglich untersuchten Kinder überprüft werden. Zwei Jahre vorher, als wir die Station der Kinder bis zu 1 1/2 Jahren und die Station der Kinder zwischen 1 1/2 und 3 Jahren zum erstenmal besucht hatten, waren dort insgesamt 91 Kinder. Im Verlauf des ersten Jahres starben 27 von ihnen aus verschiedenen Gründen, darunter waren: eine Masernepidemie, interkurrente Erkrankungen und Kräfteverfall. Bis zum Ende des zweiten Jahres waren von der ursprünglichen Untersuchungspopulation weitere 7 gestorben; das bedeutet eine Sterblichkeit von insgesamt über 37 % in einem Zeitraum von zwei Jahren.

Über 36 Kinder war nichts in Erfahrung zu bringen, denn 23 waren von ihren Familien wieder zurückgeholt worden, 7 waren adoptiert worden (meistens von ihren eigenen illegitimen Eltern), 2 waren in Kinderheime verlegt worden, und über 4 weitere war nichts bekannt.

Zur Zeit dieser Niederschrift (12. Juni 1946) befinden sich von den ursprünglich von uns dort untersuchten Kindern noch 21 in der Anstalt. Das jüngste von ihnen ist zwei Jahre alt, das älteste vier Jahre und einen Monat. Die Angaben über ihre Entwicklung lauten wie folgt:

1. Körperliche Entwicklung:

Unfähig zur Lokomotion überhaupt	5
Können allein sitzen (nicht laufen)	3
Laufen mit Unterstützung	8
Laufen allein	5
Insgesamt:	21

2. Handhabung von Material:

Können nicht allein mit dem Löffel essen	12
Essen allein mit dem Löffel	9
Insgesamt:	21

Können sich nicht allein anziehen	20
Zieht sich allein an	1
Insgesamt:	21

3. Anpassung an die Forderungen der Umwelt:

Überhaupt noch nicht sauber	6
Ein gewisser Grad von Sauberkeit vorhanden[1]	15
Insgesamt:	21

4. Sprachentwicklung:

Können überhaupt nicht sprechen	6
Wortschatz: 2 Wörter	5
Wortschatz: 3–5 Wörter	8
Wortschatz: ein Dutzend Wörter	1
Sätze	1
Insgesamt:	21

Wie man aus diesen Angaben ersehen kann, sind diese 21 Kinder in ihrer geistigen Entwicklung außerordentlich zurückgeblieben, wenn man sie mit der normaler Kinder zwischen zwei und vier Jahren vergleicht, die den ganzen Tag lang in Bewegung sind, klettern und plappern und die sich den erzieherischen Forderungen der Umwelt fügen oder gegen sie ankämpfen. Dieser Entwicklungsrückstand [*retardation*], der einem (geistigen) Verfall gleichkommt, wird ebenso durch Gewicht und Längenwachstum dieser Kinder bestätigt wie durch ihr Erscheinungsbild.

Normale Kinder wiegen am Ende des zweiten Lebensjahres im Durchschnitt etwa 12 kg und sind etwa 85 cm groß. Zur Zeit dieser Niederschrift sind zwölf der Kinder im Findelhaus zwischen 2;4 und 2;8 Jahre alt, vier zwischen 2;8 und 3;2 und fünf zwischen 3;2 und 4;1. Aber von all diesen Kindern haben nur drei das Gewicht eines normalen *Zweijährigen*, und nur zwei haben dessen Körpergröße. Alle anderen liegen in bezug auf Gewicht und Größe unter dem Durchschnitt der normalen Zweijährigen – in einem Fall um 45% des Gewichts und um etwa 13 cm in der Größe. Mit anderen Worten: Körperlich erwecken die Kinder beim flüchtigen Beobachter einen Eindruck, wie ihn halb so alte Kinder machen würden.

In unserem vorigen Artikel über dieses Thema haben wir den Verdacht geäußert, der Schaden, der den Kindern im Findelhaus durch das Fehlen mütterlicher Fürsorge, mütterlicher Anregung und mütterlicher Liebe wie auch durch ihre vollständige Isolierung zugefügt wird, sei nicht wiedergutzumachen. Unsere Nachuntersuchung bestätigt diese Annahme. Nach dem 15. Lebensmonat wurden diese Kinder in günstigere Umweltbedingungen als vorher versetzt, das heißt in den Saal der älteren Kinder. Dies ist ein großer Raum, sonnig, ohne die Trennwände, die in der Station der kleineren Kinder die Säuglinge voneinander und von jedem Umweltreiz isoliert hatten. Drei bis fünf Schwestern sind ständig in dem Raum und schwatzen miteinander und mit den Kindern. Die Kinder werden auch aus ihren Bettchen herausgenommen und auf den Fußboden gesetzt. Sie sind also unendlich viel mehr aktiven Reizen ausgesetzt, als sie es vorher in der Station der kleineren Kinder waren. Ungeachtet dieser Verbesserung der Umweltbedingungen hat sich der Verfallsprozeß als fortschreitend erwiesen. Es scheint, als ob die »Disharmonie« in der Entwicklung, die durch die ungünstigen Umweltbedingungen im ersten Lebensjahr der Kinder hervorgerufen wird, einen psychosomatischen Schaden verursacht, der durch normale Maßnahmen nicht wiedergutgemacht werden kann. Ob er durch therapeutische Maßnahmen behoben werden kann, ist noch zu untersuchen.

Wir haben mit Bedacht von psychosomatischer Schädigung gesprochen. Aus den oben angegebenen Zahlen kann man ersehen, daß all diese Kinder, ganz abgesehen von der unzureichenden psychischen und physischen Entwicklung, eine gefährlich herabgesetzte Resistenz gegen Erkrankungen und eine erschreckend hohe Sterblichkeit zeigten. Alle Überlebenden hatten ein Gewicht, das weit unterhalb des altersangemessenen Durchschnitts lag, der von normalen Kindern vergleichbaren Alters erreicht wird.

II

Angesichts dieser Feststellungen haben wir noch einmal die Daten über das Säuglingsheim geprüft, die Anstalt, die in unserem vorhergehenden Artikel mit dem Findelhaus verglichen wurde. Die Organisation des Säuglingsheims erlaubte keine auf das fünfte Lebensjahr ausgedehnte Nachuntersuchung, wie es die des Findelhauses ermöglichte. In der Regel verlassen die Kinder das Säuglingsheim, wenn sie ein volles Jahr alt sind. Von dieser Regel werden jedoch eine Reihe von Ausnahmen gemacht, und im Verlauf unserer Untersuchung im Säuglingsheim, die sich bisher über einen Zeitraum von dreieinhalb Jahren erstreckt, wurden 29 Kinder ermittelt, die länger als ein Jahr dortblieben. Diese Kinder verließen das Heim zwischen dem dreizehnten und achtzehnten Monat (1;1 bis 1;6). Das bedeutet, daß das *älteste* von ihnen ein *halbes Jahr jünger* war als das jüngste Kind bei unserer Nachuntersuchung im Findelhaus und *zweieinhalb Jahre jünger als das älteste.* Trotz dieses enormen Altersunterschieds liefen die Kinder im Säuglingsheim alle munter auf dem Boden herum; einige von ihnen zogen sich allein an und aus; sie aßen allein mit dem Löffel; fast alle sprachen ein paar Worte; sie verstanden Anweisungen und befolgten sie, und die älteren zeigten ein gewisses Verständnis für Erfordernisse der Sauberkeit. Sie alle spielten lebhafte gesellige Spiele miteinander und mit den Beobachtern. Die aufgeweckteren machten die Tätigkeiten der Schwestern nach, kehrten den Boden, trugen Windeln herum und verteilten sie usw. Bei all diesen Kindern zeigten die Tests, daß die Entwicklungsquotienten, die im elften und zwölften Monat etwas gesunken waren[2], nicht nur den normalen Altersdurchschnitt erreichten, sondern ihn in den meisten Fällen weit übertrafen.

Aber schon das physische Gesamtbild, wie es sich in den Zahlen über Krankheit und Sterblichkeit der Kinder im Säuglingsheim ausdrückt, ist eindrucksvoll genug. Während der dreieinhalb Jahre unserer Untersuchung im Säuglingsheim hatten wir Gelegenheit, 122 Säuglinge zu verfolgen, und zwar jeden ungefähr ein ganzes Jahr lang[3]. In diesem Zeitraum ist *nicht ein einziges Kind gestorben*. Es gab keine Epidemie in der Anstalt. Interkurrente Erkrankungen beschränkten sich im allgemeinen auf jahreszeitlich bedingte Erkältungen, von denen sich eine geringe Anzahl zu leichten Erkrankungen der Atemwege entwickelte; es gab verhältnismäßig wenig Darmstörungen; die störendste Erkrankung war das Säuglingsekzem. Der im Säuglingsheim gehaltene ungewöhnlich hohe Gesundheitsstand veranlaßte uns, die Rechenschaftsberichte über frühere Jahre zu überprüfen. Wir untersuchten die Krankenblätter des Säuglingsheims über einen Zeitraum von zehn Jahren vor dem Beginn unseres Forschungsprojekts in diesem Haus. Wir stellten fest, daß in dem gesamten Zeitraum der letzten vierzehn Jahre nur drei Kinder dort gestorben sind: eines an Lungenentzündung im Alter von drei Monaten und zwei an Pylorusstenose, das erste im Alter von einem Monat, das zweite, nach mehreren Operationen, im Alter von neun Monaten.

Im Hinblick auf diese Feststellungen, die zeigen, was in einer Anstalt unter günstigen Bedingungen und durch angemessene Organisation erreicht werden kann, sollten die Folgen der im Findelhaus praktizierten Methoden beurteilt werden.

René A. Spitz, unter Mitwirkung von Katherine M. Wolf

Die anaklitische Depression

Eine Untersuchung der Genese psychischer Störungen in der frühen Kindheit [1]

I. Beobachtung

A. Ein klar abgegrenztes klinisches Syndrom

Im Verlauf einer über längere Zeit durchgeführten Untersuchung des Verhaltens von Kleinkindern in einem Säuglingsheim [2], wo wir den Gesamtbelag, d. h. 123 Säuglinge, jeweils zwölf bis achtzehn Monate lang beobachteten, trafen wir ein auffallendes Syndrom an. In der zweiten Hälfte des ersten Jahres entwickelte sich bei einigen dieser Kleinkinder ein weinerliches Verhalten, das in scharfem Gegensatz zu ihrem früheren fröhlichen und freundlichen Benehmen stand. Nach einer Weile wurde die Weinerlichkeit von Kontaktverweigerung abgelöst. Die betreffenden Kinder lagen dann meist mit abgewandtem Gesicht in ihren Bettchen und weigerten sich, an dem Leben ihrer Mitwelt Anteil zu nehmen. Wenn wir uns näherten, wurden wir nicht beachtet. Einige dieser Kinder pflegten uns mit suchendem Ausdruck zu beobachten. Wenn wir auf der Annäherung bestanden, fingen sie an zu weinen, manchmal auch zu schreien. In den meisten Fällen bewirkte das Geschlecht des sich nähernden Beobachters keinen Unterschied in der Reaktion. Dieses Verhalten pflegte zwei bis drei Monate lang anzudauern. In dieser Zeit verloren einige dieser Kinder an Gewicht, anstatt zuzunehmen; das Pflegepersonal berichtete, daß manche an Schlaflosigkeit litten; in einem Fall führte das zur Isolierung des Kindes. Alle Kinder zeigten eine wachsende Anfälligkeit für interkurrente Erkältungen oder Ekzeme. In all diesen Fällen war ein allmähliches Absinken des Entwicklungsquotienten zu beobachten.

Dieses Verhaltenssyndrom dauerte drei Monate lang an. Dann hörte die Weinerlichkeit auf, und wenn man sie hervorrufen wollte, mußte man zu stärkeren Mitteln greifen. Statt dessen zeigten die Kinder einen »gefrorenen«, starren Gesichtsausdruck. Diese Kinder pflegten mit weit geöffneten, ausdruckslosen Augen dazuliegen oder dazusitzen, mit erstarrtem, unbeweglichem Gesicht und abwesendem Ausdruck, wie in einer Betäubung; offenbar nahmen sie nicht wahr, was in ihrer Umgebung vor sich ging. Dieses Verhalten war in einigen Fällen von autoerotischer Betätigung oraler, analer und genitaler Art begleitet. Es wurde immer schwieriger, mit den Kindern, die dieses Stadium erreicht hatten, Kontakt aufzunehmen; schließlich wurde es unmöglich. Dann konnte man allenfalls noch Schreien auslösen.

Unter diesen 123 Kindern, die wir während des ganzen ersten Lebensjahres beobachteten, fanden wir in 19 Fällen dieses deutlich ausgeprägte Syndrom. Das Gesamtbild dieser Fälle zeigte viele der genannten Züge, wenn nicht alle. Die individuellen Unterschiede waren zum Teil quantitativ, das heißt, der eine oder andere Zug, wie zum Beispiel das Weinen, beherrschte eine Zeitlang das Bild und konnte so beim flüchtigen Beobachter den Eindruck erwecken, er sei allein vorhanden, zum Teil waren die Unterschiede qualitativ, das heißt, in manchen Fällen kam eine Haltung vollkommener Kontaktverweigerung vor, während in anderen Fällen, wo es uns gelang, die Ablehnung jedes Annäherungsversuchs zu durchbrechen, ein verzweifeltes Sich-Anklammern an den Erwachsenen zu beobachten war. Aber abgesehen von solchen individuellen Unterschieden war das klinische Bild so deutlich, daß es, als wir erst einmal darauf aufmerksam gemacht hatten, selbst von ungeübten Beobachtern leicht zu erkennen war. Das führte uns zu der Annahme, daß wir es hier mit einem klinischen Syndrom zu tun hatten; in den drei folgenden Fallgeschichten wollen wir es veranschaulichen.

B. Fallgeschichten

Fall 1: Farbig, weiblich. Im ersten Halbjahr keine auffallenden Ereignisse oder Verhaltensweisen. Sie ist ein besonders freundliches Kind, das beim Näherkommen des Beobachters strahlend lächelt.

Als sie siebeneinhalb Monate alt war, bemerkten wir, daß ihr strahlend lächelndes Verhalten aufgehört hatte. Während der folgenden zwei Wochen war es unmöglich, sich ihr zu nähern, da sie die ganzen 12 Stunden lang, die wir anwesend waren, in tiefem Schlaf lag. Nach diesen zwei Wochen trat eine Verhaltensänderung ein, die folgendermaßen protokolliert wurde:

> »Sie lag unbeweglich in ihrem Gitterbett. Wenn man sich ihr näherte, hob sie die Schultern nicht, kaum den Kopf, um den Beobachter mit einem Ausdruck tiefen Leidens anzusehen, wie man ihn manchmal bei kranken Tieren antrifft. Mit diesem Ausdruck sah sie den Beobachter prüfend an. Sobald der Beobachter anfing, mit ihr zu sprechen oder sie

zu berühren, fing sie an zu weinen. Das war nicht das übliche Kinderweinen, dem immer ein gewisses Maß von Lautäußerung beigemischt ist, die in Schreien übergeht. Dies war ein tonloses Weinen, bei dem ihr die Tränen über das Gesicht hinunterliefen. Wenn man leise und beruhigend mit ihr sprach, fing sie nur noch stärker an zu weinen, vermischt mit Seufzen und Stöhnen, so daß ihr ganzer Körper geschüttelt wurde.«

Im Lauf einer Beobachtungszeit von zwei Monaten wurde festgestellt, daß diese Reaktion sich verstärkte. Es wurde immer schwieriger, einen Kontakt mit dem Kind herzustellen. In unseren Protokollen findet sich sieben Wochen später eine Notiz, die besagt, daß es uns fast eine Stunde kostete, mit ihr in Kontakt zu kommen. Während dieser Zeit verlor sie an Gewicht und bekam eine schwere Eßstörung; sie hatte große Schwierigkeiten, irgendwelche Nahrung aufzunehmen und bei sich zu behalten.

Nach zwei Monaten wurde eine bestimmte Maßnahme ergriffen; das Syndrom verschwand.

Fall 2: Weiß, weiblich. Intelligentes, freundliches Kind, das den sich nähernden Beobachter bereitwillig und begeistert anlächelt. Im Verlauf der ersten sieben Monate kein erwähnenswertes Vorkommnis. Nach dieser Zeit ging mit dem Kind eine Veränderung vor sich. Die Beobachter hatten das Gefühl, das Kind fürchte sich. Ein oder zwei Wochen später wurde die Veränderung deutlicher. Die Gemütsverfassung des Kindes war ungleichmäßig geworden. Sie war meistens noch freundlich gegenüber dem Beobachter, aber ab und zu brach sie in Weinen aus, wenn der Beobachter noch näher herankam. Nach weiteren zwei Wochen konnte man sich ihr nicht mehr nähern. Alles Zureden war umsonst. Jedesmal, wenn man sich ihr näherte, setzte sie sich auf und jammerte. Zwei Wochen darauf lag sie nur noch mit dem Gesicht nach unten, gleichgültig gegen die Umwelt, ohne Interesse an den anderen Kindern, die im gleichen Zimmer untergebracht waren. Nur starke Reize konnten sie aus ihrer Apathie wecken. Dann pflegte sie sich aufzusetzen und den Beobachter stumm, mit weit geöffneten Augen anzustarren, einen tragischen Ausdruck im Gesicht. Spielzeug nahm sie nicht an, ja, sie zog sich davor in den entferntesten Winkel ihres Bettes zurück. Wenn die Annäherung forciert wurde, brach sie in Tränen aus. Dies setzte sich fort, bis das Kind neun Monate alt war.

Zu diesem Zeitpunkt wurde eine bestimmte Maßnahme ergriffen; das Syndrom verschwand.

Fall 3: Weiß, weiblich. Dies ist ein mäßig intelligentes, ungewöhnlich schönes Kind mit riesengroßen blauen Augen und goldenen Locken. Am Ende des elften Lebensmonats verlor das Kind, das nie sehr aktiv gewesen war, das Interesse am Spiel mit dem Beobachter, so daß das Testen schwierig wurde. In den folgenden zwei Wochen wurde dieses Verhalten ausgeprägter. Das Kind war nicht nur passiv, sondern weigerte sich, irgendein angebotenes Spielzeug zu berühren. Sie saß stundenlang in einer Art Betäubung da und starrte stumm ins Leere. Sie zeigte nicht einmal die Furchtsamkeit in Gegenwart des sich annähernden Beobachters, die man bei anderen Kindern antraf. Wenn man sie mit einem Spielzeug in Berührung brachte, pflegte sie sich in den entferntesten Winkel ihres Bettes zurückzuziehen und dort mit weit geöffneten Augen, abwesend, ohne Kontakt zu sitzen, einen unbeweglich starren Ausdruck in ihrem schönen Gesicht. Wenn man das Spielzeug bei ihr ließ, rührte sie es nicht an, bis der Beobachter den Raum verlassen hatte. Dann warf sie es sofort aus dem Bett, wo man es fünf oder zehn Minuten später in einem Halbkreis um das Kind verstreut finden konnte. Das Kind selbst saß wieder in der gleichen Stellung wie vorher oder lag mit dem Gesicht nach unten da. Als sie elf Monate und 25 Tage alt war (0;11 + 25), beobachtete man bei ihr abwechselnd Fäkalspiele und genitale Masturbation, immer noch in der gleichen Stellung wie oben beschrieben. Das Fäkalspiel pflegte darin zu bestehen, daß sie aus ihrer beschmutzten Windel ein kleines Kotkügelchen von der Größe einer sehr kleinen Erbse herausholte. Mit dem gleichen starr-unbewegten Ausdruck und mit starr-unbewegtem Körper rollte sie dies Kügelchen auf dem Bettuch, hob es auf, rollte es zwischen Daumen und Zeigefinger, ohne es anzusehen, verlor es und suchte es auf dem Bettuch eifrig wieder. Nur wenn sie es auf dem Bettuch suchte, verschwand einen Augenblick lang der starre Gesichtsausdruck, und es erschien fast ein Lächeln, wenn sie es wiedergefunden hatte. Abwechselnd damit pflegte sie ihre Genitalien zu reiben.

Wie in den anderen Fällen wurde eine bestimmte Maßnahme ergriffen; in diesem Fall, als das Kind 11 Monate und 30 Tage alt war (0;11 + 30); das Syndrom verschwand.

In allen drei Fällen bestand die Maßnahme in der Wiedervereinigung mit der Mutter, von der das Kind ungefähr drei bis vier Monate vorher getrennt worden war.

II. Besprechung des Syndroms

In den drei Fallgeschichten manifestieren sich die Hauptsymptome, die das Syndrom bilden. Diese Symptome gehören mehreren Kategorien an; wir haben sie innerhalb jeder Kategorie in der Rangordnung zunehmender Schwere angeordnet. Sie kommen nicht notwendigerweise alle zur gleichen Zeit vor, aber die meisten treten an dem einen oder anderen Punkt des klinischen Bildes auf. Es sind:

Furchtsamkeit, Traurigkeit, Weinerlichkeit. Mangel an Kontakt, Ablehnung der Umwelt, Kontaktverweigerung. Verzögerung der Entwicklung, Verzögerung der Reaktion auf Reize, Verlangsamung der Bewegungen, Schwermut, Stupor. Appetitverlust, Nahrungsverweigerung, Gewichtsverlust. Schlaflosigkeit.

Zu dieser Symptomatik gehört auch noch der physiognomische Ausdruck der Kinder, der schwer zu beschreiben ist. Er würde bei Erwachsenen als Depression bezeichnet werden.

A. Ätiologie

1. Allgemeine Umwelt

Die folgende Tabelle zeigt die Aufteilung unserer Population nach Geschlecht und Rasse.

Tabelle 1

	Weiße	Farbige	Insgesamt
Männlich	37	24	61
Weiblich	40	22	62
Insgesamt	77	46	123

Diese 123 Kinder waren von ihrem vierzehnten Tag bis zum Ende des ersten Lebensjahres und in ein paar Fällen bis zum achtzehnten Monat in dem Säuglingsheim. Die beobachteten Kinder wurden keiner Auslese unterworfen. Wir haben ohne Ausnahme jedes Kind, das in das Säuglingsheim aufgenommen wurde, getestet und bis zum Tag seiner Entlassung weiter verfolgt. Die Beobachtungen fanden in wöchentlichen Abständen statt und umfaßten pro Kind insgesamt ungefähr 400 Stunden. Alle diese

Kleinkinder teilten die gleiche Umgebung, die gleiche Pflege, Nahrung und Hygiene.

Eine anscheinend mildere Form des in unseren drei Fallgeschichten dargestellten Syndroms, mit dem ein ähnliches Absinken des Entwicklungsquotienten einherging, wurde in 26 Fällen beobachtet.

Wir wollen nun dazu übergehen, die Faktoren in Herkunft und Umwelt dieser Fälle zu untersuchen, um jene zu isolieren, die ätiologisch bedeutsam sind.

2. Faktoren ohne nachweisbaren Einfluß auf die Verursachung

a) Rasse und Geschlecht

Die beiden folgenden Tabellen zeigen die Verteilung der verschiedenen Grade von Depression nach Rasse und Geschlecht.

Tabelle 2 (Verteilung nach der Rasse)

	Weiße	Farbige	Insgesamt
Schwere Depression	7	12	19
Leichte Depression	17	9	26
Keine Depression	32	18	50
Keine Diagnose[3]	21	7	28
Insgesamt	77	46	123

Tabelle 3 (Verteilung nach Geschlecht)

	Männlich	Weiblich	Insgesamt
Schwere Depression	9	10	19
Leichte Depression	13	13	26
Keine Depression	26	24	50
Keine Diagnose	13	15	28
Insgesamt	61	62	123

Die Faktoren der Hautfarbe und des Geschlechts scheinen keinen nachweisbaren Einfluß auf das Vorkommen des Syndroms auszuüben.

b) Lebensalter

Das früheste Lebensalter, in dem das Syndrom bei unserer Gruppe auftrat, war gegen Ende des sechsten Monats, das späteste war der elfte Monat. Das Syndrom scheint also innerhalb gewisser Grenzen vom Lebensalter unabhängig zu sein.

c) Stufe der Entwicklung und der Intelligenz

Man könnte einwenden, in der frühen Kindheit sei das Entwicklungsalter wichtiger als das Lebensalter. Eine Hypothese könnte lauten: Jedes Syndrom der klinischen Psychiatrie setzt ein gewisses Intelligenzniveau voraus. Wir haben jedoch das fragliche Syndrom ebenso bei Kindern gefunden, die in ihrer Entwicklung ihrem Lebensalter um zwei Monate voraus waren, wie bei anderen, deren Entwicklung im Vergleich zu ihrem Lebensalter um einen Monat verzögert war. Die Entwicklungsquotienten der betroffenen Kinder lagen zwischen 91 und 133; das Syndrom erschien auch nicht früher bei den Kindern mit dem höheren E.Q. Es hat also den Anschein, als ob innerhalb vernünftiger Grenzen diese Faktoren keine wichtige Rolle bei der Bildung des Syndroms spielen. Die folgende Tabelle zeigt die durchschnittlichen Entwicklungsquotienten der Kinder ohne Störungen, mit leichten Störungen und mit schweren Störungen.

Tabelle 4

	Durchschnittlicher Entwicklungsquotient
Schwere Depression	110
Leichte Depression	109
Andere	109

3. Ein ätiologisch wichtiger Faktor

Es gibt einen Faktor, der allen Fällen, in denen das Syndrom auftrat, gemeinsam war. In all diesen Fällen wurde die Mutter irgendwann zwischen dem sechsten und achten Monat für eine praktisch ununterbrochene Zeitspanne von drei Monaten von dem Kind getrennt; während dieser Zeit bekam das Kind seine Mutter entweder überhaupt nicht zu sehen oder bestenfalls einmal in der Woche. Diese Trennung fand aus unvermeidlichen äußeren Gründen statt. Vorher hatte die Mutter das Kind ganz und gar versorgt und infolge besonderer Umstände mehr Zeit mit dem Kind zugebracht, als in einer Familie sonst üblich ist. In jedem Fall war im Verlauf der vier bis sechs Wochen nach der Trennung von der Mutter im Verhalten des Kindes eine auffallende Veränderung zu beobachten. Es pflegte sich nämlich das oben beschriebene Syndrom zu entwickeln. *Kein* Kind, dessen Mutter *nicht* entfernt wurde, entwickelte das fragliche Syndrom. Wir nehmen an, daß das beobachtete Syndrom sich nur bei Kindern entwickelte, denen während des ersten Lebensjahres über längere Zeit ihr Liebesobjekt entzogen wurde.

Andererseits entwickelte sich nicht bei allen Kindern, denen die Mutter entzogen wurde, das gleiche Syndrom. Die Trennung von der Mutter ist also ein notwendiger, aber kein zureichender Grund für das Entstehen des Syndroms. Von den zusätzlichen ätiologischen Faktoren, die notwendig sind, damit die Trennung so wirkt, daß sie eine Depression hervorruft, soll in einem späteren Teil dieser Abhandlung die Rede sein; außerdem sollen sie in einer Abhandlung ausführlich erörtert werden, die in Vorbereitung ist.

4. Reaktionen auf den Verlust des Liebesobjekts

Das Syndrom, von dem hier die Rede ist, hat sehr große Ähnlichkeit mit demjenigen, das uns aus den klassischen Beschreibungen der Trauer, der pathologischen Trauer und der Melancholie von Abraham (1) und Freud (6) bekannt ist. Der Faktor, der in unseren Fällen von entscheidender ätiologischer Bedeutung zu sein scheint, ist der Verlust des Liebesobjekts; dies nähert das Syndrom den Folgen des Verlusts des Liebesobjekts an, wie es von diesen Autoren beschrieben wird. Bei der Melancholie tritt das Gefühl des Ungeliebtseins dazu, zusammen mit Liebesunfähigkeit, Selbstvorwürfen und Selbstmordneigung. Das Fehlen dieser Symptome beim Kind ist auf zwei Gründe zurückzuführen:

1. die geringeren Möglichkeiten des Kindes;
2. den Unterschied zwischen der psychischen Struktur eines Erwachsenen und der eines Kindes.

Die größeren Möglichkeiten des Erwachsenen: Ein Erwachsener, der an Melancholie leidet, kann verbal zum Ausdruck bringen, daß er sich ungeliebt fühlt und daß er unfähig ist, für irgend jemand Liebe zu empfinden. Wir vermuten, daß ein Kind, das bis zu einem gewissen Zeitpunkt freundlich und entgegenkommend war, aber nun vor jeder freundlichen Annäherung zurückweicht, mit der Ausrüstung, die ihm zur Verfügung steht, das gleiche ausdrückt. Wir haben natürlich keine Möglichkeit, diese Vermutung zu verifizieren, genauso, wie wir nicht erfahren können, ob in einem zehn Monate alten Kleinkind etwas wie Selbstvorwürfe existiert, wenn es sich auch selbst seines gewohnten Genusses von Nahrung und Spielzeug beraubt. Das Kind kann auch keinen Selbstmord begehen; aber es ist auffallend, daß diese Fälle alle miteinander eine große Anfälligkeit für interkurrente Erkrankungen zeigen [4].

Der Unterschied der psychischen Struktur beim Kind und beim Erwachsenen hat weitreichende Folgen. Beim Erwachsenen findet sich eine wohlgefestigte psychische Organisation, die aus Es, Ich und Über-Ich besteht. Besonders die Manifestationen des Über-Ichs treten bei der Melancholie hervor.

Beim Kleinkind im ersten Lebensjahr stehen nur ein Es und ein noch schwaches – man könnte fast sagen *in statu nascendi* befindliches – Ich zur Verfügung. Die Schwäche des Ichs macht es besonders verletzlich für ein derartiges Trauma, wie es der Verlust des Liebesobjekts für den Erwachsenen ist. Andererseits können wir erwarten, daß das kindliche Ich, gerade weil es noch nicht fest gefügt und endgültig konstituiert ist, eher bereit sein könnte als das des Erwachsenen, ein Ersatz-Liebesobjekt zu akzeptieren. Beim Erwachsenen treffen schwere Traumata auf eine festgefügte, vollständige Ich-Organisation und zwingen das Ich zur Regression auf einen früheren Fixierungspunkt. Ganz anders ist es beim Kleinkind. Hier manifestiert sich die Schädigung in der Form einer Störung der Ich-Entwicklung. Diese kann als Verzögerung, Mißbildung oder selbst als destruktive Lähmung der Ich-Entwicklung auftreten, je nach Schwere und Dauer des Traumas.

Demgemäß entstehen klinische Bilder verschiedener Schwere, vom vorübergehenden Entwicklungsstillstand bis zu Verlust oder Hemmung schon erworbener Funktionen (eins der von uns beobachteten Kinder konnte schon allein stehen, als es seine Mutter verlor; in den folgenden drei Monaten lag es nur noch in seinem Bettchen oder richtete sich bestenfalls zum Sitzen auf); in extremen Fällen entstehen irreversible fortschreitende Persönlichkeitsveränderungen. Andererseits ist, da die Ich-Organisation des Kleinkindes noch in der Entwicklung begriffen ist, die Genesung von nicht-irreversiblen Schädigungen rascher und auffallender als beim Erwachsenen.

Das klinische Bild der Folgen des Verlustes des Liebesobjekts ist beim

Kleinkind ebenso vielfältig wie beim Erwachsenen. Beim Erwachsenen finden wir Trauer, pathologische Trauer, Depression und Melancholie. Die beim Kleinkind beobachteten Phänomene können wir noch nicht so genau unterscheiden. Vorläufig und für die Zwecke dieser Abhandlung erörtern wir jene Form des klinischen Bildes, das nach unserer Ansicht dem am nächsten kommt, was Fenichel in seiner Ausarbeitung der früheren Feststellungen über die prä-ödipale Depression des Kindes als »einfache Depression« bezeichnet hat; Abraham nennt es »primäre Parathymie« (1). Angesichts der ätiologischen Faktoren, die sich bei unseren Untersuchungen herausgeschält haben, ziehen wir es vor, einem Vorschlag von R. M. Kaufman zufolge das von uns beobachtete Bild »anaklitische Depression« zu nennen.

B. Der Begriff der frühkindlichen Depression in der Literatur

Die psychoanalytische Bedeutung der klinischen Symptomatik der Melancholie ist von Abraham und Freud beschrieben worden (1, 2, 3, 6). Beide haben ihre Ähnlichkeit mit Fällen von Trauer betont, einer psychischen Erscheinung, die ins Gebiet der Normalität gehört. In allen Veröffentlichungen über das Thema wurde unterstrichen, daß sowohl die Melancholie als auch die normale Trauer auf die gleiche Art von Trauma zurückgehen, nämlich auf den Verlust des Liebesobjekts. Der Unterschied zwischen normaler und pathologischer Trauer liegt darin, daß bei der letzteren Fixierungspunkte auf der oral-sadistischen Stufe bestehen. Die von Abraham beobachtete primäre Parathymie wird in die Jahre verlegt, die dem ödipalen Konflikt unmittelbar vorausgehen, und die angeführten Beispiele sind typisch für Vorläufer ödipaler Erlebnisse. Diese Äußerungen Abrahams schließen natürlich die Existenz einer Depression im ersten Lebensjahr nicht aus. So stellt auch Fenichel (5, S. 405) fest:

> »Man kann nun die Formulierung vertreten, daß die Disposition zur Entwicklung von Depressionen in oralen Fixierungen besteht, die die Reaktion auf narzißtische Schocks bestimmen. Die Erlebnisse, die die oralen Fixierungen verursachen, können lange vor den entscheidenden narzißtischen Schocks geschehen sein, oder die narzißtische Verletzung kann eine depressive Disposition schaffen, weil sie so früh eintritt, daß sie noch auf ein oral orientiertes Ich trifft. Es kann auch vorkommen, daß gewisse narzißtische Schocks, weil sie mit dem Tod verbunden sind

(und die Reaktion auf den Tod ist immer die orale Introjektion des Toten), die entscheidende orale Fixierung schaffen.

Wenn man die Faktoren betrachtet, die zunächst orale Fixierungen schaffen, gilt das gleiche, was für andere Fixierungen gilt; die Determinanten sind ungewöhnliche Befriedigungen, ungewöhnliche Versagungen oder Kombinationen beider, besonders Kombinationen aus oraler Befriedigung und einer beruhigenden Garantie der Geborgenheit; tatsächlich finden sich traumatische Erlebnisse in der Stillzeit häufiger bei späteren manisch-depressiven Patienten als bei Schizophrenen.«

Auf Grund unserer Feststellungen in bezug auf 19 schwere und 26 leichte Fälle glauben wir nun in der Lage zu sein, klinische Beweise für Fenichels Annahme liefern zu können, daß das, was der von Abraham beschriebenen primären Parathymie entspricht, während des ersten Lebensjahres beobachtet werden kann.

Um der irrigen Annahme zu entgegnen, wir sprächen hier von dem, was Melanie Klein (12) die »depressive Position« beim Säugling nennt, wollen wir nun ihre theoretischen Ansichten besprechen.

Nach der psychoanalytischen Theorie ist die Depression eine abnorme psychische Erscheinung, die ausdrücklich als Folge einer spezifischen Umwelt-Konstellation angesehen wird. Im System Melanie Kleins ist die Depression nicht nur grundsätzlich anders, sondern außerdem von erstrangiger Bedeutung als Eckstein des ganzen Systems. Melanie Klein (12, 13, 14, 15) sieht die Depression als *fons et origo* aller psychischen Entwicklung an. Sie und ihre Schule (Heimann, Isaacs, Rickman, Riviere [17], Rosenfeld, Scott, Winnicott) postulieren das Vorhandensein einer sogenannten »depressiven Position« in der frühen Kindheit. Dies ist nach ihrer Meinung der fundamentale Mechanismus in der Psyche des Kleinkindes, der über machtvoll wirkende Instrumente der Introjektion und Projektion verfügt, auf denen alle weitere psychische Entwicklung beruht.

Unsere Feststellungen bestätigen die Ansicht Melanie Kleins und ihrer Schule nicht. Sie stellt fest (12):

»Die depressive Position des Kleinkindes tritt auf, wenn der Säugling die Mutter als ganzen Menschen wahrnimmt und introjiziert (zwischen drei und fünf Monaten) ... die Annahme erscheint gerechtfertigt, daß der Keim depressiver Gefühle vom Beginn des Lebens an vorhanden ist, insofern als das Erlebnis der Geburt ein Gefühl von Verlust hervorruft. Ich vermute, daß die ›depressive Position‹ in der frühen Kindheit ein universales Phänomen ist.

Die Koordination von Funktionen und Bewegungen ist verbunden mit einem Abwehrmechanismus, den ich für einen der fundamentalen Vorgänge in der frühen Entwicklung halte, nämlich mit der manischen Abwehr. Diese Abwehr ist eng verbunden mit der ›depressiven Position‹.«
Mit anderen Worten: Melanie Klein (12) postuliert eine »depressive Position« als ein unveränderliches Stadium der frühkindlichen psychischen Entwicklung, das zwischen drei und fünf Monaten auftaucht, ungeachtet der individuellen Lebensgeschichte, der Erlebnisse und der Umweltbedingungen. Sie sieht die »depressive Position« als Bestandteil der kongenitalen Ausstattung jedes menschlichen Wesens an.

Wir sind es gewöhnt, unsere anatomische und physiologische Ausstattung als angeboren zu betrachten. In neuerer Zeit hat sich die Tendenz gezeigt, die psychischen Funktionen, die als ererbt oder angeboren angesehen werden, etwas mehr einzuschränken. Trotzdem gelten Ausstattungen wie neurale Bahnungen, die auf anatomischen und physiologischen Voraussetzungen sowie auf Entwicklungssequenzen beruhen, Wahrnehmungsweisen, wie sie sich in den Gestaltprinzipien ausdrücken, vielleicht sogar gewisse Grundreaktionen, wie sie in der Watsonschen Trias von Liebe, Furcht und Zorn genannt werden, allgemein als angeboren und universal.

Das von Melanie Klein (12) postulierte psychische Element ist jedoch ganz anderer Art als alle diese. Es fällt schwer, sich die »depressive Position« als einen universal vorhandenen Eckstein der Persönlichkeit vorzustellen. Wir haben die Depression aus dem Studium von Geisteskrankheiten (Melancholie) bei Erwachsenen kennengelernt. Die psychoanalytische Forschung, besonders die von Freud und Abraham, hat gezeigt, daß die Depression die Folge einer Regression auf die oral-sadistische Stufe der Ich-Entwicklung ist. Es scheint, als ob diese Feststellung bei Melanie Klein eine Fehldeutung provoziert hat. Sie hat anscheinend geschlossen, daß, da die Melancholie eine Regression auf die oral-sadistische Stufe der Libido sei, das Kind beim Erreichen dieser oral-sadistischen Stufe Melancholie entwickeln müsse. Dies ist natürlich ein Zirkelschluß. Melancholie ist die Folge mehrerer Faktoren, von denen *einer* eine Fixierung auf die oral-sadistische Entwicklungsstufe ist. Dieser Umstand allein genügt jedoch nicht, um Melancholie entstehen zu lassen. Ohne die Mitwirkung bestimmter Erlebnisse, die von den Umwelt-Konstellationen abhängig sind, wird keine Melancholie vorkommen. Die fraglichen Erlebnisse sind stark versagender Natur und setzen die Existenz eines Teils der Ich-Organisation voraus, der frustriert werden muß. Wenn diese besonderen Erlebnisse nicht stattfinden oder wenn sie in abgewandelter Form stattfinden, entsteht eine ganz andere Geisteskrankheit oder vielleicht auch nur eine besondere Charakterbildung.

Melanie Klein andererseits nimmt an, daß die Menschen mit einer fertigen und vollständigen psychischen Struktur geboren werden. Damit gehört sie zur gleichen Kategorie wie andere Abwandler der psychoanalytischen Theorie, z. B. Adler, Jung, Rank (16) und Reich. Meistens verfolgten sie spezielle Interessen, ob es nun darum ging, die Probleme der kindlichen Sexualität aus der psychoanalytischen Theorie zu entfernen, oder darum, die Postulate einer ideologischen Bindung zu befriedigen. So hat Rank mit Hilfe des »Geburtstraumas« den Erbanlagen und dem Erlebnis der Geburt die Verantwortung für die Ätiologie der Neurosen aufgebürdet und damit die Rolle der kindlichen Sexualität, des ödipalen Erlebnisses und der Umwelteinflüsse zur Bedeutungslosigkeit herabgedrückt.

Wenn wir von anaklitischer Depression bei Kleinkindern sprechen, dann halten wir, im Gegensatz zu Melanie Klein (12) und ihrer Gruppe, die Depression nicht für *den* typischen oder *einen* typischen Mechanismus der psychischen Entwicklung des Kindes. Wir betrachten die Depression nicht als ein integrierendes Element der kindlichen Psyche. Wenn man behauptet, jede psychische Entwicklung des Menschen werde von einer »depressiven Position« im frühen Kindesalter bestimmt, ist das genauso sinnlos wie die Behauptung, der aufrechte Gang des Menschen werde durch eine Fraktur oder Luxation im frühen Kindesalter bestimmt – obwohl der Gang mancher Kleinkinder am Anfang vielleicht vage an den Gang mit einem gebrochenen oder luxierten Glied erinnern kann. Wir sprechen von der Depression als von einer spezifischen Krankheit bei Kleinkindern, die unter bestimmten Umweltbedingungen auftritt.

III. Diagnose und Prognose des Syndroms

A. Diagnose

Das Problem der Diagnose schwerer psychischer Störungen in der frühen Kindheit, im vorsprachlichen Alter, ist sehr schwierig. Zunächst erhebt sich die Frage, ob in diesem Stadium irgend etwas von der Art einer Psychose bestehen kann. Die Psychose ist ihrer Definition nach eine Störung in den Beziehungen zwischen den verschiedenen Bereichen der Persönlichkeit. Es könnte also so scheinen, als müßte die Bildung eines Über-Ichs oder allermindestens jene Abstraktionsfunktion der unbewußten Ich-Teile vorhanden sein, die das begriffliche Denken ermöglicht, damit man beim Kleinkind von einer Psychose sprechen kann. Wenn aber irgend etwas gewiß ist, dann der Umstand, daß das Kind vor dem Alter von etwa achtzehn Monaten weder von einem Über-Ich regiert wird noch über irgendwie nachweisbare Abstraktionsfunktionen verfügt. Darum kann derjenige Teil der psychotischen Zerstörung der Persönlichkeit, an dem die höheren Ich-Funktionen beteiligt sind, nicht auftreten.

Eine Psychose ist aber nicht nur durch Wahn, gestörte Denkprozesse, abnorme Gedankenproduktion und geistige Verwirrung (Gedächtnisstörung, Konfabulationen, Beeinträchtigung der Apperzeption und der Aufmerksamkeit, Desorientierung, Denkstörungen, Mißtrauen usw.) gekennzeichnet. Sie schließt auch eine Veränderung der Motilität ein, die sich im groben als Hypermotilität, durch spezifische motorische Phänomene oder als Hypomotilität (Katatonie, Kataplexie usw.) ausdrückt; die feineren Manifestationen haben die Form von veränderter Körperhaltung und pathognomischem Ausdruck. Schließlich manifestieren sich die hervorstechendsten Veränderungen in der psychotischen Persönlichkeit in den Affekten. Die Veränderungen der Motilität und die affektiven Störungen sind Erscheinungen, für die das Vorhandensein eines vollständig organisierten Ichs, das zum begrifflichen Denken fähig ist, nicht notwendig ist, geschweige denn das Vorhandensein eines Über-Ichs. Störungen auf diesen beiden Gebieten setzen nur eine elementare Organisation des Ichs voraus, die es befähigen, die Funktion eines Koordinierungszentrums für die elementare Wahrnehmung und Apperzeption zu erfüllen, ebenso für die elementare willkürliche Koordinierung der Motilität. Ferner ist eine Fähigkeit zur elementaren Differenzierung der Affekte notwendig, wie sie sich in der Fähigkeit zeigt, auf einen geeigneten Reiz hin deutlich unterscheidbare positive oder negative Affektreaktionen hervorzubringen. Dieses Stadium ist erreicht, wenn das Kind die erste Hälfte des ersten Lebensjahres hinter sich hat (9, 21).

Auf dieser Stufe ist das Kind fähig, wie wir oben gesagt haben, auf Umwelterlebnisse mit nachweisbaren Affektstörungen zu reagieren. Wir werden im weiteren Verlauf dieser Arbeit zeigen, daß ebenfalls grobe Motilitätsstörungen auftreten. Die weniger groben Störungen lassen sich an dem schwermütigen pathognomischen Ausdruck und an der Körperhaltung dieser Kleinkinder ablesen. Sie zeigen eine offenkundige Abneigung dagegen, eine aufrechte Haltung einzunehmen oder sich von der Stelle zu bewegen. In Verhaltensänderungen dieser Art haben wir die Beweise für den pathologischen Prozeß zu suchen.

Manifeste Anzeichen dieses Prozesses sind für das geübte Auge unverkennbar. Die Symptomarmut spiegelt wider, wie gering die Zahl der Ausdrucksmöglichkeiten und der Betätigungsformen ist, die Kindern dieses Alters zur Verfügung stehen. Infolge des pathologischen Prozesses wird selbst diese geringe Zahl von Ausdrucksweisen und Handlungen noch reduziert – oder Ausdrucksformen und Tätigkeiten, die das Einjährige im normalen Verlauf der Entwicklung erwirbt, treten gar nicht auf. Eine derartige Einschränkung der Leistungen emotionaler und anderer Art beim Kleinkind macht auf den Psychiater leicht den Eindruck eines Entwicklungsstillstands und wird nicht als eine Persönlichkeitsstörung angesehen. Wir glauben – und wir werden in der weiteren Entwicklung unserer Fallgeschichten Beweise dafür erbringen –, daß man sich der oberflächlichen Beurteilung schuldig macht, wenn man die fraglichen Phänomene lediglich als einen Entwicklungsstillstand ansieht. Die Unzulänglichkeit unserer Möglichkeiten der Kommunikation mit dem Kleinkind ist natürlich sehr hinderlich bei der diagnostischen Feststellung möglicher schwerer psychischer Störungen in diesem Alter. Wir sind auf die Beobachtung des Verhaltens und der Abweichungen [von der Norm] angewiesen, auf die Deutung sichtbarer Manifestation von Emotionen, auf die Erhebung einer detaillierten Anamnese mit Hilfe unserer eigenen Beobachtungen und der Beobachtungen der Menschen, die mit dem Kind zusammenleben, und schließlich auf die quantifizierbaren Ergebnisse von Testverfahren. So bekommen wir drei Gruppen von diagnostischen Zeichen und Symptomen: statische, genetische und quantitative.

1. Die statischen Zeichen und Symptome

Die statischen Zeichen und Symptome sind diejenigen beobachtbaren Phänomene, die wir im Verlauf einer oder mehrerer Beobachtungen des betreffenden Kindes in Erfahrung bringen können. Wir haben sie in Teil II der vorliegenden Arbeit erwähnt. Eines der wichtigsten Zeichen ist der physiognomische Ausdruck solcher Patienten. Der Beobachter bemerkt sofort einen furchtsamen oder traurigen oder deprimierten Ausdruck im Gesicht des Kindes, der ihn oft veranlaßt, zu fragen, ob das Kind krank ist. In diesem Stadium ist es charakteristisch, daß das Kind aktiv versucht, die Aufmerksamkeit des Beobachters auf sich zu lenken und ihn in ein Spiel hineinzuziehen. Auf diese entgegenkommende Einführung folgt jedoch gewöhnlich kein besonders aktives Spielverhalten auf seiten des Kindes. Es wird hauptsächlich in der Form eines Sich-Anklammerns an den Beobachter weitergeführt und endet mit trauriger Enttäuschung, wenn der Beobachter sich zurückzieht.

Auf der nächsten Stufe vertieft sich die Furchtsamkeit. Die Annäherung des Beobachters ruft beim Kind Weinen oder Schreien hervor, und das Fortgehen des Beobachters erzeugt keine so tiefe Enttäuschung wie vorher. Viele der von uns beobachteten Fälle fallen zeitlich mit jener Erscheinung zusammen, die als »Achtmonatsangst« beschrieben worden ist (4, 9, 11, 18).

Die sogenannte »Achtmonatsangst« beginnt irgendwann zwischen dem sechsten und achten Monat und ist ein Produkt der zunehmenden Fähigkeit des Kindes, diakritisch zwischen dem Freund und dem Fremden zu unterscheiden (19). Infolgedessen wird der sich nähernde Fremde mit einem »scheuen« oder »schüchternen« Verhalten empfangen, oder das Kind wendet sich ab, senkt den Kopf, weint oder schreit sogar, wenn ein Fremder kommt, und weigert sich, mit ihm zu spielen oder ein Spielzeug anzunehmen. Zwischen diesem Verhalten und dem bei der anaklitischen Depression beobachteten besteht ein quantitativer Unterschied. Während man bei der anaklitischen Depression über eine Stunde braucht, um mit dem Kind in Kontakt zu kommen und es zum Spielen zu bewegen, kann bei der Achtmonatsangst dieser Kontakt mit Hilfe geeigneten Verhaltens im Verlauf eines Zeitraums von einer bis zu zehn Minuten hergestellt werden. Das geeignete Verhalten ist sehr einfach; es besteht darin, daß man sich neben dem Bettchen des Kindes hinsetzt, ihm den Rücken zukehrt und sich überhaupt nicht um es kümmert. Nach der oben genannten Zeitspanne von einer bis zehn Minuten wird das Kind die Initiative ergreifen und die Kleider oder die Hand des Beobachters anfassen – damit ist der Kontakt hergestellt, und jeder erfahrene Kinderpsychologe kann hieraus ins Spiel überleiten, so daß das Kind sich aktiv und fröhlich beteiligt. Bei der anaklitischen Depression geschieht nichts Derartiges. Das Kind berührt den Beobachter nicht; die Annäherung muß von seiten des Beobachters mäßig aktiv sein; sie besteht hauptsächlich aus geduldigem Warten und unermüdlich wiederholten Versuchen, das Kind zu hätscheln und zu liebkosen und ihm unaufhörlich immer neues Spielzeug anzubieten. Diese Angebote setzen die Fähigkeit voraus, die Art der Ablehnung des Kindes zu verstehen. Manches Spielzeug erweckt bei manchen Kindern Angst und hat bei anderen die entgegengesetzte Wirkung. Manche Kinder fühlen sich zum Beispiel von leuchtenden Farben angezogen, werden aber sofort von Panik erfaßt, wenn im Zusammenhang mit diesem starkfarbigen Spielzeug ein Geräusch, wie zum Beispiel Trommeln, erzeugt wird. Andere können von dem rhythmischen Geräusch angezogen werden. Einige sind von Puppen entzückt, andere geraten in Panik und sind beim Anblick einer Puppe durch nichts zu beruhigen. Einige, die von einem sich drehenden Kreisel begeistert sind, brechen in Tränen aus, wenn er aufhört, sich zu drehen, und umfällt, und jeder weitere Versuch, den Kreisel in Drehung zu versetzen, ruft neuen Protest hervor.

Wenn schließlich der Kontakt hergestellt ist, hellt sich der pathognomische Ausdruck nicht auf; nachdem das Kind den Beobachter akzeptiert hat, spielt es ohne jeden Ausdruck von Fröhlichkeit. Es spielt auch nicht aktiv und ist in all seinen Verhaltens-Manifestationen stark retardiert. Das einzige Zeichen dafür, daß es einen Kontakt zustande gebracht hat, ist einerseits die Annahme von Spielzeug und andererseits sein Ausdruck von Kummer und sein Weinen, wenn der Beobachter es verläßt. Daß diese qualitative Unterscheidung nicht willkürlich ist, kann man an der Tatsache erkennen, daß wir in einer gewissen Anzahl von Fällen, in denen die anaklitische Depression spät zutage trat, sowohl die Achtmonatsangst als auch die anaklitische Depression in verschiedenen Zeiträumen beobachten konnten. In einem Fall trat die Achtmonatsangst tatsächlich auf, als das Kind 0,7 + 14, also 7 Monate und 14 Tage alt war, und hatte schon vollkommen aufgehört und war verschwunden, als die anaklitische Depression im Alter von 0; 11 + 2 auftrat.

Im nächsten Stadium bietet das Kind das äußere Erscheinungsbild vollständiger Kontaktverweigerung, Schwermut und Abwendung von der Umwelt. Bei diesen Kindern hat selbst der Laie mit gutem Einfühlungsvermögen für Kinder keine Schwierigkeit, die Diagnose zu stellen, und pflegt dem Beobachter zu sagen, das Kind sehne sich nach seiner Mutter.

2. Die genetischen Zeichen

Die genetischen Zeichen können mit Hilfe einer longitudinalen Untersuchung der Entwicklung des Kindes aufgedeckt werden. Eine sorgfältige Anamnese bringt zum Vorschein, daß das Kind, bevor die oben beschriebene Haltung anfing, sich zu zeigen, ein munteres, lächelndes, freundliches Baby war. Wenn der Beobachter Glück hat, kann er in Erfahrung bringen, ob das Kind die Achtmonatsangst schon hinter sich hat, daß sie gekommen und wieder vergangen ist. Wenn das Pflegepersonal von einem plötzlich auftretenden veränderten Verhalten des Kindes ohne nachweisbare organische Erkankung berichtet und wenn dies mit einer Trennung des Kindes von seiner Mutter oder Ersatzmutter in Verbindung gebracht werden kann, wird sich unser Verdacht in bezug auf das Vorhandensein einer anaklitischen Depression bestätigen. Man darf nicht übersehen, daß wir, wenn wir von der »Mutter« sprechen, einen Terminus benützen, der eigentlich weiter gefaßt werden sollte. »Liebesobjekt« wäre der geeignetere Ausdruck, und wir sollten sagen, daß diese Kinder einen Verlust ihres Liebesobjekts erleiden.

3. Quantitative Zeichen

Quantitative Zeichen können durch aufeinanderfolgende Entwicklungstests ermittelt werden, die, wenn man sie miteinander vergleicht, am An-

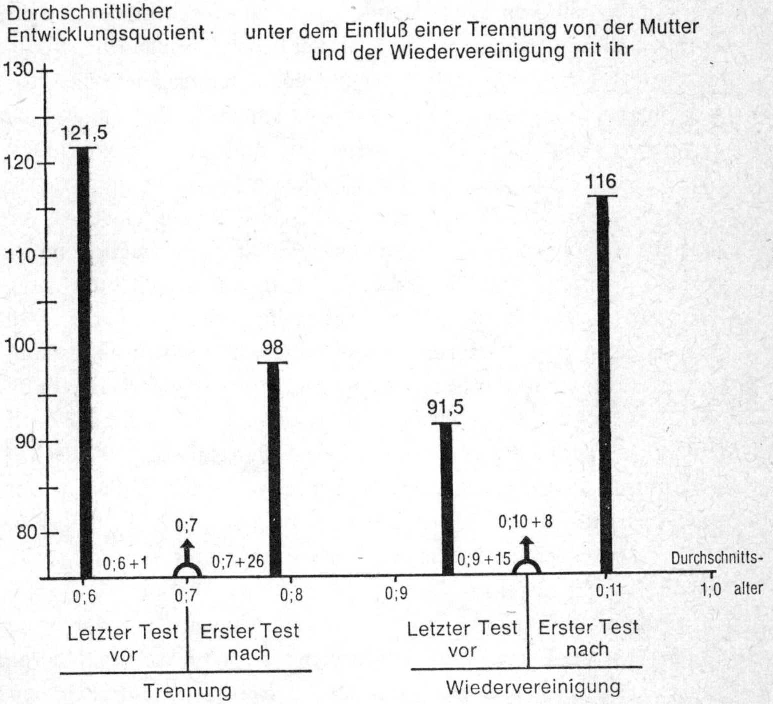

Schwankungen des Entwicklungsquotienten (Durchschnitt)

fang der anaklitischen Depression ein allmähliches Absinken des Entwicklungsquotienten erkennen lassen; dieses Absinken nimmt mit fortschreitender Störung zu.

B. Prognose bei Veränderung der Umwelt

Die drei von uns am Anfang zitierten Fallgeschichten endeten jeweils mit der Feststellung, daß in jedem Fall eine bestimmte Maßnahme ergriffen wurde. Diese Maßnahme hatte den Charakter einer Manipulation der Umwelt. Sie bestand darin, dem Kind die Mutter wiederzugeben. Die Veränderung im beobachtbaren Verhalten der Kinder war dramatisch. Sie waren plötzlich freundlich, fröhlich, kontaktbereit. Die Kontaktverweigerung, die Interesselosigkeit, die Ablehnung der Außenwelt, die Traurigkeit – alles verschwand wie durch Zauberei. Aber am eindrucksvollsten war, über diese Veränderungen hinaus, der sprunghafte Anstieg des Entwicklungsquotienten innerhalb von zwölf Stunden nach der Rückkehr der Mutter; in manchen Fällen lag er 36,6 % höher als bei der vorherigen Messung.

Man könnte also annehmen, daß der Prozeß, wenn geeignete therapeutische Maßnahmen ergriffen werden, äußerst schnell heilbar ist und daß die Prognose gut ist. Diese letzte Feststellung muß etwas eingeschränkt werden. Zu unserem Bedauern waren wir nicht in der Lage, die Entwicklung der Kinder über ein Maximum von achtzehn Monaten hinaus zu verfolgen, und wir können es auch heute nicht. Es ist daher fraglich, ob das psychische Trauma, das sie infolge der Trennung von ihren Müttern erlitten haben, Spuren hinterläßt, die erst später im Leben sichtbar werden. Wir neigen dazu, etwas Derartiges zu vermuten. Der plötzliche, erstaunlich sprunghafte Anstieg des Entwicklungsquotienten bei der Rückkehr des Liebesobjekts bleibt nicht in allen Fällen erhalten. Wir haben Fälle beobachtet, in denen nach zwei Wochen der Entwicklungsquotient wieder fiel. Er fiel nicht wieder auf das niedrige Niveau, das er während der Depression erreicht hatte. Im Vergleich mit den Leistungen jedoch, die diese Kinder vor der Depression gezeigt hatten, war die Stufe ihrer Leistungen nach der Genesung nicht ausreichend.

Die spektakuläre Genesung der von uns beobachteten Kinder stellt uns noch einmal vor die Frage, ob es gerechtfertigt ist, wenn wir das Syndrom als Depression bezeichnen, und, wenn das der Fall ist, ob man es als eine Erscheinung von mehr als vorübergehender Bedeutung ansehen sollte; ob man es nicht der vorübergehenden Depression gleichstellen sollte, die man bei Erwachsenen beobachtet – ja, ob man es nicht eher der Trauer gleichstellen sollte als der Depression (siehe Anhang A. 1, Absatz 2).

C. Prognose: ohne Veränderung der Umwelt

Der Hauptgrund, warum wir uns, abgesehen von allen physiognomischen Verhaltens- und anderen Merkmalen, für berechtigt halten, hier von einer anaklitischen Depression zu sprechen, die weit über die Trauer und selbst über die pathologische Trauer hinausgeht, ist der, daß wir eine Reihe von Fällen beobachtet haben, in denen keine Veränderung der Umwelt stattfand und wo es nur zu offenkundig wurde, daß der Prozeß keineswegs dazu neigte, sich selbst zu begrenzen. Diese Fälle waren die im Findelhaus beobachteten[5]. In dieser Anstalt, wo die medizinischen, hygienischen und Ernährungsbedingungen mit den im Säuglingsheim herrschenden vergleichbar waren, fand die Trennung von der Mutter vom dritten Monat an statt, meistens aber im sechsten Monat. Während jedoch im Säuglingsheim die Trennung vorübergehend war und das Liebesobjekt nach etwa drei Monaten der Abwesenheit wieder zurückkehrte, bekamen die Kinder im Findelhaus ihr Liebesobjekt nicht zurück. Das Bild der Depression war ebenso ausgeprägt wie im Säuglingsheim; es gab einige zusätzliche Entwicklungen, denn das Bild der Kinder in fortgeschrittenen Extremfällen reichte von stuporöser fortgeschrittener Katatonie bis zu erethischer Idiotie.

Wenn wir die Krankheitsbilder in beiden Anstalten vergleichen, sehen wir uns einem Syndrom progressiver Art gegenüber, das, nachdem es einen kritischen Punkt in der Entwicklung erreicht hat, anscheinend irreversibel wird. Diese Eigentümlichkeit veranlaßt uns, das Bild Depression und nicht Trauer zu nennen. Außerdem begegnen wir im Findelhaus einem Phänomen, das schlimmer ist als Melancholie. Trotz der befriedigenden Hygiene und Asepsis war die Sterblichkeitsquote der hier aufgezogenen Kleinkinder unverhältnismäßig hoch. Im Verlauf von zwei Jahren starben 34 von den 91 beobachteten Kindern an Krankheiten wie Infektionen der Atemwege und des Verdauungstrakts, Masern und Mittelohrentzündung. In manchen Fällen war die Todesursache Kachexie (Kräfteverfall). Dieses Phänomen spricht für psychosomatische Erkrankungen.

Im Fall länger dauernder Trennung im Findelhaus war keine eingreifende Maßnahme wirksam. Diese Feststellung ist einer der Gründe, warum wir von drei Monaten als von einem kritischen Zeitraum gesprochen haben. Der zweite Grund ist der, daß wir im Säuglingsheim gegen Ende der drei Monate das Auftauchen jener Art von »gefrorenem«, affektverarmtem Ausdruck beobachtet haben, der uns im Findelhaus so stark beeindruckt hatte. Überdies zeigte sich bei den Kindern eine seltsame Abneigung, Gegenstände zu berühren, verbunden mit gewissen ungewöhnlichen Haltungen der Hände und der Finger, die uns als Vorläufer der äußerst bizarren Hand- und Fingerbewegungen erschienen, die die gesamte Betätigung jener Kleinkinder im Findelhaus ausmachten, von denen wir gesagt haben, daß sie das Bild stuporöser Katatonie boten.

Nach ihrer Genesung im Lauf ihrer weiteren Entwicklung, die wir zu unserem Bedauern nicht über eineinhalb Jahre hinaus verfolgen konnten, zeigten sich bei den Kindern im Säuglingsheim keine auffallenden Veränderungen. Wie schon oben bemerkt, ist es daher unmöglich, heute festzustellen, ob diese frühe Depression irgendwelche sichtbaren Spuren hinterlassen hat. Man sollte es erwarten. Man sollte erwarten, daß eine Fixierung eintritt.

IV. Die Therapie: dynamische und strukturelle Erwägungen

A. Das rudimentäre Ich

1. Wie bei der Melancholie (5, S. 402; 8) kommen auch bei der anaklitischen Depression mehr oder weniger erfolgreiche Versuche vor, die verlorene Objektwelt wiederzuerlangen. Den Ausdruck »Restitutionsversuch« hat Freud für gewisse Phänomene in der Schizophrenie reserviert. Die Versuche, die verlorene Objektwelt wiederzufinden, die in der Melancholie und auch in der anaklitischen Depression stattfinden, nehmen die Form der Suche nach einem Ersatzobjekt an (3; 5, S. 404; 10). Wir wollen diese Tendenz daher als »Substitutionsversuch« bezeichnen. Diese Versuche sind Teil einer Heilungstendenz, die bei der anaklitischen Depression wie bei jeder anderen Krankheit in Erscheinung tritt. Sie wird uns im Verlauf unserer weiteren Erörterungen noch begegnen.

Während des depressiven Stadiums der Melancholie, wenn das Über-Ich das Ich unerträglich unterdrückt, kann der Ausgang nur eine vollständige Zerstörung des Individuums sein, wie im Selbstmord. Gegen diese Forderungen des Über-Ichs erfolgt die Reaktion der Es-Triebe. Diese Reaktion ist jedoch erfolglos, weil das Über-Ich Angst hervorbringt und so die Es-

Triebe auf den vom Lust-Unlust-Prinzip vorgeschriebenen Weg zwingt; also wird ein Teil der Es-Triebe in den Dienst der zerstörerischen Über-Ich-Forderungen gestellt. Dieser Teil wird durch den entsexualisierten Es-Trieb repräsentiert.

Im Falle eines günstigen Ausgangs jedoch wird der aggressive Es-Trieb nicht vollkommen entsexualisiert. Der mit dem Sexualtrieb verschmolzene Teil des Aggressionstriebes kann dann weiterhin dem Ich zur Verfügung stehen. Wenn dies der Fall ist, kann er im Interesse jener selbstheilenden Tendenzen benützt werden, die jeder lebende Organismus bei organischer und psychischer Krankheit manifestiert. Bei seinem Versuch, die Forderungen des Über-Ichs zu erfüllen, wird der mit dem Sexualtrieb verschmolzene Es-Trieb zur Konstituierung eines Zwangssystems benützt. Durch das zwanghafte neurotische Verhalten und sein starres Befolgen willkürlich aufgestellter Regeln kann das Über-Ich zum mindesten vorübergehend davon überzeugt werden, daß seine Forderungen unter großen Opfern erfüllt werden. Damit beginnt eine Remission (beim Bild einer Zwangsneurose mit einem Zwangsritual), und das Fortschreiten der Melancholie wird unterbrochen.

2. Ein anderer Ausgang ist möglich, wenn es dem Ich nicht gelingt, die mit dem Sexualtrieb verschmolzenen Es-Triebe in den Dienst der Besänftigung des Über-Ichs zu stellen, wenn es aber andererseits dem Über-Ich auch nicht gelingt, die entmischten Triebe in den Dienst seiner eigenen zerstörerischen Tendenzen zu stellen. In diesem Fall werden die aggressiven und sexuellen Es-Triebe zu einer Ich-Verstärkung zusammengeschlossen. Das befähigt dann das Ich, gewissermaßen das Über-Ich zu überwältigen und es sich einzuverleiben. Wie in der depressiven Phase das Bild des Liebesobjekts introjiziert wird, worauf die Wut des Über-Ichs sich gegen es richtet, so wird in der manischen Phase das Über-Ich, das selbst der Empfänger der archaischen Bilder der ursprünglichen Liebesobjekte ist, nun seinerseits dem Ich einverleibt. Die Folge ist, daß die Grenzen zwischen den Systemen aufgehoben werden und das manische Bild sich entwickelt.

Bei beiden Ausgängen des manisch-depressiven Prozesses steht das Ich im Mittelpunkt, und man kann sie als Versuche des Ichs verstehen, der Vernichtung zu entgehen, und im Hinblick darauf betrachten wir sie als Heilungstendenzen, selbst wenn sie keinen Erfolg haben.

Solche Tendenzen setzen jedoch das Vorhandensein der drei Systeme, Es, Ich und Über-Ich, voraus. Beim Kleinkind fehlt das Über-Ich, so daß man unmöglich eine zerstörerische Feindschaft des Über-Ichs vermuten kann. Der Verlust des Liebesobjekts kommt für das Kind jedoch selbst schon einem feindseligen Entzug gleich. Das System, mit dem das Kleinkind auf diesen Entzug reagieren kann, ist sein Ich, so unzureichend es zu diesem Zeitpunkt auch sein mag. Wie Freud festgestellt hat, ist das Ich in diesem frühen Alter hauptsächlich ein Körper-Ich. Die Organisationen, über die dieses Ich verfügt, sind: 1. eine sehr rudimentäre Denk-Organisation, die kaum für diffuse halluzinatorische Prozesse ausreicht, und 2. ein sich rasch entwickelndes lokomotorisches System.

B. Heilungstendenzen im Gegensatz zur Anstaltspflege

Zu dieser gleichen Zeit folgen die Es-Triebe in bezug auf das Objekt dem anaklitischen Modus, das heißt, sie funktionieren nach dem »Anlehnungstypus«. Alle Lokomotion wird daher in den Dienst des Versuchs gestellt, das Verlangen nach anaklitischen sozialen Beziehungen zu befriedigen.

Die Forderung nach sozialen Beziehungen ist abhängig von der Entwicklung im Lauf des ersten Lebensjahres. Bis zum sechsten Monat können diese Forderungen nur in passiver Weise ausgedrückt werden, da das Kind noch nicht zur Lokomotion fähig ist. Darum werden die sozialen Forderungen des Kleinkindes nicht so sehr durch die Aktivität des Kindes in Gang gebracht, sondern durch die Aktivität des Erwachsenen.

Mit sechs bis zwölf Monaten werden jedoch die sozialen Forderungen des Kindes aktiv zum Ausdruck gebracht, wie es sich in den Ergebnissen der Hetzer-Wolf-Tests zeigt. Auf der Altersstufe von sieben Monaten besteht eine der Testaufgaben darin, zu beobachten, ob das Kind schon aktiv Kontakt herstellt. Auf der Stufe von neun Monaten besteht die Aufgabe darin, zu beobachten, ob das Kind ohne ein Eingreifen des Beobachters die Hand oder den Mantel des von ihm abgewandten Erwachsenen anfaßt.

Man könnte dies auch so formulieren, daß man sagt, vor dem sechsten Monat drückt sich die Passivität der sozialen Forderung in dem Umstand aus, daß diese sich nur in der pathognomischen Reaktion des Kindes auf den Erwachsenen manifestiert. Vor dem sechsten Monat wird die Manifestation des sozialen Kontakts durch den Erwachsenen in Gang gesetzt, und das Kind folgt ihm; nach dem sechsten Monat dagegen ergreift das Kind die Initiative und sucht den Erwachsenen.

In einem gewissen Prozentsatz unserer Fälle von anaklitischer Depression haben wir festgestellt, daß die Kleinkinder die Angsthaltung nicht gleich nach dem Entzug des Liebesobjekts zeigten. Das Pflegepersonal teilte uns mit, daß diese Kinder durch die Abwesenheit ihrer Mütter psychisch gestört, also aus dem Gleichgewicht waren. Trotzdem schienen sie sich dem Beobachter eifrig zuzuwenden. Wir könnten dieses Verhalten als einen Versuch der Substitution des verlorenen Objekts nach anaklitischem Muster deuten. Wenn jedoch aktive Versuche zur Ersetzung durch sozialen Kontakt in Gang gebracht werden sollen, muß als notwendige Voraussetzung die Fähigkeit zur Lokomotion gegeben sein. Bei Anstaltskindern ist sowohl die Möglichkeit, anaklitische Objektbeziehungen durch sozialen Kontakt wieder herzustellen, als auch die Gelegenheit zur Lokomotion stark eingeschränkt.

Vom dynamischen Gesichtspunkt aus erfüllen Lokomotion und Motilität im allgemeinen die wichtige Aufgabe, dem Aggressionstrieb ein notwendiges Abfuhrventil zu bieten. Wenn beim kleinen Kind die motorische Aktivität gehemmt wird, werden alle normalen Auswege des Aggressionstriebes blockiert. In diesem Fall bleibt nur eine Alternative, um mit dem Aggressionstrieb fertigzuwerden, nämlich ihn gegen das Selbst zu richten. Das daraus entstehende dynamische Bild ist mit dem vorher für die Melancholie beschriebenen identisch. Der einzige Unterschied ist der, daß bei der Melancholie das Über-Ich den Aggressionstrieb gegen das Ich einsetzt, während im Fall einer unterbundenen motorischen Aktivität im Kleinkindalter das Dazwischentreten des Über-Ichs unnötig ist.

In Wirklichkeit ist der Unterschied zwischen der Dynamik bei der Melancholie und bei der anaklitischen Depression nicht so groß, wie es vom theoretischen Gesichtspunkt her scheinen könnte. In der Melancholie ist das Über-Ich die feindselige, Ich-unterdrückende Autorität. Bei der anaklitischen Depression werden die Einschränkung der Motilität und der Entzug des Liebesobjekts dem Kind von der es umgebenden Erwachsenenwelt auferlegt. Diese Welt der Erwachsenen, die die unmittelbare Umwelt des Kleinkindes bildet, ist identisch mit derjenigen, aus der in der ödipalen Phase die »Imagines« zum Zweck der Bildung des Über-Ichs entnommen werden. Anders ausgedrückt, sowohl in der Melancholie als auch in der anaklitischen Depression stammt der Sadismus, der den Patienten mit Vernichtung bedroht, aus der gleichen Quelle; nur daß bei der Melancholie die Quelle eine intrapsychische Repräsentanz ist, während bei der anaklitischen Depression die Quelle das lebende Original der späteren intrapsychischen Repräsentanz ist.

An dieser Stelle könnte sich ein Einwand erheben: Wenn die anaklitische Depression dadurch hervorgerufen wird, daß von ihrem Liebesobjekt getrennte Kleinkinder in ihrer Lokomotion gehemmt werden,wie kommt es dann, daß eine erhebliche Anzahl der von uns im Säuglingsheim beobachteten Kleinkinder, ja, sogar die Mehrzahl, ungeschädigt blieb? Und was ist der Grund für die Schwere der einen Art von kindlicher Depression und für den leichten Verlauf der anderen?

Die Antwort lautet, daß in beiden Fällen der Ausgang davon abhängt, wie gut es dieser Anstalt gelingt, dem Kind ein Ersatz-Liebesobjekt zu verschaffen. Die Trennung der Säuglinge von ihren Müttern findet im Säuglingsheim zwischen dem sechsten und neunten Monat statt. Dann wird einer anderen Insassin die Sorge für das mutterlose Kind übertragen. Die Ersatzmutter versorgt also ihr eigenes Kind und ein fremdes. Obwohl die verständnisvolle Leitung des Säuglingsheims mit größter Sorgfalt vorgeht, ist die Auswahl doch durch die Zahl der zur Verfügung stehenden Insassinnen begrenzt. Es ist auch kaum zu erwarten, daß eine Gruppe straffälliger Mädchen wie diese besonders gute Ersatzmütter liefert.

Wir vermuten, daß sich keine Depression entwickelt, wenn die Ersatzmutter gut ist. Wo die Ersatzmutter sich als aggressive, lieblose Persönlichkeit entpuppt, wird die Parallele zur Melancholie der Erwachsenen im wirklichen Leben durchgespielt. Wie bei der Melancholie das Ich von einem sadistischen Über-Ich unterdrückt wird, so wird hier das Körper-Ich des Kleinkindes von einem sadistischen Ersatz-Liebesobjekt unterdrückt.

Der in seiner motorischen Abfuhr gehemmte, aufgestaute Aggressionstrieb wendet sich gegen das Ich. Das Ich ist dann eingeklemmt zwischen einem feindseligen Ersatz-Liebesobjekt und seinem eigenen Aggressionstrieb. Da ihm die Lokomotion unmöglich gemacht worden ist, kann es nicht aktiv unter den anderen Erwachsenen in der Anstalt nach dem verlorenen Liebesobjekt suchen.

Eine indirekte Bestätigung dieser Ansicht ist in der folgenden Tabelle enthalten, die sich auf die ursprüngliche Mutter-Kind-Beziehung bezieht. Hier bringen wir die Anzahl der Kinder und die Art ihrer Depression einerseits mit der Art der Beziehungen zwischen dem Kind und seiner Mutter andererseits in Verbindung. Die Mutter-Kind-Beziehung wurde anhand unserer Beobachtung der Art festgestellt, wie die Mutter sich ihrem Kind gegenüber verhielt. Zwecks weiterer Bestätigung wurden diese Beobachtungen dann mit den zu diesem Zweck von der ungewöhnlich fähigen Leiterin des Säuglingsheims eingeholten Informationen verglichen. Dieses etwas komplizierte Verfahren machte es unmöglich, über alle 95 fraglichen Kinder zuverlässige Angaben zu beschaffen, aber wir bekamen sie über 64 Kinder; sie erscheinen in der umstehenden Tabelle 6.

Die Zahlen sprechen für sich selbst. Offensichtlich ist es schwieriger, ein befriedigendes Liebesobjekt zu ersetzen als ein unbefriedigendes. Dementsprechend ist eine Depression in den Fällen guter Mutter-Kind-Beziehungen sehr viel häufiger und sehr viel schwerer. Bei schlechten Mutter-Kind-Beziehungen kommt nicht eine einzige Depression vor. Es scheint, als ob welcher Ersatz auch immer in diesen Fällen mindestens so gut ist wie die richtige Mutter.

In Anstalten wird die motorische Aktivität aus Gründen der Ordnung und der Reinlichkeit eingeschränkt: Der Mangel an geeignetem Pflegepersonal macht es notwendig, daß die Kinder hauptsächlich auf ihre Bettchen beschränkt werden und sich nur sehr begrenzte Zeit frei auf dem Fußboden bewegen dürfen, wenn überhaupt. Daher verarmt das Ich, weil ihm die Möglichkeit der Abfuhr motorischer Aktivität entzogen wird. Der Aggressionstrieb wird aufgestaut und richtet sich gegen das Ich.

Diese Einschränkung schließt jedoch auch aus, daß die Kinder sich unter den in der Anstalt vorhandenen Erwachsenen oder durch Kontakt mit anderen Kindern aktiv einen Ersatz für das verlorene Objekt suchen. So gefährdet die Anstaltsroutine die Möglichkeiten der Ersetzungsversuche des Ichs sowohl auf motorischem als auch auf emotionalem Gebiet.

C. Förderung der Heilungstendenzen in Anstalten

Die oben ausgeführten theoretischen Erwägungen über die Parallelität der Rollen, die das Über-Ich einerseits bei der Melancholie spielt, die andererseits bei der anaklitischen Depression von den Originalen der späteren Imagines übernommen werden, bergen die Aussicht auf eine sehr viel erfolgreichere und wirksame Therapie der anaklitischen Depression. In Fällen von Melancholie das Über-Ich zu ändern oder zu besänftigen ist eine mühsame, zeitraubende und alles in allem nicht sehr hoffnungsvolle Aufgabe. Für ein Kind, das an einer nicht zu weit fortgeschrittenen anaklitischen Depression leidet, eine Ersatzmutter herbeizuschaffen (wenn die Rückkehr der Mutter ausgeschlossen ist) und die Hemmung seiner Motilität zu unterlassen, sollte Sache einer wirksamen und angemessenen Veränderung der Umwelt sein. Die Richtigkeit dieser letzten Behauptung

Tabelle 6 Mutter-Kind-Beziehung

	Gut			*Schlecht*		
	stark	mittel	schwach	stark	mittel	schwach
Schwere Depression	6	11	–	–	–	–
Leichte Depression	4	–	3	7	–	4
Keine Depression	–	–	2	11	2	14

wird durch unsere Beobachtungen über die Folgen bestätigt, die eintreten, nachdem man den Kindern das ihnen entzogene Liebesobjekt wieder zurückgibt. Sie wird ebenfalls bestätigt durch die günstigen Ergebnisse, die sich zeigten, wenn man den Kindern, denen das ursprüngliche Liebesobjekt nicht zurückgegeben werden konnte, Bewegungsfreiheit und einen zureichenden Mutter-Ersatz verschaffte.

Man kann sich leicht vorstellen, daß diese Elemente des Bildes der kindlichen Depression innerhalb eines weiten Spielraums variieren, in Abhängigkeit von den sich rasch entwickelnden Persönlichkeitsveränderungen, die während des ersten Jahres der Kindheit stattfinden, und von der umfangreichen Skala von Erleichterungen, die die verschiedenen Anstaltstypen bieten.

Was das erste, die Veränderungen der Persönlichkeit angeht, so ist es selbstverständlich, daß in den ersten sechs Monaten des Lebens keine nennenswerte motorische Aktivität existiert, die überhaupt zu Versuchen der Ersetzung des verlorenen Objekts benützt werden könnte. Während dieser Zeit erfüllt eine routinemäßige Versorgung des Säuglings – zum mindesten in den ersten drei Monaten – einen großen Teil seiner sozialen Bedürfnisse. In der zweiten Hälfte des ersten Lebensjahres ändert sich das Bild vollkommen. Die Lokomotion entwickelt sich rasch, und die Forderung nach Liebe geht von der früheren Passivität zur Aktivität über.

Die in den Anstalten übliche Beschränkung der Kleinkinder auf ihre Bettchen auch nach dem sechsten Monat vereitelt ihre Ausnützung der Lokomotion zu Versuchen der Ersetzung des Liebesobjekts. Die aktiven Versuche des Kindes, mit anderen Kindern oder Erwachsenen in der Umgebung Kontakt herzustellen, werden blockiert. Das Kleinkind ist auf die Nachgiebigkeit seiner Umwelt und auf die Fähigkeit der Anstalt angewiesen, ein zureichendes Ersatzobjekt herbeizuschaffen.

Daher wird man klinische Bilder zunehmender Schwere vorfinden, je nach der Fähigkeit der betreffenden Anstalt, den ihrer Liebesobjekte beraubten Kindern ein Ventil in Form von Bewegungsfreiheit und Ersatz-Liebesobjekten zu verschaffen. Das ist der Grund, warum die Erfolge der Kinderpflege in den schlechtesten Pflegefamilien (mit einigen Ausnahmen) die der besten Anstalten übertreffen.

Bei den von uns im Säuglingsheim beobachteten Kindern stellten wir fest, daß die Depression rasch fortschritt, falls das Objekt nicht zurückgebracht oder kein zureichendes Ersatzobjekt beschafft wurde. Sie begann mit Traurigkeit und Weinen, setzte sich fort in Kontaktverweigerung, Appetitverlust, Verlust des Interesses an der Außenwelt, Schwermut, Retardierung und ging schließlich in einen Zustand über, der nur als stuporös bezeichnet werden konnte.

D. Die tatsächlich getroffene therapeutische Maßnahme

Unser Modell der Dynamik und Struktur der anaklitischen Depression weist auf die augenfälligen therapeutischen Maßnahmen hin. Es ist befriedigend, wenn man einmal in der Psychiatrie feststellen kann, daß sie auch wirklich wirksam zu sein scheinen, wo sie angewendet werden können. Sie sind in drei Kategorien einzuteilen: 1. Vorbeugung, 2. Restitution, 3. Substitution.

1. Vorbeugung: Man sollte bis zum äußersten vermeiden, Säuglingen im ersten Lebensjahr das Liebesobjekt über längere Zeit zu entziehen. In der zweiten Hälfte des ersten Lebensjahres sollten sie unter keinen Umständen länger als drei Monate ohne Liebesobjekt sein.

2. Restitution: Wenn Kleinkindern im ersten Lebensjahr über längere Zeit ihr Liebesobjekt entzogen war, befähigt sie die Rückgabe der Liebesobjekte innerhalb von maximal drei Monaten, sich zumindest teilweise von dem angerichteten Schaden zu erholen.

3. Substitution: Wo weder Vorbeugung noch Restitution möglich ist, ist es ratsam, das Liebesobjekt durch ein anderes zu ersetzen. Man sollte besonders darauf achten, die lokomotorischen Triebe des Kindes so weitgehend wie möglich zu fördern; ebenso sollte man seine Tendenzen unterstützen, sich aktiv seinen eigenen Ersatz für das Liebesobjekt zu wählen, das man ihm entzogen hat.

V. *Zusammenfassung*

A. Bei einer Reihe von Kleinkindern wurde ein klinisches Syndrom depressiver Art beobachtet und als anaklitische Depression klassifiziert.
B. Seine Ätiologie hängt zusammen mit einem Verlust des Liebesobjekts, kombiniert mit einer totalen Hemmung der Versuche zur Restitution mit Hilfe des Körper-Ichs, das anaklitisch vorgeht.
C. Vorbeugung und Behandlung auf der Grundlage dieser Feststellungen über Struktur und Dynamik werden vorgeschlagen.
D. Einige der Ergebnisse derartiger Behandlung werden berichtet.
E. Theoretische Annahmen in bezug auf die Melancholie werden erörtert.

Anhang

A. Verschiedene Beobachtungen mit theoretischen Folgerungen

Im Lauf dieser Untersuchung wurde eine Reihe von Beobachtungen gemacht, die wir aus mehreren Gründen nicht in unsere allgemeinen Folgerungen einbeziehen wollten. Einige dieser Beobachtungen scheinen uns zu Schlüssen zu führen, die für die Zwecke der vorliegenden Studie noch zu spekulativ sind. Andere wiederum sind zu verstreut und unregelmäßig, um als befriedigende Feststellungen zum Zweck der Formulierung oder Bestätigung irgendeiner Theorie gelten zu können. Wir bringen sie daher an dieser Stelle, um die Aufmerksamkeit anderer Forscher auf diese Phänomene zu lenken, in der Hoffnung, daß sie in späteren Arbeiten Verwendung finden können.

1. Die Schwankungen des Entwicklungsquotienten (E. Q.) im Verlauf der anaklitischen Depression

In allen unseren Fällen begann ausnahmslos, ein allmähliches Absinken des E. Q., nachdem dem Kind sein Liebesobjekt entzogen worden war. Dieses Absinken entsprach der zunehmenden Schwere der Symptome, die sich entwickelten. Dies ist eine willkommene Bestätigung unserer Beobachtungen. Eine unerwartete, überraschende und drastische Veränderung des E. Q. tritt ein, wenn das Liebesobjekt zurückkehrt. Wir hatten Gelegenheit, solche Fälle unmittelbar nach der Rückkehr des Liebesobjekts zu testen, das heißt innerhalb von 12 Stunden nachher. Die E. Q. sprangen in dieser kurzen Zeit um bis zu 36,6 % nach oben. Das Entwicklungsalter der

Kinder machte einen Sprung von 0;11+0 auf 1;4+0 oder von 0;9+0 auf 1;1+0. Dies ist schon an sich überraschend genug, aber es ist noch erstaunlicher, daß bei einem Kind, dessen Entwicklungsalter innerhalb von drei Tagen von 0;11 + 0 auf 1;3 + 28 gesprungen war, dieses wieder sank und sich in den folgenden zwei Monaten zwischen 1;1 + 21 und 1;1 + 24 bewegte.

Es ist höchst eindrucksvoll festzustellen, daß schon erworbene Fähigkeiten im Verlauf der anaklitischen Depression verloren gehen, daß sie, wenn das Liebesobjekt zurückkehrt, plötzlich wiedergewonnen werden, und zwar in einem Maß, das über das tatsächliche Alter des Kindes weit hinausgeht, daß sich dann jedoch nach kurzer Zeit das Leistungsniveau wieder dem nähert, was man nach dem wirklichen Alter des Kindes erwarten kann. Im Hinblick auf unsere Besprechung des Umstands, daß das Ich in diesem Alter hauptsächlich ein Körper-Ich ist, daß andererseits die zur Ermittlung des E. Q. angewendeten Tests ziemlich viel körperliche Betätigung erfordern, bekommt man den Eindruck, daß bei der Rückkehr des Liebesobjekts eine plötzliche Ich-Erweiterung stattgefunden hat. Diese Ich-Erweiterung entspricht nicht den altersgemäßen Fähigkeiten des Kindes und geht auf ein normaleres Maß zurück, wenn keine weiteren Störungen dazwischenkommen. Die seltsame Erscheinung dieser plötzlichen Ich-Erweiterung, die bei der Rückkehr des Liebesobjekts an die Stelle der Depression tritt, legt die Vermutung nahe, daß eine Analogie zwischen diesem Phänomen und der Ablösung einer Depression durch eine manische Phase bestehen könnte.

2. Einige Erwägungen in bezug auf Annahmen der psychoanalytischen Theorie und ihre Verifizierung

In der psychoanalytischen Literatur ist die Rolle der Oralerotik in der Melancholie immer betont worden (3). Es wird angenommen, daß eine Regression auf die orale Beißphase stattfindet und daß Introjektions-Phantasien auftreten. Anal-sadistische Tendenzen erscheinen enorm vermehrt. Daher würden wir erwarten, bei unseren depressiven Kleinkindern auffallende orale Beiß-Phänomene und anal-sadistische Phänomene zu finden. Das war aber nicht der Fall, zum mindesten nicht in dem Maß, in dem man es angesichts der vergleichsweise einfachen, elementaren Struktur der frühkindlichen psychischen Systeme erwartet hätte.

a) Orales Beißen

Das eine orale Symptom, das allen diesen Kindern gemeinsam war, war der Appetitverlust; andererseits beobachteten wir bei den depressiven Kindern eine stärkere Neigung, alles – Hände, Kleider, Spielzeug – in den Mund zu stopfen und dort zu behalten. Vor der Depression waren diese Kinder dem Fingerlutschen nicht besonders ergeben. Während der Depression nahm das Fingerlutschen auffallend zu. Bei manchen der deprimierten Kinder begegneten uns Beiß-Phänomene, aber nicht bei allen. In den Fällen, in denen sie zu beobachten waren, waren sie vor der Depression nicht vorhanden gewesen. Sehr auffallend ist die Tatsache, daß das Beißen *niemals während* der Depression zu sehen war; es erschien, nachdem die Depression vergangen war. In dem folgenden Zitat aus dem Protokoll eines unserer Fälle sind interessante Phänomene zu finden.

Aethelberta, weiß, weiblich:

»Von Anfang an in der Entwicklung weit fortgeschritten, freundlich, sehr beliebt. Als sie 0;7+16 ist, wird ein leicht depressiver Ausdruck in ihrem Gesicht bemerkt, zugleich mit einem Abstieg des E. Q. Auf Befragen stellt sich heraus, daß sie zehn Tage vorher von ihrer Mutter getrennt worden war. In den folgenden Wochen wird sie weinerlich; als sie neun Monate alt ist, bemerkt das Pflegepersonal, daß das Kind magerer wird und an Schlaflosigkeit leidet; sie scheint alles zu beobachten und kann angeblich aus diesem Grund nicht einschlafen. Schließlich wird sie zur Überwindung ihrer Schlaflosigkeit isoliert. Es wird schwierig, sich ihr zu nähern; sie sitzt meistens im Bett und hat ihr Kleid im Mund oder saugt an ihrer Hand. In den folgenden Wochen weigert sie sich, Spielzeug anzurühren, und liegt niedergeschlagen in ihrem Bett, das Gesicht vom Beobachter abgewandt. Filme, die wir in diesen Wochen aufgenommen haben, zeigen ein mitleiderregendes Bild des Schmerzes, der Hilflosigkeit und der Forderung nach Beistand. Der E. Q. fällt weiter. Das bis zu diesem Zeitpunkt kräftige und gesunde Kind bekommt eine hartnäckige Erkältung. Als das Kind 0;10+22 alt ist, wird eine Ersatzmutter zugeteilt mit der Anweisung, besonders liebevoll mit dem Kind umzugehen. Die Wirkung dieser Maßnahme zeigt sich sofort, obwohl das Kind keineswegs geheilt ist. Sie akzeptiert jetzt in aggressiver Weise Kontakte mit anderen Kindern. Mit 0;10+29 beißt, kratzt und kneift sie andere Kinder, bis sie bluten. Als sie 0;11+5 ist, versucht sie längere Zeit, den Beobachter in die Nase, das Kinn, den Hals und in die Hand zu beißen. Während dieser Angriffe streckt sie die Hände aus und gibt verschiedene unzusammenhängende Laute von sich, unter denen das Wort »ma-ma« mehrmals wiederkehrt. Als das Kind 0;11+19 ist, kommt die Mutter zurück. Zugleich wird es freundlich und positiv, und der E. Q. ist plötzlich um 29,28 % angestiegen.«

In diesem Bild erscheinen viele Züge, die benützt werden könnten, um psychoanalytische Theorien zu bestätigen, und darum haben wir dieses Zitat auch gebracht. Wir fühlen uns jedoch jetzt noch nicht berechtigt, Schlüsse zu ziehen, weil nur bei einer Minderzahl unserer Fälle ähnliche Phänomene zu beobachten sind.

b) Anal-sadistische Manifestationen

Die anale Aktivität zeigte einen etwas anderen Ablauf. Wie die Phänomene des oralen Beißens war sie in einigen Fällen sehr auffallend, in anderen nicht vorhanden. Wenn sie jedoch vorhanden war, war sie sowohl während der Depression als auch nachher zu beobachten. Die bei diesen Kindern beobachteten Phänomene waren: Spielen mit Faeces, mit oder ohne begleitende genitale Masturbation, und in einigen Fällen Koprophagie. Fäkalspiele und orales Beißen kamen häufig, wenn auch nicht notwendigerweise, bei den gleichen Kindern vor. Bei Aethelberta zum Beispiel, sowie bei einem weiteren Kind, bestanden diese Spiele darin, Kotkügelchen zu rollen, die das einzige Spielzeug zu sein schienen, an dem diese Kinder Freude hatten. Aethelberta setzte die Fäkalspiele fort, nachdem die Depression vorbei war, und zwar in Form sozialer Spiele, wobei sie versuchte, den Spielgefährten mit den Kügelchen zu füttern. In einem anderen Fall, in dem Beißen und Fäkalspiele gleichzeitig vorkamen, wurden die Kügelchen benützt, um das Bett mit einer Kotschicht zu bedecken und um sie durch die Bettgitter hinauszuwerfen, so daß auch die Umgebung des Bettes ganz und gar mit Kot bedeckt war. Genitale Masturbation, die bei Kindern dieses Alters sonst nicht besonders häufig ist, wurde bei fast allen Kindern beobachtet, bei denen Fäkalspiele vorkamen.

Alfred Nitschke

Das Bild der Heimwehreaktionen beim jungen Kinde

Die Selbstverwirklichung des jungen Kindes wird in sehr weiten Bereichen durch seine mitmenschliche Umwelt ermöglicht und geformt. Diese Umwelt muß offenbar aber gewisse Vorbedingungen erfüllen, sie muß einen bestimmten menschlichen Gehalt haben, damit das Kind sich in der »richtigen« Weise entwickeln kann. (Was mit dem Wort »richtig« gemeint ist, soll die weitere Untersuchung an einigen Beobachtungen darzustellen versuchen.) Sind jene Vorbedingungen nicht oder sehr unvollständig gegeben, dann leidet die Entwicklung des Kindes Not. Diese Störbarkeit des kindlichen Gedeihens, seine Abhängigkeit von der Umwelt, hat in der Wirklichkeit des kindlichen Lebens sehr vielfältige Anlässe. Die fast unerschöpfliche Fülle der Phänomene, in denen sie sich ausdrückt, läßt sich in ihrer mannigfaltigen Bedingtheit nicht zureichend beschreiben, ohne ins Uferlose zu geraten. Es soll deshalb versucht werden, eine einzelne Gegebenheit des kindlichen Daseins von besonderer ordnender Kraft herauszunehmen und deren Verwirklichung oder Gefährdung in großen Linien darzustellen.

Die zentrale Gegebenheit, deren Bedeutung für das Kind untersucht werden soll, ist die des Heimat-Habens; die Frage, um deren Beantwortung wir uns bemühen werden, die nach dem Verhalten des Kindes, dessen Bindung an seine Heimat ernstlich gestört wird.

In eine solche Fragestellung geht unvermeidlich das Bild ein, das der Untersuchende überhaupt vom Menschen hat, so wie zum Beispiel die Deutung der Kindheit bei Freud aus einer bestimmten, vorausgesetzten Auffassung vom Menschen entwickelt wird. Um dieser Gefahr so weit wie möglich zu entgehen, wird man sich von voreiligen Festlegungen zurückhalten müssen, wird versuchen, die Phänomene selbst möglichst genau aufzuzeigen, um auf solche Weise zu erreichen, daß sich der in ihnen liegende Sinngehalt aufdeckt.

Die Umwelt, von der wir hier also sprechen wollen, bedeutet nicht so sehr den weiten Umkreis alles dessen, was sich dem Menschen zeigen und was ihm zugänglich werden kann. Gemeint ist mit ihr vor allem auch nicht »Natur«, sondern jene Menschenwelt, in die das Kind hineingeboren ist, in der es sich vorfindet: die Eltern, insbesondere die Mutter, Geschwister, das Zimmer, die nahen, vom Menschen geschaffenen sinnvollen Dinge. Diese Welt geht nicht gleichmäßig in die andere, unbegrenzte, große über. Sie setzt sich von ihr zwar nicht absolut ab, doch hat sie eine fühlbare Grenze, ihre eigene und eigenartige Dichte, ihre Wärme, Verläßlichkeit und Vertrautheit. Gewissermaßen im innersten Kern der ungeheuren und weiten Welt, in ihrem Mittelpunkt liegt dieser kleine ausgesonderte Raum. In ihm lebt das Kind, in ihm findet es alles, was es braucht, um sich froh zu entwickeln: sein Haus, seine Gespielen, seine Familie. Oder umfassender gesagt: Dort liegt, von der Mutter behütet, der Raum der Heimat.

Wir Menschen sind dieser Umwelt gegenüber nicht so gestellt, daß wir uns in ihr durch ererbte, in unserer Natur festgelegte Weisen des Verhaltens zurechtfinden könnten, vergleichbar der Art, wie das Tier seiner Umwelt zugeordnet ist. Was wir zu lernen haben, steht, wie schon Herder sehr klar erkannt hat, zu dem, was uns fertig mitgegeben ist, »im größten Mißverhältnis«. Wir sind bei der Geburt »aller Leiterinnen des Lebens beraubt« und werden so zum »verwaisetsten Kind der Natur« [1]. Dies zunächst so hilflose Wesen ist aber mit weiten, fast unerschöpflichen Möglichkeiten begabt, sich seine Welt lernend und übend anzueignen. Jedoch muß das zunächst noch schlummernde Vermögen durch das Vorbild der Eltern und die liebende Anregung der Mutter erweckt werden. Die vorgefundene und gegebene Umwelt wird also nur dann für das Kind zur Menschenwelt, wenn es sich in immer erneuerten Versuchen den Sinngehalt und die Ordnung dieser Welt Stufe für Stufe gewinnt. Das Kind findet so seine früheste Selbstverwirklichung an den Begegnungen und Erfahrungen, die die heimatliche Welt ihm bietet. Darum kann es gar nicht anders sein, als daß tiefer reichende Störungen in den Ordnungen dieser Welt auch zu Abweichungen in der Entwicklung des Kindes führen.

Ich will versuchen, an einigen Krankengeschichten und Beobachtungen deutlich zu machen, in welcher Weise das Kind in seinem Befinden und Verhalten auf Störungen in diesem nahen heimatlichen Bereich antwortet. Da es sich bei einer solchen Betrachtung nur um die Darstellung von persönlichen Schicksalen handeln kann, um die Lebenssituation des einzelnen Kindes, ist eine statistische Bearbeitung nicht sinnvoll und wäre auch nur in begrenztem Umfange möglich. Doch wird, wie ich hoffe, deutlich werden, daß sich an diesen Einzelschicksalen mit ihren pathologischen Reaktionen zugleich Gemeinsames und allgemein Gültiges darstellt.

Die für das junge Kind ungünstige Situation ist dann zu erwarten, wenn ihm unvermutet sein bis dahin ungestörtes, glückliches und selbstverständliches Zuhause entschwindet, die Situation also des plötzlichen und unvorbereiteten Verlustes einer echten und behüteten Heimat.

Das erste Beispiel ist zunächst überraschend, nicht nur, weil es einen sehr jungen Säugling betrifft, sondern weil »Heimat« hier die Klinik war, »Fremde« das Elternhaus. Wir haben ähnliche Bilder, insbesondere bei Säuglingen, die lange wegen schwerer Erkrankung in der Klinik waren und dann nach Hause entlassen wurden, so oft erlebt, daß wir an ihrer Gültigkeit nicht zweifeln. Verwandte Reaktionen gibt es natürlich auch sonst, Beispiele lassen sich unschwer finden. Ich gehe aber hier deshalb von einer solchen Beobachtung aus, weil wir diese Kinder durch die vorausgehende langdauernde stationäre Behandlung in ihrem Wesen und ihrer Eigenart gut kannten.

Ein wenige Tage altes Neugeborenes wird mit akuter Enteritis bewußtlos und toxisch, mit ausgeprägter dekompensierter Azidose in fast aussichtslosem Zustand gebracht. Gegen alle Erwartung erholt sich das todkranke Kind. Vor allem war dies der aufopfernden Pflege der Stationsschwester zu danken. Auch in den nachfolgenden Wochen wird es fast ausschließlich von dieser Schwester versorgt, beginnt ihr zuzulächeln, findet mit ihr seinen ersten Zugang zur Welt und wird ein froher, gesunder, blühender Säugling. Mit sieben Wochen wird er der Mutter übergeben und kommt zu Hause in sehr günstige Lebensverhältnisse. Schon am Abend ruft aber die Mutter an, weil sich das Kind so verändere: Es ist unruhig, weint und jammert, lacht nicht mehr, will nicht mehr trinken. Wir trösten die Mutter und raten zum ruhigen Abwarten. Am folgenden Tag jedoch nehmen die beängstigenden Symptome zu. Es trinkt fast gar nicht, erbricht, reagiert nicht mehr, liegt wie schwerkrank im Bettchen. Die Mutter, die sich die größten Sorgen macht, fürchtet ein Wiederaufflackern der Krankheit und bringt das Kind zurück. – Wir finden es völlig verändert; es sieht aus, als ob es eine schwere Krankheit in sich trüge, blaß mit schlaffer Muskulatur und welker Haut, fast bewegungslos und ohne Anteilnahme, mit großen, zurückgesunkenen, dunkel umränderten Augen. Ganz besonders auffallend und merkwürdig ist der eigentümliche Ausdruck angstvoller Verwirrtheit im Gesicht, das Bild einer tiefen Ratlosigkeit. – Als die Schwester es wieder übernahm, ging der leichte Anflug eines Lächelns über das Gesichtchen, aber es vergingen noch mehrere Tage, in denen wir im Zweifel blieben, ob nicht doch eine organische Krankheit ausbricht. Danach fand das Kind sich langsam wieder und erholte sich.

Es überrascht, daß allein der Übergang des Säuglings aus der Sorge der Schwester auf die Mutter eine solch bedrohliche Reaktion auszulösen vermochte. – Auf welche Weise konnte dieser Säugling mit der Person der pflegenden Schwester so nah und eng verbunden sein, daß die Trennung ihn offenbar in eine fast unlösbare Verwirrung stürzte? – Da waren bisher immer die gleichen Hände, die aufnehmen und tragen, die baden und füttern, zärtliche Bewegungen und Haltungen, in die das Kind sich einschmiegt. Immer wieder beglückte von neuem das Hereinholen und Einbeziehen in den Raum mütterlicher Umhegtheit, das schützende Darüberbeugen. Da sind Augen, die schauen, eine Stimme von besonderem, vertrautem Klang, der das Kind im Lächeln antwortet.

Dies alles fehlt plötzlich, alles ist verwandelt, unbegreifbar fremd. Die Welt, die noch eben warm und vertraut und selbstverständlich war, ist verloren und für das verlassene Kind ausgelöscht.

Sicherlich erfährt der Säugling diesen Zustand nicht in dieser ausdrücklichen Weise, in der ich ihn darstelle, aber die entscheidenden Grundphänomene: das Entschwinden alles Festen, die gänzliche Verwirrung und auflösende Ratlosigkeit, scheinen mir ganz unverkennbar.

Das Bild dieser Heimwehreaktion (nach der Klinik) zeigte auch bei den anderen Säuglingen, die wir beobachteten, stets diese gemeinsamen Merkmale: Sie sind verstört, verwirrt, dem beruhigenden Zuspruch unzugänglich, einer ständig zunehmenden Angst und ängstlichen Unruhe preisgegeben. An körperlichen Symptomen herrscht der Eindruck der schweren Allgemeinstörung vor. Er ist bedingt durch Blässe, eingesunkene, überwache Augen wie bei Übermüdung und die Erschlaffung in Muskulatur und Haltung. Störungen der Nahrungsaufnahme bis zur Nahrungsverweigerung sind die Regel, oft verbunden mit Erbrechen und Durchfällen, nicht selten sehr schwerer Art. Auch beobachteten wir in auffallender Häufung kurz nach der Entlassung sich einstellende hohe Temperatursteigerungen. Teils war dabei – ganz unerwartet – die vorausgehende Erkrankung rezidiviert, teils waren die objektiv faßbaren Befunde nur ganz unscheinbar. Die Mehrzahl dieser Kinder entfieberte nach ihrer »Heimkehr« in weniger als 24 Stunden; nur vereinzelt blieben die Temperaturen noch länger erhöht [2].

Ein sicherer Zusammenhang zwischen Heimwehreaktion und diesen fieberhaften Infekten läßt sich daraus noch nicht ableiten. Aber vor allem die meist rasche Entfieberung macht die inneren Verknüpfungen wahrscheinlich. Diese Wahrscheinlichkeit wird durch andere gesicherte Befunde noch erhöht, denen wir später begegnen.

Im gesamten Verhalten ist es die »Ratlosigkeit«, die das Erscheinungsbild bestimmt. An ihr wird deutlich, daß etwas verloren ging, das bisher dem Kind Sicherheit gegeben hatte, eine Ordnung, der das kindliche Leben zugehörte – ein Mensch, der »Rat« wußte, der diese Ordnung erhielt und bewahrte. »Ordnung« ist dabei jedoch ein zu enges Wort, um den Reichtum der Geborgenheit und das völlige Vertrauen auszudrücken, mit dem das Kind in seiner Welt beheimatet war.

Vielleicht vertieft es das Verständnis für die Größe des Verlustes, wenn ich auf Beziehungen zu altnordischen Vorstellungen verweise, die ich dem Werk von Grönbech ›Kultur und Religion der Germanen‹ entnehme. Dort kann – vergleichbar dem Kind in der Familie – der einzelne nur im Bereich der Sippe sein Dasein verwirklichen. Wenn er die Sippe und damit sein »Heil« verliert, wird er »ratlos«. Für den Nordländer bedeutet Ratlosigkeit »Unfähigkeit, einen Weg zu finden«. Sie bewirkt »Kraftlosigkeit, Angst und Dumpfheit«. »Die Kraft zur Freude selbst« ist gestorben, die Fähigkeit zum Handeln ist getötet, die Energie wird aufgelöst und weicht einem Zustand, den der Nordländer mehr als alles andere fürchtete: der Ratlosigkeit [3].

Man fragt sich, wie nachhaltig und nachwirkend diese tiefen Erschütterungen beim Säugling wohl sein mögen. Wir wissen es nicht sicher; aber manche Mütter meinen, daß sie bei ihren Kindern die Wesensveränderungen noch nach Wochen spüren. Man kann vermuten, daß sie besonders bei Wiederholung frühzeitige Erfahrung menschlicher Ungesichertheit hinterlassen.

Auch beim älteren Säugling und Kleinkind ist das Bild des plötzlichen Verlustes der alten Heimat ein ganz ähnliches, uns nur bekannter als heftige Heimwehreaktionen älterer Kinder. Wir erlebten sie in allen Schweregraden, zum Beispiel als Folge der Aufnahme in die Klinik. Meist macht das verlassene Kind zunächst mit heftigem Schreien, motorischen Ausbrüchen, weinerlichen Rufen nach der Mutter seinem bedrängten Herzen Luft. Es wird zornig-aggressiv, unmutig, reizbar gegen Schwester und Arzt, es lehnt jede Verbindung, jeden Versuch eines freundlichen Gesprächs brüsk ab.

Gelingt die Eingewöhnung nicht, wie beispielsweise manchmal bei bäuerlichen Kindern aus abgeschiedenen Gehöften, dann ändert sich das Wesen des Kindes. Man kann dabei, wie mir scheint, ein zweites Bild von den Anfangserscheinungen abheben, wobei das eine zum anderen allmählich übergeht: Die heftigen, noch kraftvollen Reaktionen treten zurück, das Kind wird stiller, es weint, besonders am Abend und am Morgen, leise vor sich hin. Am Tage sitzt es unbeweglich im Bettchen, starrt mit schwermütigen Augen, die nicht begreifen, nach unten. Es spielt nicht mehr, es nimmt an nichts Anteil. Noch später sieht man es auch nicht mehr weinen, es lacht nie, es schaut nur müde und hoffnungslos auf, wenn der Erwachsene sich um das unglückliche Kind bemüht. Selbst der frühere Schmerz ist der dumpfen Leere eines Daseins erloschen, das nicht mehr teilhat am übrigen Leben.

Daß eine solche langsame Verwandlung schon den Säugling treffen kann, wenn er die innige Beziehung zu seiner Mutter verliert, soll die nachfolgende Krankengeschichte belegen:

Sie betrifft einen drei Monate alten Säugling, das erste Kind aus einer glücklichen Ehe. Bis vor sechs Wochen war es bei ausschließlicher Muttermilchernährung prachtvoll gediehen. Dann begann es unlustig zu trinken, nahm immer weniger, verlor seine frühere Munterkeit, wurde still und weinerlich und blieb erheblich in der Gewichtszunahme zurück, obwohl Milch im Überfluß vorhanden war. Die Mutter brachte schließlich ihr Kind wegen der unüberwindlichen und beängstigenden Nahrungsverweigerung in die Klinik. – Wir fanden bei der Aufnahme und der weiteren Beobachtung die Angaben der Mutter bestätigt. Milch war reichlich vorhanden, das Kind trank aber nicht, auch nicht aus der Flasche. Es war abweisend und still, sah elend aus und war diesem Zustand entsprechend körperlich untergewichtig und dystroph. – Da keinerlei Erkrankung zu finden war, die die dystrophierende Störung hätte erklären können, suchten wir zu erfahren, ob nicht vielleicht in den letzten Wochen in der Beziehung zwischen Mutter und Kind eine Störung oder Entfremdung eingetreten sein könnte, so wenig wahrscheinlich dies auch bei der echten Besorgtheit und Liebe der Mutter schien. – Das führte zu einer überraschenden Klärung: Die Mutter war in einer ersten kinderlosen Ehe kriegsgetraut. Ihr Mann blieb nach Kriegsende vermißt und wurde schließlich als tot erklärt. Aus einer zweiten glücklichen Ehe stammte dann der kleine Patient als erstes Kind. Vor sechs Wochen, unmittelbar, bevor die Krankheit des Kindes begann, erhielt die Mutter die Nachricht, daß ihr erster Mann noch lebte und heimgekehrt war. – Die Tiefe der Bestürzung, die Unsicherheit der eigenen Lage und die Unklarheit der zukünftigen Entwicklung bedrängten die sonst ausgeglichene und ihrem Kind schlicht zugetane Mutter. – Nun wurde die Sicherheit der kindlichen Welt wankend, nicht in der faßbaren äußeren Fürsorge, die unverändert blieb, aber über jene schon besprochenen Wege der Gebärde, des geduldigen und freundlichen körperlichen Aufnehmens, der warmherzigen Ansprache, die ihren vertrauten Klang verliert.

Bei diesem Kinde konnte bald eine Klärung der Lage geschaffen werden, die ihm seine Heimat und damit die Gesundung wiedergab. – Aber wie oft gelingt das? Wie oft sind Schicksale, die dem geschilderten vergleichbar wären, nicht wiedergutzumachen?

Ich will damit zum Ausdruck bringen, daß diese Krankengeschichte, so außergewöhnlich sie auch sein mag, zugleich etwas Allgemeines von großer Bedeutung zur Darstellung bringt: jene folgenschwere Lockerung des innigen Aufeinander-Abgestimmtseins von Mutter und Kind, die durch die einsetzende und anhaltende Erschütterung der Mutter eingeleitet wird. Mit ihr dringt etwas Auflösendes, ein rätselhaft bedrängender Mangel in die bis dahin dichte und warme heimatliche Geborgenheit ein.

Wie von selbst stellen sich, wenn wir von Heimat sprechen, Ausdrücke ein von der Nähe und Dichte, vom Reichtum und der Fülle dieses heimatlichen Raumes. Sie meinen etwas von größter Bedeutung für den Menschen überhaupt, gründen sich auf Erfahrung einer Wirklichkeit, die wir wohl kennen, die aber einer eindeutigen Beschreibung zu widerstreben scheint.

Vielleicht macht der Mangel deutlicher, was gemeint ist: Wir alle haben an uns selbst – zum Beispiel in Zeiten äußerster Vereinsamung – Zustände erfahren, in denen wir uns gleichsam entleert und ausgehöhlt empfanden. Menschen und Dinge um uns sind abgerückt, fremd und unbegreifbar geworden; ja, wir selbst haben die Nähe zum eigenen Ich verloren. – Im Gegensatz dazu erleben wir etwa im intensiven Gespräch mit einem vertrauten Freund oder beim Wiedersehen mit dem aus dem Krieg heimkehrenden Sohn, aber auch bei der Begegnung mit einem Kunstwerk, in dieser Begegnung zugleich eine Dichte des eigenen Seins, eine Fülle, die sich in uns ausbreitet und überströmt. Allein dieses Überströmen entbindet die schöpferischen Kräfte in uns; denn wir sind im Eigentlichen schöpferisch nicht aus Not, sondern im Glanz eines Reichtums, der nicht nach Bedürfnissen fragt.

Trägerin dieser Fülle, die das noch schlummernde kindliche Sein aufnimmt, ist die Mutter. In der Wärme des täglichen Miteinanderseins wird jene Freude am Suchen und Entdecken erweckt, die den richtigen Zugang zur heimatlichen Welt ermöglicht. Nur aus der zentralen Bedeutung, die diese gegenwärtige Fülle für das Kind hat, wird verständlich, warum alles, was von der Mutter her die fruchtbare Dichte dieser Gemeinsamkeit beeinträchtigt – mag es in noch so verschiedenen Anlässen begründet sein –, diese deutlichen und oft sehr nachhaltigen Störungen zur Folge haben kann.

Um das Bild noch lebendiger zu machen, das sich entwickelt, wenn über lange Zeit keine rechte Heimat für das Kind gegeben ist, soll noch über eine weitere Krankengeschichte berichtet werden. Sie wird zeigen, daß wir den entscheidenden Mangel zunächst selbst nicht erkannten. Ich bin überzeugt, daß wir ihn bei ähnlichen Befunden häufig übersehen, wenn wir nicht ausdrücklich nach ihm suchen. Jedenfalls, seitdem wir diese Möglichkeiten sorgfältiger beachten und nach ihnen mit einiger Geduld und Ausdauer fragen, entdeckten wir eine fast bedrückende Anzahl ähnlicher Schicksale.

Ein achteinhalb Monate alter Säugling wurde in verhältnismäßig gutem Allgemeinzustand zur Zeit einer epidemischen Viruserkrankung wegen eines hartnäckigen Infekts der Luftwege aufgenommen. Während der vier Wochen, die er in der Klinik war, blieb er verstimmt, elend und anfällig, neigte zu Durchfällen und nahm etwas an Gewicht ab. Gegen unseren Rat holte die Mutter ihn plötzlich ab. – Die häuslichen Verhältnisse waren ungünstig, die Eltern und zwei Kinder lebten in einem Zimmer ohne Küche, vor allem aber stritten sich zwei ständig eingreifende, sich gegenseitig bekämpfende Großmütter um Erziehung und Ernährung, eigentlich um den »Besitz« des Kindes, und ließen weder das Kind noch die Mutter zur Geltung kommen. Schon nach 6 Tagen brachte eine der Großmütter den Jungen wieder. Er hatte bei heftigem Durchfall viel erbrochen und nur wenig getrunken, er sah sehr schwer krank, verfallen und ausgetrocknet aus, hatte von 7100 g bei der ersten Aufnahme auf 5800 g abgenommen. Trotz aller Bemühungen in der Ernährung, trotz Infusionen und Transfusionen, unter Verwendung antibiotischer Mittel verfiel das Kind während der folgenden vier Wochen unaufhaltsam. Mit welker, schlaffer, faltiger Haut, kümmerlicher Muskulatur, Untertemperatur, greisenhaftem, teilnahmslos verschlossenem Gesichtsausdruck bot es das Bild der schwersten Atrophie. Im Alter von fast einem Jahr wog es mit 5300 g nur 2 kg mehr als bei der Geburt. – Wir sahen es hoffnungslos dahinwelken.

Im Verlauf der Erkrankung hatten wir immer mehr den Eindruck gewonnen, daß die unglücklichen und unerträglichen Verhältnisse zu Hause mitbestimmend an der mangelnden Lebenslust und Lebenskraft des Kindes waren. Da aber bei der umfangreichen klinischen Arbeit niemand sich so hingebend mit dem Kind befassen konnte, wie es notwendig gewesen wäre, wenn wir dem Kind die fehlende Heimat ersetzen wollten, machten wir – selbst zweifelnd – einen letzten Versuch: Wir übergaben das Kind einer jungen mütterlichen Pflegerin, die sich ihm auf der Station ausschließlich widmen durfte.

Und nun ereignete sich das Wunderbare. Ohne Änderung der bisherigen Therapie ging nach 8 Tagen das erste freundlich zugewandte Lächeln über das runzlige Gesichtchen. Von da an ging die Gewichtskurve fast geradlinig nach oben; schöner noch war die strahlende Freude, mit der der Kleine seine Pflegemutter begrüßte. – Vier Wochen später erschienen wieder die beiden Großmütter und holten ganz unvorbereitet den Kleinen nach Hause. Aber schon nach zwei Tagen brachten beide, diesmal aus Erschöpfung geeint, ihn wieder zurück. Er hatte zu Hause ununterbrochen geschrien und geweint, war »wie vom Teufel besessen«, hatte erbrochen und kaum noch getrunken.

Er war noch völlig verstört, als er kam. Nachdem er sein früheres Bettchen wieder bezogen hatte und die Pflegemutter bei ihm saß, war auch die alte Heimat wieder da und das Glück des Wiederfindens groß.

Der hier fast heitere Abschluß der Krankengeschichte zeigt nochmals die Folgen des unvermittelten Verlustes der Heimat. Aber es war nur das Nachspiel einer äußerst schweren dystrophierenden Störung. Ihr wäre der kleine Patient mit Sicherheit erlegen, wenn die mütterliche Wärme der Pflegerin das Kind nicht dem Leben zurückgewonnen hätte. Das Wort »Zurückgewinnen« scheint mir die innere Verfassung dieses Kindes zutreffend darzustellen: Jedes Zeichen einer freudigen Zuwendung zum Leben fehlt; weder sitzt das Kind, noch greift es, es spielt nicht und lacht nie. Teilnahmslos abwesend liegt es in sich verkümmert im Bett, ohne Verbindung, ohne Zugehörigkeit zu einer fremden und leeren Welt. – In voller Entsprechung dazu schwindet sein Körper dahin. Auch hier finden sich in vielen Varianten Störungen in der Ernährbarkeit des Kindes, wie Nahrungsverweigerung, Appetitlosigkeit, Erbrechen und Durchfälle. Aber auch ohne sie verkümmert das Kind, dystrophiert in beängstigender Weise, Infekte aller Art häufen sich und beschleunigen den Verfall. – Hierbei bedeutet es für den Ablauf nur wenig, ob ursprünglich eine glückliche Heimat vorhanden war, die für lange verlorenging, oder ob sich, wie in der geschilderten Krankengeschichte, alte, lang bestehende Mängel langsam vertieften.

Wir standen bei der Beobachtung dieses Verlaufs ganz unter dem Eindruck, daß alles, was wir bei dem ursprünglich scheinbar gar nicht so schwer geschädigten Kind auch unternahmen – und wir hatten alle diätetischen und medikamentösen Möglichkeiten eingesetzt –, ohne entscheidende Wirkung blieb. Nichts konnte den Verfall aufhalten.

Ich möchte dies noch entschiedener formulieren: Wenn dem Säugling die mütterliche Wärme und Fülle abgeht, wenn er – nur äußerlich versorgt – vereinsamt und auf sich verwiesen leben soll, dann ist er wirklich »das verwaisetste Kind der Natur«. Keine noch so vollkommene medizinische Technik kann ihn dann ins Leben zurückholen. – Wir sind als Menschen von allem Anfang an in Gründen verwurzelt, die in einer anderen Tiefe liegen, als alles, was durch Technik gewandelt werden kann.

Es gibt noch eine letzte, schwerste Form der Heimatlosigkeit für jene Kinder, die von Anfang an eine nur ganz unzureichende Heimat hatten. Gerade zu dieser Frage kennen wir Schilderungen und Beobachtungen von eindringlicher Deutlichkeit. Sie stammen meist aus Heimen, die zahlenmäßig nur ganz ungenügende Pflegekräfte zur Betreuung der Kinder einsetzen konnten. Auch hier wurde unser Blick für die Problematik durch eigene Beobachtungen geschärft. Diesen Kindern fehlt das Zuhause in der äußeren Form nicht. Sie leben in Heimen teilweise unter günstigen hygienischen Bedingungen. Was aber zur wirklichen Heimat fehlt, das ist die Mutter. v. Pfaundler hat schon 1909 die Auswirkung des »Hospitalismus« klar gesehen. Er schreibt: »Die Reaktion der Unruhe auf das Sich-Selbst-Überlassensein hört da nach Tagen bis Wochen auf, und dann setzt langsam fortschreitender Verfall ein, dessen Zeichen fast die ganze Pathologie des ersten Lebensjahres einschließen können.« [4] Pfaundler hat Bestätigung gefunden und Widerspruch erfahren, wie etwa durch Finkelstein [5]. Die Erfolge der dann rasch sich entwickelnden Ernährungstherapie haben wohl diese Gedanken vergessen lassen.

Der Zustand dieser Kinder gleicht also in den Grundzügen dem, was wir bei langdauerndem Mangel an Heimat schon beschrieben; nur ist alles noch viel schwerer geworden. Zwei- und Dreijährige sind in der Entwicklung auf der Stufe der Säuglingsalters. Sie sind selbst im Sitzen noch unsicher. Sie sprechen und sie spielen nicht, sie machen den Eindruck schwachsinniger, teilnahmsloser, gefühlsarmer Geschöpfe. Die dystrophierenden Einflüsse erreichen bei diesen elenden und dahinkümmernden Wesen solche Ausmaße, daß zum Beispiel das Körpergewicht eines Dreijährigen noch unter dem eines normalen einjährigen Kindes liegt, daß sogar das Körperwachstum weit zurückbleibt [6].

In dem nur körperlich versorgten jungen Kind, dem der Reichtum einer wirklichen Heimat fehlt, werden die entscheidenden Kräfte nicht geweckt, die ihm die Menschenwelt eröffnen. In solchen Wesen verkümmert damit zugleich das körperliche Dasein. Es erlischt in der Leere einer Welt, in der es nichts Verläßliches gibt, die sinnlos bleibt, weil sie keine Heimat bietet.

Wir haben den Zustand des Kindes, das unerwartet seine Heimat verliert, als »Ratlosigkeit« gedeutet. Wenn wir für den langanhaltenden Mangel an Heimat für dies dahinsiechende und schließlich verwelkende Leben einen Ausdruck wählen wollen, so ist es das »Leben ohne Hoffnung«.

Die anthropologische Bedeutung der Hoffnung für den Menschen darzustellen, würde weit die hier gegebenen Möglichkeiten überschreiten. Ich darf aber darauf verweisen, daß sich in der modernen Philosophie eine vertiefte Besinnung auf das Wesen der Hoffnung vollzieht (Gabriel Marcel, O. F. Bollnow, in medizinischer Fragestellung H. Plügge)[7]. Durch sie wird deutlich, wie sehr der Mensch – auch wenn er selbst darum ausdrücklich gar nicht weiß – Hoffender sein muß, wenn er nicht der Gefahr der Vereinsamung und unfruchtbarer Erstarrung preisgegeben sein soll; denn Hoffnung ist nicht lediglich »ein subjektives Anregungsmittel«, »sie ist im Gegenteil ein vitaler Bestandteil eben des Vorganges, durch den eine Schöpfung entsteht«[8]. Die hier mitgeteilten Beobachtungen bestätigen diese Erkenntnisse unübersehbar in einer neuen Tiefe: In einem hoffnungslos entleerten Dasein stirbt auch der Leib ab[9].

Dazu decken sie – zunächst für das Kind – die unlösbare Zusammengehörigkeit von Heimat-Haben und Hoffen-Können auf: Das Geborgensein in der Fülle der Heimat schafft jenes feste und tiefe Vertrauen in eine sinnvolle Ordnung des Gegenwärtigen, das in der Richtung auf Zukünftiges Hoffnung ermöglicht.

Man muß, wie mir scheint, aus den mitgeteilten Beobachtungen folgern, daß es im »Bauplan« des Menschen vorgesehen ist, daß er als Kind in eine Heimat liebend aufgenommen wird, daß es ihm zugemessen ist, an einer mütterlichen Hand in das Leben eingeführt zu werden. – Heimat ist weder allein die naturhaft-animalische Vorbedingung des Gedeihens noch eine nur begünstigende Vereinfachung der auch sonst möglichen Einfügung in die Welt. – Heimat-Haben gibt dem Kind den festen Grund, den es braucht, damit sich in ihm menschliches Sein in seinem vollen Umfange verwirklichen kann. Es liegt in der Freiheit des Menschen, dem Kind Heimat zu schaffen, richtiger: Heimat aus dem Überströmen der Zuneigung zu schenken oder sie ihm zu versagen.

Einige der wesentlichen Folgen der Weigerung habe ich darzustellen versucht. Hierfür sind zwar ausgeprägte, dabei aber nicht besonders ungewöhnliche Beispiele ausgewählt. Die vielfältigen Störungen jedoch, die einem teilweisen Heimatverlust, einer nicht voll genügenden Heimat zuzurechnen wären, mit ihrer reichhaltigen klinischen Phänomenologie, sind hier ganz übergangen.

Trotz der weitgehenden Vereinfachung also, die ich nicht besser zu vermeiden wußte, wird deutlich geworden sein, warum uns als Ärzte der Mangel an Heimat, auf den wir zunehmend häufiger treffen, so sehr bedrängt. Als eine verborgen wirkende, von innen her zerstörende Macht, die den Reichtum und die Fülle des kindlichen Lebensgefühls entkräftet, entzieht er in frühester Zeit Grunderfahrungen, an denen ungeteiltes menschliches Sein sich ausformen sollte.

Unsere Möglichkeiten zu helfen sind eng begrenzt. Wohl sehen wir die Verlassenheit dieser Kinder oder ahnen sie; wir können manches tun, ich unterschätze es gewiß nicht. Diese Not übersteigt aber wahrhaft den Bereich, in dem wir als Ärzte zu führen vermögen. Darüber sollten wir uns, meine ich, keiner Täuschung hingeben. Wir sind nur bescheidene Mitwirkende, die bei der Begegnung mit dieser entleerten Welt oft genug selbst den ganzen Mut anrufen müssen, um Hoffende bleiben zu können und nicht einer eingestandenen oder in Geschäftigkeit getarnten Resignation zu erliegen.

PHYLLIS GREENACRE

Einschränkung und Zwang im Kleinkindalter

Über das Schicksal kindlicher Aggression

Diese Abhandlung wurde durch klinische Diskussionen über einen vierjährigen, geistig zurückgebliebenen Jungen angeregt, der von seiner Mutter unnachsichtig und regelmäßig fest angebunden worden war. Es erhoben sich Fragen über den Zusammenhang zwischen der strengen und andauernden Beschränkung und dem geistigen Schaden und darüber, ob eine therapeutische Entkrampfung des Kindes wohl auch ein vergleichbares geistiges Freiwerden einleite. In Polikliniken sind solche Fälle nicht selten, und die besonders dramatischen tauchen in Presseberichten auf. Klinische Krankenberichte sind im allgemeinen äußerst naiv und überoptimistisch. Wahrscheinlich wurde in vielen solchen Fällen die Beschränkung zum Teil wegen der ursprünglichen intellektuellen Schädigung des Kindes vorgenommen und nicht umgekehrt, und wahrscheinlich wirken später die beiden Faktoren, ursprüngliche geistige Mangelbegabung und strenge Restriktion, zusammen zur weiteren Schädigung des Kindes.

Der Begriff ›Restriktion‹ [*restraint*] ist sehr weit. Doch handelt es sich bei allen Formen von Restriktionen um die gleiche Grundsituation: die freie Reaktion (sie ist gewöhnlich teilweise motorisch), zu der der Betreffende fähig ist, wird nicht gestattet. Die Beschränkung kann durch physische Mittel erreicht werden, wie Anbinden oder Einschließen, oder auf psychischem Wege durch Drohungen, Warnungen und Verbote.

Weiterhin ist offenkundig, daß es sich bei der Frage nach den Wirkungen von Restriktionen auf das Kleinkind um ein ausgesprochen verwickeltes Problem handelt. Es umfaßt mindestens die Fragen, ob die Restriktion hauptsächlich aus einer passiven Einschränkung der Bewegungsfreiheit besteht; ob sie Schmerzen bereitet und – im Vergleich mit der entsprechenden Phase bei ungestörter Entwicklung – zum Zeitpunkt der Restriktion zu deutlichen Gegenreaktionen führt; und schließlich, ob die Restriktion einen einzelnen Körperteil oder den größten Teil des Körpers betrifft.

Unter den oben genannten Aspekten versuchen wir, drei verschiedene Arten vorliegender Beobachtungsberichte darzustellen:

1. klinische Beobachtungen von Erwachsenen und Kindern, die sich in psychiatrischer Betreuung befanden, 2. experimentelle Arbeiten, vor allem aus dem Gebiet der Psychologie, 3. Beobachtungen von traditionellen Formen der Restriktion bei einzelnen ethnischen Gruppen – vor allem über die Arten, Kinder zu wickeln, die in verschiedenen Teilen der Welt angetroffen werden.

I. Klinisches Material

Beim Säugling variieren die Restriktionen vom recht verbreiteten Festbinden der Hände des Kindes, um Daumenlutschen und Masturbieren zu verhindern, bis zu dem seltenen Fall, wo das Kind wie eine Mumie eingewickelt wird. Solche Fälle werden in der Klinik gewöhnlich nicht genau untersucht, oft ist auch eine sorgfältige Untersuchung nicht möglich. Eine Mutter, die ihr Kind derartigen Beschränkungen unterwirft, ist wahrscheinlich dumm, feindselig gegen ihr Kind und hat außerdem Schuldgefühle. Folglich läßt sie kaum die psychoanalytische Behandlung des Kindes über lange Zeit hinweg zu. Der Kliniker muß sich zu sehr auf einzelne klinische Eindrücke verlassen, die er in einer Reihe von Jahren gesammelt hat und die eine größere Anzahl von Fällen umfassen. In der psychoanalytischen Arbeit mit Erwachsenen sieht man gelegentlich in den Träumen oder bei Symptomen der Patienten Situationen aus der Säuglingszeit auftauchen, auch solche der Restriktion. Diese sind jedoch der Direktbeobachtung in der kinderpsychiatrischen Klinik nur für allzu kurze Zeit zugänglich.

Das Problem der Reaktion auf Restriktionen und gewaltsame Beschränkung der Bewegungsfreiheit zeigte sich in einer sehr komplizierten und späten Form bei einem zwanzigjährigen Mädchen, das vor einigen Jahren als letztem Ausweg meiner Sprechstunde mit der Hoffnung auf Heilung zugeführt wurde.

Man brachte sie mir, weil sie im ersten Collegejahr versagt hatte. Die Mutter berichtete, das Mädchen sei während seines ganzen Lebens recht gescheit, aber außerordentlich langsam gewesen. Die Mutter datierte den Beginn dieser Langsamkeit von der Zeit an, als sie, bald nach der Rückkehr aus der Entbindungsstation, sich zu Hause eineinhalb Stunden abgemüht hatte, das Kind dazu zu bringen, die Brust zu nehmen. Sie erklärte, die Schwestern müßten es irgendwie verstanden haben, mit dem Baby fertig zu werden, denn in der Klinik sei es ganz normal gewesen. Die Mutter war während und nach der Schwangerschaft depressiv und meinte, der Arzt hätte ihr nicht erlauben sollen, das Kind zu stillen. Statt dessen hatte er jedoch nur die Anzahl der Stillmahlzeiten beschränkt. Es hatte so ausgesehen, als ob die Mutter viel Milch hätte, aber sie verbrachte ihre ganze Zeit damit, das Baby zum Trinken zu bringen. Das Baby schrie sehr viel, und die Mutter war wütend. Das ging so während fünf oder sechs Monaten. Als die Mutter die Geschichte erzählte, stellte sie mit grimmigem Humor fest: »Erste Kinder sollten gesetzlich verboten sein!« Sie war stolz darauf, all die Jahre die Nerven behalten zu haben, und war nun ein zitterndes Bündel krampfhafter Selbstbeherrschung.

Die Patientin hatte etwas langsam laufen gelernt, aber die Angaben hierzu waren nicht ganz klar. Vom 18. bis zum 24. Monat trug sie Schienen an den Beinen. Die Mutter gab als Grund an, daß sie gedacht hatte, die Beine des Kindes seien etwas verbogen und nicht recht entwickelt. Der Arzt war dagegen gewesen, Schienen zu benutzen, aber sie hatte darauf bestanden. Zur gleichen Zeit trug das Kind Aluminiumhandschuhe. Nach 18 oder 19 Jahren ist es nicht mehr klar, ob dies als Schutz gegen Daumenlutschen oder Masturbieren gedacht war. Die Mutter machte über beides keine Angaben. Sie erinnerte sich, daß das Kind die Handschuhe gemocht hatte und sie »Spielzeug« nannte; die Schienen aber hatte es gehaßt und sie gewöhnlich gegen sein Bettchen geschlagen. Bis zum Alter von zehn oder elf Jahren hatte das Kind eine Pflegerin. Bis in eben diese Zeit etwa näßte es ein, aber das verlor sich im folgenden Jahr. Man bereitete es auf die Pubertät vor, indem man ihm ein Buch über das gab, »was Mädchen wissen sollten«.

Das Kind war in jeder Beziehung »unglaublich störrisch«. Mit neun oder zehn Jahren pflegte es am Bordstein zu stehen und in die Luft zu gucken, ehe es die Straße überquerte. Die Mutter deutete dies, vermutlich richtig, als eine ablehnende Antwort auf ihre ängstlichen Ermahnungen, in beide Richtungen zu blicken, bevor es über die Straße gehe. Als die Mutter einmal blühende Geranien kaufte und sie in einen hübschen Blumenkasten setzte, brach das Kind bei allen Pflanzen die Stengel ab. Ein anderes Mal kaufte die Mutter ein reizendes antikes Büfett mit 16 sehr alten Glasscheiben. Das Kind zerbrach fünf Scheiben auf einen Schlag.

Unaufgefordert erklärte die Mutter, sie habe sich als erstes Kind einen Jungen gewünscht. Sie erklärte dies hastig damit, daß sie selber keine Brüder gehabt und gedacht habe, daß es für jede Familie einfacher sei, wenn das erste Kind ein Junge wäre. Sie sagte, daß sie während der Schwangerschaft völlig ratlos gegenüber der Sexualität und in einer schrecklichen Verfassung gewesen sei. Zum Besten des Kindes wünschte sie, daß es ein Junge werde.

Während der Adoleszenz war das junge Mädchen nicht anziehend, es »hatte einen dicken Bauch, spindeldürre Beine und sah komisch aus«. Es kümmerte sich nicht um Kleidung. Seine Haltung war schlecht, trotz orthopädischer Gymnastik und Tanzkursen, in denen es sich linkisch anstellte und sogar größer war als die Jungen. In der Adoleszenz »hatte es alle nur möglichen Krankheiten«. (»Sollten Ihnen noch weitere einfallen – die hatte es auch!«) Es trug Spezialkorsetts, damit sein Rückgrat gestützt wurde, das leicht gekrümmt war. Es wurde zu wiederholten Malen von einem Zahnorthopäden behandelt, pflegte aber die Zahnspangen nicht ständig zu tragen. In der Oberschule war es gescheit, schien jedoch im Tempo langsam. Mit einigem Nachhilfeunterricht schnitt es in Prüfungen gut ab, gewann sogar einen Sonderpreis und war imstande, in eines der führenden Colleges einzutreten.

Die Mutter schien sich in einer chronischen Psychose zu befinden, die sie eher verbarg als kompensierte, getrieben von Furcht, ihr Ehemann könne sie verlassen. Sie beschrieb ihren Ehemann als »so sehr ausgeglichen, daß ihm das Verständnis für alles andere fehlt«. Er war »wundervoll« zu ihr gewesen, obschon er sie überhaupt nicht verstand. Er war ein Mann in recht guten Verhältnissen, und ich konnte auf Grund meines Kontaktes mit ihm sein Unverständnis bezeugen, das seine Frau beschrieben hatte. Er erzählte von dem nervösen Leiden seiner Frau vor der Geburt des Kindes, erklärte aber, er »wünsche nicht, daß *das* so weitergehe«, und daß er selber sie schon geheilt habe, obgleich er sich nicht genau daran erinnern konnte, auf welche Weise ihm das gelungen war. Er war ein ehrgeiziger, erfolgreicher, harter und sentimentaler Mann.

Der Zustand der Tochter war wirklich außergewöhnlich, am besten als bösartige zeitweilige Katatonie zu beschreiben. Sie zu behandeln, wurde bald zu einer aussichtslosen Aufgabe. Denn wenn das Mädchen den Psychiater aufsuchte, wurde ihm jeweils dieselbe Art von restriktiven Maßnahmen auferlegt wie in der Kindheit, nur mit unglaublichen Verfeinerungen. Infolge der Auffassung ihrer Eltern von Schande durfte das Mädchen nicht außerhalb der Familie leben, damit nicht jemand entdecke, daß es einen Psychiater aufsuchte. Es wurde bis in die kleinste Einzelheit belehrt, wie die Entdeckung zu vermeiden oder ihr zu entgehen sei, sollte es irgend jemand in oder in der Nähe meiner Praxis treffen. Es sollte als Erkennungszeichen zweimal läuten, damit man verhindere, daß ihm andere Patienten begegnen könnten. Um den Liftboy zu umgehen, mußte es die Treppe benutzen. Der Psychiater durfte es nie anrufen, da die Dienstboten erfahren könnten, wer er sei. Wenn das Mädchen den Psychiater anrief, durfte es der Sekretärin niemals seinen Namen hinterlassen. Es mußte das Honorar bar bezahlen, nur damit der Name des Psychiaters auf keinem Scheck erschien, den die Bank zu sehen bekommen hätte; und wahrscheinlich auch, um ihm vor Augen zu halten, in welchem Ausmaß es seine Eltern belaste.

Dieser Bericht gibt eine notwendigerweise gedrängte Darstellung der Zwangsjacke, in der das Mädchen lebte; zuerst eine rein physische Zwangsjacke, die aus verschiedenen Metallbändern bestand, dann eine immer umfassendere, psychische Zwangsjacke, ergänzt durch das erzwungene Fortbewegen entlang bestimmter vorgeschriebener Linien. Zu der Zeit, als das Mädchen zum Psychiater kam, war es praktisch eine synthetische Person; so etwas wie eine lebende Marionette, nur wurde sie nicht allein von den von außen kommenden Lenkfäden beherrscht, sondern auch von ihnen entgegen wirkenden inneren Kräften. Anscheinend hat die Mutter in feindseliger Weise das Mädchen daran gehindert, eine eigene Persönlichkeit zu werden, und es verbrauchte die meiste Energie in blinden Versuchen, sich freizukämpfen. Obschon es viele klinische Beschreibungen von Kindern und jungen Leuten gibt, die lang andauernden Beschränkungen unterworfen wurden, weiß ich von keinem Fall, wo die Restriktion so vollkommen, so mannigfaltig und so heimtückisch gewesen ist.

II. Experimentelle Arbeiten

Die in Betracht kommenden experimentellen Arbeiten kann man in zwei Gruppen unterteilen: mit positiver Beschränkung der Bewegung von Säuglingen befaßt sich die eine, die andere mit einer mehr negativen Restriktion, das heißt mit dem Ausschalten von Reizen, die normalerweise im Leben des Kindes vorkommen und die Aktivität fördern oder Gelegenheit zur Übung bieten.

Obgleich es frühere Untersuchungen in dieser Richtung gab, erhielt die Arbeit von Watson eine solche Publizität, daß sie die Experimente mit Kleinkindern über ein Jahrzehnt hinaus beeinflußte. Um 1917 veröffentlichte er seine Beobachtungen über drei Typen emotioneller Verhaltensreaktionen bei Neugeborenen, die nach seiner Ansicht den späteren Emotionen wie Wut, Liebe und Furcht entsprachen. Von 1917 bis 1930 entwickelte er seine Ideen, formulierte sie um und popularisierte sie, bis sie schließlich im ganzen Land bekannt wurden. Die psychologische Literatur der zwanziger Jahre enthält viel mehr Hinweise auf die Arbeiten Watsons und Berichte über Experimente, welche diese bestätigen oder ihnen widersprechen, als sich im Jahrzehnt danach als gültig erwiesen. In diesem Überblick befassen wir uns nur mit den Reaktionen, die Watson als Wut [Jähzorn – *rage*] charakterisiert und die er folgendermaßen beschreibt: »Die Beobachtungen scheinen zu zeigen, daß *Behinderung der Bewegungen* des Säuglings der Faktor ist, welcher, unabhängig von aller Erfahrung, die Bewegungen hervorbringt, die als Wut charakterisiert werden. Hält man das Gesicht oder den Kopf des Kindes fest, dann weint es und fängt alsbald an zu schreien. Der Körper wird starr, und recht gut koordinierte Hieb- oder Schlagbewegungen von Armen und Beinen sind die Folge. Die Füße und Arme bewegen sich auf und ab. Der Säugling hält so lange den Atem an, bis sein Gesicht rot anläuft. Bei älteren Kindern sind die Bewegungen des Umsichschlagens der Arme und Beine besser koordiniert und erscheinen als Treten, Mit-den-Händen-Schlagen, Stoßen und so weiter. Fast jedes Kind kann von Geburt an zu einem Wutanfall gebracht werden, falls man ihm die Arme an den Körper preßt, manchmal kommt es sogar zum gleichen Resultat, wenn man sein Ellenbogengelenk fest mit den Fingern umfaßt; bisweilen braucht man bloß den Kopf zwischen Baumwollkissen zu legen, um den Wutanfall hervorzurufen.« (19)

In diesem und einigen anderen Abschnitten erklärte Watson mit Bestimmtheit, daß seiner Ansicht nach das Anbinden oder das Hemmen der

Bewegung dieses Verhalten bewirke. Und die Reaktion, die er beschrieb, war gewiß stark. Er stellte fest und setzte zugleich voraus, daß die Reaktion auftrat, wenn die Behinderung unter leichtem Zwang erfolgte. Er zog nicht ausdrücklich die Möglichkeit verschiedenartiger Reaktionen des Kleinkinds in Betracht, je nach der Intensität der Behinderung; das heißt, er betrachtete nicht den Unterschied zwischen leichter Berührung und starkem Druck. Er gab auch keine klare Auskunft auf die Frage, ob die Reaktion des Kindes von Ruckartigkeit oder plötzlichem Wechsel in der Stärke der Behinderung von seiten des Versuchsleiters beeinflußt würde. Forscher, die an Watson anknüpften, lieferten verschiedene Berichte. Die Shermans (16) schilderten im Jahre 1925 diffuse Abwehrbewegungen der Hände bei einem Neugeborenen, wenn man Druck auf das Kinn ausübte, während der Kopf, den ein Mitarbeiter hielt, ruhig blieb. Aber die »Abwehrreaktionen waren durchaus nicht so heftig oder ausgedehnt« wie nach Watsons Beschreibung ein Wutanfall. Taylor (18) von der Ohio State University, der in gewisser Weise versuchte, die Methode Watsons – Behinderung von Armen und Nase – anzuwenden, konnte keine Reaktionen hervorrufen, die ein gleichbleibendes Verhaltensmuster gezeigt hätten; er folgerte, daß bloß eine allgemeine Aktivität hervorgerufen werde. Einige andere Forscher (14) hatten vorher eine mehr quantitative Protokollierungsmethode für Beobachtungen von Reaktionen an Kleinkindern ausprobiert, auch für die Reaktionen auf Festhalten der Nase und der Arme. Aus ihren Ergebnissen schlossen sie, daß die Reaktion eher allgemein als spezifisch, die reagierende Aktivität am größten in jenen körperlichen Segmenten sei, die den stimulierten am nächsten gelegen, und daß die Abnahme von Ausmaß und Häufigkeit der Aktivität ungefähr der Entfernung von der stimulierten Zone entspreche. Für die experimentelle Forschung scheint mir dies der nächstliegende Ansatz zu sein, wenn es darum geht, die je nach dem Körperteil, an dem die Bewegungsbeschränkung aussetzt, möglicherweise unterschiedlichen Auswirkungen auf das Verhalten des Kindes zu studieren. Es könnte doch sein, daß Kleinkinder verschieden reagieren, je nachdem, ob beispielsweise der ganze Rumpf sanft festgehalten wird oder ob die Hand oder das Handgelenk gehalten werden und ansonsten der Säugling genügend Bewegungsfreiheit besitzt, um gewissermaßen seiner partiellen Gefangenschaft zu entfliehen. Diese Situation könnte zu Belastungen und Frustrationen führen, wohingegen jene mehr in Richtung einer kampflosen Unterwerfung tendieren dürfte. Nach dem Bericht von Pratt, Nelson und Sun scheint es möglich, daß sie gelegentlich eine solche »stille«

Reaktion des Säuglings erhielten, aber ihr ganzer Bericht hebt vielmehr hervor, wie viele Bewegungen von jedem Typ vorkamen, und der Leser verliert leicht das reagierende Kind aus dem Auge (7). Weiter scheint es, daß sie Ergebnisse erhielten, die denen von Watson ähnlich, jedoch nicht so eindringlich waren, und daß sie weniger intensive Reize benützten.

An der Universität von Virginia führte Wayne Dennis, unterstützt von seiner Frau, Experimente an einem Zwillingspaar durch (6), auf die später noch ausführlicher eingegangen werden soll. Er fand, daß die Zwillinge im Alter von zwei Monaten mit einem Watsonschen Wutanfall unterschiedlicher Stärke auf eine Vielfalt von Reizen reagierten; unter anderem reizte er durch Halten des Kopfes zwischen den Händen, so daß dieser nicht bewegt werden konnte, und durch Pressen der Nase, wie auch mit starken Geschmacksreizen – einer gesättigten Salzlösung, einer sehr bitteren Chininlösung und verdünnter Zitronensäure. Bei diesen Experimenten ist es offenkundig, daß das Unbehagen an zu intensiven oder unangenehmen Geschmacksreizen noch zur Restriktion hinzukommt. Das Ehepaar Dennis erklärt jedoch, daß es nötig war, eine sehr starke Beeinträchtigung anzuwenden, um die sogenannte Wutreaktion hervorzurufen. Die Forscher zogen den Schluß, daß es mehr die Intensität und Dauer der Reizung als bloß die Einschränkung der Bewegungsfreiheit war, die den eigentlich auslösenden Faktor darstellte. Dennis wendet sich gegen die Charakterisierung als »Wutanfall«, er bevorzugt die einfachen beschreibenden Formulierungen »sich sträuben, schlagen und schreien«, oder, falls die Reaktion nicht so heftig ist, einfach »Unruhe und Weinen«. Mir scheint, wir können diese frühen Reaktionen einfach als aggressive Verteidigung auslegen, gleichviel ob wir sie Wutanfall oder Vorläufer eines Wutanfalls nennen.

Dennis und Dennis fanden, als sie ihren zehn Monate alten Zwillingen auf die Nase drückten oder ihren Körper festhielten, überhaupt keine Zeichen einer Störung. Ganz im Gegenteil – sie lächelten sie mitunter fünf Minuten lang an, ehe sie negativ zu reagieren begannen. Dennis und Dennis erkannten, daß dieses Lächeln teilweise der besonderen Bindung der Versuchspersonen an die Versuchsleiter zuzuschreiben war, von denen sie in ihrem Gefühl so sehr abhingen, daß sie jede beliebige Art ihnen erwiesener Aufmerksamkeit duldeten und gern hatten, solange diese nicht zu heftig oder akut schmerzhaft war. Dennis folgerte, wie ich glaube, richtig, daß es wahrscheinlich sinnlos ist, in einem Test schon in den allerersten Wochen nach »Instinkten« oder nach angeborenen Gefühlsreaktionen zu suchen, da jeder Reiz, den man anlegt, selbst wenn er nie zuvor verwandt wurde, einige Beziehung zu der (individuellen) Erfahrung des Kindes besitzt. Mit anderen Worten: Es gibt keinen isolierten Reiz. Dennis erklärt mit Bestimmtheit, daß eine Einschränkung der Bewegungsfreiheit, die ohne die Anwendung intensiver Reizungen erzielt wurde, nicht negative, das heißt einem Wutanfall ähnliche Reaktionen bei dem Neugeborenen hervorruft, daß aber intensive und andauernde Reizung – starke Restriktion im Sinne eines Eingreifens in schon gewohnte Verhaltensabläufe ist ein Beispiel dafür – auf Grund der Frustration negative Reaktionen veranlaßt.

Die Erkenntnis, daß Reize sehr bald dem Gefüge der Erfahrung einverleibt werden und nicht ohne Beziehung zu anderen Erfahrungen bleiben, führt zu weiterer Kritik beziehungsweise zu einer neuen Fragestellung. In den meisten klinischen Fällen, vor die wir als Psychiater gestellt sind, erlitt das Kind die Restriktion nicht in einem unpersönlichen oder gar gefühlsneutralen Rahmen. Die hier am häufigsten auftauchende Form der Restriktion ist die Einschränkung als Strafe. Die Wirkung des Zorns oder der Mißbilligung des Strafenden muß deshalb beim Betrachten der Gesamtsituation mitgesehen werden. Am nächsten könnten wir der unbeteiligt angewandten oder zumindest ohne Gefühlsäußerung geübten Restriktion kommen, wenn wir die Aggressionsformen untersuchen, die bei einer Gruppe von Säuglingen auftauchen, die früh einer Behandlung im Gipsverband unterworfen wurden, etwa bei nicht operativ behandeltem Klumpfuß. Hier müßten natürlich noch andere Gesichtspunkte berücksichtigt werden, doch lohnte vielleicht eine solche vergleichende Untersuchung.

Was weiterhin die Gefühlslage des einschränkenden Erwachsenen betrifft, stellt sich die Frage, ob schon ein Säugling bis zu einem gewissen Grade die innere Einstellung der Person, die ihn festhält, zu erspüren vermag (12,5). (Ich habe diese Frage neben anderen in meinem Aufsatz ›Predisposition to Anxiety‹ [1], Teil I diskutiert. Man kann dieses einfühlende Mitgehen bei einem Boxkampfpublikum an der beteiligten und aggressiven Mimik und den geballten Fäusten erkennen. Ich glaube, daß diese emotionale Ansteckung einer der mächtigsten Faktoren sein kann, die die Gefühlsreaktionen bei einer Menge, die zum Mob wird, in die Höhe treiben.) Ich glaube, daß eine solche, durch Mitgehen erzielte Gefühlssteigerung oder Zunahme der Emotionshöhe bedeutsam ist und in der Tat in sehr frühem Alter auftreten kann, früher, als man zuerst für möglich halten würde. Die Literatur über diesen Gegenstand ist nicht sehr umfangreich, und das Problem läßt sich nicht leicht experimentellen Methoden unterwerfen. Aber einige Beweise dafür, daß diese Reaktionen im Säuglingsalter auftreten, gibt es in den Beobachtungen von Ch. Bühler (1), Dennis und Dennis und von Gesell (10). Alle diese Autoren merken an, daß sich der Blick des Säuglings früh auf das Gesicht der Mutter oder des Kindermädchens konzentriert.

Weitere Faktoren, die zum Problem der Restriktion gehören, werden von Wayne Dennis in einem Artikel diskutiert, der seine Kritik an Watsons Theorie der Wut zusammenfaßt (7). Hier stellte Dennis die Frage nach dem Gegensatz zwischen der ruhigen Reaktion des Säuglings auf allgemeine, leichte oder gemäßigte Beeinträchtigungen der Bewegungsfreiheit und der heftigen aktiven und aggressiven Reaktion auf strenge oder plötzliche Beeinträchtigung der Bewegung. Er vermutete, diese unterschiedliche Reaktion des Säuglings könnte damit zusammenhängen, daß die erstgenannte Situation dem intrauterinen Zustand vergleichbar sei, während die letztere deutlichen Widerstand auslöse und, falls die Beeinträchtigung genügend streng war, sich sogar Schmerzen einstellten. In meinem oben erwähnten Aufsatz machte ich hiervon unabhängig einen ähnlichen Vorschlag. Auch verschiedene andere Autoren, die das Wickeln und andere beeinträchtigende Handlungen diskutierten, äußerten sich in ähnlichem Sinne. Darauf soll am Ende des Aufsatzes eingegangen werden.

Während es eine umfangreiche Literatur über die Wirkung des Übens auf das Lernen gibt, findet sich nur wenig Material über das Fehlen von Übungssituationen. Spekulationen, was Säuglinge tun würden, wenn sie nicht den gewöhnlichen Stimulationen durch andere Menschen ausgesetzt wären, scheinen die Phantasie von Philosophen und Psychologen seit alters beschäftigt zu haben. Es mag eine akademische Form der narzißtischen Frage nach der Abhängigkeit oder Selbstgenügsamkeit des Menschen sein, der in Robinson Crusoe so romantisch Gestalt verliehen wurde. Herodot soll von dem Fall zweier Kinder berichtet haben, die ohne Kontakt mit Erwachsenen aufgezogen wurden, um herauszufinden, ob diese Kinder eine Sprache entwickeln würden (zitiert bei Dennis).

Der umfassendste Bericht, den ich fand, ist in der Monographie von Wayne Dennis (6) enthalten. Er bietet einiges interessante Material, das teils direkt, teils am Rande zu unserem Fragenkreis gehört.

Das Ehepaar Dennis versuchte, ein Paar fünf Wochen alte Zwillingsmädchen mit geringer Stimulierung und einem Minimum an Übungssituationen aufzuziehen. Sie behielten die Babys bis nach dem 14. Monat. Obschon ihre Beobachtungen und Interpretationen vom medizinischen Standpunkt aus gesehen große Mängel aufweisen, so haben die Versuchsleiter doch ein wertvolles menschliches Dokument erbracht. Will man ihre Arbeit zusammenfassen, so kann man zwei Gruppen von Reaktionen besonders herausstellen: die emotionalen Reaktionen der Babys und das sich entwickelnde motorische Verhalten, das heißt Aufrechtsitzen, Greifen, Stehen und Laufen.

Während der ersten sechs Monate konnten die Versuchsleiter ziemlich strenge Bedingungen einhalten. Die Zwillinge durften sich nicht sehen, sie wurden so bar aller Emotion behandelt, wie die Versuchsleiter es nur vermochten; lediglich zum Füttern, Baden und für bestimmte Experimente wurden sie aus dem Bettchen genommen. Wenn eines der beiden Kinder außerhalb der Essenszeit schrie, ging einer der Versuchsleiter hinein, sah nach und wechselte für gewöhnlich die Windeln. Schrie das Kind, wenn er das Zimmer wieder verließ, so wurde dem keine Beachtung geschenkt. Die Versuchsleiter sprachen, bevor sie das Zimmer betraten und während sie die Zwillinge fütterten oder versorgten, weder zu den Zwillingen noch miteinander. Zuneigungzeigen, Kosen, Herzen und Hätscheln wurde vermieden. Es gab weder Belohnen noch Strafen, und man bemühte sich, die Kinder möglichst »indifferent« zu behandeln. Handlungen, die zur Nachahmung hätten auffordern können, unterblieben.

Die Folge dieser gefühlssterilen Umwelt ist etwas überraschend, denn nicht die Babys, sondern die Versuchsleiter brachen zusammen und konnten den unnatürlichen Zustand nicht aufrechterhalten. Im großen und ganzen läßt sich die Entwicklung so zusammenfassen: Da die Babys niemand sonst hatten, dem sie sich verbunden fühlen konnten, konzentrierten sich ihre emotionalen Reaktionen in geradezu herausfordernder Weise auf die Versuchsleiter. Mit sieben Wochen ließ sich beobachten, wie die Babys den Versuchsleitern mit den Augen folgten und gelegentlich lächelten, wenn sie eintraten. »Vom Zeitpunkt an, in dem die Babys den Erwachsenen visuelle Beachtung schenkten, richtete sich ihre Aufmerksamkeit mehr auf *Gesichter* als auf andere Teile der Person, die sie sahen.« Mit acht Wochen verstummte ihr Hungergeschrei, wenn ein Erwachsener eintrat. Zwischen der neunten und zwölften Lebenswoche fingen sie an zu lachen und zu kokettieren, zeigten aber gleichfalls eine gewisse Ungeduld im Hinblick auf das Füttern. Zwischen 13 und 16 Wochen begannen sie mit einem Verhalten, das auf beginnende leichte Frustrationen hinwies: Sie weinten, wenn die Erwachsenen sich vom Bettchen abwandten. Wenn man sie hochnahm, als wolle man sie füttern, sie dann aber wieder hinlegte, schrien sie noch mehr.

Während des fünften und sechsten Monats reagierten die Zwillinge besonders furchtsam auf gewisse Geräusche. Aber sie lächelten und lachten anhaltend, wenn man sich ihnen näherte, falls sie nicht hungrig waren. Sie entwickelten gleichfalls im sechsten Monat »eine Reaktion, die anscheinend eine gewisse Zeit lang als Ausdruck des Interesses, des Hellwachseins, der Erregung und des Wohlbefindens diente«. Die Versuchsleiter nannten es ›die Glieder recken‹. Bei dieser Reaktion wurden die Arme oder Beine oder auch beides steif ausgestreckt und höchstens geringfügig bewegt. Das trat häufig ein, wenn sich die Versuchsleiter über das Bettchen beugten, konnte jedoch auch auftreten, wenn sie nicht in der Nähe waren. Häufig trat es mit Lächeln und lautem Lallen zusammen auf. Von da an lachten die Zwillinge mehr. Das eine Mädchen lachte fast jedesmal, wenn man es berührte. Als im achten Monat eine von ihnen Haar und Gesicht des Versuchsleiters anfaßte, als er sich über das Bettchen beugte, schien es, als hätten sie schließlich die Versuchsleiter mehr oder weniger für sich eingenommen und begonnen, die Atmosphäre von Gleichgültigkeit zu durchbrechen. Denn die Versuchsleiter begannen allmählich nachzugeben und mit den Zwillingen jeden Tag ein wenig zu sprechen und zu spielen. Man gestattete es den Babys dann, sich mehr miteinander zu beschäftigen, und die negative Moral des Versuchs löste sich weitgehend auf.

In dieser Zusammenfassung ist es nicht notwendig, alle Details der motorischen Entwicklung noch einmal aufzuführen. Keines der beiden Kinder lernte es, bis zum Ende des ersten Lebensjahres sich aus eigener Kraft aufzusetzen. Daraufhin untersuchte man ihre Fähigkeit, das Gewicht des eigenen Körpers mit den Beinen zu tragen; keines der Babys schien das zu können, sie strampelten nur ein bißchen. Nach mehrfachen Wiederholungen am gleichen Tag trugen beide einige Sekunden lang ihr Gewicht. Nach vier Tagen, an denen solche Übungen vorgenommen worden waren, waren sie in der Lage. ihr Gewicht einige Minuten lang zu tragen, wenn sie von den Versuchsleitern entsprechend gehalten wurden.

Obwohl das Ehepaar Dennis hauptsächlich an dem interessiert war, was es das ›autogene Verhalten‹ [unbeeinflußt spontanes Verhalten] der Säuglinge nannte, interessiert sich der Psychiater in gleichem Maße für den Grad der Retardierung bestimmter Verhaltensweisen unter den Bedingungen eines anhaltenden Fehlens von Reizen. Ebenso interessant ist die Tatsache, die das Ehepaar Dennis angab, daß ein solches retardierte Verhalten mit Leichtigkeit normalisiert werden konnte, sobald Reize und Übungssituationen reichlich geboten wurden.

Eine Laune der Natur vereitelte die konsequente Durchführung des Experimentes; es sollte die Babys frustrieren, zumindest ihnen etwas entziehen. Aber bei der emotionalen Interaktion zwischen Zwillingen und Versuchsleitern wurde die Absicht der Forscher durch die Gegebenheiten des Versuchs durchkreuzt. Die Zwillinge reagierten so positiv gegenüber den Versuchsleitern, daß es diesen fast unmöglich war, Filmaufnahmen von ihren ›negativen‹ Reaktionen zu bekommen. Sowie sie sich nur näherten oder sich bloß bewegten, um die Kamera in Stellung zu bringen, hörte jegliches Weinen oder Unruhigsein auf, und an Stelle der negativen Reaktion trat Lächeln. Eigentlich beruhigend!

Bei abschließender Betrachtung scheint es, daß nicht einfaches Behindern der Bewegung aggressives, wutähnliches Verhalten beim Kleinkind hervorruft. Andauernde gleichmäßige und allgemeine Beeinträchtigung der Bewegungsfreiheit kann sogar anfangs das Kind beruhigen, aber heftige und plötzliche Beeinträchtigung der Bewegungsfreiheit, die mit starker Beengung, Fesselung oder mit unsanfter Behandlung verbunden ist, scheint negative Reaktionen hervorzurufen. Innerhalb des ersten Lebensjahres, wenn auch nicht unmittelbar nach der Geburt, scheint es möglich zu sein, daß die Reaktionen des Kindes gesteigert werden durch die ärgerliche oder angespannte Haltung der Person, die die Restriktionen zufügt; und das kann von beträchtlicher klinischer Bedeutung sein. Man kann vermuten, daß bestimmte Formen der Restriktion, falls eine aufgebrachte oder verkrampfte Person sie zufügt, eine starke emotionale Reaktion hervorrufen, die zu entsprechender Furcht und Angst führt. Je nachdem, wie lang und in welchem Umfang die Behinderung der erwarteten Betätigungen ist, wirken die Restriktionen als Sperre für jegliche Übung. Es ist allerdings nicht gesichert, daß eine dauernde intellektuelle Schädigung hervorgerufen wird.

III. Brauchtum

Die Volksbräuche, die sich im Zusammenhang mit dem Problem der Restriktion zur Untersuchung anbieten, sind vor allem die verschiedenen Wickelgepflogenheiten. Das Wickeln geschieht in verschiedenen Formen und Abstufungen, besonders in Beziehung darauf, ob der ganze Körper oder nur ein bestimmter Teil eingehüllt wird, sowie in bezug auf das Lebensalter, in dem diese Restriktionen zugefügt werden. Dennis (7) hat einen Großteil der Literatur zu diesem Gegenstand durchgesehen, und die Darstellungen, die in unserer Arbeit berücksichtigt werden, sind größtenteils aus Arbeiten genommen, die seine Bibliographie bringt. In unserer Untersuchung verfolgen wir allerdings andere Interessen als Dennis.

Der Brauch, den Säugling im ersten Lebenshalbjahr oder im ersten Lebensjahr zu wickeln, war durch die Jahrhunderte hindurch und in weit auseinanderliegenden Gebieten üblich – das kleine Indianerkind, der italienische Bambino und das Wickelkind unserer eigenen Kultur sind sehr verschiedene Beispiele. Außerdem findet man den Brauch, Teile des Körpers festzubinden, vor allem den Kopf und die Füße. Allerdings scheint es bei einem Überblick, daß tatsächlich kein Körperteil dem Festbinden entging. Unser Interesse ist aber nur auf solche Beeinträchtigungen gerichtet, die bald nach der Geburt zugefügt und einige Zeit lang beibehalten werden. Bestimmte allgemein verbreitete Meinungen tauchen in der Literatur immer wieder auf, namentlich, daß das Wickeln von praktischem Nutzen sei, daß es bei allen Völkern in verschiedenen Gruppen üblich war und daß es in bestimmter Weise der Vorläufer der Wiege, des Laufstalls und des Kinderwagens von heute ist. In den meisten Fällen ist das Wickeln nicht besonders fest, schmerzhaft oder andauernd. Der Säugling wird für mehrere Stunden des Tags von seinen Fesseln befreit. In Gruppen, die keinen Wagen benützen, dient das Wickeln, mit oder ohne Wiegenbrett, als eine Art tragbare Wiege. Das Einbinden der Füße oder des Kopfes, das schmerzhaft und deformierend ist und bei dem sich ein praktischer Nutzen nicht ohne weiteres erkennen läßt, ist im Gegensatz dazu gewöhnlich ein Zeichen aristokratischer Eigenart. Die Kopfdeformation wurde und wird noch immer in vielen Teilen der Welt ausgeführt, am verbreitetsten ist sie bei den Indianern des Nordwestens, vor allem im Columbia-River-Gebiet, weniger häufig findet sie sich in Australien. Noch kürzlich, wird berichtet, fand sie sich bei den Haida und Chinook-Indianern, bei bestimmten Amazonasstämmen und in Peru, bei den Kurden Armeniens, bei bestimmten Malaien der Salomonen und auf den Neuen Hebriden. Die Deformation wurde immer im Säuglingsalter und häufig bei beiden Geschlechtern vorgenommen. In einigen Fällen war sie auf Knaben beschränkt, und mancherorts, etwa auf Tahiti, blieb sie bestimmten Kasten vorbehalten (9, 10, 12, 17). Das Einbinden der Füße adliger

Chinesinnen wurde bis 1910 fortgesetzt. In unserer Arbeit werden wir nur solche Berichte berücksichtigen, welche die Reaktionen der Säuglinge auf das Wickeln oder deformierende Einbinden mit beschreiben.

Winifred de Kok (4) beschreibt das Wickeln italienischer Kinder als einen überaus angenehmen Vorgang. Sie schließt daraus, daß durch das Wikkeln dem Neugeborenen eine bequeme Stütze und Schutz geboten wird und im Anschluß an den abrupten Geburtsvorgang als glückliche Brücke dient, ohne im mindesten zu irritieren, da es sich den intrauterinen Verhältnissen nähert, bis das Kind für die Welt besser gerüstet ist. Sie berichtet darüber hinaus von der Leichtigkeit, mit der ein zum Bündel gewickeltes Kind gehandhabt werden kann, und sie erwähnt auch das Behagen, das das italienische Baby in seiner abgewandelten Zwangsjacke empfindet. Der Säugling der nordamerikanischen Indianer wurde im allgemeinen »komfortabel gewickelt«, er lag auf seinem Wiegenbrett mit einem runden Kopfschutz, genau wie ein Kinderwagenverdeck. Das einengende Jäckchen wurde über dem Baby festgeschnürt und war innen weich ausgestopft. (Das scheint zweifelsohne eine ähnliche Funktion zu erfüllen wie die Beruhigungspackung, die, naß oder trocken, oft gute Dienste leistet, gestörte Patienten zu beruhigen, wie jeder klinisch geschulte Psychologe bestätigen wird.) Dieselbe Form des Wickelns war bei den Chinook und anderen Stämmen des Columbia-River-Gebiets üblich, jedoch kam hier der besondere den Kopf deformierende Druck hinzu.

Eine Untersuchung an albanischen Wickelkindern liefert einen besonders interessanten Vergleich mit dem Dennisschen Experiment an den Zwillingen. Im Jahre 1934 veröffentlichten zwei Wiener Psychologinnen, Lotte Danzinger und Lieselotte Frankl, einen Bericht (3) über ihre mühseligen Untersuchungen an albanischen Säuglingen in der Kleinstadt Kavaja und Umgebung. Aus ihrem Bericht scheint hervorzugehen, daß sie teilweise mit den gleichen Absichten wie das Ehepaar Dennis an den Aufbau ihrer Untersuchung herangingen. Allerdings wollten die Wiener Forscher die Kinder in deren eigenem Milieu studieren, was vor allem bedeutete, daß die Kinder von den meisten, wenn auch nicht allen Reizen abgeschlossen waren. Die albanischen Kinder werden von Geburt an gewickelt, und wie! Die Binden werden eng gewickelt, und das fertige Bündel wird noch dazu in einer rohen Wiege festgebunden. Man berichtet, daß das Kind gewöhnlich schreit, wenn die Binden angelegt werden, aber die Mutter schaukelt die Wiege ununterbrochen, bis das Schreien allmählich aufhört.

Die Restriktion durch Wickeln wird während des ersten Lebensjahres fast ununterbrochen ausgeübt. Obgleich das islamische Gesetz ein tägliches Baden während des ersten Lebensjahres vorschreibt, scheinen die beiden Forscher nicht viele Mütter gefunden zu haben, die ihre Kinder badeten. Oft wird das Kind gefüttert, ohne daß man ihm die Fesseln abnimmt. Eine weitere Art passiver Restriktion wird dem Kind dadurch auferlegt, daß, wenn immer die Mutter weggeht, die Wiege in einen der normalerweise fensterlosen Schlafräume gestellt wird, in die nur durch die Ritzen im Dach etwas Licht fällt. Aber sobald die Mutter nach Hause kommt, pflegt sie das Kind samt der Wiege in den hellen Wohnraum zu stellen, wo noch andere Erwachsene oder Kinder sein mögen. Den Forschern ist es nicht gelungen, genaue Angaben darüber zu bekommen, wie sehr die Zeitspanne, die der Säugling in der Wiege verbringt, mit zunehmendem Alter verändert wird. Ihre Beschreibung deutet aber daraufhin, daß er die Nacht und sicherlich den größeren Teil des Tages im dunklen Hinterzimmer verbringt, nur selten kommt das Kind während des ersten Lebensjahres an die frische Luft. Mit den Babys wird weder gespielt, noch werden sie in den Armen geschaukelt. Auf der anderen Seite fehlt es nicht an Bezeugungen von Zuneigung; Eltern und Großeltern beugen sich über die Wiege, lachen das Baby an und sprechen zu ihm. In dieser Hinsicht sind die albanischen Kinder gegenüber den Zwillingen im Versuch des Ehepaares Dennis im Vorteil. Es ist bemerkenswert und bedauerlich, daß weder das Ehepaar Dennis noch Danzinger und Frankl irgend etwas über die Art des Urinierens und Defäkierens während dieser ersten Monate sagen. Für den Psychiater und Psychoanalytiker, der weiß, wie sehr diese Funktionen am Ausdruck von beidem, Angst und Aggression, teilhaben, ist dies offenkundig eine Unterlassung.

Danzinger und Frankl vergleichen ihre Beobachtungen über das Verhalten von zehn albanischen Babys mit ähnlichen Beobachtungen bei Wiener Kindern. Ihre allgemeinen Folgerungen ähneln denen, zu denen Dennis und Dennis kamen. Alle bis auf eines ihrer zehn Kinder zeigten im Vergleich zur Wiener Gruppe eine bestimmte Verzögerung in der allgemeinen Entwicklung, aber der Unterschied war nicht so auffällig, wie man hätte erwarten können, besonders wenn man das Ausmaß der Streuung innerhalb der Gruppen berücksichtigt. Die Babys zeigten deutlich weniger gute motorische Aktivität, Koordination und allgemeine Körperbeherrschung als die Wiener Gruppe. Mit sechs bis zehn Monaten saßen die Kinder aufrecht, krabbelten aber nicht. Wenn sie nach Gegenständen griffen, so geschah das nur annähernd, die Bewegung war nicht gut gezielt. Sogar wenn sie nicht fest gewickelt waren, zeigten sie im ersten Lebensjahr wenig spontane Bewegung und dann nur oberflächliche »äußerliche Bewegungen«, die schnell erstarben, wenn der Reiz nicht beibehalten wurde. Drei der zehn Kinder zeigten nennenswerte Spontanbewegung, aber auch im besten Falle war sie schlaff und wenig gezielt. Wenn man dem Kind mit sieben oder acht Monaten einen Gegenstand bot, so pflegte es greifähnliche Bewegungen zu machen, dann aber traten nur Kopfbewegungen auf. Es schien, als fühle sich das Kind zu dem Gegenstand hingezogen, aber es bewegte sich nur vage und unsicher, um ihn zu bekommen. Es ist jedoch bemerkenswert, daß eines der Kinder, das mit zehn Monaten eine auffällige Verzögerung in der Entwicklung der motorischen Fähigkeiten zeigte und das keinen Versuch unternahm, zwei Gegenstände zusammenzuschlagen oder mit hohlen Klötzen zu spielen, plötzlich den »Anschluß zu bekommen« und in zwei Stunden freier Bewegung vier Monate Entwicklung nachzuholen schien. Man gewann den Eindruck, daß die Entwicklung sich latent vollzogen hatte, aber einfach vorläufig noch nicht Gestalt angenommen hatte.

Aber im sozialen Verständnis und in der sozialen Kontrolle waren die albanischen Kinder besser entwickelt als die Wiener Gruppe desselben Alters. Leider sagen die Autoren nicht sehr klar, was sie unter dieser Rubrik verstehen. Ich vermute, sie meinen, daß das Verhalten oder der Gesichtsausdruck zeigt, daß sie andere Menschen gewahren und sich von ihnen abhängig fühlen. Die Autoren schreiben den Unterschied der Tatsache zu, daß für diese Kinder, die so lange Zeit in der Dunkelheit zubrachten, wenn sie ins Helle kamen, emotional-sozialer Kontakt das einzige ihnen zugestandene Betätigungsfeld war. Merkwürdigerweise haben die Autoren nur wenig über Laute und Sprache zu sagen; vielleicht wird das unter sozialer Entwicklung mitverstanden. Es könnte sein, daß die Kinder, weil man ihnen so vieles so allgemein verwehrt, in dem Bereich besondere Fortschritte machen, in dem man ihnen Freiheit zugesteht, genau, wie sich ein Baum der Sonne zukehrt. Wieder erinnert die Situation in gewisser Hinsicht an das Dennissche Experiment, in dem die geballten spontanen Emotionen der sich entwickelnden Babys schließlich die selbstauferlegten Masken der Versuchsleiter zerstörten.

Was die nächsten drei oder vier Lebensjahre der albanischen Kinder angeht, so stellen Danziger und Frankl fest, daß die kleinen Kinder wenig spielen, kein Spielzeug haben, aber gewöhnlich herumstehen und den Erwachsenen zuhören, ihre Tätigkeiten beobachten und rasch zur Arbeit im Haushalt herangezogen werden. Aus dem Material der Forscher läßt sich nicht auf eine dauernde intellektuelle Schädigung schließen.

Die Kopfdeformation, die von den Indianern des Columbia-River-Gebiets ausgeführt wird, besonders von den Chinook, ist ebenfalls ein Restriktionsprozeß, der gleich nach der Geburt einsetzt. Hier wird die Restriktion mit so großem Druck ausgeführt, wie notwendig ist, um die Kopfform zu verändern. Swan (17) gibt eine detaillierte Darstellung des Vorgehens. Das Baby wird nach der Geburt in eine Wiege gelegt, die aus einem Stück Zedernholz gefertigt ist, das Holz ist ausgehöhlt, mit weicher Borke gefüttert und darüber liegen Felle und Stoffe. Im Nacken des Babys liegt eine Stütze, und ein kleines weiches Kissen aus Wolle und Federn, das auch einen flachen Stein enthält, liegt auf der Stirn. Das Baby ist in der weichen Wiege mit schützenden Gurten festgebunden; aber das Stirnkissen ist sehr fest und mit immer stärker werdendem Druck aufgebunden, so daß bis zum Ende des ersten Jahres der Kopf unglaublich abgeflacht wird. Beide, Cox (2), der mit den Indianern am Columbia River im Jahre 1814 Handel trieb, und Paul Kane (14), ein Künstler, der 1925 schrieb, geben Abbildungen vom Aussehen der Kinder während der Dauer des Deformationsprozesses. Kane sagt: »Die Augen scheinen bei dem Druck aus den Höhlen treten zu wollen«, und Cox: »Das Aussehen des Kindes bei dieser Stärke des Druckes ist furchterweckend, seine kleinen schwarzen Augen, die durch den Druck der Bandage heraustreten, ähneln denen einer Maus, die in einer Falle erstickt ist.« Alle Beobachter stimmen überein, daß die flachköpfigen Indianer, deren Köpfe als Ergebnis dieser Behandlung manchmal oben nicht einmal einen Inch [2,54 cm] Durchmesser haben, keine intellektuelle Schädigung erleiden und nicht schwerfälliger sind als die, die ihre runden Köpfe behalten. Tatsächlich nennt man die letzteren verächtlich *rock-heads* [Felsköpfe – statt *blockheads* = Dummköpfe], während die mit den deformierten Schädeln die Aristokraten sind.

Kane merkt an, daß die Kinder ruhig und gelassen erscheinen, wenn der Druck ausgeübt wird; wird die Bandage aber aus irgendeinem Grund entfernt, so schreien sie laut, bis sie wieder angebracht ist. Auch Cox erwähnt die Ruhe der Kinder, die solchem Druck ausgesetzt sind, sagt aber nichts von irgendwelchem Schreien. Kane bietet die Erklärung an, daß der Druck die Sensibilität der Kinder herabsetzt und daß das Kind nur beim Entfernen des Druckes den Schmerz empfindet. Das mag stimmen. Weil der Druck allmählich wächst, mag es ebenfalls stimmen, daß das Kind sich allmählich an die unbehagliche Situation gewöhnt und sie in gewisser Weise vermißt, wenn der Druck plötzlich nachläßt.

Bei einem flüchtigen Überblick über die Literatur scheint es, daß mit Wickeln und Kopfbinden unmittelbar nach der Geburt begonnen wird und daß das Einbinden der Füße, Amputation der Hände oder Finger oder anderer Teile des Körpers erst nach der Säuglingszeit ausgeübt werden. Bei manchen Völkern opfert die Großmutter einen Finger (oder eine Zehe) bei der Geburt eines jeden Enkels.

Da das ethnographische Material so bunt ist, könnte man es für eine spezifische Interpretation für zu anekdotisch halten. Immer noch werden diese Bräuche, besonders das Wickeln, anscheinend unabhängig voneinander in so verschiedenen Teilen der Welt geübt, daß sich die Frage erhebt, ob es für sie gemeinsame gedankliche Grundlagen gibt. Es entsteht der Eindruck, daß tatsächlich zwischen Wickeln und Kopfdeformation auf der einen und Geburt auf der anderen Seite ein psychologischer Zusammenhang besteht – auch die zeitliche Beziehung legt das nahe –, das Wickeln stellt eine Art Wiederherstellung intrauteriner Bedingungen dar und das Einbinden des Kopfes ein verlängertes Zerrbild der Kopfformung, wie sie spontan bei einer besonders schwierigen Geburt auftreten mag.

Bei den späteren Verstümmelungen (Hände bzw. Füße einbinden, Amputationen) bietet sich eine Beziehung zur Kastration als Strafe oder Reinigung an, während dann im Falle der Großmutter die Verstümmelung als Verbindung von Kastration und Wiedergeburt erscheint. Für alle diese Fälle haben wir den wenig festgelegten Begriff eines masochistischen Gleichgewichts, der sich selbst ausschließlich durch sein Fortbestehen rechtfertigt. Aber um diese Gebräuche angemessen zu verstehen, wäre ein größerer ethnographischer Hintergrund, als wir ihn haben, erforderlich. Es ist besonders schwierig, die genaue Größe der sadomasochistischen Charakterelemente zu bestimmen, die zu dem unvermeidlichen Ergebnis führen. Man nähert sich dem Zirkelproblem der zugrunde liegenden sadistischen Aggression, die die furchterweckenden Restriktionspraktiken bedingt, welche dann ihrerseits dazu beitragen, den Charakter des neuen Individuums zu prägen.

IV. Zusammenfassung

Das Problem der Reaktionen auf Restriktionen im frühkindlichen Alter ist offensichtlich schwierig und komplex. Was der Analytiker in jeder Stufe, die auf das Säuglingsalter folgt, sieht, ist nicht nur die eigentliche Reaktion, sondern eine Verbindung dieser Reaktion mit späteren Erfahrungen; sehr oft werden Interpretationen dieser späteren Phasen rückprojiziert auf frühere Stufen. Als Analytiker steht man vor der schwierigen Aufgabe, zu klären, was nun tatsächlich zu welcher Stufe gehört. Gelegentlich hat man die Möglichkeit, dies mit Hilfe der Berichte von Eltern, Aufzeichnungen über die Säuglingszeit und klinischen Daten nachzuprüfen und mit Beobachtungen an Kleinkindern zu vergleichen.

Man muß im Auge behalten, daß *Restriktion* keine eindeutige Bezeichnung ist: Es gibt die positive Restriktion des Festhaltens und Bindens, um tatsächlich die Bewegungsfreiheit einzuschränken; und es können negative Restriktionen durch Beeinträchtigungen bei bestimmten Situationen, die zur Aktivität auffordern, auftreten. Ferner spielen die Intensität (festes oder loses Wickeln), die Plötzlichkeit oder Ungleichheit der positiven Restriktion eine Rolle, wichtig ist auch, ob sie den ganzen Körper oder nur Teile desselben einschließen und ob deshalb Resignation oder Fluchtreaktionen gefördert werden. Weiter stellt sich die Frage nach dem Verhältnis zwischen der Art der Restriktion zu dem betreffenden Entwicklungsstand des Kindes. Beispielsweise scheint es fast sicher zu sein, daß die Reaktionen unterschiedlich ausfallen, je nachdem, ob die Beine des Kindes gleich nach der Geburt festgebunden werden oder erst, wenn das Kind sechs Monate alt ist; also zu dem Zeitpunkt, von dem Dennis feststellte, daß das Kind sich freut, seine Glieder zu gebrauchen. Das scheint einer Entwicklungsphase zu entsprechen, in der das Kind normalerweise mit Vorstufen zum Stehen beginnt, in dem es gegen den Schoß der Mutter tritt oder gegen den Boden, falls man es so hält, daß es fast steht. Schließlich gilt es neben der ursprünglichen Reaktion des Säuglings auf die Restriktion noch den wesentlichen Punkt zu beachten, wie die emotionalen Reaktionen dadurch gesteigert werden, daß sich in der Behandlung durch den die Restriktion Ausübenden dessen verärgerte oder ängstliche Haltung spiegelt; ein Prozeß, der tatsächlich sehr häufig in den Fällen vorliegen muß, die zu uns in die Klinik gelangen.

Es scheint jedoch aus dem durchgesehenen Material wie auch aus jahrelanger klinischer Erfahrung hervorzugehen, daß selbst die Reaktionen auf starke, andauernde und schmerzhafte Restriktionen zu keiner allgemeinen intellektuellen Schädigung führen. Zeitweilig mögen sie – da die Reize und Übungssituationen beschränkt sind – die Entwicklung verzögern, wie zum Beispiel bei den Zwillingen im Experiment des Ehepaars Dennis. Wichtiger ist der Hinweis, daß andauernde Restriktionen, die von Frustrationen oder Unterwürfigkeit begleitet sind, ein Faktor sein mögen, der zu einer anderen Art der Retardierung führt, nämlich zu einer Verlangsamung des psychischen Tempos. Das führt indirekt auch zu einer Beeinträchtigung der intellektuellen Leistung, ohne aber zu Schäden des Intellekts *an sich* zu führen. Eine solche Verlangsamung des psychischen Tempos kann auch ein Faktor bei chronisch abweisendem Verhalten, Verstocktsein, Hemmungen oder dem Fehlen guter und beständiger Konzentration sein. In außergewöhnlich schweren Fällen mag es zu Erscheinungen führen, die dem Funktionszerfall chronischer psychotischer Zustände ähneln. Die Beziehung einer solchen Retardierung zum Grad der Beängstigung ist ein Problem, das über den Rahmen dieser Arbeit hinausgeht. Die Verlangsamung an sich kann ein Ergebnis chronischer Angst sein, verbunden mit sehr starken aggressiven Antrieben. Diese werden in der ambivalenten Haltung solcher Patienten sichtbar, aber zugleich auch in Schach gehalten. Die Tendenz so früher Restriktionen, die sadomasochistischen Charakterelemente zu verstärken, ist deutlich, aber der genaue Mechanismus läßt sich aus unserem Material nicht erkennen, noch nicht einmal vermuten. Jedenfalls würde ein derartiges Anwachsen sadomasochistischer Züge später mit Lebenserfahrungen verknüpft und durch sie kanalisiert auftreten. Aus einigen wenigen Beobachtungen bei Patienten in der Analyse vermute ich, daß andauernde frühe Restriktionen zu Situationen führen, in denen die Reize auf den Körper nicht mehr allein durch motorische Entladungen bewältigt werden können, und daß sie ebenfalls zu einer wachsenden allgemeinen Erotisierung des Körpers führen und so einen Faktor darstellen, der die Probleme, die mit dieser Situation verknüpft sind, noch vermehrt.

IV. Die Erlebniswelt des Kleinkindes

M. D. Vernon

Die Entwicklung der kindlichen Wahrnehmungsfähigkeit

1. Einführung

Erwachsenen fällt es oft schwer, einzusehen, daß Kinder, auch wenn sie schon laufen und sprechen gelernt haben, ihre Umwelt nicht auf die gleiche Weise wie Erwachsene wahrnehmen. Kinder bemerken und kommentieren alles, was vor sich geht, erstaunlich schnell; jedoch können die Dinge, die sie wahrnehmen, und die Art, in der sie sie wahrnehmen, ganz beträchtlich von dem abweichen, was wir bemerken. Für Erzieher kleiner Kinder ist es vielleicht besonders wichtig, diese Tatsachen ganz klar zu sehen und sie bei ihrer Unterweisung zu berücksichtigen, da Mißverständnisse entstehen können, wenn Kinder scheinbar absichtlich übersehen oder mißverstehen, was ihnen gezeigt wird. Man sollte ferner nicht vergessen, daß die Wahrnehmungsweise der Erwachsenen sich wahrscheinlich mehr durch Reifung als durch Lernen entwickelt hat. Gewiß braucht das Kind bestimmte Erfahrungen, um seine Wahrnehmungsmöglichkeiten zu erweitern und zu verfeinern, aber noch so viele Erfahrung oder auch direkte Belehrung können das Kind nicht über die Stufe hinaustragen, die es durch natürliche Reifung erreicht hat.

Es ist oft gar nicht einfach, diese Reifestufe zu bestimmen. Sie hängt nicht nur vom tatsächlichen Alter ab, ist aber ebensowenig ausschließlich eine Funktion der Intelligenz, besonders nicht der mit Testverfahren meßbaren Intelligenz. Wesentlich ist daneben die seelische Reife, ebenso die Erfahrungen, die das Kind aus seiner physikalischen und sozialen Umwelt gewonnen hat. Wenn in der folgenden Untersuchung festgestellt wird, daß Kinder eines bestimmten Alters diese oder jene Aufgabe erledigen können, dann kann die Altersangabe nur als Durchschnitt verstanden werden. Viele Kinder werden entweder älter oder jünger sein, wenn sie zum erstenmal diese Aufgaben zu lösen imstande sind.

II. Die Entwicklung der Wahrnehmung in der frühen Kindheit

Ehe wir untersuchen, wie die Wahrnehmungsfähigkeit des Schulanfängers sich allmählich entwickelt, gilt es zu bedenken, wovon das vorschulpflichtige Kind beim Erfassen seiner Umwelt ausgeht. Sein Hauptinteresse richtet sich auf die Dinge und Ereignisse, die ihm in seinem gewöhnlichen Alltagsleben begegnen, und zwar besonders auf diejenigen, die ihm nützen und es ansprechen. Es muß wissen, was die Dinge sind, was sie tun und was es mit ihnen tun kann. Obwohl das Kleinkind kein Verständnis für die Beschaffenheit seiner Umwelt und ihrer Gegenstände hat, kann es, wie Piaget gezeigt hat (26), sehr viel davon entdecken, indem es alles Erreichbare eingehend prüft, es in den Mund steckt, es mit seinen Fingern bewegt und untersucht. Es stellt auf diese Weise während des ersten Lebensjahres fest, daß Gegenstände stabil und massiv sind und bei Berührung Widerstand leisten, daß sie eine Form haben, die sich gleichbleibt, obwohl ihr Bild sich ändert, wenn es die Gegenstände in seinen Händen bewegt. Es lernt auch, daß die Gegenstände dieselben bleiben, obwohl ihre augenscheinliche Größe wechselt, wenn sie sich nähern und wieder entfernen, und daß sie vorhanden bleiben, auch wenn es sie nicht sieht. Ehe das Kind dies begreift, neigt es zu der Meinung, daß versteckte Gegenstände vollständig verschwunden seien, und es zeigt sich sehr überrascht, wenn sie wieder auftauchen. Dieses Erkennen der fortdauernden Existenz der im Augenblick nicht sichtbaren Gegenstände ist für die Entwicklung des Verstehens besonders wichtig. Das Kind ist dadurch nicht nur in der Lage, nach Dingen zu fragen, die es augenblicklich nicht sieht, sondern später auch über sie nachzudenken und über sie zu sprechen. So berichtet M. Lewis (18), daß sein Sohn im Alter von etwa eineinhalb Jahren nach der in einer Schublade versteckten Schokolade zu fragen begann, daß er aber erst mit ungefähr zwei Jahren über vergangene oder zukünftige Ereignisse, die mit seinen unmittelbaren Bedürfnissen nicht in Verbindung standen, sprach.

Während seines ersten Lebensjahres beginnt das Kind auch einiges über Ursache und Wirkung zu lernen (26). Es ist außerordentlich begierig, an Gegenständen zu ziehen, sie zu stoßen, sie in Bewegung zu setzen oder sie zum Lärmen zu bringen. Es dauert aber eine ganze Weile, ehe ihm klar wird, daß es die Gegenstände berühren muß, damit die gewünschte Wirkung eintritt, und manchmal versucht es, in einer Art »magischer Beschwörung« aus der Ferne durch Handbewegungen Dinge zu verändern. Im

Verlauf des zweiten Lebensjahres begreift es dann auch, daß ein bewegter Gegenstand einen anderen berühren muß, um ihn seinerseits in seiner Lage zu verändern. Das Kind ist also schon in diesem Alter äußerst begierig, soweit ihm das möglich ist, festzustellen, wie und warum etwas geschieht.

Im zweiten Lebensjahr beginnt das Kind, die Sprache als Hilfsmittel zum Verstehen und zur Verständigung mit seiner Umwelt zu benützen. Vorher, während des ersten Lebensjahres, ist die Lautbildung in erster Linie ein Mittel, etwas zu erreichen; Weinen und Schreien dienen dazu, Hunger und Verlangen nach Aufmerksamkeit auszudrücken. Auch die ersten Worte, wie »Mama«, »komm«, »da« sind eigentlich Einwortsätze, die Wünsche und Bedürfnisse ausdrücken (21). Mit seinen lauschenden, lächelnden und lallenden Reaktionen auf menschliche Stimmen versucht das Kleinkind anscheinend sozialen Kontakt mit seiner Umwelt herzustellen. Es entdeckt bald, daß seine Wünsche eher erfüllt werden, wenn es die Leute fragt, als wenn es schreit oder grapst. Oft scheint es auch am Lallen und am Wiederholen seiner ersten Worte, als einem Spiel mit der Stimme, Vergnügen zu finden, genauso wie es ihm Vergnügen macht, mit Armen und Beinen zu strampeln und mit Fingern und Zehen zu spielen (17).

Die ersten Worte des Kindes sind oft Objektbezeichnungen. Manchmal sagt es sie, um etwas zu erhalten, manchmal, um ein Objekt zu identifizieren, um zu wissen, worum es sich handelt. Das Kind schafft sich, wie es scheint, in der Vorstellung diese Identität, indem es benennt. Anfangs werden Namen für bestimmte wichtige Objekte gebraucht, nach einiger Zeit aber für Objektklassen. So schaute und griff der Sohn Lewis' mit etwa neun Monaten nach einem kleinen weißen Ball, wenn ihn jemand fragte »Wo ist das Bällchen?« (17). Aber erst nach dem ersten Lebensjahr reagierte er in gleicher Weise auf einen großen bunten Ball. Wenn aber das Kind immer mehr Gegenständen begegnet, nimmt es allmählich wahr, daß einige sich gleichen. Es hört, wie der Erwachsene gleiche Dinge mit gleichem Namen belegt, und so beginnt es auch, sie zu gruppieren und ihnen einen gemeinsamen Namen zu geben. So können Bälle groß oder klein, hart oder weich, weiß oder farbig sein, sie alle haben aber den gleichen Namen. Dieses klassifizierende Vorgehen ist dem Kind von großem Nutzen, denn anstatt sich an die Art eines jeden einzelnen Gegenstandes gesondert zu erinnern und den so zu identifizieren, kann es, wenn es sie einmal klassifiziert hat, Objekte als Gruppen von Dingen gleichen Verhaltens und Gebrauchs wahrnehmen und erkennen (35). So sind Bälle Dinge, die hüpfen, die geworfen und gefangen werden können. Begegnet das Kind einem neuen Objekt, versucht es sofort, es einzuordnen, und will wissen, welcher Art es ist. Kann es das nicht, fragt es: »Was ist das?« So finden wir, daß »Was«-Fragen am Ende des zweiten Lebensjahres einsetzen und in den nächsten beiden Lebensjahren äußerst häufig sind (30).

Selbstverständlich unterlaufen dem Kind anfangs beim Benennen und Einordnen viele Fehler. Ein einzelner Name kann für eine Anzahl von Objekten gelten, die in ihrer Erscheinung eine grobe Ähnlichkeit besitzen, die wir aber sehr verschieden benennen. So lernte ein Kind den Namen »moo-i« für Mond [*moon*] und gebrauchte nun diesen Namen für die verschiedensten runden Gegenstände, sogar für auf Papier gezeichnete Kreise (38). Lewis' Sohn gebrauchte das Wort »tie« [*kitty*] für eine Katze, aber auch für Hunde, Kühe, Schafe und Pferde (19). Später nannte er einen Spielzeughund »goggie« [*dog*], gebrauchte aber für einen lebendigen Hund noch einige Zeit lang das Wort »tie«. Ungefähr um die gleiche Zeit lernte er das Wort »hosh« für Pferd [*horse*] und wandte es dann auch auf einen großen Bernhardiner an. Das Kind entwickelt also eigene Ordnungsschemata, ehe es lernt, die der Erwachsenen zu gebrauchen.

Sobald das Kind zu verstehen beginnt, was die Dinge sind, will es in zunehmendem Maße wissen, was sie tun und was es mit ihnen tun kann. Valentine (33) stellte entsprechend fest, daß seine zweijährige Tochter beharrlich fragte: »What this for?« [Wofür das?] Ein älteres, fünfjähriges Kind antwortete auf Fragen, was dies oder jenes sei, mit einer Beschreibung der jeweiligen Funktion; zum Beispiel: »Was ist eine Henne?« – »Etwas, was für dich Eier legt.« Das Kind muß auch verstehen lernen, wie und warum etwas geschieht, was Menschen und Dinge tun und warum sie es tun. Das spiegelt sich in seinen Fragen nach dem Wie und Warum, die im vierten und fünften Lebensjahr zunehmend häufiger werden (30). Man hat geschätzt, daß in diesem Lebensabschnitt die Fragen 10 bis 15 % der gesprochenen Worte ausmachen (6). Auch anscheinend sachliche Feststellungen sind oft nur eine Aufforderung zu Bestätigung oder Widerspruch.

Allerdings enthält dieses fortschreitende Ordnen der Gegenstände nach Erscheinungsform und Brauchbarkeit die natürliche Tendenz zur Vernachlässigung derjenigen Einzelheiten, die für das Erkennen der Gegenstände unwesentlich sind. Das Kind gewinnt einen deutlichen allgemeinen Eindruck vom Gegenstand als Ganzem, es beachtet dagegen kaum die besonderen Eigenschaften der einzelnen Gegenstände. Es nimmt diese Eigenschaften – Form, Farbe, Größe, Gewicht – auch durchaus nicht als solche, also getrennt vom Gegenstand, zu dem sie gehören, zur Kenntnis. Das Ziel der Montessori-Methode war, die Kinder zum Abstrahieren und Ordnen dieser Eigenschaften zu ermuntern. Mit besonders vorbereitetem Material, bei dem jeweils nur eine Eigenschaft sich ändert, ist das für das Kind einfacher als mit normalen Gegenständen, bei denen das Kind, wie wir festgestellt haben, in erster Linie die allgemeine Erscheinungsform und die Verwendungsmöglichkeit beachtet. Wir werden später sehen, daß dieser Prozeß der Abstraktion und Verallgemeinerung eine echte Schwierigkeit für das Kind darstellt, wenn der formale Schulunterricht einsetzt.

Wenn das Kind in die Schule kommt, muß es zunächst Wesen und Eigenart der neuen Umgebung in ihren Hauptmerkmalen für sich entdecken. Es will über die Dinge Bescheid wissen, es will wissen, wie oder warum dies oder jenes geschieht. Es bedarf also eher der Erklärung als der Belehrung. Vielleicht noch mehr braucht es die Gelegenheit, wie in der frühen Kindheit, durch Erforschen, Experimentieren, Manipulieren und Konstruieren für sich selbst mit den Dingen zurechtzukommen. Susan Isaacs beschreibt in ihrem Buch ›Intellectual Growth in Young Children‹ (1930) eingehend die Experimentierspiele der Kinder der Malting House School in Cambridge. Sie gehen mit Sand und Wasser um, mit Bauklötzen, Wasserrohren, Gasbrennern usw.; sie messen und wiegen Gegenstände, schmelzen sie ein oder lösen sie in Wasser auf und ähnliches. Diese Experimente, Gespräche darüber und die von den Lehrern gegebenen Erklärungen verhalfen den Kindern zu beachtlichen Kenntnissen und zum Verständnis für die Beschaffenheit der Stoffe und die Ursachen physikalischer Erscheinungen. Ihr natürliches starkes Interesse für das Wie und Warum wurde gefördert, ihre Denkfähigkeit entwickelt und verstärkt.

III. Entwicklung der optischen Wahrnehmung

Wir stellen also fest, daß Kinder zunächst einmal mit den »wirklichen« Dingen und Ereignissen vertraut werden wollen. Beachtliche Indizien zeigen, daß es eine ganze Weile dauert, ehe sie das Bedürfnis oder die Fähigkeit haben, erzieherisch bedeutsame Einzelheiten, wie Formdetails, Muster, Anordnung und Anzahl, wahrzunehmen. Es ist richtig, daß Kinder mit zwei Jahren oder auch noch früher lernen können, eine einfache Form wie ein Quadrat, einen Kreis oder ein Dreieck zwischen anderen Formen herauszufinden, wenn ihre Wahl mit einem Stück Schokolade belohnt wird (8). Und mit vier Jahren kann ein Kind von durchschnittlicher Intelligenz aus den zehn Umrißformen, wie sie in einem der Terman-Merill-Testverfahren verwandt werden, acht passende herausfinden (31). Es ist dagegen fraglich, ob sie sich an diese Formen erinnern können. Piaget und Inhelder (28) zeigten, daß Kreis und Quadrat erst um das vierte Lebensjahr korrekt nachgezeichnet werden konnten, ein Dreieck nicht vor ungefähr dem fünften und eine Raute nicht vor dem sechsten Lebensjahr. Die Fähigkeit, genau wahrzunehmen, entwickelt sich bei komplizierteren Formen, die aus mehreren Teilen bestehen oder innere Einzelheiten aufweisen, langsamer. Das vielleicht beste Beispiel dafür sind die Reproduktionen einer dem Union Jack ähnlichen Form, die Gesell und Ames (9) von Kindern verschiednen Alters anfertigen ließen (Abb. 1).

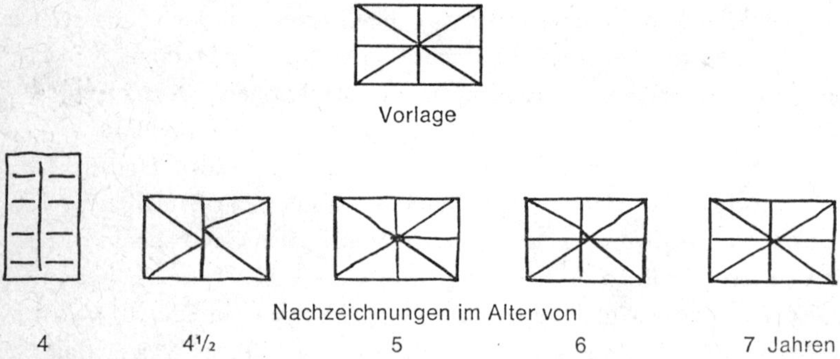

Abb. 1

Ähnliche Fehler bei der Wiedergabe vielgestaltiger Formen wurden von Meili (22), Bender (1) und Piaget und Inhelder (28) festgestellt. Diese Versuche zeigen alle, daß Kinder vor dem sechsten oder siebten Lebensjahr die Beziehungen zwischen den Teilen einer vielgestaltigen Figur nicht erfassen. Sie können den Umriß oder einzelne Teile wahrnehmen, aber sie erfassen nicht, wie diese zusammengefügt sind. Die Fähigkeit dazu kann ebenso vom Verständnis für Relationen wie von der unmittelbaren Wahrnehmung der Form abhängen. Die Kinder können also zu Beginn des Lesenlernens die Länge eines Wortes und einige Buchstaben darin bemerken; was sie aber nicht wahrnehmen, beziehungsweise, woran sie sich nicht genau erinnern können, sind die genauen Formen der einzelnen Buchstaben, die Gesamtheit der Buchstaben eines Wortes, ihre Anordnung und ihre Beziehungen zueinander.

Es gibt eine weitere häufig auftauchende Schwierigkeit bei dem Versuch,

Kinder zur genauen Wahrnehmung zu erziehen: Sie neigen dazu, Dinge als Teile einer Gesamtsituation zu sehen, von der sie nicht getrennt werden können. Ein Beispiel dafür gibt Piaget (26) in seinem Bericht von einem eineinhalbjährigen Mädchen; es gebrauchte die Bezeichnung »Papa« für seinen Vater nur, wenn er in seinem Arbeitszimmer saß, wenn es ihn anderswo sah, brachte es dieses Wort nicht mit ihm in Verbindung. Bei älteren Kindern zeigt sich diese Erscheinung in der Unfähigkeit, Formen von ihrem Hintergrund zu unterscheiden und unabhängig von ihrer Umgebung wahrzunehmen. Kinder sind deshalb besonders anfällig für optische Täuschungen, wie sie in Abbildung 2 auftreten.

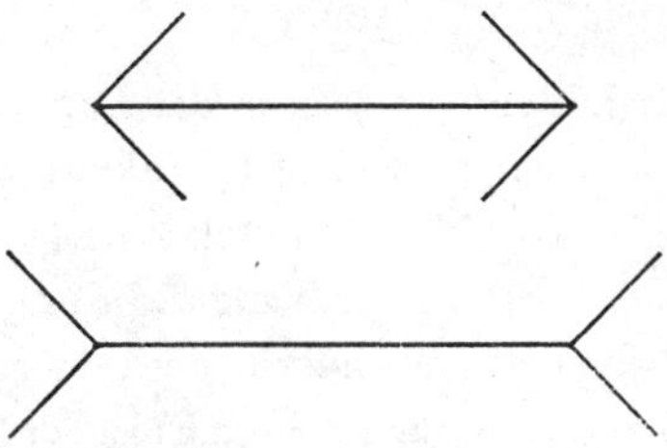

Abb. 2 [Müller-Lyersche Täuschung]

Nur wer in der Lage ist, sich die horizontalen Geraden ohne die angefügten Pfeilspitzen vorzustellen, wird feststellen können, daß sie genau gleich lang sind (36). Piaget (27) hat eine ganze Reihe von Untersuchungen mit optischen Täuschungen bei Kindern durchgeführt und kommt zu dem Ergebnis, daß es Kindern nicht gelingt, ihre Aufmerksamkeit auf die wesentlichen Merkmale einer Figur zu richten und von den weniger wichtigen abzusehen. Wenn man die Augenbewegungen von Kindern registriert, so zeigt sich, daß die Augen der jüngeren Kinder über das ganze Bild wandern, während der Blick älterer Kinder sich auf besonders wichtige Stellen konzentriert.

Daß es Kindern Schwierigkeiten macht, vielgestaltige Figuren zu zerlegen und bestimmte Teile auszusondern, zeigt sich auch an ihren Reaktionen auf Figuren in der Art, wie sie von Gottschaldt (12) entworfen wurden. Er ließ eine Anzahl einfacher Figuren betrachten, bis sie ganz und gar vertraut waren. Anschließend zeigte er kompliziertere Figuren, in denen je eine der einfachen Figuren enthalten war. Er stellte fest, daß Erwachsene große Schwierigkeiten hatten, die einfachen Formen in den komplizierteren wiederzufinden. Ghent (10) legte eine einfache und eine komplexe

Figur gleichzeitig vor und forderte Kinder auf, die einfache Figur aus der schwierigen herauszufinden (vgl. Abb. 3).

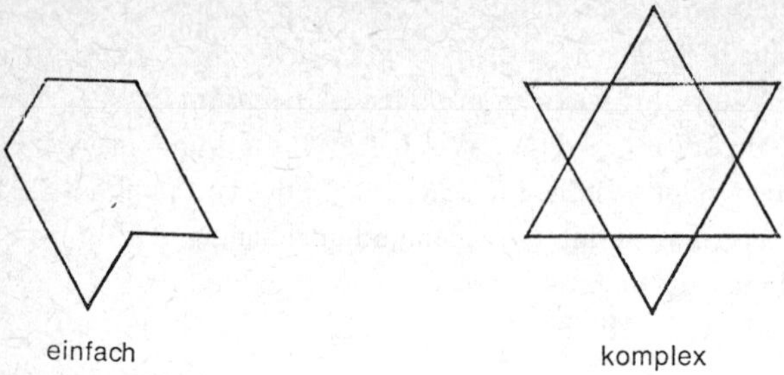

Abb. 3

Kein Kind unter sechs Jahren war dazu in der Lage, viele noch nicht einmal mit acht Jahren. Vor einiger Zeit hat Witkin (39) den Nachweis erbracht, daß die Fähigkeit zur Rekonstruktion einer Darstellung durch Zergliedern und Ausschalten bestimmter Teile nicht nur eine alters- und intelligenzgebundene Leistung ist, sondern auch von bestimmten Eigenschaften der Persönlichkeitsstruktur abhängt. Er ist der Meinung, daß selbstbewußte und aus eigenem Antrieb handelnde Kinder Aufgaben dieser Art eher lösen können als Kinder, die dazu neigen, den äußeren Umständen passiv gegenüber zu stehen oder sich auf andere zu verlassen.

Es hat sich gezeigt, daß die Fähigkeit, Formen überhaupt exakt wahrzunehmen, nicht wesentlich gefördert wird, wenn man das Erfassen einzelner, besonderer Formen üben läßt. Auch das Erkennen von Buchstaben und Wörtern beim Lesen wird dadurch nicht nennenswert beeinflußt. Ein Beispiel dafür ist der Versuch, den Goins (11) mit zwei Gruppen von Sechsjährigen durchführte. Mit der einen Gruppe wurde das Erfassen und Erkennen von Figuren und Zahlen – die jeweils nur für kurze Zeit zu sehen waren – eingehend geübt. Sie wurde zunehmend geschickter im Erkennen dieses ausgewählten Materials, ihre Fortschritte im Lesen aber waren nicht größer, als die der anderen Kinder, mit denen nicht geübt wurde. Das bestätigt die Erfahrung von Gates (7) und Kendall (16), die zeigten, daß zwischen der Fähigkeit, Formen exakt wahrzunehmen, auf der einen Seite und der Fähigkeit, lesen zu lernen, auf der anderen keine oder doch kaum eine Beziehung besteht. Das überrascht zunächst. Wir können nur annehmen, daß sich die Fähigkeit zu exakter optischer Wahrnehmung zur Zeit der Schulreife so weit entwickelt hat, wie dies zum Lesenlernen notwendig ist, während die Wahrnehmungsfähigkeit bei weniger reifen Kindern auch durch gezieltes Üben nicht so gefördert werden kann, daß sich die Leseleistung beeinflussen ließe.

Es gibt noch eine weitere Form der Wahrnehmungsfähigkeit, die von beträchtlicher indirekter Bedeutung für das Lesenlernen sein kann, und zwar das Aufnehmen und Verstehen von Bildern. Auch diese beiden Fähigkeiten scheinen von einem hohen Grad der Reife des Kindes abzuhängen, obwohl sie sich natürlich nicht entwickeln können, bevor das Kind eine gewisse Erfahrung mit Bildern hat. Binet (3) stellte heraus, daß sich das Bildverständnis nur allmählich entwickelt, und seine Beobachtungen sind durch spätere Versuche bestätigt worden (34). Bis zum Alter von vier bis fünf Jahren können Kinder zwar bekannte Gegenstände auf Bildern wiedererkennen, sie werden aber nur einen nach dem andern aufzählen, ohne sie untereinander in Beziehung zu bringen. Mit ungefähr sechs bis sieben Jahren werden sie beginnen, einfache Beschreibungen der Bilder zu geben, aber erst mit zehn bis elf Jahren können sie »interpretieren«, was auf dem Bild geschieht, was die Leute tun usw. Elfjährige dürften in der Lage sein, das Bild aus dem Terman-Merril-Test (31) zu erklären, auf dem ein Telegrammbote neben seinem beschädigten Fahrrad zu sehen ist, der einem Auto Zeichen gibt, damit es anhält und ihn mitnimmt. Das Alter, in dem Bilder erklärt werden können, hängt selbstverständlich bis zu einem gewissen Grad von der Deutlichkeit und Vertrautheit mit den abgebildeten Vorgängen ab. Solange die Kinder nicht in der Lage sind, Bilder zu interpretieren, können sie nicht einmal wesentliche Punkte oder die Hauptpersonen eines Bildes herausfinden; statt dessen nehmen sie verhältnismäßig belanglose Einzelheiten wahr. So wurden zum Beispiel in einem Versuch des Autors mit dem Bilde eines Mannes, der ein durchgehendes Gespann zum Stehen bringt, der Mann aus der Beschreibung weggelassen, die Zuschauer dagegen wurden beachtet (34). Dieses Verhalten entspricht natürlich genau dem der kindlichen Wahrnehmung zusammengesetzter Formen. Die Unfähigkeit, die Grundzüge eines Bildes zu sehen, kann eine Rolle spielen, wenn Kinder Wörter lesen lernen sollen, mit denen beschrieben wird, was Leute auf einem Bild tun.

IV. Entwicklung der Sprache

Wir haben festgestellt, daß die Kinder zu Beginn ihrer Sprachentwicklung zunächst lernen, ihre Wünsche auszudrücken, dann Gegenstände zu benennen und Fragen zu stellen, die diese Dinge betreffen. Die Laute der Kindersprache sind am Anfang so verschieden von denen der Erwachsenen, daß sie meist nur von der eigenen Mutter verstanden werden. Morley und Court (24) stellten fest, daß 70 von 100 getesteten Kindern mit zwei Jahren auch von Fremden verstanden wurden, jedoch fielen sie leicht in die Unverständlichkeit zurück, wenn sie aufgeregt oder verwirrt waren. Dagegen fand Sheridan (29), daß die Aussprache von Fünfjährigen häufig fehlerhaft war, manchmal so sehr, daß sie außerhalb ihrer Familien nicht verstanden wurden. Solche Kinder müssen folglich beträchtliche Schwierigkeiten haben, sich verständlich zu machen, wenn sie in die Schule kommen.

Die Kindersprache unterscheidet sich auch grammatisch und im Satzbau von der Sprache der Erwachsenen. Kinder sprechen gegen Ende des zweiten Jahres in kurzen Sätzen von zwei bis drei Wörtern, diese Sätze bestehen hauptsächlich aus Substantiven und Verben; Präpositionen und Konjunktionen fehlen (21). Nach Templin (32) erweitern sich die Sätze von vier Wörtern bei Dreijährigen auf durchschnittlich siebeneinhalb Wörter bei Achtjährigen. Die zunächst zahlreichen grammatischen Fehler nehmen ab, der Satzbau wird komplizierter, und Nebensätze beginnen aufzutreten.

Man ist sich allgemein einig darüber, daß das Kind Sprache versteht, ehe es selbst spricht. Häufig schon im Säuglingsalter können die Kinder Gemütsbewegungen Erwachsener, die zu ihnen sprechen, verstehen und auf sie reagieren. Sie erfassen die Intonationsmuster der Erwachsenensprache, in denen sich die Gemütsbewegungen des Sprechenden spiegeln, früher als das Lautsystem. Außerdem helfen die Erwachsenen dem Kind durch Gesten, Mimik, Zeigen auf die Gegenstände usw., die Wörter zu verstehen. Es ist schwer zu beurteilen, wann und in welchem Umfang Kinder die Lautwerte einzelner Wörter hören und ihre Bedeutung verstehen. Watts (37) schätzt, daß Fünfjährige rund 2000 Wörter und Siebenjährige 4000 bis 5000 Wörter verstehen. Templin dagegen schätzt die Zahl bei Sechsjährigen auf 8500. Diese Schätzungen variieren mit der jeweiligen Berechnungsmethode. Sie unterstellen außerdem, daß die Kinder die Wörter deutlich genug hören, um sie zu verstehen. Midgeley (23) stellte aber fest, daß eine beachtliche Anzahl von Sechsjährigen vom Lehrer gesprochene einzelne Wörter wie *mouse, rose, spoon* gar nicht korrekt hören konnten.

Sprache und Sprachverständnis der Kinder hängen deutlich in hohem Maße von der Art und Weise ab, wie die Kinder aufgezogen werden. Kinder, deren Eltern selbst gut sprechen und sich mit ihren Kindern häufig unterhalten, werden viel schneller sprechen lernen als Kinder aus Familien, in denen eine phonetisch und grammatisch fehlerhafte Sprache mit begrenzterem Wortschatz gebraucht wird. Verschiedene Untersuchungen haben gezeigt, daß das phonetische wie das strukturelle Niveau der Sprache bei Kindern aus dem Mittelstand höher liegt als bei Arbeiterkindern (21,4); der Unterschied mag sich noch mit zunehmendem Alter vergrößern. Bernstein (2) hat die These aufgestellt, daß Kinder in Arbeiterfamilien in der Hauptsache das sprechen und verstehen lernen, was man »öffentliche Sprache« [*public language*] nennen kann: kurze, grobe und oberflächliche Äußerungen zu naheliegenden Gefühlen, Wünschen und Tätigkeiten. Kinder der Mittelklasse, vor allem aus gebildeten Familien, sind gewohnt, eine »formale Sprache« [*formal language*] zu hören: eine vielschichtigere, in höherem Maß logische Sprache, die Bedeutungsnuancen vermittelt und Gefühle und Wünsche weniger grob und direkt ausdrückt. Auch die Gegenstände werden nicht einfach hingenommen, wie sie sich zeigen, vielmehr dienen sie als Ausgangspunkt für die Untersuchung und Erklärung mehr verborgener Bedeutungen. Darauf sind aber auch Sprache und Gedankenwelt der Schule ausgerichtet. Es überrascht daher nicht, daß Kinder der Mittelklasse eher als Arbeiterkinder bereit sind, die schulische Erziehung anzunehmen und Gewinn aus ihr zu ziehen. Tatsächlich lehnt das Arbeiterkind den Schulunterricht häufig ab und wehrt sich gegen ihn. Diese These wird von Bernstein noch unterstützt durch die Erfahrung, daß 15- bis 18-jährige Jungen aus Arbeiterfamilien trotz normaler Intelligenz im Wortschatztest oft unter dem Durchschnitt liegende Leistungen boten – und je höher der nicht-verbal bestimmte Intelligenzquotient lag, desto größer wurde der Abstand vom verbalen Testergebnis. Freilich handelt es sich hier um Jugendliche, aber die gleichen Schwierigkeiten und das gleiche Mißverhältnis können sehr wohl bei jüngeren Kindern in Erscheinung treten.

Von besonderer Bedeutung für die Sprachentwicklung ist außerdem der nahe persönliche Umgang mit Erwachsenen. Kellmer Pringle (15) beobachtete, daß Heimkinder ohne engen persönlichen Kontakt mit Erwachsenen in ihrem Sprachverständnis und in ihrer sprachlichen Ausdrucksfähigkeit besonders weit zurückgeblieben waren. Ihr Sprachvermögen entwickelte sich langsamer als ihr Intellekt. Die Sprache entwickelt sich langsamer bei Kindern, die hauptsächlich mit Altersgenossen Umgang haben. McCarthy (21) fand, daß Kinder, die viel mit Erwachsenen zusammen waren, in ihrer Entwicklung fortgeschrittener waren als solche, die sich vorwiegend unter Kindern bewegten, und Davis (4) wies nach, daß Einzelkinder sprachlich anderen Kindern überlegen waren.

Eine Verzögerung der Entwicklung kann besonders bei Zwillingen beobachtet werden (4). Die russischen Psychologen Luria und Yudovich (20) beschrieben ein eineiiges Zwillingspaar; die beiden Fünfjährigen, deren Mutter sprachlich retardiert war, sprachen beim Schulbeginn so unverständlich, daß sie nicht mit den anderen Kindern spielen konnten. Sie konnten sich aber miteinander durch Laute und Gesten verständigen. Es wird oft behauptet, daß Kinder allzu nachgiebiger Eltern zwangsläufig in ihrer Sprachentwicklung zurückbleiben, weil die Eltern ihnen alles geben, wonach sie verlangen, ohne daß sie in verständlichen Worten darum bitten müssen. Wir wissen nicht, ob diese Kinder auch im Sprachverständnis zurückgeblieben sind, da aber in der Kindheit das Sprechen und das Verstehen der Sprache eng verknüpft sind, scheint es immerhin möglich.

Wir sehen also, daß Kinder, wenn sie nicht von frühester Jugend an von Erwachsenen angeleitet und ermuntert wurden, deutlich zu sprechen und genau zu verstehen, kaum fähig oder daran interessiert sind, dem Lehrer zuzuhören; ebensowenig können sie ihre Gedanken ausdrücken oder eine Unterhaltung führen.

Aber um lesen zu lernen, muß das Kind nicht nur Wörter hören und verstehen können, die aus dem Satzzusammenhang, in dem sie erscheinen, verständlich werden, das Kind muß auch die genaue Lautfolge des Wortes hören, ja es muß in der Lage sein, diese in die zugrunde liegenden einzelnen Laute zu zerlegen, in die Laute der Buchstaben oder Buchstabengruppen. Dieser Zerlegungsprozeß ist wahrscheinlich noch schwieriger als das Zerlegen des gedruckten Wortbildes in die Buchstabenformen, aus denen es besteht. Vor vielen Jahren wies ein deutscher Psychologe, von Ehrenfels (5), darauf hin, daß eine Lautfolge – wie eine Melodie – ›Gestaltqualität‹ besitze: Sie wird als Ganzes gehört; die einzelnen Töne für sich, unabhängig von der Melodie, die sie zueinander in Beziehung setzt, werden dem Hörer kaum bewußt. Auch die Sprache besitzt Gestaltqualität. Das Kind hört die Sätze, die ihm Anweisungen und Feststellungen übermitteln, als Ganzes. Die Wörter sind ihm nicht deutlich als getrennte und unabhängige Einheiten bewußt. Noch weniger erfaßt es die Lautwerte der einzelnen Buchstaben innerhalb des Wortes. Doch um richtig lesen zu lernen, muß es fähig sein, die einzelnen Buchstabenlaute eines Wortes zu isolieren und mit den entsprechenden Druckbuchstaben in Verbindung zu bringen. Leider werden im Englischen die Vokale auf sehr verschiedene Weise ausgesprochen, und das Kind wird manchmal erst, wenn es das ganze Wort ausgesprochen hat, sagen können, welcher Vokal der richtige ist.

Dazu kommt, daß die Kinder oft gewöhnt sind, Selbstlaute mit einem lokalen Akzent zu hören und zu sprechen, der sie so verzerrt, daß sie ganz anders als beim Lehrer klingen.

V. Entwicklung der Zahlbegriffe

Man sieht also, daß viele von den Aufgaben, die in der Schule auf das Kind zukommen, mit den begrenzten Mitteln seiner spontanen Wahrnehmungsfähigkeit nicht bewältigt werden können. Es muß mit Hilfe seiner Intelligenz diese Wahrnehmungsfähigkeit verfeinern und zu größerer Genauigkeit ausbilden. Und es muß lernen, das unmittelbar Wahrgenommene zu zerlegen und die einzelnen Bestandteile unabhängig von dem optischen oder akustischen Muster, in dem sie erscheinen, zu gebrauchen.

Die Fähigkeit, Einzelheiten des Wahrgenommenen zu analysieren und zu verallgemeinern, ist besonders wichtig, wenn das Abmühen mit den Zahlen beginnt. Piaget (25) hat in einer Reihe von Untersuchungen nachgewiesen, daß Kinder unter fünf oder sechs Jahren nicht in der Lage sind, die allgemeinen Begriffe von Zahl, Umfang und Menge zu verstehen. Zeigt man ihnen zum Beispiel eine Anzahl weit verstreuter Bauklötze, so werden die Kinder sagen, es seien mehr, als wenn sie dicht beisammen liegen. Ähnlich reagieren sie, wenn man Wasser aus einem breiten Gefäß in ein schlankeres umgießt; sie werden sagen, es sei jetzt mehr Wasser da als vorher, weil es höher im Gefäß steht. Sie können noch nicht begreifen, daß Anzahl oder Menge sich gleichbleiben, wie immer Gegenstände oder Substanzen auch verteilt werden; und sie erkennen nicht, daß diese Eigenschaften von den gemessenen Gegenständen oder Substanzen oder von der Anordnung, in der diese erscheinen, unabhängig sind.

Nathan Isaacs hat in einer neueren Veröffentlichung (14) einige der Beobachtungen Piagets über Zahl und Mengenbegriffe bei Kindern beschrieben und aufgezeigt, wie unmöglich es für Kinder ist, erfolgreich mit Zahlen zu arbeiten, solange sie nicht wirklich verstanden haben, daß die Zahl eine von den einzelnen gezählten Gegenständen unabhängige abstrakte Eigenschaft ist. Wenn die Kinder im Rechnen unterrichtet werden, ehe ihnen das ganz klar ist, werden die Namen der Zahlen und die Rechenvorgänge zu einer Art Wortritual, die sie auswendig lernen, ohne im geringsten zu verstehen, was es bedeutet. Glücklicherweise scheinen viele Kinder, wenn ihre Denkfähigkeit zunimmt, dieses Verständnis spontan zu erwerben. Andere dagegen brauchen eine längere Übungszeit, bis sie lernen, eine bestimmte Anzahl von Gegenständen auch in verschiedener Anordnung richtig zu zählen.

VI. Zusammenfassung

Wir können zusammenfassend sagen, daß die Entwicklung sowohl des visuellen wie des akustischen Wahrnehmungsvermögens eher aktiv als passiv verläuft. Das Kind gibt sich nicht mit einer passiven Aufnahme der Information zufrieden, mit denen die Außenwelt auf seine Sinne einwirkt. Vielmehr beginnt es, getrieben von dem Bedürfnis, zu entdecken, zu verstehen und zu erlangen, was ihm gefällt, von sich selbst aus zu untersuchen und zu forschen und die Erwachsenen dazu zu veranlassen, ihm die Objekte und die Informationen zu geben, die es haben will. Stets gebraucht es Verstandeskräfte, um Aufschluß über das Wie, Warum und Wozu zu gewinnen. Zunächst kann es nur durch Aktionen »denken«. – indem es nämlich etwas tut und dann entdeckt, was dabei geschieht. Mit der Zeit entwickelt sich das verbale Denken als Begleiterscheinung solcher Aktivitäten. Die Fähigkeiten der Wahrnehmung und des Denkens nehmen mit der natürlichen Reife zu; doch sie brauchen auch Gelegenheit, sich zu üben, und die Ermunterung und Hilfe durch die Erwachsenen. Kinder werden vom formalen Schulunterricht nur dann profitieren, wenn sie die notwendige Reifestufe erreicht haben und wenn der Unterricht ihren natürlichen Interessen entgegenkommt.

SIGMUND FREUD

Über infantile Sexualtheorien

Das Material, auf welches die nachstehende Zusammenstellung sich stützt, stammt aus mehreren Quellen. Erstens aus der unmittelbaren Beobachtung der Äußerungen und des Treibens der Kinder, zweitens aus den Mitteilungen erwachsener Neurotiker, die während einer psychoanalytischen Behandlung erzählen, was sie von ihrer Kinderzeit bewußt in Erinnerung haben, und zum dritten Anteile aus den Schlüssen, Konstruktionen und ins Bewußte übersetzten unbewußten Erinnerungen, die sich aus den Psychoanalysen mit Neurotikern ergeben.

Daß die erste dieser drei Quellen nicht für sich allein alles Wissenswerte geliefert hat, begründet sich durch das Verhalten der Erwachsenen gegen das kindliche Sexualleben. Man mutet den Kindern keine Sexualtätigkeit zu, gibt sich darum keine Mühe, eine solche zu beobachten, und unterdrückt anderseits die Äußerungen derselben, die der Aufmerksamkeit würdig wären. Die Gelegenheit, aus dieser lautersten und ergiebigsten Quelle zu schöpfen, ist daher eine recht eingeschränkte. Was aus den unbeeinflußten Mitteilungen Erwachsener über ihre bewußten Kindheitserinnerungen stammt, unterliegt höchstens der Einwendung der möglichen Verfälschung in der Rückschau, wird aber außerdem nach dem Gesichtspunkte zu werten sein, daß die Gewährspersonen später neurotisch geworden sind. Das Material der dritten Herkunft wird allen Anfechtungen unterliegen, die man gegen die Verläßlichkeit der Psychoanalyse und die Sicherheit der aus ihr gezogenen Schlüsse ins Feld zu führen pflegt; die Rechtfertigung dieses Urteils kann also hier nicht versucht werden; ich will nur versichern, daß derjenige, welcher die psychoanalytische Technik kennt und ausübt, ein weitgehendes Zutrauen zu ihren Ergebnissen gewinnt.

Für die Vollständigkeit meiner Resultate kann ich nicht einstehen, bloß für die Sorgfalt, mit der ich mich um ihre Gewinnung bemüht habe.

Eine schwierige Frage bleibt es, zu unterscheiden, inwieweit man das, was hier von den Kindern im allgemeinen berichtet wird, von allen Kindern, das heißt von jedem einzelnen Kinde, voraussetzen darf. Erziehungsdruck und verschiedene Intensität des Sexualtriebes werden gewiß große individuelle Schwankungen im Sexualverhalten des Kindes ermöglichen, vor allem das zeitliche Auftreten des kindlichen Sexualinteresses beeinflussen. Ich habe darum meine Darstellung nicht nach aufeinanderfolgenden Kindheitsepochen gegliedert, sondern in einem zusammengefaßt, was bei verschiedenen Kindern bald früher, bald später zur Geltung kommt. Es ist meine Überzeugung, daß sich doch kein Kind – kein vollsinniges wenigstens oder gar geistig begabtes – der Beschäftigung mit den sexuellen Problemen in den Jahren *vor* der Pubertät entziehen kann.

Ich denke nicht groß von dem Einwurfe, daß die Neurotiker eine besondere, durch degenerative Anlage ausgezeichnete Menschenklasse sind, aus deren Kinderleben auf die Kindheit anderer zu schließen untersagt sein müßte. Die Neurotiker sind Menschen wie andere auch, von den normalen nicht scharf abzugrenzen, in ihrer Kindheit nicht immer leicht von denjenigen, die später gesund bleiben, zu unterscheiden. Es ist eines der wertvollsten Ergebnisse unserer psychoanalytischen Untersuchungen, daß ihre

Neurosen keinen besonderen, ihnen eigentümlich und allein zukommenden psychischen Inhalt haben, sondern daß sie, wie C. G. Jung es ausdrückt, an denselben Komplexen erkranken, mit denen auch wir Gesunde kämpfen. Der Unterschied ist nur der, daß die Gesunden diese Komplexe zu bewältigen wissen ohne groben, praktisch nachweisbaren Schaden, während den Nervösen die Unterdrückung dieser Komplexe nur um den Preis von kostspieligen Ersatzbildungen gelingt, also praktisch mißlingt. Nervöse und Normale stehen einander in der Kindheit natürlich noch viel näher als im späteren Leben, so daß ich einen methodischen Fehler nicht darin erblikken kann, die Mitteilungen von Neurotikern über ihre Kindheit zu Analogieschlüssen über das normale Kindheitsleben zu verwerten. Da aber die späteren Neurotiker sehr häufig einen besonders starken Geschlechtstrieb und eine Neigung zur Frühreife, vorzeitiger Äußerung desselben, in ihrer Konstitution mitbringen, werden sie uns vieles von der infantilen Sexualbetätigung greller und deutlicher erkennen lassen, als unserer ohnedies stumpfen Beobachtungsgabe an anderen Kindern möglich wäre. Der wirkliche Wert dieser von erwachsenen Neurotikern herrührenden Mitteilungen wird sich allerdings erst abschätzen lassen, wenn man nach dem Vorgange von Havelock Ellis auch die Kindheitserinnerungen erwachsener Gesunder der Sammlung gewürdigt haben wird.

Infolge der Ungunst äußerer wie innerer Verhältnisse haben die nachstehenden Mitteilungen vorwiegend nur auf die Sexualentwicklung des einen Geschlechtes, des männlichen nämlich, Bezug. Der Wert einer Sammlung aber, wie ich sie hier versuche, braucht kein bloß deskriptiver zu sein. Die Kenntnis der infantilen Sexualtheorien, wie sie sich im kindlichen Denken gestalten, kann nach verschiedenen Richtungen interessant sein, überraschenderweise auch für das Verständnis der Mythen und Märchen. Unentbehrlich bleibt sie aber für die Auffassung der Neurosen selbst, innerhalb deren diese kindlichen Theorien noch in Geltung sind und einen bestimmenden Einfluß auf die Gestaltung der Symptome gewinnen.

Wenn wir unter Verzicht auf unsere Leiblichkeit als bloß denkende Wesen, etwa von einem anderen Planeten her, die Dinge dieser Erde frisch ins Auge fassen könnten, so würde vielleicht nichts anderes unserer Aufmerksamkeit mehr auffallen als die Existenz zweier Geschlechter unter den Menschen, die einander sonst so *ähnlich*, doch durch die äußerlichsten Anzeichen ihre Verschiedenheit betonen. Es scheint nun nicht, daß auch die Kinder diese Grundtatsache zum Ausgang ihrer Forschungen über sexuelle

Probleme wählen. Da sie Vater und Mutter kennen, soweit sie sich ihres Lebens erinnern, nehmen sie deren Vorhandensein als eine weiter nicht zu untersuchende Realität hin, und ebenso verhält sich der Knabe gegen ein Schwesterchen, von dem er nur durch eine geringe Altersdifferenz von ein oder zwei Jahen getrennt ist. Der Wissensdrang der Kinder erwacht hier überhaupt nicht spontan, etwa infolge eines eingeborenen Kausalitätsbedürfnisses, sondern unter dem Stachel der sie beherrschenden eigensüchtigen Triebe, wenn sie – etwa nach Vollendung des zweiten Lebensjahres – von der Ankunft eines neuen Kindes betroffen werden. Diejenigen Kinder, deren Kinderstube nicht im Hause selbst eine solche Einquartierung empfängt, sind dann noch imstande, sich nach ihren Beobachtungen in anderen Häusern in diese Situation zu versetzen. Der selbst erfahrene oder mit Recht befürchtete Entgang an Fürsorge von seiten der Eltern, die Ahnung, allen Besitz von nun an für alle Zeiten mit dem Neuankömmlinge teilen zu müssen, wirken erweckend auf das Gefühlsleben des Kindes und verschärfend auf seine Denkfähigkeit. Das ältere Kind äußert unverhohlene Feindseligkeit gegen den Konkurrenten, die sich in unliebenswürdiger Beurteilung desselben, in Wünschen, daß »der Storch ihn wieder mitnehmen möge«, und dergleichen Luft macht und gelegentlich selbst zu kleinen Attentaten auf das hilflos in der Wiege Daliegende führt. Eine größere Altersdifferenz schwächt den Ausdruck dieser primären Feindseligkeit in der Regel ab; ebenso kann in etwas späteren Jahren, wenn Geschwister ausbleiben, der Wunsch nach einem Gespielen, wie das Kind ihn anderswo beobachten konnte, die Oberhand erhalten.

Unter der Anregung dieser Gefühle und Sorgen kommt das Kind nun zur Beschäftigung mit dem ersten, großartigen Problem des Lebens und stellt sich die Frage, *woher die Kinder kommen*, die wohl zuerst lautet, woher dieses einzelne störende Kind gekommen ist. Den Nachklang dieser ersten Rätselfrage glaubt man in unbestimmt vielen Rätseln des Mythus und der Sage zu vernehmen; die Frage selbst ist, wie alles Forschen, ein Produkt der Lebensnot, als ob dem Denken die Aufgabe gestellt würde, das Wiedereintreffen so gefürchteter Ereignisse zu verhüten. Nehmen wir indes an, daß sich das Denken des Kindes alsbald von seiner Anregung frei macht und als selbständiger Forschertrieb weiter arbeitet. Wo das Kind nicht bereits zu sehr eingeschüchtert ist, schlägt es früher oder später den nächsten Weg ein, Antwort von seinen Eltern und Pflegepersonen, die ihm die Quelle des Wissens bedeuten, zu verlangen. Dieser Weg geht aber fehl. Das Kind erhält entweder ausweichende Antwort oder einen Verweis für seine Wißbegierde oder wird mit jener mythologisch bedeutsamen Auskunft abgefertigt, die in deutschen Landen lautet, der Storch bringe die Kinder, die er aus dem Wasser hole. Ich habe Grund anzunehmen, daß weit mehr Kinder, als die Eltern ahnen,mit dieser Lösung unzufrieden sind und ihr energische Zweifel entgegensetzen, die nur nicht immer offen eingestanden werden. Ich weiß von einem dreijährigen Knaben, der nach erhaltener Aufklärung zum Schrecken seiner Kinderfrau vermißt wurde und sich am Ufer des großen Schloßteiches wiederfand, wohin er geeilt war, um die Kinder im Wasser zu beobachten, von einem anderen, der seinem Unglauben keine andere als die zaghafte Aussprache gestatten konnte, er wisse es besser, nicht der Storch bringe die Kinder, sondern der – Fischreiher. Es scheint mir aus vielen Mitteilungen hervorzugehen, daß die Kinder der Storchtheorie den Glauben verweigern, von dieser ersten Täuschung und Abweisung an aber ein Mißtrauen gegen die Erwachsenen in sich nähren, die Ahnung von etwas Verbotenem gewinnen, das ihnen von den »Großen« vorenthalten wird, und darum ihre weiteren Forschungen mit Geheimnis verhüllen. Sie haben dabei aber auch den ersten Anlaß eines »psychischen Konflikts« erlebt, indem Meinungen, für die sie eine triebartige Bevorzugung empfinden, die aber den Großen nicht »recht« sind, in Gegensatz zu anderen geraten, die durch die Autorität der »Großen« gehalten werden, ohne ihnen selbst genehm zu sein. Aus diesem psychischen Konflikte kann bald eine »psychische Spaltung« werden; die eine Meinung, mit der die Bravheit, aber auch die Sistierung des Nachdenkens verbunden ist, wird zur herrschenden bewußten; die andere, für die die Forscherarbeit unterdes neue Beweise erbracht hat, die nicht gelten sollen, zur unterdrückten, »unbewußten«. Der Kernkomplex der Neurose findet sich auf diese Weise konstituiert.

Ich habe kürzlich durch die Analyse eines fünfjährigen Knaben, die dessen Vater mit ihm angestellt und mir dann zur Veröffentlichung überlassen hat, den unwiderleglichen Nachweis für eine Einsicht erhalten, auf deren Spur mich die Psychoanalysen Erwachsener längst geführt hatten. Ich weiß jetzt, daß die Graviditätsveränderung der Mutter den scharfen Augen des Kindes nicht entgeht und daß dieses sehr wohl imstande ist, eine Weile nachher den richtigen Zusammenhang zwischen der Leibeszunahme der Mutter und dem Erscheinen des Kindes herzustellen. In dem erwähnten Falle war der Knabe dreieinhalb Jahre alt, als seine Schwester geboren wurde, und vierdreiviertel, als er sein besseres Wissen durch die unverkennbarsten Anspielungen erraten ließ. Diese frühzeitige Erkenntnis wird aber immer geheim gehalten und später im Zusammenhange mit den weiteren Schicksalen der kindlichen Sexualforschung verdrängt und vergessen. Die »Storchfabel« gehört also nicht zu den infantilen Sexualtheorien; es ist im Gegenteile die Beobachtung der Tiere, die ihr Sexualleben so wenig verhüllen und denen sich das Kind so verwandt fühlt, die den Unglauben des Kindes bestärkt. Mit der Erkenntnis, das Kind wachse im Leibe der Mutter, die das Kind noch selbständig erwirbt, wäre es auf dem richtigen Wege, das Problem, an dem es zuerst seine Denkkraft erprobt, zu lösen. Im weiteren Fortschreiten wird es aber gehemmt durch eine Unwissenheit, die sich nicht ersetzen läßt, und durch falsche Theorien, welche der Zustand der eigenen Sexualität ihm aufdrängt.

Diese falschen Sexualtheorien, die ich nun erörtern werde, haben alle einen sehr merkwürdigen Charakter. Obwohl sie in grotesker Weise fehlgehen, enthalten sie doch, jede von ihnen, ein Stück echter Wahrheit, in dieser Zusammensetzung analog den »genial« geheißenen Lösungsversuchen Erwachsener an den für den Menschenverstand überschwierigen Weltproblemen. Das Richtige und Triftige an diesen Theorien erklärt sich durch deren Abkunft von den Komponenten des Sexualtriebes, die sich bereits im kindlichen Organismus regen; denn nicht psychische Willkür oder zufällige Eindrücke haben diese Annahmen entstehen lassen, sondern die Notwendigkeiten der psychosexuellen Konstitution, und darum können wir von typischen Sexualtheorien der Kinder sprechen, darum finden wir die nämlichen irrigen Meinungen bei allen Kindern, deren Sexualleben uns zugänglich wird.

Die erste dieser Theorien knüpft an die Vernachlässigung der Geschlechtsunterschiede an, die wir eingangs als kennzeichnend für das Kind hervorgehoben haben. Sie besteht darin, *allen Menschen, auch den weiblichen Personen, einen Penis zuzusprechen*, wie ihn der Knabe vom eigenen Körper kennt. Gerade in jener Sexualkonstitution, die wir als die »normale« anerkennen müssen, ist der Penis schon in der Kindheit die leitende erogene Zone, das hauptsächlichste autoerotische Sexualobjekt, und seine Wertschätzung spiegelt sich logisch in dem Unvermögen, eine dem Ich ähnliche Persönlichkeit ohne diesen wesentlichen Bestandteil vorzustellen. Wenn der kleine Knabe das Genitale eines Schwesterchens zu Gesicht bekommt, so zeigen seine Äußerungen, daß sein Vorurteil bereits stark genug ist, um die Wahrnehmung zu beugen; er konstatiert nicht etwa das Fehlen des Gliedes, sondern sagt *regelmäßig*, wie tröstend und vermittelnd: Der ... ist aber noch klein; nun wenn sie größer wird, wird er schon wachsen. Die

Vorstellung des Weibes mit dem Penis kehrt noch spät in den Träumen des Erwachsenen wieder; in nächtlicher sexueller Erregung wirft er ein Weib nieder, entblößt es und bereitet sich zum Koitus, um dann beim Anblick des wohlausgebildeten Gliedes an Stelle der weiblichen Genitalien den Traum und die Erregung abzubrechen. Die zahlreichen Hermaphroditen des klassischen Altertums geben diese einst allgemeine infantile Vorstellung getreulich wieder; man kann beobachten, daß sie auf die meisten normalen Menschen nicht verletzend wirkt, während die wirklich von der Natur zugelassenen hermaphroditischen Bildungen der Genitalien fast immer den größten Abscheu erregen.

Wenn sich diese Vorstellung des Weibes mit dem Penis bei dem Kinde »fixiert«, allen Einflüssen des späteren Lebens widersteht und den Mann unfähig macht, bei seinem Sexualobjekt auf den Penis zu verzichten, so muß ein solches Individuum bei sonst normalem Sexualleben ein Homosexueller werden, seine Sexualobjekte unter den Männern suchen, die durch andere somatische und seelische Charaktere an das Weib erinnern. Das wirkliche Weib, wie es später erkannt wird, bleibt als Sexualobjekt unmöglich für ihn, da es des wesentlichen sexuellen Reizes entbehrt, ja im Zusammenhange mit einem anderen Eindruck des Kinderlebens kann es zum Abscheu für ihn werden. Das hauptsächlich von der Peniserregung beherrschte Kind hat sich gewöhnlich durch Reizung desselben mit der Hand Lust geschafft, ist von den Eltern oder Wartepersonen dabei ertappt und mit der Drohung, man werde ihm das Glied abschneiden, geschreckt worden. Die Wirkung dieser »Kastrationsdrohung« ist im richtigen Verhältnisse zur Schätzung dieses Körperteiles eine ganz außerordentlich tiefgreifende und nachhaltige. Sagen und Mythen zeugen von dem Aufruhr des kindlichen Gefühlslebens, von dem Entsetzen, das sich an den Kastrationskomplex knüpft, der dann später auch entsprechend widerwillig vom Bewußtsein erinnert wird. An diese Drohung mahnt nun das später wahrgenommene, als verstümmelt aufgefaßte Genitale des Weibes, und darum erweckt es beim Homosexuellen Grausen anstatt Lust. An dieser Reaktion kann nichts mehr geändert werden, wenn der Homosexuelle von der Wissenschaft erfährt, daß die kindliche Annahme, auch die Frau besitze einen Penis, doch nicht so irre geht. Die Anatomie hat die Klitoris innerhalb der weiblichen Schamspalte als das dem Penis homologe Organ erkannt, und die Physiologie der Sexualvorgänge hat hinzufügen können, daß dieser kleine und nicht mehr wachsende Penis sich in der Kindheit des Weibes tatsächlich wie ein echter und rechter Penis benimmt, daß er zum Sitz von

Erregungen wird, die zu seiner Berührung veranlassen, daß seine Reizbarkeit der Sexualbetätigung des kleinen Mädchens männlichen Charakter verleiht und daß es eines Verdrängungsschubes in den Pubertätsjahren bedarf, um durch Hinwegräumung dieser männlichen Sexualität das Weib entstehen zu lassen. Wie nun viele Frauen in ihrer Sexualfunktion daran verkümmern, daß diese Klitoriserregbarkeit hartnäckig festgehalten wird, so daß sie im Koitusverkehr anästhetisch bleiben, oder daß die Verdrängung zu übermäßig erfolgt, so daß ihre Wirkung durch hysterische Ersatzbildung teilweise aufgehoben wird; dies alles gibt der infantilen Sexualtheorie, das Weib besitze wie der Mann einen Penis, nicht unrecht.

An dem kleinen Mädchen kann man mit Leichtigkeit beobachten, daß es die Schätzung des Bruders durchaus teilt. Es entwickelt ein großes Interesse für diesen Körperteil beim Knaben, das aber alsbald vom Neid kommandiert wird. Es fühlt sich benachteiligt, es macht Versuche, in solcher Stellung zu urinieren, wie es dem Knaben durch den Besitz des großen Penis ermöglicht wird, und wenn es den Wunsch äußert: Ich möchte lieber ein Bub sein, so wissen wir, welchem Mangel dieser Wunsch abhelfen soll.

Wenn das Kind den Andeutungen folgen könnte, die von der Erregung des Penis ausgehen, so würde es der Lösung seines Problems um ein Stück näher rücken. Daß das Kind im Leibe der Mutter wächst, ist offenbar nicht genug Erklärung. Wie kommt es hinein? Was gibt den Anstoß zu seiner Entwicklung? Daß der Vater etwas damit zu tun hat, ist wahrscheinlich; er erklärt ja, das Kind sei auch sein Kind [1]. Anderseits hat der Penis gewiß auch seinen Anteil an diesen nicht zu erratenden Vorgängen, er bezeugt es durch seine Miterregung bei all dieser Gedankenarbeit. Mit dieser Erregung sind Antriebe verbunden, die das Kind sich nicht zu deuten weiß, dunkle Impulse zu gewaltsamem Tun, zum Eindringen, Zerschlagen, irgendwo ein Loch aufreißen. Aber wenn das Kind so auf dem besten Wege scheint, die Existenz der Scheide zu postulieren und dem Penis des Vaters ein solches Eindringen bei der Mutter zuzuschreiben als jenen Akt, durch den das Kind im Leibe der Mutter entsteht, so bricht an dieser Stelle doch die Forschung ratlos ab, denn ihr steht die Theorie im Wege, daß die Mutter einen Penis besitzt wie ein Mann, und die Existenz des Hohlraumes, der den Penis aufnimmt, bleibt für das Kind unentdeckt. Daß die Erfolglosigkeit der Denkbemühung dann ihre Verwerfung und ihr Vergessen erleichtert, wird man gern annehmen. Dieses Grübeln und Zweifeln wird aber vorbildlich für alle spätere Denkarbeit an Problemen, und der erste Mißerfolg wirkt für alle Zeiten lähmend fort.

Die Unkenntnis der Vagina ermöglicht dem Kinde auch die Überzeugung von der zweiten seiner Sexualtheorien. Wenn das Kind im Leibe der Mutter wächst und aus diesem entfernt wird, so kann dies nur auf dem einzig möglichen Wege der Darmöffnung geschehen. *Das Kind muß entleert werden wie ein Exkrement, ein Stuhlgang.* Wenn dieselbe Frage in späteren Kinderjahren Gegenstand des einsamen Nachdenkens oder der Besprechung zwischen zwei Kindern wird, so stellen sich wohl die Auskünfte ein, das Kind komme aus dem sich öffnenden Nabel, oder der Bauch werde aufgeschnitten und das Kind herausgenommen, wie es dem Wolfe im Märchen von Rotkäppchen geschieht. Diese Theorien werden laut ausgesprochen und später auch bewußt erinnert; sie enthalten nichts Anstößiges mehr. Dieselben Kindern haben dann völlig vergessen, daß sie in früheren Jahren an eine andere Geburtstheorie glaubten, welcher gegenwärtig die seither eingetretene Verdrängung der analen Sexualkomponente im Wege steht. Damals war der Stuhlgang etwas, wovon in der Kinderstube ohne Scheu gesprochen werden durfte, das Kind stand seinen konstitutionellen koprophilen Neigungen noch nicht so ferne; es war keine Degradation, so zur Welt zu kommen wie ein Haufen Kot, den der Ekel noch nicht verdammt hatte. Die Kloakentheorie, die für so viele Tiere ja zu Recht besteht, war die natürlichste und die einzige, die sich dem Kinde als wahrscheinlich aufdrängen konnte.

Dann war es aber nur konsequent, daß das Kind das schmerzliche Vorrecht des Weibes, Kinder zu gebären, nicht gelten ließ. Wenn die Kinder durch den After geboren werden, so kann der Mann ebensogut gebären wie das Weib. Der Knabe kann also auch phantasieren, daß er selbst Kinder bekommt, ohne daß wir ihn darum femininer Neigungen zu beschuldigen brauchen. Er betätigt dabei nur seine noch regsame Analerotik.

Wenn sich die Kloakentheorie der Geburt im Bewußtsein späterer Kinderjahre erhält, was gelegentlich vorkommt, so bringt sie auch eine allerdings nicht mehr ursprüngliche Lösung der Frage nach der Entstehung der Kinder mit sich. Es ist dann wie im Märchen. Man ißt etwas Bestimmtes, und davon bekommt man ein Kind. Die Geisteskranke belebt diese infantile Geburtstheorie dann wieder. Die Maniaka etwa führt den besuchenden Arzt zu einem Häufchen Kot, das sie in einer Ecke ihrer Zelle abgesetzt hat, und sagt ihm lachend: Das ist das Kind, das ich heute geboren habe.

Die dritte der typischen Sexualtheorien ergibt sich den Kindern, wenn sie durch irgendeine der häuslichen Zufälligkeiten zu Zeugen des elterlichen Sexualverkehrs werden, über den sie dann doch nur sehr unvollständige Wahrnehmungen machen können. Welches Stück desselben dann immer in ihre Beobachtung fällt, ob die gegenseitige Lage der beiden Personen oder die Geräusche oder gewisse Nebenumstände, sie gelangen in allen Fällen zur nämlichen, wir können sagen *sadistischen Auffassung des Koitus,* sehen in ihm etwas, was der stärkere Teil dem schwächeren mit Gewalt antut, und vergleichen ihn, zumal die Knaben, mit einer Rauferei, wie sie sie aus ihrem Kinderverkehr kennen und die ja auch der Beimengung sexueller Erregung nicht ermangelt. Ich habe nicht feststellen können, daß die Kinder diesen von ihnen beobachteten Vorgang zwischen den Eltern als das zur Lösung des Kinderproblems erforderliche Stück agnoszieren würden; öfter hatte es den Anschein, als würde diese Beziehung von den Kindern gerade darum verkannt, weil sie dem Liebesakte solche Deutung ins Gewalttätige gegeben haben. Aber diese Auffassung macht selbst den Eindruck einer Wiederkehr jenes dunkeln Impulses zur grausamen Betätigung, der sich beim ersten Nachdenken über das Rätsel, woher die Kinder kommen, an die Peniserregung knüpfte. Es ist auch die Möglichkeit nicht abzuleugnen, daß jener frühzeitige sadistische Impuls, der den Koitus beinahe hätte erraten lassen, selbst unter dem Einflusse dunkelster Erinnerungen an den Verkehr der Eltern aufgetreten ist, für die das Kind, als es noch in den ersten Lebensjahren das Schlafzimmer der Eltern teilte, das Material aufgenommen hatte, ohne es damals zu verwerten [2].

Die sadistische Theorie des Koitus, die in ihrer Isoliertheit zur Irreführung wird, wo sie hätte Bestätigung bringen können, ist wiederum der Ausdruck einer der angeborenen sexuellen Komponenten, die bei dem einzelnen Kinde mehr oder minder stark ausgeprägt sein mag, und sie hat daher ein Stück weit recht, errät zum Teil das Wesen des Geschlechtsaktes und den »Kampf der Geschlechter«, der ihm vorhergeht. Nicht selten ist das Kind auch in der Lage, diese seine Auffassung durch akzidentelle Wahrnehmungen zu stützen, die es zum Teil richtig, zum anderen wieder falsch, ja gegensätzlich erfaßt. In vielen Ehen sträubt sich die Frau wirklich regelmäßig gegen die eheliche Umarmung, die ihr keine Lust und die Gefahr neuer Schwangerschaft bringt, und so mag die Mutter dem für schlafend gehaltenen (oder sich schlafend stellenden) Kinde einen Eindruck bieten, der gar nicht anders denn als ein Wehren gegen eine Gewalttat gedeutet werden kann. Andere Male noch gibt die ganze Ehe dem aufmerksamen Kinde das Schauspiel eines unausgesetzten, in lauten Worten und unfreundlichen Gebärden sich äußernden Streites, wo dann das Kind sich nicht zu wundern braucht, daß dieser Streit sich auch in die Nacht fortsetzt und endlich durch dieselben Methoden ausgetragen wird, die das Kind im Verkehre mit seinen Geschwistern oder Spielgenossen zu gebrauchen gewöhnt ist.

Als eine Bestätigung seiner Auffassung sieht das Kind es aber auch an, wenn es Blutspuren im Bett oder an der Wäsche der Mutter entdeckt. Diese sind ihm ein Beweis dafür, daß in der Nacht wieder ein solcher Überfall des Vaters auf die Mutter stattgefunden hat, während wir dieselbe frische Blutspur lieber als Anzeichen einer Pause im sexuellen Verkehre deuten werden. Manche sonst unerklärliche »Blutscheu« der Nervösen findet durch diesen Zusammenhang ihre Aufklärung. Der Irrtum des Kindes deckt wiederum ein Stückchen Wahrheit; unter gewissen, bekannten Verhältnissen wird die Blutspur allerdings als Zeichen des eingeleiteten sexuellen Verkehres gewürdigt.

In loserem Zusammenhange mit dem unlösbaren Problem, woher die Kinder kommen, beschäftigt sich das Kind mit der Frage, was das Wesen und der Inhalt des Zustandes sei, den man »Verheiratetsein« heißt, und beantwortet diese Frage verschieden, je nach dem Zusammentreffen von zufälligen Wahrnehmungen bei den Eltern mit den eigenen noch lustbetonten Trieben. Nur daß es sich vom Verheiratetsein Lustbefriedigung verspricht und ein Hinwegsetzen über die Scham vermutet, scheint allen diesen Beantwortungen gemeinsam. Die Auffassung, die ich am häufigsten gefunden habe, lautet, daß *»man vor einander uriniert«*; eine Abänderung, die so klingt, als ob sie symbolisch ein Mehrwissen andeuten wollte: daß *der Mann in den Topf der Frau uriniert*. Andere Male wird der Sinn des Heiratens darin verlegt: *daß man einander den Popo zeigt* (ohne sich zu schämen). In einem Falle, in dem es der Erziehung gelungen war, die Sexualerfahrung besonders lange aufzuschieben, kam das vierzehnjährige und bereits menstruierte Mädchen über Anregung der Lektüre auf die Idee, das Verheiratetsein bestehe in einer *»Mischung des Blutes«*, und da die eigene Schwester noch nicht die Periode hatte, versuchte die Lüsterne ein Attentat auf eine Besucherin, welche gestanden hatte, eben zu menstruieren, um sie zu dieser »Blutvermischung« zu nötigen.

Die infantilen Meinungen über das Wesen der Ehe, die nicht selten von der bewußten Erinnerung festgehalten werden, haben für die Symptomatik späterer neurotischer Erkrankung große Bedeutung. Sie schaffen sich zunächst Ausdruck in Kinderspielen, in denen man das miteinander tut, was das Verheiratetsein ausmacht, und dann später einmal kann sich der

Wunsch verheiratet zu sein die infantile Ausdrucksform wählen, um in einer zunächst unkenntlichen Phobie oder einem entsprechenden Symptom aufzutreten[3].

Es wären dies die wichtigsten der typischen, in frühen Kindheitsjahren und spontan, nur unter dem Einflusse der sexuellen Triebkomponenten produzierten Sexualtheorien des Kindes. Ich weiß, daß ich weder die Vollständigkeit des Materials noch die Herstellung des lückenlosen Zusammenhanges mit dem sonstigen Kinderleben erreicht habe. Einzelne Nachträge kann ich hier noch anfügen, die sonst jeder Kundige vermißt hätte. So zum Beispiel die bedeutsame Theorie, daß man ein Kind durch einen Kuß bekommt, die wie selbstverständlich die Vorherrschaft der erogenen Mundzone verrät. Nach meiner Erfahrung ist diese Theorie ausschließlich feminin und wird als pathogen manchmal bei Mädchen angetroffen, bei denen die Sexualforschung in der Kindheit die stärksten Hemmungen erfahren hat. Eine meiner Patientinnen gelangte durch eine zufällige Wahrnehmung zur Theorie der »Couvade«, die bekanntlich bei manchen Völkern allgemeine Sitte ist und wahrscheinlich die Absicht hat, dem nie völlig zu besiegenden Zweifel an der Paternität zu widersprechen. Da ein etwas sonderbarer Onkel nach der Geburt seines Kindes tagelang zu Hause blieb und die Besucher im Schlafrock empfing, schloß sie, daß bei einer Geburt beide Eltern beteiligt seien und zu Bette gehen müßten.

Um das zehnte oder elfte Lebensjahr tritt die sexuelle Mitteilung an die Kinder heran. Ein Kind, welches in ungehemmteren sozialen Verhältnissen aufgewachsen ist oder sonst glücklichere Gelegenheit zur Beobachtung gefunden hat, teilt anderen mit, was es weiß, weil es sich dabei reif und überlegen empfinden kann. Was die Kinder so erfahren, ist meist das Richtige, das heißt, es wird ihnen die Existenz der Vagina und deren Bestimmung verraten, aber sonst sind diese Aufklärungen, die sie voneinander entlehnen, nicht selten mit Falschem vermengt, mit Überresten der älteren infantilen Sexualtheorien behaftet. Vollständig und zur Lösung des uralten Problems ausreichend sind sie fast nie. Wie früher die Unkenntnis der Vagina, so hindert jetzt die des Samens die Einsicht in den Zusammenhang. Das Kind kann nicht erraten, daß aus dem männlichen Geschlechtsglied noch eine andere Substanz entleert wird als der Harn, und gelegentlich zeigt sich ein »unschuldiges Mädchen« noch in der Brautnacht entrüstet darüber, daß der Mann »in sie hineinuriniere«. An diese Mitteilungen in den Jahren der Vorpubertät schließt sich nun ein neuer Aufschwung der kindlichen Sexualforschung; aber die Theorien, welche die Kinder jetzt schaffen, haben nicht mehr das typische und ursprüngliche Gepräge, das für die frühkindlichen, primären, charakteristisch war, solange die infantilen Sexualkomponenten ungehemmt und unverwandelt ihren Ausdruck in Theorien durchsetzen konnten. Die späteren Denkbemühungen zur Lösung der sexuellen Rätsel schienen mir die Sammlung nicht zu verlohnen, sie können auch auf pathogene Bedeutung wenig Anspruch mehr erheben. Ihre Mannigfaltigkeit ist natürlich in erster Linie von der Natur der erhaltenen Aufklärung abhängig; ihre Bedeutung liegt vielmehr darin, daß sie die unbewußt gewordenen Spuren jener ersten Periode des sexuellen Interesses wieder erwecken, so daß nicht selten masturbatorische Sexualbetätigung und ein Stück der Gefühlsablösung von den Eltern an sie anknüpft. Daher das verdammende Urteil der Erzieher, daß solche Aufklärung in diesen Jahren die Kinder »verderbe«.

Einige wenige Beispiele mögen zeigen, welche Elemente oft in diese späten Grübeleien der Kinder über das Sexualleben eingehen. Ein Mädchen hat von den Schulkolleginnen gehört, daß der Mann der Frau ein Ei gibt, welches sie in ihrem Leibe ausbrütet. Ein Knabe, der auch vom Ei gehört hat, identifiziert dieses »Ei« mit dem vulgär ebenso benannten Hoden und zerbricht sich den Kopf darüber, wie denn der Inhalt des Hodensackes sich immer wieder erneuern kann. Die Aufklärungen reichen selten so weit, um wesentliche Unsicherheiten über die Geschlechtsvorgänge zu verhüten. So können Mädchen zur Erwartung kommen, der Geschlechtsverkehr finde nur ein einzigesmal statt, dauere aber da sehr lange, vierundzwanzig Stunden, und von diesem einen Male kämen der Reihe nach alle Kinder. Man sollte meinen, dieses Kind habe Kenntnis von dem Fortpflanzungsvorgang bei gewissen Insekten gewonnen; aber diese Vermutung bestätigt sich nicht, die Theorie erscheint als eine selbständige Schöpfung. Andere Mädchen übersehen die Tragzeit, das Leben im Mutterleibe, und nehmen an, daß das Kind unmittelbar nach der Nacht des ersten Verkehrs zum Vorschein komme. Marcell Prévost hat diesen Jungmädchenirrtum in einer der ›Lettres de femmes‹ zu einer lustigen Geschichte verarbeitet. Schwer zu erschöpfen und vielleicht im allgemeinen nicht uninteressant ist das Thema dieser späten Sexualforschung der Kinder oder auf der kindlichen Stufe zurückgehaltenen Adoleszenten, aber es liegt meinem Interesse ferner, und ich muß nur noch hervorheben, daß dabei von den Kindern viel Unrechtes zutage gefördert wird, was dazu bestimmt ist, älterer, besserer, aber unbewußt gewordener und verdrängter Erkenntnis zu widersprechen.

Auch die Art, wie die Kinder sich gegen die ihnen zugehenden Mitteilungen verhalten, hat ihre Bedeutung. Bei manchen ist die Sexualverdrängung soweit gediehen, daß sie nichts anhören wollen, und diesen gelingt es auch, bis in späte Jahre unwissend zu bleiben, scheinbar unwissend wenigstens, bis in der Psychoanalyse der Neurotischen das aus früher Kindheit stammende Wissen zum Vorschein kommt. Ich weiß auch von zwei Knaben zwischen zehn und dreizehn Jahren, welche die sexuelle Aufklärung zwar anhörten, aber dem Gewährsmanne die ablehnende Antwort gaben: Es ist möglich, daß dein Vater und andere Leute so etwas tun, aber von meinem Vater weiß ich es gewiß, daß er es nie tun würde. Wie mannigfaltig immer dieses spätere Benehmen der Kinder gegen die Befriedigung der sexuellen Wißbegierde sein mag, für ihre ersten Kinderjahre dürfen wir ein durchaus gleichförmiges Verhalten annehmen und glauben, daß sie damals alle aufs eifrigste bestrebt waren zu erfahren, was die Eltern miteinander tun, woraus dann die Kinder werden.

Lili E. Peller

Das Spiel im Zusammenhang der Trieb- und Ichentwicklung

Freud gelangte zu seinen Grundanschauungen vor allem durch das Studium von Träumen, Tagträumen, neurotischen Symptomen, den Phänomenen der Fehlleistung und des Witzes und nicht zuletzt durch die Analyse des Spiels. Wiederholt handelte er über die Dynamik des Spiels, und es finden sich viele beiläufige Äußerungen über das Spiel in seinem Gesamtwerk. 1932 bot Waelder eine psychoanalytische Theorie des Spiels, und soweit wir wissen, ist dies die letzte systematische Abhandlung in der psychoanalytischen Literatur [1]. Seither erschienen verschiedene hervorragende Arbeiten über den einen oder anderen Aspekt des Spiels, unter anderem von Bally (1), Erikson (7, 8), Hendrick (26), aber der Versuch, die Fülle der beobachteten Daten in größerem begrifflichen Rahmen zu sehen, wurde nicht gemacht. Das mag an der Meinung liegen, *Spiel* sei ein beschreibender Begriff, der seinen Platz weniger in der dynamischen als in der akademischen Psychologie habe.

Wir glauben, daß eine Untersuchung der Dynamik des Spiels, seiner Motivation, seiner Modifikationen, seiner Typen und seiner Grenzen tiefere Einsicht in die gegenseitige Abhängigkeit von Libido- und Ich-Entwicklung vermittelt. In letzter Zeit wurde die direkte Beobachtung von Kindern stark betont, man darf deshalb vielleicht erwarten, daß daraufhin auch das Spiel erneut Interesse gewinnen wird.

In dieser Studie bringen wir nichts völlig Neues über das Spiel. Wir versuchen auch nicht, die Freudsche Theorie des Spiels, wie Waelder sie so klar dargestellt hat, zu revidieren. Wir wollen hier lediglich auf einige der theoretischen Formulierungen aus Freuds Schrift ›Das Ich und das Es‹ zurückgreifen, oder mit anderen Worten: wir werden versuchen, die psychoanalytische Spieltheorie mit unseren heutigen psychoanalytischen Kenntnissen zur Deckung zu bringen. Waelder (41) charakterisiert das Spiel als einen Weg, »sich eine Erfahrung, die zu vielschichtig ist, als daß man sie sich auf einmal zu eigen machen könnte, nach und nach anzueignen« (S. 218). Ein Ereignis erhält deshalb traumatisierende Wirkung, weil ein Ansturm von verschiedenen Ereignissen in relativ kurzer Zeit erfolgt; so kurz, daß der nicht voll ausgereifte Organismus ihn nicht ertragen kann (S. 217). Die spätere Wiederholung im Spiel macht es dem Kind möglich, sich erneut mit der schmerzlichen Erfahrung auseinanderzusetzen, sich aus der Passivität zu lösen und eine aktive Haltung einzunehmen. Waelder beschreibt die verschiedenen Wege, auf denen dies geschehen kann. Das Kind kann die Rollen vertauschen: In der Wirklichkeit war es die leidtragende Partei oder der ängstliche Zuschauer, im Spiel wird es zum Handelnden. In einer anderen Form des Spiels ändert das Kind den Ausgang einer Situation; ein Ereignis, das in Wirklichkeit unglücklich endete, bekommt ein Happy-End. Letztlich bedeutet die Tatsache, daß eine in Wirklichkeit erlittene Erfahrung im Spiel wiederholt wird, den Übergang aus der Passivität in die Aktivität.

Der Zwang, eine traumatische Erfahrung zu wiederholen, erklärt, warum die spielerische Tätigkeit manchmal größte emotionale Tiefe und Intensität besitzen kann; das gilt allerdings nur für einen kleinen Teil der vielfältigen täglichen Spiele.

In dieser Arbeit betrachten wir das Spiel als einen Versuch des Ichs, all dem zu begegnen, was sowohl die äußere Realität an Schlägen und Versagungen bereit hält, als auch dem, was aus den Spannungen von Es und Über-Ich resultiert. Nach A. Freud (11) reagiert das Ich mit Angst, »wenn es sich in seiner Existenz oder Geschlossenheit durch äußere oder innere Gefahren bedroht sieht. Solche Gefahren können aus folgenden Ursachen entstehen: a) aus der Stärke der instinktiven Forderungen selbst, b) aus instinktiven Forderungen, die das Individuum in Konflikte mit der Umwelt verstricken, c) aus instinktiven Forderungen, die das Ich in Konflikte mit dem Über-Ich, dem Repräsentanten der Umweltkräfte, verstrikken.« Vorausgesetzt, daß die Angst nicht allzu groß ist, kann sich das Ich dem Spiel zuwenden. Dessen Kern bildet eine Phantasie, der die Tendenz zur Handlung innewohnt, die befriedigt und die doch mit der Wirklichkeit und den Forderungen des Über-Ichs vereinbar ist. Eine andere Voraussetzung scheint zu sein, daß der zugrunde liegende Konflikt oder seine Auswirkungen unbewußt bleiben.

Mit Waelder sind wir der Meinung, daß die zentrale Bedeutung des Spiels in der allmählichen Assimilierung von Beängstigungen liegt, die durch ein Trauma hervorgerufen wurden. Aber wir schließen auch die Beängstigungen mit ein, die aus inneren Konflikten erwachsen. Das Spiel mildert also die Beängstigung. Aber es finden sich auch Formen des Spiels, bei denen diese Funktion nebensächlich ist. Solche Spiele wiederholen einfach oder festigen gewinnbringende Erfahrungen.

Ehe wir uns einzelnen Formen des Spiels zuwenden, wollen wir einige allgemeine Wesenszüge umreißen. In der psychoanalytischen Literatur wird der Ausdruck ›Spiel‹ manchmal im engeren, manchmal im weiteren Sinne gebraucht. Wir haben die weitergehende Bedeutung zugrunde gelegt; somit nähert sich unsere Auffassung des Spiels dem allgemeinen Sprachgebrauch von ›Spiel‹. Aussagen über das Spiel werden manchmal so gemacht, daß die Spiele der Erwachsenen ausgeklammert sind. Obschon Erwachsene einen geringeren Grad von Motivation zum Spielen besitzen, spielen sie doch auch und scheinen heute mehr als je zuvor zu spielen. Unsere Übersicht zielt auf die Spiele der Kinder, ohne aber die Spiele der Erwachsenen auszuschließen.

Jegliches Spiel bringt Wunscherfüllung, Lust, Erhebung, ein Gefühl der Euphorie, Wohlbefinden, einen *Spielrausch*. Aber das Spiel ist keine unmittelbare Manifestation des Lustprinzips. Es ist ein Versuch, Angst und Beeinträchtigung zu kompensieren, Lustgewinn zu erzielen, und zwar bei einem minimalen Risiko an Gefahren oder auch nicht wiedergutzumachenden Folgen. Das Spiel ist ein Schritt auf dem Weg zur Sublimation. Unmittelbare Entladung sexueller oder destruktiver Triebe ist nicht Spiel, aber sexuelle oder auch destruktive Elemente gehen in jedes Spiel mit ein.

Alles Spielen schließt die Wende von der passiven, aufnehmenden Rolle zu einer aktiven mit ein. Das ist aber keine spezifische Eigenschaft des Spiels, es ist mehr ein allgemeines Prinzip der kindlichen Entwicklung, woran uns Kris (31), unter Berufung auf Freud, kürzlich wieder erinnert hat[2]. Kris (32) prägte einen sehr treffenden Ausdruck, um schöpferische oder künstlerische Betätigung zu charakterisieren: ›Regression im Dienste des Ich‹. Das gleiche kann vom Spiel behauptet werden. Ich und Es harmonieren im Spiel ausgezeichnet. Das Spiel hört auf, Spiel zu sein, wenn das Kind die Fähigkeit verliert, dann aufzuhören, *wenn es will*, wenn es in einer Phase verharrt, an einer Episode ›klebt‹. *Dann ist Spiel zu Angstabwehr geworden.* Erstarrte Verhaltensweisen, Zwangshandlungen, phobische Mechanismen sind offensichtlich kein Spiel, auch wenn sie als Spiel begonnen haben. Der Erwachsene, der wohlwollend interessiert das Spiel beobachtet, bemerkt rasch den Übergang [3].

Weniger starke Ängste werden im Spiel bewältigt, aber hochgradige Angst bringt das Spiel zum Erliegen. Ein schönes Beispiel liefert B. Bornstein (2) in ihrer Analyse eines zweieinhalbjährigen Kindes, das Angst hatte, sich ins Bett zu legen. Selbstverständlich waren die Möglichkeiten des kleinen Mädchens, sich sprachlich mitzuteilen, beschränkt, und so wurde im Spiel versucht, der Phobie zu begegnen, Beruhigung zu verschaffen und weitere Hilfe zu leisten. Die Analytikerin berichtet von der ersten Sitzung:

> »Im Spiel verdunkelte ich den Raum mit den Vorhängen und zog sie anschließend rasch wieder auf. Das wiederholte ich vielmals, hieß dann das Mädchen selbst hell und dunkel machen und gab ihm so ein zweifaches Vergnügen: das einer neuerworbenen Fähigkeit, nämlich die Vorhänge bedienen zu können, und das eines neu entdeckten Wissens, daß es nach der Dunkelheit licht wird. (Zu einer späteren Zeit:) ... wenn ich eine kleine Puppe hinlegte, begann das Mädchen aus Angst zu schreien und vor Aufregung zu zittern. In den nächsten Tagen wurde die Phobie stärker, so daß man in seiner Gegenwart keinen Gegenstand hinlegen konnte, ohne Angst und Unruhe zu wecken. (Und wieder nach einigen Sitzungen:) ... Das Kind wurde etwas gelöster und aktiver und duldete, daß jeder Gegenstand hingelegt wurde, obgleich es sich dabei noch ängstigte ... Das kleine Mädchen versuchte dann im Spiel sich selbst auf den Boden zu legen, wurde aber dabei von so heftiger Angst befallen, daß es von diesem Spiel für einige Tage abließ« (S. 106).

Bekanntlich können unbewußte Impulse im Spiel abreagiert werden, ohne bewußt zu werden. Weitere Untersuchungen auf diesem Gebiet könnten zu interessanten Ergebnissen führen, das ginge aber über das Ziel unserer Arbeit hinaus.

Wir sprechen so lange von Spiel, als die Handlungen willentlich begonnen und beendet werden. Im echten Spiel sind die Triebenergien stärker auf die Phantasie konzentriert als auf das Ergebnis der motorischen Handlungen. Regelspiele [*games*] bilden eine Ausnahme. Das Spiel [*play*] besitzt eine reinigende Funktion: es dient als Sicherheitsventil für den Druck angestauter Triebe. Hier, wie auch in anderer Hinsicht, nimmt das Spiel Funktionen voraus, die im erwachsenen Seelenleben von der Kunst wahrgenommen werden.

Das Spiel zeigt die Elastizität des Ich. Im späteren Leben dient das reife Ich als Vermittler zwischen den Forderungen des Es, des Über-Ichs und der Wirklichkeit. Wir denken an eine Ich-Funktion, die Nunbergs »synthetischer Funktion« oder Hartmanns »integrativer Funktion« nahesteht. Die ersten erfolgreichen Vermittlungen dieser Art werden im Spiel erzielt. Dabei ist die vermittelnde Instanz zu dieser Zeit noch weit schwächer als die mitwirkenden Faktoren.

Jede Stufe der Libidoentwicklung hat ihre eigenen Ängste und Entbehrungen. Es gibt Frustrationen und Ängste, die den *Körper* angehen. Das Wissen, daß unser Körper nicht immer ein vollkommenes Instrument ist, unsere Wünsche zu erfüllen, muß schon früh gewonnen werden, wahrscheinlich lange vor Ablauf des ersten Lebensjahres. Die Beziehung zur *präödipalen Mutter*, der allmächtigen Mutter, als die sie wahrgenommen wird, bringt verschiedene Frustrationen und Ängste mit sich. In der *ödipalen Phase* steht das Kind unter dem Druck von Trieben, die sich weder untereinander noch mit der Wirklichkeit vereinbaren lassen. Die ödipalen Spannungen führen nicht nur zu den wohlbekannten inneren Konflikten, sie lösen auch intellektuelle Entwicklungsprozesse aus und treiben sie voran. Überdies hilft ein weiter Bereich spielerischer Betätigungen dem Kind, Schicksalsschläge und Enttäuschungen, die es erleidet, zu überwinden und auch die Abwehrmechanismen gegen ödipale Verstrickungen zu festigen. In den *postödipalen* Jahren beziehen sich die dominierenden Befürchtungen auf *Figuren des Über-Ichs* und die Forderungen des Gewissens.

Jede libidinöse Beziehung verursacht Ängste, oder – anders ausgedrückt – jede ist voller Unzulänglichkeiten. Das Spiel wird mit dem Ziel begonnen, ihnen zu begegnen, sie zu mildern oder sie zu verarbeiten. So können also verschiedene Arten des Spiels durch bestimmte Ängste und ihnen entsprechende Phantasien charakterisiert werden. Während diese Arten des Spiels viele Ähnlichkeiten besitzen – sie haben dasselbe Material und teilweise vergleichbaren »sekundären Spielgewinn«[4] –, unterscheiden sie sich im Stil, in sozialer Hinsicht und unter anderen Aspekten. Um einen Einblick in die verschiedenen charakteristischen Züge und Bedeutungen der verschiedenen Formen des Spiels, in ihre Unterschiede und Ähnlichkeiten zu gewinnen, haben wir sie in der folgenden Tabelle zusammengestellt. Es erübrigt sich zu sagen, daß eine derartige schematische Darbietung übermäßig vereinfacht und sogar Entwicklungsabläufe, die langsam und kontinuierlich sind, verzerrt.

Mit dem Auftreten zeitlich späterer Spielformen verschwinden die früheren nicht. Sie dauern an oder werden verändert, sie treten in komplexeren oder ausgedehnteren Versuchen wieder auf, die das Fortschreiten der kindlichen Ich-Entwicklung spiegeln. Das gilt besonders für die Gruppe I. Phantasien über wachsende (oder veränderte) körperliche Kräfte und Fähigkeiten finden sich bei jeglichem Spiel. Einige Spieltätigkeiten der Gruppe III werden nur in der frühen Latenzzeit voll ausgebildet, zum Beispiel nach dem Auftreten der Gruppe IV. Selbstverständlich lassen sich Spielformen verschiedener Art verbinden, und sie verschmelzen auch mit anderen Tätigkeiten. Die Tabelle bringt ausgewählte charakteristische Züge und typische Beispiele, sie erhebt nicht den Anspruch, den weiten Bereich spielerischer Betätigung ganz zu erfassen.

Gruppe I: Spiele, die ihren Ursprung in der Beziehung zum eigenen Körper haben

Der Erörterung der Charakteristika dieser Gruppe schicken wir ein paar Spielbeobachtungen voraus. Sie sind verschiedenen älteren Quellen entnommen. Ein größeres Spektrum von Beispielen wäre äußerst wünschenwert, leider erlaubt dies der zur Verfügung stehende Raum nicht.

Beispiele

Zwei Monate lang war ein Dreijähriger häufig damit beschäftigt, ›Kaffeemachen‹ zu spielen. Es grenzte manchmal an zwanghaftes Verhalten, durch die Stärke der Emotion, die er im Spiel zeigte, und durch den Widerstand, den er bot, wenn er aufhören sollte. Die liebste unter den vielen Arten, »Kaffee zu machen«, war ihm das Spielen mit drei Aschenbechern, mit denen er eine bestimmte Maschine nachahmte; diesen Vorgang wiederholte er mit vielen anderen Gegenständen. Er schüttete sich Sand auf den Kopf und nannte das ›Kaffeemachen‹, er jagte den Hund unter das Klavier, er rutschte den Rücken seines Vaters und an Stuhllehnen herunter und nannte es ›Kaffeemachen‹. Zu diesem Spiel gab es viele anale Assoziationen, und während dieser Zeit zeigte er beson-

Überblick über die Spielhandlungen

	Zentrales Thema des Spiels: Objektbeziehung	Unzulänglichkeitsangst (verneint)	Kompensierende Phantasie	Formale Elemente, Stil	Sozialer Aspekt	Spiel-Material	Sekundäre Spielgewinne
Gruppe I	Beziehung zum *Körper* Körperbezogene Angst	Mein Körper ist nicht gut. Ich bin oft hilflos.	Mein Körper (seine Glieder, erlebte Gestalt, Veränderungen) ist ein vollkommenes Werkzeug für meine Wünsche. Vorstellungen von Größe, vollkommener Leichtigkeit	Eher Halluzinationen (positiv u. negativ) als Phantasien. Vorstellungen vergrößern Lustandauer.	Allein	Vergrößerungen u. Veränderungen von Körperfunktionen u. Körperteilen	Wachsende körperliche Fähigkeiten u. Körperbeherrschung; Anstoß zur aktiven Suche nach Befriedigung
Gruppe II	Beziehung zur *präödipalen Mutter*	Meine Mutter kann mich verlassen – mit mir machen, was sie will.	Ich kann mit *anderen* machen, was sie mit mir macht.	Kurze Phantasien, endlose monotone Wiederholungen	Allein oder mit Mutter zusammen	Mütterliches Spielen mit Puppen, Stofftieren, mit anderen Kindern u. der Mutter selbst	Wut, Angst gemildert; Fähigkeit, Frustration u. Verzug zu ertragen;

Überblick über die Spielhandlungen (Forts.)

	Zentrales Thema des Spiels: Objektbeziehung	Unzulänglichkeitsangst (verneint)	Kompensierende Phantasie	Formale Elemente, Stil	Sozialer Aspekt	Spiel-Material	Sekundäre Spielgewinne
	Angst, das libidobesetzte Objekt zu verlieren		Ich kann weitermachen (oder aufhören).	Wenige Variationen, kein Risiko, kein Höhepunkt, keine echte Fabel ›Wie du mir, so ich dir‹	Andere Kinder, wie Tiere oder Dinge, nicht als Mitspieler aufgefaßt Sporadisch Spiegelspiel	›Guck-Guck‹ Erste Werkzeuge	Anstoß zu dauernder Objektbeziehung
Gruppe III beginnt mit etwa 3 Jahren	*Ödipale* Beziehungen u. Abwehrmechanismen Angst, die Liebe geliebter Objekte zu verlieren	Ich kann mich nicht an dem freuen, was die Erwachsenen freut.	Ich bin groß, ich kann tun, was die Großen machen. Familienroman	Spontaneität Unendliche Vielfalt von Emotionen, Rollen, Fabeln, Hintergründen Zeit ist verschoben – später Drama, Gefahr	Frühes Zusammenspiel Versuche Phantasien zu teilen; innersoziale Phantasien Tätigkeit allein oder in Gesellschaft	Puppenspiel: weiter Bereich von Spielhandlungen, Vater- u. Mutterimagines (Pilot, Krankenschwester, Zauberer)	Vorbereitung auf Rollen u. Fähigkeiten Erwachsener Zusammenspiel bereitet Zusammenarbeit vor. Anstoß zum Abenteuer, Durchführung

Überblick über die Spielhandlungen (Forts.)

	Zentrales Thema des Spiels: Objektbeziehung	Unzulänglichkeitsangst (verneint)	Kompensierende Phantasie	Formale Elemente, Stil	Sozialer Aspekt	Spiel-Material	Sekundäre Spielgewinne
Gruppe IV beginnt mit etwa 6 Jahren	*Geschwister*beziehungen Angst vor dem Über-Ich und vor Über-Ich-Figuren	Ich bin drohender Autorität ausgeliefert. Ich kann nicht alles noch einmal von vorn anfangen.	Viele von uns sind vereint. Wir folgten bewußt den Regeln. Ich kann viele Leben leben.	Festgelegte Fabeln und Rollen Regeln, Programm, Ritual und *formale* Elemente sind bedeutungsvoll. Gegenseitige Beziehung (Piaget)	Organisiertes Zusammenspiel Phantasie von allen stillschweigend akzeptiert	Gruppenspiele Brettspiele Organisierte Spiele Spiele mit vorgestellten Armeen	Sich lösende ödipale Bindungen Zusammenarbeit mit Brüdern, mit Gefolgsleuten und Führern wird als befriedigend erfahren.

deres Interesse an seinem eigenen ›A-a‹ (Kot oder After), an dem von Tieren, Straßenbahnen, anderen Leuten usw. Manchmal nannte er den Kaffee A-a. Er sprach von »Kaffee, der oben hineingeht und unten herauskommt«. Anale Phantasien waren die konstantesten Assoziationen zu diesen Spielen, aber sie machten nicht die ganze Geschichte aus... (26, S. 33-58).

Einige Kinder weisen in dieser Phase (Anfang des zweiten Lebensjahres) eine Zeitlang alles Spielzeug zurück und zeigen an ihren Spielkameraden wenig Interesse; sie gebärden sich, als seien sie trunken von dem Gedanken des Raums und sogar der Geschwindigkeit; sie krabbeln, gehen, marschieren und rennen und wenden sich mit dem größten Vergnügen von einer Bewegungsart zur anderen. Diese Kinder gebrauchen Spielzeug meist dann, wenn sie es in ihr fortgesetztes Bewegungsspiel einbauen können. Stühle und Töpfe werden nicht zum Sitzen verwandt, sondern durch das Zimmer geschoben. Mit weichem Spielzeug und Tieren auf Rädern wird ›spazierengegangen‹, man rennt Bällen nach, und einige Kinder zeigen, wenn sie einmal das Gleichgewicht gut halten können, besonderes Vergnügen daran, zu gehen, während sie in jeder Hand ein Spielzeug halten. Manchmal ist zum Schluß eine ganze Kinderschar im Spielzimmer stundenlang in Bewegung, im Kreise sich drehend oder immer wieder das Zimmer durchquerend wie die Leute auf einer Schlittschuhbahn (12, S. 15–16).

Das eigentliche *Thema* all dieser Spiele sind die Teile und Funktionen des Körpers, die das Kind umschreibt, verändert oder verherrlicht. Die Unzulänglichkeit oder Beängstigung, die es erfährt, kann als ›Mein Körper ist nicht gut, ich bin hilflos‹ ausgedrückt werden, und die *kompensierende Phantasie* mag sein: ›Mein Körper (seine Ausdehnung, seine erlebte Gestalt, seine Veränderungen) ist ein vollkommenes Instrument für meine Wünsche, meine Anordnungen.‹ Offensichtlich freut sich das Kind bei diesem Spiel an der ruhigen, leichten und reibungslosen Darstellung an sich. Die begleitende Phantasie erzählt keine Geschichte wie in den später auftretenden Gruppen von Spielen. Vielmehr gibt es undeutliche Vorstellungen von Überlegenheit oder vollkommener Leichtigkeit; sie sind der Grund für das gesteigerte Wohlgefühl, das mit dem Spiel einhergeht.

Das kleine Kind stößt häufig, nahezu unaufhörlich, auf Grenzen bei Handlungen, die es nicht tun kann, entweder weil es noch nicht hinreichend kräftig oder geschickt ist oder weil es Strafe riskiert. Deshalb fängt es an, etwas vorzugeben, das heißt, es drückt symbolisch Körperfunktionen aus, die es noch nicht beherrscht oder an denen es sich noch nicht erfreuen kann, zumindest noch nicht in dem gewünschten Maß. Zum Beispiel tut es das, was es auch schon früher tat, aber ersetzt Urin und Kot durch gesellschaftlich akzeptierte Substanzen. Ganz offensichtlich wird das am Beispiel des Spielens mit Sand, Schlamm und Wasser. Eine andere Art der frühesten Spiele beschäftigt sich mit Veränderungen der Körperhaltung oder der Extremitäten, unterstützt von einer lebhaften Phantasie. Eine Schaufel ist ein wirkungsvolleres Werkzeug als eine hohle Hand; ein hölzerner Klotz ein besserer Hammer als die Faust, und ein Ball springt und rollt ohne die Gefahr eines schmerzhaften Hinfallens oder eines aufgeschlagenen Knies.

Gerät, das im Spiel benützt wird, wird zuerst eher als Ersatz oder als Verbesserung von Körperteilen empfunden denn als Werkzeug (vergleiche präödipale Phase). Es wird ein Teil des Körper-Ichs – von daher gewinnt es hohe narzißtische Bedeutung im Unbewußten der Erwachsenen.

Wenn wir größer werden, wird unser Körper, unser Muskelapparat, ein weit besseres Vollzugsorgan für unsere Wünsche und Befehle, aber nie wird er zu einem vollkommenen Instrument. Deshalb bleiben Wunschphantasien über größere Geschicklichkeit oder größeres Vermögen während unseres ganzen Lebens bestehen.

Ein kurzer Hinweis auf die offensichtlichen *sekundären Spielgewinne* mag genügen: Das Spiel steigert die körperlichen Fähigkeiten und die Körperbeherrschung; jedes Spiel bringt *Funktionslust*. Diese Auffassung wurde von K. Groos eingeführt, während der Ausdruck durch K. Bühler geprägt wurde. Jeder Beobachter von Kinderspielen kann bestätigen, daß es ein ausgezeichneter beschreibender Ausdruck ist. In den spielerischen Handlungen, die Körperteile oder -funktionen beschreiben, variieren oder verherrlichen oder sich mit ihren Auswirkungen oder den Entsprechungen der Umwelt beschäftigen, ist die Funktionslust sogar noch auffälliger als bei späteren Spielformen.

Das früheste Spielen verschmilzt kaum wahrnehmbar mit dem Nichtspiel. Das ist ein Punkt, in dem Vertreter der verschiedenen Denkrichtungen übereinstimmen (vgl. 22, 38, 39). Die Erfahrungen in der vorsprachlichen Phase müssen notwendig Gegenstand von Spekulationen bleiben. Aus diesen und auch anderen Gründen kann man die frühesten Spielformen als *Vorformen* des Spiels auffassen. Jekels und Bergler (29) sprechen von einem Vorstadium des Traums, und wir folgen ihnen in ihrem gedanklichen Modell. Nach Jekels sind die ersten Träume nicht Wächter des Schlafs, im Gegenteil, ihre Aufgabe ist es, den Schläfer an die Freuden des Lebens zu erinnern und ihn wieder aufzuwecken. Ohne diese Aufforderung könnte er immerdar schlafen und nie erwachen. In vergleichbarer Weise mag das früheste Spiel die Aufgabe haben, schlicht und einfach Vergnügen zu schaffen und nicht einen Ausgleich zwischen den Forderungen der Triebe und dem Diktat der Wirklichkeit, wie es das spätere Spielen tut.

Gruppe II: Spiele die in der Beziehung des Kindes zur präödipalen Mutter wurzeln

Beispiele

a) Rose (20 Monate) sah interessiert zu, wenn verschiedenen Kindern die Nase geputzt wurde. Plötzlich ergriff sie einen alten Umschlag, rannte von einem Kind zum anderen und wischte damit deren Nasen.

b) Paul, zwei Jahre alt, kämmte den anderen Kindern gern das Haar, ohne sich darum zu kümmern, daß es denen mißfiel. Er rannte von einem Kind zum anderen und mißhandelte deren Haare mit einem Kamm. Nur einem Kind, Larry (20 Monate alt), machte das nichts aus. So rannte Paul, immer wenn er mit seinem Kämmen ein Kind zum Schreien gebracht hatte, zurück und kämmte Larry, ehe er sein nächstes Opfer anging. Dieses Spiel dauerte manchmal mehrere Minuten lang.

c) Rose (21 Monate) verlangte nachdrücklich ›mehr, mehr‹, wenn sie zum erstenmal ihren Teller leergegessen hatte. Das Kindermädchen, das Christopher (16 Monate), das nächstälteste Kind, fütterte, verließ den Tisch, um Essen für Rose zu holen. Sofort nahm Rose den Löffel und übernahm es, Christopher zu füttern.

d) Stella (18 Monate) saß neben Agnes (15 Monate); sie schob sich einen Löffel, gehäuft voll, in den Mund, dann einen leeren in Agnes' Mund. Das wiederholte sie mehrere Male, bis sie schließlich Agnes' Teller völlig geleert hatte (12, S. 30 f.).

Ein anderes Beispiel ist das berühmte Spiel mit der Holzspule, das Freud in ›Jenseits des Lustprinzips‹ bringt. Das Kind, das oft allein gelassen wird, beginnt, eine Spule außer Sichtweite zu werfen und wieder zurückzuholen; genauso läßt es sein Gesicht in einem Spiegel erscheinen und verschwinden. In diese Kategorie gehört auch das »Guck-Guck«-Spielen, das Kinder in aller Welt spielen. Viele Sprachen besitzen liebevolle Namen für dieses Spiel (z. B. *peek-a-boo* im Englischen).

Diese Gruppe von Spielphantasien rankt sich um die Figur der präödipalen Mutter, die sowohl die unauslotbare Quelle für Annehmlichkeiten als auch für Furcht und Schrecken ist. Die Kernformel lautet: »Ich kann mit dir machen, was Mama mit mir macht.« So macht das Kind seine Puppe, seinen Teddybären oder ein kleineres Kind zum Empfänger seiner mütterlichen Fürsorge[5].

Im Versteckspielen umschreibt es das Kommen und Gehen der Mutter: »Ich kann dich allein lassen, wie du mich allein gelassen hast.« Indem es wegrennt und sich hinter einem Tisch oder einem Vorhang versteckt, fordert es seine Mutter heraus und entzieht sich spielerisch ihrer Herrschaft und ihrem Schutz.

Wir wollen einen Blick auf die *Art* dieser präödipalen Spiele werfen. Da gibt es zahllose Wiederholungen mit kaum einer Veränderung. Die zugrunde liegende Fabel ist äußerst dürftig, sie läßt sich in einem kurzen Satz wiedergeben; möglicherweise handelt es sich noch nicht einmal um eine richtige Fabel. Der Erwachsene, der mit dem Kind spielt, fühlt sich tödlich gelangweilt, er ermüdet, lange bevor das Kind seine Lust an der Wiederholung gestillt hat.

Die meisten präödipalen Spiele muten den Betrachter monoton an, da der ihnen zugrunde liegende Konflikt so einfach und gar nicht komplex ist. Alles gründet auf der einen Formel ›Wie du mir, so ich dir‹. Es gibt nur zwei Akteure, und alle Gefühle des Kindes sind fest auf eine Person gerichtet: seine Mutter. Es liebt und fürchtet sie, will sie die ganze Zeit über haben, es will wie sie sein, sie aber auch ersetzen. Die Konflikte sind nicht sehr schwer deutbar, kein dramatisches Geschehen, keine Gefahren werden ins Spiel eingeflochten. Die Stimmung im präödipalen Spiel ist oft nüchtern, ernst, fast geschäftlich. Alle diese Charakteristika stehen in direktem Gegensatz zu der endlosen Veränderbarkeit, dem Glücklichsein und der phantasiereichen Leichtigkeit späterer Spiele auf der ödipalen Stufe.

Soziale Aspekte: Das Kind spielt allein oder mit seiner Mutter, und wenn andere Kinder mit ins Spiel gezogen werden, wirken sie eher als Attrappe denn als Mitspieler; das aktiv spielende Kind erscheint oft ihren Stimmungen und Reaktionen gegenüber unzugänglich (vgl. oben das Beispiel b).

Das erste Tierspiel tritt in der präödipalen Phase auf. Tierrollen bleiben zweckdienliche und beliebte Vehikel, aber ihre symbolische Bedeutung verändert sich entsprechend dem Altersniveau der Spielenden völlig. Das Kleinkind kennt nur *eine* Beziehung, die zu seiner Mutter. Nun kann das Bild der präödipalen Mutter ohne Streichung wesentlicher Züge auf ein Tier übertragen werden. Von daher können Tiere große Zärtlichkeit, Angst, Bewunderung oder Fröhlichkeit wecken. Das mag teilweise dazu beitragen, daß Tiere als Spielzeug, in Bilderbüchern und Kinderversen so beliebt sind.

Es gibt aber auch präödipales Spielen ohne die Dynamik der Vergeltung; das spielerische Streicheln des kindlichen Körpers und das lustige Spiel mit den Händen oder dem Gesicht – in dem die einzelnen Teile genannt werden oder als Figuren einer kleinen Geschichte auftreten, wie in ›Dies ist der Daumen, der schüttelt die Pflaumen‹. Das Kind merkt, daß seine Mutter seinen Körper gutheißt, daß sein Körper gut und schön, ohne irgendwelche Fehler ist. Hier sagen wir vielleicht etwas zuviel: Wir wollen lediglich den Gedanken mitteilen, daß durch dieses Spielen Vergnügen gewährleistet wird und die Beängstigungen zum Schweigen gebracht werden.

Wir stellten einige spekulative Behauptungen über die sekundären Spielgewinne im präödipalen Spiel auf. Das Kind kehrt sich von der passiven zur aktiven Rolle, und indem es anderen das tut, was ihm die allmächtige Mutter getan hat, kann es seine Emotionen der Wut und der Angst ergründen. Wut ist die machtvollste, am höchsten gesteigerte Emotion in der präödipalen Phase (3). Die gute und die böse Mutter im Spiel verkörpert zu haben, kann dem Kind helfen, in Leidenszeiten sich der guten Mutter zu erinnern, und das wiederum bereitet den Boden für eine Objektbindung, zum Beispiel für eine Bindung, die über das Stillen einer Not hinausreicht.

Gruppe III: Spiele im Zusammenhang mit Konflikten auf der ödipalen Stufe

Spielerische Tätigkeiten, die in der ödipalen Situation auftreten und durch die Spannungen dieser Zeit ausgelöst werden, zeigen größere Variationsbreite. Das typische Spielen von, sagen wir, vier- bis fünfjährigen Kindern läßt sich sehr gut beobachten und wurde in der akademischen Psychologie ausführlich erörtert. Die Kinder spielen zum Beispiel Haushalt, richten eine Ecke mit kleinen Möbelstücken, Puppentischen, kleinen Teppichen ein usw. Oder sie legen einige Kleidungsstücke von Erwachsenen an und die Zeichen eines bestimmten Berufs und spielen Arzt, Cowboy, Krankenschwester, Kapitän und so weiter. Das Zubehör und die Rollen werden der Umwelt entnommen oder aus Geschichten, aber die Konflikte, die das Kind zu lösen versucht, die Unzulänglichkeiten, die es zu kompensieren gilt, sind seine eigenen.

Die *Beängstigung*, der dieses Spiel zu begegnen versucht, kann vielleicht in folgende Worte gekleidet werden: ›Ich bin klein, ich bin von den Vergnügen der Erwachsenen ausgeschlossen‹ und die *kompensierende Phantasie* in die Worte: ›Ich bin groß, ich kann dasselbe wie die Großen‹. Hier haben wir den Wunsch, dem Freud so zentrale Bedeutung zumaß: groß sein, es wie die Großen machen [6].

Das Wichtigste der ödipalen Situation ist, daß es sich um ein Dreiecksverhältnis handelt (16,3). Beziehungen, die in der präödipalen Phase so einfach waren, verstricken sich jetzt, das Erreichenwollen eines Zieles tut weh, und die Enttäuschungen schmerzen. Der weite Bereich starker Emotionen spiegelt sich in der Lebendigkeit des Spielens.

Bei verschiedenem Hintergrund, in verschiedenen Rollen und Verkleidungen gibt das Kind vor, Privilegien, die in der Wirklichkeit den Erwachsenen vorbehalten sind, zu besitzen; auf diese Weise gewinnt es die Befriedigung seiner libidinösen oder auch destruktiven Triebe. In dieser Phase hat das spielende Kind den größten Spielraum für seine Vorstellungen, seine Spiele sind bunt und phantasievoll. Seine akuten Konflikte, seine scharfe Intelligenz, die sich nicht leicht durch irgendwelche Gepflogenheiten beirren läßt, verleihen diesen Spielen eine Vitalität und naive Unmittelbarkeit, die sich dann bei älteren Kindern mäßigt. Das Unmittelbare der gerade erfundenen Spielsituation und die Stärke der Emotionen erfreuten die Beobachter schon lange vor dem Bestehen einer Kinderpsychologie. Es ist keineswegs überraschend, daß die meisten Spiele, die sich in der Literatur finden, dieser Gruppe zugehören und daß der Ausdruck ›Spiel‹ gelegentlich so gebraucht wird, als meine er nur diese Gruppe der Spiele.

In einer Art des ödipalen Spielens, dem sogenannten dramatischen Spiel, ist dieses Motiv mit einbezogen und in Form einer ganzen Geschichte dargestellt. Das Spiel kann gerichtet sein, aufeinanderfolgende Stufen haben, mit späterem Konflikt und plötzlicher Wendung versehen sein. Wir beobachten aber sehr viel Spontaneität und unvorhergesehene Entwicklungen. Der Durchschnittsbeobachter, das heißt der Beobachter ohne spezielle psychologische Interessen, ist von der Lebendigkeit und dem Erfindungsreichtum der Kinder bezaubert. Deshalb erinnern sich so viele in ihren Autobiographien an diese Art des Spielens, wird es so oft in Gedicht und Prosa beschrieben. Der tiefere Grund, warum der Erwachsene so entzückt ist, wenn er die Rollen in diesem Spiel beobachtet, ist der, daß die spielenden Kinder sich selbst an die Stelle der neidischen Erwachsenen setzen, deren Vorrechte übernehmen und sich ihrer ohne Schuldgefühle erfreuen.

Die Stimmung, die das ödipale Spiel durchzieht, ist gewöhnlich glücklich, sogar triumphierend, von naiver Unüberwindlichkeit. Wie Freud (15, S. 26) sagt: »Wenn man der unbestrittene Liebling seiner Mutter gewesen ist, so behält man fürs Leben jenes Eroberungsgefühl, jene Zuversicht des Erfolgs, welche nicht selten wirklich den Erfolg nach sich zieht.« Das Gefühl glücklich eroberten Besitzes, den die liebevolle mütterliche Nachsicht dem Lieblingssohn gewährt, wird von jedem Kind in seinen ödipalen Spielphantasien gesucht. Hier wird jeder Spieler zum Helden, der das Schicksal meistert.

Auf der ödipalen Stufe nimmt es das Kind auch mit intellektuellen Fragen auf, die es selbst dann nicht bewältigen kann, wenn ihm Erwachsene sachlich richtige Antworten geben. Diese Spannungen führen zu Entwicklungen, die außerhalb des Reiches der Spiele liegen: Die Neugier des Kindes ist aufs höchste geweckt, es fragt viel und lernt viel. Aber die Neugier führt auch zu spielerischen Handlungen – Rätsel mit überraschenden Lösungen, kniffligen Problemen, Geduldspiele werden interessant, und das Kind beginnt an Scherzreimen, Späßen und Wortspielen Freude zu haben.

Soziale Aspekte: Hier beteiligen sich mehrere Kinder an Fabel, Aufbau und Handlung des Spiels, zumindest versuchen sie, sich darin zu teilen. Sie bilden möglicherweise das, was Freud ein ›geschlossenes System‹ nannte, vielleicht verfehlen sie auch die Intentionen der anderen. Jedenfalls versuchen sie, in bemerkenswertem Gegensatz zum präödipalen Spiel, einander ihre Vorstellungen mitzuteilen und zusammenzuarbeiten.

Zur Unterstützung ihrer Phantasien gebrauchen sie Requisiten und sinnbildliche Zeichen. Im präödipalen Spiel benützte das Kind die einfachsten und rohesten Werkzeuge, zum Beispiel einen Stock, einen Löffel, einen Papierknäuel, einen Spiegel, aber es erfand keine Szenerie, keine Kostüme, kein Spielzeug. Sein Wunsch ›Ich bin die Mutter‹ genügte; die Illusion brauchte nicht das Verkleiden, um die Rolle ganz zu erfüllen.

Ödipales Spielen, das unter so großem Einsatz von Affekt, Leistung und Intelligenz geschieht, führt zu einem weiten Spektrum sekundärer Spielgewinne. Werfen wir zuerst einen Blick auf die Formulierungen der Schulpsychologie, die der Sache sehr nahe kommen: Durch das Spiel bereitet sich das Kind auf die Rolle und Funktion der Erwachsenen vor und gewinnt Fähigkeiten, die in seiner Gesellschaft dem künftigen Erwachsenen nützlich sind (Spieltheorien von Darwin und Groos). Aber sein Spiel erzielt auch einen unmittelbaren Gewinn: Die Spannungen und Frustrationen der ödipalen Situation sind gemildert, zumindest zeitweilig. Wie Greenacre (20) es ausdrückt: »Eine allgemein sich erweiternde Umwelt mildert die Vorherrschaft der genitalen Bedürfnisse.«

Wir haben die oben gebrachten Beispiele aus der Gruppe der dramatischen Spiele gewählt. In anderen Formen des Spiels ist die Verwandtschaft zu den ödipalen Sehnsüchten weniger offensichtlich. Das Kind, das zärtliche Sorge für eine Puppe zeigt, eine Spielzeugmaschine bedient oder eine Brücke baut, gewinnt auch Vorrechte, die in der Wirklichkeit unter dem Motto ›Für Kinder verboten!‹ stehen. Versuchsweise möchten wir sagen, daß jegliches Spiel, bei dem das Kind sich nicht nur so nebenbei mit irgendwelchen Gegenständen beschäftigt, sondern etwas schafft oder konstruiert, in den Bedürfnissen und der Abwehr, die die ödipale Situation hervorruft, verwurzelt ist.

Man kann schöpferische Leistungen in Kunst und Wissenschaft, die in späteren Jahren gelingen, als Sublimationen betrachten. Es scheint gerechtfertigt, das Spielen der Kindheit, das wirklich phantasiereich ist und Spuren schöpferischer Fähigkeiten zeigt, im Zusammenhang mit ödipalen Sublimationen zu sehen.

Es ist hier nicht der Ort, Spielformen und Phantasien zu erörtern, die auf der Abwehr gegen ödipale Verstrickungen beruhen, zum Beispiel den Familienroman und seine Varianten. Einige dieser Entwicklungen zeigen sich in Tagträumen, wie sie in der Literatur für Kinder ausgesponnen werden. Im Familienroman heißt es: ›Ihr seid nicht meine richtigen Eltern.‹ Das kann zur nächsten Stufe führen: ›Um sie zu suchen, muß ich weit, weit fortgehen‹, und das facht das Interesse an fremden Ländern und längstvergangenen Zeiten an. Oder es kann zu der rebellischen und selbstbewußten Phantasie führen: ›Ich brauche meine Eltern nicht; tatsächlich brauche ich überhaupt niemanden. Ich schaff' alles aus eigener Kraft!‹ In diesem Zusammenhang werden Robinson Crusoe oder Tarzan zur Lieblingslektüre. Der augenscheinliche Inhalt dieser Abenteuergeschichten ist die Schilderung, wie der Held auf Grund seiner kühnen Leistungen, seines Muts und seines Erfindungsreichtums überlebt. Auf tieferer unbewußter Stufe hat er seine Eltern und seine Heimat verworfen (oder verloren), um zur Natur zurückzukehren, das heißt, zum idealisierten Bild der allgegenwärtigen, mildtätigen frühen Mutter. Zwillingsgeschichten sind bei kleinen Kindern sehr beliebt, und sie stellen vielleicht eine andere Form des Familienromans dar: ein Alter ego schwächt die Bedeutung der Eltern ab und erleichtert die Abkehr von ihnen (4).

Gruppe IV: Postödipale Spiele

Die Betätigungen bei diesem Spieltyp schließen Gruppenspiele wie Baseball, Kricket, Fußball, auch Kegeln, Domino, Karten- und Brettspiele mit ein. Auch weniger organisierte Spiele wie Räuber und Gendarm und Verstecken gehören hierher.

Diese Art zu spielen unterscheidet sich in einigen wesentlichen Punkten von allen zuvor erwähnten Spielen, und die englische Sprache bestätigt unser Gefühl, denn sie trägt diesem Unterschied durch ein eigenes Wort, nämlich *›game‹* [*play* – das Spielen, *game* – das Regelspiel] Rechnung[7].

Für das vorschulpflichtige Kind sind die Mitglieder seiner Familie, die es ständig umgeben, der Rahmen seiner emotionalen Welt. Mit fünf oder sechs Jahren versucht es auf mancherlei Wegen, sich aus diesen Bindungen, die ihm so viele schmerzliche Enttäuschungen bereiten, zu lösen. Es wendet sich den Phantasien des Familienromanes zu und auch organisierten Spielen, die ihm Gruppenbindungen und wechselseitige Identifikationen mit seinen Spielkameraden bieten. Solche Gefühle werden die Leitsterne seines Spiels, wie die vorgegebene Erwachsenenrolle sein früheres Spielen bestimmte. Die frühen »Kartenhäuser« waren schlecht gebaut und brachen leicht zusammen. Die Ziele der Spiele in der Latenzzeit sind der Wirklichkeit aus zwei Gründen besser angepaßt: Das größere Kind hat mehr Fähigkeiten, und in seinen Phantasien richtet es sich auf viel bescheidenere Ziele.

Üblicherweise wird behauptet, daß das Kind die ödipalen Bindungen aus biologischen Gründen und weil es frustriert worden ist hinter sich läßt. Wir würden lieber eine Metapher übernehmen, die Freud in anderem Zusammenhang gebraucht: Der Tourist, der die hohen Stufen der Pyramiden von Gizeh ersteigt, wird von den begleitenden Fremdenführern von hinten gestoßen und von vorne gezogen; auch der Sechsjährige unserer Gesellschaft, der in die Schule eintritt, wird gezogen und gestoßen. Biologische Gründe und wiederholte Enttäuschungen stoßen ihn aus seinem frühen Paradies, während beginnende libidinöse Bindungen zu seinen Spielkameraden und zu neuen Vaterimagines (Lehrer, ältere Freunde usw.) ihn vorwärtsziehen.

Die Spiele und Sportarten, die in Gruppen gespielt werden, gründen auf der Phantasie, zu einer Gruppe von Brüdern zu gehören, die wechselseitig und eifersüchtig ihre Vorrechte wahren oder einem gewählten Führer folgen. Es erübrigt sich eigentlich, darauf hinzuweisen, daß es neben diesem Leitmotiv andere Phantasien geben mag.

In den ersten postödipalen Jahren gibt es noch andere Beschäftigungen, anale Sublimationen tauchen auf höherer Ebene auf. Sammeln, und damit verbunden der Wettstreit, und Tauschgeschäfte mit schwindlerischen und verschwenderischen Geschenken führen zu Gruppen und Gegengruppen, zu Freundschaftstaten und Mißgunst. Die Welt seiner Spielinteressen gibt dem Kind neue Hoffnungen, Enttäuschungen und Befriedigungen. Geheimbünde bilden sich, und Hobbys werden wichtig.

Hier wollen wir lediglich die Dynamik von *Regelspielen* [*games*] erörtern. Die zugrunde liegenden Ängste sind unbewußt. Dringen sie ins Bewußtsein, so führen sie nicht zu Spielen. Aber falls wir sie als beobachtende Analytiker in Worte faßten, könnten wir sagen: ›Ich muß der Autorität gegenübertreten, drohender, gefährlicher Autorität ganz auf mich gestellt begegnen‹, oder: ›Ich kann nicht zurückgehen und alles noch einmal von vorne beginnen.‹

Die Formeln für die kompensierenden Phantasien lauten etwa folgendermaßen: ›Ich bin nicht allein, wir sind eine Gruppe, wir sind alle vereint‹, oder: ›Wir befolgen die Regeln bis auf den Buchstaben getreu‹. Strenge Regeln sind das Rückgrat der Spiele, und für die Mitspieler sind sie für die Dauer des Spiels absolut gültig. Sie peinlich zu beachten verschafft Unabhängigkeit von äußeren Repräsentanten des Über-Ichs. Oder schließlich: ›Ich kann alles neu anfangen, sooft ich will.‹ Oder deutlicher: ›Ich kann nicht eines, sondern viele Leben leben.‹ Das eventuelle Ende ist weit hinausgeschoben. Die letzten Formeln nähern sich mehr den Phantasien von Erwachsenen als denen der Heranwachsenden.

Der Gegensatz zum ödipalen Spiel ist auffällig. Dort wurde die Zukunft vorausgenommen, einfach in die Gegenwart versetzt, die Zeit wurde sozusagen beschleunigt und zusammengezogen. In den Regel-Spielen wird die

Zeit anders behandelt. Die Uhr wird zurückgedreht, und der Spielende kehrt, sooft er nur will, zum Anfang zurück. In der Wirklichkeit ist einem jeden von uns ein Lebensweg, ein Anfang und ein Ende, bestimmt. Der wesentliche Zug der Spiele ist der, daß immer und immer wieder eine neue Runde beginnen kann.

Ein anderer wichtiger Aspekt organisierter Spiele ist der, daß sie die Identifikation mit Alterskameraden fördern. In der ödipalen Phase identifiziert sich das Kind mit dem Vater, es treten Identifikationen mit Gleichaltrigen in den Vordergrund, und die Familienverstrickungen nehmen an Bedeutung ab. Homosexuelle Wünsche werden in Gruppenspielen kanalisiert.

Einige wenige Anmerkungen zu den *sozialen Aspekten* der Spiele: Hier bilden die Spielenden endgültig ein ›geschlossenes System‹, die Zusammenarbeit ist gut organisiert und muß ruhig verlaufen, oder das Spiel wird unterbrochen. Im ödipalen Spiel können die Spieler eine Zeitlang bei ihren Vorhaben und dem Gehalt, den sie Rollen und Fabeln geben, den andern aus dem Sinn verlieren und doch glücklich ›zusammen‹-spielen. Bei Regelspielen ist die zugrunde liegende Phantasie von allen stillschweigend akzeptiert, und nur wenig Emotion ist auf sie konzentriert. Auch dies steht in scharfem Widerspruch zum ödipalen Spiel mit seinen affektgeladenen Phantasien.

Eine Mannschaft beim organisierten Spiel, Basketball, Fußball usw., stellt eine Gruppe aufmerksamer loyaler Brüder dar. Bei Brettspielen ist das nicht so stark ausgeprägt: Jeder Spieler hat eine Gruppe gläubiger Gefolgsleute unter seinem Kommando, eine vorgegebene Armee – die Schachfiguren, Dame- und Dominosteine oder eine Handvoll Karten[8].

Die Fabel ist festgelegt, und die Rollen sind ebenfalls starr und überliefert. Regeln, Zeremonien und Riten sind wesentliche Bestandteile all dieser Spiele. Die formalen Elemente dominieren.

So kann es, und oft ist es so, für den Spieler wichtiger sein, die Regeln zu beachten, als zu gewinnen. So lange beide Teile die Regeln befolgen, bleiben sie einander gleich und Freunde. Gewinner und Verlierer kehren zu der Ausgangsgleichheit zurück, sie schütteln sich die Hand. Dieser Brauch zeigt nicht die Bescheidenheit des Gewinners oder seine Leutseligkeit; er ist ein Ritus, um allen Teilnehmern wieder die Möglichkeit der Identifikation miteinander zu bieten.

Im Gegensatz zum ödipalen Spiel haben die Mitspieler wenig Spielraum für ihre Handlungen, die Fabel folgt einem althergebrachten Muster, sie läuft in Gleisen ab, unvorhergesehene Entwicklungen können höchstens am Rand auftreten. Der Unterschied in der inneren Welt des Kindes in der ödipalen Phase und dem Kind in der Latenzperiode spiegelt sich in seinen Spielhandlungen. Auf der ödipalen Stufe werden die Handlungen unmittelbar ausgedacht, und deshalb drücken sie so gut die emotionalen Spannungen und Konflikte des Kindes aus und verschaffen Erleichterung. Im Gegensatz dazu sind die Regelspiele keine persönlichen Schöpfungen, sondern überlieferte Formen, die von der Gruppe zum Einzelnen und von Gruppe zu Gruppe weitergegeben werden. Ihnen fehlt eines der wesentlichen Merkmale des Spielens, die Spontaneität. Noch wichtiger ist ein anderes Merkmal: Gruppen- und Brettspiele helfen dem Spieler, mit seinem eigenen Fragen fertig zu werden. Das kleine Kind gewinnt ein zeitweiliges Lösen aus seinen emotionalen Verstrickungen durch seine Spielphantasie, weil es sie ad hoc erfindet – gerade um dem Druck seiner emotionalen Nöte zu begegnen. Dem Kind in der Latenzzeit, in dem die Abwehrmechanismen das ödipale Bestreben überlagert haben, helfen die Regelspiele gerade deshalb, weil die ihnen zugrunde liegende Phantasie nicht spontan und improvisiert ist, sondern unpersönlich und überliefert[9].

Das Rückgrat der Regel [*games*] ist der Wettbewerb. Rivalität und Wettbewerb traten schon früher im Leben des Kindes, in der ödipalen Phase, auf, aber es gibt einen grundlegenden Unterschied zwischen diesem frühen Wettbewerb und dem späteren. Die Rivalität mit dem Vater oder auch den Geschwistern in der Familie ist schmerzlich, aber die Rivalität mit den Spielkameraden ist keineswegs nur unerfreulich. Um das Ergebnis ganz einfach auszudrücken, können wir sagen: Wenn die Rivalität zu Hause beseitigt werden könnte, so wäre der Rivale, der das Feld behauptet, befriedigt. Das Gegenteil gilt für das Spielfeld: Vieles, um das der eine Rivale kämpft, wäre reizlos, wenn *andere* sich nicht auch darum bemühten. Das Hin und Her des Wettbewerbs in den Regelspielen verschafft Befriedigung, und sogar der Verlust ist vergleichsweise unbedeutend, solange er ›nach den Regeln‹ eintritt. Das ist der springende Punkt: Die Bedeutung, die den formalen Elementen des Spiels beigelegt wird, läßt auch beim Verlieren keine Beschämung aufkommen. Diese Verschiebung des Brennpunktes erscheint uns als eine Schutzvorrichtung[10].

Die Wettkämpfer streben während des Regelspiels nach Überlegenheit, aber mit jeder neuen Runde oder mit jedem neuen Spiel kehren sie zur anfänglichen fiktiven Gleichheit zurück. Das Prinzip des *›fair play‹* ist eine Folge dieses Strebens nach Gleichheit. Die höchste Ausprägung stellt die

Vorgabe [*handicap*] dar. Eine bemessene und zeitlich begrenzte *Un*gleichheit wird eingeführt, um überlegene Kraft oder Fähigkeiten eines Teilnehmers oder einer Mannschaft auszugleichen. Seine Funktion ist, eine ideale Gleichheit der Spielenden während der Dauer des Spiels zu schaffen, da bei typischen Regelspielen der Sieg wertlos wäre, wenn er nicht auf diesem Boden der Gleichheit errungen würde.

Das libidinöse Ziel eines Lebensabschnitts kann kurz darauf zum Inhalt einer Phobie werden (14). Kris legt dar, daß manchmal der Gegenstand der Angst einer bestimmten Stufe auf der nächsten zum Stoff für Scherz oder Belustigung werden kann. Wir fügen hinzu, daß das, was in einer Phase Quelle der Angst ist, oft zum Lieblingsstoff für Spiele des nur wenig älter gewordenen Kindes werden kann. Das sehr kleine Kind will die *gleiche* Geschichte immer und immer wieder in derselben Weise hören (17). Das Unvertraute verursacht Unlust, aber kurz darauf, in den ersten postödipalen Jahren, werden neue Geschichten mit mannigfaltigen Abenteuern gerne gehört. Ein ähnlicher Umschwung läßt sich in der Art und Weise, wie einige Spiele gespielt werden, beobachten, zum Beispiel Verstecken (36).

Sich mit seinesgleichen zusammenrotten, Loyalität gegenüber der Gruppe, das Beachten der Regeln und Kontrollieren, ob auch jeder andere sie befolgt, charakterisiert viele Spielhandlungen während der Latenzperiode und der Adoleszenz. Diese wechselseitige Identifikation bereitet das Kind darauf vor, seine ödipalen Bindungen zu verlieren. Regelspiele sind vorwiegend der Zeitvertreib von Knaben; ein Grund dafür kann sein, daß die ödipalen Bindungen des Mädchens nicht so intensiv tabuiert werden wie die des Knaben an der Schwelle zur Latenzzeit. Sie zu lösen ist nicht so schwer und dringlich (19,3)!

Wir wollen schnell noch einen Blick auf andere sekundäre Spielgewinne werfen. Zusammenarbeit mit Gleichaltrigen, mit einem Führer oder mit Kameraden, die einem folgen, ist eine befriedigende Erfahrung und führt von den Spielen hinüber ins wirkliche Leben. Dasselbe gilt für andere gesellschaftlich gebilligte Attitüden (38, 39)[11].

Die Ich-Strukturen, die während der Latenzzeit entwickelt werden, verlieren leicht in späteren Jahren ihre besondere Wichtigkeit und ihre Starre, aber sie bleiben Teil unserer psychischen Ausrüstung; daher behalten verschiedene Arten überlieferter Spiele ihre Anziehungskraft im späteren Leben. Wenn die früheren Formen des Spiels im späteren Leben wieder auftauchen, sind sie in Stoff und Stil stark verändert, während die Spielhandlungen aus der Gruppe IV vom ersten Auftreten an relativ unverändert bleiben.

Wir haben einige wenige Züge der einzelnen Arten von Spiel dargelegt, und zwar in der Reihe, wie sie in unserer Tabelle auftraten, das heißt ›horizontal‹. Eine ›vertikale‹ Erörterung einiger dieser Punkte soll noch hinzugefügt werden.

Die Schuldgefühle in den Phantasien werden in den verschiedenen Lebensabschnitten verschieden behandelt. In den präödipalen und ödipalen Phasen versteckt das Kind seine Phantasien nicht, noch stellt es sie zur Schau; seine Aufmerksamkeit wird vom Spiel völlig in Anspruch genommen. »Das Kind... wenn es auch den Erwachsenen nichts vorspielt, so verbirgt es doch sein Spielen nicht vor ihnen.« (13, S. 215) Im Gegensatz dazu schämt sich das Kind in der Latenzzeit seiner Tagträume und hält sie geheim. Wir können hinzufügen: Neben seinen Tagträumen hat das Kind während der Latenzzeit noch andere Arten von Phantasien, aber diese Gruppenphantasien erstarrten längst vor seiner Zeit in überlieferten Formen, deshalb sind sie nur wenig affektbesetzt. Im großen und ganzen bleiben sie unbewußt, aber sie stehen im Mittelpunkt von Brettspielen, Gruppenspielen und dergleichen.

Ödipales Spielen tritt im späteren Leben als Vergnügen am Drama, Roman, Ballade u. ä. wieder auf. Die Freiheit, die der Phantasie gewährt wird, bildet ein Gegengewicht gegenüber Schuldgefühlen und ebenso die Betonung der ästhetischen und formalen Elemente. Überdies teilen sich Autor, Schauspieler und Publikum in die schöpferische Leistung, in die Aufführung und das Vergnügen. Die Zuschauer sind keineswegs nur aufnehmendes Organ, sie liefern die emotionale Resonanz, die für Autor und Schauspieler lebenswichtig ist (32).

Beim Übergang von einer Art der Spielhandlung zur anderen findet jeweils ein charakteristischer Wandel in bezug auf *Absicht*, Vorbereitung und Beendigung statt.

In der ersten Gruppe gewinnen wir den Eindruck, daß die Spielhandlung ein zufälliges Ereignis ist. Wir beobachten Ausbrüche, Bruchstücke von Handlungsabläufen, die meist kurz sind, aber auch überraschend lange dauern können. Sie geschehen ohne jegliches Vorspiel.

Ebenso läßt sich kein Verhalten beobachten, das das *präödipale* Spiel ankündigt. Das Kind stürzt sich in sein Spiel, und die niedergelegten Beobachtungen, zum Beispiel in ›Infants Without Families‹ (12), berichten von einem abrupten Beginnen und Aufhören. Der geübte Beobachter aber, der das Kind kennt, das heißt sein Verhalten in der unmittelbar zurückliegenden Zeit, seine Stimmung am Tag des Beobachtens, kann mit einer gewissen Wahrscheinlichkeit die Dauer eines Spiels vorhersagen und die Art, wie es verlaufen wird, falls keine äußeren Störungen auftreten. Eine solche Voraussage war in der vorhergehenden Gruppe nicht möglich.

Ödipales Spielen hat verkümmerte oder detaillierte Vorbereitungen. Die Mitspieler teilen sich ihre Vorhaben oder die Art, wie sie zu spielen wünschen, mit, oder der ganze Ablauf wird einstudiert, ehe er aufgeführt wird. Die spielenden Kinder nehmen sich Zeit, sich zurechtzumachen, die Szenerie und das Zubehör aufzubauen und die Rollen anzuweisen. Nur nach diesen vorbereitenden Handlungen kann das Spiel richtig beginnen. Das Spiel selbst kann ein Ziel haben, aufeinanderfolgende Teile, Verstrickungen, die zu einem Höhepunkt führen – kurz, es ist strukturiert und kein breites, gestaltloses Sichwiederholen, das durch zufällige Ablenkung oder Ermüdung abgebrochen wird, wie es im präödipalen Spiel geschieht.

Bei den Regelspielen brauchen die unmittelbaren Vorbereitungen nicht stärker ausgearbeitet zu sein als im ödipalen Spiel; man kann hier bereits auf Traditionen zurückgreifen. Die Fabel, die Rollen und die Regeln müssen nur dem Anfänger mitgeteilt werden; die erfahrenen Spieler sind mit ihnen vertraut. Die Requisiten, die Kleidung und die Zeichen werden nicht direkt vor Spielbeginn improvisiert, sie sind Teil des sozialen Erbes des Kindes. Zeit und Ort des Spiels können ebenfalls Gegenstand langfristigen Planens sein.

Abschließend kehren wir zu einer klassischen Interpretation einer klassischen Spielerinnerung zurück. Sie kennen das Spiel, das Goethe aus seiner frühesten Jugend berichtet – er warf alles Geschirr seiner Mutter aus dem Fenster –, und Sie kennen die Interpretation, die Freud (15) bot: die Vertreibung eines unwillkommenen neugeborenen Bruders. Wir möchten die Aufmerksamkeit auf ein Detail der Geschichte lenken. Der Knabe hatte die Posse begonnen, indem er seine eigene neue Puppenstubeneinrichtung hinauswarf. Erst der Beifall seines Publikums verführte ihn dazu, etwas wirklich Verbotenes zu tun, nämlich alles Küchengerät, das er auf dem Regal erreichen konnte, zu zerbrechen [12]. Was ein ziemlich unbedeutendes, harmloses Spiel gewesen wäre, gewann die Dramatik durch den Beifall des Publikums – drei Junggesellen mittleren Alters, die an ihrem Fenster auf der anderen Straßenseite saßen: »Meine Nachbarn fuhren fort, ihren

Beifall zu bezeigen, und ich war höchlich froh, ihnen Vergnügen zu machen.« (15, S. 16) Über früheste Erinnerungen sagt Freud (15, S. 17): »Vielmehr dürfte man vermuten, daß dies im Gedächtnis Erhaltene auch das Bedeutsamste des ganzen Lebensabschnittes sei, und zwar entweder so, daß es solche Wichtigkeit schon zu seiner Zeit besessen, oder anders, daß es sie *durch den Einfluß späterer Erlebnisse* [13] nachträglich erworben habe.« Die Wahl dieser Anekdote für den Beginn seiner Lebenserinnerungen mag durchaus in Beziehung zu Goethes Berufung stehen: Der Dichter und Schriftsteller gibt schuldbeladenen Konflikten und sozial nicht anerkannten Strebungen symbolischen Ausdruck. Schauspieler, Publikum und Autor entlasten sich gegenseitig.

GÜNTHER BITTNER

Zur pädagogischen Theorie des Spielzeugs

Spielen ist, wie phänomenologische Analysen deutlich gemacht haben, immer »Spielen mit etwas« [1], mit einem Partner, einem Tier oder einem Ding, welche dem Spielenden lebendig und beseelt begegnen und »mit ihm spielen«. Zum Spielding in diesem Sinne kann alles werden: der flache Stein, den ich übers Wasser schnelle, die Heftklammern, die ich zur Kette zusammenfüge, Kastanien und Tannenzapfen, Papier, Holz und vieles andere mehr.

Unter diesen Spieldingen bildet das, was wir im strengen Sinne als »Spielzeug« bezeichnen, eine gesonderte Gruppe: Während so ziemlich alles, was es gibt, unter anderem auch zum Spielding werden kann, haben wir im Spielzeug Gegenstände vor uns, die zu nichts anderem als zum Spielen da sind, die eigens in handwerklicher oder industrieller Produktion hergestellt und von Eltern und Verwandten oder auch von den Kindern selbst »zum Spielen« gekauft oder gefertigt werden. Während der Reiz der »zufälligen« Spieldinge gerade darin besteht, daß man von ihren objektiv-dinglichen Eigenschaften absieht und ihre Spielqualitäten – daß man z. B. auf dem Schlüsselbund auch pfeifen kann – entdeckt, sind beim Spielzeug die Dingeigenschaften gerade auf die Spielqualität abgestimmt. Es kommt hier ein Moment des Gezielten und Absichtlichen hinzu, das gesuchten Spieleinfällen und spielstörenden Willkürlichkeiten Tür und Tor öffnet, das jedoch auf der anderen Seite auch eine verfeinerte Spielkultur und eine pädagogische und ästhetische Durchgestaltung des Spielmaterials erlaubt.

Spielzeug wird den Kindern in der Regel von Erwachsenen in die Hand gegeben. Man schenkt es aus vielerlei Gründen: um dem Kind Freude zu machen, um das Interesse des Kindes vielleicht frühzeitig in »nützliche Bahnen zu lenken« oder auch nur, um der Mutter die wohlverdiente Ruhe nach Tisch zu erkaufen. Auch wo das Kind von seinem selbstersparten Geld ein Spielzeug erwirbt, ist es ihm von den Erwachsenen dargeboten worden – zwar nicht von einzelnen Menschen, die ihm nahestehen, sondern in mehr anonymer Form von der Gesellschaft im ganzen, die durch die Spielidee, durch die handwerkliche und ästhetische Gestaltung und die kommerzielle Bereitstellung ihren Einfluß auf die Spielwelt des Kindes nimmt. Eine weit genug gefaßte pädagogische Theorie, die alle Formen der Einflußnahme von Erwachsenen auf Kinder mitbedenkt, wird daher auch das Spielzeug in den Umkreis ihrer Überlegungen einbeziehen müssen.

Es ist ein fast aussichtsloses Beginnen, sich eine Übersicht über das Spielwarenangebot auf dem heutigen Markt verschaffen zu wollen. Allein die Information über die vielen tausend angebotenen Artikel eines einzigen Produktionsjahrganges [2] bereitet erhebliche Schwierigkeiten. Die Ordnung und Gruppierung der ganz verschiedenartigen Gegenstände und Materialien will schon gar nicht mehr in zufriedenstellender Weise gelingen. Praktisch brauchbar ist die Einteilung der Broschüre ›Gutes Spielzeug‹, die Spielzeug »zum Bewegen«, »zum Liebhaben«, »zum Rollenspiel«, »zum Gestalten« und »zum Miteinanderspielen« unterscheidet [3]. Allerdings vereinigt bei dieser Einteilung die Gruppe der Spielzeuge »zum Bewegen« so heterogene Dinge wie Ball, Holzlastauto und Dreirad; und warum die Puppenkleidung beim »Spielzeug zum Liebhaben« mitläuft, während die Puppenküche »zum Rollenspiel« da ist, bleibt ebenfalls unklar. Bündiger ist die ältere Einteilung von Oskar Frey [4]: Gesellschaftsspiele, Puppen, Baukästen, Mechanismen – in ihr ist aber wieder ein so elementares Spielzeug wie der Ball einfach nicht unterzubringen. Klassifizierungen des Spielzeuges scheinen also zwar zur Verständigung notwendig zu sein, sie dürften jedoch kaum eine wissenschaftlich befriedigende Sicherheit der Zuordnung erlauben.

Die meisten Untersuchungen über das Spielzeug stammen von Volkskundlern und Kulturhistorikern [5]. Das wird leicht verständlich, wenn man bedenkt, welche fruchtbaren Perspektiven das Spielzeug gerade für diese

Disziplinen eröffnet. In das Spielzeug gingen, vor allem in älterer Zeit, mannigfaltige Stilformen der Volkskunst mit ein. Darüber hinaus ergeben sich zahlreiche Verknüpfungen zwischen Spiel und Volksbrauch; Spielgegenstände haben Beziehung zu kultischen und magischen Handlungen (zum Beispiel Spielkarte und Wahrsagen; die Klapper, mit der die bösen Geister verscheucht werden). Die Spielsachen vollziehen den Stilwandel der Kulturen so getreu mit, daß sie zu einem regelrechten Spiegelbild des Kulturlebens werden können. So ist es recht amüsant, in einer englischen Untersuchung zu lesen, wie sich die physikalischen Entdeckungen in sagenhafter Vorzeit schon genau wie im 19. und 20. Jahrhundert in allerhand verblüffenden Spielzeugkonstruktionen niedergeschlagen haben[6] – der ferngesteuerte Roboter in der Kinderstube hat also altehrwürdige Vorläufer. Puppen und Puppenstuben im Wandel der Zeiten zeigen ein getreues Abbild der sich wandelnden Kleidermoden und häuslichen Lebensformen[7].

Bisher liegen nur wenige Untersuchungen über das Spielzeug mit pädagogischer und psychologischer Fragestellung vor. So zahlreich auch die pädagogischen Veröffentlichungen über das Spiel sind, so gering ist seltsamerweise das Interesse am Spielzeug. Friedrich Fröbel und Maria Montessori haben innerhalb ihres Erziehungssystems Spiel- und Beschäftigungsmittel für Kinder entwickelt und theoretisch begründet. Zu einer Theorie des Alltagsspielzeugs, das Kindern ohne bewußte erzieherische Absichten gegeben wird, ist es jedoch noch nirgends gekommen. Lediglich auf einige Ansätze ist hinzuweisen. In einer kleinen, mit lebendiger Einfühlung geschriebenen Studie aus dem Jahre 1918 weist der Leipziger Seminaroberlehrer Oskar Frey auf die im Spielzeug liegenden Werte und erzieherischen Anknüpfungsmöglichkeiten hin. Der pädagogische Sinn des Spielzeugs wird mit Recht in erster Linie von der Bedeutung des Spielzeugs für das Spiel selbst her verstanden: Spielzeuge sollen nicht primär belehren, Kräfte üben usw., sondern eine echte »Spielillusion« ermöglichen. Frey beobachtet, was die Kinder mit ihrem Spielzeug anfangen, und er sucht zu verstehen, welche Grunderfahrungen die verschiedenen Spielbetätigungen enthalten. Entscheidungen über Wert oder Unwert eines Spielzeugs seien, meint er, »nicht vom grünen Tisch des schriftstellernden Pädagogen aus möglich. Wenigstens muß er sich herbeilassen, die Kinder beim Spiel zu beobachten und muß es über sich gewinnen, den pädagogischen Unsinn geschehen zu lassen, ohne hineinzureden.«[8]

Während die Arbeit von Frey noch von dem Optimismus getragen ist, daß die Spielwarenindustrie im Grunde auf dem rechten Wege sei und mit der Zeit immer bessere und brauchbarere Spielsachen auf den Markt bringen werde, sind die Autoren, die sich heute mit dem Thema befassen, wesentlich kritischer. Hildegard Hetzer, die einzige namhafte deutsche Kinderpsychologin, die sich in jüngster Zeit wiederholt und eingehend mit pädagogisch-psychologischen Problemen des Spielzeugangebots beschäftigt hat, betont die wichtige erzieherische Aufgabe, die dem Spielzeug heute in wachsendem Maße zufällt: Erfahrungsbrücke zwischen den immer mehr auseinanderdriftenden Lebenswelten der Erwachsenen und Kinder zu sein, das Erwachsenenleben in der Spielwelt des Kindes zu repräsentieren. Und hier wird deutlich, daß in der pädagogischen Theorie des Kinderspielzeugs auch grundlegende didaktische Erwägungen ihren Platz beanspruchen: »Das Spielzeug, das darstellend die Umwelt des Kindes in seinem Spiel vertritt, wirft unweigerlich für den Erwachsenen die Frage auf, ob er alles zur spielenden Auseinandersetzung zulassen soll, was sich in der Welt der Erwachsenen finde«[9] – eine Frage, die sich u. a. beim Kriegsspielzeug stellt. Technischen Spielsachen kommt in dieser Sicht H. Hetzers eine wichtige Aufgabe zu. Das Kind soll in altersentsprechender Weise zu einer aktiven, denkenden Aneignung der technischen Realitäten hingeführt werden[10]. Herbe Kritik wird an der Spielwarenindustrie geübt, die pädagogische Gesichtspunkte über ihren kommerziellen Interessen weithin außer acht läßt: »Die Folge des Produktionsdruckes ist die, daß etwa ein Drittel des Spielzeuges, das in der Bundesrepublik gekauft wird, sich nicht für das Kind eignet... Von 407 in einem großstädtischen Kaufhaus vor Weihnachten angebotenen Spielsachen entsprechen nur sechsundsechzig (16,2 %) den an ein gutes Spielzeug zu stellenden Anforderungen.«[11] Auf die Kriterien, die für gutes Spielzeug maßgebend sein sollen, geht H. Hetzer in ihrer Schrift ›Spiel und Spielzeug für jedes Alter‹ näher ein[12].

Unter dem Blickwinkel der Kunsterziehung und Geschmacksbildung behandelt Stephan Hirzel das Kinderspielzeug. Seinem Büchlein ist eine sorgfältige und liebevoll zusammengestellte Auswahl von Abbildungen vorbildlicher Spielsachen beigegeben, die veranschaulichen, worauf es dem Verfasser ankommt: auf gute, moderne Formen unter Verzicht auf Anleihen bei der Volkskunst in kunstgewerblicher Art wie auch auf alle technische Konfektion und Perfektion; auf Materialgerechtheit, solide handwerkliche Verarbeitung usw. Technischem Spielzeug ist er nicht sonderlich gewogen; in kaputtem Zustand scheint es ihm am kindgemäßesten zu sein. »Alsdann ist der langersehnte Augenblick gekommen, da ein tüchtiger Junge auf seine Art zu ›reparieren‹ beginnt: er untersucht den Schaden genau, zerlegt das Ganze in seine Bestandteile und sorgt mit Phantasie dafür, daß aus der Spielwarenruine rechtes Leben wächst.«[13] – Ebenfalls vorwiegend unter ästhetischen Gesichtspunkten (aus der Sicht des »sozialistischen Realismus«) werden die Kriterien für gutes und schlechtes Spielzeug in einer kleinen Bildbroschüre von Erwin Andrä dargestellt und an Beispielen aus den Sammlungen des Sonneberger Spielzeugmuseums und der heutigen ostdeutschen Produktion illustriert[14].

Kleinere empirische Untersuchungen über die Wahl von Spielgegenständen, über Spielzeugbesitz und Lieblingsspielzeuge werden immer wieder einmal durchgeführt. Auch in Zulassungsarbeiten von Pädagogischen Akademien werden gelegentlich Themen dieser Art behandelt[15].

Die unbefriedigende Entwicklung auf dem Spielzeugmarkt, der den Käufer vor eine Flut von Erzeugnissen durchaus unterschiedlicher Qualität stellt, veranlaßte zu der Gründung des Arbeitsausschusses ›Gutes Spielzeug‹. Dieser Kreis hat sich die Aufgabe gestellt, für den Gedanken des guten Spielzeugs zu werben und die Verbreitung erzieherisch wertvoller Spielsachen zu fördern. Im Dienste dieser Ziele stehen pädagogisch-psychologische Untersuchungen, die Begutachtung der auf dem Markt befindlichen Spielzeugmuster (Auszeichnung mit dem Gütezeichen) sowie die Aufklärung und Orientierung von Eltern und Erziehern vor allem durch das Handbuch ›Gutes Spielzeug‹ und die Wanderausstellungen[16]. In verschiedenen Fachtagungen im größeren Rahmen der internationalen Organisation ICCP (International Council for Children's Play) werden theoretische und praktische Fragen der Spielpflege behandelt. Die Protokolle dieser Tagungen dürfen wohl als die fundiertesten und vielseitigsten Erörterungen der pädagogischen Probleme bei der Herstellung und Auswahl von Spielzeug gelten[17].

Während Frey seinerzeit den erzieherischen Wert von Spielzeug im allgemeinen behandelt hatte, geht es heute vor allem um die Unterscheidung von gutem und schlechtem Spielzeug. Das kleine Spielzeug-Handbuch faßt die Güte-Anforderungen des Arbeitsausschusses in zwölf Punkten zusammen. Die Mehrzahl von ihnen wird allgemeine Zustimmung finden: Das Spielzeug soll dem Alter des Kindes angemessen und in der richtigen Größe und Menge vorhanden sein, es soll Sicherheit gegen Unfälle bieten usw. Einige andere Forderungen dagegen, und zwar vor allem die eigentlich erzieherisch gemeinten (freier Phantasiespielraum, reiche Spielmöglichkeiten, Spielinhalte aus der selbsterfahrenen Umwelt des Kindes) erscheinen uns nicht so ohne weiteres selbstverständlich und bedürfen wohl noch einer grundsätzlichen Klärung. Es scheint, als würde in diesem Punkt noch allzu sehr – keineswegs nur vom Arbeitsausschuß ›Gutes Spielzeug‹ – mit dem »gesunden pädagogischen Hausverstand« argumentiert, der sich über die Voraussetzungen seiner Position nicht hinreichend klar ist. Wir glauben, daß diese unreflektierten Erziehungsauffassungen in vieler Hinsicht richtig sind – um die Problematik zu verdeutlichen, sollen jedoch zunächst einige scharfe Antithesen formuliert werden.

Wenn in der Broschüre ›Gutes Spielzeug‹ die lapidaren Sätze zu lesen sind: »Was interessiert unsere Kinder? Ihre Umwelt! Und die Folgerung für das Spielzeug? Postkutsche oder Bagger?« [18] – so muß man sich doch gegenwärtig halten, daß die »Folgerung« ebenso wie ihre Voraussetzungen gar nicht so zwingend sind, wie es scheint, daß sie vielmehr durchaus schlüssiger psychologischer und pädagogischer Begründungen bedürfen. Denn so eindeutig ist die Sachlage gar nicht: Warum spielen Kinder »Indianer«, »Räuber«, »Hochzeit« usw.? Doch sicher nicht, weil sie ihre Umwelt nachahmen wollen, sondern weil in diesen Spielen eine innere Lebensthematik der Kinder zum Austrag kommt. Daß Kinder den Bagger der Postkutsche vorziehen, mag zutreffen; ob dagegen das Tretauto in jedem Fall die Konkurrenz mit dem Schaukelpferd gewinnt, ist noch nicht sicher [19].

»Je reichere Spielmöglichkeiten ein Spielzeug bietet, desto interessanter ist es für das noch nicht spezialisierte Kind. Ein Baukasten, der nur zum Zusammensetzen einiger weniger Formen geeignet ist, wird schnell langweilig ...« [20] Was für den Baukasten zweifellos gilt, kann für andere Spieldinge durchaus zweifelhaft sein. Mit Pfeil und Bogen kann man schießen, sonst nichts; auf der Schaukel oder Wippe kann man eben schaukeln oder wippen, weiter gar nichts – aber die Kinder tun es gern und ausdauernd, ohne an der »Einseitigkeit« dieser Spieldinge Anstoß zu nehmen. Die Forderung der »Vielseitigkeit« und »Reichhaltigkeit« gilt also offenbar nur unter ganz bestimmten Bedingungen. Das Spielthema entscheidet darüber, ob ein vielseitiges oder spezialisiertes Spielzeug angemessen ist. Das gleiche gilt für den »weiten Phantasiespielraum«, den ein Spielzeug offenhalten soll. Auch hier kommt es ganz auf die Struktur und innere Thematik des Spiels an. Natürlich stört es – um ein Beispiel von H. Hetzer aufzugreifen [21] – auf die Dauer die Imagination, wenn man einen schwarzbefrackten Puppenbräutigam als Baby ins Steckkissen legen muß. Für das Spielthema »Puppenfamilie« geben eben Braut- und Bräutigam-Figuren zu wenig her. Aber wie verhält es sich z. B. beim »Schwarzer-Peter-Spiel«, das von

Kindern auch mit Begeisterung gespielt wird? Hier wird ein und derselbe Phantasiegehalt unter wechselnder Gruppenkonstellation immer neu produziert: Einer wird »Schwarzer Peter«, seine Karte bleibt übrig, während alles andere sich zu Paaren findet, er wird schwarzgemalt und ausgelacht – diese Phantasie vom »Ausgestoßensein« beschäftigt das Kind so sehr, daß es immer wieder »Schwarzer Peter« spielen kann. – Es wäre also kritisch zu fragen, aus welchen Quellen das verallgemeinerte Denkmodell »Vielseitigkeit der Betätigung und Phantasieentfaltung« stammt und wo es seinen legitimen Platz hat.

Ein weiteres Motiv, das bei der Bewertung von Spielen und Spielzeug eine wichtige Rolle spielt, scheint der Klärung ebenso bedürftig: der Gedanke, daß Spiel schlechthin »Tun«, wenn nicht gar »angestrengtes Tätigsein«[22] bedeute. Gibt es nicht auch das »Schau-Spielzeug«, von dem Hirzel spricht: die glänzenden Christbaumkugeln, die Weihnachtspyramide, die sich im Schein der Kerzen dreht, das tanzende Mobile? Auch bei der elektrischen Eisenbahn geht es sicher nicht nur um die aktive Auseinandersetzung mit der technischen Welt, sondern dieses Spiel hat auch ästhetische Erlebnisqualitäten[23]. Ein sechsjähriger Junge, der mit Hilfe des pädagogisch so suspekten »Knöpfchen-Drückens« seine elektrische Eisenbahn in Betrieb setzt, von der er im technischen Sinne noch gar nichts versteht, vermag aber vielleicht etwas anderes an diesem Vorgang zu erfassen: die ruhige, geordnete, kreisende Bewegung. Diesen ästhetischen Aspekt ziehen wir nicht gern in Betracht, weil das Spiel damit in bedenkliche Nähe zu der stets als abschreckendes Gegenbild genannten Haltung »passiven Genießens« geraten würde[24]. So sicher die Gefahr des Abgleitens in Genußsucht und Bequemlichkeit immer gegeben und erzieherisch zu bestehen ist – so wenig ist jedoch eine ideologisch gefärbte Aktivitäts-Pädagogik in der Lage, dieser Gefahr zu begegnen. Man könnte ja der rohen Genußsucht auch dadurch entgegenwirken, daß man im Rezeptionsspiel aller Arten den Zugang zu einem verfeinerten, menschenwürdigen Genießen eröffnet!

Es läßt sich demnach feststellen, daß wir mit unseren gängigen pädagogischen Bewertungen zwar immer »etwas« Richtiges treffen, daß unsern Kategorien jedoch die Tendenz zu einer gewissen Unschärfe und unzulässigen Verallgemeinerung innewohnt. In einem kulturgeschichtlichen Vergleich können wir dies am besten verdeutlichen. Schon in den alten Hochkulturen der Ägypter und Griechen gab es Spielzeug. Im Leidener Museum befindet sich z. B. die altägyptische Holzfigur eines Brotkneters[25], bei der das Kind wie bei einem Hampelmann an einem Strick zieht, um sie zu einer Auf- und Abbewegung mit den Händen auf dem Knetbrett zu veranlassen. Was ist an diesem Spielzeug? Von »reichhaltigen Spielmöglichkeiten« kann nicht die Rede sein, die Phantasie wird auch nicht zu schöpferischer Sinngebung angeregt. Es ist anzunehmen, daß das Kind den Vorgang des Brotknetens ohnehin kennt, daß also auch die Einführung in das Leben der Erwachsenen nicht das beherrschende Motiv sein kann. Das eigentlich Reizvolle an diesem Spielzeug scheint für das Kind in diesem Fall das Gefühl zu sein: »Hier besitze ich ein Stück Erwachsenenwelt im kleinen. Das ist ein kleiner Brotkneter, den ich kneten lassen kann, wann ich will.« Ähnliche Motive sind auch heute im Spiel mit manchen Spielsachen noch wirksam, bei der Eisenbahnanlage in gleicher Weise wie bei der Puppenstube und dem Bauernhof. Es ist im Grunde die Situation Gullivers bei den Zwergen: Ich habe da eine kleine, geschlossene Welt mit Menschen, Tieren, Autos, Häusern und Zügen, die ich betrachten und in der ich schalten und walten kann – so wie Gott in der großen Welt der Städte, Dörfer und Menschen waltet.

In Sizilien werden den Kindern am Allerseelentag bunte Zuckerfiguren geschenkt, die als »Spielzeug« gelten [26]. Mit diesen Figuren kann man nichts »machen«, außer sie auf die Kommode stellen oder allenfalls auf dem Tisch herumschieben. Nicht einmal essen kann man sie, weil sie mit ungenießbarem Flitter bestreut sind. Solche Gegenstände sind pädagogisch völlig uninteressant, so lange wir darauf bestehen, Erziehung und speziell Spielerziehung habe es immer und unter allen Umständen nur mit Weckung der Selbsttätigkeit und Einführung in die kulturelle Umwelt zu tun. Diese sizilianischen Zuckerfiguren haben jedoch eine ganz andere, gleichfalls pädagogische Bedeutung, die nur unserem Denken ein wenig ferner liegt. Sie werden nämlich vom »toten Großvater« oder von der »toten Großmutter« gebracht, so wie bei uns St. Nikolaus die süßen Sachen bringt. Diese Geschenke tragen also dazu bei, das Gefühlsband zwischen dem Kind und seinen Vorvätern enger zu knüpfen. Das ist für eine traditionsbestimmte Gesellschaft eine erzieherische Funktion, die nicht gering geachtet werden darf.

Es wäre offensichtlich wenig sinnvoll, die Spielzeuge der altägyptischen oder sizilianischen Kinder nach unseren Vorstellungen über »gutes Spielzeug« zu beurteilen. Unsere Bewertungskriterien haben nur im Hinblick auf unsere eigene kulturelle Situation einen vertretbaren Sinn. Weil Erwachsenenwelt und Kinderwelt sich fortschreitend mehr voneinander entfernnen, hat das Spielzeug eine vermittelnde Funktion bekommen, die es früher bei weitem nicht in diesem Umfang hatte. So weit geht auch H. Hetzer in ihrer Interpretation [27]. Die Kulturabhängigkeit der erzieherischen Bedeutung des Spiels reicht aber noch weiter: Daß Selbsttätigkeit, produktive Phantasie und aktive denkerische Auseinandersetzung zu erzieherischen Leitwerten geworden sind, hängt gleichfalls mit den Anforderungen unserer mobilen Gesellschaftsstruktur und – tiefer gesehen – mit der Selbstauslegung des Menschen in der gegenwärtigen geschichtlichen Situation zusammen.

Für das Spiel selbst sind alle diese kulturpädagogischen Ziele jedoch nur am Rande von Bedeutung. Es trägt seinen Sinn in sich – und je vollkommener es diesen innewohnenden Sinn entfalten darf, ohne daß sich sekundäre Absichten der Belehrung, der Einübung sozial erwünschter Verhaltensweisen oder der Kräftebildung in den Vordergrund drängen, desto besser. Spielzeug kann letzten Endes nicht von solchen generellen pädagogischen Intentionen, sondern allein von seiner Spielfunktion her auf seinen Wert und seine Qualität hin beurteilt werden. Wenn man schön damit spielen kann, ist es gutes Spielzeug. Mit Plastilin muß man kneten können, ein Puppenkind sollte – gleichgültig, ob an- und ausziehbar, mit oder ohne Schlafaugen – »zum Liebhaben« da sein, einem Mobile soll man mit Freude zuschauen können. Ein Satz Montessori-Zylinder braucht zu nichts anderem gut sein als dazu, daß man die Klötze gern in die Löcher steckt – kein Verständiger wird es übel vermerken, daß nicht auch deren eventuelle Verwendung als »Eisenbahnzug« mitbedacht wurde [28].

Es bleibt zu fragen, welches pädagogische Menschenverständnis eigentlich im Hintergrund steht, wenn die üblichen Anforderungen an gutes Spielzeug erhoben werden. Fröbel wird als Begründer der Kleinkinder- und Spielpädagogik zwar gern zitiert, jedoch hat sich seine Denkweise noch nicht in befriedigender Weise in pädagogisches Handeln hinein konkretisieren lassen: teilweise begnügt man sich mit einer rein theoretischen Rezeption, teilweise klebt man an den »Spielgaben«. Statt dessen sollten wir lernen, die moderne Spiel-Praxis als Pädagogen der Gegenwart und zugleich mit den Augen Fröbels zu sehen – wir werden am Schluß dieser Arbeit noch kurz andeuten, was das heißt. Wir arbeiten in der Spielerziehung – vor allem in der Frage des »guten Spielzeugs« – auf dem Boden reformpädagogischer Ideen: Weckung der kindlichen Phantasie (als einer inhaltlich noch gar nicht bestimmten, reinen »Seelenkraft«), Anregung zur Selbsttätigkeit und Wertgestaltung, harmonische Entfaltung aller Anlagen des

Kindes – alle diese Motive lassen sich bereits in den Spielauffassungen der pädagogischen Reformbewegung nachweisen[29]. Auch dürfte – in einer seltsamen Umkehr der ursprünglichen Intention – die übermäßig didaktische Beanspruchung mancher Spiele (vor allem bei Gesellschaftsspielen und technischem Spielzeug) durch reformpädagogische Ideen zusätzlichen Auftrieb bekommen haben: Wenn das Lernen »kindgemäß«, also spielend geschehen soll, dann wird es eben auch Spiele geben müssen, die mit nützlichem Lernstoff befrachtet werden.

Niemand wird die Fortschritte gering achten, welche die Reformpädagogik in der erzieherischen Bewertung des kindlichen Spiels gebracht hat. Wohl aber ist zu prüfen, ob von den reformpädagogischen Voraussetzungen her alle Aspekte der Spielpflege und des Spielzeugangebots sinnvoll zu verstehen sind. Uns scheint, es müßte heute an zwei Punkten über die reformpädagogische Auffassung hinausgedacht werden. Diese neu zu erschließenden Dimensionen suchen wir an einem praktischen Beispiel zu demonstrieren. Eine Studentin der Pädagogik schreibt über ihre Gedanken und Beobachtungen beim Aussuchen eines Spielzeugs für ihren dreijährigen Vetter[30]:

»... Ich betrat ein Spielwarengeschäft: von einfachen Bausteinen über Autos, Eisenbahnen bis zu komplizierten Metallbaukästen wurde alles angeboten für Kinder jeder Altersstufe. Erst jetzt, als ich dem Spielzeug direkt gegenüberstand, um ein Stück auszusuchen, fiel mir auf, wie schwer es war, eine Wahl zu treffen. Ich begann zu überlegen: Alter und ›Interessen‹ des kleinen Jungen kannte ich, aber was wollte ich mit dem Geschenk erreichen? Ganz einfach, ich wollte ihm eine Freude machen; also hätte ich doch jedes beliebige Spiel, das seinem Alter entsprach, nehmen können. Ein Plastikauto, einen Baukasten, einen Ball, oder vielleicht ein ... ja was? Worüber würde er sich am meisten freuen? Ich versuchte mich selbst um Jahre zurückzuversetzen und stellte mir die Frage: Worüber hättest du dich am meisten gefreut?

Das Spielzeug bekam plötzlich eine ganz andere Bedeutung für mich, ich sah es mit anderen Augen. Nach langem, aber nicht ziellosem Suchen entschied ich mich für ein Steiff-Tier. Ich erinnerte mich, daß ich früher jeden Abend, an Stelle von Puppen, ein Stoffkätzchen (das mir meine Oma gemacht hatte) brauchte, um ›einschlafen zu können‹. Sehr, sehr lange behielt ich mein Kätzchen und hatte es lieb. Heute überlege ich mir, ob ich wohl durch dieses Tier ein ganz anderes Verhältnis zur Tierwelt bekam ... Auch Stefan sollte dieses Zutrauen zu den Tieren bekommen!

Vielleicht konnte ich es durch mein Geschenk erreichen. Zwar suchte ich ihm nicht eine Katze aus – nein, er war ja ein Junge –, sondern einen Löwen. Die natürliche, etwas idealisierte Nachbildung des Tieres mit seinem ›freundlichen Ausdruck‹ mußte Stefan gefallen. Die ansprechenden Farben, die runden Formen, das weiche Material machten das Tier als Spielzeug sehr geeignet.

Dieses Geschenk war jetzt nicht mehr nur für Stefan eine Freude, sondern löste gleichzeitig auch in mir eine innere Befriedigung aus: ich hatte etwas gefunden, was ihn und mich, zwar von verschiedenen Gesichtspunkten aus, erfreute.

Es war ein ganz eigenartiges Gefühl, als ich Stefan dann später beim Auspacken des Geschenkes beobachtete: Er beschaute sich das Steiff-Tier, nahm es in die Arme und brachte es zu seinem Bett. ›Er (Stefan meinte den Löwen) ist groß und stark und muß mich beim Schlafen bewachen. Ich bin auch stark, aber in der Nacht . . .‹.«

In dieser Niederschrift sind alle Überlegungen enthalten, die man bei einer erzieherisch verantwortungsbewußten Spielzeugauswahl üblicherweise anstellt: Alter und »Interessen« des Kindes werden berücksichtigt, ohne daß der Spenderin allerdings aus solchen Überlegungen eine Erleuchtung zukommt; auf die ästhetischen Qualitäten des Spielzeugs wird geachtet; das junge Mädchen überlegt als rechte Pädagogin sogar, was sie mit dem Geschenk »erreichen« will: Vertrauen zur Tierwelt! Alle diese Überlegungen wirken aber doch wie ein künstlicher Überbau – denn eigentlich will sie ja nichts »Pädagogisches«, sondern bloß »eine Freude machen«.

Wir haben uns daran gewöhnt, Erziehung allein in der planvollen »Einwirkung« von Erwachsenen auf Kinder zu sehen. Dabei haben wir vergessen, daß solche Einwirkung nur auf dem Grund einer tragenden menschlichen Verbundenheit fruchtbar werden kann. In vielen Formen pädagogischer Kontaktnahme ist gar nicht das »Einwirken« das Entscheidende, sondern das »In-Beziehung-Treten« zum Kind. In einer mehr philosophischen Terminologie hat man von »dialogischem Verhältnis« und »Ich-Du-Beziehung« gesprochen. Fröbel mag etwas ähnliches gemeint haben, als er das bekannte Wort niederschrieb: »Laßt uns unsern Kindern leben . . .«[31]

Der grundlegend pädagogische Akt beim Spielzeugschenken ist also das In-Beziehung-Treten, das *Schenken* selbst. Indem ich Spielzeug schenke und nicht Schokolade oder eine Zopfschleife oder einen Griffelspitzer, bekommt dieses Geschenk noch eine zusätzliche Valenz. Ich trete mit dem Kind in einer zentralen Lebenssphäre in Beziehung.

In der Erzählung der Studentin geschieht nun etwas Merkwürdiges. Als sie sich die Frage stellt, worüber sich der kleine Vetter am meisten freuen würde, und sich damit auf die Ebene der emotionalen Beziehung begibt, taucht auf einmal die Frage auf: »Worüber hättest du dich am meisten gefreut?« Erzieherisch »einwirken« kann man offenbar auf Grund seiner ästhetischen Wertvorstellungen, entwicklungspsychologischen Kenntnisse usw. Wenn man aber in Beziehung zu einem Kind treten will, ist man selbst mitgefragt: die Erfahrungen, die man mit dem Stoffkätzchen der Oma gemacht hat, die Erfahrungen mit Tieren überhaupt...

An diesem Punkt geht die kleine Geschenk-Beziehung haarscharf an einem entscheidenden Mißverständnis vorbei, welches etwa in der Folgerung bestehen würde: »Also schenke ich den Kindern das, was mir selbst Spaß macht« – ein ungemein häufiges Motiv unverhohlen egoistischer oder mit sentimentaler Kindertümelei verbrämter Spielzeuggeschenke. Diese sind dann Ausdruck der eigenen infantilen Züge des Spenders. So ist es im Falle unserer Studentin nicht: Die eigene Erfahrung wird nicht auf das Kind projiziert, sie dient nur als Wegweiser zu dem hin, was das Kind braucht. »Ich hatte etwas gefunden, was ihn und mich, zwar von verschiedenen Gesichtspunkten aus gesehen, erfreute.« »Von verschiedenen Gesichtspunkten aus...« – darin liegt eben das Geglückte dieser Schenkbeziehung.

Nachdem diese Haltung des Aufeinander-Einschwingens vollzogen ist, läuft alles anders als erwartet. Es zeigt sich, daß in einem menschlich-erzieherischen Verhältnis immer mehr enthalten ist als das vordergründig Intendierte. Die »ungewollten Nebenwirkungen« sind oft entscheidender und positiver als die beabsichtigte Hauptwirkung. Von der »Vertrautheit mit der Tierwelt« als didaktischem Ziel ist bald keine Rede mehr. Es geht jetzt darum, daß der Löwe ein starkes Tier ist und daß so etwas zu einem Jungen paßt. Doch ist auch diese Intention noch zu einschichtig gesehen, wie die Reaktion des Jungen zeigt: Der Löwe erlaubt ihm, stark zu sein, indem er sich mit ihm identifiziert – er läßt ihn aber auch schwach und in seiner Schwäche geborgen sein, indem er ihn beschützt.

Damit ist bereits der zweite Punkt berührt, an dem die pädagogische Theorie des Spielzeugs über die reformpädagogischen Vorstellungen hinausgreifen muß. Der Löwe bekommt für den kleinen Jungen eine eigentümliche Valenz; der Spielgegenstand wird zum *symbolischen Ausdruck der Selbst- und Welterfahrung* des Kindes. Von reformpädagogischer Seite (besonders in der Kunsterziehungsbewegung) wurde die vielseitige, schöpferische Entfaltung der kindlichen Phantasie erstrebt – Phantasie vor allem funktional als »Seelenkraft« verstanden. Bei unserer Art der Betrachtung geht es dagegen entscheidend um die Phantasie*inhalte*: Nicht dann spielt das Kind am besten, wenn es vielerlei Beliebiges imaginiert, sondern wenn es die Grundthemen seiner Selbsterfahrung und seiner Begegnung mit der Welt im Spiel zu gestalten und aus sich herauszustellen vermag.

Dieser Gedanke ist nicht neu; er hat bereits in der Spieltheorie und den Spielgaben Fröbels seinen klassischen Ausdruck gefunden. Fröbel hatte selbst zunächst versucht, das Spiel im Sinne Pestalozzis als Mittel der Kräftebildung zu interpretieren[32]. In seinem Alterswerk tritt jedoch immer deutlicher die aus romantisch-mystischem Denken gespeiste symbolische Spieldeutung hervor: Das Kind soll in ahnungsvoller Weise das Lebensgesetz in sich aufnehmen, das in den geometrischen Gebilden, den Körpern und lebendigen Organismen und endlich im Menschen selbst waltet. Eduard Spranger hat in einem kleinen Aufsatz aus dem Jahre 1918 Fröbels pädagogische Leitidee der »gesetzlich gebundenen Phantasie« von dem reformpädagogischen Streben nach Befreiung der kindlichen Schöpfernatur abgehoben und als einen der »unverlierbaren Gedanken« für die Kleinkindererziehung bezeichnet[33].

Im Spiel ist dem Kind in besonderer Weise die Möglichkeit gegeben, »Innerliches äußerlich, Äußerliches innerlich zu machen«, das eigene innere Leben in symbolischer Sprache aus sich herauszustellen und in verhüllter Form des Weltgesetzes innezuwerden[34]. Fröbel selbst hat wohl seiner Persönlichkeit wie auch seiner philosophischen Grundüberzeugung nach die zweite der genannten Sinnrichtungen – das ahnende Erfassen der Weltgesetzlichkeit – näher gelegen. Gerade diesen Gedanken aber können wir heute nicht mehr ohne weiteres nachvollziehen, weil uns die metaphysische Grundlage des Fröbelschen Systems nicht mehr selbstverständlich ist. Die Vorstellung einer umfassenden All-Harmonie, eines gleichermaßen die innere wie die äußere Welt durchwaltenden Lebensgesetzes ist uns fremd geworden.

Eine inhaltlich-symbolische Spielinterpretation ist jedoch nicht an die Voraussetzungen eines romantischen Weltbildes gebunden. Zwar kann es Symbole nur in einer »doppelbödig« gebauten Wirklichkeit geben, in der das sinnlich Erscheinende als Ausdruck eines Dahinterliegenden, Wesentlicheren verstanden wird – aber dieses Dahinterliegende braucht nicht das »Weltgesetz« des objektiven Idealismus oder der Romantik zu sein. Wenn das moderne anthropologische Denken aufs neue die Einsicht Pascals zu realisieren beginnt, daß der Mensch den Menschen um ein Unendliches übersteige, dann haben wir im Menschen selbst jene »Doppelbödigkeit« wiedergefunden, die eine symbolische Deutung freigibt. »Äußerliches innerlich zu machen«, im Spiel das Weltgesetz zu erfahren, mag heute nicht mehr uneingeschränkt möglich sein. »Innerliches äußerlich machen«, sich selbst in die Welt hinaus darleben und symbolisch kundgeben – diese komplementäre Möglichkeit wurde von Fröbel zwar konzipiert, sie zeigt jedoch erst in anthropologischer Betrachtung ihren vollen Sinn.

Spiel spricht symbolisch aus, was in bzw. hinter dem anschaubar Gegebenen liegt: etwas »Tieferes« im Menschen selbst. Von daher finden wir einen Zugang zur Spielsymbolik der Tiefenpsychologie, welche die Spieldeutung neben der Traumdeutung, der Verhaltens- und Widerstandsanalyse usw. zu einer eigenen analytischen Technik vor allem für die Kinderpsychotherapie entwickelt hat[35].

Dies alles kann hier nur in Kürze angedeutet werden; das Thema »Spielsymbolik« würde eine eigene Untersuchung erfordern. Dem Kinderspielzeug wächst unter diesem Aspekt eine neue, bisher noch nicht genügend beachtete Funktion zu: Es wird zum Requisit der symbolischen Selbstdarstellung des Kindes. Da es immer dieselben Urerfahrungen sind, die das Kind in seiner Entwicklung zu bestehen hat, ist der Kreis der notwendigen Spielzeug-Requisiten grundsätzlich beschränkt. Zwar soll das Kind – besonders in unserer Kultur, in der manche anderen Möglichkeiten der Selbstauslegung und -darstellung fehlen – reichlich Spielzeug zur Verfügung haben. Immer handelt es sich aber um eine thematisch gebundene Mannigfaltigkeit: Die Puppe ist »Kind«, der Teddy »Gefährte«, die Puppenstube Gestaltungsvorwurf für »Haus« und »Familie«; Schwert, Gewehr, Pfeil und Bogen können als Symbole des Männlichen, Aggressiven (der Psychoanalytiker würde sagen: als »phallische« Symbole) gelten; die »kleine Welt« mit Häusern, Zäunen, Fahrzeugen, Menschen, Tieren und Pflanzen gestattet die Projektion des gesamten seelischen Innenraumes. Das Spielzeug ist nicht nur ein verkleinertes Abbild der kulturellen Umwelt, mit der das Kind bekannt und vertraut gemacht werden soll. Es gibt daneben gleichsam »archetypische« Spielgehalte und -notwendigkeiten, die bei der Bereitstellung von Spielzeug für Kinder mit zu bedenken sind.

Dieser symbolischen Dimension von Kinderspiel und Spielzeug müßte die Aufmerksamkeit der Erzieher und pädagogischen Theoretiker heute wohl in besonderem Maße gelten. Gewiß besteht die Aufgabe weiter, die Kinder im Spiel in die immer fremder werdende Welt der Erwachsenen Schritt für Schritt einzuführen und die kindlichen Kräfte zur Entfaltung zu bringen. Größer als die Gefahr der Entfremdung von Kinderwelt und Erwachsenenkultur scheint aber die Gefahr zu sein, daß Kinder wie Erwachsene einer Entfremdung von sich selbst zum Opfer fallen. Die Trennungswand, die es im Spiel aufzuheben gilt, verläuft sozusagen mitten durch jeden einzelnen Menschen. Das Kind will in der Sprache des Spiels von dieser abgeschobenen Innenwelt reden. Spielzeuge sind Worte dieser Sprache – an uns ist es, Organe zum Sprechen und zum Hören auszubilden.

V. Entwicklungskrisen

ANNA FREUD

Die Rolle der körperlichen Krankheit im Seelenleben des Kindes

1. Einleitung

Wir möchten wissen, welchen Einfluß die zahlreichen und unvermeidlichen körperlichen Erkrankungen des Kindesalters auf die seelische Entwicklung des Kindes haben, finden uns aber bei der Bewertung ihrer Rolle durch die Begrenztheit und Einseitigkeit des vorhandenen Beobachtungsmaterials gehindert. In unseren Zeiten ist die Spezialisierung in der Berufsarbeit mit Kindern eine weitgehende. Pflegen, Erziehen, Lehren, Heilpädagogik, Kinderanalyse und Kinderheilkunde sind voneinander abgetrennte Arbeitsgebiete. Wer auf dem einen Gebiet arbeitet, hat wenig oder keine Gelegenheit, auch nur als Beobachter in eines der andern Gebiete Einblick zu gewinnen.

Kindergärtnerinnen, Lehrer und Kinderanalytiker sehen die ihnen anvertrauten Kinder nicht, sobald sie krank werden; Kinderärzte und Pflegerinnen verlieren den Kontakt mit ihren jungen Patienten, sobald sie gesund werden. Schließlich sind es nur die Mütter, die ihre Kinder in allen Stadien sehen, als Gesunde, Kranke und Rekonvaleszenten, in normalen und abnormen körperlichen und seelischen Zuständen. Aber die Mütter kranker Kinder sind keine objektiven Beobachter. In Zeiten schwerer Erkrankung ist ihr Blick durch die Angst um Leben und Gesundheit des Kindes getrübt; und auch in Zeiten leichterer Krankheiten ist ihre Aufmerksamkeit unvermeidlich auf die Notwendigkeiten der körperlichen Pflege konzentriert.

Eine Anzahl analytischer Autoren hat in den letzten Jahren den Versuch unternommen, die Wirkung von Spitalaufenthalten auf Kleinkinder zu studieren. Wir verdanken unter anderen R. Spitz aus New York, Dr. John

Bowlby und Mr. James Robertson in London aufschlußreiche Untersuchungen und Dokumentarfilme dieser Art, die aber nicht auf die Wirkung der Krankheit selbst, sondern vor allem auf die durch die Krankheit bedingte Trennung des Kleinkindes von der Mutter gerichtet sind. Die Reaktion des Kindes auf Krankheit, körperliche Eingriffe und körperlichen Schmerz steht bei diesen Untersuchungen an zweiter Stelle.

Unser Material ist etwas reichhaltiger, wo es sich auf die seelischen Nachwirkungen körperlicher Krankheiten bezieht. Eltern, die in einer Konsultation die neurotischen Störungen ihrer Kinder beschreiben, datieren oft den Beginn der Schwierigkeit von dem Ausbruch einer körperlichen Krankheit an, von der an das Kind in seinem Wesen verändert schien. In manchen Fällen treten ferner Stimmungsschwankungen, Veränderungen in den Beziehungen zu Eltern und Geschwistern, Verlust des Selbstvertrauens, Wutausbrüche, zum erstenmal in der Rekonvaleszenz nach schwerer Krankheit auf. Bettnässen, Kotschmieren, Eß- und Schlafstörungen, Schulängste und viele früher aufgetretene und längst überwundene Symptome tauchen unter solchen Umständen von neuem auf. Kinder, deren Intelligenz vorher glänzend funktioniert hatte, zeigen sich nach Krankheiten in der Schule oft gelangweilt und apathisch; andere Kinder wieder erscheinen nach denselben Erfahrungen in merkwürdiger Weise gereift und entwickelt. Wie die oben zitierten Autoren beschreiben, können solche Veränderungen als Folge eines Spitalaufenthaltes mit Trennung von den Eltern vorkommen; sie ereignen sich aber auch, wo das Spital keine Rolle spielt und Kinder ihre Krankheiten im Elternhaus unter Obhut und Pflege der Mutter durchmachen. In der Rolle der körperlichen Erkrankung für das Seelenleben des Kindes ist der Spitalaufenthalt nur ein einzelner Faktor in einer Mehrzahl von traumatisch wirkenden, die Entwicklung störenden und schädigenden Einflüssen.

II. Die Auswirkungen der Krankenpflege, der ärztlichen Maßnahmen und chirurgischer Eingriffe

Ehe wir die potentielle traumatische Wirkung der Krankheiten selbst richtig bewerten können, müssen wir uns durch das Verständnis einer ganzen Reihe von Faktoren durcharbeiten, die zwar nur Nebenwirkungen der Krankheitssituation, für das Kind aber unlösbar mit ihr verbunden sind. Für das Kind gibt es keine Unterscheidung zwischen den von der Erkrankung selbst verursachten Leiden und den Leiden, die ihm von der Umwelt auferlegt werden, um die Krankheit zu heilen. Verständnislos, hilflos und passiv muß es beide Arten von Erfahrungen über sich ergehen lassen. Nicht selten sind die Leiden der zweiten Art diejenigen, die die größere affektive Bedeutung für spätere Nachwirkungen oder für die psychische Schädigung des Kindes in der Krankheitsperiode haben.

a) Veränderungen der affektiven Atmosphäre während der Krankheit

Die meisten Eltern benehmen sich dem kranken Kinde gegenüber anders als dem gesunden Kinde gegenüber. Eltern mit asketischen Tendenzen haben Angst davor, das Kind in Krankheitszeiten zu verwöhnen; ihre Methode ist es, das Kind sich so viel als möglich selbst zu überlassen, keine »Geschichten« zu machen und die Herstellung seiner gesunden Natur und den spontanen Heilungsprozessen zu überlassen. Die Mehrzahl der Eltern verfällt ins andere Extrem. Viele Kinder fühlen sich nie so von Liebe umgeben wie in Krankheitszeiten; Kinder aus kinderreichen Familien erreichen auf Grund einer ansteckenden Krankheit mit Isolierung von den Geschwistern das sonst unerreichbare Ziel ihrer Wünsche: den ungeteilten und unumstrittenen Alleinbesitz der pflegenden Mutter. Manche Mütter schieben in der Besorgnis um das Kind alle Erziehungsforderungen für die Zeit der Krankheit beiseite zugunsten einer ihnen sonst fremden Nachgiebigkeit. Andere vergessen auf Grund derselben Angst die elementarsten Grundregeln psychologisch richtigen Umgehens mit dem Kind, die ihnen sonst geläufig sind: Schocks durch Zwangsfütterung und Klistiere, plötzliche Trennungen (für Spitalaufenthalt), Lügen und Täuschungen gelten ihnen für nichts, solange sie nur die Genesung des Kindes gewährleisten. Das Kind seinerseits reagiert traumatisch auf diese ihm unverständlichen Veränderungen im Benehmen der Mutter, findet sich in dem Umsturz der sonst geltenden affektiven und moralischen Werte nicht mehr zurecht oder kann nach der Genesung auf den ihm während der Krankheit gewährten Lustgewinn nicht mehr verzichten.

b) Die Wirkung der Krankenpflege

Wir verstehen die Reaktion der Kinder auf die Situation der Krankenpflege am besten im Vergleich mit den häufigen und besser beschriebenen Reaktionen Erwachsener in der gleichen Lage.

Ein affektiv gesunder, körperlich schwerkranker Erwachsener kann nicht umhin, sich unter den Bedingungen der Krankenpflege in seiner menschlichen Würde bedroht zu fühlen. Man mutet ihm zu, auf jedes Bestimmungsrecht über den eigenen Körper zu verzichten und passiv mit sich geschehen zu lassen, was andere für gut halten. Man zieht ihn an und aus, füttert und wäscht ihn, hilft ihm beim Urinieren und Defäzieren, dreht ihn von einer Seite auf die andere, entblößt ihn vor der Krankenschwester und dem Arzt, ohne Ansehen des Geschlechts, des Schamgefühls und der Konventionen. Die hygienische Routine, der er unterworfen ist, nimmt keinerlei Rücksicht auf seine persönlichen Gewohnheiten, Abneigungen und Wünsche. Charakteristischerweise beschreiben viele Erwachsene solche Erfahrungen als »Rückkehr zur Hilflosigkeit ihrer Kindheit«.

Aus diesem Vergleich der Krankenpflege mit der Kinderpflege dürfen wir nur nicht den Schluß ziehen, daß es leichter für das kranke Kind als für den kranken Erwachsenen ist, sich mit der Lage des Pfleglings abzufinden; eher ist das Gegenteil der Fall. Die schrittweise Beherrschung der eigenen Körperfunktionen, das heißt die Selbständigkeit im Essen, Urinieren, Defäzieren, Waschen, Anziehen usw. sind für das Kind wichtigste Stationen auf dem Weg der Ichentwicklung; die wachsende Besitznahme des eigenen Körpers ist gleichzeitig der Maßstab für seine wachsende Unabhängigkeit vom mütterlichen Körper und der mütterlichen Oberherrschaft. Jeder Rückschritt auf diesem Weg zugunsten der Krankenpflege (oder auf Grund der Schwächung des Körpers) bedeutet darum einen gleich großen Verlust an Ichfunktion, das heißt eine Regression zu früheren, passiveren Niveaus der kindlichen Entwicklung. Kinder, die ihre Passivität mit besonderer Stärke abwehren, widersetzen sich einer solchen, von außen erzwungenen Regression aufs heftigste und sind schlechte, schwierige Patienten; andere fallen widerstandslos in den Zustand infantiler Hilflosigkeit zurück, der ihnen noch vor kurzer Zeit der natürliche war. Neu erworbene und noch nicht fest verankerte Ich-Fähigkeiten gehen unter diesen Umständen als erste verloren. Viele Mütter berichten, daß ihre Kleinkinder nach der Krankheit von neuem zur Sauberkeit und zum selbständigen Essen erzogen werden mußten; viele Kleinkinder weigern sich nach der Krankheit, die Mutter überhaupt von sich zu lassen.

c) Einschränkungen der Bewegungsfreiheit, Diät usw.

Noch schwerer als das Aufgeben der oben geschilderten Ich-Fortschritte ist für die meisten kranken Kinder das Aufgeben oder die Einschränkung der Bewegungsfreiheit. Wo die Art oder Schwere der Krankheit selbst es nicht unmöglich macht, verteidigen Kinder ihr Recht auf Bewegung bis aufs äußerste. Jede Mutter weiß, daß Kinder bei leichteren Erkrankungen zu Hause kaum im Bett gehalten werden können. Manche Kleinkinder, die das Gehen eben erst gelernt haben, stehen in ihren Gitterbetten (selbst bei schweren Kinderkrankheiten, wie zum Beispiel Masern), bis Erschöpfung sie zum Niederlegen zwingt. Manche fortschrittliche Kinderärzte, die den Sachverhalt kennen, verzichten unter diesen Umständen sogar darauf, auf Bettruhe zu dringen.

Was die Bewegungsfreiheit für das Kind bedeutet, läßt sich am besten an den Fällen studieren, in denen Kinder nach einem chirurgischen Eingriff oder zur orthopädischen Behandlung immobilisiert werden müssen. Die Folgen solcher Bewegungsbeschränkung sind von einer Anzahl analytischer Autoren beschrieben und diskutiert worden. So verweist David Levy (8,9) auf den Einfluß der Bewegungsbeschränkung der Glieder auf anderswo im Körper auftauchende stereotype oder Tic-artige Bewegungen; Mahler, Luke, Daltroff (11) beschreiben die Unterschiede zwischen mechanisch oder psychisch erzwungener Bewegungseinschränkung; Greenacre (4) diskutiert die Bedeutung der Bewegungseinschränkung für die Herabsetzung der Aggressionsentladung, der Spannungsentladung überhaupt und der sich daraus ergebenden Übererotisierung des ganzen Körpers. Thesi Bergmann (1) beschreibt auf Grund dreijähriger Arbeit auf einer orthopädischen Abteilung die Abwehrmechanismen, die das kranke Kind instand setzen, die ihm auferlegten Einschränkungen zu ertragen. Sie schildert, daß manche Kinder um so gefügiger werden, je schärfer die einschränkenden Maßnahmen sind, beschreibt aber auch ihre Zorn- und Wutausbrüche, die auftreten, wenn die Einschränkungen wieder erleichtert (nicht aufgehoben) werden oder wenn dem Kind zusätzliche, unerwartete, mit den ärztlichen Vorschriften nicht in Zusammenhang stehende Versagungen zugemutet werden. Dieselbe Autorin betont eine zweifache Beziehung zwischen den stillgelegten Gliedern und anderen Körperteilen oder Funktionen: In manchen Fällen dehnt sich die Stillegung eines Gliedes als neurotische Hemmung auf andere, gesunde Teile des Körpers aus; in anderen kompensiert das Kind für den Verlust der Bewegungsfreiheit am kranken Glied mit einer Überentwicklung von Fähigkeiten und Funktionen auf anderen Gebieten (zum Beispiel Sprache). Sara Dubo (2) beschreibt ähnliche Vorkommnisse bei Kindern mit Lungentuberkulose.

Viele, nicht schriftlich niedergelegte Beobachtungen von Eltern und Lehrern bestätigen die letztgenannten Erfahrungen. Die Verstärkung der aggressiven Neigungen während und nach Immobilisierung (zum Beispiel im Gipsverband) ist allgemein bekannt. Die eingedämmte Aggression äußert sich gewöhnlich in Ruhelosigkeit, gesteigerter Reizbarkeit, dem Gebrauch von Schimpfworten usw. [1].

Verglichen mit dieser massiven Sperrung eines ganzen Abfuhrsystems sind die Esseneinschränkungen, die man Kindern während der Krankheit auferlegt, weniger bedeutsam. In der akuten Krankheit hilft der normalerweise herabgesetzte Appetit dem Kind, die Krankenkost zu akzeptieren. Nur Kinder mit starken oralen Fixierungen, für die die Nahrung oder ihre Entbehrung erhöhte libidinöse Bedeutung haben, reagieren auf die Diät mit Phantasien von schlechter Behandlung und Liebesentzug. In chronischen Krankheiten (wie Diabetes, Nierenstörungen, Kolitis, Allergien) mit chronischer Diät besteht die Gefahr, daß die betroffenen Kinder mit Gefühlen des Anders-, Ausgestoßen-, Vernachlässigtseins reagieren oder – um sich nicht passiv beraubt zu fühlen – asketische, selbstverleugnende Tendenzen entwickeln.

Im großen ganzen schadet die Versagung einer begehrten Speise dem kranken Kinde wesentlich weniger, als wenn eine ängstliche Mutter ihm unwillkommene Nahrung aufdrängt. Mütter, die ihr krankes Kind zum Essen zwingen, verwandeln oft eine sonst leichte, vorübergehende Krankheit in den Ausgangspunkt schwerer, langanhaltender Eßstörungen. Sie rufen auf diese Art Kämpfe wieder ins Leben, die ihren Ursprung in der Säuglingszeit, der Abstillperiode usw. haben.

Manchen Kindern bereitet das Einnehmen von Medizinen große Schwierigkeiten, was sie mit dem schlechten Geschmack oder Geruch der Arznei zu rationalisieren pflegen. Eine analytische Untersuchung deckt hinter diesen manifesten Gründen unweigerlich das Vorhandensein unbewußter Phantasien auf, in denen das Kind sich von der Mutter attackiert, vergiftet oder befruchtet glaubt. Das Einnehmen von Abführmitteln, die ohne Zutun des Kindes den Stuhlgang erzwingen, bildet vielleicht das Bindeglied zwischen der Realität und diesen unbewußten Ängsten.

In bezug auf Bewegungseinschränkung und Essensentzug ist es nicht unwichtig, sich zu erinnern, daß beide Arten von Maßnahmen seit jeher auch als Erziehungsmittel im Gebrauch waren. Eltern schicken noch heute ihre Kinder strafweise auf ihr Zimmer oder ins Bett oder entziehen ihnen ihre Lieblingsspeisen. In manchen Kreisen wird sogar das zwangsweise Verabfolgen von Abführmitteln verwendet.

d) Operationen

Seit der Entdeckung des Kastrationskomplexes haben Analytiker immer wieder Gelegenheit gehabt, sich zu überzeugen, welchen Einfluß ein chirurgischer Eingriff auf die normale oder abnorme Entwicklung haben kann. Wir wissen heute, daß jede, wo immer am Körper des Kindes ausgeführte Operation als Kernpunkt für die Aktivierung, Reaktivierung und Rationalisierung von Vergewaltigungs- und Kastrationsphantasien dienen kann. Ob es sich um kleine oder große Chirurgie handelt, das Kind deutet die Aktion des Chirurgen im Sinne seiner aktuellen oder regressiv erniedrigten Triebkonstellation. Was die Operation für das Kind bedeutet, hängt darum nicht von ihrer Art oder Schwere ab, sondern von der Art und dem Niveau der Phantasien, die durch sie geweckt werden. Kinder, die ihre eigene frühinfantile Aggression auf die Mutter projizieren, empfinden die Operation als Racheakt, von der Mutter am Kind verübt (Melanie Klein); Kinder in der ödipalen Phase erleben die Operation als Symbol dessen, was sich ihrer Vorstellung nach im Geschlechtsakt zwischen den Eltern abspielt, wobei das Kind selbst in der Phantasie die Rolle des passiven Partners spielt. Kinder unter dem Druck des Kastrationskomplexes empfinden die Operation als Verstümmelung, als Strafe für aggressive Tendenzen, für exhibitionistische Wünsche, für ödipale Eifersucht und onanistische Betätigung. Wird die Operation am Penis selbst ausgeführt (Beschneidungen nach dem ersten Lebensjahr), dann entsteht im Kind unweigerlich Kastrationsangst, auf welcher Stufe der Libidoentwicklung es sich auch befinden mag. Auf der phallischen Entwicklungsstufe anderseits kann jeder operierte Körperteil durch Verschiebung die Rolle des Geschlechtsteils übernehmen. Das Erlebnis der Operation verleiht den verdrängten Phantasien einen Aspekt von Wirklichkeit und steigert dadurch die mit ihnen verknüpften Ängste um das Vielfache. Das Kind steht jetzt unter dem Druck von zwei Gefahren: einer Realgefahr, die vom Chirurgen, und einer inneren Gefahr, die von der Steigerung der phantastischen Ängste ausgeht. Manche Kinder bewältigen diese Situation mit Hilfe ihrer Ich-Mechanismen; andere steigern unter dem Druck der Ängste ihre Abwehrmethoden bis zur Bildung neurotischer Symptome; noch andere, Ich-schwächere, reagieren mit panikartigen Zuständen auf das erlebte Trauma.

In einem vor kurzem erschienen Symposium über ›Die affektiven Reaktionen von Kindern auf Mandel- und Wucherungsoperationen‹ diskutierten Analytiker, Psychiater, Kinderärzte und Psychologen Verhütungsmaßnahmen, um die traumatische Wirkung der Operation für das Kind herabzusetzen. Sie unterscheiden drei hauptsächliche Gefahrenmomente: die Anästhesie, die Spitalunterbringung, den chirurgischen Eingriff. Unter den vorgeschlagenen Maßnahmen spielen folgende die größte Rolle: Auswahl des richtigen Zeitpunktes für die Operation; sorgfältige psychische Vorbereitung [2]; psychiatrische Hilfe während des Erlebnisses; Möglichkeit der Aussprache und Affektabfuhr.

Wir haben oft Gelegenheit, in der Analyse Erwachsener die Nachwirkung von Kindheitsoperationen zu studieren. Beim männlichen Patienten ist es im allgemeinen nicht die Kastrationsangst, sondern der Kastrationswunsch, die passiv-femininen Tendenzen, die durch die Operation angeregt werden. Das Kind erlebt dann den chirurgischen Eingriff als Verführung zur Passivität, der es entweder mit verheerenden Folgen für seine Männlichkeit nachgibt oder gegen die es sich mit Hilfe einer pathologisch übersteigerten Abwehr verteidigen muß. Beide Reaktionen führen zu dauernden postoperativen abnormen Charakterveränderungen.

III. Die Auswirkungen von Schmerz und Angst

a) Die psychische Bedeutung des Schmerzes

Kinder reagieren auf die Geschehnisse in ihrem eigenen Körper in sehr wechselnder, von Individuum zu Individuum verschiedener und für den Erwachsenen oft schwer verständlicher Weise. Was das eine Kind als heftigen, unerträglichen Schmerz erlebt, wird vom andern kaum zur Kenntnis genommen. Die analytische Untersuchung dieser auffallenden Verschiedenheiten zeigt, daß der Unterschied nicht im Schmerzerlebnis selbst liegt, sondern in dem Grad, in dem der körperliche Schmerz mit psychischer Bedeutung überlagert ist. Was immer sich in den inneren Organen ereignet oder dem Körper von außen zustößt, das Kleinkind neigt jedenfalls dazu, den peinlichen Vorfall einer äußerlichen Urheberschaft (oder ihrer verinnerlichten Imago) zuzuschreiben. Das Kind empfindet also seine Schmerzen als die Folge eines Angriffs und fühlt sich darum im Schmerz schlecht behandelt, bedroht, bestraft, verfolgt, gefährdet. Das tapfere Kind, das sich nichts aus Schmerzen macht, ist nicht wirklich weniger wehleidig als andere; es steht nur weniger unter der Herrschaft unbewußter Phantasien, die sich mit dem Schmerz verbinden. Auch heftige Schmerzen werden vom Kinde gut ertragen, solange sie nicht mit aus unbewußten Quellen stammenden Ängsten besetzt sind. Wo Angst den Schmerz steigert, wird er für das Kind zum wesentlichen Ereignis, das lange erinnert wird und gegen dessen Wiederholung es sich mit phobischen Abwehrmaßnahmen zu schützen sucht.

Je nach der psychischen Bedeutung des einzelnen Schmerzerlebnisses reagiert das Kind außer mit Angst auch mit Ärger, Wut- und Rachegefühlen, eventuell auch mit masochistischer Unterwerfung, Schuldgefühlen und depressiven Haltungen.

b) Schmerz und Angst bei Kleinkindern

Noch schwerer als im späteren Kindesalter ist es, bei der Beobachtung des ersten Lebensjahres das Mischungsverhältnis von psychologischen und physiologischen Elementen im Schmerzerlebnis richtig abzuschätzen. Auf dieser Entwicklungsstufe empfindet das Kind wahrscheinlich jede Unlustspannung als schmerzhaft, ohne viel Unterscheidung zwischen dem mehr diffusen Unbehagen und dem klar umschriebenen Schmerz, der von einer bestimmten Körperstelle oder einem Organ ausgeht. In den ersten Lebensmonaten ist die Reizschwelle niedriger als später; es braucht nicht viel, um eine Sensation der Unlust zum Trauma zu steigern. Der Beobachter muß sich ferner davor hüten, die Größe des Schocks auf Grund der Reaktion des Kindes zu beurteilen. Kinder unter dem ersten Lebensjahr reagieren auf Schmerzreize manchmal umgehend, manchmal nach verschieden langer Pause; manchmal löst der Schmerz überhaupt keine manifeste Reaktion aus.

Die analytischen Autoren der verschiedenen Schulen sind sich nicht darüber einig, von welchem Lebensalter an das körperliche Schmerzerlebnis von psychischen Vorstellungen begleitet wird. An älteren Kleinkindern (2–3jährig) kann man beobachten, daß Impfungen, Injektionen und Höhensonnebestrahlungen fast identische psychische Reaktionen auslösen, obwohl die zwei ersteren Schmerz und Angst verursachen, die letzteren nur Angst ohne Schmerz.

c) Passive Bindungen an den Kinderarzt

Die psychische Bedeutung des Schmerzerlebnisses macht verständlich, warum viele Kinder den Arzt (und andere Personen, die ihnen Schmerzen zufügen müssen) nicht nur fürchten, sondern auch lieben. Das Schmerzerlebnis appelliert an passiv-masochistische Regungen, die im kindlichen Liebesleben eine große Rolle spielen. Die Bindung des Kindes an Arzt oder Krankenschwester ist oft am Tag nach einer schmerzhaften medizinischen Prozedur besonders stark.

d) Wehleidigkeit als diagnostischer Faktor

In der ödipalen Phase des Knaben ist die Wehleidigkeit – oder ihr Gegenteil ein nützlicher Fingerzeig für die Differentialdiagnose zwischen echter phallischer Männlichkeit und dem exzessiv-männlichen aggressiven Benehmen, das zur Abwehr passiv-femininer Tendenzen entwickelt wird. Der echt männliche Knabe macht sich nichts aus Schmerzen, während der nur reaktiv männliche schon bei der geringsten Körperverletzung sein psychisches Gleichgewicht verliert.

IV. Die Auswirkungen der Krankheit

a) Libidinöse Veränderungen

Die manifesten Reaktionen des Kindes auf Krankenpflege und Diät, Schmerz und Angst sollen unser Interesse nicht von andern bedeutsamen und folgenschweren Vorgängen abziehen, die sich zur gleichen Zeit lautlos und unter der Oberfläche abspielen. Es handelt sich hier um Veränderungen in der Libidobesetzung, bedingt durch den erhöhten Libidoanspruch des kranken Körpers. Manche Mütter haben ein scharfes Auge für die äußeren Anzeichen dieser inneren Prozesse und sind imstande, aus ihnen das Herannahen einer Erkrankung zu erraten, manchmal lange ehe sich die ersten bedeutsamen körperlichen Symptome zeigen.

Kinder reagieren auf zwei verschiedene Arten auf den erhöhten Libidoanspruch ihres Körpers. Manche, die als Gesunde guten Kontakt mit ihrer Umwelt, ihrem Spielzeug, den täglichen Ereignissen haben, ziehen sich am Beginn einer Erkrankung von allem zurück und kauern matt und gelangweilt in irgendeinem Winkel[3].

Auf der Höhe der Krankheit liegen sie bewegungslos im Bett, kehren das Gesicht an die Wand und lehnen Spielzeug, Nahrung und liebevolle Annäherungen ab. Sie machen den Eindruck von Schwerkranken, auch wenn ihnen nichts fehlt als Halsweh, Bauchweh, leichtes Fieber oder eine der gewöhnlichen Infektionskrankheiten, und jedenfalls jagen sie ihren Müttern durch die auffallende Veränderung ihres ganzen Wesens keinen geringen Schrecken ein. In Wirklichkeit ist diese Veränderung aber nicht körperlich bedingt, sondern psychisch, und man tut recht, aus ihrer Schwere auf die Schwere der Krankheit zu schließen. Das Kind zieht seine Libido von der Umwelt ab und besetzt mit ihr seinen durch die Krankheit bedürftig gewordenen Körper. Der Vorgang macht einen unheimlichen bösartigen Eindruck, ist aber in Wirklichkeit gutartig, das heißt der Herstellung günstig.

Die Kinder eines zweiten libidinösen Typus verhalten sich aus noch unaufgeklärten Ursachen in umgekehrter Weise. Unfähig, ihrem eigenen kranken Körper die zusätzliche narzißtische Besetzung, die er verlangt, zuzuwenden, erwarten sie den Zusatz an Liebe und Aufmerksamkeit von der pflegenden Mutter und werden dadurch in einer ihrem Alter nicht mehr entsprechenden Weise anspruchsvoll, quälerisch und von der Anwesenheit der Pflegeperson abhängig. Sie verhalten sich wie Säuglinge, das heißt wie in der Lebenszeit, in der die Besetzung des kindlichen Körpers mit mütterlicher Libido der Hauptfaktor ist, der das Kind vor Schaden, Destruktion und Selbstdestruktion schützt[4].

Der oberflächliche Bobachter sieht nur, daß die kranken Kinder des ersten Typus »anspruchslos« sind, die des zweiten »anspruchsvoll«. In beiden Fällen geht die allmähliche Gesundheit Hand in Hand mit der allmählichen Normalisierung der Libidoverteilung, allerdings nicht ohne Schwierigkeiten und Rückfälle, während deren das Kind noch nicht ganz wieder das frühere Wesen zurückgewinnt. In manchen Fällen bleibt die abnorme Libidoverteilung auch durch längere Zeit bestehen und erzeugt die oben geschilderten, nach vielen Krankheiten auftretenden, sonst unerklärten Veränderungen der Persönlichkeit.

b) Der Körper des Kindes als Eigentum der Mutter. Die Hypochondrie

Trotz aller gegenteiligen Erwartungen der Mütter sind Kinder – auch wenn sie dem Stadium des Kleinkindes längst entwachsen sind – nicht imstande, für ihren eigenen Körper zu sorgen oder ohne Überwachung die Vorschriften der Hygiene und Gesundheitspflege einzuhalten. So oft eine stolze Mutter sich rühmt, daß ihr Kind sich vor dem Essen ohne Aufforderung die Hände wäscht, können wir nachweisen, daß das betreffende Kind ein Zwangscharakter und seine scheinbar vernünftige Reinlichkeit eine zwangsneurotisch-magische Abwehr gegen phantastische Gefahren ist.

Kinder, die sich selbst gegen Zugluft und Kälte schützen, tun es, weil sie Todesängste haben; wenn sie vorsichtig sind, was sie essen, hat es seinen Grund in Vergiftungsideen; wenn sie mäßig oder asketisch im Essen sind, wehren sie Schwangerschaftsphantasien ab. Normale Durchschnittskinder beobachten keine dieser Vorsichten. Sie essen mit schmutzigen Händen, überessen sich, freuen sich an grünen Äpfeln und sonstigem unreifem Obst, trotzen der Kälte und Nässe, solange die Mutter sie nicht mit Güte oder Strenge, Drohung oder Strafe davon abhält. Wenn ihrem Körper ein Schaden geschehen ist, lassen sie sich bestenfalls von der Mutter pflegen, wenn sie sich nicht auch da noch aus besten Kräften gegen die Pflege wehren. Sie benehmen sich, als wäre die Instandhaltung ihres Körpers nicht ihre Angelegenheit, sondern ausschließlich die der Mutter und beharren bei dieser Einstellung, die offenbar ein wichtiges Element der Mutter-Kind-Beziehung ist, bis zum Erwachsensein. Noch in der Pubertät, ehe der junge Mensch die volle Unabhängigkeit von den Eltern erwirbt, ist die Vernachlässigung aller Gesundheitsregeln oft ein zentraler Punkt in den erbitterten Meinungsverschiedenheiten, die sich zwischen den Halbwüchsigen und ihren Müttern abspielen.

Bei mutterlosen, verwaisten und Anstaltskindern ist der Sachverhalt ein völlig anderer. Weit entfernt davon, die Freiheit von ängstlicher mütterlicher Fürsorge zu genießen (wie wir es auf Grund der ständigen Revolte der bemutterten Kinder erwarten würden), geben mutterlose Kinder in ganz erstaunlicher Weise auf ihren eigenen Körper acht. In einer der Autorin bekannten Anstalt für Kleinkinder war es oft schwierig, ein Kind dazu zu bringen, auch bei warmem Wetter seinen Pullover oder seinen Mantel abzulegen. »Ich könnte mich erkälten«, war die Einwendung. Andere wieder verlangten und trugen gewissenhaft Überschuhe, »um keine nassen Füße zu bekommen«. Manche Kinder verfolgten ängstlich, ob sie auch lang genug schliefen, andere, ob sie auch richtig ernährt würden. Es schien, als ob alle Ängste um die Gesundheit des Kindes, die den abwesenden Müttern zugehörten, nach der Trennung oder nach dem Verlust der mütterlichen Fürsorge von den Kindern selbst übernommen worden wären und ihr Benehmen bestimmten. In Identifizierung mit der zeitweise oder für immer verlorenen Mutter nimmt das Kind seinem Körper gegenüber ihre Stelle ein und beginnt, auf ihn acht zu geben, wie sie es in der Vergangenheit getan hat[5].

Ein solches Verhalten der Kinder zu ihrem eigenen Körper erinnert in auffallender Weise an das Benehmen des erwachsenen Hypochonders, zu dessen Verständnis wir vielleicht von hier aus Zugang gewinnen können. Das der mütterlichen Fürsorge beraubte Kind übernimmt die Rolle der pflegenden Mutter sich selbst gegenüber und spielt »Mutter und Kind« mit seinem eigenen Körper. Der erwachsene Hypochonder, der seine Libido von der Objektwelt abzieht, um sie auf seinen Körper zu konzentrieren, handelt ähnlich. Sein mit Libido übersetzter Körper repräsentiert ihn selbst als Kind, über das sein erwachsenes Ich in der Rolle der Mutter die Obhut übernimmt. Je stärker die Identifizierung mit der liebenden Mutter und ihrer Fürsorge für ihren Säugling ist, desto höher steigert sich die Empfindlichkeit für alle Vorgänge in seinem Körperinnern. Die hypochondrische Phase, die so vielen psychotischen Erkrankungen vorangeht, entspräche somit einer Regression, das heißt der symbolischen Wiederherstellung der frühesten Körpereinheit zwischen Mutter und Kind.

V. Zusammenfassung

Im Anschluß an eigene und fremde Untersuchungen über das Phänomen der infantilen Trennungsangst (Folgen der Hospitalisierung usw.) setzt die Autorin sich in der vorstehenden Arbeit mit weiteren Faktoren auseinander, die bei der psychischen Reaktion des Kindes auf körperliche Erkrankung eine Rolle spielen. Die Folgen der von der Umwelt beeinflußbaren pflegerischen und ärztlichen Maßnahmen werden unterschieden von den Erscheinungen, die – wie Schmerzwirkung und Libidoverschiebungen – durch den Krankheitsprozeß selbst bedingt sind. Das Verhalten verwaister Kinder, die in der Rolle der Mütter den eigenen Körper pflegen, wird verglichen mit dem des erwachsenen Hypochonders, der nach dem Libidoabzug von der Objektwelt Mutter und Kind mit seinem Körper spielt.

Rückkehrend zu den Problemen der Trennungsangst und Hospitalisierung, betont die Autorin noch einmal, wie schwerwiegend und gefährlich es ist, ein junges Kind gerade dann von der rechtmäßigen Besitzerin seines Körpers zu trennen, wenn dieser Körper krank, das heißt von äußeren und inneren Gefahren bedroht ist.

Alice Bálint

Über eine besondere Form der infantilen Angst

Dem psychoanalytisch geschulten Leser wird es bekannt sein, daß Freud die Geburtsangst als die Urangst des Menschen betrachtet. In seinem Buch ›Hemmung, Symptom und Angst‹, in dem er sich am ausführlichsten mit diesem Problem beschäftigt, findet er als Brücke zwischen der Geburtsangst und den späteren kindlichen Ängsten die Tatsache, daß die frühesten Angstäußerungen des Kindes auf eine einzige Bedingung, das Vermissen der geliebten Person (Mutter) zurückgeführt werden können. Das Vermissen der Mutter bedeutet für den Säugling nicht nur den Verlust des Liebesobjektes, sondern, da sie zugleich alle wichtigsten Bedürfnisse des Kindes befriedigt, auch das *»Anwachsen der Bedürfnisspannung«*, gegen die er ohnmächtig ist. Die Situation der Unbefriedigung, in der Reizgrößen eine unlustvolle Höhe erreichen, ohne Bewältigung durch psychische Verwendung und Abfuhr zu finden, muß für den Säugling die Analogie mit dem Geburtserlebnis, die Wiederholung der Gefahrsituation sein; das beiden Gemeinsame ist die ökonomische Störung durch das Anwachsen der Erledigung heischenden Reizgrößen, dieses Moment also der eigentliche Kern der »Gefahr« [1].

An derselben Stelle erwähnt Freud als die drei frühesten Angstsituationen des Kindes: wenn es *allein*, in der *Dunkelheit* oder mit einer *fremden Person* an Stelle der vertrauten Mutter gelassen wird. Ich möchte in diese Reihe noch eine typische Angstsituation einfügen, die meines Wissens das erste beobachtbare Schreckerlebnis des Kindes ist, und zwar die Angst vor dem *Fallengelassenwerden.*

Diese Situation kann zwar ebenfalls wie die drei oben erwähnten als ein Vermissen der Mutter aufgefaßt werden, scheint jedoch primitiver, dem Geburtserlebnis näher, daher einer besonderen Würdigung jedenfalls wert zu sein.

Jeder der mit Säuglingen zu tun hatte, kennt das erschreckte, affenartige Sichanklammern (Ferenczi, Hermann) des Kindes, wenn z. B. beim Baden eine ungeschickte Bewegung der Pflegeperson ihm das Gefühl gibt, daß es den gewohnten Halt verliert. Im allgemeinen kann man die Beobachtung machen, daß Kinder sehr empfindlich darauf reagieren, wie ruhig und *sicher* sie gehalten werden. Vollkommen fremde Personen, die diese Gabe besitzen, sind dem kleinen Kinde angenehm, und die häufige Erscheinung, daß der Säugling sich mit Schreien dagegen wehrt, von einer fremden Person in die Arme genommen zu werden, kann recht oft damit erklärt werden, daß die betreffende Person mit der Handhabung eines so kleinen Kindes nicht vertraut, daher ungeschickt oder unsicher ist. Bei unerfahrenen jungen Müttern sieht man zum Beispiel, daß das Kind sich keineswegs bei ihnen am wohlsten fühlt. Was so lange dauert, bis die junge Mutter die nötige Sicherheit erworben hat. Bleibt eine Mutter dauernd ungeschickt (was bei ihr sicherlich – ob bewußt oder unbewußt – eine Ablehnung des Kindes bedeutet), so kann dadurch bereits in diesem frühen Alter eine Entfremdung auch des Kindes der Mutter gegenüber eintreten. Daraus können wir folgern, daß dem Kinde in diesem Stadium der passiven Objektliebe (Ferenczi) das, was es bekommt, wichtiger ist als die Person des Gebers. Erst später erfährt das Kind, daß ihm das Recht zu fordern nur ganz wenigen Personen gegenüber zugesprochen wird, daß es sich also wohl oder übel diesen zuwenden muß.

Wie tief der Wunsch nach einem sicheren Halt im Gefühlsleben des Menschen verankert ist, zeigt unter anderem die Sympathie, die in uns ein ruhiger fester Händedruck und überhaupt eine geduldige Hand erweckt. Auch Redewendungen wie: »Er hat seinen Halt verloren«; »erhalten werden«, im Sinne von Versorgtwerden; »das seelische Gleichgewicht verlieren«; »der Boden wird einem unter den Füßen weggezogen«; »man ist aus allen Himmeln gefallen« usw., bestätigen den hohen psychischen Wert eines festen Haltes oder Gehaltenwerdens. Hier muß noch erwähnt werden, daß die Geburt selbst, wie bekannt, im Folklore recht häufig als »herunterfallen« dargestellt oder bezeichnet wird (Niederkunft).

Der Gedanke liegt nahe, eine andere allgemein menschliche seelische Äußerung, die Schwebe- oder Flugträume, ebenfalls mit der Angst vor dem Fallengelassenwerden in Verbindung zu bringen. Ferenczis Idee über die traumaverarbeitende Funktion des Traumes folgend, könnten wir diese Träume als wunscherfüllende Umarbeitung der ursprünglichen Angstsituation auffassen. Die so nahe an Angst grenzende Freude der Kinder am Hutschen, Schaukeln, später Ski- und Eislauf hat wohl eine ihrer Wurzeln in der Seligkeit, die das Gefühl gibt, einer schlimmen Gefahr spielend Herr zu werden. Wie auch die uralte Sehnsucht des Menschen nach dem Fliegenkönnen zum Teil der Bewältigung der Angst vor dem Fallen dienen mag; denn wer fliegen kann, fällt nicht.

Ein Gegenstück zu den Flugträumen – die in der Regel mit einem jähen Sturz enden – bildet die gleichfalls ziemlich häufige Erscheinung, daß kleine Kinder meist nicht daran glauben wollen, daß man aus dem Fenster stürzen kann. Sie meinen, sie würden einfach flattern wie Schmetterlinge oder geschickt von einem Stockwerk in das andere springen[2], und halten hartnäckig an der Vorstellung fest, es könnte ihnen nichts passieren. Alle diese Erscheinungen scheinen Erledigungsversuche ein und desselben typischen Schreckerlebnisses zu sein.

Das für uns bedeutsamste an dieser frühen Angstsituation ist, daß in der Angst vor dem Fallengelassenwerden die Angst um die eigene Sicherheit, die Lebens- oder Todesangst und die Angst vor dem Liebesverlust eng miteinander verbunden sind. Denn zu den ersten und wichtigsten Formen der Liebe, die das Kind empfängt, gehört neben dem Genährtwerden das Gehaltenwerden (siehe ernähren = erhalten).

Ich möchte hier nicht die Frage aufrollen, wie weit man von einer wirklichen Todesangst bei dem Säugling sprechen darf, und weiß auch nicht, ob eine exakte Antwort auf diese Frage möglich ist. Jedenfalls scheint es mir wahrscheinlich, daß das reflexartige Anklammern des Kindes eine Form der Angst um das eigene Selbst darstellt, wobei es zugleich die Notwendigkeit eines außer ihm vorhandenen Haltes unmittelbar erfährt. Auch zur Stillung des Hungers bedarf das Kind eines außer ihm befindlichen Etwas, doch während in diesem Fall ein Aufschub und Verschiebung (Lutschen) bis zu einer gewissen Grenze möglich ist, ist das Fallen ein *traumatisches Geschehnis, das gleich der Geburt wie ein plötzlicher Riß das Ich von der Umwelt trennt;* es ist also ein Erlebnis, das – um es noch einmal zu betonen – die Abhängigkeit von der Umwelt *unmittelbar erfahren läßt.*

Die spätere Triebangst stammt wohl zum größten Teil aus dieser verhängnisvollen Verschmelzung der Angst um uns selbst mit der Angst vor Liebesverlust. Man fürchtet sich zu tun, was Liebesverlust zur Folge haben könnte. Man fürchtet sich, seinen Trieben nachzugeben, denn man könnte die Kontrolle verlieren (sich gehen lassen) und Dinge tun, die den Liebesverlust nach sich ziehn. Denn Liebesverlust bedeutet irgendwo im Unbewußten Lebensgefahr.

Die Erziehung nützt die enge Beziehung zwischen den beiden Ängsten für ihre Zwecke aus. Ihre Aufgabe ist es aber auch, die Macht, die die Angst ihr verleiht, nicht zu überspannen. Recht aufschlußreich war mir in dieser Beziehung die Entgegnung eines achtjährigen Knaben an seine Mutter, die enttäuscht und ratlos wurde, als sie sah, daß ihr Sohn sich ihren Ärger nicht genug zu Herzen nahm. Er erklärte ihr die Situation mit folgenden Worten: »Aber Mama, ich sterbe noch nicht, wenn du mich nicht liebst, warum willst du denn, daß ich gar so erschrocken sein soll?« Die Angst vor Liebesverlust (später Gewissensangst) bewirkt es in erster Reihe, daß Triebansprüche als Gefahr gewertet werden können. Die Erzieher können sich oft nicht darin genug tun, mit der Drohung des Liebesentzuges zu arbeiten, und meinen in der Regel, damit auf die sanfteste Art vorzugehn. Wenn wir aber bedenken, daß für das Kind die Drohung mit dem Liebesentzug – wie auch das obige Beispiel zeigt – einer Todesdrohung gleichkommt, werden wir uns eines Besseren besinnen müssen.

Allzu ausgiebige Anwendung dieser Methode bewirkt zumeist eine Schädigung der Realitätsanpassung, indem *die Angst vor dem Liebesverlust die Angst vor realen Gefahren verdrängt.* Das Kind glaubt, es müsse nur immer brav und artig sein, dann könne ihm nichts geschehen.

Die Sonderung der Lebens-(Todes-)Angst und der Angst vor Liebesverlust ist aber gar nicht so leicht, denn es wehrt sich dagegen das Lustprinzip. Wenn nämlich ein gewisser Grad der Anpassungsfähigkeit erreicht wurde, erscheint es dem Kinde viel leichter, sich die Liebe der Umgebung durch Artigkeit zu sichern, als mit den äußeren Gefahren fertig zu werden (Vater oder Mutter werden schon auf mich achtgeben, heißt die Losung).

Anstatt also das ursprüngliche ununterscheidbare Beieinander der Angst vor dem Objektverlust und der Angst um das Ich weiter zu festigen, sollte es vielmehr eine der wichtigsten Aufgaben der Erziehung sein, Hand in Hand mit der Entwicklung des Realitätssinnes die beiden Ängste voneinander zu trennen. Dadurch könnten die Liebesbeziehungen des Kindes von den ihnen ursprünglich anhaftenden Angstquanten bis zu einem gewissen Grade befreit und zugleich eine realitätsgerechte Einstellung den lebensgefährlichen äußeren Mächten gegenüber ermöglicht werden.

Lydia Jacobs

Methoden der Mütterberatung

Ein Beitrag zur Behandlung von Entwicklungsschwierigkeiten bei Kindern unter fünf Jahren

In den letzten Jahren wurde der Bedeutung, die der Beratung von Müttern kleiner Kinder zukommt, immer mehr Aufmerksamkeit gezollt. Zwei Aspekte dieser Arbeit sind beschrieben worden: einmal die allgemeine Elternerziehung als prophylaktische Maßnahme, sodann die Arbeit mit einzelnen Müttern, die um Hilfe bei der Behandlung eines Kindes in einer bestimmten Entwicklungsphase bitten. Fries (3) hat den erstgenannten Aspekt betont; Ruben und Thomas (4) haben die Arbeit mit einzelnen Müttern beschrieben, die sie wegen bestimmter Schwierigkeiten konsultiert hatten. Während der letzten zwei Jahre hatte die Verfasserin Gelegenheit, mit einzelnen Müttern von Säuglingen und Kleinkindern zu arbeiten, die sie wegen Entwicklungsschwierigkeiten aufsuchten. Die Mütter wurden entweder in der lokalen Frauen- und Kinderklinik interviewt, die die Verfasserin allwöchentlich besucht, oder in der Child Guidance Clinic, an der sie mitarbeitet.

Das Hauptziel der Unterhaltungen mit diesen Müttern war, ihnen Wissen zu vermitteln, auf das sie eine Änderung in der Behandlung ihres Kindes gründen können, so daß das Kind in der Entwicklung seines Ichs einen Schritt weiterkommt. In einigen Fällen wird von der Mutter nicht mehr gefordert als eine Änderung der Behandlung einer besonderen Situation, während in anderen Fällen bedeutend mehr erforderlich war, zum Beispiel die Erklärung unbewußter Konflikte, um einen Wechsel in der Persönlichkeitsstruktur des Kindes zustande zu bringen. In diesen Fällen hat die Mutter die Rolle des Therapeuten. Die Mütter kommen in wöchentlichen oder vierzehntägigen Abständen zu einer der Kliniken. – Aus einer Arbeit, wie sie in diesem Aufsatz diskutiert wird, ergeben sich bestimmte theoretische Fragen:

1. Welchen Inhalt haben derartige Aussprachen? Welche Methoden verwendet man, um das Ziel zu erreichen?

2. Welches sind die dynamischen Faktoren, die diese Methode der Kinderbehandlung durch analytische Beratungsgespräche mit den Eltern in diesem frühen Lebensalter möglich erscheinen lassen, in der Latenzphase dagegen fast gar nicht?

3. Welches sind die Grenzen dieser Methode im Hinblick auf die Fälle, die nicht auf diese Weise behandelt werden können?

I. Der Inhalt des Interviews und die verwendeten Methoden

Der Inhalt der Interviews und die verwendeten Methoden sind verschieden und hängen von dem Problem ab, für das die Mutter Hilfe sucht, ferner von der Persönlichkeit der Mutter. Drei verschiedene Typen von Fällen sollen als Beispiele geboten werden:

a) Schwierigkeiten beim Essen (das meistgenannte Problem);

b) nächtliche Angstzustände eines zweieinhalbjährigen Jungen (eine typische Entwicklungsschwierigkeit, die im vorliegenden Falle von einer ausgeglichenen Mutter angemessen behandelt wurde);

c) eine komplexere Verhaltensstörung bei einem dreieinhalbjährigen Mädchen, das von einer labileren Mutter behandelt wurde.

a) Schwierigkeiten beim Essen

In der Mehrzahl der Fälle waren die Kinder mit Ernährungsschwierigkeiten zwischen 10 und 24 Monaten alt, und die Schwierigkeiten hingen hauptsächlich mit den Konflikten der analen Phase der Libido-Entwicklung zusammen. Interviews mit den einzelnen Müttern dieser Kinder verliefen sehr ähnlich, und die in den erfolgreichen Fällen angewandten Methoden können folgendermaßen zusammengefaßt werden:

Die Essensschwierigkeiten waren alle von kurzer Dauer, Angelegenheiten nur von Monaten oder Wochen. Es wurden stets ähnliche Situationen beschrieben: Das Kind mag eben nicht; die Mutter hat alles versucht, zuerst mit Schmeicheln und gutem Zureden, endlich mit heftigen Auseinandersetzungen; schließlich ißt das Kind weniger denn je, und die Mutter wird immer besorgter. Dann versucht die Mutter, auf irgend jemandes Rat hin das Kind zu »ignorieren«, wie sie es nennt. Sie räumt ein, daß sie diese Versuche nur zaghaft unternommen hat, aus Angst, das Kind könne verhungern. Sie kommt nun in die Klinik und will eine Erklärung und ist, wie viele Mütter es ausdrückten, »bereit, alles zu versuchen«. Hat man eine Vorstellung vom Ausmaß der Besorgnis der Mutter und ein klares Bild der Situation gewonnen, ist es oft möglich, im ersten Gespräch so vorzugehen: Man kann die Mutter aufklären, daß Essensschwierigkeiten oft im Zusammenhang mit der Erziehung zur Reinlichkeit auftreten (1). Diese Beziehung kann im einzelnen erläutert werden; wie das Kind seine Einstellung den Fäkalien gegenüber auf die Nahrung überträgt und daß dies das Ergebnis eines notwendigen Verhaltens ist, das sich gegen die Lust des Kindes an den Fäkalien wendet. Unter diesem Blickwinkel kann dann die besondere Schwierigkeit gemeinsam untersucht werden. Jede der Mütter brachte weitere Informationen und Bestätigungen über den Ekel ihrer Kinder vor Soßen und Breien und dem plötzlichen und heftigen Abscheu vor klebrigen Händen. Dann dreht sich das Gespräch um die Frage, warum diese Phase anhielt und jetzt zu einem wirklichen Problem geworden ist; das bedeutet, daß man die Mutter-Kind-Beziehung berücksichtigen muß; gleichzeitig gilt es zu bedenken, wie das Kind, das herausgefunden hat, daß seine zeitweilige Eßunlust ein gewaltiges Echo weckt, die Situation dazu benützt, seinen Konflikt mit der Mutter zum Ausdruck zu bringen, und umgekehrt.

Im Anschluß an die Diskussion des hier Ausgeführten wird die Mutter gefragt, was ihrer Meinung nach getan werden sollte, um diesen Zustand zu ändern. In dieser Phase ist sie geneigt, den Fachmann um Rat zu fragen. Es erscheint wichtig, daß man sich mit konkreten Ratschlägen zurückhält, damit die Mutter die Einzelheiten selbst herausarbeitet. Dabei sagt man ihr, daß man nur theoretisch Methoden zur Behebung der Schwierigkeiten erörtern kann. Es kommt nämlich oft vor, daß die Mütter selbst die richtigen Methoden vorschlagen. Auf ihre Bemerkungen eingehend, kann man anregen, das Kind wie einen besonderen Gast zu behandeln, seine Neigungen und Abneigungen zu tolerieren, keine Bemerkungen über Art, Weise und Reihenfolge dessen, was es ißt, zu machen und so weiter. Das Ziel sollte für die Mutter darin bestehen, sich ganz von der Situation zu lösen, damit des Kindes eigener Eßinstinkt nicht von anderen Instinkten, wie zum Beispiel der Aggression gegen die Mutter, beeinträchtigt wird. Man muß dabei auf verschiedene Schwierigkeiten hinweisen, daß sich zum Beispiel frühestens nach einer Woche ein Ergebnis einstellt; daß das Kind, falls es sich selbst überlassen bleibt, möglicherweise mit den Fingern ißt, was man nur schwer dulden kann. Schließlich sollte man der Mutter raten, zu Beginn auf beträchtliche Schwierigkeiten gefaßt zu sein, und ihr sagen, daß sie weiterhin um Rat fragen kann, falls sie jetzt den Versuch noch nicht wagen will.

Der Inhalt von vier Gesprächen mit Mrs. W. erläutert einige der oben angeführten Punkte; ihr Problem ist für Mütter solcher Kinder typisch. N., der jetzt zwölf Monate alt ist, hat acht Wochen lang nicht recht essen wollen. Bis vor acht Wochen war er ein guter Esser, und Mrs. W. war auf seine allgemeine Entwicklung stolz. Ein paar Tage, bevor er die Nahrung verweigerte, hatte Mrs. W. ein neues Töpfchen gekauft, gegen das er sich heftig wehrte; jedes Mal machte er sich steif, wenn sie ihn zu dessen Benutzung zwingen wollte. Seit der Zeit stand sie mit ihm, was das Auf-das-Töpfchen-Gehen und Essen angeht, auf Kriegsfuß. Die Mahlzeiten wurden zu einem Alptraum. N. spuckte sein Essen aus, machte sich steif und erbrach sich schließlich, als sie ihn zwingen wollte, das Essen herunterzuschlucken. Oft schwenkte er seine Arme und warf dabei das Essen auf den Fußboden. Sie faßte es in die Worte: »Ich bin völlig ratlos und am Ende.« Dieses Gefühl verstärkte sich durch die Haltung ihres fünfjährigen Jungen, der dabei saß, sich den Kampf fasziniert ansah, bis sein Essen kalt war und man auch ihm gut zureden mußte; schließlich war sie selbst so verstört, daß sie ihr eigenes Essen nicht mehr genießen konnte.

Das Töpfchen war der Schlüssel zu diesem Problem. Mrs. W., eine vitale, attraktive Frau aus dem Mittelstand, gab zu, daß sie sich leicht aufregt. Sie ist sehr stolz auf ihren Haushalt und, wie alle ihre Bekannten wissen, äußerst schwer zufriedenzustellen. Sie hielt das neue Töpfchen für eine »wunderbare Idee«, da bei dem früheren gelegentlich etwas Urin auf den Teppich geriet. Sicher hatte sie beim ersten Benutzen des Töpfchens Bemerkungen gemacht, wie »schön, sauber und praktisch« dies sei. Die Beschreibung, die sie vom Füttern und Aufs-Töpfchen-Setzen gab, war während der ganzen ersten Unterredung mit halbspaßigen Bemerkungen durchsetzt, wie sie das alles anekele.

Am Ende des ersten Gesprächs erfuhr Mrs. M. etwas von den Veränderungen in der Mutter-Kind-Beziehung, die gegen Ende des ersten Lebensjahres eintreten. Die Abweichung in der Haltung zwischen Mutter und Kind gegenüber dem Schmutz wurde besonders hervorgehoben. Dies führte zu der weiteren Beobachtung, daß N. in den letzten Wochen klebrige Hände nicht ausstehen konnte und daß er besonders Brei und Soßen verabscheute, während ihm gleichzeitig Bettnässen und Einkoten nichts auszumachen schienen. Man mußte seine Hände bei den Mahlzeiten festhalten, damit er nicht ins Essen griff. Das Interesse Mrs. W.'s wurde geweckt, sie wollte selber gerne sofort wissen, wie sie diesem Zustand abhelfen könne. Sie war sich dessen bewußt, daß sie aufhören müsse, N. zum Essen zu zwingen, und ihm gestatten müßte, mit den Fingern herumzuexperimentieren. Sie meinte, daß man von dem neuen Topf wieder abkommen sollte. Man kam darauf zu sprechen, wie besonders schwierig dies für jemand wie Mrs. W. sei, die in so überaus großem Maß empfindlich für Unordnung ist.

Eine Woche später kam Mrs. W. lachend an und erzählte, wie schrecklich die Unordnung sei, und meinte, sie sei der letzte Mensch, dem man das zumuten könne! Sie beschrieb die in der Woche vorgefallenen Ereignisse recht dramatisch, erzählte, daß N. am ersten Tag überhaupt nichts aß, das Essen auf den Boden warf und dabei Mrs. W. ansah, sicherlich, wie sie meinte, um zu sehen, was jetzt kommen würde. Sie war stolz darauf, erzählen zu können, daß sie sich zurückgehalten hatte und daß das nicht noch einmal vorgekommen war. Gegen Ende der Woche fing N. an, gewisse Speisen zu verlangen, die er vorher überhaupt nicht gemocht hatte. Sie war bemüht gewesen, die Nahrung nicht zu zerstampfen und auf Soßen zu verzichten; soweit es möglich war, durfte er allein essen. Mrs. W. war von dem Gefühl beherrscht, wie erleichternd es doch sei, wenn man etwas »dagegen tun« kann, und es war herrlich, daß sie endlich selbst zum Essen kam. Der ältere Sohn war über ihre veränderte Haltung so erstaunt, daß er andauernd Bemerkungen darüber machte; schließlich wurde es so eingerichtet, daß N. und Mrs. W. zu verschiedenen Zeiten aßen.

Das alte Töpfchen wurde wieder eingeführt, allerdings mußte N. gezwungen werden, sich darauf zu setzen, N. biß sie dabei. Sie deutete das als Zeichen ihrer falschen Behandlung und beschloß, daß es keinen Sinn hätte, mit dem Aufs-Töpfchen-Setzen fortzufahren, bevor sich nicht ihre Beziehungen gebessert hätten. Sie begriff schnell, daß sie tatsächlich warten mußte, bis N. allein sitzen und aufstehen könne. Während dieser Unterredung ergab sich ein Gespräch über den Ekel als Abwehrmechanismus gegen die Freude am Schmutz. Aufgrund der Beobachtungen von Mrs. W. über die Schwankungen N.'s gegenüber dem Schmutz wurde ihr klargemacht, wie diese Einstellung auf die Nahrung übertragen wird.

Während der nächsten Besprechungen beschrieb Mrs. W. N.'s tatsächliches Interesse am Essen und seine Freude, selbst essen zu dürfen. Sie erzählte, daß sie nach jedem danebengegangenen Löffel ihm den Mund abwischte. Sie hatte den Eindruck, daß sie sich keine Sorgen mehr zu machen brauchte, und sie führte eine Reihe von Beispielen an, die die Verbesserung ihrer Beziehungen anzeigten. Ihre Einstellung gegenüber dem Füttern und der Anerziehung von Gewohnheiten verriet von nun an eine interessante Mischung von großer Freude und Ekel. Sie erzählte lächelnd und offensichtlich mit großem Vergnügen, wie N. sein Bett beschmutzte; sie sagte, daß sie es in vieler Hinsicht aufrege, ihm beim Spiel mit dem Essen zuzusehen. Sie hob besonders hervor, wie überrascht Freunde und Verwandte waren, daß sie die neue Art zu essen ertrug, und allem Anschein nach bereitete ihr die Lage ein ungeheures Vergnügen. Es erwies sich als notwendig, sie dazu anzuhalten, die Erziehung zur Reinlichkeit nicht zu vernachlässigen, da ihr offenkundiges Vergnügen über den von N. verursachten Schmutz sie davon abhielt, ihm klarzumachen, daß sie saubere Lätzchen doch lieber sähe.

Dieser Fall wurde eingehend beschrieben, da er die enge Beziehung vor Augen führt, die zwischen einer rigorosen Sauberkeitserziehung und den Eßstörungen besteht; diese Beziehung ist für Eßstörungen bei Kindern dieses Alters typisch. Er beleuchtet ebenfalls die Art der Reaktionsbildung auf seiten der Mütter und ihre Auswirkung auf das Verhalten in diesen Situationen, das zu den Schwierigkeiten führte, derentwegen die Mütter zur Beratung kamen.

b) Die Behandlung der nächtlichen Angstzustände bei einem Zweieinhalbjährigen

J.'s Mutter war in der Lage, die psychologischen Einsichten, die ihr vermittelt wurden, sehr geschickt zur Behandlung der nächtlichen Angst ihres Kindes zu verwenden. Diese Einsichten gewann sie in Gesprächen, die in zweiwöchentlichem Abstand über mehrere Monate hin stattfanden. Mrs. L. war eine ernste und intelligente Frau mit nur einem Kind, auf das sich ihr ganzes Interesse konzentrierte, weil ihre Ehe, obschon sie mit ihrem Mann zusammenlebte, nicht befriedigend war. Mrs. L. hatte die Gewohnheit, den Knaben ständig zu beruhigen und ihn des Nachts zu trösten. Als sie merkte, daß Beruhigen die Angst nicht nahm, stellte sie sich selbst die Aufgabe, deren Ursache herauszufinden. Nach und nach erzählte ihr J., daß er sich vor einer »Dame« ohne Arme fürchte, die komme, um ihm die Arme abzubeißen. Ein paar Wochen später unterhielt sich Mrs. L. am Abend mit J. darüber, wie sie sich beide an jenem Morgen übereinander ärgerten, als J. bemerkte, daß die Frau nicht seine, sondern »Tiggys« Mama war (Tiggy war sein Spitzname). Sie hatte Arme und Beine, war sehr böse und wollte ihn beißen. Ein weiterer Versuch, ihn zu ermuntern, seine Aggression gegen seine Eltern in Worte zu kleiden, führte zu einer Veränderung seiner Phantasie; er erzählte von einer anderen Frau, die Mama und Papa beißen wolle. Zu diesem Zeitpunkt wurde J. aggressiver und biß Mrs. L. des öfteren. Er erzählte von seinem ›Kleinen Hannes‹ (so nannte er sein Glied), verglich ihn mit dem seines Vaters und fragte dauernd, ob auch seine Mutter einen habe. Er ließ sich nicht davon überzeugen, daß ihr Genitale anders sei. Eines Tages fragte er in der Badewanne, ob Mrs. L. auch einen Penis habe, versteckte den eigenen zwischen den Beinen und meinte, daß er jetzt auch verschwunden sei. Mrs. L. fragte ihn, ob er meine, daß sie auch einen habe; er sagte, auch sie habe einen, nur sei er abgeschnitten worden. Im Anschluß an diese Unterhaltung war keine Rede mehr von der »Dame«. Im Verlauf des Gesprächs über diese Phantasie gelangte Mrs. L. zu einem weitgehenden Verständnis des Problems und konnte die »Dame« als Ausdruck von J.'s Kastrationskomplex deuten.

Eines Tages berichtete Mrs. L.: »Es ist eine ganz schreckliche Sache passiert.« J. war böse gewesen und hatte seine Mutter ins Gesicht geschlagen. Sein Daumen war aus Versehen in ihren Mund geraten, und sie hatte versehentlich zugebissen. Das war offensichtlich für beide eine traumatische Situation. J. rannte umher und heulte: »Mama hat mich *richtig* gebissen.« Einige Nächte danach klagte er wieder über die »Dame«, die kommt, um ihn zu beißen, aber er mußte nicht mehr das Zimmer nach ihr durchsuchen, und Mrs. L. glaubte nicht, daß seine Angst genauso echt war wie früher. Im selben Gespräch erinnerte sich Mrs. L., daß die Nachtangst am Abend eines Tages begonnen hatte, an dem er über eine chinesische Abbildung gesprochen hatte, die er im Haus eines Freundes gesehen hatte und die eine Frau ohne Arme und Beine zeigte. In weiteren Gesprächen wurde deutlich, daß J. seine Angst ›hochspielte‹. Er schien sich nachts nicht mehr zu fürchten; aber wenn man ihn zu Bett brachte, pflegte er zu sagen: »Ich schreie, wenn du mir nicht zwei Geschichten erzählst.« Es sah fast so aus, als wollte er seine Mutter durch eine interessante Phantasie in Spannung halten. Eines Nachts simulierte er Angst vor dem Regen, indem er behauptete, die Regentropfen würden seine Wangen verletzen.

Zur gleichen Zeit gewann man den Eindruck, daß Mrs. L. allmählich mehr Interesse daran hatte, die Phantasien des Kindes ans Tageslicht zu bringen, als ihm zu helfen, seine Triebansprüche zu modifizieren. Sie duldete es, daß J. abends sehr erregt wurde, das ging so weit, daß er eine Säge mitnehmen durfte, um sein Bett anzusägen; sie hatte den Eindruck, er brauche etwas Trost für die Trennung von ihr. Es mißlang ihr, ihn davon abzubringen, spät abends ins Wohnzimmer zu kommen, um seine Neugier zu befriedigen, und hatte große Mühe, ihn ins Bett zurückzubringen. Mrs. L. konnte nicht recht verstehen, daß einige Triebwünsche niemals völlig befriedigt werden können – besonders ödipale Wunschvorstellungen – und daß sie deshalb verändert werden müssen. Diese Schwierigkeit hing wahrscheinlich mit ihren eigenen Konflikten und ihrer Unzufriedenheit mit ihrem Ehemann zusammen.

Nachdem Mrs. L. Verständnis für die Notwendigkeit dieser erzieherischen Maßnahmen gewonnen hatte, berichtete sie, daß J. alles in allem glücklicher zu sein scheine und daß die nächtliche Unruhe völlig aufgehört habe. Weitere Gespräche ergaben, daß sich J. sehr zufriedenstellend entwickelte. Mr. L. lieferte interessante Informationen über seine Masturbationsphantasien, besonders über seine ödipalen Wünsche. Sie blieb bis zum Ende der Beratung fast übertrieben interessiert.

c) Behandlung einer Verhaltensauffälligkeit bei einer Dreieinhalbjährigen

Man hatte S. wegen negativistischen und gehemmten Verhaltens, wegen schwerer Verstopfung und Essensschwierigkeiten in die Beratungsstelle gebracht. Bei einem kurzen einführenden Gespräch mit der Therapeutin war das Mädchen nicht in der Lage, sich von der Mutter zu trennen, zu sprechen oder zu spielen. Mrs. B. war eine bleiche, zart aussehende, kleine Frau, Anfang der Dreißig, scheu und kurzsichtig. Sie trug eine scharlachrote Jacke, sprach kurzangebunden und schien auf Angst mit aggressiver Haltung zu reagieren. Im Unterschied zu den anderen erwähnten Müttern sah man sofort, daß sie hysterisch war. Sie lebte mit ihrem Mann, einem Arbeiter, und einem drei Monate alten Sohn in einem Arbeiterviertel. Als S. 20 Monate alt war, hatte sie eine Schwester bekommen, die sechs Monate später an Lungenentzündung starb.

Zu Beginn der Behandlung war Mrs. B.'s Haltung gegenüber S. sehr streng. Sie beschuldigte das Kind: es sei ungehorsam, löge und habe niemand gern. Sie wertete es als Trotz, daß es sein Essen nicht völlig aufaß. Die Verstopfung beschäftigte sie sehr, und sie ärgerte sich darüber. Offensichtlich mit Genuß schilderte sie in allen Einzelheiten die Anstrengungen des Kindes, zu defäkieren. Täglich gab sie ihm ein Abführmittel und war vor allem um die richtige Einnahme besorgt. Man hatte den Eindruck, daß ihr besonderes Interesse am Stuhlgang des Kindes die Bedeutung ihrer eigenen analen Interessen spiegelte.

Mrs. B. stellte schon im ersten Gespräch eine starke positive Beziehung zu der Therapeutin her und besuchte die Klinik fünf Monate lang pünktlich alle 14 Tage. Beim zweiten Gespräch sprach man mit Mrs. B. über die Essensschwierigkeiten, da es schien, daß sie da schon einigen Einblick gewonnen hatte. Sie änderte ihr Verhalten in dieser Angelegenheit mit gutem Erfolg, und die Frage wurde bis zum fünften Monat – als S. eine kurze Zeit lang sich zu überessen schien – nicht mehr erörtert. Der Erfolg bei den Essensschwierigkeiten ermutigte Mrs. B., und sie konnte eine Bemerkung, die S. einem Nachbarn gegenüber gemacht hatte, wiedergeben und verstehen: »Mama hält mich nicht mehr zum Essen an, deshalb esse ich überhaupt nichts.«

Auch das »Lügen« des Kindes wurde zu der Zeit besprochen, und Mrs. B. bedauerte ihr falsches Verhalten, als man ihr auseinandersetzte, daß kleine Kinder ein Recht darauf haben, zu phantasieren und die Realitäten etwas wirr zu sehen. Sie fühlte, daß sie immer zu streng gewesen war, und sie beschrieb, wie sie auf allen Gebieten der Aktivität von S. Schranken auferlegt hatte. Man gab Mrs. B. zu bedenken, daß sie vielleicht deshalb so streng gewesen war, weil sie sich vielleicht eine Menge Sorgen über etwas gemacht habe, möglicherweise, weil sie die Befürchtung hegte, S. würde nicht richtig aufwachsen. Da erzählte Mrs. B., daß sie selbst im Alter von zehn Monaten eine infantile Paralyse bekommen hatte, weswegen ihr rechter Arm leicht verkümmert war, sie sagte, daß das ihre ganze Kindheit überschattet habe, vor allem, weil sie nicht wie die Jungen einen Handstand machen konnte. Den Grund dieser Verunstaltung sah sie nie ein; sie bildete sich ein, ihre Mutter habe den Arm verletzt, als sie sie einmal hochhob. Sobald sie verheiratet war, konsultierte sie verschiedene Ärzte, weil sie befürchtete, diese Mißbildung könne auf ihre Kinder übertragen werden. Obgleich man sie des Gegenteils versicherte, glaubte sie immer noch, daß S. etwas abbekommen haben könnte, und dieser Gedanke hatte sie so bedrückt und ärgerlich gemacht, wenn S. kletterte oder sich sonstwie Bewegung verschaffte. Offensichtlich hielt sich Mrs. B. noch immer für infiziert, sie war sehr überrascht, als man sie über die Natur der Krankheit aufklärte. Während der ersten Beratungen fragte Mrs. B. ständig wegen der Verstopfung um Rat. Jedesmal sagte man ihr, erst müsse man mehr von S. verstehen und die Therapeutin hege keine Besorgnis wegen der Verstopfung.

Nach drei Beratungen brachte Mrs. B. Angaben über die Phantasien von S. Sie interessierte sich nun dafür und ermunterte sie zu den Phantasien. Sie beleuchteten die Feindseligkeiten von S. gegenüber dem Baby sowie ihre sexuelle Neugier. Alle diese Unklarheiten wurden mit Mrs. B. erörtert, vor allem die Frage der geschlechtlichen Aufklärung, die man S. bis dahin verweigert hatte. Mrs. B. schnitt mit S. die Frage an, wie die Babys zustande kämen, verstand den anfänglichen Mangel an Interesse von seiten des Kindes, und schließlich gelang es ihr, die Angelegenheit zufriedenstellend zu erörtern. In diesem Stadium fand Mrs. B., S. sei besser zu behandeln. Sie widerstrebe weniger; die Beziehung zwischen beiden hatte sich bereits gewandelt. Die nächsten Phantasien von S. drehten sich um Leute, die sich verletzen könnten, denen man vor allem die Ohren abschneiden könnte. Man traf sie eines Tages an, wie sie ihr Genitale mit dem des Babys verglich, wobei sie bemerkte, daß sie ein »Ding« wie das Baby habe. Mrs. B. verhielt sich völlig richtig, indem sie nämlich S. erzählte, sie habe kein »Ding« wie das Baby, aber wenn sie groß sei, könne sie Kinder bekommen. Den Wunsch von S., ein Junge zu sein, hatte sie gutgeheißen.

In dieser Phase berichtete Mrs. B. einen Wandel im sozialen Verhalten von S. Sie wurde plötzlich betont aggressiv in ihrem Verhalten Mrs. B. gegenüber und schien alles zu tun, um »die Leute auf die Palme zu bringen«. Dazu gehörte auch das ständige Essen von Sand. Mrs. B. sagte ihr, dies würde ein Klumpen in ihrem Bäuchlein werden! Das kleine Mädchen erzählte seiner Mutter, es habe eine Haarspange verschluckt. Wahrscheinlich handelte es sich dabei um eine Phantasie. Während dieser zwei Wochen drehten sich ihre Phantasien vor allem um einen imaginären Jungen, der den Namen des Babys trug. Als Mrs. B. sie um etwas bat, weigerte sie sich, es zu tun, und rief diesem Jungen die Befehle zu. Manchmal war dieser Junge ihr eingebildetes Baby, dem gegenüber sie äußerst herrschsüchtig war. Es hatte den Anschein, daß die Feindseligkeit von S. gegenüber ihrer Mutter sich durch Penisneid erklären ließe, denn sie meinte, Mrs. B. habe ihr das Glied verweigert. Es erschien zweifelhaft, ob Mrs. B. wegen ihres eigenen Penisneides mit einer derartigen Erklärung Erfolg haben könne. Jedoch verstand sie augenscheinlich den Grund der Feindseligkeit von S. unter diesem Blickwinkel. Sie bot S. diese Deutung an. Nach weiteren 14 Tagen kam sie zurück und berichtete, daß die guten Beziehungen wiederhergestellt seien.

Bei einer späteren Besprechung berichtete Mrs. B. die folgende Unterhaltung über das verstorbene Schwesterchen, über das sie nie zuvor mit S. gesprochen hatte. Mrs. B. hatte von sich aus die Sprache darauf gebracht.

S.: »Der liebe Gott hat es geholt.«

Mrs. B.: »Warum?«

S.: »Weil seine Mutter es ihm gesagt hat.«

Mrs. B.: »Warum hat sie denn das gemacht?«

S.: »Sie sagte dem lieben Gott, L. dürfe nicht mehr mit dem kleinen Mädchen in einem Haus zusammen sein.«

Mrs. B.: »Vielleicht hat das kleine Mädchen sie nicht so recht lieb gehabt.«

S., sofort: »Doch, das kleine Mädchen hat sie lieb gehabt, aber die Mama hat sie nicht lieb gehabt.«

Mrs. B. verstand das als eine Projektion von S.

Während dieser Unterredung berichtete Mrs. B. von einem Wandel in der Beziehung zwischen S. und ihrem Vater. Bei der ersten Unterredung hatte sie den Umstand erwähnt, daß S. es ihrem Vater nicht gestattete, sie zu küssen, und daß sie böse wurde, wenn Mr. und Mrs. B. zärtlich zueinander wurden. Während der letzten Woche war S. ihrem Vater gegenüber zärtlich geworden, und sie sagte ihrer Mutter sehr oft, daß sie, wenn sie groß sei, einen eigenen »Papa« haben würde, aber daß sie *ihren* Papa auch haben wolle.

In dieser Phase berichtete Mrs. B. wieder von Verstopfungen. 14 Tage vorher hatte sie die Therapeutin dringend wegen eines Heilmittels um Rat gefragt. Sie sagte, daß sie S. fünf Wochen lang keine Medizin verabreicht habe und daß S. nur einmal in der Woche Stuhlgang habe. Sie machte sich noch immer Sorgen darüber, aber da es der Therapeutin gleich war, ob S. Abführmittel bekam oder nicht, meinte Mrs. B., sie könne damit auch aufhören. Während derselben Unterredung beschrieb Mrs. B. später ausführlich den Tod des Babys, sie drückte dabei starke Schuldgefühle aus. Obwohl dem Totenschein zufolge das Kind an Lungenentzündung gestorben war, sagte Mrs. B., daß sie immer geglaubt habe, der Tod sei auf einen Anfall zurückzuführen. Einige Tage nach dem Tod des Kindes fragte sie eine Krankenschwester nach der Ursache von Anfällen und hörte, Überfütterung und Verstopfung seien daran schuld. Sie war sicher, daß das Baby nicht überfüttert worden war, daher folgerte sie, die Todesursache müsse Verstopfung gewesen sein. Anschließend sprach Mrs. B. über ihre Lähmung. Sie sagte, daß sie sich in dieser Hinsicht ganz anders fühle, seit man das letzte Mal in der Klinik darüber gesprochen habe; sie glaubte nicht mehr, infiziert zu sein. Gleichzeitig hatte sie das Gefühl verloren, immer daran denken zu müssen. Sie hatte sich über ihren Arm so viele Gedanken gemacht, daß sie ihren angeheirateten Verwandten gesagt hatte, sie sei Linkshänderin, damit sie nicht erfahren sollten, was wirklich los sei. Beim Kontakt mit Fremden war sie aufs äußerste verwirrt, weil sie Angst hatte, sie könnten die Wahrheit herausfinden.

Nach dieser Unterredung schien Mrs. B. die Besorgnis wegen der Verstopfung zu verlieren. Sie verabreichte kein Abführmittel mehr und gab an, daß sie manchmal sogar vergaß, sich um alle Einzelheiten der Verdauung von S. zu kümmern. Während der Woche vor der Unterredung hatte sie sich ein wenig darum gekümmert und herausgefunden, daß S. jeden Tag Stuhlgang hatte. Allem Anschein nach hatte Mrs. B. die Vorstellungen von ihrer Krankheit mit Anfällen in Verbindung gebracht, und offensichtlich wurde beides für sie durch Verstopfung hervorgerufen. Aus Mrs. B.'s Äußerungen konnte man folgern, daß ihre Erziehung streng gewesen war und daß ihre Krankheit damals im Alter von zehn Monaten mit einem Zusammenbruch anerzogener Gewohnheiten endete und daß sich daran in den folgenden Monaten eine Verstärkung ihrer analen Interessen anschloß.

Am Ende des fünften Monats der Beratungsgespräche schien die Beziehung zwischen Mrs. B. und ihrer Tochter zufriedenstellend gefestigt zu sein. S. war lebendiger geworden und immer unabhängiger; sie war in der Lage, sich unter anderen Kindern zu behaupten. Am Ende der Behandlung der Mutter hatte der Berater auch noch eine Unterredung mit S. Nun war sie ein freundliches und lebendiges Kind, ohne weiteres in der Lage, sich von der Mutter zu trennen und während des Interviews zu reden und zu spielen. Man konnte sich vorstellen, daß ihr der Schuleintritt keine Schwierigkeiten machen würde. Mrs. B. fuhr fort, monatlich und später zweimonatlich zu weiteren Gesprächen zu kommen. Sie berichtete, daß die erzielte Besserung anhielt, und es erwachte ihr Interesse daran, sich über die Erziehung des Babys zu unterhalten, bei dem sie die Fehler, die ihr bei S. unterlaufen waren, vermeiden wollte.

Bei diesem Fall war das wichtigste, daß die Mutter in der Lage war, eine gute Beziehung zur Therapeutin herzustellen. Ihre Persönlichkeit war labiler als die der anderen erwähnten Mütter, aber ihre positive Übertragung, möglicherweise durch ihr etwas hysterisches Gebaren noch gesteigert, schien das auszugleichen. Trotz der völlig anderen Einstellung, mit der sie in die Klinik gekommen war, übernahm sie mit Leichtigkeit von Anfang an die Haltung der Therapeutin: ein Zeichen, daß weitgehende Identifizierung eine Rolle spielte. Das zeigte sich auch in ihrer Äußerung, sie brauche sich über die Verstopfung keine Sorge zu machen, falls es die Therapeutin auch nicht tue. Aus diesem Fall und aus der Arbeit mit anderen Müttern, die ähnliche Störungen zeigten, kann man schließen, daß eine labile Mutter ein derartiges Vorgehen nicht grundsätzlich unmöglich macht. Die Grenzen scheinen durch die Art der Störung der Mutter gesetzt zu sein. Das soll weiter unten diskutiert werden.

Ein weiterer Punkt bei diesem Fall scheint die relative Oberflächlichkeit der kindlichen Störung zu sein, obgleich das Bild, das man zuerst gewann, eine stärkere Störung mit der Möglichkeit eines neurotischen Konfliktes nahelegte. Deswegen dachte der Berater in den ersten Wochen an eine direkte Behandlung des Kindes. Es scheint jedoch, daß die wesentlichen Konflikte des Kindes noch auf dem Gegensatz seiner Triebwünsche und den Verboten der Umwelt beruhten. Wäre es nicht so gewesen, so erschiene es unglaubhaft, daß das Kind sich in so kurzer Zeit wandelte oder auf die beschriebenen Maßnahmen ansprach.

Es sei darauf hingewiesen, daß den Maßnahmen bei den drei beschriebenen Fällen bestimmte Faktoren gemeinsam sind, obgleich die besprochenen Verhaltensauffälligkeiten verschieden waren. Der wichtigste Punkt scheint die Herstellung einer positiven Beziehung zu sein, ohne die ein Vorgehen dieser Art unmöglich ist. Eine solche Gefühlsbeziehung anzuknüpfen ist deshalb das erste Ziel der Autorin bei der Arbeit mit den Müttern während des ersten Gesprächs. Wo es Anzeichen für eine negative Beziehung gibt, wird der Versuch unternommen, dem mit anderen Mitteln als der Interpretation zu begegnen. Es scheint nämlich, daß bei unserer Methode Erklärungen der Übertragungsmechanismen vermieden werden sollten. Im Falle von Mrs. W. wurde die Herstellung einer positiven Beziehung dadurch erleichtert, daß sie den wirklichen und ehrlichen Wunsch nach Hilfe hatte. Mrs. L., die ziemlich allein dastand, ergriff die Gelegenheit zu Kontakt. Hinzu kam ihr echtes Interesse an Kinderpsychologie, und sie wurde intellektuell angesprochen. Die Art der Beziehung von Mrs. B. zum Berater wurde bereits besprochen. Eine eingehende Beschäftigung mit der Dynamik der Beziehungen zwischen Mutter und Berater würde den Rahmen dieser Arbeit sprengen.

Ein weiterer allen Fällen gemeinsamer Faktor ist, daß, obgleich die Mütter natürlich auf ihre eigenen Konflikte hinwiesen, nicht versucht wurde, diese direkt anzugehen. Es scheint wichtig, keinen derartigen Versuch bei solchen Beratungen zu unternehmen, denn die Erfahrung zeigt, daß man dabei leicht auf Widerstand stößt, der den positiven Kontakt zu stören vermag; außerdem hat die Mutter die Beratungsstelle nicht wegen ihrer eigenen Probleme aufgesucht. Wo sich bei einer Mutter eindeutig neurotische Züge zeigen und sie den Wunsch nach psychologischer Behandlung äußert, kann sie der Berater an eine Poliklinik für Erwachsene verweisen. Aus diesem Grund wurde Mrs. L. nicht ermuntert, ihre Ehegeschichte zu erörtern. Man achtete darauf, auf Mrs. B. keinen Druck auszuüben, ihre tieferen Phantasien über ihre Krankheit zu enthüllen. Anscheinend kann man die Probleme der Mütter nur insofern berücksichtigen, als sie in direktem und der Mutter bewußtem Zusammenhang mit den Problemen des Kindes stehen. Das schließt nicht aus, daß man von den Kenntnissen über die unbewußten Konflikte der Mutter soweit Gebrauch macht, wie sie in der Geschichte des Falles sichtbar werden, wie zum Beispiel in den Erörterungen über Schmutz mit Mrs. W. Auf diese Frage wird noch eingegangen werden.

II. Betrachtung der dynamischen Faktoren, die es anscheinend ermöglichen, daß Kinder kaum während der Latenzzeit, wohl aber in diesem frühen Alter über ihre Eltern behandelt werden können

Es scheint gewisse inhärente Faktoren zu geben, die es ermöglichen, daß man in der beschriebenen Weise mit Müttern von Kindern unter fünf Jahren arbeiten kann. Einige der Faktoren sind beim Kind, andere bei der Mutter zu suchen. Es sei angemerkt, daß die Probleme dieser Vorschulpflichtigen das Ergebnis falschen Verhaltens in bestimmten Situationen einer Entwicklungsphase waren. Die kindliche Persönlichkeit ist, wie wir wissen, noch nicht voll ausgebildet, ihre Konflikte beruhen noch mehr auf der Gegensätzlichkeit zwischen Trieben und Umwelt als auf dem Gegensatz zwischen Trieben und internalisierten Über-Ich, wie es meist der Fall ist bei Kindern in der Latenzperiode, die in Erziehungsberatungsstellen kommen. Deshalb sind die Kinder unter fünf Jahren noch sehr empfänglich für die Behandlung durch die Mutter. Diese Ansprechbarkeit beeindruckt jeden, der die Arbeit mit den Eltern älterer Kinder gewohnt ist. In interessanter Weise zeigt sich das in Fällen, wo die oberflächlichsten Störungen des Kindes auf eine Wandlung im mütterlichen Verhalten ansprachen, die neurotischen Konflikte aber bestehenblieben; das deutet darauf hin, daß es zur Lösung dieser Konflikte einer Veränderung der inneren Organisation bedarf.

Die zweite Bedingung für dieses Vorgehen, die im Kinde selbst liegt, hängt auch mit der Unfertigkeit seiner Persönlichkeit zusammen. Diese macht es der Mutter möglich, das Unbewußte des Kindes wahrzunehmen, da die Abwehrmechanismen noch nicht voll ausgebildet sind. Das dürfte der Hauptgrund sein, warum die Mutter mit den gegebenen Informationen etwas anfangen kann. Nur wenige Mütter, die zur Klinik kommen, leugnen über längere Zeit die Beobachtung aggressiver Wünsche und die Lust am Schmutz bei ihren Zweijährigen. Sechs Jahre später werden die Mütter derselben Kinder – jetzt vielleicht sehr saubere Achtjährige mit guter Selbstkontrolle – standhaft die Existenz aggressiver Regungen verneinen. Nur selten wird man es wagen, der Mutter eines Kindes in der Latenzzeit ödipale Wünsche oder die Kastrationsangst zu erklären, da diese Konflikte verdrängt wurden und die Mutter keine Bestätigung der ihr gegebenen Informationen finden wird; deshalb aber gewinnt sie nicht die Überzeugung, die notwendig ist, um die Informationen wirkungsvoll zu benützen. Anscheinend ist es vor allem die Überzeugung, die Mütter von Vorschulpflichtigen aus eigenen Beobachtungen gewinnen, die ihnen ein richtiges Verstehen des Unbewußten ihres Kindes ermöglicht. Sehr deutlich wurde dies im Fall der Mrs. B.: Sobald sie es S. ermöglichte, ihre Phantasien auszusprechen, erbrachte die Mutter Bestätigungen der sexuellen Neugier des Kindes, seines Penisneids und seiner aggressiven Wünsche. Ähnlich war es im Fall der Mrs. L.; sobald sie aufhörte, J. zu trösten und zu beruhigen, war sie in der Lage, seine Angst in bezug auf seine unbewußten Konflikte zu verstehen. Man hätte von keiner dieser Mütter, besonders nicht von Mrs. B., erwarten können, daß sie die Theorie akzeptierten, wenn man nicht gewußt hätte, daß die Theorie in dieser Weise bestätigt würde.

Der wichtigste Faktor auf seiten der Mutter scheint auf dem Unterschied zwischen den Beziehungen einer Mutter und einem vorschulpflichtigen Kind und einer Mutter und einem älteren Kind zu beruhen. Die Mutter betrachtet das kleine Kind, so scheint es, noch immer als Teil ihres eigenen Körpers, und wenn sie in die Klinik kommt, um zu sagen, daß etwas falsch verlief, sieht es immer so aus, als wolle sie sagen, bei ihr sei etwas nicht in Ordnung. Vielleicht vermutet sie deshalb von Anfang an – und sagt es auch oft –, daß sie das Kind falsch behandelt habe. Sie würde nicht darauf eingehen, daß das Kind statt ihrer die Klinik aufsuchen könnte; ganz im Gegensatz zu den Müttern älterer Kinder, die oft fragen, ob nicht an ihrer Stelle die Kinder selbst zur Klinik kommen könnten. Die Mutter eines älteren Kindes betrachtet das Kind nicht länger als Teil des eigenen Körpers, sondern sieht es als eigenständiges Objekt an, auf das sie ihre eigenen Konflikte überträgt und demgegenüber sie bestimmte Verhaltensmuster entwickelt. Uns sind Fälle vertraut, in denen die Beschreibung der kindlichen Persönlichkeit durch die Mutter eine Schilderung ihrer eigenen Konflikte darstellt, oder sie beschreibt das Kind in genau der gleichen Weise, in der sie ihre ersten Liebesobjekte schildert. Bei Müttern von Kindern unter fünf Jahren sind Projektionen dieser Art weniger häufig und behindern selten die Arbeit mit der Mutter. Man konnte beobachten, daß die einleitende Beschreibung, die Mrs. B. von S. lieferte, die Beziehung zu ihrer eigenen Mutter widerspiegelte, und wäre sie nicht zur Behandlung gekommen, hätte sich wahrscheinlich eine derartige Beziehung voll ausgebildet, und damit wäre die Arbeit mit Mrs. B. zu einem späteren Zeitpunkt äußerst schwierig geworden.

III. Die Grenzen der beratenden Arbeit hinsichtlich der Fälle, die nicht in dieser Art behandelt werden konnten

Es fand sich eine kleine Anzahl von Fällen, die nicht mit den hier beschriebenen Methoden behandelt werden konnten; entweder weil das Kind, worauf wir schon weiter oben hinwiesen, bereits einen neurotischen Konflikt entwickelt hatte, oder wegen der Persönlichkeit der Mutter. Wie bereits angedeutet, setzen die unbewußten Konflikte der Mutter den Rahmen, innerhalb dessen sie ihr Verhalten dem Kind gegenüber ändern kann. Das wurde vor allem in Fällen deutlich wie bei Mrs. L. und Mrs. B., wo mehr erforderlich war, als das Verhalten in einer bestimmten Situation zu ändern.

In einer Gruppe von Kindern unter zweieinhalb Jahren mit Eßstörungen war nur ein Fall, der wegen der Konflikte der Mutter nicht behandelt werden konnte. Es handelt sich um ein einjähriges Mädchen, das von seiner Mutter immer noch mit Essen gefüttert wurde, das sie vorher durch ein Sieb passiert hatte. Die Mutter konnte ihr Verhalten in dieser Situation nicht ändern, berichtete drei Wochen lang fortgesetzt von Fehlschlägen beim Essen, und es mißlang ihr, weitere Anordnungen zu befolgen. Beim letzten Gespräch erwähnte die Mutter, daß ihr fünfjähriger Sohn ebenfalls schwere Eßschwierigkeiten hatte und daß sie selbst als Kind kaum essen konnte und sich heute auf eine kleine Anzahl von Gerichten beschränke. Die Natur der Störung der Mutter konnte nicht erforscht werden, aber man kann vermuten, daß die Unfähigkeit, ihr Verhalten beim Füttern zu ändern, mit ihren eigenen unbewußten Phantasien zusammenhing, die ihre eigenen Eßstörungen bedingten.

Eine kleine Gruppe von Müttern, die anscheinend nicht in der Lage waren, sich zu ändern oder Informationen, die man ihnen gab, zu gebrauchen, waren solche, die bereits eine sadomasochistische Beziehung zu ihren Kindern hergestellt hatten.
Einen typischen Fall stellten Mrs. X. und ihr Sohn R. dar, R. konnte sich nicht von seiner Mutter trennen. Er litt an chronischer Verstopfung und war in allen Lebensäußerungen gehemmt. Er hatte langes, schönes, von einer Spange gehaltenes Haar und sah mehr wie ein Mädchen als ein Junge aus. Mrs. X. war oberflächlich freundlich und zur Zusammenarbeit bereit; sie befolgte Empfehlungen immer in einer Art und Weise, die ihr Fehlschlagen sicherstellte.

In ihrer Beziehung zu R. war Mrs. X. nörglig und anspruchsvoll. Sie sagte, daß sie sich ein Mädchen gewünscht hatte. Obgleich sie von seiner Angst vor Tieren wußte, hing sie ein Bild eines Krokodils mit geöffnetem Rachen über sein Bett. Sie klagte darüber, daß er manchmal unverschämt herrschsüchtig sei, zum Beispiel, wenn er seinen Vater nachahme und ihr Kosenamen gebe.

Mrs. X. lebte mit ihrer Mutter und ihrem Gatten zusammen, sie beklagte sich bitter über die Anwesenheit ihrer Mutter, aber sobald man vorschlug, diese Situation zu ändern, widersprach sie mit vernunftgemäßen Gründen. Mr. X. verbrachte seine meisten Abende mit Sitzungen, da er die Spannungen zwischen seiner Frau und seiner Schwiegermutter nicht ertragen konnte. Mrs. X. besuchte die Beratungsstelle mit der gleichen ambivalenten Einstellung, die sie auch ihrer Mutter und R. gegenüber hatte. Ihre Haltung gegenüber dem Berater war immer freundlich und ziemlich passiv, aber gleichzeitig wiederholten sich die Fehlschläge beim Befolgen der Ratschläge, es schien, als wolle sie die Fehler der ihr gegebenen Anordnungen nachweisen.

Zum Schluß mußte man R. selbst in Behandlung nehmen und nahm die Mitarbeit von Frau X. nur noch für die Einhaltung der Behandlungszeiten in Anspruch. Selbst dieses Minimum an Zusammenarbeit war schwierig zu erlangen, da Mrs. X. R. häufig wegen Erkältungen von der Schule fernhielt und meinte, deshalb könne er auch nicht die Beratungsstelle aufsuchen.

Im folgenden bringen wir das Beispiel einer Mutter, deren unbewußte Kastrationswünsche es unmöglich machten, ihr den Penisneid ihres fünfjährigen Töchterchens zu erklären. Mrs. H. war anscheinend keine labile Persönlichkeit. Während vier Monaten gelang es ihr, bei wöchentlichen Unterredungen, ihr Verhalten in bestimmten Situationen zu ändern und eine beiderseitig feindselige Beziehung zwischen ihr und T. in eine glückliche und befriedigende zu verwandeln. In der Zeit gelangte sie auch zu einem bemerkenswerten Verständnis von T.'s zwanghaften Verhaltensweisen. T. zeigte jetzt auf Grund der Beobachtung ihres einjährigen Bruders Interesse am Unterschied zwischen den Geschlechtern. Als sie Mrs. H. fragte, warum sie ein Mädchen und er ein Junge sei, erklärte Mrs. H., daß sie ja bereits ein Mädchen habe und jetzt einen Jungen wollte; so verstärkte sie noch T.'s Angst. Bei einer anderen Gelegenheit sprach T. über ihre Brust und fragte Mrs. H., ob sie da auch zwei Flekken habe. Mrs. H. antwortete: »Du wirst, wenn du groß bist, da ›Höcker‹ bekommen, so wie ich – es ist doch lustig mit uns, nicht wahr? Aber bei H. ist's doch noch lustiger?« T. soll sofort nach dieser Äußerung ihrer Mutter den Gegenstand fallengelassen haben. Als T. den Wunsch äußerte, Babys zu bekommen, war es für Mrs. H. schwierig, das als den üblichen Wunsch zu verstehen, der den Penismangel kompensiert.

Mrs. H. verriet ihre Kastrationswünsche in anderem Zusammenhang. In allen Einzelheiten beschrieb sie, wie sie T. die Beschneidung erklärte, als das Brüderchen mit fünf Monaten beschnitten wurde. Damals wollte sie wissen, wie T. es aufnehmen würde, denn sie hatte beobachtet, daß T. mit ihrem Teddy-Bären alles machte, was mit dem Baby geschah. Der Gedanke, T. versuche ihren Teddy-Bären zu beschneiden, faszinierte sie. Es war verblüffend, daß Mrs. H. es für notwendig erachtete, zu dieser Zeit ihrer Tochter die Beschneidung zu erklären, wo sie doch nicht in der Lage war, sie über die Fortpflanzung aufzuklären oder ihre sexuelle Neugier zu befriedigen.

Mrs. H. verwandte die meiste Zeit eines anderen Gesprächs darauf, mit großem Interesse von zwei Beobachtungen zu berichten, die sie gemacht hatte. Die erste war, wie das Baby schrie, als sie einmal ihren Finger verbunden hatte; die zweite war eine Beschreibung seiner Angst, als es einen um einen tropfenden Wasserhahn gewickelten Lappen sah. Dann erzählte sie einige Vorkommnisse aus ihrer eigenen Kindheit. Die schönste Zeit ihres Lebens war, wie sie sagte, als in ihrem Zeugnis stand: »Sie tritt in die Fußstapfen ihres Bruders.«

In diesem Fall wurde schließlich eine Behandlung für das Kind empfohlen, zum Teil wegen der Art seiner Verhaltensauffälligkeit, aber auch, weil die unbewußten Konflikte der Mutter diese daran gehindert hätten, zufriedenstellend im Verstehen ihres Kindes fortzufahren.

Diese Fälle, denen mit den beschriebenen Methoden nicht beizukommen war, bildeten 16 % der Vorschulpflichtigen, die zur Beratung überwiesen wurden. Die Ergebnisse in den Fällen, die mit diesen Methoden angegangen werden konnten, können im Vergleich mit anderen Behandlungsergebnissen im Child Guidance Service als sehr zufriedenstellend bezeichnet werden. Befriedigende Ergebnisse wurden überdies schon mit relativ wenigen Gesprächen erzielt. Die Kriterien, nach denen die Ergebnisse der Behandlung beurteilt wurden, derentwegen die Mutter kam, waren einerseits ein Wandel im mütterlichen Verhalten und zum anderen, daß die Mutter hinreichend Einblick und Wissen gewann, die nächste Entwicklungsstufe selbständig zu meistern. Der Berater mag die Neigung haben, nach dem Beheben der anfänglichen Störung mit den Gesprächen fortzufahren; das erscheint nicht wünschenswert, da die Mutter dadurch vielleicht übermäßig interessiert wird (wie im Fall von Mrs. L.) oder dazu neigt, sich oder ihr Kind zu sehr ›als Problem‹ zu sehen. Gespräche mit Gruppen von sechs bis acht Müttern, im Abstand von 14 Tagen oder einem Monat, erfüllen den Zweck von Nachbehandlungen, ohne diese Schwierigkeiten zu schaffen.

Erziehungsberatung bei Müttern kleiner Kinder wurde zu einem wichtigen Teil des Arbeitsprogramms des West Sussex Child Guidance Service (2). In den letzten Jahren haben einige Mütter von Kleinkindern als Ergebnis von Vorträgen spontan kleine Gruppen in den Dörfern gebildet und Angehörige der Beratungsstelle gebeten, mit ihnen in regelmäßigem Abstand Fragen der kindlichen Entwicklung zu diskutieren. Gruppenarbeit dieser Art, genauso wie die individuelle Beratung, wie sie in diesem Aufsatz beschrieben wird, sind für den Berater eine einzigartige Gelegenheit; denn aus den Gründen, die sich aus dem oben Gesagten ergeben, darf man folgern, daß der Zugang zu den Mechanismen des Unbewußten keiner Gruppe der Gesellschaft – mit Ausnahme derer, die sich selbst einer Analyse unterzogen – so leicht zugänglich ist wie den Müttern von Kindern unter fünf Jahren.

VI. Die Familie

Joyce Robertson

Mütterliche Verhaltensstile in ihrem Einfluß auf die frühkindliche Entwicklung

Entwicklungsunterschiede während des ersten Lebensjahres

Wenn eine Mutter voll Stolz die Fortschritte ihres Babys rühmt oder sich darüber beklagt, daß es nicht so weit entwickelt sei wie ein anderes, so neigen wir dazu, ihr mit Nachsicht zuzuhören; wir wissen, daß trotz der üblichen Unterschiede alle normalen Babys irgendwann einmal lächeln, sich aufsetzen, krabbeln, gehen und sprechen werden. Die Tatsache, daß sich Kinder während des ersten Jahres in unterschiedlichen Schüben entwickeln, wird im allgemeinen als unwichtig angesehen.

Es ist allgemein bekannt, daß Kinder, die in Heimen aufgezogen werden, sich während des ersten Jahres im Vergleich zu Kindern, die in Familien aufwachsen, langsamer und ungünstiger entwickeln – selbst dort, wo die Heime die bestmöglichen Anstrengungen machen, die Mutter zu ersetzen. Darüber schreiben Anna Freud und Dorothy Burlingham (3):

> »Jedesmal wenn wir die Gelegenheit haben, unsere fünf bis zwölf Monate alten Babys mit Kindern, die in durchschnittlichen Familien aufwachsen, zu vergleichen, sind wir von der größeren Lebendigkeit und der besseren Ansprechbarkeit der letzteren überrascht. Diese sind im allgemeinen besser in der Lage, nach Dingen zu greifen und aktiv mitzuspielen. Sie beobachten die Bewegungen der Menschen im Raum lebhafter und reagieren auf ihr Kommen oder Gehen besser, da, wer auch immer kommt oder geht, dem Kind bekannt ist und zu ihm in irgendeiner Beziehung steht. Ein Kind in diesem Alter ist natürlich nicht in der Lage, sich alle Gesichter auf einer Babystation oder in einem großen Säuglingsheim zu merken und zu unterscheiden. Aus demselben Grunde kann sich die emotionale Reaktion des Kindes auf den sich wandelnden Ausdruck des Gesichtes oder der Stimme eines Erwachsenen dort nur langsamer entwickeln. Seine Nachahmungsfähigkeit, die es vom achten Monat an entwickelt, wird in geringem Maße angeregt, wo der Kon-

takt mit Erwachsenen weniger häufig und weniger intensiv ist oder wo er sich auf verschiedene Erwachsene verteilt, wie dies in einem Säuglingsheim unvermeidlich ist. Selbst in Fällen, wo unsere Pflegebefohlenen stärker und gesünder sind, reichen die Unterschiede in der intellektuellen und emotionalen Entwicklung aus, um das in der Familie aufwachsende Baby als fortgeschrittener, weiter entwickelt und damit besser gediehen erscheinen zu lassen. Das relative Zurückbleiben des nicht in der Familie aufwachsenden Babys auf dieser Stufe ist dem relativen Mangel an Befriedigung seiner emotionalen Bedürfnisse zuzuschreiben, die in diesem Alter den verschiedenen leiblichen Bedürfnissen an Bedeutung gleichkommen.« (S. 13 f.).

Es ist mittlerweile allgemein bekannt, daß die Unfähigkeit solcher Institutionen, den emotionalen Bedürfnissen des Kleinkindes völlig gerecht zu werden, in erster Linie auf die Anzahl der an der Pflege beteiligten Personen zurückzuführen ist. Es ist jedoch nicht möglich, eine Pflege, bei der mehrere Personen beteiligt sind, und die Pflege einer einzigen Mutter einander einfach gegenüberzustellen. – In diesem Aufsatz möchte ich folgendes zeigen:

1. Selbst wenn ein Kind ausschließlich von einer liebevollen Mutter umsorgt wird, können Fehler qualitativer Art in der Betreuung auftreten, so daß die emotionalen Bedürfnisse nicht voll befriedigt werden.

2. Unzureichende mütterliche Zuwendung im ersten Lebensjahr verursacht eine dürftige Allgemeinentwicklung, die einer Retardierung auf Grund eines organischen Defektes ähnlich sein kann, mit dieser aber nicht verwechselt werden darf[1].

3. Die sich aus unzureichender mütterlicher Zuwendung ergebende Behinderung dauert nach dem ersten Jahr noch an, kann jedoch von neurotischen Zügen teilweise überdeckt werden.

Die Bedeutung dieses Konzepts besteht darin, daß es die Aufmerksamkeit auf sehr subtile Ausfallserscheinungen lenkt, die bei sonst völlig angepaßten Frauen vorkommen können und eine gesunde Entwicklung des Säuglings behindern. Diese Mängel sind leicht zu übersehen. Da sie in Krankengeschichten im Rückblick schwer zu entdecken sind, bleibt ihr Beitrag zur Entstehung von Fehlentwicklungen dann unbemerkt.

Eine Untersuchung der Befunde aus der Well-Baby-Klinik

Die Well-Baby-Klinik der Hampstead Child-Therapy Clinic besteht seit 1957; Kinder, die damals im ersten Lebensjahr standen, sind jetzt zwischen drei und fünf Jahren alt. Viele von ihnen besuchen unseren Kindergarten, wo sie als Gruppe untersucht werden können, und stehen dadurch weiterhin unter der Betreuung der Well-Baby-Klinik.

Als ich diese Kinder miteinander spielen sah, erregten Unterschiede des Muskeltonus mein Interesse – einige Kinder waren sehr kräftig im Gegensatz zu anderen, die weich und schlaff waren; einige führten gezielte und geschickte Bewegungen aus, andere waren tölpelhaft und in ihren Bewegungen unkoordiniert. Ich stellte fest, daß die ungeschickten Kinder diejenigen waren, bei denen die mütterliche Fürsorge während des ersten Lebensjahres als unzureichend bezeichnet worden war, und stellte die Hypothese auf, daß ein Zusammenhang zwischen unzureichender mütterlicher Fürsorge und gestörter motorischer Entwicklung bestehe.

Ich habe nun, um diese Hypothese zu prüfen, die Beobachtungen über diese Kinder und ihre Mütter, die ich während der vier vorausgegangenen Jahre des Bestehens der Klinik gemacht hatte, untersucht. Die niedergelegten Beobachtungen beschreiben die physische und emotionale Entwicklung der betreffenden Kinder sowie die erfaßbaren Eigenheiten der Behandlung von seiten der Mütter; jedoch waren diese Aufzeichnungen nicht unter einem bestimmten Aspekt thematisch festgelegt.

Beobachtete Bereiche der Entwicklung

Obgleich meine Absicht darin bestanden hatte, die Muskelentwicklung zu untersuchen, wurde mir doch bald klar, daß sich das nicht von der übrigen Entwicklung trennen läßt. Beim Beobachten und Beurteilen der Normalentwicklung im ersten Lebensjahr habe ich deshalb die folgenden Bereiche berücksichtigt:

1. körperliche Spannkraft
2. Muskeltätigkeit und Leistung
3. Qualität und Quantität der Reaktionen
   a) gegenüber der Mutter b) gegenüber der übrigen Umwelt
4. Kommunikation
5. Gefühlsausdruck

In dieser Arbeit werden Schwankungen, die während einer Krankheit, in den Ferien oder bei verzögerter Entwicklung in bestimmten Bereichen auftreten können, nicht besonders berücksichtigt.

Wechselbeziehung zwischen der Art der mütterlichen Zuwendung und der Entwicklung des Säuglings

Ich habe 25 Mutter-Kind-Paare seit dem ersten Lebensmonat der Kinder beobachtet [2]. Eine einfache Analyse des Status der Kinder im Alter von zwölf Monaten ergibt folgendes:

1. Bei einer Gruppe von fünf Babys war die Entwicklung im Vergleich zu den übrigen in folgenden Punkten zurückgeblieben: körperliche Spannkraft, Muskelentwicklung, Reaktion auf die Mutter und die übrige Umwelt, Kommunikationsfähigkeit und Gefühlsausdruck. Paradoxerweise war zusammen mit der allgemeinen Stumpfheit und den niedrigen Entwicklungsniveaus bei vier der fünf Babys eine erhöhte visuelle Wahrnehmungsfähigkeit festzustellen (5).

2. Das Verhalten der Mütter war sehr früh im Leben dieser fünf Babys als unbefriedigend registriert worden, da ihm wichtige Gefühlswerte fehlten. Einige der Mütter machten einen normalen Eindruck im gesellschaftlichen Verhalten, der Mangel ihrer mütterlichen Zuwendung konnte erst dann entdeckt werden, als sie und ihre Säuglinge zusammen beobachtet werden konnten. Ferner konnte eine Mutter, die in Beziehung auf ihr Kind während der Beobachtung unzulänglich erschien, in bezug auf ein anderes ihrer Kinder oder gegenüber demselben während einer späteren Entwicklungsphase sich völlig normal verhalten.

3. Einige von den Müttern der übrigen 20 Babys wiesen einzelne Persönlichkeits- und Charakterzüge auf, die nach allgemeiner Auffassung als störend betrachtet werden mußten, jedoch waren alle in der Lage, den emotionalen Bedürfnissen ihres Kindes in angemessener Weise zu genügen.

4. Keines der 20 Babys, die von der Mutter angemessen umsorgt wurden, war im Alter von zwölf Monaten ungenügend entwickelt.

5. Keines der fünf Babys, die von der Mutter unangemessen umsorgt wurden, wies im Alter von zwölf Monaten eine befriedigende Entwicklung auf.

Unzureichende mütterliche Zuwendung

Ausgehend von klinischen Befunden werde ich nun die Art des fehlerhaften Verhaltens der Mütter der fünf Babys und das Wechselverhältnis zwischen der Art der mütterlichen Fürsorge und der gestörten Säuglingsentwicklung beschreiben. Am Ende des ersten Lebensjahres waren die Babys in jeder Hinsicht hinter ihren Altersgenossen zurück, es konnte aber kein Zweifel an ihrer »eigentlichen« Normalität bestehen. Von den ersten Monaten an war unser Bestreben darauf gerichtet, die Art und Weise, wie sich die Mütter ihren Kindern gegenüber verhielten, zu ändern. Aber obgleich wir in Kleinigkeiten Verbesserungen erreichten, änderte das nichts an der grundlegenden Ausrichtung der Entwicklung.

Peter – Als ich ihn zum erstenmal im Alter von ein paar Wochen sah, war Peter ein Baby wie aus dem Bilderbuch, zufrieden, rund und mit rosiger Haut; er machte überhaupt keine Schwierigkeiten. Seine Mutter ging richtig mit ihm um, schien aber beunruhigt und niedergeschlagen. Sie war gewissenhaft, hingebungsvoll und freute sich über die Entwicklung ihres Kindes. Aber sie war eine unglückliche Frau, die schwere Hemmungen hatte, ihre Gefühle auszudrücken oder die anderer wahrzunehmen.

Peter lächelte zum erstenmal im Alter von ungefähr sechs Wochen. Es gelang ihm aber nicht, das für Babys zwischen zwei und drei Monaten typische spontane Lächeln hervorzubringen. Wenn man ihn ansprach, hörte und sah er normalerweise zu, bewegte Glieder, Kopf und Lippen, aber nur selten kam das erwartete Lächeln. Seine Mutter versuchte nicht, das Lächeln aus ihm herauszulocken, und wurde unruhig, wenn ich es versuchte. Wenn er sich bei meinem Ansprechen räkelte, sagte seine Mutter: »Das regt ihn auf«, und verriet somit den ersten Anhaltspunkt ihrer Hemmung. Diese Unfähigkeit, eine emotionale Reaktion hervorzurufen oder auf eine solche zu reagieren, sollte uns noch oft begegnen.

Sie sprach und spielte nicht mit ihrem Baby. Im Wartezimmer pflegten Mutter und Kind still und stumm wie zwei Holzfiguren dazusitzen. Als Peter sieben Monate alt war, war der Mangel an Gesichts- und Gefühlsausdruck und Körperbewegung auffällig.

Weinte er, so pflegte sie seine Schultern so zu halten, wie man das bei einem fremden, weinend auf der Straße angetroffenen Schulkind tun würde. Das nicht ausreichende Trösten führte bei ihm zu der allmählichen Entwicklung einer ungewöhnlichen Fähigkeit, Weinen zu unterdrücken, wenn er Schmerzen litt. Er zitterte, wurde rot, verzog das Gesicht und schluckte die Tränen herunter. Als er ein Jahr alt war, war diese spärliche Reaktion auch verschwunden, selbst Spritzen brachten ihn nicht zum Weinen.

Nur langsam erreichte er die gewöhnlichen Entwicklungsstufen: Er setzte sich auf, krabbelte und zog sich zum Stehen hoch, gerade noch ehe er ein Jahr alt wurde. Er begann mit 16 Monaten zu laufen und sprach mit zwei Jahren sein erstes Wort.

Es stellte sich heraus, daß Anpassung und Regungslosigkeit genau das war, was die Mutter wollte. Die erhöhte Aufmerksamkeit, die er bei Krankheiten oder während eines der häufigen Wochenenden in Hotels, die die Familie außerhalb verbrachte, auf sich lenkte, veranlaßte ihn, seine Wünsche mehr zu äußern. Unserer Meinung nach war dieses Verhalten normaler, veranlaßte die Mutter jedoch jedesmal dazu, sich zu beklagen.

Peter sah immer gesund aus, aber seinen Bewegungen oder seinem Gesichtsausdruck fehlte jegliche Lebhaftigkeit und Freude. Im Sprechzimmer saß er still auf dem Schoß seiner Mutter, beobachtete aufmerksam alles, was um ihn herum vorging, reagierte aber selten. Seine Art zu beobachten hatte manchmal etwas Abwehrendes, wie ein Tier lauert, das mit starren Augen und angespanntem, steifem Körper wartet und nach Gefahr ausspäht. Als eine Therapeutin ihn zum erstenmal im Alter von 18 Monaten sah, veranlaßte sie seine mangelnde Kontaktbereitschaft zu der Frage: »Ist er psychotisch?«

Mit drei Jahren lutscht er häufig am Daumen und wird dadurch beim Spielen behindert. Er ist passiv und beobachtet lieber, als etwas zu tun oder zu reagieren. Wenn er aufgeregt ist, hat er die störende Angewohnheit, steif zu stehen, zu zittern und ungewöhnliche Bewegungen mit Hand und Fingern zu vollführen.

Er befindet sich nun in einer Gruppe von Kindern, die im Heim erzogen werden. Nach einwöchigem Aufenthalt wurde folgendes aufgezeichnet:

> »Er kümmert sich wenig um andere Kinder und seine Betreuer, zeigt die Neigung, Erwachsene, die ihn ansprechen, nicht zu beachten. Er macht keine spontanen Bewegungen, um sich selbst zu vergnügen, sondern steht lieber bei seiner Mutter, schaut verwirrt und gehemmt umher, wobei er nichts wirklich beobachtet und auch nach keinem Spielzeug sieht.
>
> Auf Grund seines raschen Hin- und Herschwankens zwischen freudiger Erregung und Gehemmtsein macht Peter einen seltsamen Eindruck. Selbst die Ausdrücke seiner Freude erscheinen irgendwie unnatürlich

und dem Alter oder der Situation – wenn er zum Beispiel Gegenstände benennt – unangemessen. Er scheint nicht zu wissen, wie er sich seiner Mutter mitteilen soll, wie er seine Wünsche in Worte kleiden soll oder wie er merken kann, was er von ihr erwarten darf, so, wie man es in seinem Alter erwarten sollte. Die Gefühlsnähe zu seiner Mutter ist einfach nicht die eines jüngeren Kindes.«

Beatrice – Ihre Mutter war gewissenhaft, es fehlte ihr aber an Einfühlungsvermögen, Herzenswärme und der Fähigkeit, sich mit ihrem Kind zu identifizieren. Unsere Arbeit mit der Mutter bestand hauptsächlich darin, ihr die Bedürfnisse eines Säuglings klarzumachen. In begrenztem Maß und ohne Einfühlungsvermögen tat sie vieles von dem, was man ihr vorschlug, jedoch erwies es sich als unmöglich, bei der Pflege des Kindes einen Gefühlskontakt mit ihr zu finden.

Nach drei Monaten machten Mutter und Kind einen seltsam stumpfen Eindruck. Sie schauten sich für gewöhnlich mit ausdruckslosem Gesicht stumm an, und man vermutete zwischen ihnen nur wenig Kontakt. Beatrice wies weniger Körperbewegung und Ausdruck auf und war weniger ansprechbar, als es für Kinder ihres Alters normal ist.

Im Alter von sechs Monaten war sie ein sehr ernstes Kind, und ihr Blick hatte etwas Starres, Angespanntes und Ängstliches. Sie schaute sich interessiert Spielzeug an, nahm zwar Notiz von der Person, die es ihr anbot, aber sie zeigte kein Vergnügen an den Spielsachen und griff selten danach. Gelegentlich, aber selten, zeigte sich die Spur eines Lächelns.

Mit siebeneinhalb Monaten hatte sie noch nicht versucht, sich umzudrehen. Mrs. A. berichtete, daß sie Beatrice nie bei Einkäufen oder auf Spaziergängen mitnahm, weil sie ja am glücklichsten war, wenn sie allein in ihrem Bettchen oder Kinderwagen gelassen wurde. Sie ließ das Kind lange unbeaufsichtigt, wenn sie etwa zum Friseur oder Zahnarzt ging.

Diese Mutter war ihrer Rolle als Trösterin nicht gewachsen. Weinte ihr Kind zum Beispiel auf eine Spritze hin, so reagierte sie überhaupt nicht, sie sah das Kind nicht an und fuhr in der Unterhaltung fort. Beanspruchte das Kind Aufmerksamkeit, wollte es zum Beispiel vom Boden aufgehoben werden, so schaute sie weg, um nicht reagieren zu müssen. Es war schmerzlich für den Beobachter, ein Baby zu sehen, das Schutz und Aufmerksamkeit von seiner Mutter wollte, während diese sich taub stellte und abkapselte.

Der Grund für das Wegschauen dieser Mutter war nicht schwer zu erkennen. Doch auch wiederholte Hinweise vermochten nicht, an dieser Haltung zu rühren. Der Schlüssel zum Verständnis der ursprünglichen Hemmung und zur Besserung, die wir später beobachteten, lag darin: Ihre eigene Mutter hatte jahrelang an disseminierter Sklerose gelitten, und Mrs. A. war von ihren ruckartigen Bewegungen stark beeindruckt worden. Sie erinnerte sich daran, daß sie als Schulkind Angst und Beschämung ausgestanden hatte, ihre Mutter könnte sich in Gegenwart ihrer Freundinnen auffällig benehmen. Als sie sich nun mit den typischen unbeholfenen und ziellosen Bewegungen des Säuglings konfrontiert sah, flackerten ihre alten Gefühle wieder auf. – Daher der Zwang wegzusehen.

Als jedoch gegen Ende des ersten Jahres die Bewegungen des Kindes zielstrebiger wurden, war die Mutter in der Lage, angemessener zu reagieren. Auch Beatrice zeigte Besserung, obgleich sie noch verkrampft und wenig lebhaft war. Ein dünnes Lächeln war das einzige Zeichen der Freude[3].

Maurice und Gordon – Diese beiden Jungen waren Geschwister, beide zeigten sie die Wirkungen unzureichender mütterlicher Zuwendung, wobei noch andere Faktoren gebührend berücksichtigt werden müssen.

Maurice schrie von Geburt an; er wurde nie gestillt. Im Alter von drei Monaten war er wegen eines Bruches einen Tag lang mit seiner Mutter im Krankenhaus. Es kann sein, daß zu den üblichen Schwierigkeiten der ersten Wochen noch die körperlichen Beschwerden hinzukamen. Mit fünf Monaten war er völlig verängstigt und schrie bei allem und jedem. Dieses Bild blieb für den Rest des ersten Jahres charakteristisch. Wegen der alles umfassenden Angst war es schwierig herauszufinden, wie weit er trotzdem normal war. Ein großer Teil seiner Energie schien sich in ständiger Fluchtbereitschaft oder in ängstlichem Weinen zu verzehren. Er suchte keinen Kontakt. Wenn man ihm ein Spielzeug anbot oder ihn auch nur anschaute, konnte man damit die qualvollsten Schreie auslösen.

Mit neun Monaten konnte er nach Dingen greifen und sie in den Mund stecken, aber er war schlaff und bewegte sich nur wenig; er machte keinen Versuch, zu sitzen oder zu krabbeln. Wir schlugen Übungen vor, um seine schlaffen Muskeln zu stärken und ihn zu Bewegungen zu ermuntern; seine Mutter führte sie jedoch nicht mit ihm aus. Als er später lief und sprach, waren bei beiden Tätigkeiten bemerkenswerte Eigenheiten zu beobachten. Seine Bewegungen waren langsam, steif und übervorsichtig; er hielt Kopf und Schultern unnormal gespannt. Seinen Bewegungen fehlte Anmut und

Spontaneität. Obwohl sein Wortschatz gut war, sprach er abgehackt mit hoher Stimme, was ihm jedesmal einen Tadel eintrug. An seinem ganzen Wesen fiel eine Art ängstlicher Zerfahrenheit auf.

Das für diese Mutter charakteristische Verhalten war ihr unerschütterlicher Gleichmut und die teilnahmslose Art, in der sie über Maurice' Schwierigkeiten sprechen konnte. Anfänglich erschienen die Unterdrückung der Besorgnis und die ruhige Art, mit der sie dieses schwierige erste Kind behandelte, positive Faktoren; doch konnte sie ihm erstaunlicherweise nicht die Geborgenheit vermitteln, die es brauchte. Es schien schließlich verständlich, daß sie keine Freude an einem Kind hatte, das so wenig Anlaß zur Freude bot.

Als Maurice 21 Monate alt war, wurde Gordon geboren, und obwohl er klein war, entwickelte er sich prächtig. Die Unerschütterlichkeit der Mutter, die bei einem schreienden und ängstlichen Baby eine scheinbar bewundernswürdige Eigenschaft gewesen war, erwies sich nun bei einem normalen Kind als Verschlossenheit und starke Gefühlsdrosselung [4].

Nach vier Monaten zeigte dieses Kind zu wenig körperliche Bewegung, verminderte Ansprechbarkeit und einen enttäuschenden Zustand des Sich-Bescheidens. Man konnte es lange allein lassen, ohne daß es nach Aufmerksamkeit verlangte. Mit neun Monaten war es ruhig und zeigte wenig Lebhaftigkeit. Wenn man sich ihm zuwandte, lächelte es; doch machte es keinen Versuch, Personen oder Dinge anzufassen. Es wurden wieder Übungen vorgeschlagen, um das Kind anzuregen, aber wieder führte sie die Mutter nicht durch. Im Gespräch darüber war sie sich ihrer Abneigung dagegen, mit dem Kind Übungen zu machen, durchaus bewußt. Es fiel auf, daß sie beide Kinder nicht hätschelte oder küßte. Sie ließ sich nur zögernd auf körperliche Kontakte ein und beschränkte sie auf ein Minimum. Als Maurice einen Bruch hatte, benötigte er besonders dringend körperlichen Kontakt, den ihm seine Mutter aber nicht zu geben vermochte.

Verschlossenheit und mangelnder Gefühlskontakt mit dem Kind hinderten sie, selbst die physischen Bedürfnisse ihres Kindes zu befriedigen. Einmal wartete sie mit ihren beiden Kindern in der Klinik auf einen Wagen, um nach Hause zu fahren. Das jüngere, das damals sechs Monate alt war, begann zu weinen, und das Weinen steigerte sich bald zum Schreien – so sehr, daß die ganze Klinik unruhig wurde. Von allen am wenigsten berührt war die Mutter, und indem sie erklärte, es sei müde, packte sie das Baby in sein Tragbettchen in der Ecke des Zimmers. Das Baby schlief aber nicht, sondern schrie weiter. Da wir im Prinzip dem Wahlspruch

»Mutter weiß alles am besten!« folgen, erhoben wir keinen Einwand; als jedoch das Geschrei nicht aufhörte, sondern verzweifelter wurde, griff ich ein und schlug vor, ihm Milch zu geben, vielleicht sei es hungrig. Die Mutter rechnete nach und fand, daß es Stillzeit war; sie öffnete die Bluse und reichte ihm die Brust.

Ihre Reserviertheit, ihre starre Gefühlsbeherrschung, ihre Abneigung gegen körperlichen Kontakt und ihr Mangel an Identifikationsvermögen bewirkten, daß sie in vieler Hinsicht nicht in der Lage war, die Wünsche ihrer Kinder zu erfüllen. Um zu wissen, warum das so war, hätte man die Art des Gefühls kennen müssen, das sie so streng unter Kontrolle hielt.

Verschlossenheit und Mangel an Einfühlungsvermögen wurden auch der Kinderstation berichtet, als Maurice zweieinhalb Jahre alt war:

»Maurice ist ruhig und unterwürfig, sogar traurig, aber er ist sehr zuverlässig; er fragt seine Mutter oft: ›Wozu ist das, Mutti?‹ Aber die Mutter neigt zu Antworten wie: ›Ehrlich gesagt, ich weiß es nicht.‹ Gewissenhafte Antworten, die ein bißchen zu erwachsen und intellektuell für Maurice sind. Danach wendet sie sich wieder ihrem Stricken zu und muß dem Kind reichlich abwesend vorkommen. Obgleich sie freundlich ist, scheint sie keine große Neigung zu haben, die Welt der Erwachsenen zu verlassen und an seinen kindlichen Freuden teilzunehmen. Eines Tages spielte Maurice mit viel Freude und Vergnügen mit einem Ball. Aber jedesmal, wenn er die Aufmerksamkeit seiner Mutter auf sein Spiel zu ziehen versuchte und sagte: ›Guck, guck!‹, gab sie irgendeine Antwort, ohne überhaupt auf das zu schauen, was Maurice ihr zeigte.«

(Als Maurice drei Jahre und zwei Monate alt war, wurde festgestellt:)

»Maurice spricht monoton, affektlos und ungereimt, so, als wolle er wiederholen, was er von einem Erwachsenen gehört hat. Seine Bewegungen sind steif und angespannt, es fehlt ihm die Spontaneität, und er läuft mit eng zusammengepreßten Knien. Maurice ergreift von sich aus keine Initiative. Es ist auffallend, daß er bei einem Spiel nie die aktive Rolle übernimmt, das heißt, keinen neuen Schritt einführt, keine Phantasie entwickelt und keine Unterhaltung beginnt. So lange die Aufsichtspersonen ihn nicht zum Spiel anhalten, wandert er scheinbar ruhig und aufmerksam umher.«

Mary und Norman – Diese beiden Geschwister entwickelten sich in völlig verschiedener Weise. Mary, das erste Kind, wurde zweieinhalb Monate lang gestillt, doch erwies sich das als unbefriedigend. Die Mutter gab an, ihr gefalle das Stillen nicht und dem Kind gefiele es auch nicht. Gegen Ende des dritten Monats wies Mary die Brust zurück, aber auch die Flasche, die ihr statt dessen gegeben wurde. Eine chaotische Zeit folgte, in der Mary nur feste Nahrung erhielt, bis mit viereinhalb Monaten ein zufriedenstellendes Füttern mit der Flasche erreicht wurde.

Mary war ein wunderschönes Baby, aber mit sieben Monaten waren ihre großen wachsamen Augen ausdruckslos, und ihr Mund hing unglücklich herab; sie zeigte an nichts Freude, ihre Entwicklung verlief langsam und schleppend, aber sie erschien empfindlicher und aufnahmebereiter, als ein Baby sein soll; man hatte den Eindruck, daß sie den Wandel der Launen und die Ausdrucksveränderungen der Erwachsenen nur zu sehr beachtete. Mit 11 Monaten saß sie, krabbelte mit 13 und lief mit 17 Monaten und sprach mit 18 Monaten ihre ersten Worte. Sie war anspruchslos, und man ließ sie für lange Zeit allein. Wie die Mutter selbst bemerkte, war sie von Anfang an mit Mary unzufrieden und unglücklich und hatte keine Freude an ihr. Es gab zwar Zeiten, wo sich offensichtlich ein guter Kontakt einstellte, aber das geschah in plötzlichen Schüben und war nicht von Dauer.

Als Mary ungefähr ein Jahr alt war, zog die Mutter für sie ungünstige Vergleiche mit jedem anderen Baby, das sie sah, wobei sie sie mit Worten und Gesten zurückstieß. Unsere Anstrengungen, ihr zu helfen, dem Kind Anreize zu bieten und sich mit ihm zu beschäftigen, sabotierte sie durch die Art, wie sie dem Rat folgte. Wenn zum Beispiel darauf hingewiesen wurde, Mary brauche Gesellschaft, stellte die Mutter sie lange Zeit in den Vorgarten, wo sie Passanten beobachten konnte; als Mary später Raum zur freien Bewegung brauchte, entfernte die Mutter aus einem Zimmer die Möbel und ließ Mary dort allein. So gelang es ihr, sich vor einer engeren Kontaktnahme mit dem Kind zu schützen.

Als Mary zweieinhalb Jahre alt war, beklagte sich ihre Mutter über ihren Mangel an Fröhlichkeit, über ihre Unfähigkeit, sich zu konzentrieren oder Frustrationen hinzunehmen und über ihre triebhafte Gier. Sie lutschte am Daumen, masturbierte und rutschte viel hin und her. Die Beziehung zwischen Mutter und Kind war so schlecht und das Elend des Kindes so akut, daß ein vorzeitiger Eintritt in den Kindergarten die einzige Lösung zu sein schien.

Eine Kollegin, die Mary zum erstenmal im Alter von drei Jahren sah, beschrieb sie als ein »nicht sehr kluges kleines Mädchen mit unterdurchschnittlicher Intelligenz«. Das Kindergartenpersonal hatte über längere Zeit hin einen ähnlichen Eindruck:

»Mary ist anziehend und ruft bei Erwachsenen immer eine Beschützerhaltung hervor. Sie bindet sich gefühlsmäßig stark. Sie spricht nicht viel, ist in ihrer Stimmung unausgeglichen und auf allen anderen Gebieten zurückgeblieben. Sie neigt dazu, alles an sich zu raffen, und denkt nicht daran, etwas mit anderen Kindern zu teilen. Sie masturbiert ohne Hemmungen. Sie kann sich nur kurze Zeit konzentrieren.«

Man dachte an einen Fall organisch bedingter geistiger Retardierung. Aber als sie mit viereinhalb Jahren in die Vorschule gehen sollte, stellte sich bei einem Intelligenztest ein überdurchschnittlicher Intelligenzquotient von 116 heraus.

Als Mary drei Jahre alt war, kam ein zweites Kind zur Welt und entwikkelte sich im Gegensatz zu ihr normal. Es war mitteilsam, vital und beweglich. Die Mutter bemerkte einen Unterschied in ihren Gefühlen den beiden Kindern gegenüber. Sie sagte: »Diesmal fühle ich mich wie eine richtige Mutter.«

Es muß jedoch angemerkt werden, daß sich die Mutter bald nach Marys Geburt einer Analyse unterzog, vielleicht konnte sie deshalb, als Norman geboren wurde, Zuneigung aufbringen und sich als Mutter freuen. Vielleicht konnte sie auch, weil dieses zweite Kind ein Junge war, ihm geben, was sie dem Mädchen nicht geben konnte. Ein Teil dieser verstärkten Zuwendung kam auch Mary zugute, war jedoch noch nicht beständig für sie vorhanden und kam vielleicht zu spät.

Die Mutter ist in ihrer Ehe befriedigt und hat gute soziale Beziehungen. Es ist daher nicht überraschend, daß einige Kollegen, die von Marys Allgemeinverhalten beeindruckt waren, die Meinung vertraten, daß eine erbliche Belastung für die Auffälligkeit verantwortlich sei. Aber denjenigen von uns, die die Wechselbeziehung zwischen Mutter und Tochter im ersten Jahr beobachtet hatten, war es klar, daß unzureichende mütterliche Zuwendung die Hauptrolle bei Marys unbefriedigender Entwicklung spielte.

Es gibt keine festen Regeln für das mütterliche Verhalten. Eine Mutter muß sich in ihr Kind einfühlen können, um seine Bedürfnisse zu verstehen, auf sie einzugehen; ist sie dazu nicht fähig, wird sie versagen, so wie diese Mütter versagten.

In jedem der beschriebenen Fälle war die Mutter gewissenhaft und engagiert. Die Objektbindung schien in ihrer Äußerungsform intakt, ihre innere Qualität mußte jedoch angezweifelt werden. Die Babys wiesen eine erhöhte Wahrnehmungsintensität auf, eine besondere Art des besorgten

Um-sich-Schauens, so als wollten sie einen Teil der der Mutter zukommenden Beschützerrolle übernehmen. Diese Aktivität im Sehen hatte vor dem Handeln oder Reagieren Vorrang.

Auf den ersten Blick sieht es so aus, als sei die Entwicklung retardiert; bei genauerem Hinsehen stellt sich jedoch heraus, daß solches Benehmen selbst bei einem jüngeren Kind nicht normal wäre. Die Entwicklung war nicht retardiert, sondern fehlgegangen. Im ersten Jahr kann man leichte Fehlentwicklungen irrtümlicherweise als unwesentliche und vorübergehende Abweichungen von der Norm betrachten. Es mag unwichtig erscheinen, ob sich die Augen eines Kindes mit drei oder sechs Wochen adaptieren, ob es mit 4 oder 7 Wochen lächelt, ob es mit 20 oder 28 Wochen greift, ob es mit 9 oder 12 Monaten krabbelt, ob es mit 12 oder 17 Monaten läuft, und doch zeigt unser Material, daß diese ersten Tätigkeiten des Ichs gefördert oder nicht gefördert werden in Abhängigkeit vom Wechselspiel zwischen Mutter und Kind und daß eine retardierte Leistung anscheinend in Zusammenhang mit qualitativ dürftiger Darbietung steht. Wenn Krabbeln und Gehen später erreicht werden, kann die vermehrte Aktivität zeitweilig den Mangel an integrierter Entwicklung verdecken. – Die dürftigen dargebotenen Leistungen, die noch im dritten und vierten Lebensjahr feststellbar sind, gaben den Anlaß zu dieser Untersuchung.

Frühe Hinweise auf mütterliches Fehlverhalten

Man wird sich fragen, mit welcher Berechtigung Mütter beurteilt werden, die man nur eine halbe Stunde wöchentlich und dann nur in einer bestimmten Situation sieht. Obschon Mütter in Gegenwart eines Dritten ihre Einstellung ihren Babys gegenüber sehr unterschiedlich ausdrücken, geht meine Antwort dahin, daß jede Mutter, die bei einem Klinikbesuch eine halbe Stunde oder länger mit ihrem Neugeborenen dasitzt, dem geschulten Beobachter eine Menge verrät.

Da ist die sich wandelnde Mimik der Mutter, da sind ihre Körperbewegungen, mit denen sie auf das Zappeln des Babys reagiert, da sind ihre Hände, mit denen sie das unruhige Kind streichelt, da sind die Augenblicke, in denen sie als Antwort auf ein Weinen des Kindes die Unterhaltung unterbricht, und die Art und Weise, in der sie es streichelt und auf die Stirn küßt oder mit seinen Fingern und Zehen spielt; das alles sind Hinweise genug. Gleichermaßen aufschlußreich ist das Verhalten der Mutter, die ihr Kind in einem Zimmer so weit als möglich von sich wegstellt und die weder Freude noch Besorgnis zeigt.

Eine solche Mutter kam in die Sprechstunde, legte ihr fünf Wochen altes Kind wie ein Paket auf das Sofa, setzte sich dann einige Meter davon entfernt hin und sprach über es. Das Baby verhielt sich, als sei es noch im Mutterleib, unbeweglich und mit geschlossenen Augen. Während der Unterhaltung stand die Mutter etwas entfernt, sagte, es sei gräßlich, weil es Flecken im Gesicht habe und sie seine Haarfarbe nicht leiden mochte. Sie wurde beim Anblick seiner dreckigen Windeln von Übelkeit gepackt und schimpfte es aus, wenn es seine Kleidung besabberte. Offenbar bestand kein positiver Kontakt zwischen Mutter und Kind.

Als das Baby neun Wochen alt war, wurde der Mangel an der Art deutlich sichtbar, in der sie es behandelte; wenn sie es hochhob, tat sie das auf tapsige und ungeschickte Weise und ohne seinen Kopf zu stützen; sie saß da, mit dem Baby auf dem Schoß, aber hielt es mit ausgestreckten Armen beim Sitzen aufrecht. Es war ein zusammengedrücktes Bündel, Kopf und Augen rollten besorgniserregend umher, sie hielt es so, daß es ihr Gesicht nicht sehen konnte, und als sie einmal seinen umherirrenden Blick wahrnahm, verdeckte sie sein Gesicht mit der Hand und verlangte: »Guck richtig!« Mit, wie immer, verdrehten Augen und wie trunken schwankendem Kopf lächelte und lallte es – nicht der Mutter ins Gesicht, denn ihr Gesicht und ihre Stimme waren für es nicht da, sondern schaute dabei auf einen grellbunten Schal in ihrem Nacken. Die Mutter hatte keine Ahnung, wie sie Kontakt zu ihm bekommen könnte, und ihre Anstrengungen waren etwas wirr. So hob sie zum Beispiel seinen Fuß und rieb seine Nase mit der großen Zehe; obgleich ihr das Spaß machte, beunruhigte es das Kind und brachte es zum Wimmern.

Das Verhalten der Mutter wurde durch ihre Erzählung von Vorkommnissen, die sich anderswo ereignet hatten, bestätigt. So erzählte sie zum Beispiel, wie das Kind an den im Landhaus der Familie verbrachten Wochenenden von Geburt an einem Kindermädchen übergeben worden war, das es in einem Raum außer Hörweite schlafen legte; die Mutter meinte dazu, wenn man auf das nächtliche Geschrei eines Babys nicht reagieren wolle, dann solle man es auch nicht hören. Es wurde um 22 Uhr gefüttert und dann bis 6 Uhr ins Bett gesteckt; die Mutter wußte auf Grund seines Verhaltens während der Woche, daß es um 5 Uhr wach wurde und bis zum Füttern schrie. Sie drückte keinerlei Besorgnis darüber aus, daß man am Wochenende das nächtliche Geschrei nicht hörte, keine Bekümmernis oder Betroffenheit darüber, daß es sicherlich eine Stunde lang vor Hunger schreien würde, und sie zeigte auch nicht den Wunsch, ihm die Lage zu erleichtern. Einen anderen Hinweis bietet die Bereitschaft einer Mutter, sich von ihrem Säugling zu trennen. Eine Frau entwöhnte ihr Kind mit zwei Wochen, weil das Stillen »so lästig ist, wenn man ausgehen will«, und ging auf einen Skiurlaub, als das Kind sieben Wochen alt war. Sie zeigte weder Besorgnis noch Bedauern über die Trennung von ihrem Kind. Bei ihrer Rückkehr sagte sie: »Alles war in bester Ordnung, keiner hat den andern vermißt!«

Obwohl man einer Mutter zubilligen muß, daß sie sich von einem älteren Kind zeitweise trennen kann, würde ich meinen, daß dies für die Mutter eines Säuglings biologisch unangebracht ist und eine schlechte Prognose für die zukünftige Mutter-Kind-Beziehung stellen läßt.

Ein dergestalt ohne Gefühlswärme und Einfühlungsvermögen aufgezogenes Kind wird sich im ganzen genau wie andere Babys entwickeln. Seine Augen werden sich adaptieren, es wird lächeln, lallen, seine Gliedmaßen entdecken, aber es wird dies weitgehend alleine tun. Die Entwicklungsleistungen des Kindes werden nicht durch die Freude der Mutter unterstützt. Da die Mutter als Bindeglied fehlt, wird die Kontaktaufnahme zur Umwelt schwächer sein. Seine Vergnügungen werden solche sein, die es für sich selbst entdeckt, und am leichtesten wird es sie an seinem eigenen Körper finden. Dem Kind werden nicht die notwendigen Entwicklungsreize angeboten, wobei allerdings überstarke neue Eindrücke zu vermeiden sind. Sonst kann es sein, daß das Kind selbst eine Art Schutz gegen die übermäßige Stimulierung aufbauen muß.

Schon im Alter von zehn Wochen zeigen sich als Folgen niedere Qualität und Quantität der Körperbewegung, langsame Reizverarbeitung, ernsthafter Gesichtsausdruck mit unverhältnismäßig aufgeweckten und wachsamen Augen. Die Mutter wird sagen: »Aber es ist ja zufrieden!« und meint damit, daß es keine hohen Anforderungen stellt, oder: »Es ist am glücklichsten, wenn es allein in seinem Bettchen liegt«, ohne dabei zu merken, daß ihr Kind sich damit zurückzieht. Im Laufe der Zeit werden diese Mängel deutlicher. Das nicht getröstete Kind, das seine Tränen mit sieben Monaten herunterschluckt, kann auch mit zwölf Monaten nicht weinen.

Die ersten acht Wochen im Leben eines Säuglings sind eine Zeit der Anpassung: Die Mutter gleicht sich den neuen Bedingungen an, sie macht sich mit der Existenz dieses Kindes vertraut; und in der Familie findet eine Umstrukturierung der Beziehungen statt, die die Aufnahme des neuen Mitglieds ermöglicht.

Das Kind ist in eine komplexe Beziehung, eine Ehe, hineingeboren worden. Wird der Vater so auf das Kind reagieren, wie die Mutter es wünscht? Was für ein Kind wünschten sich die beiden, wie groß, wie sollte es aussehen, Junge oder Mädchen? Was für Erfahrungen machte die Mutter während der Schwangerschaft und der Entbindung? Wollte sie das Kind? Wenn nicht, hat sie sich während der Schwangerschaft mit dem Gedanken, Mutter zu werden, abgefunden?

Das Baby selber wird sich dem Leben außerhalb des Mutterleibes anpassen, wobei es anfänglich wenig mehr verlangt, als daß sein physisches Wohlbefinden garantiert ist. Es schläft, wird gestillt oder weint, wobei sein Bewußtsein nicht weiter reicht als bis zu seinem Wohl- oder Nichtwohlbefinden.

Manchmal verstehen sich Mutter und Kind schnell und leicht; noch bevor der erste Monat verstrichen ist, enthält ihre wechselseitige Beziehung positive und erfreuliche Elemente, jedoch können physische Schwierigkeiten, die der postnatalen Periode eigen sind, die Anpassung verhindern. Die Frage, bis zu welchem Ausmaß der in der ersten Woche auftretende Schwierigkeitsgrad die spätere Qualität der Beziehung beeinflußt, bleibt offen (1). Die Befunde der Well-Baby-Klinik sind nicht detailliert genug, um eine endgültige Antwort zu erlauben. Jedoch deutet einiges darauf hin, daß sich oft eine herzliche Beziehung einstellt, trotz beträchtlicher früherer Schwierigkeiten; umgekehrt bedeutet ein von physischen Schwierigkeiten freier Anfang nicht unbedingt ein zufriedenstellendes erstes Jahr.

Das Ergebnis der Zeit der Anpassung ist erfolgreich, wenn die Mutter:

1. sich nicht nur freut, daß sie das Kind hat, sondern im Verhalten dem Kind gegenüber diese Freude auch zeigt;
2. die Gefühlslagen ihres Kindes erkennt und darauf reagiert;
3. die während dieser Zeit dem Kind angemessene erhöhte Besorgnis zeigt (wo diese Angst fehlt, kann das zu dieser Zeit ein schlechtes Zeichen sein).

Wenn die Mutter bis zum Ende des zweiten Monats diesen Kriterien noch nicht entspricht, dann gibt es anscheinend vier mögliche Gründe für ihr Versagen. Es kann

1. von einer verlängerten postnatalen Phase herrühren, die vorübergeht;
2. auf eine neurotische Reaktion gerade auf dieses Kind oder diese Phase in seiner Entwicklung hinweisen;
3. von einer aktuellen Belastung im eigenen Leben der Mutter, zum Beispiel dem Tod eines nahen Verwandten, herrühren;
4. einen Wesenszug der Mutter widerspiegeln, der sich in ähnlicher Weise auch in ihren übrigen Beziehungen, auch in der zu ihren anderen Kindern, offenbaren wird.

In den auf die Geburt folgenden Wochen sind die Wünsche eines Kindes nicht immer leicht zu verstehen. Man kann verschieden auf sein Schreien reagieren: mit Nahrung, durch körperlichen Kontakt, durch Liebkosen, Hätscheln oder Wiegen; man kann es auch seinem Geschrei überlassen, bis es erschöpft ist und einschläft. Schon in den ersten Wochen wird die Persönlichkeit und das psychosoziale Umfeld der Mutter bestimmen, welche Methoden sie anwendet und welcher Zustand sich einpendeln wird. Ist sie zum Beispiel eine Frau, die körperlichen Kontakt nur sehr schwer herstellen kann, wird sie vielleicht das Schreien durch zusätzliche Nahrung beenden. Das Kind läßt sich damit bis zu einem gewissen Grad zufriedenstellen. Eine andere Mutter, die sich an ältere Methoden des Kinderaufziehens hält, läßt das Baby vielleicht schreien. Ein Kind wird sich fast jeder Bedingung anpassen und überleben – nicht jedoch ohne einen Preis dafür zu bezahlen.

Während der ersten Lebenswochen unterscheiden sich die Erfahrungen der Kinder deshalb weitgehend. Bei körperlichem Unbehagen kann man sie durch Zärtlichkeit oder Füttern beschwichtigen; wenn sie unruhig sind, kann man ihnen etwas vorsingen oder sie liebkosen; man kann sie auch einfach schreien lassen. Ihre Bedürfnisse können richtig verstanden und dementsprechend beantwortet werden oder auch nicht. Man kann sie liebevoll oder gleichgültig, ja sogar feindselig behandeln.

Diese Frühzeit ist wie der Anfang eines Buchstabierspiels, wenn die Buchstaben ausgeteilt sind: von da an bedingt das Spiel des einen das Spiel des Partners und umgekehrt; keiner ist allein für das Ergebnis – das gesuchte Wort – verantwortlich.

Während in den ersten paar Tagen das Kind nur Unbehagen oder Wohlbehagen zeigt, entwickelt sich allmählich ein dritter Zustand, in dem das Baby auf die menschliche Stimme zu reagieren beginnt und seine Aufmerksamkeit auf das menschliche Gesicht zu richten versucht. Die Art und Weise, in der die Umgebung, vor allem die Mutter, auf diese winzigen ersten Selbstbekundungen und die darauf folgenden reagiert, geben wohl den Ausschlag für die Entwicklung im ersten Lebensjahr.

Obgleich Gesell (4) sagt, ein Kind starre leer umher, bis die zwölf winzigen Augenmuskeln im Alter von ungefähr sechs Wochen aufeinander abgestimmt sind, ist es eine Erfahrungstatsache, daß ein von der Mutter gut betreutes Baby viel früher reagiert und lächelt.

Eine Mutter führte vor, wie sie eine Reaktion, die dem Lächeln sehr nahe kam, hervorrief, als das Kind zweieinhalb Wochen alt war. Sie hielt seine Füße, saß still dabei, so, daß ihr Gesicht in der optischen Achse des Kindes war, und sprach ihm ruhig zu. Nach ungefähr einer Minute, in der sich Lippen, Augen und Nasenflügel bewegt hatten, schaute das Baby die Mutter direkt an und bekam Grübchen. Im Alter von zweieinhalb Wochen war es kein Lächeln, sondern eine einfache Reaktion, aber als es einen Monat alt war, adaptierten sich die Augen, und das Baby lächelte unmißverständlich.

Eine andere Mutter saß bei ihrem dritten Baby, das zu diesem Zeitpunkt annähernd sechs Wochen alt war; als sie sprach, wandte das Baby den Kopf und schaute der Mutter ins Gesicht und lächelte mit reich entwickeltem Gesichtsausdruck und gleichzeitigen Bewegungen der Glieder. Als die Vielfalt der Reaktionen des Kindes zur Sprache gebracht wurde, sagte die Mutter: »Wir spielen und sprechen mit unseren Babys, aber alle Mütter können das nicht.«

Ein Baby hört, ehe sich seine Augen adaptieren. Jeder, der zu einem Säugling von ungefähr zehn Tagen gesprochen hat, weiß, daß sich dessen Lippen, Augen und Nasenflügel als Reaktion darauf bewegen und dann schließlich der Kopf. Es ist nicht unvorstellbar, daß die frühe Hervorbringung dieser Bewegungen frühes Adaptieren und Lächeln fördert und daß das Fehlen einer solchen Stimulation die Verfügung (über solche Reaktionen) hinauszögert.

Mit zweieinhalb bis drei Monaten verfügt das von der Mutter gutbetreute Kind über ein Repertoire von Leistungen. Es hat diese unter Mithilfe seiner Mutter erlernt. Während der ersten Wochen haben die meisten Kinder Schwierigkeiten, ihren Daumen in den Mund zu bekommen und ihn dort zu halten. Mütter helfen oft nach, indem sie die tapsige Hand halten und mit ihrer Hilfestellung allmählich nachlassen, sobald das Baby erfolgreicher wird.

Augenbewegungen verraten der Mutter, die zu ihrem Säugling spricht, daß er davon Notiz nimmt. Sie gibt die Gelegenheit, seine Augen zu adaptieren, dadurch, daß sie ihr Gesicht in seine optische Achse bringt, wenn sie zu ihm spricht oder ihm etwas vorsingt. Sie hält den hin und her wakkelnden Kopf fest, bis er ihn selbst halten kann. Sie gibt ihm ihre Finger zum Spielen, bis er selbst mit seinen eigenen Fingern und Händen spielen kann.

Die Mutter schätzt und ermutigt diese geringfügigen Reaktionen. Auf Grund ihres eigenen libidinösen Engagements besetzt die Mutter die verschiedenen Zonen im Kind, in denen die verschiedenen Leistungen stattfinden, mit Libido. Wenn seine frühen Leistungen im dritten Monat in einer allgemeinen Reaktion gegenüber jedem gipfeln, der ihm zulächelt oder der mit ihm spricht, ist dies normalerweise nur von kurzer Dauer. Im vierten Monat unterscheidet das gutbetreute Kind die Mutter von allen anderen Menschen und zieht sich in gewisser Weise sogar von anderen Familienmitgliedern zurück. Wiederum vollzieht sich daher die Entwicklung in den folgenden Monaten in engem Zusammenhang mit der Mutter.

Die Kommunikation, die bereits damit begonnen hatte, die ersten geringfügigen Reize hervorzurufen und zu beantworten, wird allmählich erweitert. Sobald das Kind seine Fäuste ballen kann, gibt man ihm die Gelegenheit, nach den Fingern der Mutter und dann nach einem Spielzeug zu greifen. Das Lallen und Lächeln wird von verschiedenen stärkeren Körperbewegungen begleitet. Man wird dem Kind bei seinen ersten Greifversuchen helfen, und das Spiel des Greifens, die Kommunikation, die Freude, Liebe und Zuneigung seiner Mutter werden zu einem Erlebnis verschmelzen. Jede neu auftauchende Funktion wird von ihm im Spiel angewandt werden. Das Kind von vier oder fünf Monaten tritt, wenn es eine Fläche unter den Füßen spürt. Die Mutter hält es so, daß seine Füße sich gegen ihren Leib stemmen, und sie spielen gemeinsam mit seinen neuerworbenen Muskelbewegungen.

Eine Mutter berichtete, daß ihr Baby an den Stangen des Bettchens gezogen und Kopf und Schulter aus den Kissen aufgerichtet hatte. Sie fuhr fort: »Jetzt hat er es gerne, wenn ich ihm zwei Finger gebe, damit er sich daran zum Sitzen hochziehen kann.« Diese Bewegung wurde erlernt, und aus dem daraus sich ergebenden Ansteigen der Muskelstärke folgte die nächste, das Knien.

Zusammengefaßt:

1. Neue vom Baby ausgehende oder von der Mutter angeregte Bewegungen werden mit ihrer Unterstützung und Ermutigung vervollkommnet.

2. Weil die Erweiterung seiner Geschicklichkeit ein Teil seines Spiels mit der Mutter ist, zieht es daraus besondere Befriedigung und Lust.

3. Die Fertigkeiten sind nach außen gerichtet und werden zunächst Teil seiner Kommunikation mit der Mutter und dann, auf dem Wege über sie, mit der Umwelt.

Parallel zu dieser Behandlung seiner körperlichen Aktivitäten verläuft die einfühlende Reaktion der Mutter auf seine Gefühlszustände. Sie setzt das Kind jeweils angemessenen Reizen aus und vermeidet überstarke neue Eindrücke, indem sie in passender Weise Unterstützung gewährt oder versagt.

Ein Kleinkind, auf dessen Äußerungen man eingeht, dem man von Anfang an dazu verhilft, Freude an seinen frühen Bemühungen zu haben, dem man auch hilft, später in ihnen Erfolg zu haben, schreitet von einer Entwicklungsleistung zur nächsten ohne Schwierigkeiten voran. Es begnügt sich nicht damit, vor sich hin zu plappern oder lange mit den eigenen Fingern und Füßen zu spielen; das Kind, dem man Aufmerksamkeit zukommen ließ, dessen Reaktionen beantwortet wurden, verlangt diese Antworten auch weiterhin. Wenn es sich verletzt hat oder unglücklich ist, schreit es und erwartet Hilfe; es drückt aber auch sein Glücksgefühl aus und möchte es mit jemandem teilen.

Nicht alle Mütter aus der Well-Baby-Klinik können ein solch enges Zusammenleben mit ihren Säuglingen aufweisen. Diejenigen, die es hatten, haben Kinder erzogen, die munter, aktiv, mitteilungsfreudig, ausdrucksstark und auf neue Erfahrungen aus sind. Richtiges mütterliches Verhalten garantiert keine neurosefreie Entwicklung, aber fördert ein widerstandsfähiges Ich, das Konflikten begegnen kann (8).

Schlußfolgerung

Ich habe mich in diesem Artikel zu zeigen bemüht, daß die Anzeichen mangelnder mütterlicher Fürsorge, die die Gesamtentwicklung eines Säuglings ernsthaft gefährdet, früh im ersten Lebensjahr aufgespürt werden können. Mit vier von fünf Kindern, deren mütterliche Betreuung inadäquat war, blieb die Klinik in Verbindung. In ihrem 4. Lebensjahr waren diese vier Kinder so gestört, daß sie eine psychoanalytische Behandlung benötigten. Das Schicksal des 5. Kindes ist nicht bekannt, da die Familie emigrierte, als es erst ein Jahr alt war. Die Beratung in der Well-Baby-Klinik hatte sich als unzureichend erwiesen, um den Anfang der Störungen zu verhindern (7).

Man kann nur wünschen, daß für dergestalt gefährdete Kinder ein ausreichender Ersatz an mütterlicher Zuwendung geschaffen werden kann. Die hier geschilderten Mütter hätten jedoch kein Verständnis dafür gehabt, ihre Kinder jemand anders anzuvertrauen. Sie wollten ihre Babys und liebten sie. Eine psychoanalytische Behandlung der Mütter hätte nicht schnell genug Ergebnisse gezeitigt, selbst wenn sie einsichtig genug gewesen wären und sich hätten analysieren lassen. Daher bleibt die Frage offen, wie man hier intervenieren kann.

Dieser Aufsatz ist ein Versuch, die unbekannten Grenzen der Veranlagung ein wenig einzuengen, da, wie ich glaube, die beschriebenen Faktoren die Entwicklung aller normalen Kinder stark beeinflussen; er ist aber auch ein Versuch, die Aufmerksamkeit auf ein ernst zu nehmendes Problem der vorbeugenden Psychohygiene zu lenken.

THEODOR SCHULZE

Häusliche Szenen und seelische Entwicklung

Überlegungen zu einer Theorie der Familienerziehung bei der Durchsicht von Elternbüchern

Für den Unterricht in der Schule mag es in mancher Hinsicht zutreffen, daß er von vorne beginne, daß er sich nicht zu kümmern brauche um das, was das Kind mitbringt. Für die Erziehung in der Schule ist diese Vorstellung sicher falsch, und es zeugt nur von pädagogischer Überheblichkeit und Unverstand, wenn hin und wieder behauptet wird, die Schule müsse heute die mangelnde Erziehung in den Elternhäusern ersetzen. Selbst wenn es richtig wäre, daß heute die meisten Familien ihre erzieherischen Aufgaben nicht mehr erfüllen, wäre die Schule keine Institution, welche diese Aufgaben übernehmen könnte. Sie kann sie ergänzen und fortführen, fortführen in neue Bereiche des Verhaltens hinein, aber über Wesentliches ist schon entschieden. Sich mit den Bedingungen und Möglichkeiten solcher Entscheidungen zu befassen, muß gerade den Lehrer reizen, der sich nicht auf seinen unterrichtlichen Auftrag beschränken will und der Rat geben möchte, wo Eltern ihn bitten oder das Verhalten seiner Schüler ihn dazu drängt.

Es gibt eine große Zahl teils vortrefflicher Bücher über die familiäre Erziehung in der Kindheit und Jugend, in denen Eltern und Erzieher Rat finden können, aber es gibt noch kaum eine Theorie der Familienerziehung – Überlegungen, welche die Eigenart häuslicher Erziehung verdeutlichen und Gesichtspunkte entwickeln, die die Bedeutung einzelner Ratschläge erkennen lassen. Der folgende Versuch setzt an bei der Unterscheidung von Unterricht und Erziehung und bemüht sich, einige Probleme und Auffassungen der familienpädagogischen Literatur darzustellen.

Im Unterricht jeder Art handelt es sich in erster Linie darum, ein bestimmtes Pensum zu schaffen, eine bestimmte Menge Stoff zu bearbeiten, einen Inhalt oder eine Technik zu vermitteln oder einen Sinn zu erhellen. Ein Pensum liegt, ehe es in den eigentlichen Unterrichtsprozeß eingeführt wird, bereits vor: die Fibel, die Bruchrechnung, die Josefsgeschichten, das Leben im Dorfteich, die Alpenvorländer, das Dritte Reich, die Lederhosen-Saga, die Bauchwelle, der Scherenschnitt oder der Magnetismus. Man kann sie vorausschauend durchdenken und damit zugleich planend den Gang des Unterrichts entwerfen: fünf Minuten Kopfrechnen, fünf Minuten Wiederholung, fünfzehn Minuten Einführung der Schlußrechnung usw.

Aber der Gang des Unterrichts kann gestört werden. Zwei Schüler streiten sich, andere schwatzen, einer kommt zu spät, ein anderer guckt ab. Plötzlich verliert der Unterrichtsgegenstand seine zentrale Bedeutung. Der Blick fällt auf die Schüler, wandert zum Lehrer. Was wird er jetzt tun?

Erziehung ist Handeln in Situationen, ist der Versuch, Konflikte zu lösen, ist vielleicht so etwas wie Regie – Regie von unvorhergesehenen Szenen mit pädagogischer Bedeutung.

Was in der Normal-Schule mehr am Rande der Besinnung erscheint, steht in der familiären Erziehung im Mittelpunkt des Interesses. Das soll nicht heißen, daß das Leben in der Familie allein aus einer Kette von Konflikten und dramatischen Szenen besteht. Die Konflikte ergeben sich aus mancherlei Beschäftigungen, Verrichtungen und Aufgaben. Man kocht oder ißt, zieht sich an, wäscht sich, spielt, geht spazieren oder legt sich schlafen. Das alles scheint selbstverständlich zu sein, zumindest keine Frage der Erziehung, sondern der Haushaltsführung, der Freizeitgestaltung oder der Kinderpflege. Die pädagogische Überlegung setzt an bei den Störungen, Abweichungen, Schwierigkeiten, da wo die Situation zur Szene wird – wenn Angelika anstatt sich zu waschen, Überschwemmung spielt, ihren Bruder mit dem Waschlappen schlägt oder sich für seine geschlechtliche Andersartigkeit interessiert, wenn sie nicht ißt oder sich ängstigt.

Eltern machen sich Sorgen. Ihre Fragen an die Pädagogik heißen: Was tue ich, wenn ..., und die meisten Elternbücher suchen zunächst einmal auf diese Fragen zu antworten. Eine Theorie des Unterrichts wird ausgehen müssen von den Gegenständen des Unterrichts, den Bildungsinhalten. Eine Theorie der Erziehung, insbesondere der familiären Erziehung muß sich zunächst einmal mit jenen Situationen beschäftigen, in denen erzieherisches Handeln notwendig wird.

Es gibt so viele verschiedene Situationen im häuslichen Leben, die Eltern dazu veranlassen können, pädagogisch einzugreifen und nach einem Rat auszuschauen, daß es aussichtslos erscheint, sie alle aufzuzählen. Bei näherem Zusehen aber stellt sich heraus, daß bestimmte Situationen in abgewandelter Form immer wiederkehren.

Hans Müller-Eckhard (I) nennt sieben Situationen, auf die sich die pädagogische Aktivität der Eltern besonders konzentriert und in denen es immer wieder zu Konflikten kommt: »Sauberkeitsgewöhnung und Darmfunktion«, »Sauberkeitsgewöhnung und Blasenfunktion«, »Der Schrei- und der Lärmdrang«, »Das Bewegungsbedürfnis«, »Erste *totale* Besitzlust«, »Wuchernde Phantasiekräfte«, »Das Liebes- und Geborgenheitsverlangen«. Wir müssen diese Reihe sicher noch um einige Szenen erweitern, dabei mögen wir uns an das Kinderbuch vom Struwwelpeter erinnern, dessen Figuren und Sprüche in vielen Elternbüchern als Überschriften und Leitmotive wiederkehren.

Da ist der garstige Struwwelpeter selbst, der sich Haare und Fingernägel nicht schneiden lassen will, der böse Friederich, der Tiere quält, Möbel zerstört und sein Kindermädchen schlägt. Da ist Paulinchen – sie spielt leichtsinnig mit der Gefahr und hört nicht auf die Warnung ihrer Eltern; da sind Ludwig, Kaspar und Wilhelm – sie ärgern fremde Menschen, machen sich lustig über etwas, was sie noch nicht begreifen. Konrad lutscht am Daumen. Der Suppenkaspar macht Schwierigkeiten beim Essen und trotzt. Philipp kann seine unruhigen Füße nicht beherrschen. Hans träumt in den Tag, ist unachtsam und ungeschickt. Und Robert bricht aus; er läuft von Hause fort, dem Abenteuer nach. Es fehlt ein Kind, das lügt, und eines, das der Mutter heimlich Geld aus dem Portemonnaie nimmt, eines, das nicht aufräumt, und eines, das zu spät kommt – eines, das nascht, eines, das onaniert, eines, das faul ist, und eines, das sich ängstigt und nachts die Eltern aus dem Schlummer weckt.

Natürlich sind jene Szenen, die das Struwwelpeter-Buch zeigt, nur Beispiele für andere Szenen von demselben Typus. So gibt es zum Beispiel außer dem Daumenlutschen noch andere Formen von sogenannten »Unarten«, in denen ein Kind seine inneren Spannungen abzuleiten sucht: Schukkeln, Nägelkauen, Nasenbohren, Kratzen oder Stottern. Und die Unruhe des Kindes stört nicht nur, wenn das Kind bei Tisch zappelt, sondern auch, wenn es lärmt und tobt oder unaufhörlich Fragen stellt. Jede der genannten Szenen aber deutet ein Gebiet an, in dem es regelmäßig in der Familie zu Konflikten und Spannungen kommt – gleichsam »Fächer« der Familienerziehung. Das sind: Sauberkeit und Ordnung, Essen und Geschlecht, Wahrhaftigkeit und Eigentum, Trotz, Aggression und Freiheitsdrang, Angst und Liebesverlangen, Leichtsinn, Unachtsamkeit, Unruhe und die verschiedenen Formen der Spannungsabfuhr.

Charakteristisch für Art und Verlauf solcher Situationen ist, daß der Anstoß zum eigentlichen Konflikt und damit auch zum erzieherischen Handeln vom Kind ausgeht. Das Kind tut etwas oder tut etwas nicht – oder etwas anderes, als man von ihm erwartet –, etwas, das die Eltern stört, beunruhigt, reizt oder irritiert und sie veranlaßt einzuschreiten. Die Eltern sind überrascht und reagieren notgedrungen. Sie haben die Situation nicht in der Hand wie ein Lehrer seinen Unterricht.

Aber man kann auch nicht sagen, daß das Kind die Situation bestimmt, daß es den Konflikt bewußt anstrebt. Es scheint selbst Opfer eines Impulses zu sein, der in ihm plötzlich aufsteigt und Besitz von ihm ergreift. Die Struwwelpeter-Geschichten bringen die Autonomie und Dynamik der störenden Impulse gut zum Ausdruck. Diese benehmen sich wie selbständige Wesen, unzugänglich für Mahnungen, Warnungen oder Bitten, isoliert und unvernünftig, blindlings ihrer eigenen Gesetzlichkeit folgend. Sie wachsen unaufhaltsam. Dr. Heinrich Hoffmann beschreibt in seinen Lebenserinnerungen, wie er seine Geschichte vom Struwwelpeter am Krankenbett erfindet, um seinen kindlichen Patienten von den Unannehmlichkeiten des Pulsfühlens, Temperaturmessens und In-den-Hals-Schauens abzulenken. Er zeichnet eine kleine Figur auf ein herausgerissenes Notizblatt, einen Schlingel, der sich die Haare und Nägel nicht schneiden lassen will. »... die Haare wachsen, die Nägel werden länger, aber immer läßt er sich dieselben nicht schneiden, und immer länger zeichne ich Haare und Nägel bis zuletzt von der ganzen Figur nichts mehr zu sehen ist als Haarsträhne und Nägelklauen.« Dieses Anwachsen und »Immer-länger-Werden« ist ebenso charakteristisch für den Stil der Hoffmannschen Bilder und Geschichten wie für den Charakter jener störenden Intentionen, die den Kern der familiären Erziehungssituation ausmachen. Sie sind nicht aufzuhalten, erfassen die ganze Person des Kindes, machen den Peter zum »Struwwelpeter«, den Philipp zum Zappelphilipp. Sie wandeln die friedliche Idylle am Mittagstisch zur Szene.

Ihr unaufhaltsames Anwachsen begleitet der ostinate Baß der Mahnungen. »Und Minz und Maunz, die Katzen, erheben ihre Tatzen...« Aber die Mahnungen sind vergeblich; sie unterstreichen nur das Verhängnis, beschleunigen das Tempo der Entwicklung, treiben die Szene in die Katastrophe. »... Vater ist in großer Not, und die Mutter blicket stumm auf dem ganzen Tisch herum.« Die Eltern erscheinen in diesen Geschichten unschuldig und machtlos. Aber genau dieses ist der Punkt, an dem unsere kritischen Überlegungen einsetzen müssen. Die Eltern antworten auf eine Herausforderung des Kindes, ihre Erziehung ist reaktiv. Aber sind sie darum unschuldig und machtlos? Sind jene störenden Impulse wirklich so unabhängig von der Art der elterlichen Reaktion? Für den Verlauf der häuslichen Erziehungssituationen, vielleicht sogar für ihre Entstehung, ist es von einiger Bedeutung, wie Eltern und Erzieher jene störenden Impulse des Kindes erleben und auffassen.

Das Struwwelpeter-Buch scheint sie als etwas Unnötiges anzusehen, als etwas, was es nicht geben sollte und auch nicht zu geben brauchte – sagen wir einfach: als »Unart«. Das Buch tut so, als wäre das, was ein übliches Verhalten ist, irgendeine abnorme Eigenart, als wären der Struwwelpeter und der Zappelphilipp und der Suppenkasper seltsame Ungeheuer, deren Abbilder und Geschichten man begierig ansieht und verfolgt, so wie die Erwachsenen die Zeitungsberichte von Moormördern und Bankräubern verfolgen – voller Abscheu und Bewunderung zugleich. Man tut so, als wäre das Kind, das diese Geschichten liest, ein anderes Kind – ein Kind, das nie mit Streichhölzern spielt oder am Daumen lutscht –, ein Kind, dessen Bild auf der ersten Seite beschworen wird: das artige Kind, das »ohne Lärm zu machen, still sitzt bei den Siebensachen...«

Das artige Kind gibt es nicht; es ist eine Fiktion – genauso wie der Struwwelpeter, der Suppenkaspar und der Zappelphilipp. Diese Fiktionen sind für den psychischen Haushalt bedeutsam. Wie könnte ein Buch, das Kinder mit vielen Unannehmlichkeiten bedroht, sonst so beliebt sein? Diese Fiktionen erlauben es dem Kind, alles, was in ihm dazu drängt, die Beziehungen zu seinen Eltern zu stören, nach außen zu projizieren – in eine Person zu verlegen, die es nicht selbst ist –, und so kann es sich trotz jener störenden Impulse als »artiges Kind« sicher fühlen im Einvernehmen mit seinen Eltern. Das ist ähnlich wie mit der »guten Mutter« und der »Hexe« im Märchen. Auch sie verkörpern verschiedene Verhaltensweisen, die eigentlich in ein- und derselben Person, in der wirklichen Mutter vereinigt sind. Solche Fiktionen erlauben es, das Bewußtsein – im Nacherleben – von den Ängsten und Spannungen zu befreien, die im wirklichen Leben nur schwer einen Ausdruck zu finden vermögen.

Die Eltern im Struwwelpeter-Buch – soweit sie dort vorkommen – aber scheinen die Fiktion ernst zu nehmen, das artige Kind als das anzusehen, was es nicht ist, nämlich: wirklich. Und nicht nur die abgebildeten Eltern scheinen diesem Irrtum zu verfallen, auch Dr. Hoffmann, der Verfasser, scheint ihn zu teilen. »Das Abbild des Schmutzfinken, des brennenden Kleides, des verunglückenden Unvorsichtigen«, sie sollen nach seinen Worten belehren, nicht nur ausgleichen und entspannen. Sie sollen das Kind belehren, erschrecken, daran hindern, daß es ein unartiges Kind wird. Das Struwwelpeter-Buch ist nicht nur Märchen für Kinder; es ist zugleich auch Ausdruck einer Pädagogik, die an das artige Kind glaubt. Das macht es problematisch. Die bürgerliche Erziehung des 19. Jahrhunderts ist beherrscht von diesem Glauben, und dieser Glaube ist verständlich. Wenn ein Kind artig ist, dann hat man keine Schwierigkeiten mit ihm, dann braucht man es nicht zu erziehen. Ein Kind ist nicht artig; aber es kann lernen, sich artig zu benehmen, und so muß man es eben dazu erziehen, ein artiges Kind zu sein. Daß das Kind lernt, sich zu benehmen, sich richtig zu verhalten, ist eine der Hauptaufgaben familiärer Erziehung. Aber diese Aufgabe findet ihr Ziel und ihren Abschluß in einem erwachsenen Menschen. Die Erziehung zum Artigsein will das Ziel der Erziehung früher erreichen, das Ergebnis vorwegnehmen. Sie mutet dem Kind die Selbstbeherrschung eines Erwachsenen zu. Mehr noch: Die Erziehung, die an das artige Kind glaubt, setzt das, was sie anstrebt, eigentlich voraus. Erziehung wäre gar nicht nötig, wenn das Kind so wäre, wie es sein sollte. Und so beherrscht der Affekt der Enttäuschung und des Unwillens über unliebsame Störungen, überflüssige Anstrengungen die Maßnahmen. Da das Kind ja eigentlich artig ist, muß es an ihm liegen, wenn es unartig ist. Man appelliert an seinen Willen, ermahnt und ist entrüstet. Da das störende Benehmen als Unart erscheint, ist man geneigt, es zu eliminieren, abzuschneiden, wie der Schneider die Daumen abschneidet. Eine Pädagogik, die auf das artige Kind zielt, ist notwendig repressiv und ungeduldig.

In den heutigen Elternbüchern wird der Ausdruck »Unart«, sofern man ihn überhaupt noch verwendet, in Anführungszeichen gesetzt. Man weiß, daß das, was dem Kind am Erwachsensein fehlt, das ist, was ihm auch fehlt, ein artiges Kind zu sein – nämlich die Kraft, sich zu beherrschen. Man weiß, daß jene störenden Intentionen – das Bedürfnis zu zappeln und zu lärmen, der Drang zu zerstören, der Trieb zu lutschen, das Verlangen zu trotzen, der Wunsch mit dem Feuer zu spielen oder der Widerwille gegen das Haareschneiden und Nägelreinigen – weder ungewöhnlich noch böse sind, sondern natürlich – zumindest in ihren Anfängen.

Diese Einsicht ist nicht neu. Sie wurde zuerst in aller Deutlichkeit von Jean Jacques Rousseau (›Emile‹, 1762) formuliert: »Es gibt im menschlichen Herzen keine angeborene Verderbtheit.« Und: »Die Natur will, daß die Kinder, ehe sie Männer werden, Kinder sein sollen. Wenn wir diese Ordnung umkehren wollen, so bringen wir vorzeitige Früchte hervor, denen es an der gehörigen Reife wie am rechten Geschmack fehlt und die in kurzem verderben. Die Kindheit hat eine nur ihr eigene Art und Weise, zu sehen, zu denken, zu empfinden; nichts kann ungereimter sein, als das Bemühen, ihr dafür die unsrige unterzuschieben ...«

So einleuchtend diese Gedanken dem unbefangenen Leser auch erscheinen, so schwer sind sie zu realisieren. Und vermutlich hat Rousseau einiges dazu beigetragen, diesen Prozeß zu verzögern und zu verwirren. Nicht nur, daß es ihm und seiner Zeit an wissenschaftlicher Erkenntnis mangelte, nicht nur, daß seine Einschätzung der kindlichen Eigenart von zum Teil überraschend scharfsichtigen, aber zum Teil auch von falschen und im ganzen zufälligen und unvollständigen Beobachtungen ausging – vermutlich wollte er gar nicht vorurteilsfrei beobachten. Er unterschied das Kind vom Mann, um es gegen ihn auszuspielen. Es ging ihm weniger darum, das Kind natürlicherweise zu einem erwachsenen Menschen zu machen, als den erwachsenen Menschen zu einem natürlichen. In dem Begriff »Natur« assoziierte er kindliche Verhaltensweisen, ländliche oder wilde Lebensgewohnheiten und außermenschliche Daseinsformen – lauter inkongruente Inhalte – mit intuitiven Eingebungen und Spekulationen zu einem großartigen Argument gegen die Gesellschaft, in der er lebte – zum Idol für eine bessere. Er ignorierte, daß es zur Natur der Menschen gehört, über ihre Natur hinauszugehen – daß sich Naturhaftes bei ihnen nur in Ansätzen zeigt. Am meisten trifft das noch für Kinder zu; sie haben sich noch nicht so weit entfernt vom Ausgangspunkt ihrer biologischen Herkunft. Aber sie wachsen heran in einer Gesellschaft und sind immer schon auch gesellschaftliche und geistige Wesen. Das »natürliche Kind« ist ebenso eine Fiktion wie das »artige«, zumal wenn es zum Gegenstand von Erziehung gemacht wird.

Der Versuch, das Kind als das zu erhalten, was es nicht ist und immer weniger ist, geht nicht ab ohne Gewaltsamkeit. Auch Rousseaus Pädagogik ist voll von Repressionen: »Kindern gegenüber geziemt sich Gewalt, Männern gegenüber Vernunft; das bringt die Ordnung der Natur mit sich.« (S. 127) Allerdings – die Gewalt, die er einsetzt, ist weniger offensichtlich und weniger emotional als die der Artigkeitspädagogik. Sie versteckt sich hinter Naturnotwendigkeiten, hinter Tatbeständen, Umständen und Verhältnissen, die sich scheinbar unmittelbar als Folge aus den Handlungen des Zöglings ergeben wie zerbrochene Fensterscheiben, Zugluft, unwegsame Dickichte oder Einladungen zu Kuchen oder Kakao – aber sie sind alle arrangiert und durch Gewalt zusammengehalten. Die Situationen, in die Rousseau Emile hineinführt, gleichen denen von Ratten in Skinners Versuchskäfigen oder der des Menschen in Becketts ›Spiel ohne Worte‹. Da werden durch bestimmte Bewegungen irgendwelche Vorgänge ausgelöst, eine Klappe fällt, ein Schuß knallt, Futter erscheint oder wird entzogen. Rousseau hat nicht nur auf die Eigenart des Kindes hingewiesen, er hat auch die Erziehung als Manipulation von Situationen erfunden. Seitdem die offene Gewaltanwendung in Mißkredit geriet, gewinnt diese Art an Boden.

Die den unbefangenen Blick für die wirkliche Entwicklung des Kindes irritierenden Absichten, Täuschungen und Manipulationen Rousseaus finden sich noch in einigen der heutigen Elternbücher wieder. – Schon das Struwwelpeter-Buch bedient sich in einem gewissen Sinne der Rousseauschen Methode des Arrangierens, indem es Folgen als zwangsläufig erscheinen läßt, die es nicht sind. – Daß das Kind lerne, sich schon von Anfang an in eine feste als unvermeidlich und unabänderlich erscheinende Ordnung zu fügen, spielt in den Büchern von Johanna Haarer (vgl. Literaturbericht) und Elisabeth Plattner eine große Rolle. Sie folgen Rousseau in dem Grundsatz, »daß ein Kind nie deshalb etwas erhalten darf, weil es dasselbe verlangt, sondern nur, weil es dessen bedarf«. Sie setzen dem natürlichen Verlangen des Kindes Grenzen im Namen natürlicher Bedürfnisse und einer natürlichen Ordnung der Bedürfnisse durch die Eltern. Da aber über die Natürlichkeit der Bedürfnisse nicht mehr das Verlangen des Kindes entscheidet, bildet sich hier ein Ermessensspielraum, in dem sich neben vernünftigen Urteilen auch allerlei Vorurteile über »Gesundes« und »Sauberes« einnisten. Im Gegensatz zu Rousseau allerdings wird diese natürliche Ordnung unmittelbar durch das Wort der Eltern, durch ihr Gebot und Verbot vermittelt, und Gehorsam auf das Wort der Eltern ist eine Grundforderung dieser Pädagogik. Das Wort der Eltern aber wieder soll die unerbittliche Gestalt von Naturgesetzen annehmen. – Auch die entgegengesetzte Einstellung, eine heftige Kritik an der Gehorsamspädagogik, wie sie in den Büchern von Hans Müller-Eckhard formuliert wird, nimmt Elemente der Rousseauschen Überlegungen auf. Hier wird das natürliche Verhalten des Kindes gegen die moderne Gesellschaft ausgespielt, sein Wesen zum Maßstab und Richter über viele Erscheinungen unserer Kultur gesetzt. Scheinbar jede Repression ablehnend, setzt eine solche Verhütungspädagogik das Kind am Ende doch den Repressionen der Gesellschaft aus, weil die Gesellschaft sich nicht nach dem Wesen des Kindes richtet und das Kind am Ende doch in dieser Gesellschaft leben muß.

Der ideologische Schleier, der über der unbefangenen Beobachtung kindlicher Eigenart lag, konnte erst angehoben werden, als man bereit war anzuerkennen, daß es zwar so etwas wie »Natur« und »natürliche Entwicklung« des Menschen gäbe, aber daß sie nie rein in Erscheinung tritt, weil sie immer in einen irgendwie gearteten gesellschaftlichen Rahmen einbezogen wird, der sie verändert und überformt, verdeckt und entstellt, das heißt, als man verstand, Kindverhalten und Gesellschaftszustand voneinander zu unterscheiden und zugleich aufeinander zu beziehen. Kulturanthropologische Studien, wie die Berichte aus dem Leben verschiedener Südseevölker von Margaret Mead, aber auch die Beobachtung unserer eigenen Gesellschaft haben gezeigt, daß Erscheinungen in Kindheit und Jugend, die wir für »natürlich« hielten, nur im Rahmen bestimmter kultureller Normen und Gegebenheiten vorkommen. Die »Pubertät« zum Beispiel, wie sie Eduard Spranger in seiner berühmten ›Psychologie des Jugendalters‹ im Jahre 1924 beschrieb, trifft schon nicht mehr zu auf die heutige Jugendgeneration und noch weniger auf die Mädchen und Jungen in Samoa. Was sich wissenschaftlich feststellen läßt, ist nicht das »natürliche«, sondern ein »normales« Verhalten des Kindes innerhalb einer bestimmten Gesellschaftsform.

Die wissenschaftliche Untersuchung der normalen seelischen Entwicklung eines Kindes in unserer Kultur ist weit fortgeschritten, und es gibt inzwischen eine ganze Reihe von guten Büchern, zum Beispiel von Frances L. Ilg und Louise B. Ames, von Walter Hemsing, Hildegard Hetzer oder Benjamin Spock, die die entwicklungspsychologischen Beobachtungen Eltern und Erziehern in einer verständlichen Art zugänglich machen. Aber was bedeuten solche Untersuchungen für die Erziehung, für das Verhalten der Eltern gegenüber ihren Kindern?

Frances L. Ilg und L. B. Ames – zwei Mitarbeiter aus dem Gesell-Institut – sprechen von einer »entwicklungsbezogenen Methode« der Erziehung. Worin besteht sie? Zunächst einmal darin, daß man sich eingehend über das »normale« Verhalten eines Kindes auf einer bestimmten Altersstufe und in einer bestimmten Situation orientiert – die Bücher des Gesell-Institutes geben dazu eine gute Möglichkeit – und das Verhalten des eigenen Kindes vergleichend beobachtet. Ilg und Ames empfehlen allen Eltern, ein Tagebuch über ihre Kinder zu führen. Das sind keine Erziehungsmaßnahmen; aber es sind sicher Beschäftigungen, die nicht ohne Einfluß auf das erzieherische Verhalten bleiben. Eltern, die erfahren, daß es ganz normal ist, wenn ein einjähriges Kind am Daumen lutscht, ein zweijähriges lieber mit dem Löffel spielt, als ihn in den Mund zu schieben, wenn Kinder im Alter zwischen zwei und drei Jahren gern das Gegenteil von dem tun, was man ihnen sagt usw., werden möglicherweise solchen Handlungen ihrer Kinder gelassener gegenübertreten, ihre Reaktionen werden ruhiger, weniger erregt sein. Sie werden vielleicht auch begreifen, daß die Veränderung des Verhaltens, die sie anstreben, Zeit braucht, viele Jahre – daß man nichts »von heute auf morgen« und »ein für allemal« dem Kind austreiben oder einprägen kann. Sie werden verstehen, daß man bestimmte Forderungen wie: »Sitz bitte still und iß nicht mit den Fingern« durch Jahre hin wiederholen muß, ja – daß eine Veränderung unter Umständen auch ohne solche Ermahnungen eintritt, einfach dadurch, daß die Kinder allmählich beginnen, das Vorbild ihrer Eltern und Altersgenossen zu übernehmen. Sie können sich bewußt machen, daß sich solche Veränderungen in kleinen Schritten vollziehen – und daß viele Kinder lernen, »die Dinge dadurch richtig zu tun, daß sie sie zunächst falsch tun« (S. 344). Bewahre die Ruhe, stelle Forderungen, die dem Alter angemessen, konkret, auf eine bestimmte Situation bezogen und begrenzt sind; bereite das Kind auf deine Forderungen vor; erleichtere ihm das Befolgen dadurch, daß du sie ihnen interessant machst; verschärfe nicht den Widerstand, sondern lenke ab und sieh auch über manches hinweg. Das sind immer wiederkehrende Ratschläge. – Soviel ist sicher: Genaue Beobachtung und Beschreibung des durchschnittlichen Verhaltens, der normalen Entwicklung von Kindern, haben das pädagogische Klima gemildert. Man weiß, daß pädagogische Wirkungen bedingt sind, und man bringt dem Kind mehr Verständnis entgegen.

Aber in zweierlei Hinsicht ist eine Erziehung, die sich am »normalen« Verhalten des Kindes orientiert, Mißverständnissen und Fehlentscheidungen ausgesetzt: Frances Ilg und Louise Ames warnen ausdrücklich davor.

Einmal könnte man meinen, daß Erziehung, daß ein direktes Eingreifen überflüssig ist. Die Eltern könnten sich sagen, wenn ihr Kind am Daumen lutscht, Bilderbücher zerreißt, unflätige Ausdrücke benutzt, bei Tisch zappelt oder von zu Hause fortläuft: »Ach, das ist jetzt das Alter«, und es ruhig geschehen lassen, daß ihr Kind zum Gespött der anderen wird, ein rücksichtsloses Benehmen entwickelt oder blind in eine Gefahr läuft. »Die Tatsache, daß man weiß, was zu erwarten ist, entbindet nicht automatisch von der Verpflichtung, gegen unerwünschtes Verhalten etwas zu unternehmen. Das Wissen verhilft, so hoffen wir, dazu, daß man mit diesem Verhalten erfolgreicher fertig wird, als man es könnte, wenn man bei seinem Auftreten verletzt und überrascht wäre. Es hilft, unerwünschtes Verhalten, wenn es auftritt, wirksamer zu behandeln. Manchmal wird man einfach darüber hinwegsehen. In anderen Fällen wird man es durch andere Interessen zu ersetzen suchen. In noch anderen Fällen wird man sein Auftreten rechtzeitig verhindern, aber es wird auch Zeiten geben, in denen man sich mit ihm auseinandersetzen muß.« (S. 22) Die »normale« Entwicklung ist eben nicht einfach der Ausdruck einer immanenten Gesetzlichkeit. Sie ist vielmehr das Resultat einer konstanten Beeinflussung der Entwicklung durch die Umwelt, in der sie sich vollzieht, durch eine bestimmte Form menschlichen Zusammenlebens, durch eine bestimmte Kultur. Die Methoden der Kinderaufzucht, die pädagogischen Eingriffe der Eltern, sind ein Teil der Kultur und damit Voraussetzung der »normalen« Entwicklung. Darin aber liegt ein Zirkel. Denn wenn zum Beispiel Eltern ihr Verhalten gegenüber ihren Kindern ändern, weil sie bestimmte Äußerungen derselben besser verstehen oder anders beurteilen, ändern sie damit zugleich die Voraussetzungen für die »normale« Entwicklung. Affektive

Reaktionen wie Entrüstung, Drohung, Einschüchterung und Beschämung, aber auch gnädiges Gewähren, sind sinnvolle pädagogische Maßnahmen in einer Kultur, in der die Abwendung oder Zuwendung Gottes oder die Bloßstellung vor anderen eine reale Bedeutung hat. Ein verständnisvolleres Verhalten, wie es die Entwicklungspsychologie anbietet, ist Ausdruck eines Anwachsens der Rationalität innerhalb unserer Kultur. Es findet seine Grenzen da, wo auch die Rationalität begrenzt ist, wo Normen und Tabus ihr entgegenstehen. Solche Grenzen zeigen sich zum Beispiel deutlich gegenüber sexuellen Spielereien oder schon gegenüber dem Daumenlutschen. »Manche Menschen ... sind ruhig und geduldig genug oder objektiv genug, um abzuwarten und zuzusehen, bis das Daumenlutschen seinen natürlichen Lauf genommen hat. Die meisten Eltern jedoch gehen von der Annahme aus, daß sie grundsätzlich nicht gern einen Daumenlutscher im Hause haben wollen, und sie wollen daher etwas dagegen tun.« (S. 172) – Die entwicklungsbezogene Methode verweist die Eltern nicht nur auf die Entwicklung des Kindes, sondern auch auf die Bedingungen dieser Entwicklung, auf den Einfluß der gesamten kulturellen Umwelt.

Das zweite Mißverständnis bestünde darin, daß man das »normale« Verhalten als Norm des Verhaltens ansähe. Das »normale« Verhalten meint ein »durchschnittliches« Verhalten, und »durchschnittlich« nennen Frances Ilg und Louise Ames ein Verhalten, wenn etwa die Hälfte von hundert Kindern dieses Alters dasselbe tun. Ebenso viele Kinder werden also etwas anderes tun. »Die Aufgabe besteht nicht so sehr darin, daß man sein eigenes Kind mit dem ›Durchschnitt‹ vergleicht, als daß man es mit sich, mit dem Kinde selbst, vergleicht – wie es in der Vergangenheit war und wie es in Zukunft sein dürfte. Unsere Altersskizzen sind keine absoluten ›Normen‹ für das Verhalten, das jedes Kind genau in einem bestimmten Augenblick aufweisen ›sollte‹. Sie wollen dem Leser vielmehr helfen, die wahrscheinliche Richtung der Veränderungen zu kennen, mit denen er beim Heranwachsen seines Kindes rechnen muß.« (S. 22) – Diese Warnung ist sicher nicht unwichtig. Die Gefahr ist groß, daß Eltern das »normale« Verhalten als ein »normgemäßes« Verhalten ansehen, daß sie das normale Kind zum Ziel ihrer Erziehung machen und sich bei jeder Abweichung vom Ziel beunruhigen. Damit bildet sich eine neue Quelle für Erregungen und Repressionen. »Große Kinder tun das nicht«, läßt Johanna Haarer die Mutter zu dem vierjährigen Kind sagen, das am Daumen lutscht oder sich mit seinen Geschlechtsorganen beschäftigt. Kehrt hier nicht die Diffamierung des Unartigen in der abgewandelten Form des Anormalen wieder?

Frances Ilg und Louise Ames vermeiden eine Diffamierung der Abweichung des Anormalen. Aber sie bemühen sich auch nicht um ein Verständnis: Sie weisen es der Individualität des Kindes zu oder der Zuständigkeit eines Psychiaters. So bemerken sie etwa zur Frage des Stehlens: »Manche Psychiater sind der Ansicht, ein Kind stehle gewisse Dinge, um einen Ausgleich für nach seiner Meinung mangelnde Liebe und mangelnde andere Freuden zu schaffen. Man mag diese Möglichkeit immerhin in Betracht ziehen ... Nach dem Grundsatz jedoch, daß man nie eine komplizierte Erklärung suchen solle, wenn eine einfache genügt, suche man nicht nach ›tieferen‹ Gründen und einer komplizierten Therapie, falls man nicht ganz sicher ist, daß etwas Einfaches nicht ausreichen würde. Das gute Beispiel, passende Ermahnungen, Verhütungsmaßnahmen und vernünftige Strafen ... werden in der Mehrzahl der Fälle von ›Langfingern‹ Abhilfe schaffen.« (S. 347) Danach wäre es aber auch zu rechtfertigen, daß man ein Kind, das stiehlt, zunächst einmal gehörig durchprügelt. Denn die Erklärung, daß ein Kind stiehlt, weil es von Natur böse oder verdorben sei, und die Folgerung, daß man es ihm darum austreiben müsse, sind äußerst einfach oder zumindest primitiv. Der angeführte Grundsatz ist insofern problematisch, als er die Erkenntnisbemühungen einschränkt und primitive Methoden deckt. Man kann ihm einen anderen entgegenhalten: Man möge sich nie mit einer einfachen Erklärung zufriedengeben, wenn es noch eine bessere gibt. Wie will man denn ganz sicher wissen, daß etwas Einfaches ausreichen würde, wenn man nicht in jedem Fall auch »tiefere« Gründe in Erwägung zieht.

Das gilt insbesondere für die Abweichungen. Die Grenzlinie zwischen der individuellen Abweichung und der krankhaften, die man dem Arzt zuweisen muß, ist weniger deutlich, als es hier scheint, und auch weniger sinnvoll. Denn das seelisch oder charakterlich kranke Kind leidet ja nicht an irgendeinem Fremdkörper, sondern an seiner Erziehung. »Die Neurotiker sind Menschen wie andere auch«, schrieb Sigmund Freud 1908 in einem Aufsatz ›Über infantile Sexualtheorien‹, »von den normalen nicht scharf abzugrenzen, in ihrer Kindheit nicht immer leicht von denjenigen, die später gesund bleiben, zu unterscheiden. Es ist eines der wertvollsten Ergebnisse unserer psychoanalytischen Untersuchungen, daß ihre Neurosen keinen besonderen, ihnen eigentümlichen und allein zukommenden psychischen Inhalt haben, sondern daß sie ... an denselben Komplexen erkranken, mit denen auch wir Gesunden kämpfen. Der Unterschied ist nur der, daß die Gesunden diese Komplexe zu bewältigen wissen ohne groben, praktisch nachweisbaren Schaden, während den Nervösen die Unterdrückung dieser Komplexe nur um den Preis von kostspieligen Ersatzbildungen gelingt, also praktisch mißlingt. Nervöse und Normale stehen einander in der Kindheit natürlich noch viel näher als im späteren Leben, so daß ich einen methodischen Fehler nicht darin erblicken kann, die Mitteilungen von Neurotikern über ihre Kindheit zu Analogieschlüssen über das normale Kindheitsleben zu verwerten.« (S. 141)

Diese These Sigmund Freuds, daß das anormale Verhalten in einer engen Beziehung zum normalen, besonders zum kindlichen Verhalten stehe, ist für die Entwicklung der häuslichen Erziehung mindestens so folgenreich wie die Behauptung Rousseaus, daß das kindliche Verhalten sich wesentlich von dem der Erwachsenen unterscheide. Es gibt einige ausgezeichnete Bücher von Hans Zulliger, Jacques Berna, Werner Schwidder, Monika Winkler u. a. für Eltern und Erzieher, die aus den Entdeckungen Sigmund Freuds, seiner Schüler und ihren eigenen Erfahrungen in der psychotherapeutischen Behandlung von Kindern und Jugendlichen Folgerungen ziehen für die Erziehung in der Familie.

Das Daumenlutschen zum Beispiel ist im Alter von ein und zwei Jahren eine natürliche Entwicklungserscheinung. Konrad aber ist, nach dem Bilderbuch zu urteilen, wenigstens fünf. Sein Lutschen ist nicht mehr normal. Also muß man es verbieten. »Große Kinder tun das nicht.« Aber das nützt nichts. »Fort geht die Mutter und / wupp den Daumen in den Mund.« Was bedeutet es, daß ein großes Kind lutscht? Vielleicht will es kein großes Kind sein. Es zieht sich zurück auf eine frühere Entwicklungsstufe. Sein Lutschen ist ein Rückgriff, eine »Regression«. Die Gründe dafür können verschiedener Art sein: Entweder fühlt sich das Kind allgemein in seiner Entwicklung behindert oder es reagiert auf eine besondere Hemmung, einen fühlbaren Mangel. Das kann Langeweile sein (Hemsing, S. 165 f.), Müdigkeit, ein Verbot, ein Mißerfolg, eine peinliche Situation (Schwidder, S. 130), eine Überforderung (Zulliger, S. 42 f.), eine unbewußte Angst (Berna, S. 137), eine große Veränderung im täglichen Leben oder ein Mangel an Liebe und Zärtlichkeit, besonders von seiten der Mutter. Die Reaktion, wenn sie häufiger auftritt, kann sich verselbständigen, sich zu einem »Eigenautomatismus« ausbilden, der auch dann noch erhalten bleibt, wenn der Mangel längst behoben ist. Es kann aber auch sein, daß die familiäre Lage oder die gesellschaftlichen Bedingungen immer wieder dieselben Entbehrungen auferlegen und somit die Reaktion ständig erneuern. Wenn das verspätete Daumenlutschen eine Reaktion auf einen Mangel an Liebe und Zuwendung, auf eine Angst, eine Versagung oder eine Überforderung ist, dann muß jede Drohung oder Strafe, aber auch schon jede Hinderung oder jeder Appell an das »große Kind« das Motiv zum Lutschen verstärken. Das Kind gerät in einen circulus vitiosus, in einen Teufelskreis, und gerade diesen Teufelskreis macht die erregende Konsequenz der Struwwelpeter-Geschichten ungewollt sichtbar. Daß die »Frau Mama« ausgeht und Konrad daheim bleiben muß, ist schon schlimm genug; aber zu allem Überfluß ermahnt und droht sie auch noch mit dem Schneider. Nicht obgleich, sondern weil sie das tut, muß er wieder lutschen. Übliche pädagogische Maßnahmen erweisen sich als doppelsinnig und zweifelhaft. Es kann sein, daß sie ihr Ziel scheinbar erreichen und zugleich Wirkungen auslösen, die sie nicht beabsichtigen. Die Drohung kann die Angst so weit steigern, daß Konrad jene »unanständige«, aber im Grunde harmlose Ersatzbefriedigung unterdrückt, jedoch die Spannung bleibt und wächst, sucht neue Auswege, setzt sich fest als zwanghafte Angst (vielleicht als Angst, bestimmte Dinge zu berühren) oder schlägt um in Krankheit, manifestiert sich als Lähmung. Es käme also alles darauf an, die Spannung zu verringern, statt zu vergrößern, die unbefriedigten Bedürfnisse einer früheren Entwicklungsstufe nachträglich zu erfüllen und ihnen neue Möglichkeiten der Befriedigung zu zeigen. Jacques Berna würde Konrads Mutter empfehlen, ihn eine Zeitlang noch wie einen Säugling zu behandeln, ihn im Bett zu lassen, zu versorgen oder ihm zumindest einen weichen Teddybär in den Arm zu geben, wenn sie ihn verlassen muß, aber vielleicht würde er auch sagen, daß »Mama« ihren Sohn zu sehr verwöhnt, daß sie ihn in einen Kindergarten schicken soll.

Nicht Verwöhnung oder Verzicht auf Versagungen, Vermeidung von Konflikten ist die Quintessenz psychoanalytischer Erziehungsberatung, sondern daß das Kind in die Lage versetzt wird, diese Versagungen zu ertragen, die Konflikte aus eigener Kraft zu lösen. Sie macht darauf aufmerksam, daß die »normale« Entwicklung des Kindes alles andere als ein selbstverständlicher Vorgang ist und daß der äußere Erziehungserfolg leicht trügt. Es kommt vor allem darauf an, die Dynamik des Entwicklungsprozesses zu verstehen.

Entwicklung des Menschen ist Auseinandersetzung seiner »tierischen« Natur mit den Bedingungen der Kultur, in der er lebt. Diese Auseinandersetzung beginnt im Schoße der Familie zwischen Eltern und Kindern, und jene häusliche Szenen sind die Krisenpunkte dieser Auseinandersetzung, Verdichtungsstellen der Entwicklung, Lektionen in »Lebensbewältigung«.

Die Auseinandersetzung findet an zwei verschiedenen Plätzen zugleich statt – an irgendeinem Ort familiären Lebens (im Kinderzimmer, im Badezimmer, am Mittagstisch oder auf der Straße) und im Kind selbst. Sie findet statt zwischen Eltern und Kind und zwischen der tierischen Natur des Kindes und seiner geistigen Potenz. Eltern und Erzieher überblicken verständlicherweise nur den äußeren Schauplatz der Auseinandersetzung. Sie sind geneigt, das Resultat allein nach dem Verlauf auf dieser Bühne zu beurteilen. Hier geht es um die Aufrechterhaltung einer Ordnung, die Bewahrung von Formen, die Abwendung von Gefahren oder die Durchsetzung von sittlichen Grundsätzen – um Probleme, die mit der Situation ihren Abschluß finden. (Die Eltern sind zufrieden, wenn das Kind still sitzt, wenn es den Teller leer ißt, nicht heimlich Geld aus der Haushaltskasse nimmt oder vor ein Auto läuft.) Auf der anderen Bühne, in der Psyche des Kindes aber steht die Zukunft auf dem Spiel; da formieren und strukturieren sich Kräfte, da bilden sich Erwartungen und Vorbehalte. Der Verlauf der Situation wird festgehalten und eingeprägt als Modell für die Bewältigung ähnlicher und anderer Situationen. Thema der Handlung ist auf beiden Bühnen das gleiche, aber Beleuchtung, Proportion, Hintergrund und Bedeutung unterscheiden sich wie die Inszenierungen verschiedener Regisseure. Und der Ausgang bedeutet für das Kind etwas anderes als für die Eltern.

Ein Beispiel: In einem Brief an seinen Vater versucht sich Franz Kafka, 36 Jahre alt, Rechenschaft zu geben über die Erfahrungen in seiner Kindheit, die seinen Weg, seine Art, die Welt zu sehen, bestimmten und ihn zu einem unversöhnlichen Bruch mit seinem Vater führten: »Direkt erinnere ich mich nur an einen Vorfall aus den ersten Jahren. Du erinnerst Dich vielleicht auch daran. Ich winselte einmal in der Nacht immerfort um Wasser, gewiß nicht aus Durst, sondern wahrscheinlich teils um zu ärgern, teils um mich zu unterhalten. Nachdem einige starke Drohungen nicht geholfen hatten, nahmst Du mich aus dem Bett, trugst mich auf die Pawlatsche und ließest mich dort allein vor der geschlossenen Tür ein Weilchen im Hemd stehen. Ich will nicht sagen, daß das unrichtig war, vielleicht war damals die Nachtruhe auf andere Weise wirklich nicht zu verschaffen, ich will aber damit Deine Erziehungsmittel und ihre Wirkung auf mich charakterisieren. Ich war damals nachher wohl schon folgsam, aber ich hatte einen inneren Schaden davon. Das für mich Selbstverständliche des sinnlosen Um-Wasser-Bittens und das außerordentlich Schreckliche des Hinausgetragenwerdens konnte ich meiner Natur nach niemals in die richtige Verbindung bringen. Noch nach Jahren litt ich unter der quälenden Vorstellung, daß der riesige Mann, mein Vater, die letzte Instanz, fast ohne Grund kommen und mich in der Nacht aus dem Bett auf die Pawlatsche tragen konnte und daß ich also ein solches Nichts für ihn war. Das war damals ein kleiner Anfang nur, aber dieses mich oft beherrschende Gefühl der Nichtigkeit (ein in anderer Hinsicht allerdings auch edles und fruchtbares Gefühl) stammt vielfach von Deinem Einfluß.«

Worum geht es in solchen Situationen? Welches ist das Ziel der Auseinandersetzung? Es geht um zweierlei: einmal darum, daß ein Konflikt gelöst, daß ein Interessengegensatz ausgeglichen, daß eine soziale Beziehung geordnet – daß, wie zum Beispiel hier, die Nachtruhe wiederhergestellt wird. Das ist nichts spezifisch Pädagogisches. Das ist eine Aufgabe, die an allen möglichen Stellen, wo Menschen zusammenleben, geleistet werden muß, in einer Abendgesellschaft, in einer Parlamentsdebatte oder einer Arbeitsbesprechung. Es geht aber zum anderen darum, daß sich das Kind entwickelt, daß es zu einem ernstzunehmenden Partner in der Auseinandersetzung wird, und das heißt u. a., daß es seine tierische Natur aus der infantilen Gestalt in eine menschlich reifere überführt.

»Tierische Natur« – das meint die vitale, triebhafte Energie, die unser Dasein trägt und belebt und zugleich gefährdet – trägt und belebt, weil sie auf die Befriedigung lebenswichtiger Bedürfnisse drängt und diese in Aktion setzt – gefährdet, weil sie ohne Steuerung und Sinn ihren Zweck verfolgt. In ihrer infantilen Gestalt stößt sie vor in vereinzelten und partiellen Impulsen, zunächst konzentriert auf bestimmte, leicht erregbare Körperzonen und elementare Verrichtungen, auf den Mund, die Epidermis, die Hand, den After oder die Geschlechtsorgane, auf die Nahrungsaufnahme, die Ausscheidungsvorgänge, die Geschlechtstätigkeit oder das Begreifen der Dinge, ungeeignet noch, den ganzen Umfang der Aufgaben, die das Leben stellt, zu bewältigen, fixierbar an nächste Gelegenheiten, auf bestimmte Punkte, rücksichtslos und blind für die Realität, für Widerstände, Folgen und Gefahren, ohne Verständnis und Unterscheidungsvermögen für die Objekte ihrer Befriedigung, unkoordiniert und ungeschickt, aber auch verführbar und ablenkbar, einzuschüchtern und zu unterdrücken.

Was aber bedeutet »menschlich reife Gestalt?« – Erik Erikson berichtet, daß Freud einst gefragt wurde, was seiner Meinung nach ein normaler Mensch können müßte. »Der Frager erwartete vermutlich eine komplizierte Antwort. Aber Freud soll kurz angebunden, wie er im Alter war, geantwortet haben: ›Lieben und arbeiten‹.« Und Erikson fügt hinzu:

»... wenn Freud ›lieben‹ sagte, so meinte er damit ebensosehr das Verströmen von Güte wie die geschlechtliche Liebe; und wenn er sagte ›lieben und arbeiten‹, so meinte er damit eine Berufstätigkeit, die das Individuum nicht völlig verschlingt und ihm sein Recht und seine Fähigkeit, ein Geschlechtswesen und ein Liebender zu sein, nicht verkümmert. So können wir nichts an dieser Formel verbessern, die zu gleicher Zeit eine ärztliche Verordnung für Menschenwürde und ein demokratisches Leben ist.« (Zitiert nach Hofmeier/Schwidder/Müller, S. 326.)

»Reifere menschliche Gestalt« – das bedeutet also zweierlei: Anpassung, Integration, Einordnung der vereinzelten und partiellen Impulse in einen größeren Sinnzusammenhang von Aufgaben, Bedingungen und Gewohnheiten und Führung durch Vorsicht, Kenntnis, Verständnis, Urteilskraft und Phantasie, Steuerung durch die geistige Potenz des Menschen. Daher geht es in jenen Auseinandersetzungen nicht nur darum, daß die triebhaften Impulse sich einfügen, sondern zugleich auch darum, daß die geistige Potenz wächst, Sicherheit gewinnt, Führung übernimmt.

Das Kind ist weder physisch noch geistig stark genug, die Auseinandersetzung zwischen seiner tierischen Natur und den Bedingungen der Kultur von Anfang an allein zu führen. Die physische Kraft reicht nicht aus, seine Bedürfnisse ohne Hilfe zu befriedigen – die geistige nicht, sie ohne Hilfe zu beherrschen. Die Schwäche des Kindes zieht die Auseinandersetzung in den Schoß der Familie, gleichsam in ein gemildertes Klima, und macht sie zu einer Angelegenheit der häuslichen Erziehung.

Die Aufgabe der Eltern in dieser Situation ist kompliziert. Sie mutet es ihnen zu, die richtige Verbindung unter einer Mehrzahl von Positionen und Rollen herzustellen. Insofern ein Kind auf Hilfe angewiesen ist, sind sie Anwälte des Kindes, und zwar in doppelter Hinsicht. Das triebhafte Verlangen des Kindes bedarf zu seiner Befriedigung einer hilfreichen Kraft und eines willigen Objekts. Indem sich die Eltern dazu anbieten, sind sie Organ der infantilen Triebbefriedigung. Sie geben dem Kind zu essen, wenn es schreit, heben es auf einen Stuhl, wenn es das wünscht. Aber die geistige Potenz des Kindes braucht Unterstützung, um das triebhafte Verlangen erfolgreich leiten zu können, Voraussicht, Einsicht, Überlegung. Sofern die Eltern hier einspringen, sind sie Stellvertreter der kindlichen Vernunft. Sie warnen vor einer Gefahr, erinnern an die Zeit. Indem sie sich abschirmend vor die Realität, vor die Anforderungen der Kultur stellen, müssen sie, wenn das Kind erwachsen werden soll, diese Anforderungen selbst repräsentieren, und dergestalt sind sie Vertreter der Kultur, Vertreter der

Gesetze. Sie fordern Ordnung, Sauberkeit, Wahrhaftigkeit; drücken Abscheu aus und mißbilligen. Die Realität aber wird nicht gänzlich aufgehoben. Sie bleibt erhalten. Die Auseinandersetzung ist immer auch eine reale Auseinandersetzung wirklicher Interessen, und die Eltern sind selbst Interessenten, Partei ihrer eigenen Wünsche und damit zugleich ein Stück Realität. Sie wünschen Ruhe, ärgern sich, fühlen sich gestört. Schließlich können sie sich aus allen diesen beschwerlichen und widersprüchlichen Verhältnissen zurückziehen, den Verlauf der Situation von außen leiten oder arrangieren wie Rousseaus Erzieher oder auch das Kind sich selbst überlassen. Dann nehmen sie die Rolle eines Regisseurs, eines Organisators, eines Technikers ein oder auch die des bloßen Zuschauers. Für das Kind ist es schwierig, diese verschiedenen Rollen zu unterscheiden und miteinander zu vereinen, insbesondere zweierlei: die Eltern als diejenigen, die ihnen ihre Wünsche befriedigen, mit den Eltern als denjenigen, die im Namen der Kultur, im Namen eines guten Verhaltens, die Befriedigung verwehren; und die Eltern als diejenigen, die ein gutes Verhalten fordern, mit den Eltern als Realität, als Partei ihrer Wünsche, als diejenigen, die sich so benehmen, wie es ihnen paßt. Deutlich in Kafkas Brief an seinen Vater: »Was auf den Tisch kam, mußte aufgegessen, über die Güte des Essens durfte nicht gesprochen werden – Du aber fandest das Essen oft ungenießbar; nanntest es ›das Fressen‹; das ›Vieh‹ (die Köchin) hatte es verdorben ... Knochen durfte man nicht zerbeißen, Du ja. Essig durfte man nicht schlürfen, Du ja ... Man mußte achtgeben, daß keine Speisereste auf den Boden fielen, unter Dir lag schließlich am meisten. Bei Tisch durfte man sich nur mit Essen beschäftigen, Du aber putztest und schnittest Dir die Nägel, spitztest Bleistifte, reinigtest mit dem Zahnstocher die Ohren. Bitte, Vater, verstehe mich recht, das wären an sich vollständig unbedeutende Einzelheiten gewesen, niederdrückend wurden sie für mich erst dadurch, daß Du, der für mich so ungeheuer maßgebende Mensch, Dich selbst an die Gebote nicht hieltest, die Du mir auflegtest. Dadurch wurde die Welt für mich in drei Teile geteilt, in einen, wo ich, der Sklave lebte, unter Gesetzen, die nur für mich erfunden waren, und denen ich überdies, ich wußte nicht warum, niemals vollständig entsprechen konnte, dann in eine zweite Welt, die unendlich von meiner entfernt war, in der Du lebtest, beschäftigt mit der Regierung, mit dem Ausgeben der Befehle und mit dem Ärger wegen deren Nichtbefolgung, und schließlich in eine dritte Welt, wo die übrigen Leute glücklich und frei von Befehlen und Gehorsam lebten.« (S. 14 f.)

Das Grundproblem der Erziehung besteht darin, das Schiefe immer wieder als Gerades erscheinen zu lassen und das Wirkliche zu einem verständlichen Abbild der Wirklichkeit zu machen. – Der Mensch entwickelt sich, er formiert seine Kräfte in der Auseinandersetzung mit der Realität. Aber für das Kind ist die Realität nicht so, wie sie wirklich ist, wie sie für einen erwachsenen Menschen da ist, übersehbar, ausgeglichen mit seinen Kräften, gefährlich, aber auch gebannt, unergründlich, aber auch begriffen, zudringlich, aber auch beherrschbar. Den Kräften des Kindes ist die Realität übermächtig, aber seinen Wünschen erscheint sie auch wieder harmlos und gefügig. Die Erzieher, die Eltern vor allem, übernehmen es, dieses ungleiche Verhältnis zu vermitteln, so daß das Kind hineinwachsen kann in ein Verhalten gegenüber der Wirklichkeit, das einem ausgewachsenen Menschen angemessen ist. Aber die Versuche des Ausgleichens sind gefährdet, die Versuchung, den Gehalt der Situation zu verkürzen, ist groß, indem man versucht, den Konflikt zu unterdrücken, die Widersprüchlichkeit zu verwischen, die Orientierung auf ein Signal, ein Wort zu fixieren, die Gefahren übergroß zu zeichnen oder Widerstände wegzuräumen, Wünsche bedingungslos zu erfüllen oder als unerfüllbar abzuweisen, reale Gegebenheiten künstlich zu arrangieren oder durch Prinzipien zu verdekken, die Realität des Lebens fernzuhalten oder sie plötzlich mit Übermacht einfallen zu lassen. Auch der Wunsch der Eltern nach Erleichterung und Entlastung ist ein Stück Realität. Wie weit es erzieherisch gerechtfertigt ist, ihm nachzugeben, und welcher Mittel sich die Eltern dabei bedienen, das muß abhängen von der Wirklichkeit, für welche die Erziehungssituation Abbild sein soll, das heißt von den Formen und Möglichkeiten, in denen die Gesellschaft, in der das Kind später als Erwachsener leben soll, ihre Konflikte löst und sich von Spannungen entlastet, ob sie das tun mit Hilfe von Glaubensvorstellungen, Gehorsamsforderungen oder Diskussionen. Die Erziehungssituation muß die Kräfteverhältnisse der Gesellschaft vorwegnehmen und zugleich individualisierend auf die Persönlichkeit des Kindes beziehen. Es ist das Eigentümliche jeder Erziehungssituation, daß sie weit über sich hinausweist und zugleich auf sich zurücklenkt, eine unbedeutende Begebenheit und zugleich ein kleines Stück Weltgeschichte. »In der kleinen alltäglichen Situation steckt das Geheimnis der Erziehung weit mehr als im Pathos der Prinzipien. Sie lohnt die Nachdenklichkeit, und die Nervosität führe uns nicht in Versuchung.« (M. Gerhardt, S. 164)

Hinweise auf einige wichtige und verbreitete Elternbücher

Jacques Berna: Erziehungsschwierigkeiten und ihre Überwindung. Hans Huber, Bern und Stuttgart 1959, 2. Aufl., 236 Seiten

Der Verfasser Jacques Berna ist als Kinderpsychologe in der Schweiz tätig. Sein Buch fußt auf den eigenen Erfahrungen in der Kinderpsychotherapie und auf den Grundsätzen und Einsichten der Tiefenpsychologie, hauptsächlich der Richtung Sigmund Freuds. Berna wendet sich an Eltern und Erzieher. Aber er gibt keine allgemeingültigen pädagogischen Anweisungen. Er warnt vielmehr ausdrücklich vor dem unbesehenen Anwenden von Patentlösungen und Rezepten. Das gilt besonders für Erziehungsschwierigkeiten, für Ernährungsstörungen, Bettnässen, Trotzreaktionen, Ängste und Lernhemmungen. Berna versucht an einer Reihe ausgesuchter Fälle pädagogischen Laien die Vielschichtigkeit und Hintergründigkeit kindlicher Reaktionen, z. B. bei Trotz oder Angst (bes. S. 141), zu verdeutlichen und einige sehr wichtige psychische Mechanismen und Funktionszusammenhänge wie zum Beispiel den Zusammenhang von Trotz und Reinlichkeitserziehung, die Vorgänge der Identifizierung und der Gewissensbildung, die Wirksamkeit des Unbewußten zu erklären. Wenn man bei Berna überhaupt von einer Erziehungsmethode sprechen kann, so besteht sie vornehmlich in der Enthaltung von falschen Maßnahmen, wie z. B. Vorwürfe (S. 167), in sorgfältiger Beobachtung und häufig in geduldigem Gewährenlassen (z. B. bei Bettnässern). Ein solches Verhalten ist nicht identisch mit Gleichgültigkeit oder Verwöhnung, aber der Unterschied ist nicht immer leicht zu finden. Nach Berna kommt es nicht so sehr darauf an, »was der Erzieher tut, als vielmehr, wie er es tut« (S. 66). Es ist wichtig, daß die Eltern liebevoll und fest zugleich handeln, aus einem Gefühl innerer Sicherheit und Ausgeglichenheit. Aber da steckt ein schwieriges Problem. Berna nennt selbst eine ganze Reihe gar nicht so seltener Fehleinstellungen, die den Eltern häufig nicht einmal bewußt sind (S. 102 f.). Und vielleicht ist es auch gerade der Mangel an wirksamen zeitgemäßen Methoden, der viele Eltern unsicher macht. Unter den positiven Mitteln räumt Berna dem Spiel eine besondere Bedeutung für die Überwindung von Erziehungsschwierigkeiten ein. In einem Anhang setzt er sich entschieden für die ›*Free-demand*‹-Methode in der Säuglings-Ernährung ein. Beschränkt im Umfang der Themen, aber gründlich und vorsichtig abwägend. Sehr zu empfehlen.

Rudolf Dreikurs und Vicki Soltz: Kinder fordern uns heraus – wie erziehen wir zeitgemäß? – Aus dem Englischen übersetzt von Erik A. Blumenthal, Ernst Klett Verlag, Stuttgart, 1966, 2. Aufl., 331 Seiten

Der Verfasser Rudolf Dreikurs ist Mediziner und seit zwanzig Jahren in den Vereinigten Staaten als Erziehungsberater tätig. Seine Mitarbeiterin Vicki Soltz leitete mehrere Studiengruppen mit Müttern; sie bearbeitete die Beispiele. – Das Buch verfolgt sehr entschieden das Ziel, die allgemeine Unsicherheit der Eltern in Erziehungsfragen dadurch zu beseitigen, daß es ein fest umrissenes Programm wirksamer pädagogischer Verhaltensweisen anbietet. Dieses Programm beruht auf der individualpsychologischen Lebensanschauung von Alfred Adler und erstrebt Demokratie als Lebensweise. Es empfiehlt 34 Prinzipien der Erziehung, die in einzelnen Kapiteln ausführlich besprochen und an zahlreichen Beispielen erörtert werden. Am wichtigsten und jeweils auch repräsentativ für eine Gruppe gleichartiger Prinzipien sind die folgenden: »Das Kind ermutigen«, »Keine ungebührliche Aufmerksamkeit geben«, »Konsequent sein«, »Die Ordnung achten«, »Mitarbeit gewinnen« und »Die Unabhängigkeit fördern«. Die Anwendung natürlicher und logischer Folgen, die »Badezimmer-Methode« und der »Familienrat« verdienen besondere Beachtung. – Allerdings ist einschränkend zu sagen, daß in diesem Buch eine demokratische Lebensweise im Feld der Erziehung nur unzureichend konkretisiert wird. Der Grundsatz: »Wir tun es, weil es notwendig ist« (S. 157), bringt mehr das Bedürfnis nach Sicherheit als das Wesen der Demokratie zum Ausdruck. Das unbeirrte Festhalten an Ordnung und Konsequenz trägt die Züge autokratischer Herrschaft versteckt unter dem Vorwand sachlicher Notwendigkeit und logischer Schlüsse. Der Familienrat wird zum pädagogischen Instrument, unüberlegte Vorschläge der Kinder ad absurdum zu führen. Wesentliche Elemente demokratischen Verhaltens wie Abwägen von Vorteil und Gewinn, wie Diskussionen, Differenzen und Kompromisse werden weitgehend von der Erziehung ausgeschlossen. Auch sind die Beispiele mehr darauf bedacht, ein bestimmtes Verhalten zu demonstrieren, als Probleme und Lösungen zu vergegenwärtigen. Die negativen Beispiele mit einem fehlerhaften Verhalten der Eltern überwiegen bei weitem die positiven. Auch berücksichtigen sie zu wenig die unterschiedlichen Möglichkeiten und Bedingungen der Erziehung und die weiterreichenden Ursachen und Zusammenhänge. Das wird einem deutlich, wenn man Bücher wie die von Schwidder, Zulliger oder Spock liest.

Johanna Haarer: Die Mutter und ihr erstes Kind. Carl Gerber Verlag, München 1965, 1005. bis 1066. Tausend, 211 Seiten
Johanna Haarer: Unsere kleinen Kinder. Carl Gerber Verlag, München 1951, 251. bis 262. Tausend, 184 Seiten
Johanna Haarer: Unsere Schulkinder. Carl Gerber Verlag, München 1965, 4. Aufl., 172 Seiten

Die Verfasserin Johanna Haarer ist Ärztin und Mutter. Ihre Bücher sind auf die praktischen Bedürfnisse der Hausfrauen und Mütter eingestellt und erfreuen sich großer Beliebtheit. – ›Die Mutter und ihr erstes Kind‹ berührt zwischen vorwiegend medizinischen, hygienischen, gymnastischen und haushaltspraktischen Fragen der Schwangerschaft und Säuglingspflege auch pädagogische Gesichtspunkte. Nicht zu viel Zärtlichkeit, nicht zu viel Beachtung – bei aller Liebe natürlich. Sauberkeit und Regelmäßigkeit werden als Erziehungsprinzipien betont. Eine Tabelle für die Gewichtszunahme und Schnitte für Säuglingskleider sind beigefügt. – ›Unsere kleinen Kinder‹: Auch hier stehen Fragen der Ernährung, Körperpflege, Kleidung und Gesundheit mit praktischen Anleitungen im Vordergrund. Gehorsam ist lebenswichtig. »So ein paar Schläge zur rechten Zeit sind sicher weniger schädlich, als wenn das Kind merkt, daß es sich alles erlauben kann ...« Auf gute Tischsitten wird von Anfang an Wert gelegt. Im Anhang: Schnittmuster. – ›Unsere Schulkinder‹ geht besonders auf die Probleme der Schule (Schulreife, Hausaufgaben, Fernbleiben, Wahl einer weiterführenden Schule) und sehr ausführlich auf die Freizeitbeschäftigungen, auf Spiel und Lektüre ein. Vor Karl May, Detektivgeschichten und Comics wird gewarnt. Sauberkeit und Gehorsam, ergänzt durch Ehrlichkeit, Ordnung, Pünktlichkeit und Pflichterfüllung, sind weiterhin dominierende Erziehungsprinzipien. – Um es deutlicher zu sagen: Johanna Haarer gibt sich den Anschein, tolerant, großzügig, aufgeschlossen und wissenschaftlich zu sein; aber sie ist es nicht. Sie überläßt es den Eltern, sich selbst die Ziele für die Erziehung ihrer Kinder zu wählen. Aber eins steht fest: »Gehorsam ist lebenswichtig.« Sie empfiehlt, »leichten Trotz« zu übersehen. Wie aber kann man Trotz überhaupt leicht nehmen, wenn Gehorsam lebenswichtig ist? »Kleine Unarten« wie Daumenlutschen, Nägelbeißen und Onanieren soll man als »Kleinigkeiten« behandeln. Aber schon im Vorwort zu ihrem ersten Buch macht Johanna Haarer deutlich, daß es ihr auf Kleinigkeiten sehr ankommt. Sie rät den Eltern, sich nicht aus der Ruhe bringen zu lassen, Geduld zu üben, es leicht zu nehmen. Aber sie erfüllt sie zugleich so sehr mit Besorgnis vor Bakterien, Gewichtsverlusten und seelischen Schäden, so sehr mit Aufmerksamkeit auf Regeln und alle möglichen Forderungen, daß Konflikte fast unvermeidlich sind. Sie bietet eine reiche Skala feinerer und leichterer Erziehungsmittel an. Aber sie zeigen doch alle eine repressive Tendenz, und am oberen Ende der Skala steht die Möglichkeit der körperlichen Züchtigung, zum Beispiel bei krassen Verfehlungen, Flegeleien und Roheit. In allen gesundheitlichen Fragen richtet sich die Verfasserin »selbstverständlich nach dem Stand der Wissenschaft«. Sie weist auch darauf hin, daß es so etwas wie eine »wissenschaftliche Erziehungslehre« und »psychologische Studien« gibt. Aber sie bringt gleichzeitig zum Ausdruck, daß »allzuviel Theorie« in Erziehungsfragen nichts helfe. Doch ihre Vorliebe für Gehorsam, eine gewisse Betonung natürlicher Umstände und Lebensgewohnheiten, realer Sinn für das Praktische und eine gemäßigt spartanische Geisteshaltung werden ihren Büchern weiterhin eine große Verbreitung garantieren.

Kurt Hofmeier, Werner Schwidder, Friedrich Müller: Alles über Dein Kind. Verlag Ernst und Werner Gieseking, Bielefeld 1964. 2. Aufl., 444 Seiten

Die Verfasser sind Fachärzte. Werner Schwidder, auf den wohl der größte Teil der pädagogischen Ausführungen zurückgeht, verfügt außerdem über eine psychoanalytische Ausbildung und Praxis; er leitet die Ausbildung im Institut für Psychotherapie in Göttingen und ist seit 1959 Vorsitzender der Deutschen Psychoanalytischen Gesellschaft. Das Buch empfiehlt sich als »Auskunfts- und Nachschlagewerk nach Altersstufen für alle Eltern, Lehrer und Erzieher über die körperliche und seelische Entwicklung, Pflege und Erziehung des Kindes« (S. 3), und es erfüllt diese Empfehlung in hohem Maße. Die Entwicklung ist eingeteilt in die Abschnitte: Das Neugeborene (1. Woche), der Säugling (1. Jahr), das Kleinkind (2.–6.), das Schulkind (7.–14.) und die Reifezeit, d. i. Vorpubertät (10.–14.), Pubertät (13.–17.) und Adoleszenz (15.–20. Jahr). Jeder Abschnitt geht zunächst auf körperliche Entwicklung und Körperpflege und dann auf die seelische Entwicklung, auf Krisenpunkte und Störungen und Erziehungsmaßnahmen ein. Den Abschluß bildet eine kleine Krankheitslehre. Das Inhaltsverzeichnis ist unübersichtlich, aber ein ausführliches Stichwortverzeichnis (S. 17) erleichtert das Auffinden spezieller Probleme. Die Auskünfte sind nicht nur umfassend und vielseitig; sie sind auch wissenschaftlich fundiert, kurz, aber genau, differenziert und zugleich praktisch. Die pädagogischen Auskünfte basieren vornehmlich auf den Erkenntnissen Sigmund Freuds und Harald Schultz-Henckes. Danach haben die Gefühlsbeziehungen zwischen Eltern und Kindern einen entscheidenden Einfluß auf die Wirkungen einzelner Erziehungsmaßnahmen, besonders in der frühen Kindheit. Ausführlich geht Schwidder auf verkehrte Liebeseinstellungen von Müttern zu ihren Kindern und auf die daraus erwachsenden schädlichen Folgen ein. Eine andere wichtige Frage ist, was man eigentlich in der Erziehung erreichen will: bequeme und gefügige Kinder oder selbständige und erfolgreiche Erwachsene (S. 201). Schwidder nennt Liebesfähigkeit (S. 5 und 319), Lebenstüchtigkeit (S. 334), gesunde Entfaltung der Kräfte (S. 201) und Autonomie (S. 326) als erstrebenswerte Ziele. Zu den wichtigsten Erziehungsmitteln zählt er Erfahrung und Beispiel und eine feste, konsequente Führung durch die Eltern (S. 256 ff.). Dabei ist eine wichtige Frage, wie man Erfahrungen der Kinder so organisiert und begrenzt, daß sie erfolgreich verlaufen, und eine andere, ob die Festigkeit und Konsequenz nicht auch ihre Grenze findet in der Bereitschaft zu gegenseitigen Zugeständnissen und einsichtigen Änderungen. Ein wenig befriedigender Punkt ist die Bewertung der modernen Massenmedien in dem Kapitel über »Gesunde Lebensführung«. Auch wenn man die angeführten Bedenken teilt, wird man doch stärker die positiven Möglichkeiten berücksichtigen müssen. Bei besonderen Erziehungsschwierigkeiten wird nicht nur auf den Spezialisten verwiesen; das Buch gibt auch die Anschriften von Beratungsstellen, an die man sich wenden kann (S. 277). Im ganzen: sehr zu empfehlen!

Frances L. Ilg und Louise B. Ames: Erziehung – leicht gemacht. Forschung – Erkenntnisse – Ratschläge. Mit einem Vorwort von Arnold Gesell. Übersetzt aus dem Amerikanischen von Herbert Frenzel, Christian-Verlag, Bad Nauheim 1963, 426 Seiten

Die Verfasserinnen Frances L. Ilg und Louise B. Ames sind Mitbegründer und Mitarbeiter im Gesell-Institut für die Entwicklung des Kindes. Ihre Ausführungen fußen auf den zahlreichen und sorgfältigen Untersuchungen dieses Instituts. Im ersten Teil des Buches geben sie einen Überblick über die Entwicklung des Verhaltens in den ersten zehn Jahren. Dieser Überblick wird ergänzt durch Hinweise auf typische konstitutionell und funktionell bedingte Differenzen (William H. Sheldon) oder Sondererscheinungen wie das »autistische« Kind (Leo Kanner). Das Buch ist entstanden aus Zeitungsartikeln und Fernsehsendungen. Es will den Eltern helfen und ist in seinen Hauptteilen an Erziehungsproblemen orientiert: alltägliche Vorkommnisse, beunruhigende Erscheinungen, Beziehungen zu den Eltern und Geschwistern, Auseinandersetzungen mit der Umwelt, mit der Schule, den Massenmedien, mit Glaubensfragen und außerordentlichen Ereignissen, elterliche Bemühungen um Aufklärung, um ein rechtliches Verhalten und Gehorsam. Die Verfasser beschreiben genau das durchschnittliche Verhalten von Kindern in diesen Punkten auf den unterschiedlichen Altersstufen und schließen daran konkrete Ratschläge. Sie unterscheiden drei Arten von Methoden: die »Methode disziplinarischer Maßnahmen«, die »rationale Methode oder die Methode des begründenden Erklärens« und die »entwicklungsbezogenen Methoden« (S. 396/397). Ilg und Ames empfehlen vornehmlich die entwicklungsbezogenen Methoden. Diese gründen sich auf zwei Beobachtungen – auf die Beobachtung, daß das Gesamtverhalten des Kindes vornehmlich altersbedingt erscheint, und auf die andere, daß es offenbar Stufen »besseren« und »schlechteren« Verhaltens gibt. Die Verfasser folgern daraus nicht, daß man gegen unerwünschtes Verhalten nichts zu unternehmen braucht, als abzuwarten, und daß man die Erziehung getrost der Zeit überlassen kann (S. 22). Das »normale« Verhalten auf einer bestimmten Altersstufe ist nicht nur alters-, sondern auch kulturbedingt. Die »entwicklungsbezogene« Methode verweist also nicht nur auf Entwicklungsgesetzlichkeiten, sondern ebensosehr auf die Gesamtheit der Umstände und Einwirkungen. Sie warnt nur vor der Überschätzung isolierter Erziehungsmaßnahmen und gewaltsamer Eingriffe. Sie ist praktisch eine Methode der kleinen, begrenzten und angepaßten Schritte und Forderungen. Überforderung und Affektivität aus Sorge sind zwei der wichtigsten Probleme erzieherischen Handelns, besonders in der Familie. Eine bessere Kenntnis der normalen Entwicklung und der sie begleitenden »Störungen« kann dazu beitragen, das richtige Maß in den Anforderungen und eine gelassenere Einstellung zum Kind zu finden. Dennoch bleibt diese Methode unbefriedigend. Die kulturellen Bedingungen der Entwicklung werden kaum reflektiert und die besonderen Gegebenheiten der jeweiligen Situation mit ihren Hintergründen zuwenig berücksichtigt. Das wird vor allem dann deutlich, wenn es sich um besondere Schwierigkeiten wie Bettnässen, Stottern, Ängste oder Kriminalität handelt. Die »pawlowschen« Matratzen von O. H. Mowrer (S. 148) sind bei uns glücklicherweise noch nicht im Handel.

Hans Müller-Eckhard: Das unverstandene Kind. Ernst Klett Verlag, Stuttgart, 1964, 8. Aufl., 269 Seiten

Der Verfasser Hans Müller-Eckhard war Facharzt für Neurologie und Psychiatrie und in der Erziehungsberatung tätig. Das Buch verbindet Anregungen von Ernst Otto, Sigmund Freud, Harald Schultz-Hencke, Victor von Weizsäcker, O. Pfister, Rudolf Steiner und Dostojewski mit persönlichen Erlebnissen zu einem eigenartigen, christlich getönten »Mysterium des Kindes«. Das wäre eine Frage des Glaubens. Aber der Verfasser erhebt den Anspruch, daß es keine Abhandlung über das Kind geben kann, die dieses Mysterium außer acht läßt (S. 10). Er behandelt allgemeine Erziehungsfragen und wendet sich mit Erfolg an Eltern, Lehrer und Seelsorger. Er bedient sich in seinen Ausführungen wissenschaftlicher Begriffe und Befunde (z. B. der Untersuchungen über Hospitalismusschäden). Zugleich richtet er unqualifizierte Angriffe gegen bestimmte wissenschaftliche Verhaltensweisen (z. B. gegen Intelligenztests, S. 141 ff.) und wissenschaftliche Richtungen (z. B. gegen das, was er die »idealistische Pädagogik« nennt). Er übernimmt u. a. von Sigmund Freud die Theorie von der Triebunterdrückung durch die Kultur mit Hilfe der Erziehung und die Theorie von der Bedeutung bestimmter, immer wiederkehrender frühkindlicher Erlebnisse für die Charakterbildung. Aber er gibt ihnen eine neue, weiter gefaßte Deutung, bei der die Freudschen Theorien ihren präziseren Aussagewert verlieren. Aus der Triebunterdrückung wird eine Unterdrückung des Kindes, bzw. seines ursprünglichen, göttlichen Wesens, und die Auseinandersetzung des Kindes mit der Ordnung der Erwachsenen bekommt einen ganz allgemeinen Charakter. Hans Müller-Eckhard nennt sieben Situationen, in denen diese Auseinandersetzung geführt wird. Es geht dabei u. a. um die Befriedigung der Bedürfnisse des Kindes nach Bewegung, Phantasietätigkeit oder Geborgenheit und um die Erfüllung von Erwachsenenforderungen wie »Sauberkeit!«, »Ruhe!« oder »Sachlichkeit!«. Er gibt vor, Partei für das Kind zu nehmen, seine »Ungeschütztheit« und »Seelenverwundbarkeit« gegen Erziehungsgewalt, Leistungsüberforderung und Massenmedien zu verteidigen. Doch wir haben den Eindruck, daß es ihm dabei mehr um die Erwachsenen geht, daß ihm das »Kind« ähnlich wie bei Rousseau als Mittel und Vorwand zu Invektiven auf eine entartete, eine säkularisierte und rationalisierte Gesellschaft dient. Dabei sind einige der vorgebrachten Bedenken, z. B. gegen Zensuren oder Kino, und einige der vorgeschlagenen Erziehungsmaßnahmen, z. B. bei Trotz oder beim Daumenlutschen, ganz berechtigt oder originell und sinnvoll; aber sie bekommen durch den Rahmen, in dem sie vorgebracht werden, einen falschen Akzent.

Elisabeth Plattner: Die ersten Lebensjahre. Eine Hilfe im Umgang mit kleinen Kindern. Ernst Klett Verlag, Stuttgart 1965, 9. Aufl., 256 Seiten
Elisabeth Plattner: Wege des Vertrauens. Eine Hilfe für Eltern und Lehrer. Ernst Klett Verlag, Stuttgart 1957, 2. Aufl., 256 Seiten
Elisabeth Plattner: Gehorsam. Eine Hilfe für Eltern, Lehrer und wem sonst Gehorsam gebührt. Ernst Klett Verlag, Stuttgart 1960, 420 Seiten
Elisabeth Plattner: Jugend im Reifealter. Eine Hilfe im Umgang mit jungen Menschen von zehn bis fünfundzwanzig. Ernst Klett Verlag, Stuttgart 1963, 410 Seiten

Die Verfasserin Elisabeth Plattner ist Lehrerin und Mutter. Ihre Bücher sind zum Teil schon vor 1945 bei B. G. Teubner erschienen und weit verbreitet. Sie verwerten Eindrücke und Anregungen unterschiedlicher Art, von Psychologen, Pädagogen, Philosophen, Ärzten, Politikern und Dichtern. Aber ihre wichtigste Quelle bleiben eigene Erlebnisse mit Schülern und Kindern, die ausführlich geschildert werden. Die Verfasserin verzichtet nicht nur auf einen wissenschaftlichen Anspruch, sondern auch auf sachliche Übersicht, Zergliederung und Anweisungen. »Wer Menschen zu führen hat, braucht mehr als lehrbares Wissen oder Anweisungen, die nur mit dem Verstand, ohne Beteiligung des Gefühls aufgenommen werden.« – Alle Bücher beschäftigen sich mit einem zentralen Thema, mit »Gehorsam«. Dieses Thema verfolgt die Verfasserin durch alle Altersstufen und in allen Erziehungsbereichen, bei der Eroberung der Umwelt, im Umgang mit anderen, bei der Behandlung von Trotz und bei der Entwicklung geschlechtlicher Beziehungen oder religiöser Gefühle. Sie hebt »echten Gehorsam« ab gegen Scheingehorsam und Ungehorsam. »Scheingehorsam« beruht auf Zwang, Gewalt oder Verführung und Überredung und führt zur »willenlosen Fügsamkeit«. »Echter Gehorsam« beruht auf Vertrauen und führt über »Gehorsam aus Einsicht« zur »Freiheit in Selbstverantwortung«. Durch diese Unterscheidungen versucht Elisabeth Plattner den Begriff des Gehorsams vor »Mißbrauch« zu schützen und an die Erfordernisse einer modernen Seelenhygiene und einer demokratischen Gesellschaft anzupassen. Genau besehen aber hält sie an einer trieb- und demokratiefeindlichen Erziehungstradition der Unterdrückung und Unterordnung fest. Vertrauen bedeutet Bindung. Einsicht wird verstanden als Einsicht in die Notwendigkeit bestimmter Befehle oder Gebote, in die Notwendigkeit zu gehorchen, nicht aber als Einsicht in Sachverhalte und als Abwägen von Interessen. Selbstverantwortung meint so viel wie Gesetzestreue und Pflichterfüllung aus eigenem Antrieb. Psychoanalytisch gesehen verwechselt Elisabeth Plattner die Entwicklung der Ich-Kräfte mit der Einsetzung eines mächtigen Über-Ichs. Die Mittel, mit denen man früher ein Kind zum Gehorchen brachte, wie Prügel, Schimpfworte, Vorwürfe, Gardinenpredigten oder Versprechungen und Belohnungen, werden kritisiert. Offene, affektiv getönte Nötigung wird ersetzt durch die sanfte Gewalt der Unerbittlichkeit und Konsequenz, der seelischen Bindung oder des Liebesentzugs. Aber auch die sanfte Gewalt ist Gewalt, gleichsam versteckte oder verlängerte Gewalt, und für den Notfall bleibt immer noch die Bereitschaft zu körperlicher Züchtigung. Elisabeth Plattner führt die Gehorsamsproblematik bis zur »Staatsbürgerlichen Unterweisung« und zur Bundeswehr, bis zu einer Klassen-Verfassung und der Frage der Befehlsverweigerung. Aber die angeführte Klassen-Verfassung ist eine ungleichwertige Selbstverpflichtung der Schüler zugunsten einer guten Schuldisziplin, und in bezug auf die Befehlsverweigerung zieht sich die Verfasserin auf ihre Inkompetenz zurück; sie läßt aber durchblicken, daß man die Frage besser den Vorgesetzten überläßt und ihnen vertraut. Wie sollte man auch anders!

Friedrich Schneider: Katholische Familienerziehung. Herder, Freiburg 1961, 7. Aufl., 316 Seiten
Friedrich Schneider: Deine Kinder und Du. Herder, Freiburg 1960, 7. Aufl., 317 Seiten

Der Verfasser Friedrich Schneider war Ordinarius für Pädagogik an der Universität München. Seine ›Familienerziehung‹ ist dem katholischen Glauben verpflichtet – insbesondere den Enzykliken Pius' XI. ›Castri conubii‹ und ›Divini illius magistri‹ – und wendet sich vornehmlich an gebildete katholische Eltern und Heranwachsende. »Die religiöse Kindererziehung in der Familie« und »Haus und Familienkatechese« sind zwei entscheidende Kapitel in diesem Buch. Aber es beschränkt sich nicht allein auf Fragen der religiösen Erziehung und auf Argumente des Glaubens. Es erfaßt den gesamten Umkreis des familiären Lebens und benutzt ausgiebig Befunde und Theorien verschiedener Wissenschaften – allerdings häufig in unzulässiger Einseitigkeit und Verkürzung mit einem ungerechtfertigten

Anspruch auf Gewißheit. Schneider bemüht sich nicht nur mit Hilfe ethnologischer Zeugnisse, die christlich anerkannte Form der Ehe als eine Urform hinzustellen, er bemüht sich auch, aus biologischen Daten eine bestimmte Familiengröße – vier bis neun Kinder – abzuleiten. Der Verfasser möchte aufgeklärt erscheinen; dennoch spielt die unkritische Vermischung sittlicher und geistiger Ansprüche mit biologischen Aspekten eine erstaunliche Rolle, zum Beispiel bei der Gattenwahl oder bei der vorgeburtlichen Erziehung. Bedenkenlos übernimmt der Verfasser von Hermann Muckermann (›Kind und Volk‹, 1922 und 1924) die Theorie von der »naturtreuen Familie« (S. 7), als wäre es nicht das Natürlichste und zugleich Menschlichste am Menschen, die Natur zu ändern – auch seine eigene. Auf diesem Hintergrund werden die gegenwärtigen Formen des Familienlebens, zum Beispiel die Kontraktion zur Kleinfamilie, als »Verfallserscheinungen« (S. 24 ff.) gekennzeichnet. Das Problem, daß eine verheiratete Frau und Mutter von ihrer Hausarbeit nicht erfüllt ist, wird abgewiesen – ihr Wunsch, berufstätig zu sein, moralisch verurteilt. Schneider selbst spricht von dem »stark konservativen Zug« der katholischen Pädagogik (S. 124). Eines ihrer wichtigsten Ziele ist es, bestimmte, dem Kind angeborene sittliche Güter wie zum Beispiel Unschuld und Reinheit zu bewahren, und ihre wichtigsten Erziehungsmittel wie Aufsicht, Geheimhaltung, Warnung und Ablenkung gehen darauf aus, das Kind zu behüten. Schneider scheut sich nicht zu empfehlen, ein Kind, das am Daumen lutscht oder onaniert, im Bett festzubinden. Seine sexuelle Aufklärung ist völlig unzureichend. Schneider lehnt es entschieden ab, Kinder körperlich zu züchtigen und ihren Willen zu brechen. Die Einwirkungen, die er empfiehlt, sind mehr indirekter Art, Einwirkungen durch die Ordnung und Atmosphäre des Familienlebens. Aber sie laufen praktisch auf eine Unterdrückung der Triebe und eine Unterwerfung des Willens unter den der Eltern hinaus. Eine solche Erziehung ist kaum geeignet, den Heranwachsenden auf ein erfolgreiches Leben in unserer Gesellschaft vorzubereiten. – ›Deine Kinder und Du‹ erläutert und veranschaulicht an zahlreichen Beispielen und Fällen die Theorie der »Familienerziehung«.

Benjamin Spock: Säuglings- und Kinderpflege. Aus dem Amerikanischen übersetzt von C. Bölling-Moritz, Ullstein, Frankfurt a. M. 1957, 572 Seiten
Benjamin Spock: Sprechstunde für Eltern. 1000 Ratschläge zur Erziehung. Aus dem Amerikanischen übertragen von Ulrike von Puttkammer, Ullstein, Frankfurt a. M. 1964, 292 Seiten

Der Verfasser Benjamin Spock studierte Psychiatrie und Kinderheilkunde. Er war lange in einer eigenen Praxis, im städtischen Gesundheitsdienst von New York und an der Mayo Clinic tätig und ist seit 1955 Professor an der Universität Cleveland. Er verfügt über eine außerordentliche Erfahrung. Er schreibt anschaulich und für den Laien verständlich. Er urteilt vorsichtig und bezieht die neueren Ergebnisse verschiedener Wissenschaften – der Entwicklungs- und Sozialpsychologie sowohl wie der Kulturanthropologie und Psychoanalyse – angemessen in seine Überlegungen mit ein, auch wenn er das nicht ausdrücklich hervorhebt. – ›Säuglings- und Kinderpflege‹ ist an der Entwicklung des Kindes und den praktischen Aufgaben seiner Betreuung durch die Eltern orientiert. Hygienische und medizinische Fragen stehen im Vordergrund. Dazwischen aber – besonders im zweiten Teil – werden auch pädagogische Probleme besprochen: Einstellung der Eltern zum Kind, Aggressivität und Furchtsamkeit, Eifersucht und Rivalität, Ablösung von den Eltern und Anpassung an die Umwelt. ›Sprechstunde für Eltern‹ beschäftigt sich mit verschiedenartigen Themen, die von ratsuchenden Eltern immer wieder angeschnitten werden. Sie reichen von alltäglichen Angelegenheiten wie gute Manieren, häusliche Pflichten, Spielzeug, Reisen mit kleinen Kindern, Ängsten und Verletzungen bis zu den großen Dingen des Lebens wie Glaube, Tod und Geschlechtlichkeit, bis zu Ausnahmesituationen wie Scheidung, Witwentum und Wiederheirat; sie beziehen auch kurz, aber differenziert und vorurteilsfrei die Gegebenheiten einer fortgeschrittenen Gesellschaft wie Fernsehen, Film und Groschenhefte ein. – Unter den zahlreichen Anregungen und Hinweisen sind besonders drei Tendenzen hervorzuheben: Spock versucht immer erst die vorliegende Situation mit ihren verschiedenen Möglichkeiten und Hintergründen abzutasten, bevor er seinen Rat in Form eines hypothetischen Urteils erteilt. Er richtet sich nicht wie die Autoren vieler Elternbücher nur nach dem Kind und seinen Interessen oder irgendwelchen Idealen. Er akzeptiert auch die Eltern, ihre Bedürfnisse und Affekte und sucht sie zu entlasten. Schließlich warnt er die amerikanischen Eltern vor einer übertriebenen Nachgiebigkeit gegenüber ihren Kindern; aber es wäre sicher nicht in seinem Sinne, wollte man diese Warnung unbesehen auf deutsche Verhältnisse übertragen. Sehr empfehlenswert.

Hans Zulliger: Gespräche über Erziehung. Verlag Hans Huber, Bern und Stuttgart 1962, 2. Aufl., 254 Seiten

Der Verfasser Hans Zulliger war fünfzig Jahre als Volksschullehrer, Erziehungsberater und Kinderpsychotherapeut in der Nähe von Bern tätig. Seine Arbeit basiert auf den Erkenntnissen Sigmund Freuds. Im Mittelpunkt seiner eigenen psychoanalytischen Forschung standen Entwicklung und Äußerungen des kindlichen Gewissens und die therapeutische Bedeutung des kindlichen Spiels. – ›Gespräche über Erziehung‹ vereinigt eine Auswahl von Vorträgen über unterschiedliche Themen wie die Stellung des Kindes in der Familie, Erziehungsschwierigkeiten und Lernstörungen, Gewissensbildung, Kind und Geld. Eigentumsdelikte und erste Liebe, Erziehungsberatung und Erziehungshilfe. Zulliger ist überzeugt, »daß allzuviel mit dem Gefühl« – oder aus bloßer Überlieferung – »und allzuwenig mit klarer Überlegung erzogen wird...« (S. 37). Er betreibt pädagogische Aufklärung. Insbesondere sucht er an Hand zahlreicher Fälle und Äußerungen von Kindern in Schulaufsätzen und Briefen einige der verborgenen seelischen Zusammenhänge und Vorgänge, die von der Psychoanalyse erschlossen wurden, den Laien verständlich zu machen. Dabei wird deutlich, wie kompliziert und auch wie unterschiedlich dasselbe Verhalten bei verschiedenen Kindern motiviert sein kann. Es gibt mehrere Gründe für Erziehungsschwierigkeiten, für Trotzreaktionen oder Eigentumsdelikte, und unterschiedliche Motive erfordern auch unterschiedliche pädagogische Reaktionen. Weiter wird deutlich, daß der emotionale Hintergrund, daß die durchgängigen Gefühlsbeziehungen die Wirkungen einzelner Maßnahmen entscheidend beeinflussen. Die Gefühlshaltungen sind so ambivalent (S. 250), unter der pädagogisch geforderten Liebeseinstellung verbergen sich Haßreaktionen, die nicht selten unter dem Vorwand notwendiger Strafen ihren Ausdruck finden. Es ist wichtig, solche Empfindungen bewußt und damit kontrollierbar zu machen. Zulliger setzt sich entschieden für eine »Technik der straffreien Erziehung« (S. 251) ein. Er glaubt, daß es besonders wichtig ist, die »Liebesfähigkeit« zu entwickeln. Dazu rechnet er unter anderem »geringere oder ansehnliche Verzichtleistungen zugunsten der geliebten Person« – Verzicht nicht unter Druck, sondern gleichsam im Tausch gegen eine liebevolle Zuwendung. Diese Art von Verzicht oder Einschränkung muß das Kind langsam im Umgang mit den Eltern lernen, und es kommt viel darauf an, daß es dabei nicht überfordert wird. – Das Buch ist sehr zu empfehlen.

VII. Kindergarten und Vorschul-Erziehung

ELISABETH BLOCHMANN

Pädagogik des Kindergartens

Unter Kindergarten im ursprünglichen Sinn verstehen wir eine Einrichtung, die eine größere Zahl von Kindern zwischen drei und sechs Jahren – die Aufnahme zweijähriger Kinder ist ein Notbehelf – in den Vormittagsstunden aufnimmt und der Altersstufe gemäß erzieht. Fröbel ist sein Schöpfer, und der Kindergarten hat durch ihn unter den zahlreichen Einrichtungen der Kleinkinderfürsorge, die seit Oberlins und Fliedners Tagen als Kinderbewahranstalten und Kleinkinderschulen zur Milderung sozialer Notstände gegründet wurden, seinen besonderen Platz bekommen, weil hier der soziale Antrieb wie der missionarische zurücktrat hinter dem rein pädagogischen. Fröbel erst hat den eigenen Sinn der Erziehung auf dieser Altersstufe entdeckt und hat die Möglichkeiten, die die Gemeinschaftserziehung einer größeren Anzahl von Kindern gerade hierfür bietet, ausgewertet. Der Grundsatz, der der maßgebendste für ihn wurde, war »die Pflege des kindlichen Tätigkeitstriebes« und das vorzüglichste Mittel dazu das Spiel. Er und seine Nachfolger haben so in ständig rein pädagogisch gerichteter Arbeit eine Form des gemeinschaftlichen Kleinkinderlebens gefunden, die im wesentlichen heute bei uns als gültig angesehen werden darf.

Wenn man von Robert Owens Erziehungsversuchen in Schottland und Nordamerika absieht, die aus einer tiefen Erfassung der Aufgaben einer neuen Volkserziehung entsprungen sind, zeigt die Kleinkinderpädagogik die gleiche innere Entwicklung wie die anderen Zweige sozialpädagogischer Arbeit. Sie wird in Angriff genommen aus sozialen und religiösen Antrieben, um einem vorliegenden dringenden Notstand abzuhelfen – in der Rettungsarbeit, um die es sich auch hier zunächst handelt, sind beide Antriebe eng verschlungen –, aber allmählich geht der eigene *pädagogische* Sinn der Veranstaltung auf, der ihr eine Berechtigung gibt auch unabhängig von der sozialen Not. So bei dem aus der Jugendpflege hervorgegangenen Jugendverein, so bei der Volkshochschule, am deutlichsten aber eben beim Kindergarten, der seit Fröbel seinen Wert auch für die Kinder der nicht sozial bedrängten Familien hat. Und auch darin läuft die Entwicklung des Kindergartens gleich mit jenen anderen Einrichtungen, daß nämlich zunächst die erprobten Methoden anderer pädagogischer Einrichtungen ohne Bedenken übernommen werden – in der Jugendpflege der Unterricht etwa der Konfirmandenstunde, in den christlichen Kleinkinderschulen die Lernmethode der Schule –, bis eben der eigene pädagogische Sinn solcher neuen Form voll erfaßt wird und damit auch ihr eigener Stil. Zugleich erscheint jetzt die Kindergärtnerin hier, wie dort der Jugendpfleger als ein ganz selbständiger neuer pädagogischer Typus, der eine eigengewachsene Erziehungs- oder Lehrweise vertritt mit eigener Würde.

Bei dieser klareren Herausarbeitung seines pädagogischen Sinns, der ihn unzweideutig, aber in eigenartiger Weise dem deutschen Bildungswesen einreiht, hat der Kindergarten seinen Platz innerhalb der Sozialpädagogik im engeren Sinne indes nicht verloren. Vielmehr haben gerade die Jahrzehnte neuerer sozialpolitischer und wohlfahrtspflegerischer Entwicklung seine Zugehörigkeit zu dem großen Gebiet der Kinderfürsorge betont. So ermöglicht diese Einrichtung auch heute noch eine verschiedene Betrachtung – auch die Unterstellung entweder unter das Unterrichts- oder das Sozialministerium, die in den verschiedenen Ländern sich ergeben hat, zeigt diese Doppelheit –, und je nachdem, ob der Schwerpunkt des Kindergartens darin gesehen wird, daß er eine Vorstufe der Schule sei und dem Bildungswesen zugehöre oder daß er ein Teil der Kinderfürsorge sei und vorwiegend unter sozialpädagogischen Gesichtspunkten stehe, sind die Anforderungen, die man an ihn selbst stellt, verschieden. Unsere Untersuchung soll zunächst dem Kindergarten im engeren Sinne, das heißt dem Vormittagskindergarten als dem Grundtypus gelten, der als pädagogische Lebensform grundsätzlich für die Kinder aller Stände da ist und eine selbständige Bedeutung neben der Familie hat.

I

Die Begründung für eine außerhäusliche Erziehung des Kleinkindes liegt in der Tatsache, daß im kindlichen Leben etwa zu Beginn des 4. Jahres sich eine bedeutsame Wandlung vollzieht. Die physiologische Gebundenheit des Kindes an die Mutter, die selbst nach der Zeit der Entwöhnung in der Form einer ausgesprochenen Führungsbedürftigkeit noch fortbesteht, beginnt mit seiner zunehmenden körperlichen und geistigen Kraft sich zu lösen. Das Kind verlangt eine neue Selbständigkeit und sucht einen weiteren Erfahrungs- und Betätigungsbereich, als ihn Wohn- und Kinderstube bieten können: Es drängt auf die Straße. Schon Pestalozzi hat diesen unvermeidlichen Vorgang, in dem das Kind seine selbstverständliche Geborgenheit in der mütterlichen Liebe aufgibt und damit in Gefahr kommt, seinen sicheren seelischen Halt zu verlieren, als Anlaß einer neuen pädagogischen Aufgabe angesehen und versucht – im 14. Brief von ›Wie Gertrud ihre Kinder lehrt‹ – ihr durch eine Weckung des religiösen Bewußtseins zu begegnen, so daß da, wo der unmittelbare Einfluß der Mutter seine Grenze findet, die Bindung des kindlichen Gewissens an Gott wirksam wird und so der Halt gewahrt bleibt. Im Hintergrund von Fröbels Nachdenken über die Pädagogik dieser Altersstufe steht, ihm selber wohl nicht ganz klar bewußt, das gleiche Problem, aber erst die moderne Entwicklungspsychologie, soweit sie nicht bloß nach den einzelnen Funktionen, sondern nach der sich verändernden Stellung des Kindes zu den pädagogischen Mächten und seiner ganzen Lebenshaltung fragt, hat es ganz deutlich gemacht. Danach tritt um das Ende des 3. Lebensjahres eine Krisis in der Willensentwicklung des Kindes ein, die auch als erste »Trotzperiode« bezeichnet wird und in der sich eine gewisse Lösung des kindlichen Wollens aus der bisher selbstverständlichen Führung durch den Erwachsenen vollzieht. Zugleich erweitert sich das Interesse des Kindes über die eigene Körpersphäre hinaus in der Weise, daß es zwar selbst auf lange Zeit noch Mittelpunkt seiner Welt bleibt, daß aber die ganze seh- und hörbare Umwelt, soweit sie subjektiv verwendbar ist, in den Bereich des Interesses und der Betätigung einbezogen wird. Schon diese Tatsachen, die durch die tägliche Erfahrung bestätigt werden, bedingen eine Änderung der pädagogischen Führung auf dieser Stufe.

Dabei ist allerdings die Frage, ob es nun nicht genügen würde, dem Kinde neben dem Leben, das sich auch weiterhin naturgemäß unter den Augen der Mutter vollzieht, die Freiheit von Straße, Hof, Garten oder Spielplatz, diese natürliche Erweiterung seines Bereiches, zu gönnen, wo es neue Eindrücke und Erfahrungen gewinnt, Entdeckungen und Erfindungen macht, in Wechselbeziehungen zu anderen Kindern tritt und seine Kräfte erprobt, ohne in ein neues erzieherisches System eingefangen zu werden. Alle Kindheitserinnerungen, die von den Entdeckerfreuden und der

Erlebnisseligkeit dieser unbeaufsichtigten Zeit erzählen, scheinen das zu bejahen. Aber dem steht doch nun vieles gegenüber. Zunächst, daß der Hinterhof und die verkehrsreiche Straße der Großstadt nur in sehr eingeschränktem Maße als günstiger Tummelplatz der Kindheit gelten können und selbst das Straßenleben im Inneren einer mittleren oder kleinen Stadt mit seinen wachsenden Gefahren eigentlich keine Kinderwelt darstellt. Der Typus des »Straßenkindes« oder »Gassenjungen« zeigt deutlich, wie wenig aufbauend und wie stark verwildernd das Sichherumtreiben auf der Straße wirken kann, die dem Kinde nur ganz geringe Spielmöglichkeiten bietet, wobei der unkontrollierbare Einfluß älterer unbehüteter Kinder auf das so ganz besonders bildsame kleinere Kind eine unheimliche Rolle spielt. Aber selbst wenn diese Verhältnisse günstiger liegen, Gärten, Spielplätze und offenes Land vorhanden sind, die dem Kinde Sicherheit und Spielmöglichkeiten in Fülle bieten, bleibt es fraglich, ob das Kind von sich aus, ohne Anregung und Führung auch wirklich spielen kann, das heißt so vielseitig, intensiv und ausdauernd spielen kann, daß die Altersstufe ihren Sinn in der Gesamtentwicklung ganz erfüllt, und ob es in der wilden Kindergemeinschaft so zu seinem Recht kommt, daß es sich ungehemmt und ungedrückt entfaltet. Der geistige Rückstand zahlreicher Schulneulinge, den keine spätere Sorge mehr ganz gutmachen kann, beruht doch oft nur darauf, daß sie niemals zu einem reichen Spielleben oder zu einer freien Bewegungsfreude gekommen sind. Daraus ergibt sich die Forderung des Kindergartens, der grundsätzlich jedem Kinde zugänglich sein muß, zugleich aber auch seine eigentümliche doppelte Zielrichtung. Während später die Aufgaben außerhäuslicher Erziehung auf die Schule einerseits und die Jugendpflege im weitesten Sinne anderseits verteilt sind, bleiben die beiden entsprechenden Seiten im Kindergarten noch vereinigt, das heißt also, der Kindergarten muß dem Kinde einerseits ein möglichst reiches Freiheitsleben sichern, bei dem auch Ruhe und Stille für das einzelne Kind möglich ist, und muß ihm doch zugleich den Schutz einer über das Haus hinausreichenden inneren Bindung an einen Erzieher geben, der seine Aktivität so zu lenken vermag, daß eine volle, der Stufe gemäße Entfaltung des kindlichen Wesens stattfindet. Dieser Friedensraum, den jeder *gute* Kindergarten für die Kinderschar darstellt, behält insofern die Züge der Pestalozzischen Wohnstube, als alle primitiven Bedürfnisse und Triebe des Kindes hier mit Selbstverständlichkeit erfüllt werden – es hat Wärme, Licht und Luft, es hat den Wechsel von Bewegung und Ruhe, es hat seine Ordnung in bezug auf Ernährung und Reinlichkeit, es hat genügend Spielzeug und

Beschäftigungsmittel und hundert sinnvolle Möglichkeiten für seine Betätigung und darüber hinaus die selbstverständliche Eingliederung in eine geregelte Gemeinschaft mit ihren dem Kind ganz verständlichen und darum selbstverständlichen Anforderungen. Es bestätigt sich denn auch in jedem solchen Kindergarten die grundlegende pädagogische Erfahrung, daß ein Kind, das in allen diesen Dingen Genüge findet, nicht nur keine Schwierigkeiten macht, sondern sich mit Freuden einordnet. Es kommt dann aber noch ein für die friedliche Entwicklung des Kindes bedeutsames Neues, Nicht-Pestalozzisches hinzu, das Maria Montessori besonders stark betont hat, als sie das Kinderhaus schuf: Es fällt hier für das Kind für Stunden des Tages die Spannung zur Erwachsenenwelt weg, die in der Familie immer wieder seine freie Aktivität bedroht, auch wo es nicht durch die Not der Verhältnisse zu früh an die Arbeit gestellt wird. Alles, was es im Kindergarten umgibt, ist durch *seine* Maße bestimmt und um seinetwillen da, auch die Erzieherin, die ja auch nicht die volle Würde der Mutter für das Kind hat, sondern eher Führerin der Schar ist. Das Kind ist hier nicht das kleine Unvollkommene, das überall im Wege ist, wie das ihm auch in der besten Familie allzuleicht widerfährt, aber es ist auch nicht das kleine Verhätschelte, dem man nichts zutraut, sondern es kann mit seinen Kräften zur Geltung kommen, wird diese aber auch im Wechselspiel mit den Altersgenossen ganz gebrauchen müssen. Und hier tritt deutlich auch ein bezeichnender Unterschied zur Schule hervor, selbst wo sie in ähnlicher Weise »eine Lebensstätte des Kindes« sein will. Der Kindergarten wird vielfache Möglichkeiten für ein freies Kräftespiel zu geben haben, aber er wird niemals Anforderungen stellen, die nicht von selbst aus der Ordnung der Gemeinschaft stammen; es gibt kein bestimmtes Ziel, das hier erreicht werden muß, während die Schule, welche Gestalt sie auch annimmt, auf diese geforderte Anspannung der jugendlichen Kräfte, auf die »Aufgabearbeit«, nie wird verzichten können. Im Kindergarten ist immer das vorhandene Maß der kindlichen Selbständigkeit und seine unbewußte geistige Zielsicherheit – sein *instinct éducateur*, wie die Franzosen sagen – die Grundlage, auf der sich die ganze Arbeit aufbaut.

2

Die Voraussetzung für die Durchführung der Arbeit im Kindergarten ist die Kenntnis der Lebensform des Kindes im Spielalter. Diese Kenntnis ist im ersten Drittel des Jahrhunderts durch die Arbeiten der Sternschule

(M. Muchow, H. Werner), der Bühlerschule (Ch. Bühler, E. Köhler), durch die Leipziger Entwicklungspsychologie (K. Volkelt) und das Ehepaar Katz wesentlich gefördert worden. Aus neuerer Zeit wären die Arbeiten von W. Hansen, H. Hetzer, E. Hoffmann, K. Dührssen, die einschlägigen Studien der Schweizer Psychoanalytiker (J. Berna, G. Bally) und des Biologen A. Portmann zu nennen. Hier genügt es, auf die bedeutsamsten Züge hinzuweisen. Es ist in der Literatur üblich geworden, die frühe Kindheit als die Stufe der Naivität, das heißt der noch ungebrochenen vollen Harmonie anzusehen, in der dem Menschen die Welt in einer mythischen Einheit gegeben ist. Aber ebenso wie der Primitive neben seiner Phantasiewelt eine Sphäre hat, in der er rein realistisch lebt, so hat auch das Kind neben seiner Phantasie- und Spielexistenz einen Kreis des Lebens, in dem es sich nüchtern und rational bewegt, d. h. es hat eine Beziehung zur wirklichen Welt der Erwachsenen, in die es sich von früh an auch einfügen lernt. *Es lebt also in zwei Welten*, und diese Doppelwelt wirkt sich auf jedem Gebiet des kindlichen Seins aus, wie es zum Beispiel durchaus einen Unterschied zwischen Märchen und wahrer Geschichte macht und neben dem Märchen die realistische Geschichte schätzt. In der Phantasie liegt allerdings die geistige Produktivität des Kindes in diesem Alter.

Das zweite bezeichnende Merkmal ergibt sich aus dem kurzen Reflexbogen des Kindes, das noch ungehemmt auf jeden Eindruck triebmäßig reagiert und dem die Zwischenschaltung der Besinnung auf Wert oder Zweck und Mittel noch weitgehend fehlt. Aus diesem Überwiegen der Triebschicht folgt der so stark hervortretende Augenblickscharakter des Kindes, das immer nur in der Gegenwart und der allernächsten Zukunft lebt, dem Erinnerung und damit eine ganze Reihe geistiger Erfahrungen wie Reue, Dankbarkeit usw. noch fast ganz fehlen, das dafür aber jedem Eindruck mit rückhaltloser Aufgeschlossenheit entgegengeht.

Zu diesen beiden entscheidenden Zügen der kindlichen Lebensform kommt noch eine Reihe hinzu, wie sein komplexhaftes und analogiehaftes Denken, seine Unkonzentriertheit und Labilität, seine Suggestibilität. Vom Standpunkt des Erwachsenen aus erscheinen sie als Schwächen, vom Kind aus gesehen sind sie zugleich doch Stärken. Und die ganze Aufgabe der Führung dieses Alters läßt sich aus der eigentümlichen Antinomie dieses doppelten Gesichtspunktes bestimmen, daß sie das Kind aus seinen Kräften leben lassen muß und zugleich doch mit sorgfältigem Bewußtsein darauf hinarbeiten, diese Schwächen zu überwinden, seine Innerlichkeit zu wecken und zu formen und seine Welten zu verbinden.

3

Die Arbeit im Kindergarten, die auf diesen psychologischen Voraussetzungen beruht, ist zunächst durch zwei Momente formaler Art gekennzeichnet. Das erste ist die *Atmosphäre* von Behaglichkeit und Wärme, Heiterkeit und Frische, die dort herrscht und jeden, der zum ersten Mal als Besucher hinkommt, bezaubern wird. Keine pädagogische Einrichtung hat mit solcher Sicherheit die Bedeutung dieser Atmosphäre für die Erziehung erfaßt wie der Kindergarten. Das zweite ist der *Rhythmus* des Lebens, das heißt der natürliche Wechsel zwischen Bewegung und Ruhe, Anspannung und Entspannung, Aufnehmen und Schaffen, der die Tagesordnung durchzieht. Für dieses beides zu sorgen ist die Hauptaufgabe der Kindergärtnerin.

Diese Sorge umfaßt mit der ganzen äußeren Einrichtung des Kindergartens zugleich das körperliche Wohl der Kinder, ihre Pflege im weitesten Sinn – das Zähneputzen, Händewaschen, Baden, Atmen, die Speisung, das Liegen und das geregelte Austreten. Wie die gewissenhafte und verständige Mutter für alle diese Alltagsdinge sorgt, so muß es auch die Kindergärtnerin tun, nur vielleicht noch genauer, denn sie muß oft schon vorhandene Schädigungen und häusliche Vernachlässigungen auszugleichen suchen, vor allem aber auch noch fröhlicher und freier als die oft überanstrengte und sorgenbedrückte Mutter. Auch in der Aufstellung des Tagesplanes muß sie bewußter arbeiten als eine Mutter, denn in dem häuslichen Leben findet das gesunde, nicht beeinträchtigte Kind von selbst den Wechsel zwischen Tätigkeit und Ruhe. Nur das Zusammenspiel der Kinder bringt im Kindergarten Schwierigkeiten, weil im allgemeinen eine größere Erregung herrscht und ein lebhaftes Kind die andern über ihr Entspannungsbedürfnis hinwegreißen kann. Darum ist um des seelischen Gleichmaßes willen hier eine festere Ordnung notwendig.

Diese Ordnung ist aber nun etwas ganz anderes als der festgelegte Stundenplan der Schule, der ja der Natur der Sache nach auch heute, jedenfalls nach den Anfangsjahren, noch vorwiegend bestimmt ist durch den Lehrstoff; vom Jahrespensum her ergibt sich die Verteilung auf die Fächer und schließlich auf die einzelne Stunde. Im Kindergarten ist umgekehrt der Verlauf des einzelnen Vormittags der Ausgangspunkt. Nach dem eindrucksreichen Hinweg kommt die Pause des Händewaschens, nach dem Freispiel, in dem innere Lebendigkeit abreagiert und zugleich gesteigert wird, die Sammlung durch das Morgenlied, nach der Pause des Frühstücks, während dessen von selbst nicht viel geredet wird, die neue Anspannung des Bewegungs- und Turnspiels, des Spaziergangs oder der Gartenarbeit und schließlich die körperliche Ruhe in der »Beschäftigung«, die zugleich doch geistige Aktivität ist wie das Kneten, Bauen, Malen oder Singen. Darauf folgt dann noch die neue Sammlung im Schlußlied. Der Rhythmus verschiebt sich, wenn Hausarbeit, Märchenerzählen, Bilderbuch oder Puppenspiel ihren Platz verlangen, und niemals wird pedantisch an der Einteilung festgehalten. Aber niemals wird auch ein Tun länger getrieben, als der Atem des Kindes reicht, und darin besteht die eigene Kunst der Kindergärtnerin, daß sie beweglich genug ist, sich dem Tempo der Kinder immer neu anzupassen. Zeitlich unverrückbar festliegen sollte das Morgenlied mit dem folgenden Frühstück und der Abschluß – das rechtfertigt sich aus dem allgemeinen Ordnungsbedürfnis des Kindes und seiner Neigung zu festen Gewohnheiten; ebenso sollte wohl festliegen die freie Beschäftigung des Kindes vor dem Frühstück und die gemeinschaftliche nach ihm – diese Reihenfolge ergibt sich schon aus der Sache. Eine Schwierigkeit liegt in solcher Rhythmisierung des Verlaufes deswegen, weil Ausdauer und Ermüdbarkeit der verschiedenen Kinder verschieden ist und so also doch eine gewisse Schablonisierung eintritt. Das wird aber kaum zu vermeiden sein. M. Montessori hat diese Klippe zu umgehen versucht, indem sie das Einzelkind seinem eigenen Antrieb überläßt und nur bei wenigen Veranstaltungen – Schweigestunde, Turnen – die Kinder zusammenfaßt. Das ermöglicht dann gewiß eine stärkere Berücksichtigung der Individualität, aber damit wird gleichzeitig auf wertvollste Möglichkeiten der Gemeinschaftserziehung verzichtet. – Aus dem Wunsch, ein recht natürliches Gemeinschaftsleben zu schaffen, ergibt sich auch das Gruppensystem des Kindergartens, in dem es weder eine Trennung nach Geschlechtern noch nach Altersstufen gibt. Und die einzelne Kindergruppe, die im Idealfall auch ihr eigenes Kinderzimmer hat, sollte das Maß einer großen Geschwisterzahl nicht übersteigen.

4

Sind nun die Inhalte, mit denen das Kind so spielend, beobachtend, arbeitend in Beziehung tritt, und ist auch der Aufbau seiner Innerlichkeit, die so gewonnen wird, und die Gestalt seines Weltbildes keineswegs bedeutungslos, so steht doch in viel größerem Maße als in der Schule hier das *Formale* im Vordergrund. Denn es müssen sich auf dieser Lebensstufe ja erst die Kräfte und Funktionen bilden, mit denen die Schule dann später arbeiten kann. Und diese Fähigkeiten, wie Ausdauer und Beständigkeit, Konzentration und stärkere Sachlichkeit, Wirklichkeitstreue und allmähliche Überwindung des triebhaften Egoismus zugunsten eines geklärteren Gemeingefühls, wie Fröbel sagen würde, die also in alle Sphären des Seelischen hineinreichen und in der freien Geistigkeit gipfeln, werden erworben in der Aktivität des Kindes selber. In der *radikalen Berücksichtigung der natürlichen kindlichen Aktivität* liegt das Geheimnis der Erziehung auf dieser Altersstufe, denn auf keine andere Weise sind wir sicher, daß wir nicht die unserem Erwachsenenbewußtsein so entrückte Erlebnisweise des Kleinkindes zerstören und den organischen Gang seiner Entwicklung und die ganz allmähliche Anpassung an das realistische und vernünftige Verhältnis zur Welt, wie es das Schulkind dann schon bis zu einem gewissen Grade hat, vergewaltigen. Denn für keine andere Altersstufe gilt so unbedingt die Rousseausche Forderung, daß die Stufe ihrem Sinne nach ganz ausgelebt werden muß, wenn der Aufbau des ganzen Lebens gelingen soll. *Und die charakteristischste Form der frühkindlichen Aktivität ist das Spiel.* Fröbels tiefe Einsicht offenbart sich gerade in diesem Punkt. Denn er hat als erster die Entwicklungsbedeutung des frühkindlichen Spiels in ihrem ganzen Umfang erkannt. Er konnte zu dieser Würdigung kommen, weil er überhaupt in dem jedem gesunden Kinde innewohnenden Tätigkeitstrieb auch für die späteren Stufen den stärksten Hebel der Entwicklung sah. Wir wissen es heute noch deutlicher, in einem wie engen Zusammenhang seine Verkümmerung mit der Verwahrlosung steht und was die Erhaltung der natürlichen Spielfreude für das Leben bedeutet. Die Entwicklung der kindlichen Aktivität im Spiel ist dabei immer doppelseitig entsprechend dem Doppelweg, der den seelischen Reaktionen offen steht: in die freie Geistigkeit des inneren Bildens und des Ausdrucks oder in das Handeln. Daß im kindlichen Spiel aber beide Wege meist noch nicht getrennt sind, sondern in der Phantasieform zusammengehen, das gibt ihm seinen Totalitätscharakter und seine eigenartige Intensität.

Seit den Untersuchungen von Groos und Beobachtungen der Psychoanalytiker sind uns alle möglichen Funktionen des Spiels wohlvertraut; hier sei nur noch hervorgehoben, daß sich in dieser Form wirklich die erste geistige Bewältigung des Lebens vollzieht, der menschlichen Bezüge und Charaktere, die in einer Vorform nacherlebt werden, wie auch der dinglichen Welt und ihrer einfachen Gesetzlichkeit. Diese Gesetzlichkeit hat Fröbel für unsere Begriffe überschätzt und hat eine Systematik des Spiels daraus gemacht, die uns heute befremdet. Aber ganz tief hat er den symbolischen Sinn in den Bewegungsspielen erfaßt, was zum Beispiel das Eingegliedertsein in den Kreis oder das sich immer dichter Zusammenschließen und wieder Lösen der »Schnecke« für das Kind »bedeutet«, Dinge, die wir erst wieder zu ahnen beginnen. Das Spiel ist darum auch der Ort, wo die Gemeinschaftserziehung am fruchtbarsten wird, denn hier ist das einzelne Kind in ganz eigener Weise in der Gemeinschaft aufgehoben, bekommt seine Bedeutung erst als ihr Glied, und dieses neue Erleben formt irgendwie seine innerste Haltung, ebenso wie es in der anständigen Behandlung des Spielgegners eine erste innerliche Zucht erwirbt.

Sergius Hessen hat in seinem Aufsatz ›Fröbel und Montessori‹ [1] gegen die Erziehungspraxis der Fröbelschen Richtung den Vorwurf erhoben, daß sie nicht genügend dafür sorge, das Spiel so zu organisieren, daß es allmählich in die Arbeit hinüberführt, das heißt zur Arbeit wird. In diesem Vorwurf liegt, wie Hessen selbst später zugegeben hat, ein Mißverständnis der heutigen Kindergartenpraxis, die, wie weiter unten noch auszuführen sein wird, stark durch Henriette Schrader mitbestimmt worden ist und in der neben dem Spiel auch schon ernsthafte Arbeit ihren Platz hat, von der aus sich die Brücke zur nächsten Stufe leicht ergibt. Aber darüber hinaus ist doch zu sagen, daß der weiterführende Charakter des Spiels durchaus nicht allein darin besteht, daß es immer mehr Arbeitselemente in sich aufnimmt und so allmählich aufhört, überhaupt Spiel zu sein – daß also etwa aus dem Puppenspiel das Nähen für die Puppe würde und dabei die Lust am nützlichen Nähen überhaupt entstünde. Gewiß ist diese Entwicklungslinie auch da, und manches Mädchen hat seinen Spaß am Kochen durch den Puppenherd gewonnen, aber das ist nicht der letzte Sinn des Spiels und würde einer Auffassung entsprechen, wie sie vor Fröbel etwa Guts Muths und die Aufklärung vertreten hat. Das Spiel als Spiel läßt das Kind erstarken, und in ihm selbst entstehen die Kräfte, die dann nachher auch der Arbeit zugute kommen. Es kommt nur darauf an, daß die anfängliche Sprunghaftigkeit, Unbeständigkeit und Ichbezogenheit beim Spiel überwunden wird, und da liegt die entscheidende Aufgabe der Kindergärtnerin. Sie, die den längeren Atem hat, *spielt mit* und hält so durch ihren Schwung und ihre Konzentration das kindliche Feuer allmählich immer länger wach, so daß es bei der Sache bleibt und zu Ende spielt, auch wenn der erste Antrieb erlahmt, und sie erhält durch ihre Unparteilichkeit den Spielfrieden. Hierin erschöpft sich fast ihre Aufgabe dem Spiel gegenüber, abgesehen von der Anregung zu neuen Spielen, die sie auch bringen muß, aber es wäre ein Verhängnis, wollte sie das gesamte Spiel »organisieren«, wie Hessen fordert, denn dann würde das produktive irrationale Moment verloren gehen, das in vielen spontanen Spielen liegt, die uns sinnlos erscheinen, wie der von Goldbeck so beredt verteidigte »Unfug« des Knabenalters, und in denen doch eine tiefere Bedeutung wohnt, als wir gewöhnlich ahnen. Schließlich soll das Spiel aber auch nicht in dem Sinne überwunden werden, daß auf der nächsten Stufe die Arbeit dialektisch an seine Stelle träte, wie es Litt einmal formuliert hat. Es behält sein volles Recht auch im Knabenalter wie ja schließlich auch im Erwachsenenleben, nur daß es allmählich andere Formen annimmt und im Gesamtzusammenhang des Lebens andere Funktionen zu erfüllen hat. Die Funktion der Selbstausbildung des Kindes wird schon im Verlauf der nächsten Stufe allmählich immer stärker zurücktreten, naturgemäß, denn die Ausbildung geschieht jetzt auf anderen Wegen.

5

Genauso wie die Linie des Spiels auf den späteren Stufen neben der Arbeit einherläuft, hat auch die der *Arbeit* schon vor der Schulzeit begonnen. Das ergibt sich aus unserer These, daß das Kind schon sehr früh in zwei Welten lebt, daß das Hineinwachsen in die Wirklichkeitswelt der Großen immer neben dem spielenden Dasein in der Phantasiewelt vorhanden ist und sehr bald auch mit einer gewissen Bewußtheit vom Kinde gewollt wird. Wenn es der Mutter »hilft« oder im Kindergarten Brettchen scheuert und Türklinken putzt, hat es ein ganz deutliches Bewußtsein davon, daß es etwas anderes tut als spielen. Es nimmt sich selber wichtiger dabei, hat eine andere Ernsthaftigkeit, die sich auch physiognomisch spiegelt, und der abwehrende Ausdruck »ich habe noch zu tun«, wenn man es zu etwas anderem ruft, zeigt deutlich, wie es sich fühlt. Woraus dem Kinde diese Freude an solchem »Arbeiten« entsteht, ob aus dem Bewußtsein, zu sein wie die Großen, oder aus dem »Helfen«, ob es die Funktionslust selber ist, das kräftige Scheuern und Putzen, die sich in ihr auswirkt, oder die Freude am fertigen »Werk«, braucht hier nicht untersucht zu werden. Es genügt die Feststellung, daß das Kind das Arbeiten als etwas anderes erlebt, als das reine Spielen – wobei ein Fließen der Übergänge zwischen beiden nicht geleugnet wird und nicht behauptet wird, daß das kindliche

Arbeiten sich vollständig mit dem der Erwachsenen decke. Jedenfalls lebt das Kind durchaus nicht bloß in einem Spielbewußtsein, sondern hat daneben ein Arbeitsbewußtsein, das es genießt, und die Pädagogik des Kindergartens hat deswegen hier mit Recht eingesetzt. Sie tut es in doppelter Weise mit den sogenannten *»Beschäftigungen«* und mit der *Haus- und Gartenarbeit.*

Das Aufreihen einer Kette, das Herstellen eines Papierdrachens, alles »Basteln« ist Arbeit, wenn auch die Grenze gegenüber dem Spiel nicht immer scharf ist, weil das, was hier geschieht, auch in das künstlerische Gebiet hinüberreicht, genauso wie beim Kneten und Malen, und eine Ausdrucksfunktion hat oder durch den Weg über das Motorische zum vollen Gewinn des vorher nur anschaulich Erfahrenen führen soll. Der Kindergarten hat hier einen erstaunlichen Reichtum von Beschäftigungsarten und vor allem auch von »Beschäftigungsmitteln« gefunden, die der geistigen Entwicklung des Kindes, der Entwicklung seiner manuellen Geschicklichkeit wie der Intellektualität seiner Sinneswahrnehmungen dienen. Es wird aber nie die Aufgabe sein, diese Beschäftigungen *alle* um ihrer selbst willen zu üben.

Die Frage solcher Beschäftigung der Kinder, insbesondere ihrer Bedeutung für die Entwicklung des ganzen psycho-physischen Apparates, ist heute in ein neues Licht gerückt worden durch die Montessori-Methode. Die kindgemäße Arbeitsform herauszubilden war hier die Aufgabe. Maria Montessori ist der Meinung, daß das Spiel nur ein Notbehelf ist, zu dem das Kind greift, weil seine Umwelt so organisiert ist, daß ihm ein sinnvolles tätiges Eingreifen in sie, also Arbeit, unmöglich gemacht wird, daß das Kind aber von sich aus dazu drängt. Daraus zieht sie zwei Folgerungen, erstens die, daß sie das *»Kinderhaus«* schafft, eine Welt, in der alles vom kindlichen Maß her bestimmt ist und in dem sich tatsächlich eine rege und vielseitige häusliche Tätigkeit der Kinder entfaltet, und die zweite Folgerung, daß sie Arbeitsmöglichkeiten schafft, durch die sich das Kind selbst bildet, also das *»didaktische Material«*, das eindeutig vom Kind immer eine gewisse Leistung verlangt und das nur zu dieser verwendet werden darf. Die Wahrheit, die in der ersten Folgerung liegt, hat jede Mutter schon gespürt, die ihrem Kinde ein Kinderschränkchen und Kindermöbel in das Kinderzimmer stellte, die ihm das kleine »richtige« Bügeleisen und die kleine Gießkanne für sein Beet schenkte. Der Fröbelschen Praxis sind diese Dinge auch nie fremd gewesen, sie aber mit dieser Folgerichtigkeit durchgesetzt zu haben ist M. Montessoris großes Verdienst. Das pädagogisch Wertvollste, was im didaktischen Material steckt, ist die Erziehung durch die Sache, deren Forderung das Kind hier selbsttätig gehorchen lernt. Aber das »Zimmer der intellektuellen Arbeit« kann, sofern man die eigentümliche kindliche Lebensform wirklich respektiert, schwerlich als *die* Kinderwelt gelten, ebensowenig wie das Spielen nur ein Ausweg des eigentlich arbeiten wollenden Kindes ist. Was hier vor allem ganz verloren geht, ist die Hilfe zur Verarbeitung des Erlebnisses, die Entwicklung der Innerlichkeit, ohne die alle Rationalität doch ganz äußerlich bleibt. Im Fröbelkindergarten ist dafür schon durch das viel persönlichere Verhältnis der Kindergärtnerin zum Kinde – bei Montessori hat die »Lehrerin« eigentlich nur eine Ordnungsfunktion – gesorgt, sie wird nur selber auch die taktvolle Zurückhaltung wahren müssen, ohne die gerade diese pädagogische Hilfe allzuleicht »tantenhaft« wird.

Die zweite Form von Arbeit, die im Kindergarten eine Rolle spielt, und die oben schon erwähnt wurde, ist die häusliche Beschäftigung und die Gartenarbeit. Als eine Vorstufe solcher »häuslichen Beschäftigung« mögen alle die kleinen Verrichtungen gelten, die mit der *Pflege* des Kindes innerhalb des Kindergartens zusammenhängen, und bei denen wir, wie die Mutter, sorgen, daß sie zu »guten Gewohnheiten«, das heißt automatisiert werden: das Händewaschen wie das Aufräumen, das anständige Essen wie das sich selber An- und Ausziehen, alles, was man unter dem Schlagwort *»Lebenspraxis«* zusammenfassen kann. Ihr Wert liegt außer in der körperlichen Funktionsübung in der allgemeinen Disziplinierung und Sozialisierung, die durch sie erreicht wird. Henriette Schrader, die Begründerin des Pestalozzi-Fröbel-Hauses, hat solchem sinngemäßen kindlichen Tun einen viel weiteren Rahmen gesteckt. Sie hat auch das Kochen und Backen, das Putzen und Scheuern, das Graben und Säen usw. in den Kindergarten eingeführt aus der klaren Einsicht, daß in solchem Tun – solange es in den Grenzen dessen bleibt, was dem Kinde ohne Überspannung seiner Kräfte möglich ist – auch schon tiefere menschliche Saiten mitschwingen, wie die Verantwortung für das gemeinsame Heim und die Gemeinschaft (Ämter) oder die Ehrfurcht vor dem Lebendigen im Tier und in der Pflanze, die man pflegt.

6

Die Einführung dieser häuslichen Arbeiten geschah aber bei Henriette Schrader aus einem noch umfassenderen Beweggrund. Wir werden damit auf die Frage nach den *Inhalten* der Kindergartenerziehung geführt und zugleich auf ein besonderes Problem des *großstädtischen* Kindergartens. Für Henriette Schrader, die aus einem gesunden und vollen Landleben kam, war es ein entscheidendes Erlebnis, zu sehen, wie arm an bedeutsamen Eindrücken das Dasein der Proletarierkinder in der Großstadt war, vor allem weil die Haushaltung, in der sie aufwuchsen, soweit man überhaupt von einer solchen reden konnte, längst aller produktiven Funktionen entkleidet und ganz wurzellos in der Welt war. Sie konnte sich eine geistige Lebendigkeit beim Kinde nur dann denken, wenn seine Sinne, sein Geist und seine Seele gesättigt waren mit einer Fülle sinnlicher Eindrücke, die den Erlebnissen des Landkindes einigermaßen entsprechen, Eindrücke, die dann im spontanen Wechselgespräch mit den vertrauten Erwachsenen verarbeitet werden. Sie wollte dem Kinde eine Welt schaffen, in der es geistig mitten drin stehen konnte, und wollte es alle die Dinge erleben lassen, die kindlichem Verständnis wirklich zugänglich sind, und da bot sich ihr die ländliche Welt und die verhältnismäßig einfachen Verrichtungen, die die Menschen da noch ausführten, Frühling und Herbst mit Saat und Ernte, der verschneite Winter mit den Weihnachtsliedern, dem Weihnachtsbacken und mit dem Spinnen, das Brotbacken und das Buttern und das Leben der Tiere. Alle diese Dinge, die für das Landkind ihrer Zeit die Welt darstellten, mit der es dauernd in Berührung kam, konnten doch nur mehr oder weniger mühsam und künstlich in das Kindergartenleben der Großstadt hereingezogen werden. Der natürliche Ansatzpunkt lag aber im Wechsel der Jahreszeiten und im Ablauf des Jahres mit seinen Festen. Wenn sie vom »Monatsgegenstand« spricht, meint sie diese natürliche Anknüpfung. Aber die Theorie des Monatsgegenstandes, die sie dann entwickelt hat, bei der alle diese Dinge, die beim Landkind zur Atmosphäre gehören, zu Lehrgegenständen werden – wenn auch der Unterricht noch so anschaulich ist und noch so viel Selbsttätigkeit zuläßt –, die dann gewußt werden sollen und bei denen eine systematische Vollständigkeit (von der Entstehung der Kartoffel bis zu ihren Verwendungsmöglichkeiten) angestrebt wird, ist doch sehr gefährlich, und sie ist auch vielfach mißbraucht worden. Richtig ist daran sicher, daß der Kindergarten auch dafür zu sorgen hat, daß das Kind sich ein reiches und lebendiges primitives Weltbild bauen kann. Dazu müssen wir ihm Erlebnismöglichkeiten geben – und das bedeutet immer *Inhalte* und zwar solche, die dem Kind zugänglich sind und eine große Konzentration ermöglichen – und müssen ihm bei der Verinnerlichung seiner Erlebnisse behilflich sein.

Die Wahl dieser Inhalte wird man im wesentlichen der Improvisation der Kindergärtnerin überlassen müssen, die mit richtigem Takt die Lebensumstände des Kindes (dazu gehören die Jahreszeiten mit ihren Festen usw.) als Anknüpfung benutzt und nur solche Inhalte wählt, die ihren Kindern zugänglich sind. Anderseits muß aber – wie im Gesamtunterricht der Schule – auch Raum bleiben für die impulsive Selbstwahl der Kinder, ihre eigene »Lernauslese«. Inwieweit die moderne großstädtische Umwelt dem kleinen Kinde wirklich einen solchen ihm gemäßen Lebensstoff anbietet, bleibt dabei ein schweres Problem.

Die Züge von Familienhaftigkeit, die durch die Schradersche Richtung in den Kindergarten hineingekommen sind – wobei allerdings der Vater immer ausfällt, was man nicht vergessen darf –, haben für den *»Volkskindergarten« als Tagesstätte* ihre besondere Bedeutung, weil *er* den Kindern einen Ersatz geben soll für die Geborgenheit des Hauses. Er wird die Lebensstätte des Kindes, wo es auch seine Mahlzeiten bekommt, seine Mittagsruhe hat und den Nachmittag verbringt, der dann naturgemäß eine lockerere Gestalt hat als der gut aufgebaute Morgen, und wo sein Bedürfnis nach persönlicher Führung sich befriedigt. Der großen Gefahr der Entfremdung von der Familie, die dadurch entsteht, selbst wenn mehrere Geschwister dort zusammen sind, sucht man damit zu begegnen, daß man die Eltern und besonders die Mütter mit dem Kindergarten verbindet. Schon seine Lage in der Nähe der Wohn- oder Arbeitsstätte der Mütter (die Montessori-Heime innerhalb der Häuserkomplexe der Arbeiter in Rom oder die heutigen Fabrikkindergärten) ist hier wichtig, damit sie ohne Mühe die Kinder bringen und holen können und Zeit genug haben, mit der Kindergärtnerin über sie zu sprechen oder etwas von ihrem Leben dort noch mitanzusehen. Weiter müssen aber Elternabende und Mütterkurse dazu helfen, die Verbindung und die Wechselwirkung zwischen Elternhaus und Kindergarten möglichst lebendig und damit die Welt des Kindes einheitlicher zu machen. Hier liegt noch eine große Zukunftsaufgabe des Kindergartens, die sich schließlich auf alle deutschen Mütter erstreckt, wie das Fröbel auch schon sah, als er mit seiner Vision des »Allgemeinen deutschen Kindergartens«, von dem jeder einzelne Kindergarten gewissermaßen nur eine Keimzelle ist, den pädagogischen Willen des deutschen Volkes neu entzünden wollte.

7

Wird die pädagogische Bedeutung des Kindergartens und seine allgemeine Berechtigung anerkannt, so liegt die Forderung sehr nahe, ihn obligatorisch zu machen wie die Schule. Das Problem ist auf der Reichsschulkonferenz (1920) nach allen Seiten erörtert worden, und der »*Zwangskindergarten*« wurde damals von einer großen Mehrheit abgelehnt. Das Grundsätzliche liegt heute nicht anders als damals. Die Tatsache, daß die meisten Eltern gerade dem kleinen Kind gegenüber noch am stärksten ihre pädagogische Verantwortung fühlen und daß man, wenn man dieses Verantwortungsgefühl schwächt, die Familie noch mehr zerstören würde, ferner die gesundheitliche Anfälligkeit des Kleinkindes, das in der größeren Kinderschar allen möglichen Ansteckungsgefahren ausgesetzt ist, und schließlich die Erfahrung, daß doch für eine nicht geringe Zahl von Kindern die Häuslichkeit auch heute noch die günstigsten Entwicklungsbedingungen bietet, sprechen dafür, daß man für unsere Zeit von einem staatlichen Zwang auf diesem Gebiet der Erziehung absieht. An dieser Frage aber zeigt sich mit besonderer Deutlichkeit, wie anders die Funktion des Kindergartens im östlichen Teil Deutschlands gesehen wird. Die Tendenz geht dort, wie in der Sowjetunion, auf den obligatorischen Kindergarten, einmal weil damit die Mütter für die Industriearbeit freigestellt werden sollen, vor allem aber, weil man überzeugt ist, durch eine Führung im sowjetpädagogischen Sinn den Grund für die kommunistische Prägung des Menschen am sichersten legen zu können. Politische und gesellschaftliche Motive gehen hier also so tief in die pädagogische Arbeit ein, daß der kommunistische Kindergarten nach Stil und Inhalt nicht mehr in gleicher Weise als Schutz- und Entwicklungsstätte rein kindlichen Lebensverhaltens verstanden werden kann. Für uns ergibt sich aus dem weiter oben Entwickelten, daß Städte, Kreise und die großen Verbände endlich eine ausreichende Zahl guter und sachgemäß geleiteter Kindergärten bereitstellen sollten, um dem auch bei uns weithin durch die außerhäusliche Arbeit der Mütter bedingten Bedürfnis – in Stadt und Land – zu genügen. Von der Güte unserer Kindergärten wird es dann abhängen, ob die heute erkennbare Tendenz, auch nicht-notleidende Kinder in dieser bestimmten Form vor der Schule erziehen zu lassen, allmählich zu einer Sitte wird.

Die Tendenz des Kindergartens, sich zu erweitern, das heißt, immer weitere Kreise von Kindern zu erfassen, wirkt aber auch in vertikaler Richtung: Er will das höhere Lebensalter des Kindes ergreifen. Damit ist *das*

Verhältnis von Kindergarten und Grundschule berührt. Hatte die Schule bisher immer Mißtrauen gegen den Kindergarten gehegt, den sie als pädagogisch nicht vollwertig ansah oder von dem sie glaubte, daß er ihr ins Handwerk pfusche, so ergibt sich mit der ganzen Umwendung der Pädagogik seit den zwanziger Jahren beinahe ein umgekehrtes Verhältnis. Denn der Kindergarten hat ja längst die Formen einer kindgemäßen Aktivität entwickelt, wie sie die Schule heute mit der Arbeitsmethodik und dem Gruppenunterricht für *ihre* Altersstufe gefunden hat. Tatsächlich ist auch historisch dieser Arbeitsschulgedanke aus der Fröbelschen Methode hervorgegangen, wie das Pösche, Georgens, Marenholtz-Bülow, Köhler und Brückmann zeigen, ein Zusammenhang, den man meistens übersah, was nicht zum Nutzen der Schule, insbesondere der Grundschule gewesen ist, weil sie sonst vielleicht leichter und früher ihren Weg gefunden hätte, wie es ja auch in den von Fröbelschen Ideen beeinflußten *Primary Schools* in England geschehen ist.

Diese Verbindung von Kindergarten und Grundschule ergibt sich auch noch aus einer zweiten Einsicht, die sich heute immer schärfer geltend macht, daß nämlich das sechsjährige Kind noch nicht in dem Sinne schulreif ist – das heißt noch nicht auf das Gesetz in den Sachen wie in dem Gemeinschaftsleben gerichtet, wie Fröbel das schon deutlich sah –, um der strafferen Anforderung des eigentlich schulmäßigen Betriebes gewachsen zu sein. So entsteht die Forderung, die Schule nach unten aufzulockern und das Kind noch bis zum achten Jahr kindergartenmäßig zu entwickeln. Das kann entweder durch eine Verlängerung des Kindergartens geschehen oder durch eine kindergartenmäßige Gestaltung des ersten Grundschuljahres selber. Die alte Fröbelsche »Vermittlungsklasse« und der »Schulkindergarten« stellen entsprechende Übergangsformen dar. Wie stark die pädagogische Gesamthaltung der modernen Grundschule tatsächlich schon der des Kindergartens verwandt ist, sei hier nur angedeutet.

Die Erweiterung des sozialen wie des pädagogischen Wirkungskreises der Kindergärtnerin hat mit Notwendigkeit dazu geführt, für die größeren Aufgaben einen gründlicher durchgebildeten Typus der Erzieherin zu schaffen, die *»Jugendleiterin«*, deren eigentümliche pädagogische Form sich immer klarer herausgearbeitet hat. Wenn in diesem Artikel nur der Name »Kindergärtnerin« benutzt wurde, geschah es, weil er die Funktion eindeutig bestimmt; die eigentliche Entwicklung der Arbeit auf unserem Gebiet geschieht jetzt aber durch die Jugendleiterin.

8

Es ist eine Eigentümlichkeit der Bewegung, daß in ihrem ganzen Verlauf die Literatur eine verhältnismäßig geringe Rolle spielt. Schon in den 60er Jahren ist das von den Anhängern Fröbels festgestellt und damals bedauert worden. Wichard Lange hat darum Middendorffs Denkschrift, die dieser 1848 der Frankfurter Nationalversammlung vorgelegt hatte, neu herausgegeben, 1862/63 die erste Neuausgabe der Fröbelschen ›Menschenerziehung‹ veranstaltet und die erste und bisher einzige Sammlung von Fröbels verstreuten Aufsätzen ›Zur Pädagogik des Kindergartens‹ herausgebracht, die seine grundsätzlichen methodischen Betrachtungen enthalten; dazu kamen dann noch eine Reihe von autobiographischen Aufsätzen Fröbels. Die Langesche Ausgabe ist seit Jahrzehnten schon eine buchhändlerische Seltenheit. Lange Zeit sind nur Auszüge aus der ›Menschenerziehung‹ (wie der Gallesche) weiterhin bekannt gewesen, und erst 1913 hat Zimmermann (jetzt auch bei Reclam) diesem Mangel durch eine vollständige Ausgabe des Werkes abgeholfen. Eine moderne kritische Gesamtausgabe fehlt uns noch [2]. Wie groß die Wirkung der Langeschen Ausgabe in seinen Tagen gewesen ist, läßt sich schwer sagen. Sicher ist, daß von all den Menschen, besonders von den Frauen, die seit mehr als einem Jahrhundert in Fröbelschen Bahnen gehen, die wenigsten den Weg zu ihm über das Buch gefunden haben. Schon zu seinen Lebzeiten aber konnte man dank dem unmittelbaren Einfluß, den er auf seine Schülerinnen und seine Mitarbeiter hatte, von einer über die Grenzen seiner persönlichen Wirksamkeit hinausgehenden Kindergartenbewegung sprechen, die auch das zeitweilige staatliche Verbot der Kindergärten nicht aufzuhalten vermochte. Am bedeutsamsten sind für die Zukunft die beiden Frauen geworden, deren eigene seelische Tiefe durch die Kraft seiner Geistigkeit und seinen pädagogischen Eros aufgeschlossen wurde: Bertha von Marenholtz-Bülow und Henriette Schrader-Breymann. Frau von Bülow war schon eine reife Frau mit sicherer gesellschaftlicher Position, als sie ihr Leben für zwei Jahrzehnte ganz in den Dienst dieser neuen Botschaft gestellt hat. Sie hat durch diese Propaganda großen Stils die Fröbelsche Sache weit über Deutschlands Grenzen hinausgetragen und war auch der Mittelpunkt in dem kleinen Kreis einflußreicher Schulmänner, die damals von Fröbel ergriffen waren. Die Namen von Diesterweg, Köhler und unter den Professoren der jüngere Fichte seien hier genannt. In den Generationen nach ihnen ist der Mann als wirksamer Träger dieser Bewegung dann fast ganz verschwunden, ja, man kann sagen, daß die Kindergartenbewegung in die Frauenbewegung eingegangen ist, und man sollte nie die Rolle vergessen, die Fröbel direkt und bewußt für die Frauenbewegung, insbesondere für die Entwicklung der weiblichen Bildung gespielt hat. Interessant ist, wie B. von Marenholtz-Bülow und Fichte aus den Ideen der 40er Jahre die Züge hervorheben, die sie den geistigen Tendenzen der 70er Jahre zugehörig erscheinen lassen – den nationalen Gedanken einer neuen alle erfassenden und so von unten her die Einheit des Deutschen Reiches begründenden Volksbildung und den oben erwähnten Arbeitserziehungsgedanken des Kindergartens, der – ganz modern – zu den immer brennender werdenden wirtschaftlich-sozialen Problemen in Beziehung gesetzt wird.

Von größerer innerer Wirkung ist aber Henriette Schrader-Breymann für die Bewegung geworden. Sie hat dem deutschen Kindergarten erst die charakteristische Form gegeben, die dann vor allem von Klara Richter und Lili Dröscher weiterentwickelt worden ist. Die Fröbelschen Ideen hat sie aus einem starken und unverbildeten fraulichen Herzen heraus gewissermaßen neu geboren und so ein Kindergartenleben geschaffen, das lebensnäher und darum zukunftsvoller war, als was die konsequenten Anhänger Fröbels vertraten, denen es vor allem auf die Reinhaltung seiner Systematik ankam und deren orthodoxer Betrieb immer weniger kindgemäß wurde. Aber auch Henriette Schrader hat nicht durch das Buch gewirkt. Die wenigen kleinen Schriften, die wir von ihr haben: ›Häusliche Beschäftigung und Gartenarbeit‹ und ›Volkskindergarten im Pestalozzi-Fröbel-Hause‹ sind in ganz kleinen Auflagen erschienen und wohl eigentlich nur für die Hand der Schülerinnen bestimmt gewesen als eine Zusammenfassung der gelebten Lehre. Aber durch das Pestalozzi-Fröbel-Haus, das sie begründet und während der ersten zwei Jahrzehnte seines Bestehens geleitet hat, sind Tausende von jungen Schülerinnen gegangen, die – am stärksten wohl von ihr selber – dort die bestimmende Richtung für ihre Lebensarbeit bekommen haben, und die größte Zahl auch der heute in Deutschland bestehenden Fröbelschen Kindergärten und Kindergärtnerinnen-Seminare steht irgendwie in einem geistigen Kindschaftsverhältnis zum Pestalozzi-Fröbel-Haus. Auch die Seminare für »Klein-Kinderschullehrerinnen«, die auf Oberlin und Fliedner zurückgehen, haben denselben »pädagogischen Weg« eingeschlagen aus der klaren Einsicht, daß Allgemeingültiges für die frühkindliche Erziehung hier aufgefunden worden ist. Sie nennen sich heute auch Fachschulen für Kindergärtnerinnen und

Hortnerinnen. Die jüngste und vielleicht pädagogischste Schöpfung der Bewegung ist der *Schulkindergarten*, die Erziehungsstätte für die schulaltrigen, aber noch nicht schulreifen Kinder.

Das fruchtbarste Kindschaftsverhältnis aber bestand zwischen dem Pestalozzi-Fröbel-Haus und dem Charlottenburger Jugendheim, das durch den Nationalsozialismus aufgehoben und in das Pestalozzi-Fröbel-Haus eingegliedert worden ist. Denn obgleich die erste Leiterin des Kindergartens dort, Martha Abicht, aus dem Pestalozzi-Fröbel-Haus hervorgegangen ist und die Kindergartenmethode des Jugendheims sich in den Jahrzehnten seines Bestehens grundsätzlich wenig von der Schraderschen unterschied, hat doch seine Arbeit als ganze durch ihre Eingliederung in die dort neu geschaffene Arbeit der Schulkinderpflege ein sehr anderes Gesicht bekommen. Wie der Kinderhort der Hedwig Heyl und Anna von Gierke aus dem reinsten sozialen Impuls für den Nachmittag der Schulkinder geschaffen und ausgebaut wurde, so daß das Jugendheim selbst eine Art ›*Settlement*‹ wurde, so stand auch bei der Kindergartenarbeit der soziale Gesichtspunkt über dem pädagogischen. Damit hat sich das Jugendheim als erste derartige Anstalt ganz in den Zug der am Ende des vorigen Jahrhunderts stärker anwachsenden sozialen und sozial-politischen Bewegung gestellt, in deren Verlauf es immer deutlicher wurde, besonders seit dem Ersten Weltkrieg, daß der Kindergarten auch ein Teil der Kleinkinderfürsorge, nicht bloß der Bildungsorganisation ist. Damit hat sich zwischen den sozialen Tendenzen, die vor Fröbel wirksam waren und die besonders in der konfessionellen Arbeit das ganze Jahrhundert hindurch fortgewirkt haben, und dem Fröbelschen Werk eine Synthese vollzogen, die uns heute selbstverständlich ist.

Im Anfang dieses Jahrhunderts entwickelte sich dann die Montessori-Bewegung als eine eigene, von der Fröbelschen Richtung unabhängige Form der frühkindlichen Erziehung. Sie hat vor allem in den westlichen Ländern große Bedeutung erlangt und weithin das Interesse an den Fragen der vorschulischen Erziehungsform neu erweckt und die Praxis befruchtet. Der Respekt vor dem Eigenrecht des Kindes hat sich hier auf die Dauer als wirkungsvoller erwiesen als die Rationalität des Systems ihrer Beschäftigungsmittel, in der M. Montessori den positivistischen Tendenzen der Jahrhundertwende verhaftet geblieben ist. Allerdings befriedigen die rationalen Aufgaben der Reihung und der Unterscheidung, die das Material dem Kind unmißverständlich stellt, *eine* Seite der Mentalität der Kinder unserer Zeit, wie sich ja auch an den von den Kindern heute bevorzugten Spielzeugen ablesen läßt. Aber es ist eben nur die eine und nicht einmal die pflegebedürftigste Seite. In Deutschland ist es daher in den zwanziger Jahren zu einer mit Leidenschaft geführten Auseinandersetzung zwischen beiden Richtungen gekommen, in der sich schließlich auf beiden Seiten Versuche zu einer Synthese erkennen ließen, wenn auch sozialististische Kreise damals in Ablehnung der »Bürgerlichkeit« der Fröbelbewegung bei einer radikalen Verwirklichung der Montessorischen Ideen blieben. Gerade diese Beziehung aber hat dazu geführt, daß die Montessori-Bewegung in der Zeit des Nationalsozialismus in Deutschland unterdrückt wurde. Heute hat sie die Freiheit zu eigener Entwicklung wiedererlangt, man kann jedoch nicht sagen, daß sie zu einem bestimmenden Faktor in der deutschen Kindergartenarbeit geworden sei. Ihre große Bedeutung für uns aber liegt darin, daß sie zusammen mit den anderen pädagogischen Reformbewegungen der zwanziger Jahre, die das Verständnis für das Eigenrecht der kindlichen Lebensform überall vertieften und die erzieherische Bedeutung des Musischen ganz neu erkennen ließen, und in einer Zeit, in der die Tragweite der Kleinkinderfürsorge für das Volksleben erst erfaßt wurde, zu einer Neubesinnung auf die Grundlagen der Kindergartenarbeit gerade in den Fröbel verpflichteten Kreisen beigetragen hat.

Kein Bereich der Erziehung kann lebendig bleiben, ohne daß die Frage nach Sinn und Wert seiner Erziehungsformen im Angesicht der sich verändernden gesellschaftlichen Umstände immer neu gestellt wird. Auch die Funktion des Kindergartens, sein Verhältnis zu Schule und Elternhaus, zu anderen freien pädagogischen Arbeitsformen wie der Erziehungsberatung, den Spielkreisen u. a. verschiebt sich, wenn auch noch so leise, im Wandel der Zeit. Medizinische, jugend-psychologische und -psychiatrische sowie soziologische Einsichten fordern Beachtung. Selbst die großen geistigen Entscheidungen des kulturellen Lebens wirken indirekt in diesen Schutzraum der kindlichen Welt hinein. Freilich sind die zeitbedingten Wandlungen in der frühkindlichen Erziehung geringer als etwa in der Schule, einmal weil das Leben des Kleinkindes sozusagen selber noch unhistorisch ist, aber auch weil sich hier in besonders glücklicher Weise so etwas wie eine gültige Grundform für die Praxis entwickelt hat. Und dennoch gilt auch für diesen Bereich, in dem ein kostbares Erbe seine Lebenskraft beweist, daß es nicht auf die Wahrung dieses Erbes *an sich* ankommt, sondern auf die ständige Wachheit und Bereitschaft zur Neubesinnung auf den reinen Kern der Aufgabe und auf das, was wir unseren Kindern in dieser sie immer stärker gefährdenden Welt schuldig sind[3].

Erika Hoffmann

Frühkindliche Bildung und Schulanfang

Wenn unsere Kinder – die jüngsten 6¼, die ältesten 7¼ Jahre alt – eingeschult werden, dann ist das ein von ihnen deutlich empfundener Schritt in einen neuen Lebensabschnitt, den sie mit Spannung und festlicher Freude erwarten. Der größere Teil dieser Kinder hat keinen Kindergarten besucht, aber wir wissen es in Deutschland auch, daß die Kinder zwischen drei und sechs Jahren eine pädagogische Unterstützung ihrer Entwicklung brauchen, über deren Zielsetzung und Methodik wir uns ganz klar werden müssen. Die gemeinschaftliche Erziehung in dieser Zeit ist eine wesentliche Hilfe. So drängt der Wille der Eltern und Lehrer auf Vermehrung der Kindergärten. Die Tatsache, daß wir nicht genug Kindergärten haben, ist *heute* weniger begründet in dem Mangel an Einsicht in ihre Notwendigkeit oder in dem Mangel an finanziellen Mitteln als in dem Mangel an personalen Kräften. Unsere modernen Bildungspläne beziehen den Kindergarten als erste Bildungsinstitution ein, ohne die gesetzliche Verpflichtung, die unser Schulwesen charakterisiert, auf ihn auszudehnen. Der Kindergartenbesuch wird bei uns immer ein freies Angebot bleiben.

Die deutsche Grundschule schließt behutsam an die Arbeitsweise des Kindergartens an. Einer der modernen Pläne über den zukünftigen Ausbau unseres Erziehungswesens, der sogenannte »Bremer Plan« setzt für den ersten Schulabschnitt, der vier Jahre (von 6–10) umfaßt, das Ziel: »... die gesamtmenschliche Entwicklung des Kindes in erzieherisch-pflegerischer Haltung zu fördern. Musische Bildung auf allen Gebieten kindlichen Ausdrucks-, Darstellens- und Gestaltungsvermögens, heimatlicher Gesamtunterricht, allmähliche Entwicklung der Arbeitshaltung, ausgehend vom kindlichen Spiele, sind die Pfeiler dieser Grundschulpädagogik.«

Es muß hier im internationalen Gespräch auffallen, ja wohl befremden, daß wir auch in unseren Zukunftsplänen nicht nach einem für die Kinder *unmerklichen* Übergang vom Spielen zum Lernen streben, sondern daß wir festhalten an einer deutlichen Unterscheidung von Kindergarten und Schule. Dem entspricht auch die getrennte Ausbildung der Erzieher. Unsere Kindergärtnerin ist nicht ›*teacher*‹, aber auch nicht ›*nurse*‹, sondern eine speziell ausgebildete Erzieherin für frühkindliche Bildung und zugleich für die Aufgaben der Erziehung der Kinder bis 14 Jahren in der Öffentlichkeit, die neben Familie und Schule entstehen. Diese Auffassung ist zum Teil historisch begründet, zum anderen Teil steht hinter der deutschen Ordnung ein neu gewonnenes Verständnis für die Bildungs- und Erziehungsaufgaben in der frühen Kindheit – und ein neues Verständnis unserer Sozialpädagogik.

Wir wissen wohl, daß wir bis in die zwanziger Jahre des Jahrhunderts einen Rückstand in der Gestaltung des Schulanfangs anderen Ländern gegenüber einzugestehen hatten, während im Ausland, vornehmlich in Frankreich, England und Amerika schon ein bruchloser Übergang vom Spiel des Kleinkindes zum Arbeiten und Lernen des Schulkindes gefunden war. *Nicht* in Deutschland, aber in den anliegenden europäischen Ländern und Amerika hatte sich die Hoffnung verwirklicht, die der deutsche Pädagoge Friedrich Fröbel schon 1848 haben durfte, als der Lehrerverein von Rudolstadt in sein Programm aufnahm: der Fröbelsche Kindergarten sollte in das Schulsystem eingefügt werden als Grundstein für einen Bildungsaufbau »vom Kindergarten bis zur Universität«. In der *infantschool* und in der *école maternelle* und in dem amerikanischen *kindergarten* hat sich Fröbels Idee dahin ausgewirkt, daß der Schulanfang aufgelockert und mit *›educational plays‹* durchsetzt worden ist, also mit Lernformen, in denen das Kind von 4–8 Jahren spielend die elementaren Voraussetzungen der Schulbildung, in individuellem Tempo voranschreitend, erwirbt und in eine Arbeitshaltung hineinwächst, ohne dessen gewahr zu werden. Fröbels Kindergarten wäre in Deutschland wahrscheinlich auch eine solche Vorschule geworden, wenn die deutsche Schule Fröbels Idee zur gleichen Zeit, noch vor der Jahrhundertwende, aufgenommen hätte. Aber die Schulreform in Deutschland hat von anderer Seite her eingesetzt. Durch Kunsterziehungs- und Arbeitsschulbewegung wurde die Rezeptivität der alten Lernschule überwunden und das Kind zur altersgemäßen Aktivität befreit. Diese Reform bezog sich aber auf die ganze Schule und beachtete zunächst nicht die Ansätze einer frühkindlichen Bildung, die im Kindergarten vorhanden waren. Als aber die erste deutsche Demokratie 1919 sich ihre Gesetze gab und die Grundschule als gemeinsame Schule aller Kinder des Volkes konzipierte, entstand zugleich die Bereitschaft, sich die Erfahrungen der wenigen privaten Elementarschulen, die Methoden für den schulischen Anfangsunterricht in enger Verbindung mit dem Kindergarten entwickelt hatten, zunutze zu machen. Es erfolgte eine Annäherung der ersten Lernformen der Schule an die Spielformen des Kindergartens, es kam aber nicht zu einer Verschmelzung.

Der *äußere* Grund, daß in Deutschland bis heute eine *deutliche Trennung zwischen Kindergarten und Schule* besteht, ist folgender: Weil das

Schulwesen sich den Kindergarten nicht eingliederte, siedelte sich diese Einrichtung auf dem Gebiet der sozialen Hilfe und der Familienpflege an und ist deshalb bis 1945 in allen deutschen Ländern den Sozialministerien unterstellt gewesen. Der Kindergarten entwickelte sich zum Ersatz der elterlichen Wohnstube für die Kinder, deren Mütter berufstätig sein mußten. Man darf aber sagen, daß das deutsche Kindergartenwesen niemals nur soziale Hilfe gewesen ist, sondern zugleich einen pädagogischen Auftrag wahrnahm. Das gilt übrigens nicht nur für das Gebiet der Kleinkindfürsorge, sondern für alle sozial notwendig gewordene Erziehungsarbeit an Kindern und Jugendlichen. Deshalb ist in Deutschland auch der Begriff *Sozialpädagogik* entstanden. Aber in der Kleinkindfürsorge überlagerten sich soziale Hilfe und Bildungsarbeit besonders deutlich. Es hat in Deutschland seit 1802, also 38 Jahre vor Fröbels Kindergarten-Gründung, Kleinkinderbewahranstalten oder Warteschulen gegeben, schützende Einrichtungen für Kinder arbeitender Mütter. Diese Benennungen – auch die Benennung Kleinkinderschulen – gibt es heute nicht mehr. Wir haben nur Kindergärten, in denen die Kinder berufstätiger Mütter für den ganzen Tag aufgenommen werden, *zusammen* mit den Kindern aus sozial nicht bedrängten Familien, die den Kindergarten nur für den halben Tag besuchen. Allerdings haben die Kinder berufstätiger Mütter den Vorzug. Und es gibt in Deutschland noch kaum ein Gemeinwesen, das genug Kindergärten hätte, um alle Kleinkinder von 3 oder 4 Jahren ab aufzunehmen. Den Ausweg, den zum Beispiel die Schweiz gewählt hat, genug Halbtagskindergärten für alle Kinder ein Jahr vor dem Schulanfang bereitzustellen und die Kinder, die wegen sozialer Notstände für den ganzen Tag versorgt werden müssen, in besonderen Einrichtungen zu sammeln, können wir aus grundsätzlicher Entscheidung nicht anstreben. Wir wollen den sozial *notwendigen Ersatz* mütterlicher Pflege und die gemeinschaftliche Erziehung und Bildung der Kinder als *Ergänzung* der einwandfreien Familienerziehung nicht trennen. Dem Prinzip nach bauen wir unser Kindergartenwesen entsprechend der Grundschule aus, das heißt, wir wollen alle Kinder unseres Volkes so lange gemeinsam erziehen, bis die Differenzierung auf verschiedene Bildungsziele hin, der Begabung entsprechend, notwendig wird. Das, was ein guter Kindergarten leisten kann, erachten wir als notwendig für alle Kinder, und es soll ihnen gleicherweise zukommen, soweit die Eltern einsichtig genug sind, dieses Bildungsbedürfnis zu erkennen und die vorhandenen Kindergärten zu benutzen. Die Bildsamkeit des Kindes, der durch altersgemäße gemeinsame Erziehung entsprochen wird, beginnt zwischen dem dritten und vierten Lebensjahr. Deshalb halten wir es nicht für ausreichend, nur Kindergärten für die 5- bis 6jährigen zu erstellen, was sich leichter und schneller verwirklichen ließe.

Damit kommen wir zu den *inneren* Gründen unseres Festhaltens am Unterschied einer frühkindlichen Bildung im Kindergarten und einer Schulbildung, verschieden nach Atmosphäre und Methode. War es zunächst historisch begründet, daß die Kindergärten selbst und die Ausbildung der Erzieherinnen dafür nicht in das deutsche Schulwesen eingegliedert wurden, so sind wir heute gar nicht willens, in dieser Richtung zu korrigieren, weil wir zu erkennen glauben, daß die *Vorschulzeit* bestimmt sein muß von der kindlichen Eigenart des Erlebens; mit wachsender Dringlichkeit wird uns abgefordert, darauf zu achten. Was die moderne Welt heute dem Erwachsenen an Lebensleistung abverlangt, braucht als Grundlage eine bewahrte Kindheit, braucht die Ermöglichung, daß kleine Kinder im modernen Leben heute noch kleine Kinder sein können. Wenn wir auch noch einen weiten Weg vor uns haben, die Realität der Einsicht entsprechend durchzugestalten, so halten wir doch prinzipiell daran fest, daß wir das Leben der Kinder zwischen drei und sechs Jahre bewußt pädagogisch führen müssen, und schalten für die Kinder, die bei unserer Lage, noch nicht genug Kindergärten zu haben, nicht rechtzeitig reif für die Schule werden, das Zwischenglied Schulkindergarten ein. Wir sind überzeugt, einen pädagogischen Widerstand gegen die durch unsere Zeitumstände immer stärker vorangetriebene Frühreife setzen zu müssen. Diesen Widerstand soll und kann der Kindergarten leisten.

In der Zeit zwischen dem dritten und fünften Lebensjahr entwickelt das Kind eine eigene Art der Weltauffassung, der geistigen Verarbeitung seiner Eindrücke, und zwar im Tun und in bildhaften Gestaltungen, noch nicht in Worten und gedanklich entwickelten Vorstellungen. Dabei aber ist es abhängig von seiner Umgebung. Auch das Bildverständnis muß geweckt werden durch Gestalt und Bild als Ausdrucks- und Verständigungsmittel. Wir Erwachsenen heute sind arm an Bildern. Wir leben und sprechen immer unanschaulicher und abstrakter, unsere technische Umwelt gibt den kleinen Kindern nicht mehr genug Anreiz, durch Zuschauen und Mittun in das Leben zu wachsen, wie es den Kindern früherer Zeiten offenstand. Kleine Kinder aber leben noch nicht selbständig, und so passen sich unsere Kinder einfühlend uns an – heute genauso wie früher. Das ist nicht zu vermeiden und soll auch nicht vermieden werden. Aber die Kinder brauchen dann gegen die so eintretende vorzeitige Differenzierung ihrer geistigen Kraft und gegen das zu früh angepaßte rationale Umgehen mit den Dingen der Welt ein Gegengewicht, und das gibt ihnen der Kindergarten als pädagogische Institution der Altersstufengemeinschaft. Hier finden sie in der Gemeinschaft ihresgleichen Halt und Stütze aneinander, nach ihrer Art die Umwelt zu erfassen und im schöpferischen Gestalten darauf zu antworten. Diese geistige Kommunikation der Kinder untereinander ist wichtiger als jegliche Methode, die wir Erwachsenen veranstalten können. Und doch muß Methode entwickelt werden, und sie muß an diesem Punkt ansetzen:

a) Sie muß ermöglichen, daß die Kinder zu freiem und schaffendem Spiel kommen mit elementarem Material.
b) Sie muß ihnen spielend Elementarerfahrungen zuwenden, für die sie im freien Umgang nicht mehr ausreichend Gelegenheit finden.

Die Vokabel »vorschulische Erziehung« ist uns also nicht in dem Sinn erfüllt, daß wir ein spielendes Lernen so früh wie möglich beginnen lassen und dem Kinde durch sinnreiche Spiele die schulischen Elementarkenntnisse zum unmerklichen Erwerb in den Weg schieben, sondern vorschulische Erziehung bedeutet uns die Erziehung *in der Zeit vor* dem Schulanfang mit dem eigenen Auftrag: durch *Spielpflege* die Bild- und Gestaltungskräfte des Kindes zu intensivieren, ehe es in der Schule die geistigen Mittel kennen und handhaben lernen wird, mit denen das heutige Leben rational beherrscht und gemeistert werden muß. Die Schule hat den Auftrag, das im ersten Abschnitt der kindlichen Bildung Erworbene nicht fallen zu lassen, sondern weiter zu entwickeln. Denn gerade in der technischen Welt braucht der Mensch die Pflege der geistigen Kräfte, die ihn in die Tiefe führen und ihn befähigen, die Einheit des Bewußtseins seiner selbst zu bewahren.

Je stärker wir den menschlichen Machtbereich durch Arbeitsteilung und Rationalisierung ausweiten, je einseitiger der einzelne seine Funktion im Zusammenwirken der rationalen Weltbeherrschung einnehmen muß, je weniger der Mensch zu einer Leistung kommt, die Werk seiner Person sein kann – desto mehr drängt sich uns auf dem Sektor der menschlichen Bildung die Sorge um die Person auf. Wir bejahen das Maschinenzeitalter, fürchten seine Gefahren nicht mehr wie zu Beginn unseres Jahrhunderts, weil wir sie besser erkannt haben. Die Isolierung der Familie, ja des einzelnen Individuums, kann nicht aufgehalten werden, und damit ist die Gefahr der Vermassung verbunden, das heißt der Beherrschbarkeit einer losen Summe vieler einzelner durch Propaganda und Suggestion. Ohne zu glauben, daß wir diese Gefahren völlig bannen könnten, setzen wir heute die Bildung der Person bewußt als Gegenwirkung ein. Wir vermindern zum Beispiel das Quantum des Wissens in der Schulbildung, um exemplarisch Ausgewähltes zu vertiefen. So versuchen wir Urteilsfähigkeit und Entscheidungsreife des Heranwachsenden zu bilden. Wir haben eingesehen, daß Wissen und Können und der Wille, das Leben zu rationalisieren, nicht genügen, daß neben der äußeren Aktivität zugleich die Kontemplation bewußt gepflegt werden muß. Dem Heranwachsenden muß erschlossen werden, daß das Leben eines jeden Menschen wertvoll ist und sinnvoll wird im Rahmen der Mitmenschlichkeit. Deshalb darf im Gange der jugendlichen Bildung Wissenserwerb nicht losgelöst werden von der Bildung der sozialen Fähigkeiten. Die Schule sieht heute dieses Doppelziel deutlich. Sie stellt neben die Aufgabe der Vermittlung des rationalen Elementarwissens die Aufgabe der musischen Bildung, deren letzter Sinn es ist, das eigene Leben personal zu äußern in der Beziehung zum Mitmenschen.

Die Lust am Begreifen der realen Welt, das Verständnis für die Kausalität der Zusammenhänge tritt bei der ungestörten, nicht beschleunigten kindlichen Entwicklung deutlich um das sechste Jahr hervor; damit ist der Schulanfang bestimmt. Das Charakteristikum der vorangehenden Bildungsstufe ist aber, daß sich das Kind imaginativ der Welt zuwendet, das heißt durch das Bild verstehend – und im Bildschaffen sich äußernd. Die geistige Kraft des Kindes ist noch nicht aufgespalten, hat den Zweig des rationalen Interesses an der Welt noch nicht aus sich entlassen. Die neue Weise des 6jährigen Kindes, sich für die Welt zu interessieren, setzt aber die frühere nicht außer Kraft. Sie wird weiter gepflegt durch die musische Bildung der Schule. Deshalb ist die bildende Bemühung in der Vorschulzeit, das heißt das Ernstnehmen der geistigen Form des kleinen Menschen zur Zeit, da er ein physiognomisches Weltbild entwickelt, so wichtig. An seinen elementaren Äußerungen im Bildschaffen – im Malen, Singen, Tanzen und mimischen Darstellen – muß die erste Bildung ansetzen. Wir wollen mit solchem Bewahren einer kindlichen Welt nicht ein romantisches Kinderglück behüten, sondern die musische Aufgeschlossenheit zu der Zeit bilden, da sie am bildsamsten ist, damit das rationale Weltbegreifen, das zu seiner Zeit auch entwickelt werden muß, ein Gegengewicht findet. Werden diese Ausdruckskräfte nicht schon in der Vorschulzeit gepflegt, so hat die Schule es schwer, die musischen Fähigkeiten wachzurufen – denn im Alter von 6 Jahren drängt sich das realistische Interesse vor, und schon ab 9 Jahren erfüllt es das Kind ganz, wie die Entwicklungspsychologen es uns aufweisen.

II

Wir stützen unsere Auffassung vom eigenen Bildungsauftrag der Vorschulzeit auf drei Kernstellen aus dem Werk Friedrich Fröbels. Die eine ist sehr bekannt und steht in der ›Menschenerziehung‹: »Das Kind ... der Mensch ... soll kein anderes Streben haben, als auf jeder Stufe ganz das zu sein, was diese Stufe fordert; dann wird jede folgende Stufe wie ein neuer Schuß aus einer gesunden Knospe hervorschießen, und er wird auch auf jeder folgenden Stufe bei gleichem Streben bis zur Vollendung wieder das werden, was diese Stufe fordert, denn nur die genügende Entwicklung des Menschen in und auf jeder vorhergehenden früheren (Stufe) bewirkt, erzeugt eine genügend vollendete Entwicklung jeder folgenden späteren Stufe.« [1] Das gilt für jede Lebensstufe, und so auch für die zwischen dem dritten und sechsten Lebensjahr, für die Fröbel den Kindergarten und seine »entwickelnd-erziehenden Spielmittel« fand. Er entdeckte die bildende Kraft des Spiels, das zunächst nur geduldet dem Kinde als selbständiger Weg seines verstehenden Eindringens in die Umwelt frei überlassen, dann als methodisches Prinzip einer ersten Lenkung seines Lernens benutzt worden war.

Fröbel aber wies auf, daß im ersten Kinderspiel ein Ansatz zur *bildenden Begegnung* des Erwachsenen mit dem Kind gegeben ist. Mit seinen Worten: »Das Spiel, recht erkannt und recht gepflegt, einigt das keimende Kindesleben ... mit dem reifen Erfahrungsleben des Erwachsenen und fördert so eines durch das andere ...« [2] Das Kind braucht die Zuwendung der Erwachsenen, des gereiften Menschen, bei seinem ersten Erfahren der Welt. Der Erwachsene muß das Kind unterstützen in seiner Art und Weise sich ein erstes Bild von den Zusammenhängen zu schaffen. Dabei erfährt der Erwachsene die Förderung, sich selbst die Basis zu bewahren, aus der sich seine differenziertere Weltauffassung erhebt. In der echten Teilnahme am Spiel des Kindes belebt sich sein eigener, ihm unbewußt gewordener Grund einheitlicher Weltauffassung, und er stärkt seine Kraft, die Spannung zwischen den Vereinzelungen, die ihm das moderne Leben auferlegt, zusammenzuhalten und nicht einseitig zu werden; es stärkt sein Bewußtsein, Person zu sein. Der Vorgang der Bildung ist immer partnerschaftlich, auf jeder Stufe. Der Lehrer in der Schule wird seine Wissensvermittlung auch nur als Bildung betreiben, wenn er in der Bemühung um Erkenntis sich einigt mit dem Schüler, wenn reifes und keimendes Verstehen und Erkennen sich begegnen.

Den grundsätzlichen Unterschied der *schulischen* und der *vorschulischen* Bildung hat Fröbel klar dargestellt in einer Schrift, die erst seit 1936 durch Nachdruck zugänglich ist. Er setzt dort auseinander, daß die Schule »die Zeit der *hervortretenden*, auch *äußerlich* erscheinenden, sich bewußt werdenden Gemüts- und Geisteskraft« sei und daß vorangehe »die Zeit (der) *leiblichen* Kräftigung und Entwicklung, die Zeit der *inneren* Erstarkung und der *unsichtbaren* Ausbildung des Gemütes, des Geistes«. Er hebt diese »so wichtige Grenze zwischen Vorschulfähigkeit und Schulfähigkeit« hervor, »die leider häufig zum Nachteil des Kindes überschritten wird, und dies um so mehr, als beide (Fähigkeiten) oft miteinander verwechselt werden«. Und er gibt den Rat: »Gib deinem Kinde Gelegenheit, sich ... *leiblich* zu kräftigen und *in sich* zu erstarken, so sich in sich zu entwickeln. Ist dadurch die Knospe seines inneren Lebens geschwellt, so bricht sie schon von selbst auf; allein *fordere* bis zur Schulfähigkeit und Reife *keine* anderen äußeren Zeichen dieser inneren Erstarkung und Entwicklung als die Sachdarstellung, die Tat selbst.« [3]

Fröbel gebrauchte gern Bilder aus der Pflanzenwelt, um das Ruhe und Stille fordernde Beginnen der geistigen Entfaltung anschaulich darzustellen; deshalb nannte er auch den Bildner und Erzieher des Kindes in der Vorschulzeit »Gärtner«. Wenn man sein Bild noch etwas verschärft, um das Gemeinte deutlicher zu machen, könnte man sagen, eine Erziehung, die die Grenze zwischen den kindlichen Fähigkeiten in der Vorschulzeit und in der Schulzeit nicht beachtet, verhielte sich wie ein Gärtner, der das Keimen der Samenkörner vorzeitig durch Treibhauskunst hervorlockte. Denn die Undifferenziertheit der kindlichen Geisteskraft, ihre Verborgenheit, ihr Angewiesensein, sich vornehmlich im Tun zu äußern – das alles läßt sich besser mit dem keimenden Samenkorn als mit der Knospe vergleichen. Und das Vertrauen, das Fröbel vom Erzieher fordert, das Vertrauen in das *unsichtbare* Wachsen der keimenden Kraft, das sich im Spiel des Kindes vollzieht, wäre dann vergleichbar dem geduldigen Vertrauen des Gärtners, der die Samenkörner der Erde übergibt und *wartet*, bis der Keim die schützende Erddecke durchbricht.

III

Vergleichen wir aber unser modernes Leben mit den Lebensformen der vorindustriellen Gesellschaft, so drängt sich uns das Bild auf, daß unser Lebensklima heute auf die Kleinkinder wie ein Treibhausklima wirkt. Sie werden zusehends frühreif. Veranschaulichen wir uns, wie Kleinkinder in der Zeit aufwuchsen, als das Leben noch nicht mit Maschinen, sondern mit der Hand und mit Werkzeugen versorgt wurde. Die Bearbeitung eines Naturstoffes mit dem Werkzeug war ein anschauliches Bild, das ohne Erklärung durch Worte verstehbar war und das zuschauende Kind zum Nachahmen reizte. Helfend wuchs es nach Maßgabe seiner Kraft hinein in die Lebensweise, die es später als Erwachsener führen sollte. Der erwachende Geist war angemessen erfüllt und brauchte in diesem ersten Stadium der Entfaltung keine bewußte pädagogische Zuwendung. Das Kind machte die elementaren handgreiflichen Grunderfahrungen seines zukünftigen Lebens; es erwarb die unsichtbar bleibenden Entwürfe für die Kategorien der Lebensbewältigung, die Schule und Leben in der Folgezeit ihm in die geistige Anschauung und in das Wort gehoben haben. Alles, was das Kind die Erwachsenen tun sah, war ihm im Sinn einsichtig: Die Arbeit war verstehbare Sorge für das gemeinsame Leben. Herstellung der Nahrung und Kleidung, vom Erwerb der Rohstoffe bis zum Gebrauch, war offen vor seinen Augen hingebreitet. Es erlebte zugleich die nachbarliche Verbundenheit einer überschaubaren Menge von Familien, die auf gegenseitige Hilfe verwiesen waren, um existieren zu können. In diesem einfachen Leben war das Kind weniger beachtet, gewertet, geliebt und umsorgt, als das Kind es heute ist; aber es war fraglos geborgen und gehalten. Das Leben der Erwachsenen und Kinder war ungesicherter gegen Einbruch von Armut und Not und verständnisloser Härte, aber es war übersichtlich geordnet, es war begrenzt, in solcher Einschränkung aber funktional bildend.

Wer von uns heute 60 oder 70 Jahre alt ist, hat in seiner Kindheit noch den elterlichen Haushalt ohne Maschinen erlebt und meistens auch noch ländliches Arbeitsleben mit handwerklichen Geräten – wenn er nicht selbst auf dem Lande aufwuchs, dann als Ferienkind in Verwandtenhäusern. So kennen wir Haushaltungen ohne Elektrizität: Herdfeuer und Kachelöfen, Petroleumlampen und Kerzenleuchter, Wasserversorgung durch die Pumpe vor dem Haus, Hausreinigung durch Besen und Scheuerbürste und Bohnerklotz, Hausschneiderei und Wäschebesorgung am Waschtrog und mit dem Bügeleisen, das mit glühendem Eisenbolzen oder Spiritus geheizt wurde. Wir halfen mit bei der herbstlichen Verwertung von Obst und Gemüse aus dem eigenen Garten, beim Backen von Brot und Kuchen. Bei der Ernte saßen wir auf dem Heu- oder Kornwagen und erwarteten gespannt die Zeit, groß genug zu sein, um bei Garbenbinden und Aufpacken und Abladen helfen zu dürfen. Wir sind wohl alle einmal selbst auf einem von Pferden gezogenen Wagen oder Schlitten gesessen. Und als wir das erste Auto fahren sahen, wunderten wir uns gemeinsam mit den Erwachsenen über das Gefährt, das sich »von selbst« bewegte, ohne verstehbar gezogen oder geschoben zu werden oder von einem Hügel herunterzurollen. Uns wob sich noch aus handgreiflicher, leibhaftiger Erfahrung der Zusammenhang einfach kausaler Bedingtheit, ehe sich Begriffe dafür einstellten und ohne daß uns die Erwachsenen den Vorgang mit Worten zu erklären brauchten. Vor diesem erlebten Zusammenhang standen dann die ersten automatisierten Umweltdinge wie ein Wunder. Aus der Verwunderung aber vor dem Befremdlichen, ja Anstößigen, erhob sich in unserem kindlichen Bewußtsein das eigene Fragen, das originelle Denken. Und noch heute haben wir von einer neuen Maschine sofort die fragende Vorstellung, welche Handgriffe sie uns erspart.

Unsere Kinder aber können zu solchem fruchtbaren Verwundern und Fragen nicht mehr kommen, wenn wir es nicht pädagogisch ermöglichen. Sie wachsen mit elektrischen Geräten auf und lernen sie schneller handhaben als das Werkzeug – und sie müssen das auch lernen, schon um nicht zu Schaden zu kommen. Aber die verdeckte Mechanik der Geräte gibt ihnen keinen Einblick mehr in das Funktionieren, erweckt nicht das stille, wortlose Fragen: Wie geschieht das? Die kausale Bedingung: hier Schalter drehen – es wird hell im Zimmer, die Kochplatte wird heiß – ist zu oberflächlich und mühelos zu vollziehen. Das Kind erreicht den Effekt zu leicht und erlebt nicht die Begrenztheit seiner Kraft; es fehlt der Anreiz zur Übung, zum Erwerb wachsender Geschicklichkeit. Die Lebensmittel kommen zugerichtet und kochfertig ins Haus; Gemüse und Obst kauft man in Geschäften, unabhängig von der Jahreszeit, in der sie im Garten reifen. Der Vater arbeitet außerhalb des Hauses – und das heißt für das Kind: Er verdient das Geld, mit dem man kauft, was man braucht. Die Lebenssorge ist für das Kind nicht mehr anschaulich und erlebbar. Es ist nicht mehr verständlich, was die Erwachsenen tun, und das Kind findet nicht mehr den angemessenen Platz, sich einzuordnen in dieses Tun und Treiben. Damit wird seine Geborgenheit zum Problem. Sicherheit findet das Kind nur in der Liebe und in dem Schutz der Erwachsenen, und da die Liebe für das

Kind nicht mehr für es verständliche Fürsorge ist, die Nahrung, Kleidung, Wohnung durch Arbeit füreinander schafft, wird sie zum Ausdruck der Zärtlichkeit gedrängt. Wo diese fehlt, ist die Atmosphäre um das Kind leer und kalt, und der erste Eindruck des Lebens erregt Angst. Wo Zärtlichkeit gegeben wird, herrscht oft eine Überhitzung des Gefühls vor, und es entsteht zu starke Bindung und Abhängigkeit, vornehmlich zur Mutter, denn der Vater ist fast immer abwesend.

Pestalozzi und Fröbel hatten vorausgesehen, welche Richtung eine so tiefgreifende Veränderung der Arbeits- und Lebensweise der Gesellschaft aufnötigen müßte, wenn sie sich unsere moderne Welt auch gewiß nicht haben vorstellen können. Sie hatten erkannt, daß es an der Zeit sei, sich bewußt zu machen, wie das Kleinkind bisher unbeachtet durch das Leben gebildet worden war – und daß für solche entschwindenden Formen der Lebensprägung pädagogische Formen eintreten müßten. Wenn Pestalozzi auch noch meinte, er müßte die Mutter zur Lehrerin heranbilden und versuchte, ihr eine »Fibel« für ihren »ersten Unterricht« zu schaffen, so traf er in der Beschreibung dieses ersten Unterrichts doch schon die wesentlich unterscheidenden Züge einer frühkindlichen Bildung gegenüber der Schulbildung. »Der erste Unterricht des Kindes sei nie die Sache des Kopfes, er sei nie die Sache der Vernunft – er sei ewig die Sache der Sinne, er sei ewig die Sache des Herzens, die Sache der Mutter... er bleibe lange die Sache des Weibes, ehe er die Sache des Mannes zu werden beginnt.«[4] Fröbel faßte die Unterscheidung schärfer, er erkannte das Spiel als das dieser Lebensstufe angemessene Bildungsmittel und schuf ein entsprechendes Bildungsmaterial in seinem Spielzeug, dessen Brauchbarkeit heute auch in Deutschland nicht mehr – oder noch nicht wieder – voll erkannt wird. Aber seine Prinzipien sind lebendiger geblieben, als es die Ausführenden wissen. Wir vertrauen dem Spiel als Bildungsform – der unsichtbar bleibenden Ausbildung des kindlichen Geistes und Gemütes – und halten an Fröbels Unterscheidung von Schulfähigkeit und Vorschulfähigkeit fest. Die Schulfähigkeit wird erwachsen aus der intensiven Pflege der Vorschulfähigkeit. Wir wirken dem Treibhausklima der modernen Welt, die das Kind zur vorzeitigen Differenzierung seiner ganzheitlichen Antwort auf den Eindruck der Umwelt drängt, entgegen, indem wir im Kindergarten die Gruppenatmosphäre einer Kleinkindwelt entstehen lassen und vornehmlich das gestaltende Spielen pflegen. Selbstverständlich bauen wir im Kindergarten nicht künstlich eine Welt von vorgestern auf. Eine heutige Kleinkindwelt soll im Kindergarten entstehen. Wir Erwachsenen müssen die kindlichen Äußerungen des Spielens, Malens, Plastizierens usw. lesen lernen und erkennen, wie das Kind auf seine Weise die Eindrücke der Umwelt verarbeitet. Wir können das, was früher bildend war, nicht rekonstruieren, sondern müssen eigene Formen finden, um das Kind in seinen Bemühungen zu unterstützen.

IV

Ich will in drei Punkten ausführen, wie der Kindergarten seinen Bildungsauftrag erfüllen soll und kann.

1. Das Kind soll im freien und gelenkten Spiel die elementaren Erfahrungen machen, die ihm unsere Welt verstehen helfen. Es muß seine vorschnellen Anpassungen, die ihm die modernen Lebensumstände abverlangen, rückläufig mit handgreiflichen Erfahrungen untermauern. Das ist vorwiegend eine Frage der Auswahl des Spielzeugs. Es kommt dabei nicht nur darauf an, was wir auswählen, sondern auch darauf, was wir ausschließen. Spielzeug mit verdeckter Bewegungsmechanik oder elektrischem Antrieb werden wir für dieses Alter vermeiden. Nicht das Spielwerk, das die große technische Welt im Kleinen getreu spiegelt, gibt Einblick in die Grundgesetze der Technik, sondern vielmehr zum Beispiel ein Fahrzeug mit einfach befestigten Rädern; denn das Rad ist eine der elementaren technischen Erfindungen der Menschheit. Man braucht nicht zu erklären, wie der einfache Räderwagen zum Fahren kommt. Man kann es sehen, wie die beweglichen Scheiben auf dem starren Achsenkreuz sitzen und im Rollen den auf dem Achsenkreuz befestigten Kasten mit sich führen. Das Kind greift mit den Händen zu und läßt die Räder rollen. Dieser Sinneseindruck genügt; wir können die Erfahrung unsichtbar bleiben lassen. – Ebenso lehnen wir für das frühe Alter die modernen Spielbausteine aus Plastik ab, die mit Zapfen und Loch aneinanderzudrücken sind. Sie verstellen die grundlegende Erfahrung, die das Kind mit dem Holzbaustein machen kann: Diese Klötze halten sich durch Druck und Gegendruck, wenn man sorgfältig mit versetzter Fuge baut, wie das Kind es auch noch beim Mauerwerk eines Neubaues sehen kann, ehe es verputzt wird. – Ebenso empfehlen wir, nicht allzuschnell mit modernen Klebstoffen zur Hand zu sein. Zusammenfalten, Ineinanderverschränken, Zusammenbinden – das sind elementare Techniken. Das Kind findet sie selbst mit geringen Hilfen, wenn wir es dem Problem überlassen, zwei getrennte Stükke (Papier, Pappschachteln) zusammenzubringen. Es erlebt den Faden, die

schmiegsame bewegliche Linie als ein elementar technisches Mittel. Wie dann die Nadel mit dem folgenden Faden zwei Stoffstücke zusammenheftet, ist schon kompliziertere Technik, aber sie ist noch ganz einsichtig. Dann lernt das Kind Fäden zur Fläche verweben, Fäden verflechten in Strick- und Häkeltechnik. Dies Verweilen im elementaren Tun ist die angemessene Herausforderung der kindlichen Kräfte, es führt zum Erwerb von Geschicklichkeit und erzeugt Konzentration, gerade dadurch, daß das Ziel nicht so leicht zu erreichen ist.

Eine Funktion des Spielzeugs ist von altersher die verkleinerte Darstellung der Umwelt. Es muß also auch das Auto, der Traktor als Spielzeug erscheinen, wir können uns nicht auf Pferdekutschen und Leiterwägelchen beschränken. Ich lehne auch nur die verborgene Bewegungsmechanik ab. Das kleine Kind bewegt die Holzattrappe moderner Fahrzeuge ohne Mechanik mit der Hand und ist damit zufrieden – so wie es seine Puppe bewegt oder sich selbst auf dem Tretroller mit dem Fuß abstößt. Es identifiziert sich mit diesem Fahrzeug, spielt weniger Autofahren als Autosein. Dabei macht es, indem es selbst die bewegende Kraft hergibt, die grundsätzliche, aber verborgen und unsichtbar bleibende Erfahrung, daß sich nichts von der Stelle rührt, was nicht Tier oder Mensch, also lebendig, ist – sondern daß es bewegt werden muß. Auch diesen Keim einer später sich klärenden Erkenntnis brauchen wir nicht ins Bewußtsein zu locken. Wir pflanzen ihn in die Seele des Kindes ein durch das Erleben im Tun.

Aber es lassen sich noch andere elementare Erfahrungen als Bildungsmittel für die Vorschulzeit finden, und zwar die elementaren Zusammenhänge der Arbeits- und Lebensformen. In einem Schulkindergarten – also in einem Kindergarten, der die schulpflichtigen, aber nicht schulreifen Kinder sammelt – am Stadtrand von Bremen haben die Kinder Gelegenheit, ein Kornfeld zu beobachten. Sie sehen bei der Ernte zu und sammeln die liegengebliebenen Ähren. Sie reiben die Körner aus, reinigen sie im Wind, mahlen die Körner auf Kaffeemühlen mit dem sichtbaren Gewinde und backen ein Brot. Danach besuchen sie eine städtische Bäckerei, sehen, wie der Teig in der Maschine geknetet wird und die Laibe in den großen Ofen geschoben werden. Jetzt bahnt sich das Verstehen an, wie eine Maschine Handgriffe erspart; denn die Kinder haben zuvor selbst den zähen Teig mit ihren Händen geknetet. Sie gehen auch auf einen Bauernhof, sehen zu, wie die Kühe gemolken werden, nehmen Milch mit und kochen Milchspeisen und bereiten weißen Käse. Solche Gelegenheiten bieten sich nicht oft für Großstadtkinder. Aber ein kleines Stück Gartenland hat fast jeder Kindergarten, wo man etwas Gemüse, sogar eine Reihe Kartoffeln wachsen lassen kann, um Material für eine Mahlzeit zu haben, das die Kinder durch eigene Pflege und Mühe gewinnen und zugleich erfahren, daß der Mensch nicht alles selbst machen kann. Radieschen und Mohrrüben lassen sich schließlich auch im Blumenkasten vor dem Fenster ziehen.

2. Der zweite Konzentrationspunkt der Bildungsarbeit des Kindergartens ist die Mitwirkung an der Wandlung des Eltern-Kind-Verhältnisses, die in dieser Zeit vor sich gehen muß. Das ist nicht nur ein psychologisch zu verstehender Prozeß, sondern eine Wegstrecke der menschlich persönlichen Lebensentwicklung von Eltern *und* Kindern. Hier wird die unlösliche Doppelaufgabe des Kindergartens, zugleich sein sozialpädagogischer Auftrag deutlich. Denn die frühkindliche Bildung vollzieht sich nicht nur im Kindergarten; im Gegenteil, das Hauptfeld für die Bildung des Kleinkindes ist und bleibt die Familie. Und die von der Gesellschaft veranstalteten Erziehungseinrichtungen sind Ergänzung der Familie, sie müssen an diese anschließen und auf sie zurückwirken. Die Eltern sind als Partner anzusehen.

Zwischen dem dritten und vierten Lebensjahr strebt das gesunde Kind nach der Erweiterung seines Lebensraumes und nach persönlicher Selbständigkeit. Die enge Mutter-Kind-Bindung genügt ihm nicht mehr. Kommen die Lebensumstände diesem Streben nicht entgegen, dann erfolgt die Ablösung von der Mutter heute oft nicht rechtzeitig, und Mutter und Kind finden schwerlich in das neue Verhältnis zueinander, das als Zwischenstufe zur Schulreife wichtig ist. Die moderne Kleinfamilie in der isolierten Großstadtwohnung hat für diesen Prozeß wiederum nicht mehr die funktionalen Hilfen wie die Familie vor hundert oder hundertfünfzig Jahren. In der Großfamilie früherer Zeit wohnten mehrere Generationen unter einem Dach. Großmütter, Tanten, eng mit der Familie verbundene Mitarbeiter gehörten zum Haus. Die Pflege des Kindes lag nicht allein in der Hand der Mutter. In der Nachbarschaft fand das Kind Spielgefährten, aber auch wiederum mütterliche Beziehungspersonen, so daß es früh soziale Beziehungen verschiedener Art aufnehmen konnte. Heute ist die Mutter mit dem Kinde fast ausschließlich allein. Dank der Technisierung des Haushaltes verringert sich die Arbeit in der Wohnung, und weil die Herrichtung von Nahrung und Kleidung für das Kind nicht mehr so viel Zeit in Anspruch nimmt, wird der zärtliche Umgang mit dem Kinde der Mutter zum Zentrum ihres Lebens. Den Vater sieht das Kind nur kurze Zeit am Abend oder zum Wochenende. So spinnen sich Mutter und Kind in eine Zweisamkeit ein, die nicht gefahrlos ist. Und stellt sich ein Geschwister ein, so steigern sich die Eifersuchtsgefühle des älteren Kindes, um so mehr, wenn das Verhältnis der Mutter mit dem ersten Kinde besonders beglückend war. Gerade dann ist die Erweiterung des kindlichen Lebensraumes durch den Kindergarten die rechte Hilfe. Die Trennung von der Mutter für einige Stunden am Tage wird kompensiert durch das Glück der Spielgemeinschaft. Das Kind findet in der Kindergärtnerin eine mütterlich anmutende Person, die immer für die Kinder da ist, aber nie für eines allein. Das Kind lernt Zuneigung teilen, Spielzeug teilen und erfährt, daß ein befriedigendes Aufgenommenwerden in den größeren Kreis sich nur bei rücksichtsvollem Verhalten gewinnen läßt. Der Kindergärtnerin entsteht die Aufgabe, die abwesenden Eltern in neuer Weise anwesend sein zu lassen: in Gedanken und in der Vorfreude, zu Hause zu erzählen, was man erlebt hat – den abholenden Eltern zu zeigen, was man mit eigenen Händen geschaffen hat. Die Kindergärtnerin hat die Eltern dafür zu interessieren, was das Kind im Kindergarten tut. Viele Eltern sehen ihr Kind neu, verstehen seine Eigenart besser im Vergleich mit Gleichaltrigen. Überschätzung und Unterschätzung gleichen sich aus, und manch ein neues Spiel wird zu Hause aufgenommen und weitergeführt. So bereichert sich das häusliche Leben durch die Erfahrungen des Kindes in der Altersstufengemeinschaft – und die Lösung aus der engen Mutterwelt befreit das Kind zum wachsenden Interesse an der Welt.

3. Das dritte Moment, in dem sich die Bildung dieser Altersstufe konzentriert, ist die Bindung alles Tuns und Treibens in den mitmenschlichen Bezug. Pestalozzi hat den Schritt des Kindes aus dem naiven Egoismus zum Mitmenschlichen im häuslichen Leben beschrieben: das hilflose Kind beziehe in den ersten Lebensjahren zunächst ganz selbstverständlich alles auf sich selbst, meine, es müsse ihm jeder zu Diensten stehen, um seine Wünsche zu erfüllen; dann entdecke es, daß jeder im Hause seine Arbeit hat und daß viele Dinge in einem ihm noch nicht zugänglichen Funktionszusammenhang stehen – und schließlich, in einem dritten Schritt, sähe es die Möglichkeiten, sich helfend und dienend einzuordnen. Mit seinen Worten: »Es wird jetzt aus dem Kinde, dem seine Eltern alles waren, ein Kind, das seinen Eltern auch etwas ist, das ihnen täglich mehr ist und durch Liebe und Tätigkeit in der Liebe täglich mehr wird.«[5] Durch Tätigkeit in der Liebe anderen etwas mehr wert werden – auch das ergibt sich nicht mehr selbstverständlich in der modernen Familie. Eltern können es aber gerade durch das Mitleben im Kindergarten lernen, denn die Atmosphäre im Kin-

dergarten muß von diesem Motiv bestimmt sein. Hier geschieht noch nichts um der Leistung willen, die einen selbst erhöht. Alles, was getan wird, geschieht jemandem zuliebe. Wer etwas besser kann als der andere, vermehrt damit die Freude am gemeinsamen Spiel. Jedes Ereignis im frohen Schaffen wird angenommen und bejaht, und sei es die einfachste Kritzelei mit bunten Stiften. Es gilt den Raum zu schaffen, in dem es kein Wagnis ist, sich mit eigenem Ausdruck zu beteiligen. Nur dem Störenfried wird eine Grenze gesetzt. Es herrscht noch kein Maßstab und keine bewertende Beobachtung; und ungestörte Kinder äußern sich naiv, ohne sich mit anderen messend zu vergleichen. Sie sind so erfüllt vom eigenen Tun, daß sie nicht auf sich zurückschauen. Bei frühreifen Kindern, deren Ehrgeiz schon erweckt ist, ebnen sich die Ansätze, sich durch besonderes Können hervortun zu wollen, wieder ein. Sie erleben, daß ihnen nur freundliche gleichmäßige Gewährung zuteil wird, aber nicht Lob und Bewunderung. Verboten wird ihnen natürlich nicht zu lesen, wenn ihnen Lesbares vor die Augen kommt, aber es wird ihnen nicht absichtlich ein solcher Anreiz in den Weg gestellt. Und alles, was an kleinen Werken entsteht, dient dem gemeinsamen Spiel oder ist ein Geschenk. Man spielt zusammen und pflegt den Spielraum, die Vögel und Blumen und Fische, hält die gegebene Ordnung im Spielzeugschrank ein. Jeder kann dazu beitragen. Jedes Geschenk wird geachtet und erregt Freude. Eltern müssen es hier zum Teil erst lernen, die einfachen kleinen Werke des Kindes zu achten und seine Freude am Erfolg und Schenkendürfen zu teilen. Es ist von großer Bedeutung, daß der Weg zur Leistung, die objektiv beurteilt werden wird – und das beginnt in der Schule –, zunächst durch diesen leistungsfreien Raum geht, in dem Liebe und Tätigkeit eng verbunden bleiben, so daß im vorbehaltlosen Bejahtwerden das Vertrauen des Kindes zu sich selbst wachsen kann.

V

Die Wandlung zur Schulreife kündigt sich gerade dadurch an, daß das Kind die auf sich selbst zurückgewendete Freude am gelungenen Werk empfindet, die Freude, daß es etwas kann. Das erzeugt ein positives Selbstwertgefühl. Nun beginnt das Kind zu fragen, um zu wissen, nun will es leisten und vergleicht sich mit anderen und sucht nach Aufgaben, deren Bewältigung das neue Gefühl des eigenen Wertes bestätigt. Diese Wendung vollzieht sich noch im Kindergarten, bei den älteren Kindern schon zu Beginn des letzten Vorschuljahres. Diesem erwachten Streben muß Rechnung getragen werden, sonst sind die Kinder nicht befriedigt, und die neuen Kräfte suchen sich ungeeignete Wege. Deshalb muß in einem Kindergarten, der die Kinder von drei, vier Jahren ab aufnimmt, der Jahrgang der ältesten besonders geführt werden, in eigenem Raum und mit eigenen Erzieherinnen. Wir nennen solche Gruppen »Vermittlungsgruppe im Kindergarten«. Es ist auch jetzt nicht nötig, der Schule vorzugreifen und spielend schulische Künste zu treiben. Im Gegenteil, wie könnte je erschöpft werden, was gestaltendes und werkendes Spiel als Bildungsmittel leisten kann, wenn wir es in der Schule fortsetzen. Jetzt erst, wo der Spannungsbogen der Kinder größer wird, lassen sich über Tage hinaus ausgedehnte Spiel- und Arbeitsvorhaben durchführen. Sollte es nicht wertvoll sein, die Bindung aller Tätigkeit im liebenden Bezug zum Mitmenschlichen zu belassen und das Wissenwollen und die Leistungsbereitschaft im Raum des Helfens und Schenkens so lange als möglich zu üben? Wir wollen das Kind gewiß nicht romantisieren: Es gibt einen natürlichen Egoismus des Kindes. Er richtet sich aber auf das Haben von Gegenständlichem, noch nicht auf das Sein (das nimmt es noch nicht wahr) und auf das Scheinen, das Gelten. Gerade wenn den Kindern im Schutzraum des Kindergartens Forderung und objektiver Maßstab – durch den ein Erfolg größer wird als der andere – noch nicht begegnen, wird das neue Interesse an der Welt frei und ungestört wachsen. Das Kind muß nur teilnehmende Unterstützung erfahren, die zugleich die vorantreibenden Einflüsse abschirmt. Man müßte hier am besten neben einem Garten noch eine kleine Werkstatt und eine Küche zur Verfügung haben. Ein Werkzeugschrank und eine Kochplatte lassen sich aber auch in bescheidenen Verhältnissen ermöglichen. Das bietet unerschöpfliche Gelegenheit für die vorhin erwähnten Elementarerfahrungen, für Pflege der konzentrierten Tätigkeit und wachsenden Geschicklichkeit. Auch die Fähigkeit, Gespräche zu führen, intensiver zuzuhören, Beobachtetes zu berichten, nimmt zu; das Zusammenspiel mit einfachen Klanginstrumenten führt zum Aufeinanderhören, zum bewußten Wiederholen einfacher rhythmischer Klangfolgen; in Turnspielen kommt man jetzt zu Regelspielen und Wettspielen – aber möglichst ohne Preise, nur bei festlichem Spiel gibt es Gewinne – für den Sieger einen größeren als für den Verlierer, der einen Trostpreis erhält und »zweiter Sieger« ist. So kann im lustigen Wetteifern der Ehrgeiz zurückgehalten werden.

Wichtig aber bleibt immer der Kontakt der Vermittlungsgruppe mit der Gruppe der Jüngeren, der Drei- bis Fünfjährigen. Deshalb wollen wir keine isolierten Vermittlungskindergärten. Das Verweilen in der Vorschulwelt hemmt das reifende Kind nicht in seinen aufbrechenden Tendenzen, aber es wirkt der Beschleunigung entgegen und führt zur intensiven Ausformung von Spiel und musischem Schaffen, wie es die Schule weiterführen wird, erst auf den späteren Schulstufen allmählich immer deutlicher abgehoben von der systematischen Lernarbeit.

Jedes Kind wird vor der Einschulung auf seine Schulreife psychologisch untersucht. Geprüft wird der Grad seiner körperlichen Entwicklung, seiner sozialen Reife und seiner geistigen Differenziertheit. Auf diese Weise werden auch die frühreifen Kinder in die Schule aufgenommen werden. Sie sind oft nicht vollschulreif in dem Sinne, wie ich es versucht habe darzustellen. Sie werden aber den Leistungsansprüchen der Schule folgen können. Mit dem Erwecken der musischen Kräfte wird der moderne Lehrer bei ihnen zum Teil Mühe haben und nicht erreichen, was hätte erreicht werden können. Wir zählen etwa 15 Prozent schulunreife Kinder. Sie werden vom Schulbesuch für ein Jahr zurückgestellt, und den Eltern wird empfohlen, sie einen Schulkindergarten besuchen zu lassen oder – falls ein solcher noch nicht zur Verfügung steht – den Kindergarten weiter zu benutzen oder die Kinder erstmalig in einen Kindergarten zu schicken. Wir haben nach einer Zählung im Februar 1963 in der Bundesrepublik einschließlich Berlin 325 Schulkindergärten. Diese Zahl ist aber ständig im Wachsen; Hamburg mit 81 steht an der Spitze. Zwei Länder der Bundesrepublik, Niedersachsen und Hessen, sind dazu übergegangen, den Schulkindergarten – in Hessen »Vorklasse« genannt – gesetzlich zu verankern, das heißt, der Schulbehörde ist aufgetragen, so viele Einrichtungen zu schaffen, daß allen Eltern, deren Kinder beim ersten Testen nicht schulreif befunden werden, der Besuch eines Schulkindergartens angeboten werden kann. Es ist zu erwarten, daß die anderen deutschen Bundesländer dieser Ordnung bald folgen werden.

Die Leitung des Schulkindergartens wird nicht einem Lehrer, sondern einer Jugendleiterin übergeben, das ist eine Kindergärtnerin, die nach einer Berufszeit von mindestens drei Jahren in einem zweijährigen Lehrgang zu einer *sozialpädagogischen* Fachkraft herangebildet worden ist. In ihrem Berufsfeld liegt neben anderen Aufgaben auch die der Leitung von Schulkindergärten. Sie ist in ihrer Ausbildung für heilpädagogische Arbeit ausgerüstet worden. Die Jugendleiterin, die einen Schulkindergarten leitet, wird in das Kollegium der Lehrer aufgenommen. Das entspricht unserem Streben, die ganze vor- und nebenschulische Erziehungsarbeit zur Anerkennung als Bildungsarbeit zu bringen, die ihr seit langem schon gebührt.

Nach unserem neuen Verständnis ist die Sozialpädagogik nicht mehr Notstandsarbeit, sondern die Erziehungs- und Bildungsarbeit, die neben der Familie und Schule die Öffentlichkeit veranstaltet. Den schulunreifen Kindern wird ein Jahr zur Nachreifung im Raum *vor* der Schule gewährt. Sie treten nach diesem Jahr in die erste Schulklasse ein. In den gesetzlichen Bestimmungen für Niedersachsen und Hessen wird als Aufnahmebedingung gefordert, daß Aussicht bestehen müsse, die Retardierung des Kindes in einem Jahr nachzuholen. Die deutlich erkennbar schwerer gestörten Kinder sollen anderen Sondereinrichtungen zugewiesen werden. Die Benennung »Vorklasse« in Hessen soll nicht zum Ausdruck bringen, daß hier schon mehr nach schulischen Methoden gearbeitet werde als in den Schulkindergärten. Die Wahl dieses Wortes ist bestimmt durch Verwaltungsrücksichten. In Niedersachsen und in Schleswig-Holstein ist jetzt das gesamte Kindergartenwesen im Kultusministerium verwaltet, deshalb konnte die schon eingebürgerte Bezeichnung Schulkindergarten (seit 1906 in großen Städten mit fortschrittlichen Schuldezernaten erprobt) in Niedersachsen bei der gesetzlichen Regelung angewendet werden. In Hessen aber wird das Kindergartenwesen im Sozialministerium verwaltet, und man hat, um Ressortschwierigkeiten zu entgehen, vermieden, ein dem Schulwesen eingegliedertes Organ Schul*kindergarten* zu nennen. In der Zielsetzung bleibt auch die hessische Vorklasse auf Nachreifung verwiesen.

Die schulunreifen Kinder sind in einem Jahr auf den gleichen Entwicklungsstand zu bringen, auf dem die ihnen gleichaltrigen ein Jahr zuvor waren und in die Schule aufgenommen werden konnten. Die Bildungstendenzen sind also die gleichen wie in der Vermittlungsgruppe im Kindergarten: die geistige Aktivität der Kinder zu erwecken durch Spiel und schaffende Tätigkeit, sie körperlich zu kräftigen, sie selbständig zu machen und ihre sozialen Beziehungen durch das Gruppenleben zu bereichern. Viele dieser Kinder weisen leichte neurotische Störungen auf; oft handelt es sich auch um ungeklärte Fälle, denen man in diesem Jahr auf den Grund kommen muß. Deshalb muß die Arbeit nun hier also unter heilpädagogischem Aspekt geschehen und mit intensiver Elternarbeit verbunden werden, das kann nicht von Kindergärtnerinnen durchgeführt werden. Die Jugendleiterin ist in zweimal 2 Jahren beruflich ausgebildet worden und hat vor der zweiten Ausbildung mehrere Jahre lang ihre praktischen Erfahrungen in selbständiger Arbeit als Kindergärtnerin erworben. Für die Arbeit im Schulkindergarten müssen Ärzte, Psychiater und Psychagogen zu Rate gezogen werden, Eltern müssen gewonnen werden, mit dem Kinde zur Erziehungsberatung zu gehen. Oft kann aber schon geholfen werden dadurch, daß das elterliche Interesse erweckt wird, so daß sie ihre Kinder besser verstehen, z. B. ihrer Sensibilität Rechnung tragen und ihnen ihre leichte Retardiertheit, die durch das Zurückgestelltwerden von der Einschulung offenbar geworden ist, nicht zur Last legen. Manchmal ist der Rückstand in der Entwicklung auch nur begründet in Verwöhnung und zu starker Bindung an die Mutter; denn den größten Teil der Schulunreifen stellen Familienkinder, die noch keinen Kindergarten besucht hatten. Ich kann hier keine Prozentzahlen über den Erfolg des Schulkindergartens sagen. Aber die meisten Kinder können nach einem Jahr eingeschult werden, einige wenige werden der Hilfsschule oder entsprechenden Sondereinrichtungen zugewiesen.

Der Schulkindergarten ist also nicht ein Organ des allgemeinen Übergangs aus der Welt des Kleinkindes zur Welt der Schule, sondern er fängt die Kinder auf, die in Familie und Kindergarten nicht rechtzeitig die Schulreife erreichen – und auch diejenigen, die eingeschult worden sind und sich dann doch als nicht schulreif erweisen. Sie bleiben nicht in der ersten Schulklasse ohne Aussicht, das Jahresziel zu erreichen, sondern werden einem Schulkindergarten zugewiesen. Es wird aber versucht, durch ständige Verbesserung der Schulreifeprüfung solche Fälle zu vermindern.

Zusammenfassung

Kindergarten und Schulkindergarten oder Vorklasse bleiben bewußt im Raum vor der Schule. Die gemeinsame Aufgabe des Kindergartens und der Grundschule ist, die Kinder von der Spielhaltung zur Arbeitshaltung zu führen. Der Kindergarten verfolgt dieses Ziel durch intensive Spielpflege und Abschirmen der beschleunigenden Einwirkungen der Umwelt – die Grundschule übt planmäßig ein spielendes Lernen und führt in die elementaren Formen unseres modernen Erwerbs von Kenntnissen ein. Das Selbstgefühl unserer Kinder ist befriedigt, mit der Einschulung über eine deutliche Schwelle zu treten. Sie genießen es, jetzt Schulkinder zu sein, sie wollen lernen und etwas leisten. Und wenn das auch zunächst noch immer vorwiegend spielend geschieht, so bekommt doch alles Geschehen hier die Nuance des Neuen und Interessanten.

ANDREAS FLITNER

Der Streit um die Vorschul-Erziehung

I

Die Erziehung in früher Kindheit ist in der internationalen pädagogischen Diskussion der jüngsten Zeit stark in den Vordergrund getreten, und auch in Deutschland scheint sich das Interesse für die Altersstufe, zumal für die Möglichkeiten der Bildung und Förderung in den Jahren vor dem Schuleintritt, auszubreiten. Die Gründung neuer Elternzeitschriften mit erstaunlicher Auflagenhöhe ist dafür ebenso kennzeichnend wie das Interesse für Leselehrgänge und intelligenzförderndes Spielmaterial. Ein Streit unter den Erziehergruppen, wie er im Deutschland der zwanziger Jahre schon einmal zwischen den Anhängern der Fröbel- und der Montessorischule ausgetragen wurde, scheint neu aufzuleben [1], von stärkerer öffentlicher Teilnahme begleitet und von einer internationalen Bewegung angefacht [2].

Dieses neue Interesse nahm seinen Ausgang von einem Wandel in der Entwicklungspsychologie, den man als eine bedeutende Schwerpunktverlagerung, wenn nicht gar als einen Richtungswechsel bezeichnen muß. Gewiß ist es meist problematisch, von einer ganzen Disziplin eine solche Aussage zu machen, in der doch jeweils von verschiedenen Fragestellungen her und von Forschern verschiedener Methodik und Interessenrichtung gearbeitet wird. Von der Vielfalt dieser Disziplin und dem Reichtum ihrer Strömungen und Konzeptionen kann man sich mit Hilfe des dritten Bandes des ›Handbuchs der Psychologie‹, insbesondere des Einleitungsartikels von Hans Thomae über die Bedeutungsgehalte des heutigen Entwicklungsbegriffs, eine Vorstellung machen [3]. Aber was hier im Handbuch (1959) noch als ein Nebeneinander verschiedener Strömungen erscheint, das nimmt sich heute, jedenfalls in der führenden amerikanischen Forschung, als ein Wechsel einiger Grundannahmen und der bevorzugten Forschungs- und Interessenrichtung aus.

Der vorherrschende Typus der Entwicklungslehre ist in Amerika durch G. Stanley Hall bestimmt und durch seine Schüler, vor allem durch Arnold Gesell bekannt gemacht worden. Für zwei Jahrzehnte waren die Schriften Gesells und seines Instituts wohl die weitestverbreiteten Bücher über Kinderpsychologie; mit Stolz oder Beunruhigung lasen hier die Mütter nach, welche Entwicklungsschritte und Intelligenzleistungen ihr Kind von einem Viertel- oder Halbjahr zum andern erreicht haben müßte, um dem Durchschnitt zu entsprechen. Die Daten sind mit einem umfangreichen Forschungsapparat an Hand weitgespannter Untersuchungen gewonnen worden und werden von Gesell ohne großen theoretischen Aufwand vorgetragen[4]. Doch liegt diesen Büchern ein bestimmtes Entwicklungsmodell zugrunde: das eines intern gesteuerten, im ganzen festliegenden Ablaufs von Entwicklungsschritten, die zwar von der Umwelt ermöglicht und realisiert (oder auch nicht voll realisiert) werden, die sich aber in strenger Analogie zu biologischen Wachstums-, Differenzierungs- und Reifungsprozessen vollziehen. Die Entwicklung ist, bei aller Zufälligkeit ihres äußeren Verlaufs, gesteuert von einem *›intrinsic growth‹*, einem eigentlichen Entwicklungsprogramm. Zwillingsstudien (Gesell und Thompson; M. B. McGraw) und Vergleichsuntersuchungen von speziell trainierten und von ungeübten Kindern (J. Hilgard) dienten zur Unterstützung dieser Grundannahme[5]: Der Vorsprung, den die trainierten Kinder im Bauen, Treppensteigen, Basteln oder Knöpfen erworben hatten, hielt nur kurze Zeit an; etwa in einer Woche war das Übergewicht, das ein monatelanges Training geschaffen hatte, wieder ausgeglichen. Untersuchungen über stark gewikkelte und bewegungsbehinderte Kinder (Dennis und Dennis; Danzinger und Frankl)[6] zeigten gleichermaßen, daß der Rückstand gegenüber Kindern mit freier Bewegungsmöglichkeit rasch und ohne Nachwirkungen aufgeholt werden kann. Diese Untersuchungen schienen nahezulegen *»that experience is unimportant during the pre-school years because nothing useful can be learned until the child has matured sufficiently«*[7]. Die Folgerungen wurden im Extrem auch geradezu in dem Sinne gezogen, daß man nichts Besseres tun könne, als Kinder nach ihrem eigenen Vergnügen aufwachsen zu lassen und abzuwarten, bis ihre Lernfähigkeit herangereift sei.

Während diese Grundauffassung von einer intern gesteuerten und programmgemäß ablaufenden Entwicklung in den gängigen Erzieherhandbüchern und Einführungswerken noch vorherrscht, hat sich die psychologische Forschung, gestützt auf eine Reihe von neuen Befunden, weithin von ihr entfernt. Die Anstöße dazu kamen zum Teil von der *Tiefenpsychologie*, welche zumindest den emotionalen Ereignissen der frühen Kindesentwicklung große Bedeutung zusprach[8]. Sie kamen ferner von seiten der *Völkerkunde*, die Berichte über ganz andersartige Verlaufsformen der Entwicklung vorlegte (in der europäischen Forschung hat die *historische* Betrachtung des Kindesalters eine ähnliche Funktion ausgeübt)[9]. Und sie kamen schließlich von seiten der *Sozialpsychologie*, welche neue Einsichten über den Zusammenhang von Leistung, Motivation und Intelligenz mit der unmittelbaren sozialen Umgebung und mit dem milieu- oder schichtspezifischen Bezugssystem erbrachte[10].

Damit geriet vor allem ein Dogma ins Wanken, das nicht nur der klassischen Entwicklungspsychologie zugrunde lag, sondern auch der Intelligenzmessung, weiten Zweigen der Testpsychologie und den auf ihr beruhenden Auslese- und Qualifikationsverfahren: nämlich die Annahme einer *konstanten Intelligenz.* Räumte man immerhin ein, daß es emotionale Faktoren und frühkindliche Erlebnisse geben möge, die sich im späteren Leben psychisch auswirken und die Intelligenzentfaltung oder den rechten Gebrauch der vorhandenen Anlagen beeinträchtigen, so hatte man doch an der Konstanz dieser Anlagen selber, an der Stabilität des Intelligenzquotienten keinen Zweifel aufkommen lassen. Daß diese Stabilität der Intelligenz im Vorschulalter noch nicht recht nachweisbar war, ja daß in einigen Untersuchungen erhebliche Abweichungen der frühen von den späteren Intelligenzleistungen zutage kamen, wurde mit einer ganzen Reihe von Erklärungen versehen, die diesen Umstand vor allem dem Meßverfahren und der schwachen Entfaltung vieler meßbarer Funktionen im frühen Kindesalter zuschrieben[11]. Die Grundannahme einer Erhaltung der Intelligenz im Verlauf der Lebensalter wurde in der Psychologie lange Zeit als ähnlich unantastbar angesehen wie der Satz von der Erhaltung der Energie in der Physik.

Gerade diese Grundannahme ist jedoch durch die genannten wissenschaftlichen Strömungen erschüttert worden. Eine differenziertere Zwillingsforschung – insbesondere an erbgleichen Zwillingen, die unter sehr verschiedenen Lebensbedingungen aufgewachsen sind – setzte ein, Untersuchungen über den Milieuwechsel – in Heimen, durch Umschulung, durch Orts- oder Statusveränderung – nahmen zu, meßbare Kriterien für das Erziehungsmilieu wurden, jedenfalls im Ansatz, entwickelt[12]. Eine vorzügliche Zusammenfassung, Analyse und statistische Auswertung aller Untersuchungen dieser Art bietet der Chicagoer Pädagoge Benjamin S. Bloom in seinem Buch ›Stability and Change of Human Characteristics‹ (1964). Bloom kommt, in Übereinstimmung mit vorausgehenden Forschern, zu dem Ergebnis, daß etwa 50 % der Intelligenzentwicklung, bezogen auf den Stand eines 17jährigen, sich in den ersten vier Lebensjahren vollzieht, weitere 30 % bis zur Vollendung des 8., die restlichen 20 % bis zum Ende des 17. Lebensjahrs[13]. Den Unterschied, den ein reiches und ein schwaches Erziehungsmilieu zustande bringen können, schätzt er auf etwa

20 Punkte des Intelligenzquotienten. Der Spielraum der Beeinflußbarkeit verengt sich dabei mit Zunahme der Intelligenz und des Alters: In den ersten vier bis sechs Lebensjahren ist der stärkste Einfluß möglich. Insbesondere die enorme Auswirkung von Erziehungsvernachlässigungen in diesen frühen Jahren ist erwiesen[14], damit auch die Möglichkeit, in dieser Zeit Ausgleich und Förderung wirksam werden zu lassen. In den späteren Jahren verengt sich der Spielraum weiter. Zwischen 18 und 20 ist für die meisten Menschen die Intelligenzentwicklung abgeschlossen, das heißt eben auch kaum noch beeinflußbar, wiewohl eine gewisse Spanne weiterer Entwicklung auch in den folgenden Jahrzehnten möglich bleibt[15]. Andere Charakteristika nehmen einen ähnlichen Entwicklungsverlauf wie die Intelligenz[16]. Die Problematik des Buches von Bloom, zumal die Frage, ob in den frühen und den späten Leistungen nicht doch ganz verschiedene Dinge miteinander verglichen werden, ist hier nicht zu diskutieren. Seine Ergebnisse spielen, und zwar vorwiegend in der hier wiedergegebenen simplen Form, in der jüngsten amerikanischen Literatur eine bedeutende Rolle und kennzeichnen die vorherrschende Betrachtungsweise.

Neuerdings ist nun, und zwar eigentlich erst in den letzten Jahren, eine geradezu stürmische Bewegung in die *Kleinkinderforschung* gekommen. Sie hängt mit der Verschiebung der Gewichte innerhalb der Entwicklungspsychologie zusammen. Ist das Dogma von der gleichbleibenden Intelligenz und geistigen Kapazität einmal erschüttert, so gewinnt der Entwicklungsverlauf in den ersten Lebensjahren ein ganz neues Interesse. Wie früher, zumal in den dreißiger Jahren, die Thesen der Freudianer über die emotionale, traumatische und disziplinäre Bedeutung des frühen Kindesalters eine Welle der Forschung ausgelöst hatten, so bringt jetzt die These von der Milieubedingtheit und Plastizität der kindlichen Entwicklung und ihrer Bedeutung für den ganzen späteren Entwicklungsverlauf die Impulse für neue wissenschaftliche Unternehmungen.

Die Entwicklungspsychologie ebenso wie die Lernforschung haben von jeher viel mit dem Tierexperiment gearbeitet und die Übertragbarkeit auf die menschlichen Vorgänge vorausgesetzt. Der genannte Richtungswechsel in der entwicklungspsychologischen Forschung hat sich durchaus auch in den Arbeiten der Tierexperimentatoren vollzogen; auch hier werden die Entwicklungsstabilität und der Einfluß von frühen Trainingsvorgängen aufs neue untersucht[17]. Bezeichnend für die jüngste Bewegung scheint aber, daß das Experiment, zum Teil von denselben Forschern und unter ähnlichen Bedingungen, aus dem Käfig in die Kinderwiege verlegt wird.

Schon das Experiment des Ehepaars Dennis von 1935, ein Zwillingspaar aufzuziehen, ohne emotionalen und physiognomischen Kontakt mit den Kindern aufzunehmen[18], lag jenseits der Grenzen erlaubten Menschenversuchs; der hippokratische Eid sollte für Psychologen ja wohl ebenso gelten wie für Ärzte! Und auch von manchen heutigen Experimentatoren, die die Kinder, umwickelt und beklebt mit elektrischen Sonden, umstellt mit reizauslösenden Apparaturen, Experimentiergeschöpfe eines *›high pressure learning‹* vom ersten Lebenstage an, den Journalisten und ihrer Leserschaft präsentieren, hat man das Gefühl, daß sie sich wenig Gedanken über diese Grenzen machen[19].

Nun hat aber gewiß nicht die Experimentierfreude die wichtigsten Impulse für diese neue Forschung gegeben. Der entscheidende Anstoß kam aus der amerikanischen (und weltweiten) *Sozialproblematik*, nämlich dem steigenden Bewußtsein davon, daß eine reiche Persönlichkeitsentfaltung bisher nur einem Teil der Menschen, die unter günstigen Umständen aufwachsen, möglich ist. Es ist das demokratische und sozialstaatliche Postulat einer Gleichheit der Lebenschancen – oder, weniger anspruchsvoll formuliert, das Bewußtsein von der sozialen Benachteiligung der Kinder, welche in den Slums der Großstädte oder in verwahrlosten Reservaten aufwachsen, das Bewußtsein auch der Gefahr, die von solchen Verwahrlosungszentren ausgeht –, was die Debatte um die frühkindliche Erziehung und die Untersuchungen über die Erziehbarkeit des Slumkindes in Gang gebracht hat.

Um dieses *benachteiligte Kind* geht es in erster Linie. Hier steht das wissenschaftliche und öffentliche Interesse für die frühe Kindheit in dem größeren Zusammenhang der Anstrengungen Amerikas, mit den Problemen der sozialen Schichtung und der rassischen Diskriminierung fertig zu werden. Diese Anstrengungen haben in den letzten Jahren im Bereich des Erziehungswesens die Gestalt und das Ausmaß einer pädagogischen Bewegung angenommen, sichtbar vor allem in dem Projekt *›Head Start‹*[20] – ›Guter Anfang‹ könnte man etwa übersetzen –: einem zunächst in Washington ausgelösten Programm zur Förderung von Kindern im 5./6. Lebensjahr, mit dessen Hilfe erzieherische und gesundheitliche Vernachlässigungen geprüft und ausgeglichen, die Eltern pädagogisch angesprochen und vor allem die Kinder durch ein kurzes Spiel- und Förderungsprogramm der Schulreife nähergebracht werden sollen. Das Projekt und die Überzeugung von seinem Nutzen haben sich wie ein Lauffeuer ausgebreitet. Durch lokale Initiativen und durch den Zustrom von freiwilligen

Mitarbeitern ist eine Bewegung nationalen Ausmaßes daraus geworden. Über 600 000 Kinder, mehr als das Zehnfache von der durch die Regierung vorgesehenen Anzahl, wurden in diesen Programmen betreut; die Universitäten haben sich in den Dienst der Mitarbeiterschulung gestellt, Lehrer, Ärzte, Verkehrsbetriebe haben unentgeltlich mitgewirkt. Darüber hinaus hat eine große Zahl amerikanischer Städte in den letzten 2–3 Jahren Vorschulen mit ›*Compensatory Education Programms*‹ aufgebaut [21].

Freilich, theoretisch und empirisch war das Ganze noch wenig abgesichert. Aber auch die pädagogische Forschung hat sich diesem Aufgabenkreis nun mit Intensität zugewandt. Eine Flut von Veröffentlichungen hat sich in jüngster Zeit mit den Themen »*disadvantaged children*«, »*cultural deprivation*«, »*depressed areas*« befaßt. Von didaktischen Erörterungen und Fragen der Lehrerbildung bis zu psychohygienischen und therapeutischen Problemen ist hier ein weites Gebiet wissenschaftlicher Forschung und Diskussion entstanden. Eine kritische Bibliographie, die unter der Leitung von Benjamin Bloom erstellt worden ist, nennt und kennzeichnet auf mehr als 100 Seiten die wichtigsten Titel über diesen Fragenkreis [22]. In New York entstand ein Informationszentrum, das vom Office of Education übernommen wurde und bis zum März 1967, zwei Jahre nach seiner Errichtung, schon mehrere tausend Untersuchungen, Programme und Dokumente zu verarbeiten hatte [23].

Diese wissenschaftlich-didaktische Bewegung für eine ausgleichende Erziehung umfaßt allerdings alle Kindes- und Jugendstufen und am Rande sogar Fragen der Erwachsenenbildung. Aber die Forschung über die *frühe* Kindheit hält doch eine Art Schlüsselstellung innerhalb dieses weiten Programms. Was ist von Geburt an schon unverrückbar festgelegt, und was fixiert sich erst im Laufe der Kindheit? Auf welcher Altersstufe sind bestimmte Einflüsse die entscheidenden? Welche Eindrücke sind später noch korrigierbar und welche nicht? Diese grundlegenden Fragen sind von der jüngsten Kleinkinderforschung in allen Richtungen geprüft worden; die ehrlichen und kritischen Forscher auf diesem Gebiete stimmen freilich darin überein, daß wir hier noch am Anfang stehen und über verhältnismäßig wenige Kenntnisse verfügen, die wirklich als gesichert gelten können [24].

II

Aber die Erziehung kann nicht darauf warten, daß alle ihre Voraussetzungen geklärt sind. Die neuen Erkenntnisse und die auf ihnen basierenden

Hypothesen haben neue Einzelprogramme und Gesamtkonzepte für die Kleinkindererziehung mit sich gebracht. Neue Konzepte sind aber zugleich Ausdruck neuer Bewußtseinsformen und anthropologischer Vorstellungen. »Des Menschen Wesen wandelt sich mit seiner Kultur. Auch das Kindsein ist keine feste Größe; im Wandel der Kultur wird Kindsein jeweils neu definiert, ja es wandelt sich die Wirklichkeit der kindlichen Lebensform.«[25] Diese Sätze H. R. Lückerts sind ohne Zweifel gültig, und sie bestätigen die Geschichtlichkeit der moralischen Entscheidung, die jeder Erziehungskonzeption letztlich zugrunde liegt. Die immer wieder anstehende Entscheidung, ob wir uns mehr einer stimulierenden und verfrühenden oder mehr einer behütenden und nachgehenden Erziehungsweise zuwenden, ist aber in ihrem Spielraum begrenzt. Sie muß eingelagert bleiben in den Kreis von Erziehungserfahrungen und gesicherten Ergebnissen der Kindesforschung. Es geht nicht an, einzelne Linien, wie sie sich aus neuen Experimenten und Befunden ergeben, allein hervorzuheben und nicht mehr das Spektrum im ganzen zu sehen. Und es geht nicht mehr an, das Lernen des Kindes nur mit simplen Informationsmodellen zu beschreiben, damit einen seiner Aspekte zu verabsolutieren und die Ergebnisse einer vielseitigen Forschung zu übergehen. Die Lernforschung hat in den letzten zwei Jahrzehnten doch hinreichend herausgearbeitet, daß die emotionale Tönung, der soziale Zusammenhang, das »Interesse« oder die Lernmotivation, die psychodynamischen Faktoren, die freie Verfügbarkeit und Flüssigkeit *(fluency)* andere und gleichbedeutende Aspekte des Lernens sind.

Vergegenwärtigen wir uns von hier aus die Möglichkeiten des Kindeslernens im engeren Sinne, also die Bedingungen und Zusammenhänge einer »Bildungsförderung« im Vorschulalter und versuchen dabei, die neuen Anregungen und Forschungen mit den weithin gesicherten Kenntnissen über das Lernen des Kindes zusammenzuordnen. Wir müssen uns dabei auf die wichtigsten Momente des kindlichen Bildungsgangs beschränken.

Einstellung der Eltern

Als hinreichend gesichert dürfen wir ansehen, daß eine bestimmte Elternhaltung oder erzieherische »Atmosphäre« von früher Kindheit an die Voraussetzung für eine gedeihliche Entwicklung und damit auch für die wesentlichen Lernschritte des Kindes bildet. Die klassischen Untersuchungen von René Spitz haben zwar manche Einwendungen erfahren, sind aber in der Richtung ihrer Aussage doch vielfach bestätigt worden[26], selbst durch den positivistischen Experimentator W. Dennis, der in einem persischen Kinderheim mit geringem Pflegepersonal ganz unglaubliche Entwicklungsrückstände und Geistesschwäche beobachtet hat [27], aber auch von dem strengen Statistiker Benjamin Bloom, der die Untersuchungen über frühkindliche Erfahrungen und Haltungen in seine Längsschnittmaterialien einbezieht [28]. Von solchen Erfahrungen her hat Fritz Redl die Frage aufgeworfen, was denn eigentlich ›*disadvantaged*‹ bedeute – welche Arten von Benachteiligung hier in einem Topfe verrührt werden [29]. Die schwerste und oft unüberwindliche Benachteiligung im Leben eines Kindes liegt offenbar schon in den Bedingungen, unter denen es zur Welt kommt. Diese lassen sich zwar mehrheitlich im Zusammenhang mit dem sozioökonomischen Status beschreiben, sind im Grunde aber weder durch die Sozialschicht noch durch das Einkommen gekennzeichnet, sondern etwa dadurch, daß das Kind unerwünscht war, daß es abgelehnt, als Last empfunden wird, daß die Mutter keinen Willen oder keine Fähigkeit zur Erziehung besitzt, daß ihre geistigen und moralischen Ansprüche so gering sind, daß auch das Kind auf niedrigstem Anspruchsniveau bleiben muß usf. Wer die Gesamtheit der fördernden Bedingungen, Eindrücke und Lernvorgänge in einer erziehungsfreudigen Familie einmal registriert hat und wer die klinischen Beobachtungen über emotionale Lernhemmungen und Entwicklungsstörungen auch nur auszugsweise kennt [30], der wird sich bestimmt den puren Sensualisten nicht anschließen können, welche die Differenz lediglich in der Zufuhr von Sinnesreizen suchen und sich darauf berufen, daß in allen Fällen erzieherischer Vernachlässigung auch die Menge der optischen, akustischen und taktilen Eindrücke, die das Kind erhalten hat, gering war [31]. Gewiß spielen die sensuellen Erfahrungen eine bedeutende Rolle für die geistige Entwicklung des Kindes; aber daß ein Kind solche Erfahrungen aufnimmt, daß es lernt, die Welt erforscht und sich zu eigen macht, das geschieht eben doch auf Grund von Lernmotivationen und Sicherheitserfahrungen, die dem Angebot sensueller Reize vorgeordnet sind. Ein emotional vernachlässigtes oder »blockiertes« Kind macht auch vom reichsten sensuellen Angebot nur schwachen Gebrauch. Das Lernen und Explorieren des Kindes ist von vornherein aufs stärkste mit seelischen Akzenten und Strukturen versehen und besonders von der Bejahung oder Ablehnung der generellen Lern- und Erkundungsfreudigkeit durch die Eltern oder die Pflegepersonen abhängig. Zu den Bedingungen einer günstigen Kindesentwicklung gehört, daß sich Eltern (oder ständige Pflegepersonen) intensiv und abwechslungsreich mit dem Kind beschäftigen; daß es reiche Beschäftigungsmöglichkeit hat und daß seine Erkundungstätigkeit gern gesehen wird; vor allem aber, daß es von dem grundlegenden Gefühl der Bejahung seiner Existenz durch die erwachsenen Bezugspersonen ausgehen kann, ohne durch übermäßige Besitzansprüche und eigene emotionale Probleme des Erwachsenen überlastet zu werden.

Damit stellen wir eine Bedingung für jede intensivierte Kleinkinder-Erziehung voran: Ohne Bejahung des Lernens und Erfahrungsammelns der Kinder durch die Eltern, also ohne deren Wunsch, daß das Kind vorankommt und es »zu etwas bringt«, sind gute Fortschritte seiner Entwicklung schwer möglich; das Kind nimmt direkt teil an der Motivation und an der atmosphärischen Begünstigung seines Lernens durch die Eltern. Auf der anderen Seite drohen die Schatten der emotionalen Überlastung, vor allem des Elternehrgeizes, der beginnt mit der quälend-verfrühten Sauberkeitserziehung und sich fortsetzt in den unerfreulichen Formen übersteigerten Leistungs- und Schul-Ehrgeizes der Eltern. Wo das neue Interesse für die Vorschul-Erziehung dazu führt, daß sich das bisher noch relativ verschonte und druck-freie Kindergartenalter aus einer Zeit unbeschwerter Entwicklungs- und Erfahrungsbejahung verwandelt in einen Lebensabschnitt, in dem ein neuer Leistungsehrgeiz der Eltern dominiert, dort wird den Kindern für ihre seelische *und* ihre geistige Entwicklung ein Bärendienst getan[32].

Praktische Erfahrungen – Spieltätigkeit

Bildet die seelische Sicherung des Kindes und die Bejahung seiner Fortschritte durch die ihm nächsten Menschen die *Voraussetzung* dafür, daß es sich in seinen Fähigkeiten und Geisteskräften reich entfaltet, so sind die sensuellen Erfahrungen und praktisch-spielerischen Betätigungen der wesentliche *Inhalt* oder das *Medium* der frühen Entwicklung seines Geistes. Die Gelegenheit zu solcher Betätigung findet sich in der Teilnahme am Erwachsenenleben und im *Kinderspiel*.

Das *»Mitmachen«* des Kindes, seine Teilnahme an den Beschäftigungen der Erwachsenen war und ist in allen Zeiten und Kulturen eine reiche Quelle von praktischen Erfahrungen und zugleich das gegebene Feld der Einübung von künftigen Aufgaben. Es ist oft darauf hingewiesen worden, daß sich in unserer Arbeitswelt und unseren Wirtschaftsformen die Möglichkeiten kindlichen Mittuns und anschaulichen Lernens sehr eingeschränkt haben. Geduld und Einfallsreichtum der Mutter sind heute erforderlich, um diese Quelle für das Kind fließend zu halten und dieses Mittun des Kindes anderen Dingen, etwa der Perfektion und dem Tempo ihrer eigenen Tätigkeit, vorzuziehen.

Davor und daneben wird als die gedeihlichste und vielfältigste Betätigung des Kindes nach wie vor das *Spiel* zu fördern und auszubauen sein. Spiel ist freilich nur ein sehr allgemeiner Oberbegriff für eine Fülle von Tätigkeiten, die das Kinderleben – und auch das der Erwachsenen – durchziehen und die in sehr verschiedenem Grade als Spiel erlebt werden und ins Bewußtsein kommen. Als Spiel gelten die Gestaltungen des Kindes, das Bauen und das Malen, das Imitieren, das Übernehmen von Rollen, das Durchprobieren von Situationen, das Wiederholen und Ordnen starker Eindrücke. Im Spiel vollzieht sich Einübung, Entlastung, Aneignung, Austragen von Kräfteverhältnissen, symbolische Weltdeutung, seelische Heilung und vieles mehr.

Da diese verschiedenen Funktionen des Spielens sich im konkreten Spiel auf komplizierte, zum Teil unauflösbare Weise verschränken und überlagern, sind die »Lernvorgänge« beim Spielen im einzelnen nicht untersucht, ja auch theoretisch kaum analysiert worden. Freilich wurden, insbesondere im Wiener Kreis und von Hildegard Hetzer, Erwägungen darüber angestellt, welche Spiele für welche Altersstufe brauchbar sind. Man ging dabei aus von dem bestehenden Kinderstubenmaterial, von Erfahrungen über Spielinteressen des Kindes, über die Dauerhaftigkeit eines Spiels und von der Intensität der Selbsttätigkeit, die ein Spiel auszulösen vermag. Man griff zurück auf die einzigen ausführlicheren Erörterungen des Bildungswerts von einfachen Spielgegenständen, die es in der Pädagogischen Literatur gab, nämlich Fröbels Theorie der »Spielgaben«. Und man wurde bestätigt durch das Programm und auch durch die therapeutischen Erfolge des »nicht-direktiven« Spielens, das heißt die Einsicht, daß es nicht durchführbar und auch nicht nötig ist, den Spielmotiven und den Antrieben und Wirkungen jeweils im einzelnen nachzugehen, daß vielmehr die Kinder ihre Spielthemen selber suchen, wenn nur ein reiches Angebot von Möglichkeiten besteht, und daß insbesondere die psychohygienische Funktion des Spiels auf diese Weise am besten erfüllt wird[33].

Für ein Kind in erzieherisch günstigen Verhältnissen ist damit wohl auch auszukommen. Der Kindergarten soll auf den Reichtum seines Angebots, der Sozial- und der Einzelspiele achten, er wird das gebundene und das freie Spiel nebeneinandersetzen, die Ordnung und Aufgabe ebenso bedenken wie die freie, gestaltende Phantasie. Genügt aber dies alles bei

Kindern, die ohne alle Voraussetzungen in den Kindergarten kommen? Genügt es, sie spielen zu lehren – eine freilich oft schon schwere Aufgabe, die viele Kindergärten heute wahrzunehmen haben? Oder müssen nicht noch andere, ausgleichende und fördernde Tätigkeiten planmäßig eingesetzt werden? Die Tatsache, daß es auch hier nicht nur unentwickelte, sondern vereinseitigte, »verzogene«, geschädigte, in vieler Hinsicht unzureichend geführte, auch sozial isolierte Kinder gibt, zwingt auch uns, die Möglichkeiten kompensatorischer Arbeit zu durchdenken.

In diesem Zusammenhang könnte das bisher wohl einzige durchgearbeitete Programm einer systematischen und stufenweisen Sinnesförderung, nämlich das Montessori-Material, eine neue Bedeutung erhalten. Nicht von ungefähr erlebt Maria Montessori in den letzten Jahren eine Renaissance; in Amerika, wo sie noch kaum Fuß gefaßt hatte, entsteht augenblicklich geradezu eine Montessori-Bewegung, eben weil bei ihr ein systematisch durchdachtes Programm der Förderung und Anregung durch Beschäftigungsmaterial und durch herausfordernde und stimulierende Spielaufgaben entwickelt ist.

Die Vorzüge und Schwächen dieses Systems sind hier nicht zu diskutieren. Die kritische Erörterung der Pädagogik M. Montessoris hat erbracht, daß einige Bereiche der kindlichen Betätigungen von ihr auf vortreffliche Weise gefördert, differenziert und entwickelt worden sind, während andere – etwa das Gemeinschaftsspiel, Phantasiespiele, die Spielerfindung als Feld kindlicher Produktivität oder auch das thematische Spiel als Bewältigung von Eindrücken und Lebensproblemen – dort nur wenig entfaltet wurden. Doch sind bei M. Montessori Ansätze zu einer Kindesförderung zu finden, die neben dem kindlichen Spielen und Gestalten sinnvoll ist und besondere, für die geistige Entwicklung grundlegende Fähigkeiten, wie etwa die Konzentration auf bestimmte Aufgaben, beim Kinde entwickelt.

Weitere Materialien dieser Art sind von den Heilpädagogen zur Förderung von geistig behinderten Kindern erfunden worden. Meist gehen die Ausbildungsstätten und die Erziehungsheime hier ihre eigenen Wege; zusammenfassende Übersichten oder eine systematische Ordnung dieser Materialien sind noch nicht zu finden. Einen eigenen und sehr interessanten Weg ist Hugo Kükelhaus mit seinem »Naturkundlichen Spielwerk« gegangen, mit dem die Kinder ihre Erfahrungen und Entdeckungen in der Schulpause oder auf dem Spielplatz machen können. Gewiß liegt hier noch ein weites Gebiet möglicher Entwicklungen vor uns [34].

Sozialerziehung

Das Vorschulalter ist – drittens – eine Zeit *sozialer Eindrücke und Empfänglichkeit*, gekennzeichnet durch die Aufnahme von sozialen Beziehungen außerhalb des engen Familienkreises. Nachbarskinder, Heimgenossen, Verwandte oder Paten treten auf und bilden eine erste Welt sozialer Erfahrungen. Das Kind bedarf solcher Beziehungen, es erlernt darin nicht nur sein Verhalten in der Sozialwelt, sondern befreit sich für Zeiten aus der Übermacht der Eltern; es erlebt andere Bezugssysteme und sich wandelnde Rangpositionen und gewinnt damit neue Möglichkeiten des Lernens und der mit ihm verbundenen Selbstverwirklichung [35].

Zu einer guten Kindesentwicklung gehört darum auch ein Reichtum an Sozialkontakten verschiedener Intensität und verschiedener Rangverhältnisse. Die Arbeit in den Kindergärten enthält schon ein ganzes Repertoire der Sozialerziehung: mit ihrer Abwechslung von Ämtern und Aufgaben, mit ihren Spielen, die bald das eine, bald das andere Kind in besondere Rollen der Über- oder Unterordnung bringen, und mit den gemeinschaftlichen Unternehmungen, die nur in einem bestimmten Sozialklima gelingen. Die Bedeutung einer Sozialerziehung im Vorschulalter als Voraussetzung für alle weiteren Erfahrungen, nicht nur der Soziabilität, sondern auch des Lernens, das sich ja zu einem wesentlichen Teil in sozialen Zusammenhängen vollzieht und aus ihnen seine Motive empfängt, ist der Kleinkinder-Pädagogik wohl geläufig. Doch muß auch dieser Bereich noch besser durchformt und durch systematische Beobachtungen und Verwendung gruppendynamischer Einsichten bereichert werden [36]. Auch das oben schon genannte wohldurchdachte Teilnehmenlassen am Leben der Erwachsenen ist ein unentbehrlicher Weg der sozialen Erziehung.

Sprachbildung

Ein viertes Moment hat erst in den letzten Jahren die gebührende Aufmerksamkeit gefunden, nämlich die *sprachliche Entwicklung* des kleinen Kindes und ihre Bedeutung für den ganzen Aufbau seines künftigen Denkens und seiner Geisteswelt.

Daß das kulturelle und intellektuelle Niveau der Kinder mit der Ausbildung ihrer Sprache zusammenhängt, hat man schon lange beobachtet, ebenso wie den Zusammenhang dieses Niveaus mit dem sozialen Status der Eltern. Allerdings darf, jedenfalls in Europa, dieses Verhältnis nicht zu einfach dargestellt werden, da es Gegenden ländlicher Bevölkerung auch niedrigen ökonomischen Status mit einer reichen und originellen Sprache gibt, die keineswegs als ein reduzierter Bestand der Gebildeten-Sprache angesehen werden kann. So wenig wir uns das Pathos der deutschen Romantik, das von einigen Reformpädagogen des 20. Jahrhunderts wiederaufgenommen wurde, noch zu eigen machen und die Sprache des »Volkes« neben der der »verbildeten« Oberschicht idealisieren dürfen, so wenig können wir davon ausgehen, daß die Höhe des Sprachniveaus von der des Sozialstatus allein abhängig ist[37].

Darum scheint die Reduktion der Vielfalt auf zwei verschiedene Sprach-Typen, eine Sprache des gebildeten Mittelstandes und eine der unteren Arbeiterschicht, wie sie vor allem die englische Forschung vornimmt, zunächst eine Einengung der Problematik darzustellen. Basil Bernstein, der diese Typisierung vorgeschlagen und auf die Kindesforschung angewandt hat, hat mit ihrer Hilfe aber eine wichtige Hypothese aufstellen können: daß sich die Sprache von Kindern niedrigen Sozialmilieus schon im Vorschulalter so weit von der differenzierten Hochsprache unterscheidet, daß sie mit der normalen Schulförderung kaum mehr korrigiert werden kann. In bestimmten Bevölkerungsschichten hat die Sprache, wie Bernstein feststellt, kaum eine Mitteilungsaufgabe, sondern vielmehr die Funktion von gegenseitiger Bestätigung und emotionaler Einstimmung, Unterstützung und Vergewisserung in der Solidarität kleiner Gruppen, die sich in stehenden Formeln, Interjektionen und Füllworten fast erschöpft und formal ganz unentwickelt bleibt. Er kennzeichnet diesen Sprach-Typus als *»restricted code«*, demgegenüber die mittelständischen Schichten einen *»elaborated code«* zwar nicht immer verwenden, aber doch zur Verfügung haben[38]. Die Eigentümlichkeit und die Entstehung dieser verschiedenen Sprachsysteme sind von Bernstein und seinen Schülern in England, von Hess, Shipman, John, Jensen, Irwin, Cazden u. a. in Amerika in den letzten Jahren weiter untersucht worden. Unabhängig davon – oder doch erst in jüngster Zeit mit diesen Untersuchungen im Austausch stehend – sind russische Forschungen (Luria und Yudovich, Liamina und Gagua, Popova), die in die gleiche Richtung weisen und ebenfalls mit Förderungsversuchen mit Kindern, dort schon vom 2. Lebensjahr an, verbunden sind[39]. Immer geht es bei diesen Versuchen darum, die Schwächen des häuslichen Sprachmilieus auszugleichen, das heißt solchen Kindern, die nicht in einem differenzierten Sprachsystem aufwachsen, eine ausgleichende Förderung zuteil werden zu lassen. Vom einfachen Darbieten einer reicheren Sprache durch regelmäßiges Vorlesen von Geschichten (Irwin 1960)[40] bis zu sehr energischem und repressivem Üben und Einfordern von Antworten (Bereiter / Engelmann 1966)[41] werden dabei vielerlei Versuche angestellt. Die Berichterstatter sind sich aber darin einig, daß wir über die kritischen Zeitpunkte für entsprechende Fördermaßnahmen, das heißt über das Alter und den Entwicklungsstand, in dem die Förderungsmaßnahmen erfolgen und bestimmte Arten von Anregungen geboten werden sollen, vorläufig noch wenig wissen[42]. Unklar ist weiterhin, wie lange die Erfolge, die in experimentellen Gruppen erreicht worden sind, nach dem Abschluß des Experiments vorhalten, das heißt, unter welchen Umständen ein solches Sprachtraining einen dauernden Gewinn verspricht[43]. Wenig Forschungen gibt es einstweilen auch darüber, welche seelischen Probleme daraus entstehen, daß das Kind sich aus dem Sprachmilieu seiner Familie entfernt[44]. Immerhin stimmen die bisherigen Untersuchungen darin überein, daß die sprachliche Umgebung des Kindes in einem viel früheren Alter und viel nachhaltiger bedeutend und prägend ist, als es bisher angenommen wurde, ja daß die Sprachentwicklung eine Art Schlüsselstellung für die ganze geistige Entwicklung des Kindes innehat. So wird etwa in den russischen Kindergärten das Sprachvermögen der Kinder systematisch geübt und damit die Bereitschaft zum Lesen und Schreiben gefördert, nicht aber dieses selbst schon gelehrt[45]. Es wäre zu wünschen, daß durch pädagogische Versuche und Forschungen auch bei uns die Möglichkeiten der sprachlichen Förderung und der ausgleichenden Sprachhilfe im Kindergarten und in der Grundschule erkundet würden.

Lesenlernen

Innerhalb der geschilderten Bewegung und ihrer Aufmerksamkeit auf die sprachliche Entwicklung des Kindes nimmt die Diskussion, die dem *Lesen in früher Kindheit* gewidmet ist, doch nur eine Randstellung ein, und es ist wohl mehr ein Zufall, daß uns in Deutschland die Auseinandersetzungen über die frühkindliche Erziehung auf dem Wege über ein Buch und über ein Thema erreicht haben, das in Amerika nur am Rande der Debatte steht[46]. Zwar bedeutet es auch in Amerika eine Sensation, daß ein Damenmagazin, ›Ladies Home Journal‹, im Mai 1963 aus der Feder Glenn Domans und zweier Mitautoren verkündete:

»Beyond two years of age, the teaching of reading gets harder every year ... If you are willing to go to a little trouble, you can begin when

your baby is 18 months old or – if you are very clever – as early as 10 months.« [47]

Doch man kann nicht sagen, daß dieser Artikel, der mit einer Verkaufsanzeige für einen Lesekasten verbunden war, wissenschaftlich irgendwo ernst genommen worden sei [48]. Seriöse Untersuchungen liegen allerdings auch auf diesem Gebiet bisher nur wenige vor; sie erlauben ebenfalls noch keine weitreichenden Aussagen [49]. Während in den Zwischenkriegsjahren, ebenso wie in Deutschland, die Aufmerksamkeit auf die Schulversager und auf die Leseschwächen überwog, rücken jetzt die früh lesenden Kinder in den Mittelpunkt [50]. Wahrscheinlich steht dieses Interesse im Zusammenhang mit der Förderung begabter und hochbegabter Kinder, die in der amerikanischen Pädagogik seit dem Sputnik-Schock eine große Rolle spielt [51]. Außer Zweifel steht, daß sich unter hochbegabten Kindern eine Gruppe von solchen findet, die von sich aus sehr früh zu lesen beginnen [52]. Überhaupt scheint es sich bisher bei den Frühlesern mehrheitlich um Kinder mit überdurchschnittlicher Intelligenz zu handeln. Andererseits ist, soweit die bisherigen Untersuchungen zeigen [53], das frühe Lesen noch keineswegs ein Zeichen von erhöhter Intelligenz, überhaupt nicht Teil eines typologisch faßbaren Erscheinungsbildes, sondern in erster Linie von Milieufaktoren und Erziehungseinflüssen abhängig. Ob im Elternhaus Lesen und Schreiben eine große Rolle spielt und wie die Eltern und Geschwister die Anfänge induzieren und fördern, das scheint den Ausschlag zu geben. Andererseits scheint es gerade für die intelligenteren Kinder relativ gleichgültig zu sein, wann sie mit dem Lesen beginnen – die Unterschiede durch einen früheren oder späteren Anfang gleichen sich sehr bald wieder aus, während es für die weniger intelligenten Kinder vorteilhaft zu sein scheint, wenn sie früher mit dem Lesen beginnen, überhaupt früher regulär gefördert werden [54]. »Gefördert« heißt aber keineswegs: auf die Schule geschickt. Nachuntersuchungen von zu früh eingeschulten Kindern im 3. bis 6. Schuljahr bestätigten die Ergebnisse aus den dreißiger Jahren, daß die Lesefähigkeit im allgemeinen von dem frühen Schulbeginn nicht profitiert [55]. Auch der Vorsprung eines Vorschul-Lesens verschwindet wieder, wenn nicht in der folgenden Schulzeit ein besonderes Programm für die Frühleser eingerichtet wird [56]. Spätentwickelte Kinder werden auch im Lesen durch ein allgemeines Förderungsprogramm besser zu normalen Leistungen gebracht als durch ein forciertes Lesetraining [57].

Die genannten Untersuchungen über die Frühleser haben aber noch einmal gezeigt, wie ganz anders sich das Lesenlernen von kleinen Kindern abspielt, als es die bisher vorliegenden Übungen und Programme vorsehen[58]. Die Zehn-Sekunden-Eindrücke in Fünf-Minuten-Portionen in viermal täglicher Wiederholung und Anerkennungsverstärkung basieren ebenso wie die maschinellen Experimente auf einer Lerntheorie, die noch kaum angefangen hat, die eigentümlichen Denk- und Lernformen des Kleinkindes herauszuarbeiten und auf ihnen aufzubauen. Die Beobachtung der Frühleser lehrt, wo die Einstiegsstellen des Kindes in die Welt des Geschriebenen und Gedruckten zu finden sind[59]. Kinder malen, wenn sie über die Kritzelstufe hinaus sind, nicht nur Personen und Gegenstände, sondern auch formal Eindrucksvolles oder für sie Interessantes, wozu eben auch Druckbuchstaben gehören, wie sie ihnen in Aufschriften, Reklamen, Namensschildern, Nahrungsmittelpackungen und Zeitungstiteln entgegentreten. (Daß für die Perzeption die Schriftgröße ausschlaggebend sein kann, hat schon M. Montessori vermutet.) Das Malen und Schreiben geht also im allgemeinen mit dem Lesen Hand in Hand oder ihm voraus. Die Frage »Wo steht das?« zumal bei eindrucksvollen Wörtern oder Wendungen des Vorgelesenen, der Wunsch, den eigenen Namen zu schreiben oder irgendein Zeichenschema mit Unterschrift zu versehen, das Kopieren von eindrucksvollen Aufschriften führen oft zu den folgenden Schritten. Interessenperioden oder bestimmte Spiele, die eine Zeitlang im Vordergrund stehen, bringen eine weitere Entwicklung, wobei gerade nicht das regelmäßige Lernen in Kurzperioden, sondern das unendliche Wiederholen und Ganz-Vertrautwerden mit bestimmten Zeichen und »Gestalten« charakteristisch sind. Aus den Montessori-Übungen und aus der Beobachtung von kindlichen Repetitionsspielen ist dieser Lernmodus bekannt.

So folgern wir, in Übereinstimmung mit der einstweilen gründlichsten wissenschaftlichen Studie über frühlesende Kinder – deren Verfasserin Dolores Durkin sowohl der allgemeinen Förderung als auch dem frühen Leseinteresse des Kindes mit höchster Aufgeschlossenheit gegenübersteht –, daß der Leitfaden für frühes Lesen im Fragen und im Erkundungsdrang des Kindes selber liegen muß. Aus ihren beiden Längsschnittuntersuchungen, von der die eine *vor*, die andere *in* der Welle des neuen Leseinteresses angestellt wurde und in der die Kinder mit *planmäßigem* Elternunterricht von denen getrennt untersucht wurden, deren Eltern nur *nach-* und *mitgehende Hilfe* leisteten, schließt sie,

»daß kleine Kinder sehr viel besser auf alle Hilfen beim Lesen ansprechen, wenn diese durch ihre eigenen Fragen ausgelöst sind – und nicht etwa durch den Ehrgeiz der Eltern oder deren eigene Unsicherheit oder was immer sie veranlaßt haben mag, von sich aus zu beschließen, ihr Kind vor dem Schuleintritt schon lesen zu lehren, ohne Rücksicht auf dessen Interesse und auf die Möglichkeit, daß sich daraus Spannungen zwischen Eltern und Kind entwickeln könnten. Diese besondere Bedeutung, die dem eigenen Interesse des Kindes zukommt, muß in den 1960er Jahren betont werden, weil kommerzielle Interessenten gegenwärtig die Eltern unter Druck setzen, für Materialien zum häuslichen Lesenlernen Geld auszugeben. Wenn die beiden Untersuchungen, über die hier berichtet wurde, irgend etwas deutlich zeigen, so dieses, daß die Welt eines Vorschulkindes voll von Gelegenheiten ist mit dem Lesenlernen zu beginnen, und zwar ohne die Hilfe von Lesematerialien, aber mit der Hilfe von Eltern, denen es mehr um die Interessen ihrer Kinder als um ihren eigenen Ehrgeiz geht.« [60]

III

Es wurde versucht, einen erinnernden Überblick über die wichtigsten Momente des kindlichen Lernens und auch dessen, was man »basale Bildung« (Lückert) nennen könnte, zu geben. Im Grunde handelt es sich um den nie ganz auflösbaren Gegensatz anthropologischer Positionen und Wertungen des Kindesalters, der schon in der Auseinandersetzung um Fröbel und Montessori sichtbar wurde. Wie so manche der pädagogischen Alternativen, so läßt sich auch dieser Gegensatz nur »dialektisch« lösen: nur indem man sich klarmacht, was auf der einen und was auf der anderen Seite auf dem Spiele steht, und aus den beidseitigen Erkenntnissen eine Konzeption des Handelns entwickelt. Ziel der Forschung kann es nur sein, die Einsichten auf beiden Seiten zu vertiefen und genauere, differenziertere Erkenntnisse darüber zu gewinnen, welche Lern- und Entwicklungsvorgänge der Förderung oder gar der Stimulation und welche der Reifung, der freien Entdeckung, der kindlichen Spontaneität und Selbstentfaltung bedürfen. Man kann für die stärkere Betonung der einen Seite plädieren und das Gewicht neuer Entdeckungen für sie geltend machen, nicht aber vorgeben, daß die wissenschaftlichen Argumente nur in dieser Richtung sprächen.

Vergegenwärtigen wir uns, ebenfalls in erinnernder, stichwortartiger Form, was für die eine und was für die andere Seite spricht; welche Einsichten und welche Forschungsergebnisse sind hier verfügbar, die zu ignorieren einen Rückfall der erziehungswissenschaftlichen Argumentation bedeuten würde?

Für die Thesen Lückerts zu einer frühen Bildungsförderung spricht einmal, daß tatsächlich an vielen Kindern in frühem Alter unendlich viel versäumt wird. Viele Eltern stützen ihre geringe erzieherische Aktivität mit einer fatalistischen Vererbungs- und Entwicklungslehre. Verzärtelnde, verspielte Haltungen sind nicht selten, sie hängen einmal mit dem neuzeitlichen Kinderkult (›*mignotage*‹, Ph. Ariès) zusammen, zum andern wohl mit infantilistischen Zügen, die unsere Gesellschaft als Kompensation zu ihrem Leistungsprinzip zu entwickeln scheint (Tenbruck) [61].

In unserer Öffentlichkeit – darüber haben die Fachleute der Kleinkindererziehung, voran Erika Hoffmann, schon immer geklagt – ist ein Bewußtsein über die Bedeutung der frühen Kindheit noch kaum vorhanden. Diese Bedeutung ist durch die neueren Untersuchungen, wie sie das Buch von Benjamin Bloom und die ›Review of Child Development Research‹ [62] zusammenfassend vor Augen führen, mit erheblichem Gewicht verstärkt worden. Wir haben über das Lernen und die Prägung im frühen Kindesalter viel Neues erfahren und vor allem auch neue Hypothesen für die Forschung erhalten. Es ist deutlich geworden, wie sehr die Denkformen durch die sprachlichen Kategorien und den Reichtum der Syntax bestimmt werden und wie die sozial bedingten Elternhaltungen für die Anregung des Kindes ausschlaggebend sind. Schließlich haben in jüngerer Zeit soziologische Analysen die gesellschaftspolitische Aufgabe deutlicher formuliert, die daraus erwächst, daß wir uns mit den Tatsachen der sozialen und erzieherischen Benachteiligung weiter Bevölkerungsschichten nicht einfach abfinden können. Dies alles liefert neue und gewichtige Argumente dafür, der Förderung und Anregung im Vorschulalter eine viel höhere Aufmerksamkeit entgegenzubringen, als das weithin bisher der Fall war. Besonders gilt das für die sozial schwachen Bevölkerungsschichten in der Stadt und auf dem Lande, oder genauer: die *erziehungs*schwachen Gruppen der Bevölkerung – es wäre noch genauer zu untersuchen, wo hier die eigentlichen Notgebiete liegen.

Auf der *anderen* Seite stehen aber ebenso grundlegende Einsichten der Kindesforschung, die gleichfalls im letzten Jahrzehnt gefestigt und vertieft worden sind [63]. Die Eigentümlichkeit der sensuellen Entwicklung und Differenzierung, wie sie von der Gestaltpsychologie und der Hirnphysiologie herausgearbeitet wurden, bilden die Grundlage. Das kindliche Lernen und die Symbolbildung des Kindes sind, jedenfalls für unseren

Kulturkreis, von Jean Piaget und seinen amerikanischen Schülern auf einem Niveau erforscht worden, das sich nicht so bald von anderen Ansätzen her erreichen lassen wird[64]. Sozialanalysen der eigentümlichen Stellung der Kinder in unserer Gesellschaft haben ferner deutlich gemacht, daß ein gewisses Maß von Ausgliederung des Kindes aus der Erwachsenenwelt unumgänglich ist. Was die vorindustriellen Formen des Berufs- und des Familienlebens vielfach ermöglicht haben, nämlich unbeschwerte Selbstbeschäftigung des Kindes und zugleich reichliche Teilhabe am Erwachsenenleben, das muß in der Industriegesellschaft planmäßig neu geschaffen werden. Dabei gilt es nicht nur die Möglichkeit und den Reichtum des kindlichen Lernens zu überdenken, sondern vor allem auch den freien Raum unbeschwerter kindlicher Entfaltung und Selbstbetätigung zu sichern. Diese Ausgliederung und Freistellung des Kindes gegenüber den Zwecken und modellierenden Zugriffen der Erwachsenen ist eine der kulturellen Errungenschaften der jüngsten Generationen, die wir nicht wieder gefährden dürfen. Das Verbot der Kinderarbeit etwa ist von gleicher zivilisatorischer Bedeutung wie die Einführung der Schulpflicht. Das Kind hat ein Anrecht nicht nur auf gute Bildung, sondern auf eine druckfreie, seiner Eigentümlichkeit und seiner Altersstufe entsprechende Entfaltung. Nur wenn beides gewahrt ist, kann von einer günstigen Erziehungssituation gesprochen werden[65].

Im Zusammenhang damit stehen die – ebenfalls im letzten Jahrzehnt gewachsenen – tiefenpsychologischen Kenntnisse über die Kindesentwicklung. Was ein Kind emotional »lernt« und wie es sich in seinen ersten Sozialbeziehungen orientiert, das ist mindestens von gleicher Bedeutung, wahrscheinlich aber für seinen Lebenslauf und seine spätere Haltung und Lebensbewältigung noch viel wichtiger als das Training seiner Intelligenz. Den Untersuchungen über die seelische Hygiene des Kindes (und die zugehörige des Erziehers) gebührt auch in Deutschland eine vermehrte Aufmerksamkeit[66].

Und schließlich würde es einen Rückfall bedeuten, wenn das neuerwachte Interesse für die Kleinkindererziehung in das normative Entwicklungsdenken verfiele, das von der entsprechenden Forschung doch gerade überwunden ist. Insbesondere die neueren Längsschnittuntersuchungen haben gezeigt[67], daß das Entwicklungstempo, die Schritte und Phasen der Interessen, der Sozialisation und der Persönlichkeitsproblematik bei einzelnen Kindern sehr weit voneinander abweichen; ferner daß die Entwicklungsgeschwindigkeit nicht in einer festen Relation zur späteren Höhe und

Differenziertheit der Entwicklung steht. Behauptungen, daß in bestimmtem Alter jedes Kind dies oder jenes lernen oder können müsse, sind darum so gut wie immer falsch, das heißt eben von einem Aussagetypus, wie er noch der Ära der Gesellschen Entwicklungspsychologie zugehört.

Von diesem veralteten Typus des Entwicklungsdenkens geht ja auch unser Schulwesen, sein System der Jahrgangsklassen und seine Festlegung des Einschulungstermins noch aus. Gewiß wird ein Staat sich für bestimmte Altersregelungen entscheiden müssen; es gibt heute aber Organisationsformen und Untersuchungsmethoden, die eine größere Flexibilität und damit ein höheres Maß der Förderung des einzelnen Kindes ermöglichen. Wenn man in vergangenen Jahrzehnten in Deutschland dazu neigte, das Schulalter heraufzusetzen [68], und durch »ganzheitliche« Methoden versuchte, auch zu diesem späten Einschulungstermin noch auf die frühkindlichen Auffassungsformen Rücksicht zu nehmen, so stehen auch dahinter Erfahrungen und Tatsachen, die nicht einfach ignoriert werden können [69]. Nach wie vor gibt es eine Gruppe von Kindern, die nach den gängigen Definitionen selbst im heutigen Einschulungsalter nicht als schulreif anzusehen sind. Es ist aber, wie die genannten Untersuchungen noch einmal deutlich gemacht haben, weder berechtigt, ihretwegen die anderen, erheblich früher schulreifen Kinder zu vernachlässigen, noch ist gerade bei dieser Gruppe der Spätreifen viel damit getan, daß man sie ohne besondere Förderung einfach warten läßt. Ein Teil unserer Kinder kommt zweifelsohne zu spät auf die Schule und findet dort – in den langsamen Anfängen ganzheitlichen Lesens und Schreibens, in dem Niveau der Fibeln und der Aufgaben und in den geringen personellen und methodischen Möglichkeiten der Grundschule zu einem differenzierten Unterricht – bei weitem nicht die geistige Nahrung und Anregung, auf die sie hungrig sind.

Auch in dieser Hinsicht ist durch die geschilderte Bewegung vieles fraglich geworden, was wir bisher als gesichert und selbstverständlich angesehen haben. An unser Bildungswesen im ganzen erheben sich neue Forderungen, die in die folgende Richtung weisen:

1. Das Problem des *Einschulungsalters* muß neu erörtert werden, die bisherige Einschulung nach recht schematischen Alterskriterien ist dem Stand der Kindesforschung nicht mehr angemessen.

2. Eine *Schul-Vorstufe*, sei es in Form der Vorklasse unserer öffentlichen Schulen, sei es als Stufe des Kindergartens, muß auch im deutschen Bil-

dungswesen eingerichtet werden; das ist heute dringender als die Verlängerung der Schulzeit in das Jugendalter hinein. Sie hätte die doppelte Aufgabe: für die weitentwickelten Kinder, die der Kindergarten nicht mehr befriedigt und die dort stören, eine ihnen entsprechende Betätigungsform zu schaffen; zugleich aber den langsameren Kindern systematisch zu helfen, daß sie die Schulreife erlangen.

3. Die *Kindergartenerziehung* – heute in Deutschland durch Überfüllung, weite Wege oder mangelnde örtliche Initiative für viele versperrt – muß allen Kindern zugänglich werden. Ihre Methoden werden sich differenzieren müssen, neben der hergebrachten Arbeit fallen dem Kindergarten heute *kompensatorische* Aufgaben zu. Besonders für die Kinder aus erziehungsschwacher und kulturell armer Umgebung sollte sich die Kindergartenarbeit in der Richtung auf Sprach- und Bildungsförderung erweitern. Eine bedeutende Entwicklungsarbeit an Methoden und Materialien ist hier noch zu leisten und neben die bewährten Formen zu stellen, in denen die Anregungen zum Spielen, zu Ausdruck und Gestaltung und zum Kontakt mit Gleichaltrigen schon entwickelt sind.

4. Eine Bewegung, die dem amerikanischen Programm ›*Head Start*‹ entspricht, könnte auch in Deutschland Bedeutendes leisten[70]: eine *Aktivierung der Gemeinden* und der *Parlamente* für mehr und bessere Einrichtungen zugunsten der kleinen Kinder; eine Aktivierung der *Eltern* – nicht so sehr ihres Ehrgeizes für schnelle und spektakuläre Leistungen auf Gebieten, die man bisher der Schule zugewiesen hat, sondern vielmehr ihrer Bereitschaft und ihrer Fähigkeit, sich ihren Kindern stärker zu widmen, die Spiel- und Erfahrungswelt der Kinder anzureichern, ihre Sozialkontakte und ihre Lernerfahrungen mit zu bedenken und selber zu lernen, welche Anforderungen das Elternamt heute stellt.

Es ist zu hoffen, und es sind Anzeichen dafür vorhanden, daß sich die eingangs genannte Bewegung von ihren publizistischen Erfolgen nicht auf die sensationellen Seiten ihres Vorstoßes, auf Wiegen-Experimente und Baby-Lesen festlegen läßt, sondern ernsthafte Formen einer frühen Bildungsförderung erarbeitet, die sich in ein ausgewogenes Programm einer *Gesamt*förderung des Kindes einfügen.

Quellenangaben, Anmerkungen und Literaturhinweise

Einleitung

1 *Heinrich Pestalozzi,* Mutter und Kind (Briefe an Greaves), hrsg. v. H. Lohner und W. Schohaus, Zürich/Leipzig o. J., S. 19.

2 *Joh. Amos Comenius,* Informatorium der Mutterschul, hrsg. v. J. Heubach, Päd. Forschungen 16, Heidelberg 1962; *Jean Paul,* Flegeljahre, Sämtl. Werke I/10, Weimar 1934; Levana, I/12, Weimar 1937; *J. J. Rousseau,* Emile, hrsg. v. M. Rang, Stuttgart 1963.

3 *Friedrich Fröbel,* Ausgewählte Schriften, hrsg. v. E. Hoffmann, 2 Bde., Bad Godesberg 1951; *O. F. Bollnow,* Die Pädagogik der deutschen Romantik, Stuttgart 1952.

4 *H. Hecker* u. *M. Muchow,* Friedrich Fröbel und Maria Montessori, Leipzig 1927; vgl. *G. Schulz,* Der Streit um Montessori, Freiburg–Basel–Wien 1961.

5 *W. Preyer,* Die Seele des Kindes, Leipzig 1895; *K. Groos,* Das Seelenleben des Kindes, Berlin 1911; *Karl Bühler,* Die geistige Entwicklung des Kindes, Jena 1921; *Ch. Bühler,* Kindheit und Jugend, Leipzig 1931; *W. Stern,* Psychologie der frühen Kindheit, Heidelberg [7]1952; *J. Piaget,* Das moralische Urteil beim Kinde, Zürich 1954.

6 *S. Freud,* Drei Abhandlungen zur Sexualtheorie, Gesammelte Werke Bd. V, Frankfurt 1961, S. 73.

7 *René Spitz,* Die Entstehung der ersten Objektbeziehungen, Stuttgart 1957; Nein und ja. Die Ursprünge der menschlichen Kommunikation, Stuttgart o. J.; Hospitalismus I und II; Die anaklitische Depression, sämtlich in diesem Band; ferner: Vom Säugling zum Kleinkind, Stuttgart 1967.

8 *Wolfgang Brezinka,* Frühe Mutter-Kind-Trennung. Die Sammlung, 14. Jg. 1959. *L. J. Yarrow,* Separation from Parents during Early Childhood, in: *L. M. Hoffman – L. W. Hoffman,* Review of Child Development Research, vol. I, New York 1964.

9 *John Bowlby,* Maternal Care and Mental Health, Genf 1952; *Wayne Dennis,* Causes of Retardation Among Institutional Children: Iran. The Journal of Genetic Psychology, 96, 1960; *Marie Meierhofer – Wilhelm Keller,* Frustration im frühen Kindesalter, Bern/Stuttgart 1966; *Alfred Nitschke,* Das Bild der Heimwehreaktionen beim jungen Kinde, in diesem Band.

10 *Melanie Klein,* Das Seelenleben des Kleinkindes, Stuttgart 1962; *W. D.*

Winnicott, Collected Papers, Through Pediatrics to Psycho-Analysis, London 1958.

11 *Adolf Portmann*, Biologische Fragmente zu einer Lehre vom Menschen, Basel ^{2}1951; *Dieter Claessens*, Familie und Wertsystem, Berlin 1962.

12 *Hellmuth Plessner*, Conditio humana, Pfullingen 1964; *Andreas Flitner*, Wege zur pädagogischen Anthropologie, Heidelberg 1963.

13 *Hans Thomae*, Entwicklung und Prägung, in: Handbuch der Psychologie, Bd. III (Entwicklungspsychologie), Göttingen 1959, S. 264 f.

14 *M. D. Vernon*, Die Entwicklung der kindlichen Wahrnehmungsfähigkeit, in diesem Band.

15 *Alice Bálint*, Über eine besondere Form der infantilen Angst, in diesem Band.

16 *Sigmund Freud*, Über infantile Sexualtheorien, in diesem Band.

17 Besonders ausgeprägt bei *Heinz Remplein*, Die seelische Entwicklung des Menschen im Kindes- und Jugendalter, München ^{7}1958.

18 *Martinus J. Langeveld*, Das Ding in der Welt des Kindes, in: Studien zur Anthropologie des Kindes, Tübingen ^{2}1964.

19 *Günther Bittner*, Zur pädagogischen Theorie des Spielzeugs, in diesem Band.

20 Besonders deutlich bei *Oswald Kroh*, Entwicklungspsychologie des Grundschulkindes, Weinheim 1964; auch bei *Remplein*, a. a. O.; *Wilhelm Hansen*, Die Entwicklung des kindlichen Weltbildes, München ^{6}1965.

21 Vgl. *Hans Thomae*, Entwicklungsbegriff und Entwicklungstheorie, in: Handbuch der Psychologie, Bd. III (Entwicklungspsychologie), Göttingen 1959; *Martinus J. Langeveld*, Studien zur Anthropologie des Kindes, Tübingen ^{2}1964.

22 *Ronald C. Johnson and Gene R. Medinnus*, Child Psychology, New York/London/Sydney 1965; *Erik H. Erikson*, Kindheit und Gesellschaft, Stuttgart ^{2}1965; *G. D. Spindler* (Hrsg.), Education and Culture – Anthropological Approaches, New York 1963.

23 Vgl. die Beiträge von *M. Mead*, Frühe Einflüsse auf die Persönlichkeitsbildung der Arapesh; *L. Thompson* und *A. Joseph*, Kindheit bei den Hopi, beide in diesem Band.

24 Vgl. *Theodor Schulze*, Häusliche Szenen und seelische Entwicklung, in diesem Band.

25 Vgl. *S. Escalona*, Betrachtungen zum Wandel der Kleinkinderpflege in neuerer Zeit; *J. Robertson*, Mütterliche Verhaltensstile in ihrem Einfluß auf die frühkindliche Entwicklung; *Ph. Greenacre*, Einschränkung und Zwang im Kleinkindalter, sämtlich in diesem Band.

26 *Günther Bittner*, Psychoanalyse und soziale Erziehung, München 1967.

27 *Elisabeth Blochmann*, Pädagogik des Kindergartens; *Erika Hoffmann*, Frühkindliche Bildung und Schulanfang; *A. Flitner*, Der Streit um die Vorschulerziehung, sämtlich in diesem Band; *H. R. Lückert*, Begabungsforschung und basale Bildungsförderung; *Erika Hoffmann*, Das Problem der Bildung des Kleinkindes, beide in: Evangelische Kinderpflege, 18. Jg. 1967.

Erika Hoffmann. Die Bedeutung der Erziehung des Kleinkindes

Vortrag auf der Tagung der Evangelischen Akademie Rheinland-Westfalen ›Elternhaus und Kindergarten‹ am 15. und 16. Mai 1966; von E. Hoffmann durchgesehenes Tagungsprotokoll.

Sibylle Escalona. Betrachtungen zum Wandel der Kleinkinderpflege in neuerer Zeit

Originaltitel: A Commentary upon some Recent Changes in Child Rearing Practices. Aus: Child Development 1949, vol. 20, No. 3, S. 157–162; übersetzt von Karla Johns.

1 Keine der beiden Alternativen spiegelt die beabsichtigte Meinung völlig wider. Die Wirkung der Psychoanalyse auf die populäre Meinung und Praxis sowie ihre Beziehung zur Kultur muß reziprok sein. Die Formulierung der psychoanalytischen Theorie setzte kulturelle Kräfte voraus, die die Forderung nach einer solchen Theorie erhoben: Der anfängliche Widerspruch gegen analytische Erkenntnisse und ihre darauf folgende Popularisierung waren weitgehend kulturell bedingt; jedoch wandelte sich die Kultur während dieses Prozesses teilweise, weil neue Tatsachen und neue Vorstellungen von psychodynamischen Zusammenhängen aufkamen; der ganze Prozeß ist seiner Natur nach verwickelt und dialektisch.

Margaret Mead. Frühe Einflüsse auf die Persönlichkeitsbildung der Arapesh

Aus: Leben in der Südsee. Jugend und Sexualität in primitiven Gesellschaften, München, Szczesny Verlag, 1965, S. 369–382.

1 Ich möchte nicht behaupten, daß die Abneigung der Arapesh gegen Regen und Kälte ganz oder auch nur vorwiegend von diesem Vorgang herrührt; aber es ist doch auffällig, daß die Kinder der Tchambuli, die in warmem Süßwasser gebadet werden, das nicht einmal nach Sonnenuntergang abkühlt, diese Abneigung gegen Regen nicht besitzen und es schön finden, den ganzen Tag im Regen herumzugehen.

2 Die Gewohnheit des Daumenlutschens, die bei den meisten primitiven Völkern fehlt, wird wahrscheinlich in den allerersten Lebensmonaten entwickelt – in einer Zeit also, in der die Kinder der Primitiven beinahe immer an die Brust gelegt werden, wenn sie schreien.

3 Zurückgekehrte Arbeitsburschen haben jetzt das amerikanische Fußballspiel eingeführt; als Ball dienen ihnen Limonenfrüchte.

Laura Thompson – Alice Joseph.
Kindheit bei den Hopi

Aus: The Hopi Way. University of Chicago Press 1944, S. 50–55; übersetzt von Werner Bonin.

Otto Klineberg. Kulturelle Faktoren in der
Persönlichkeitsentwicklung bei Kindern

Originaltitel: Cultural Factors in Personality Adjustment of Children. In: American Journal of Orthopsychiatry 1953, vol. 23, S. 465–471; übersetzt von Werner Bonin.

Literaturhinweise:

BENEDICT, RUTH: Continuities and Discontinuities in Cultural Conditioning. In: Psychiatry I, 1938, S. 161–167; nachgedruckt in: Kluckhohn – Murray: Personality in Nature, Society, and Culture. New York 1961.
BUTTERFIELD, O. M.: Love Problems of Adolescence. New York 1939.
DAVIS, A. – R. J. HAVIGHURST: Social Class and Color Differences in Child-rearing. American Sociological Review, 11, S. 698–710.
DENNIS, W. – M. G. DENNIS: The Hopi-Child. New York 1940.
EGGAN, F.: Social Organisation of the Western Pueblos. Chicago 1950.
HENRY, J.: Jungle People, a Kaingáng Tribe of the Highlands of Brazil. New York 1941.
HORNEY, KAREN: Der neurotische Mensch in unserer Zeit. Stuttgart 1951.
KARDINER, A.: Psychological Frontiers of Society. New York 1945.
KLUCKHOHN, C. – D. LEIGHTON: The Navaho. Cambridge [6]1958 ([1]1946).
–: Children of the People. Cambridge [2]1948 ([1]1947).
LEWIS, O.: Life in a Mexican Village: Tepoztlan restudied. Urbana III, Illinois 1951.
LYND, R. S. – H. M. LYND: Middletown. A Study in American Culture. New York 1929.
–: Middletown in Transition. A Study in Cultural Conflicts. New York 1937.
MACGREGOR, G.: Warriors without Weapons. A Study of the Society and Personality of the Pine Ridge Sioux. Chicago 1959.
MALINOWSKI, B.: Kultur und Freiheit. Wien 1951.
MEAD, MARGARET: Geschlecht und Temperament in primitiven Gesellschaften. Hamburg 1959 (rde).
–: Geschlecht und Verdrängung in primitiven Gesellschaften. Hamburg 1962 (rde).
–: Leben in der Südsee. Jugend und Sexualität in primitiven Gesellschaften. München 1965.

Newcomb, Th. M.: Sozialpsychologie. Meisenheim am Glan 1959.
Parsons, T.: Essays in Sociological Theory. Glencoe 1954.
Shaffner, B. H.: Father Land: A Study of Authoritarianism in the German Family. New York 1948.
Simmons, L.: Sun Chief. The Autobiography of a Hopi Indian. New Haven 1942.
Thompson, L. – A. Joseph: The Hopi Way. Chicago 1944.

René A. Spitz. Hospitalismus I

Originaltitel: Hospitalism. An Inquiry into the Genesis of Psychiatric Conditions in Early Childhood. In: The Psychoanalytic Study of the Child 1945, vol. I, S. 53–74; übersetzt von Gudrun Theusner-Stampa.

1 Bei der Erörterung der Ergebnisse der Child Welfare Research Station der Universität Iowa macht Woodworth (28) die folgenden kritischen Bemerkungen (S 71): »Die Gründe für das schlechtere Abschneiden der Waisenhauskinder sind offenbar umstritten ... Man sollte erwarten, daß eine vergleichende Untersuchung und ein Überblick über Pflegeanstalten für Kinder instruktiv wäre ...«

2 Jones (16) erhebt folgende Einwände gegen diese Methode: »Wahrscheinlich werden wir uns von der retrospektiven Betrachtung von Umständen, denen wir einen früheren Einfluß zuschreiben, abkehren und werden es vorziehen, uns mit den gegenwärtigen und kumulativen Wirkungen spezifischer Umweltfaktoren zu befassen. Man darf auch erwarten, daß unser Interesse sich in gewissem Maß von statistischen Massenuntersuchungen ... auf Untersuchungen der Dynamik des Entwicklungsprozesses im Individuum verlagert.«

3 Es ist interessant, daß Woodworth (28), unabhängig von unserem Vorgehen in bezug auf dieses Problem (das 1936 geplant und begonnen wurde), ein ganz ähnlich aufgebautes Forschungsprogramm als wünschenswert zum besseren Verständnis des Problems von Vererbung und Umwelt empfiehlt:

»*Waisenhäuser*

Auf Grund einer gewissen Anzahl von Beweisen ist man heute der Meinung, Waisenhäuser seien eine ungünstige Umwelt für das Kind, aber man weiß nur wenig über die Gründe. Man könnte zwei allgemeine Projekte vorschlagen:

(a) eine allgemeine Überprüfung der Einrichtungen für die Dauerunterbringung von Kindern im Hinblick auf die vorhandenen Unterschiede in bezug auf Ausstattung, Personal und Behandlung der Kinder, wobei versucht werden sollte, die erreichten Resultate zu beurteilen;

(b) experimentelle Untersuchungen in ausgewählten Waisenhäusern, in denen die Kinder längere Zeit bleiben mit der Absicht, die Wirkung spezifischer Umweltfaktoren auszutesten. Man könnte dabei z. B. bei einigen Kindern die Kontakte mit Erwachsenen steigern und auf diese Weise feststellen, ob dieser Faktor für die geistig-seelische Entwicklung wichtig ist. Es ist durchaus denkbar, daß man ein Waisenhaus derart organisieren könnte, daß es für das heranwachsende Kind zu einer eindeutig günstigen Umwelt wird, aber zur Zeit wissen wir noch nicht, wie man zu diesem Ergebnis gelangen könnte.«

4 Ich möchte hier K. Wolf, Ph. D., für ihre Hilfe bei den im Säuglingsheim und in Familien durchgeführten Experimenten danken, ebenso für ihre Mitarbeit bei der statistischen Auswertung der Ergebnisse.

5 Unter dieser Überschrift zählen wir nicht nur die Ähnlichkeiten auf, sondern auch Unterschiede, die keine ätiologische Bedeutung für den Verfall der Kinder im Findelhaus haben. Diese Unterschiede umfassen zweierlei: Unterschiede, die überhaupt keine Bedeutung haben, und Unterschiede, die der Entwicklung der Kinder im Findelhaus sogar förderlich sind.

6 Der psychoanalytisch orientierte Leser erkennt natürlich, daß für diese Mädchen im Gefängnis das Kind zu einem kaum verhüllten phallischen Ersatz geworden ist. Für die Zwecke dieses Artikels habe ich es jedoch sorgfältig vermieden, irgendeine ausführliche psychoanalytische Deutung zu geben, sei sie auch noch so verlockend, und habe mich so eng wie möglich auf die Ergebnisse direkter Verhaltensbeobachtung beschränkt. Auch an zahlreichen anderen Stellen wäre es nicht nur möglich, sondern natürlich, analytische Begriffe zu verwenden, das ist jedoch späteren Veröffentlichungen vorbehalten.

7 Für den nicht psychoanalytisch orientierten Leser merken wir an, daß diese intensive Mutter-Kind-Beziehung nicht mit einer Beziehung gleichzusetzen ist, die auf Liebe zu dem Kind gegründet ist. Schon der Umstand, daß das Kind als phallischer Ersatz benützt wird, weist darauf hin, wie groß die Rolle ist, die unbewußte Feindseligkeit hier spielt.

8 *K. Wolf*, Body Mastery of the Child as an Index for the Emotional Relationship between Mother and Child, in Vorbereitung.

9 Damit bringen wir nur in psychoanalytischer Formulierung die Überzeugung der meisten modernen Psychologen zum Ausdruck; angefangen mit Compayré (7) und geteilt von so vertrauten Autoritäten der Kinderpsychologie wie Stern (24) und Bühler (4) und in der Tierpsychologie von Tolman (26).

10 Diese These soll in einem demnächst erscheinenden Artikel: ›Der Beginn sozialer Beziehungen beim Kinde‹ weiterentwickelt werden.

Literaturhinweise:

1 Bakwin, H.: Loneliness in Infants. Am. J. of Diseases of Children, 63, 1942, S. 30–40.

2 Bender, L. – H. Yarnell: An Observation Nursery: A Study of 250 Children in the Psychiatric Division of Bellevue Hospital. Am. J. of Psychiatry, 97, 1941, S. 1158–1174.

3 Bühler, Ch.: Kindheit und Jugend. Leipzig 1931, S. 67.

4 Bühler, K.: Die geistige Entwicklung des Kindes. Jena [4]1942, S. 106 und 116.

5 Chapin, H. D.: Are Institutions for Infants Necessary? J. of Am. Med. Association, 1915.

6 –: A Plea for Accurrate Statistics in Infants' Institutions. Archives of Pediatrics, 1915.

7 Compayré, G.: L'évolution intellectuelle et morale de l'enfant. Paris 1893.

8 DURFEE, H. – K. WOLF: Anstaltspflege und Entwicklung im ersten Lebensjahr. Zeitschrift für Kinderforschung, 42, 1933.
9 GESELL, A. – F. ILG: Feeding Behavior of Infants. Philadelphia 1937, S. 21.
10 GESELL, A. – H. THOMPSON: Infant Behavior, Its Genesis and Growth. New York 1934, S. 208.
11 GOLDFARB, W.: Infant Rearing as a Factor in Foster Home Placement. Am. J. of Orthopsychiatry, XIV, 1944, S. 162–167.
12 –: Effects of Early Institutional Care on Adolescent Personality: Rorschach Data. Am. J. of Orthopsychiatry, XIV, 1944, S. 441–447.
13 –: Effects of Early Institutional Care on Adolescent Personality. J. of Experimental Education, 12, 1943, S. 106–129
14 GOLDFARB, W. – B. KLOPFER: Rorschach Characteristics of Institutional Children. Rorschach Research Exchange, 8, 1944, S. 92–100.
15 HETZER, H. – K. WOLF: Babytests. Zeitschrift für Psychologie, 107, 1928.
16 JONES, H. E.: Personal Reactions of the Yearbook Committee. 39th Yearbook, National Soc. for the Study of Education, I, 1940, S. 454–456.
17 LOWREY, L. G.: Personality Distortion and Early Institutional Care. Am. J. of Orthopsychiatry, X, 1940, S. 576–585.
18 RIPIN, R.: A Study of the Infant's Feeding Reactions During the First Six Months of Life. Archives of Psychology, 116, 1930, S. 38.
19 SCHLOSSMANN, A.: Zur Frage der Säuglingssterblichkeit. Münchner Med. Wochenschrift, 67, 1920.
20 SIMPSON, B. R.: The Wandering I. Q.; J. of Psychology, 7, 1939, S. 351–367.
21 SKEELS, H. M.: Mental Development of Children in Foster Homes. J. of Consulting Psychology, 2, 1938, S. 33–43.
22 –: Some Iowa Studies of the Mental Growth of Children in Relation to Differentials of the Environment: A Summary. 39th Yearbook, National Soc. for the Study of Education, II, 1940, S. 281–308.
23 SKODAK, M.: Children in Foster Homes. University of Iowa Studies in Child Welfare, 16, 1939.
24 STERN, W.: Psychology of Early Childhood. London 1930.
25 STODDARD, G. D.: Intellectual Development of the Child: An Answer to the Critics of the Iowa Studies. School and Society, 51, 1940, S. 529–536.
26 TOLMAN, E. C.: Purposive Behavior. New York 1932, S. 27 ff.
27 UPDEGRAFF, R.: The Determination of Reliable Intelligence Quotient for the Young Child. Journal of Genetic Psychology, 41, 1932, S. 152–166.
28 WOODWORTH, R. S.: Heredity and Environment. Bulletin 47, Social Science Research Council, 1941.

René A. Spitz. Hospitalismus II

Originaltitel: Hospitalism. A Follow-up Report on Investigation Described in Volume I, 1945. In: The Psychoanalytic Study of the Child 1946, vol. II, S. 113–117; übersetzt von Gudrun Theusner-Stampa.

1 Diese Kinder sind »in gewissem Umfang« sauber. Nach Aussage meines Beobachters haben viele der sogenannten »sauberen« Kinder im Bett eingenäßt und eingekotet; ihre Sauberkeitserziehung scheint sich darauf zu beschränken, daß sie den Topf benützen, wenn man sie draufsetzt.

2 Siehe Artikel ›Hospitalismus‹ I, S. 92. Die durchschnittliche Verzögerung des Entwicklungsquotienten betrug im elften und zwölften Monat ungefähr 12 Punkte; das soll in einer späteren Veröffentlichung erörtert werden.

3 Eine Ausnahme hiervon bilden 6 Kinder, die aus familiären Gründen vor dem zehnten Monat das Heim verließen. Sie wird mehr als aufgewogen durch die Gruppe von 29 Kindern, die länger als ein Jahr dort blieben.

René A. Spitz. Die anaklitische Depression

Originaltitel: Anaclitic Depression. An Inquiry into the Genesis of Psychiatric Conditions in Early Childhood II. In: The Psychoanalytic Study of the Child 1946, vol. II, 313–342; übersetzt von Gudrun Theusner-Stampa.

1 Dies ist der zweite in einer Reihe von Artikeln, in denen Ergebnisse des psychoanalytischen Forschungsprojekts über die Probleme des Kleinkindalters dargestellt werden. Der erste wurde unter dem Titel ›Hospitalism‹ in *The Psychoanalytic Study of the Child*, I, 1945 veröffentlicht (19).

2 Eine ausführliche Beschreibung der in dieser Anstalt herrschenden Bedingungen findet sich in dem genannten Artikel.

3 Wie bei jeder psychiatrischen Studie konnte in einer gewissen Zahl von Fällen keine genaue Diagnose gestellt werden. Wir haben diese Fälle in unsere Tabellen aufgenommen, um zu zeigen, welchen Anteil solche nicht-diagnostizierten Fälle an der unausgewählten Gesamtzahl der beobachteten Kinder hatten.

4 Dies wird in hohem Grad bestätigt durch eine weitere Gruppe von Fällen, die in einer anderen Anstalt beobachtet wurde. Diese Fälle waren schwerer – die daraus resultierende Sterblichkeit unter den betroffenen Kindern nahm katastrophale Formen an. Siehe ›Hospitalismus‹ (19).

5 Beschrieben in ›Hospitalismus‹. Wie dort werden wir, um die Unterscheidung zwischen den beiden Anstalten zu erleichtern, die eine, in der die bis jetzt beschriebenen Fälle versorgt wurden, *Säuglingsheim* nennen, und die andere, die wir jetzt beschreiben wollen, *Findelhaus*.

Literaturhinweise:

1 ABRAHAM, K.: Notes on the Psychoanalytical Investigation and Treatment of

Manic-Depressive Insanity and Allied Conditions (1912). Selected Papers, London 1927.
2 –: The First Pregenital Stage of the Libido (1916). Ebenda.
3 –: A Short Study of the Development of the Libido. Ebenda.
4 BÜHLER, CH.: Kindheit und Jugend. Leipzig 1931.
5 FENICHEL, O.: The Psychoanalytic Theory of Neurosis. New York 1945.
6 FREUD, S.: Trauer und Melancholie (1917). Ges. W. X, London 1949.
7 GLOVER, E.: Examination of the Klein System of Child Psychology. The Psychoanalytic Study of the Child, I, 1945.
8 HARNIK, J.: Introjection and Projection in the Mechanism of Depression. Int. J. Psychoanalysis, XIII, 1932.
9 HETZER, H. – K. M. WOLF: Babytests. Zeitschrift f. Psychologie, 107, 1928.
10 JACOBSON, E.: Depression; the Oedipus Conflict in the Development of Depressive Mechanisms. Psychoanalytic Quarterly, XII, 1943.
11 JERSILD, A. T. – F. B. HOLMES: Children's Fear. Child Dev. Mon., 20, 1935.
12 KLEIN, M.: Emotional Life and Ego Development of the Infant, with Special Reference to the Depressive Position. Controversial Series of the London Psychoanalytic Society, IV, Discussion, März 1944.
13 –: Die Psychoanalyse des Kindes, Wien 1932.
14 –: Mourning and its Relation to Manic-Depressive States. Int. J. Psychoanalysis, XXI, 1940.
15 –: The Oedipus Complex in the Light of Early Anxieties. Int. J. Psychoanalysis, XXVI, 1945.
16 RANK, O.: Das Trauma der Geburt und seine Bedeutung für die Psychoanalyse. Wien 1924.
17 RIVIERE, J.: Original Papers on the Genesis of Psychical Conflict in Earliest Infancy. Int. J. Psychoanalysis, XVII, 1936.
18 SHIRLEY, M. M.: The First Two Years. A Study of Twenty-Five Babies. Vol. 2. Minneapolis 1933.
19 SPITZ, R. A.: Hospitalism. An Inquiry into the Genesis of Psychiatric Conditions in Early Childhood. The Psychoanalytic Study of the Child, I, 1945 (deutsch in diesem Band).
20 SPITZ, R. A. – K. M. WOLF: Diacritic and Coenesthetic Organizations. Psychoanalytic Rev., 32, April 1945.
21 –: The Smiling Response: A Contribution to the Ontogenesis of Social Relations. Gen. Psychol. Mon., XXXIV, 1, 1946.
22 WATSON, J. B.: Psychology from the Standpoint of a Behavorist. Philadelphia/London 1919.

Alfred Nitschke. Das Bild der Heimwehreaktionen beim jungen Kinde

Aus: Das verwaiste Kind der Natur. Ärztliche Beobachtungen zur Welt des jungen Menschen. Tübingen, Max Niemeyer Verlag 1962. Erstdruck in: Deutsche Medizinische Wochenschrift, 80. Jg. 1955, Nr. 2.

1 *J. G. Herder*, Über den Ursprung der Sprache (1772), hrsg. von C. Träger (1959), S. 21.

2 Hier ist eine kurze Stelle ausgelassen, in der Fieberkurven erläutert werden, s. Deutsche Med. Wochenschrift, S. 1902.

3 *W. Grönbech*, Kultur und Religion der Germanen I ([5]1954), S. 106 f.

4 *M. von Pfaundler*, Über natürliche und über rationelle Säuglingspflege, in: Süddeutsche Monatshefte 6, 2 (1909), S. 310 ff.

5 Vgl. *H. Finkelstein*, Lehrbuch der Säuglingskrankheiten ([2]1921), S. 194 ff.

6 *R. A. Spitz*, Psyche (1950), S. 17 ff.

7 *G. Marcel*, Homo Viator, Philosophie der Hoffnung (1949); *O. F. Bollnow*, Neue Geborgenheit. Das Problem einer Überwindung des Existentialismus (1955); S. 81 ff.; *H. Plügge*, Über suizidale Kranke, in: Psyche 5 (1951), S. 433 ff.

8 *Marcel*, a. a. O., S. 72.

9 Die Mitteilung Plügges über junge suizidale Kranke deckt als Gründe für den Suizid-Versuch Störungen des Lebensgefüges auf, die mit den hier geschilderten wesenhaft verwandt sind: Grund zum Selbstmord ist nicht »die Gewalt einer Bedrängnis der Bezüge des menschlichen Daseins, sondern das Manquo an Erleben«, s. a. a. O., S. 448. »In der Langeweile, im Verlust der fundamentalen Hoffnung, dem Warten in das Leere hinein löst sich die Existenz gleichsam auf, rückwärts ins Nichts hinein«, a. a. O., S. 440.

Phyllis Greenacre. Einschränkung und Zwang im Kleinkindalter

Originaltitel: Infant Reactions to Restraint. Problems in the Fate of Infantile Aggression. In: Personality in Nature, Society and Culture, hrsg. von C. Kluckhohn, H. A. Murray, D. M. Schneider. A. Knopf. New York 1954, S. 498–515.

Leicht gekürzter Abdruck aus: Am. Journal of Orthopsychiatry, 1944, vol. 14, S. 204–218, American Orthopsychiatric Association, Inc.; übersetzt von Werner Bonin.

1 Psychoanal. Quart., vol. 10, 1941, S. 66–94.

Literaturhinweise:

1 Bühler, Ch.: The First Year of Life. New York 1930, S. 55.

2 Cox, R.: Adventures on the Columbia River: A Residence of Six Years. New York 1832, S. 274.

3 Danzinger, Lotte – Lieselotte Frankl: Zum Problem der Funktionsreifung. Z. f. Kinderforschung, 43, 1943, S. 219–255.

4 DeKok, Winifred: Guiding Your Child through Formative Years. New York 1935, S. 9–13.

5 Dennis, W.: An Experimental Test of Two Theories of Social Smiling in Infants. J. Soc. Psychol., 6, 1935, S. 214–223.

6 –: Infant Development under Conditions of Restricted Practice and Minimum Social Stimulation. Gen. Psych. Monogs., 23, 1941, S. 143–189.

7 –: Infant Reaction to Restraint; An Evaluation of Watson's Theory. Trans.

N. Y. Acad. of Science, Ser. II, 2, No. 8, 1940, S. 202–218 (dort eine Übersicht über das hier benutzte Material).
8 DENNIS, W. – M. G. DENNIS: The Effect of Cradling Practices upon the Onset of Walking in Hopi Children. J. Genet. Psychol., 56, S. 77–80, 1940.
9 –: Encyclopedia Brittanica, 11.–14. Aufl., Artikel »Mutilations«.
10 GESELL, A. – H. THOMPSON: Infant Behavior, New York 1934, S. 261, 282 f., 287 f.
11 GREENACRE, PH.: Predisposition to Anxiety, part I. Psychoanalytic Quarterly, X, S. 66–94, 1941.
12 GUNTHER, E.: Klallam Ethnography. Univ. of Wash. Pub. in Anthropology, I, 1920–22, S. 236.
13 KAILA, E.: Über die Reaktionen des Säuglings auf das menschliche Gesicht. Psychol. II, 1935, S. 156–163.
14 KANE, P.: Wanderings of an Artist among the Indians of North America. Toronto 1925, S. 123.
15 PRATT, K. C. – A. K. NELSON – K. H. SUN: The Behavior of the Newborn Infant. Ohio State Univ. Stud. Contrib. Psychol., No. 10, 1930, S. 1 und 237.
16 SHERMAN, M. – I. C. SHERMAN: Sensori-Motor Responses in Infants. J. Comp. Psychol., V, 1925, S. 53–68.
17 SWAN, J. G.: The Northwest Coast, New York 1857.
18 TAYLOR, J. H.: Innate Emotional Responses in Infants. Ohio State Univ. Stud. Contrib. Psychol., No. 12, 1934, S. 69–81.
19 WATSON, J. B.: Psychology from the Standpoint of a Behaviorist. London/Philadelphia 1919, S. 200.

M. D. Vernon. Die Entwicklung der kindlichen Wahrnehmungsfähigkeit

Originaltitel: The Development of Perception. In: Children Educational Research, 1960/61, 1, 3, S. 2–11; abgedruckt mit freundlicher Genehmigung der National Foundation for Educational Research in England and Wales und Messrs. Newnes Educational Publishing Co. Ltd., London; übersetzt von Werner Bonin.

Literaturhinweise:

1 BENDER, L.: A Visual Motor Gestalt Test and its Clinical Use. New York 1938.
2 BERNSTEIN, B.: Some Sociological Determinants of Perception. Brit. J. Sociol., 9, 1958.
3 BINET, A. – T. SIMON: Le développement de l'intelligence chez les enfants. Ann. Psychol., 14, 1908.
4 DAVIS, E. A.: The Development of Linguistic Skill in Twins, Singletons, with Siblings and Only Children from Age 5 to 10 Years. Minneapolis 1937.
5 EHRENFELS, C. VON: Über Gestaltqualitäten. Vierteljahresschr. wiss. Philos., 14, 1890.
6 FISHER, M. S.: Language Patterns of Pre-school Children. Child Devel. Monogr., No. 15, 1934.

7 Gates, A. I.: The Psychology of Reading and Spelling. Teachers' Coll. Contrib. Educ., No. 129, 1922.
8 Gellerman, L. W.: Form Discrimination in Chimpanzees and Two-year-old Children. J. Genet. Psychol., 42, 1932.
9 Gesell, A. – L. B. Ames: The Development of Directionality in Drawing. J. Genet. Psychol., 68, 1946.
10 Ghent, L.: Perception of Overlapping and Embedded Figures by Children of Different Ages. Am. J. Psychol., 69, 1956.
11 Goins, J. T.: Visual Perceptual Abilities and Early Reading Progress. Suppl. Educ. Monogr., No. 87, 1958.
12 Gottschaldt, K.: Über den Einfluß der Erfahrung auf die Wahrnehmung von Figuren. Psychol. Forsch., 8, 1926.
13 Isaacs, N.: Intellectual Growth in Young Children. London 1930.
14 –: New Light on Children's Ideas of Number. London 1960.
15 Kellmer Pringle, M. L.: Learning Difficulties of Deprived Children. Proc. XVth Internat. Congr. Psychol., 1960 (unveröffentlicht).
16 Kendall, B.: A Note on the Relation of Retardation in Reading to Performance on a Memory for Designs Test. J. Educ. Psychol., 39, 1948.
17 Lewis, M. M.: Infant Speech. London 1936.
18 –: The Beginning of References to Past and Future in the Child's Speech. Brit. J. Educ. Psychol., 7, 1937.
19 –: How Children Learn to Speak. London 1957.
20 Luria, A. R. – F. I. Yudovich: Speach and the Development of Mental Processes in the Child. London 1959.
21 McCarthy, D.: The Language Development of the Pre-school Child. Minneapolis 1930.
22 Meili, R.: Les perceptions des enfants. Arch. de Psychol., 23, 1931.
23 Midgeley, J. D.: Report to the Medical Research Council on the Educational Treatment of Deafness. 1952 (unveröffentlicht).
24 Morley, M. E. – D. Court: The Development and Disorders of Speech in Childhood. Edinburgh 1957.
25 Piaget, J.: The Child's Conception of Number. London 1952.
26 –: The Child's Construction of Reality. London 1955.
27 –: Proc. XVIth Internat. Congr. Psychol. 1960 (unveröffentlicht).
28 Piaget, J. – B. Inhelder: The Child's Conception of Space. London 1956.
29 Sheridan, M. D.: The Child's Hearing of Speech. London 1948.
30 Smith, M. E.: The Influence of Age, Sex, and Situation on the Frequency, Form, and Function of Questions Asked by Pre-school Children. Child Devel., 4, 1933.
31 Terman, L. M. – M. A. Merrill: Measuring Intelligence. London 1937.
32 Templin, M. C.: Certain Language Skills in Children. Minneapolis 1957.
33 Valentine, C. W.: The Psychology of Early Childhood. London 1942.
34 Vernon, M. D.: The relation of Cognition and Phantasy in Children. Brit. J. Psychol., 30, 1940.
35 –: A Further Study of Visual Perception. Cambridge 1952.

36 WALTERS, A.: A Genetic Study of Geometrical-optical Illusions. Genet. Psychol. Monogr. 25, 1942.
37 WATTS, A. F.: The Language and Mental Development of Children. London 1944.
38 WERNER, H.: Comparative Study of Mental Development. New York [2]1948.
39 WITKIN, H. A.: Proc. XVIth Internat. Congr. Psychol. 1960 (unveröffentlicht).

Sigmund Freud. Über infantile Sexualtheorien

Aus: Sigmund Freud: Gesammelte Werke, Bd. VII. Frankfurt/Main, S. 171–188.

1 Vgl. hierzu die Analyse des fünfjährigen Knaben im Jahrbuch für psychoanalytische Forschg., 1. Halbbd. 1909 (Bd. VII der Ges. Werke).

2 In dem 1794 veröffentlichten, autobiographischen Buche ›Monsieur Nicolas‹ bestätigt Restif de la Brétonne dieses sadistische Mißverständnis des Koitus in der Erzählung eines Eindruckes aus seinem vierten Lebensjahre.

3 Die für die spätere Neurose bedeutsamsten Kinderspiele sind das »Doktorspiel« und »Papa-und-Mama«-Spielen.

Lili E. Peller. Das Spiel im Zusammenhang der Trieb- und Ichentwicklung

Originaltitel: Libidinal Phases, Ego Development, and Play. The Psychoanalytic Study of the Child, 1954, vol. 9, S. 178–199; übersetzt von Werner Bonin.

1 R. Waelder, Die psychoanalytische Theorie des Spiels, in: Zeitschr. f. psychoanalyt. Pädagogik, 6. Jg., 1932.

2 Wir fügen hinzu, daß es sich um ein allgemeines biologisches Gesetz zu handeln scheint; ein Prinzip nicht nur der ontogenetischen, sondern auch der phylogenetischen Entwicklung. Pflanzen sind stationär und warten auf Nahrung, während sich das Tier bewegen kann und aktiv seine Nahrung zu suchen vermag. Kaltblüter hängen von zufälliger Zufuhr äußerer Wärme ab, während Warmblüter sich aktiv eine ständige Körpertemperatur erhalten. Das Tier unterwirft sich manchen Entzügen der Umwelt, die der Mensch überwindet.

3 »Das Wohlwollen des Erwachsenen ... hört in dem Augenblick auf, in dem der Übergang zwischen Phantasie und Realität sich nicht mehr glatt, momentan und reibungslos vollzieht, in dem das Kind aus der Phantasie Konsequenzen für sein wirkliches Benehmen ableiten will, oder noch schärfer ausgedrückt: in dem Augenblick, in dem die Phantasietätigkeit des Kindes aufhört, Spiel zu sein und zum Automatismus oder Zwang wird.« (*Anna Freud*, Das Ich und die Abwehrmechanismen, Kindler Taschenbücher 2001, München 1964, S. 68.)

4 Unser Ausdruck ›sekundärer Spielgewinn‹, der in Anlehnung an Freuds ›sekundären Krankheitsgewinn‹ in seiner Neurosenlehre gebildet wurde, ist bei der

Spielanalyse und beim Vergleich unserer Ergebnisse mit denen anderer psychologischer Schulen nützlich.

5 »... tatsächlich spielt das Kind die Rolle der Mutter nicht nur sich selbst gegenüber, sondern auch gegenüber anderen Kindern, Tieren und Spielsachen und vor allem und am stärksten gegenüber der Mutter selbst.« (Brunswick, 1940, S. 298)

6 »... daß all ihr Spielen unter dem Einflusse des Wunsches steht, der diese ihre Zeit dominiert, des Wunsches: groß zu sein und so tun zu können wie die Großen‹ (Freud, XIII, S. 15). Vergleiche eine sehr ähnliche Feststellung in ›Der Dichter und das Phantasieren‹ (VII).

7 Zufällig hat, soweit wir wissen, nur das Englische diesen Ausdruck. (Ihm am nächsten kommt das altgriechische *Agón.)* Das hängt wahrscheinlich mit bestimmten sozialen Entwicklungen in der Geschichte des angelsächsischen Kulturkreises zusammen. Viele Fachausdrücke, die im Spiel gebraucht werden, etwa ›fair play‹, ›handicap‹, ›umpire‹, wurden von anderen Sprachen entliehen.

8 »... kommt es häufig vor, daß der Held, der eine schwierige Aufgabe zu lösen hat ... diese Aufgabe doch nur mit Hilfe einer Schar von kleinen Tieren (Bienen, Ameisen) lösen kann.« (Freud, XIII, S. 152 f.)

9 Eine Analyse der verschiedenen Brett- und Kartenspiele, wie die seit alters beliebten Spiele Schach, Dame, Domino usw., und auch der Mannschaftsspiele könnte wichtige Aufschlüsse liefern für das Verständnis der Entwicklungsprozesse von Ich und Über-Ich in der Latenzzeit und der Zeit der Reife. Hier schränken wir unsere Erörterung auf einige allgemeine Züge ein.

10 In ›*The Passing of the Gentleman*‹ spricht W. N. Evans (1949) über den Begriff des Rittertums und stellt fest, daß unter bestimmten Umständen »eine ehrenvolle Niederlage ... dem unrühmlichen Sieg vorgezogen wurde ... Das Ziel der Rivalität war nicht der Sieg um jeden Preis, sondern die narzißtische Befriedigung durch das Bestätigen der eigenen Männlichkeit.« (S. 25)

11 Die erste Untersuchung über Regelspiele der Kinder – Murmelspiele, wie sie von Vier- bis Zehnjährigen in bestimmten Teilen der Schweiz gespielt werden – wurde 1932 von Piaget vorgelegt. Er berichtet nicht nur feine, aber bedeutsame Einzelheiten der Spiele, sondern auch die genauen Spielregeln. Er vermittelt aber auch dem Leser – fast könnte man meinen, man sei Ohrenzeuge –, inwieweit die verbalen Interpretationen dieser Regeln durch die Kinder einleuchtend sind und für längere Zeiträume gelten, aber auch nicht beständige und irrationale Elemente aufweisen, die völlig der Aufmerksamkeit der Kinder entgehen.

Piaget teilt die Kinderspiele in drei Phasen ein, die aufeinander folgend durch *Handlung*, *Symbol* und *Regel* charakterisiert werden. Im Gehalt entsprechen diese drei Phasen annähernd den Spielen meiner Gruppen I, III und IV; während meine Gruppe II, Spiel unter Vorherrschaft der Beziehung zur präödipalen Mutter, zwischen der Gruppe 1 und 2 von Piaget liegt. Wenn es sich also um ein striktes ›Wie-du-mir-so-ich-dir‹ handelt, zum Beispiel, das Kind, das gerade gefüttert wurde, nimmt den Löffel, um ein anderes Kind zu füttern, wird es dem Spiel als »sensomotorische Handlung« subsumiert, denn die Handlung ist »nur Reproduktion ihrer selbst«; nimmt aber ein Kind ein Stück Papier und gibt vor, es zu essen (Piaget, 1952, S. 96), gebraucht es ein »inadaequates Objekt«, um einen nicht vorhandenen Gegenstand zu ersetzen – und hier setzt das Vorgeben ein und damit das »symbolische Spiel«.

Diese Andeutungen weisen nur auf bloß oberflächliche Ähnlichkeiten und Unterschiede zwischen Piagets Gruppierung der Spiele und einem psychoanalytisch orientierten Überblick hin. Piagets Auffassung vom Spiel und die Wahl seiner Kriterien unterscheidet sich grundlegend von der unseren, und nur eine genaue Darstellung könnte seinen folgerichtigen, phantasiereichen und höchst einleuchtenden Untersuchungen gerecht werden.

12 Freud bringt vier andere klinische Beispiele von Kindern, die Geschirr und anderes Haushaltgerät aus dem Fenster werfen; in jedem Fall gibt hier das Kind seinen eigenen Impulsen nach und wird nicht von Erwachsenen angestoßen oder verführt.

13 Kursivschreibung durch die Autorin.

Literaturhinweise:

1 Bally, G.: Vom Ursprung und von den Grenzen der Freiheit. Basel 1945.
2 Bornstein, B.: Phobia in a Two-and-a-half-Year-Old Child. Psychoanalytic Quarterly, IV, 1935.
3 Brunswick, R. M.: The Preoedipal Phase of the Libido Development. Psychoanalytic Quarterly, IX, 1940.
4 Burlingham, D. T.: The Phantasy of Having a Twin. The Psychoanalytic Study of the Child, I, 1945.
5 –: Twins. The Psychoanalytic Study of the Child, II, 1946.
6 Buytendijk, F. J.: Wesen und Sinn des Spiels. Berlin 1933.
7 Erikson, E. H.: Configurations in Play. Psychoanalytic Quarterly, VII, 1937.
8 –: Disruption in Young Children. Genet. Psychol. Monogr. XXII, 1940.
9 Evans, W. N.: The Passing of the Gentleman. Psychoanalytic Quarterly, XVIII, 1949.
10 Freud, A.: The Ego and the Mechanisms of Defense. New York 1946. Deutsch: Das Ich und die Abwehrmechanismen, München 1964.
11 –: The Significance of the Evolution of Psychoanalytic Child Psychology. Congrès International de Psychiatrie, V, Paris 1950.
12 Freud, A. – D. T. Burlingham: Infants Without Families, New York 1944.
13 Freud, S.: Der Dichter und das Phantasieren (1908). Ges. W. VII, Frankfurt ^{4}1966.
14 –: Analyse der Phobie eines fünfjährigen Knaben (1909). Ges. W. VII, Frankfurt ^{4}1966.
15 –: Eine Kindheitserinnerung aus ›Dichtung und Wahrheit‹ (1917). Ges. W. XII, London 1947.
16 –: Jenseits des Lustprinzips (1920). Ges. W. XIII, London ^{3}1955.
17 –: Massenpsychologie und Ich-Analyse (1921). Ges. W. XIII, London ^{3}1955.
18 –: Das Ich und das Es (1923). Ges. W. XIII, London ^{3}1955.
19 –: Über die weibliche Sexualität (1931). Ges. W. XIV, Frankfurt ^{3}1963.
20 Greenacre, Ph.: Anatomical Structure and Superego Development. Am. J. Orthopsychiat., XVIII, 1948.

21 Groos, K.: Die Spiele der Tiere (1896). Jena 1930.

22 –: Das Spiel. Jena 1922.

23 Hartmann, H.: Comments on the Psychoanalytic Theory of Instinctual Drives. Psychoanalytic Quarterly, XVII, 1948.

24 –: The Mutual Influences in the Development of Ego and Id. The Psychoanalytic Study of the Child, VII, 1952.

25 Hartmann, H. – E. Kris – R. M. Loewenstein: Comments on the Formation of Psychic Structure. The Psychoanalytic Study of the Child, II, 1946.

26 Hendrick, I.: Instinct and the Ego During Infancy. Psychoanalytic Quarterly, XI, 1942.

27 Huizinga, J.: Homo Ludens. Basel 1938.

28 Jacobson, E.: The Child's Laughter. The Psychoanalytic Study of the Child, II, 1946.

29 Jekels, L. – E. Bergler: Instinct Dualism in Dreams. In: Ludwig Jekels' Selected Papers. New York 1953.

30 Jones, E.: The Problem of P. Morphy: A Contribution to the Psychology of Chess. Essays in Applied Psycho-Analysis. London 1951.

31 Kris, E.: Some Comments and Observations on Early Autoerotic Activities. The Psychoanalytic Study of the Child, VI, 1951.

32 –: Psychology of Caricature. In: Psychoanalytic Explorations in Art. New York 1952.

33 Lantos, B.: Metapsychological Considerations on the Concept of Work. Int. J. Psychoanalysis, XXXIII, 1952.

34 Loewenfeld, M.: Play in Childhood. London 1935.

35 Nunberg, H.: The Synthetic Function of the Ego. Int. J. Psychoanalysis, XII, 1931.

36 Peller, L. E.: Models of Children's Play. Ment. Hyg., XXXVI, 1952.

37 Pfeiffer, S.: Äußerungen infantil-neurotischer Triebe im Spiele. Imago V, 1919.

38 Piaget, J.: The Moral Judgment of the Child. New York 1932.

39 –: Play, Dreams, and Imitation in Childhood. New York 1952.

40 Reich, A.: Structure of the Grotesque-Comic Sublimation. Bull. Menninger Clin., XIII, 1949.

41 Waelder, R.: The Psychoanalytic Theory of Play. Psychoanalytic Quarterly, II, 1933.

Günther Bittner. Zur pädagogischen Theorie des Spielzeugs

Aus: Blätter des Pestalozzi-Fröbel-Verbandes, 15. Jg., Heidelberg, Quelle & Meyer 1964, S. 33–44.

1 *F. J. J. Buytendijk*, Wesen und Sinn des Spiels, Berlin 1933, S. 44.
2 100 000 verschiedene Muster in jedem Jahre sollen es sein – vgl. *Gutes Spielzeug*, Kleines Handbuch für die richtige Wahl, hrsg. vom Arbeitsausschuß Gutes Spielzeug, 5. Aufl. Ravensburg 1961, S. 5.
3 Ebd., S. 28 ff.
4 *Oskar Frey*, Über Spielzeuge als Erziehungsmittel, Zeitschr. für Pädag. Psychologie, Bd. XIX, 1918, S. 375 f.
5 Ohne Anspruch auf Vollständigkeit seien genannt: *Karl Gröber*, Kinderspielzeug aus alter Zeit, Berlin 1928; *Theodor Hampe*, Der Zinnsoldat. Ein deutsches Spielzeug, Berlin 1924; *Manfred Bachmann*, Seiffener Spielzeugschnitzer, Leipzig 1956; *Hubert Kaut*, Alt-Wiener Spielzeugschachtel, Wien 1961.
6 *Leslie Daiken*, Children's Toys throughout the Ages, London 1953, S. 47 ff.
7 Vgl. Gröber, a. a. O., S. 21 ff., 30 ff.; Kaut, a. a. O., S. 12 ff.
8 Frey, a. a. O., S. 382.
9 *Hildegard Hetzer*, Spiel und Spielzeug unserer Kinder, in: Reinhard Demoll, Im Schatten der Technik, München/Eßlingen 1960 (Sdr. S. 11).
10 *Hildegard Hetzer*, Technisches Spiel und technisches Spielzeug, VDI-Nachrichten, 15. Jg. 1961.
11 Hetzer, Spiel und Spielzeug ... (Sdr. S. 14).
12 *Hildegard Hetzer*, Spiel und Spielzeug für jedes Alter, 4. Aufl., Lindau 1950.
13 *Stephan Hirzel*, Spielzeug und Spielware, Ravensburg 1956, S. 27 f.
14 *Erwin Andrä*, Spielzeug, Dresden 1955.
15 *Walter Echart*, Das Spielzeug der Gegenwart, in: Die Scholle 1954; umfangreiches Material beim Arbeitsausschuß Gutes Spielzeug.
16 Vgl. dazu *Hildegard Hetzer*, Erziehung von Eltern und Spielwarenhändlern an Hand einer Spielzeugausstellung, Lebendige Schule, 12. Jg. 1957.
17 Vervielfältigungen des Internationalen Rats für Kinderspiel und Spielzeug, Ulm.
18 Gutes Spielzeug, S. 19.
19 Vgl. auch die Diskussion über diesen Punkt auf der Arbeitsausschuß-Tagung 1959 (Vervielfältigter Tagungsbericht, S. 22).
20 Gutes Spielzeug, S. 18.
21 Hetzer, Spiel und Spielzeug für jedes Alter, S. 59 f.
22 *H. Hetzer*, Respekt vor dem Kinderspiel, in: Gutes Spielzeug, S. 10.
23 Vgl. *Hans Scheuerl*, Das Spiel, Weinheim/Berlin 1954, S. 203.
24 Vgl. etwa *Arnulf Rüssel*, Das Kinderspiel, München 1953, S. 11; *H. Hetzer*, Technisches Spiel ...; hier besonders die Gegenüberstellung von Spielhaltung und Konsumhaltung.
25 Vgl. Hetzer, Spiel und Spielzeug für jedes Alter, S. 41.
26 Für diesen Hinweis habe ich Herrn Dr. Schenda (Tübingen) zu danken.

27 Hetzer, Spiel und Spielzeug unserer Kinder, Sdr. S. 10 f.

28 Vgl. *Hilde Hecker – Martha Muchow*, Friedrich Fröbel und Maria Montessori, Leipzig 1927.

29 Vgl. Scheuerl, a. a. O., S. 11 ff.

30 Aus einer Sammlung von Niederschriften, die ich in einer Seminarübung über Kinderspiel und Spielzeug anfertigen ließ.

31 *Friedrich Fröbel*, Die Menschenerziehung, in: Ausgewählte Schriften, Bd. II, hrsg. v. Erika Hoffmann, Bad Godesberg 1951, S. 56.

32 Vgl. *Otto Friedrich Bollnow*, Die Pädagogik der deutschen Romantik, Stuttgart 1952, S. 182.

33 *Eduard Spranger*, Was bleibt von Fröbel? Neudruck in: Beiträge zur Sozialpädagogik, hrsg. v. Luise Besser u. a., Heidelberg 1961.

34 Fröbel, Menschenerziehung, S. 32; vgl. auch Bollnow, a. a. O., S. 187 ff. *H. Heiland* (Die Symbolwelt Friedrich Fröbels, Heidelberg 1967) verdanken wir neuerdings eine umfassende Darstellung der Symbolwelt Fröbels. Seiner Arbeit kommt das Verdienst zu, daß sie den großen Reichtum der Fröbelschen Symbolik in übersichtlicher Form ausgebreitet und damit für die erziehungswissenschaftliche Diskussion zugänglich gemacht hat. Doch kommt Heiland über diese wertvolle Vorarbeit für eine kritische Aneignung der Einsichten Fröbels leider nicht hinaus. Eine pädagogische Theorie des Symbols im selbständigen Weiterdenken Fröbelscher Ansätze zu entwickeln war nicht seine Absicht – doch wäre gerade dies der einzige Weg, die Bedeutung der Einsichten Fröbels für die erzieherischen Probleme der Gegenwart zu erschließen.

35 Vgl. etwa die Schriften von *Hans Zulliger*, Heilende Kräfte im kindlichen Spiel, 2. Aufl. Stuttgart 1954, und: Bausteine zur Kinderpsychotherapie, Bern/Stuttgart 1957, ferner *Annemarie Dührssen*, Psychotherapie bei Kindern und Jugendlichen, Göttingen 1960, S. 238 ff.

Anna Freud. Die Rolle der körperlichen Krankheit im Seelenleben des Kindes

Aus: Einführung in die Psychoanalyse für Pädagogen. Bern/Stuttgart, Hans Huber Verlag [4]1965, S. 61–73; Originaltitel: The Role of Bodily Illness in the Mental Life of Children. The Psychoanalytic Study of The Child, 1952, vol. 7, S. 69–81.

1 Die Autorin kennt aus analytischer Erfahrung eine junge Patientin, die als Kind zu orthopädischen Zwecken durch lange Perioden immobilisiert war. Sie pflegte von ihrem Taschengeld ihre Freundinnen für jedes neue Schimpfwort zu bezahlen, das sie ihr aus der Schule nach Hause brachten. Der Gebrauch von Kraftausdrücken war das *einzige* Ventil für ihre aufgestaute Aggression.

2 Eltern fragen oft, wie lange vor der Operation sie dem Kind Mitteilung von dem ihm Bevorstehenden machen sollen. Die Antwort ist nicht ganz leicht zu geben. Wo die Periode der Erwartung zu lang ist, nehmen die Es-Phantasien überhand; wo sie zu kurz ist, hat das Ich nicht genügend Zeit, um seine Abwehr aufzubauen.

3 Wir vergessen natürlich nicht, daß die Mattigkeit auch körperliche Ursachen hat.

4 Siehe W. Hoffer, 1950.

5 Zur Illustration das Beispiel eines sechsjährigen mutterlosen Knaben. In einer langdauernden nächtlichen Attacke von Brechdurchfall hörte man ihn zu sich selbst sagen: »Ich, mein Liebes«. Auf die Frage, was das bedeute, antwortete er: »Daß ich mich lieb habe. Man soll sich doch lieb haben, nicht wahr?«

Literaturhinweise:

1 Bergmann, T.: Observation of Children's Reaction to Motor Restraint. Nerv. Child., IV, 1945.

2 Dubo, S.: Children with Pulmonary Tuberculosis. Am. J. Orthopsychiatry, XX, 1950.

3 Fries, M. E.: The Child's Ego Development and the Training of Adults in His Environment. The Psychoanalytic Study of the Child, II, 1946.

4 Greenacre, Ph.: Infant Reactions to Restraint. Trauma, Growth, and Personality. New York 1952 (deutsch in diesem Band).

5 Hoffer, W.: Oral Aggressiveness and Ego Development. Int. J. Psychoanalysis, XXXI, 1950 und The Yearbook of Psychoanalysis, VII, 1951.

6 Jackson, E. B.: Treatment of the Young Child in the Hospital. Am. J. Orthopsychiatry, XII, 1942.

7 Jessner, L. – S. Kaplan: Reactions of Children to Tonsillectomy and Adenoidectomy: A Preliminary Report. Problems of Infancy and Childhood, hrsg. v. M. J. E. Senn. New York 1949.

8 Levy, D. M.: Finger Sucking and Accessory Movements in Early Infancy. Psychiat., VII, 1928.

9 –: On the Problem of Movement Restraint, Tics, Stereotyped Movements, Hyperactivity. Am. J. Orthopsychiatry, XIV, 1944.

10 –: Psychic Trauma of Operations in Children. Am. J. Dis. Children, LXIX, 1945.

11 Mahler, M. S. – J. A. Luke – W. Daltroff: Clinical and Follow-Up Study of the Tic Syndrome in Children. Am. J. Orthopsychiatry, XV, 1945.

12 Pearson, H. H. J.: Effect of Operative Procedures on the Emotional Life of the Child. Am. J. Dis. Children, LXII, 1941.

Alice Bálint. Über eine besondere Form der infantilen Angst

Aus: Zeitschrift für Psychoanalytische Pädagogik, 7. Jg., 1933, S. 414–417.

1 *S. Freud*, Hemmung, Symptom und Angst, S. 82–83.

2 Ein ähnlicher Fall wurde mir vor Jahren von Melanie Klein erzählt.

Lydia Jacobs. Methoden der Mütterberatung

Originaltitel: Methods Used in the Education of Mothers. A Contribution to the Handling and Treatment of Developmental Difficulties in Children under Five Years of Age. In: The Psychoanalytic Study of the Child 1949, vol. 3/4, S. 409–422; übersetzt von Werner Bonin.

Literaturhinweise:

1 FREUD, A.: The Psychoanalytic Study of Infantile Feeding Disturbances. The Psychoanalytic Study of the Child, II, 1946.
2 FRIEDLAENDER, K.: Psychoanalytic Orientation in Child Guidance Work in Great Britain. Ebenda.
3 FRIES, M.: The Child's Ego and the Training of Adults in the Environment. Ebenda.
4 THOMAS, R. – M. RUBEN: Home Training of Instincts and Emotions. Health Ed. J., London 1947.

Joyce Robertson. Mütterliche Verhaltensstile in ihrem Einfluß auf die frühkindliche Entwicklung

Originaltitel: Mothering as an Influence on Early Development. A Study of Well-Baby Clinic Record. In: The Psychoanalytic Study of Child, 1962, vol. 17, S. 245–264; übersetzt von Werner Bonin.

1 Punkt 1 und 2 betonten Coleman und Provence (1957).

2 Tatsächlich handelt es sich hier um 23 Mütter mit 25 Kindern. Aus Gründen der Bequemlichkeit werden sie als 25 Mutter-Kind-Paare behandelt.

3 Da die Familie das Land verließ, wurde die Beobachtung nach einem Jahr eingestellt.

4 Vgl. Marianne Kris' Beschreibung eines ähnlichen Falles (1957).

Literaturhinweise:

1 BIBRING, G.: Some Considerations of the Psychological Processes in Pregnancy. The Psychoanalytic Study of the Child, XIV, 1959.
2 COLEMAN, R. W. – S. PROVENCE: Evironmental Retardation (Hospitalism) in Infants Living in Families. Pediatrics, XIX, 1957.
3 FREUD, A. – D. T. BURLINGHAM: Infants without Families. New York 1944.
4 GESELL, A.: How a Baby Grows. London 1946.
5 JAMES, M.: Premature Ego Development: Some Observations upon Disturbances in the First Three Months of Life. Int. J. Psychoanalysis, XLI, 1960.
6 KRIS, M.: The Use of Prediction in a Longitudinal Study. The Psychoanalytic Study of the Child, XII, 1957.
7 ROBERTSON, J.: Three Devoted Mothers: Some Limits Set by the Personality of the Mother. Annual Report of the Well-Baby Clinic, London 1960.
8 WINNICOTT, D. W.: The Theory of the Parent-Infant Relationship. Int. J. Psychoanalysis, XLI, 1960.

Theodor Schulze. Häusliche Szenen und seelische Entwicklung

Aus: Pädagogische Arbeitsblätter XVIII, 1966, S. 81–92. Der Literaturbericht wurde für diesen Band neu gefaßt.

Elisabeth Blochmann. Pädagogik des Kindergartens

Aus: Beiträge zur Sozialpädagogik, hrsg. von Luise Besser, Minnie Stahl, Erika Hoffmann, Emmy Wingerath, Frieda Sopp. Heidelberg, Quelle & Meyer 1961, S. 63–82; wenig veränderter Abdruck des Artikels aus dem Handbuch der Pädagogik, hrsg. von Herman Nohl und Ludwig Pallat, Band IV, Langensalza, Julius Beltz 1928, S. 75–90.

1 Die Erziehung, Jg. I (1925) und Jg. III (1928).

2 Eine Neubearbeitung wesentlicher Teile des Fröbelschen Schrifttums liegt vor in der Reihe »Pädagogische Texte«, hrsg. von Wilhelm Flitner, Verlag Helmut Küpper vormals Georg Bondi, 1951: *Friedrich Fröbel*, Ausgewählte Schriften, hrsg. von Erika Hoffmann, I. Band: Kleine Schriften und Briefe, II. Band: Die Menschenerziehung. Die Theorie des Spiels erschien in 3 Teilen in den Kleinen pädag. Texten (Beltz).

3 Eine solche Neubesinnung stellt für unsere Zeit das Gutachten des Deutschen Ausschusses für das Erziehungs- und Bildungswesen »zur Erziehung im frühen Kindesalter« vom 20. Juli 1957 dar (Empfehlungen und Gutachten, zweite Folge, Ernst-Klett-Verlag Stuttgart).

Erika Hoffmann. Frühkindliche Bildung und Schulanfang

Aus: Evangelische Kinderpflege 1964, Heft 6.

1 *Friedrich Fröbel*, Die Menschenerziehung. Friedrich Fröbel, Ausgewählte Schriften, hrsg. von Erika Hoffmann, Bd. II, Reihe: Pädagogische Texte, hrsg. von Wilhelm Flitner, Berlin 1951, S. 27.

2 *Fröbel*, Theorie des Spiels I, hrsg. von Elisabeth Blochmann, Reihe: Kleine pädagogische Texte, Langensalza 1947, S. 17.

3 *Fröbels* Theorie des Spiels III, hrsg. von Erika Hoffmann, Reihe: Kleine pädagogische Texte, Langensalza 1935, S. 46.

4 Aus *Pestalozzis* Schrift: Wie Gertrud ihre Kinder lehrt, Ausgabe Seyffarth, Bd. XI, S. 291.

5 Aus *Pestalozzis* Schrift: Ansichten und Erfahrungen, die Idee der Elementarbildung betreffend. Ausg. Natorp, Greßlers Klassiker der Pädagogik: Pestalozzi, 3. Bd., S. 341.

Andreas Flitner. Der Streit um die Vorschul-Erziehung

Aus: Zeitschrift f. Pädagogik, 13. Jg. 1967 (geringfügig ergänzt).

1 Vgl. *S. Hessen*, Fröbel und Montessori, Die Erziehung I, 1925 und III, 1928 (dort Lit.); *H. Hecker* – *M. Muchow*, Friedrich Fröbel und Maria Montessori (Einl. v. E. Spranger), Leipzig 1927; *G. Schulz*, Der Streit um Montessori (mit einer internat. Bibliographie), Freiburg 1961. Zur gegenwärtigen Debatte vgl. besonders *G. Doman* – *H.-R. Lückert*, Wie kleine Kinder lesen lernen, Freiburg 1967; *H.-R. Lückert*, Begabungsforschung und basale Bildungsförderung, Schule und Psychologie 1967, H. 1–3, abgedr. in Evangelische Kinderpflege 18, 1967, H. 5; *E. Hoffmann*, Das Problem der Bildung des Kleinkindes, ebd.; Zs. Unsere Jugend, 19. Jg. 1967, H. 6.

2 Die an sich für diesen Themenkreis bedeutenden russischen Forschungen konnten dabei nur insoweit berücksichtigt werden, als sie in die englischsprachige Diskussion eingegangen sind.

3 Entwicklungsbegriff und Entwicklungstheorie, Hdb. d. Psychol. Bd. 3, Göttingen 1959, S. 3 ff.; die folgende Skizze ist nicht als Versuch wissenschaftsgeschichtlicher Darstellung gemeint, sondern möchte nur Tendenzen bezeichnen, die vor allem auch in den Ansichten der Erzieherschaft deutlich waren. Vgl. dazu auch *H. Roth*, Pädagogische Anthropologie I, Hannover 1966, S. 109 ff.

4 *A. Gesell*, Körperseelische Entwicklung in der frühen Kindheit, Halle 1931; *A. Gesell u. a.*, Säugling und Kleinkind in der Kultur der Gegenwart, Bad Nauheim, 2. Aufl. 1953; Das Kind von 5 bis 10. Bad Nauheim 1954; Youth, the years from ten to sixteen, New York 1956.

5 *A. L. Gesell* – *H. Thompson*, Learning and growth in identical twins, Genet. Psychol. Monogr. 6, 1929; *M. B. McGraw*, Growth: a study of Johnny and Jimmy, New York 1935; *J. R. Hilgard*, Learning and maturation in preschool children, J. genet. Psychol. 41, 1932.

6 *W. Dennis* – *M. G. Dennis*, The effect of cradling practices upon the onset of walking in Hopi children, J. genet. Psychol. 56, 1940; vgl. *Ph. Greenacre*, Einschränkung und Zwang im Kleinkindalter, in diesem Band.

7 So die Grundthese von J. B. Watson, nach *J. McV. Hunt*, The psychological basis for using pre-school enrichment as an antidote for cultural deprivation, in: F. M. Hechinger (Hg.), Pre-school education today, New York 1966, S. 33.

8 Vgl. die ersten vier Beiträge in der hervorragenden Forschungsübersicht von *M. L. Hoffman* – *L. W. Hoffman* (Hg.), Review of child development research, Bd. 1, New York 1964.

9 Vgl. den Sammelband *G. D. Spindler* (Hg.), Education and culture, anthropol. approaches, New York 1963; *A. Flitner* – *W. Hornstein*, Kindheit und Jugendalter in geschichtlicher Betrachtung. Z. f. Päd., Jg. 10, 1964.

10 Vgl. dazu z. B. *A. H. Halsey* – *J. E. Floud* – *A. Anderson*, Education, economy and society. A reader in the sociology of education, New York 1961; *O. G. Brim*, Soziologie des Erziehungswesens, Heidelberg 1963.

11 Vgl. *J. McV. Hunt*, Intelligence and experience, New York 1961, S. 311 ff.

12 Z. B. *H. H. Newman* – *F. N. Freeman* – *K. J. Holzinger*, Twins: a study of

heredity and environment, Chicago 1937; *S. A. Kirk*, Early education of the mentally retarded, Urbana 1958; *E. S. Lee*, Negro intelligence and selective migration, Amer. Sociol. Review 16, 1951, S. 227 ff.; *B. S. Bloom*, Stability and change in human characteristics, New York 1964, S. 68 ff.

13 B. S. Bloom, a. a. O., S. 88 ff.

14 Ebd. S. 71.

15 Ebd. S. 80 ff.

16 Ebd. bes. S. 132 ff., S. 209 ff.

17 Vgl. J. McV. Hunt, a. a. O.

18 *W. Dennis – M. G. Dennis*, The effect of restricted practice and the reaching, sitting and standing of two infants, J. Genet. Psychol. 47, 1935, S. 21–29. Vgl. Ph. Greenacre, a. a. O., und *E. Hoffmann*, Die ethischen Grenzen des Experiments, Die Erziehung IV, 1929, S. 94 ff.

19 Vgl. die gegenwärtig wohl auflagenstärkste Illustrierte der westlichen Welt »Life«, Ausg. vom 31. 3. 1967 (Life Atlantic 24. 7. 1967).

20 Vgl. Office of Economic Opportunity, An invitation to help: Project Head Start, Washington 1966; Head Start, Report for members of U. S. Congress, dated January 20, 1966, prepared by the Project Head Start Staff; *D. K. Osborn*, Head Start – past, present, and future, Bevier lecture series 1966.

21 Vgl. *J. W. Getzels*, Pre-school education, Teachers College Record vol. 68, No. 3, 1966, S. 223 f.

22 *B. S. Bloom – A. Davis – R. Hess*, Compensatory education for cultural deprivation, New York 1965.

23 Über das Eric Information Retrieval Center on the Disadvantaged vgl. dessen IRCD Bulletin, vol. III, No. 2, März 1967.

24 So der durchgeh. Tenor der Übersichten über den Forschungsstand in *M. L. – L. W. Hoffman* (Hg.), Review of Child Development Research, 2 Bde., New York 1964/66; *B. S. Bloom*, Stability and change in human characteristics, New York 1964; *H. B. Robinson*, A summary of the problem of timing in preschool education, in: Supplement to the IRCD Bulletin, Bd. III, No. 2 A, New York 1967.

25 *H. R. Lückert*, Begabungsforschung und basale Bildungsförderung. Evang. Kinderpflege 1967/5, S. 231.

26 Vgl. *L. J. Yarrow*, Separation from parents during early childhood, in: Hoffman, Bd. 1, S. 89 ff. (dort ausf. Lit.).

27 *W. Dennis*, Causes of retardation among institutional children, J. genet. Psychol. 69, 1960, S. 47 ff.

28 *B. S. Bloom*, Stability and change, z. B. S. 132 ff., 147 ff., 177.

29 »Disadvantaged« – and what else? in: When we deal with children, New York 1966, S. 467 ff.

30 Vgl. *G. B. Blaine jr. – Ch. C. MacArthur (Hg.)*, Emotional problems of the student, introd. by E. H. Erikson, Garden City, N. Y. 1966; *N. J. Long – W. C. Morse – R. G. Newman (Hg.)*, Conflict in the classroom: the education of emotionally disturbed children, Belmont/Cal. 1965; Bibliographie dort S. 509 ff.

31 Vgl. *L. Casler*, Maternal deprivation: a critical review of the literature, Soc. Res. Child Developm. Monogr. 26, 1961, No. 2.

32 Aus der umfänglichen Literatur nenne ich hier nur: *I. D. Harris*, Emotional blocks to learning, Glencoe, Ill. 1961; vgl. Literatur in Anm. 30.

33 Vgl. die Literaturangaben zu dem Beitrag von G. Bittner, ferner V. M. Axline. Play therapy, Cambridge/Mass. 1947.

34 Vgl. *Nancy M. Rambusch*, Learning to learn: an American approach to Montessori, Baltimore 1962; 1962 wurde auch die amerik. Montessori-Gesellschaft gegründet. Vgl. auch J. McV. Hunt in Hechinger a. a. O., S. 58, M. Deutsch, ebd. S. 87. *Hugo Kükelhaus*, Über das Erleben von Naturgesetzen im Spiel. Zur Geräte-Auswahl des naturkundlichen Spiel-Werkes in Montreal, Bl. Pestal.-Fröbel-Verb. 1967/5; ders. Lernen durch Entdecken, »hier« – Zs. des Kulturamts der Stadt Dortmund, H. 9, 1967; vgl. E. Hoffmann, Ev. Kinderpflege 1967/5, S. 261 f.

35 Vgl. *J. H. S. Bossard*, The sociology of child development, New York 1966; *H. M. Proshansky*, The development of intergroup attitudes, in: M. L. und L. W. Hoffman, a. a. O., Bd. 2, S. 311 ff.; *J. W. Swift*, Effects of early group experience: The nursery school and day nursery, ebd. vol. 1, S. 249 ff.; *J. D. Campbell*, Peer relations in childhood, ebd. Bd. 1, S. 289 ff.; *P. Fürstenau*, Soziologie der Kindheit, Pädagogische Forschungen Bd. 40/III, Heidelberg 1967.

36 *G. Konopka*, Group work in the institution, a modern challenge, New York 1954; *A. Flitner*, Die Gruppe in der Sozialpädagogik, Blätter des Pestalozzi-Fröbel-Verb. 15, 1964; *J. W. Swift*, Effects of early group experience, in M. L. Hoffman Bd. 1, S. 249 ff.

37 Vgl. *H. G. Rolff*, Sozialisation und Auslese durch die Schule, Pädagogische Forschungen Bd. 40/VII, Heidelberg 1967, S. 58 ff.

38 *B. Bernstein*, Sprache und Lernen im Sozialprozeß, in: A. Flitner, H. Scheuerl (Hg.), Einführung in pädagogisches Sehen und Denken, München 1967, S. 253 ff.

39 *S. Ervin-Tripp*, Language Development, in: M. L. Hoffman, Bd. 2, S. 93 f.

40 *O. C. Irwin*, Infant speech: effect of systematic reading of stories, J. Speech Hear. Res. 3, 1960, S. 187 ff.

41 *C. Bereiter – S. Engelmann*, Teaching disadvantaged children in the preschool, Englewood Cliffs/N. J., 1966, S. 137 ff.

42 Vgl. Anm. 24, bes. den Artikel von H. B. Robinson; ferner *J. W. Getzels*, Pre-school education, Teachers College Record vol. 68, 1966, S. 221 und 224 f. Auch B. Bernstein formuliert mit der Vorsicht, die dem gegenwärtigen Kenntnisstand entspricht: »Es gibt zwar wenig gesichertes Material, aber die Vermutung liegt nahe, daß die Schwierigkeiten umso größer werden, je später eine Veränderung der Sprache versucht wird. Es ist auch möglich, daß in der kindlichen Entwicklung kritische Lernperioden auftreten und daß das, was in einer Periode nicht erlernt wird, die Wirksamkeit alles späteren Lernens beeinträchtigt«, a. a. O., S. 267.

43 Vgl. J. W. Getzels, a. a. O., S. 225.

44 Bernstein ebd. S. 267 und S. Ervin-Tripp, a. a. O. II, S. 95; *F. Riessman*, The culturally deprived child, New York 1962; H. B. Robinson, a. a. O. (s. Anm. 24) S. 2, Sp. 2.

45 Vgl *E. Matthews*, What is expected of the Soviet kindergarten? Harvard Educational Review, 1959, S. 43 ff.; *W. D. Sheldon*, Basic issues in American reading instruction, The Irish Journal of Education, 1, 1967, S. 65.

46 *G. Doman – G. L. Stevens – R. C. Orem*, You can teach your baby to read, Ladies Home Journal 80, Mai 1963, S. 62 ff.

47 *G. Doman – H. R. Lückert*, Wie kleine Kinder lesen lernen, Freiburg/Br. 1967.

48 *J. L. Hymes*, More pressure for early reading, in: Childhood Education, Sept. 1963; abgedr. in: M. Rasmussen (Hg.), Early Childhood, crucial years for learning, Washington 1966, S. 81. Siehe auch den ironischen Artikel von *E. Sipay*, The effect of prenatal instruction of reading achievement, Elementary English vol. 32, April 1965.

49 Vgl. besonders das Buch von *Dolores Durkin*, Children who read early, two longitudinal Studies, New York 1966.

50 Die wichtigsten Beiträge zu dem Problemkreis des frühen Lesens scheinen mir: die Berichte über das Denver-Experiment, wo in großem Maße und mit Hilfe von Filmen und Fernsehsendungen die Eltern zum Lesenlehren angehalten wurden, z. B. *J. E. Brzseinski*, Beginning reading in Denver, Reading Teacher 18, 1964, S. 16 ff.; ders., Early introduction to reading, Intern. Read. Assoc. Conference 10, 1965, S. 443 ff.; ferner *D. Durkin*, Children who read early, New York 1966; *R. L. Hillerich*, Pre-reading skills in kindergarten, Elem. School J. 65, 1965, S. 43 ff.; *C. Bereiter*, Acceleration of intellectual development in early childhood. Hektogr. Urbana 1967 (wo gezeigt wird, daß ein Spontaninteresse der Kinder vor dem 5. Lebensjahr nicht weit reicht; B. folgert daraus freilich, man solle das Lernen forcieren); und vor allem der die ganze Vielschichtigkeit des Problems zeigende Literaturbericht von *D. H. Russell – H. R. Fea*, Research on teaching reading, in: N. L. Gage (Hg.), Handbook of research on teaching, Chicago 1963; vgl. auch den kritischen Bericht von W. D. Sheldon (s. Anm. 45), S. 61 ff.

51 Vgl. z. B. *W. Barbe*, Psychology and education of the gifted: selected readings, New York 1965 (Bibliogr. S. 511 ff.); *J. L. French*, Educating the gifted, New York [2]1964.

52 *L. M. Terman*, Genetic studies of genius, Stanford 1925/26, vol. I, S. 271 f.; vol. II, S. 247 ff.

53 D. Durkin, a. a. O., S. 134.

54 Ebd. S. 134.

55 Vgl. *Nila B. Smith*, Early reading: viewpoints, in: Early Childhood, crucial years for learning, ed. M. Rasmussen, Washington 1966, S. 62 ff.; *M. Carroll*, Academic achievement and adjustment of underage and overage third-graders, J. of Ed. Research, Febr. 1964, S. 290 ff.; *J. W. Halliwell – B. W. Stein*, Achievement of early and late school starters, Elem. English, Oct. 1964, S. 631 ff.; *R. S. Hampleman*, A study of the reading achievement of early and late school starters, ebd. Mai 1959, S. 331 ff.

56 D. Durkin, a. a. O., S. 134.

57 *H. Roche*, Junior primary in the Van Dyke level plan, J. of Educ. Research 55, 1962, S. 232 f.

58 Z. B. *H. R. Lückert*, Soll das Baby wirklich lesen lernen? Zs. Eltern No. 8, 1967. *G. Gronefeld*, Vierjährige ABC-Schützen, BP-Kurier III, 1967.

59 Zum Folgenden vgl. D. Durkin, a. a. O., S. 137.

60 Ebd. S. 135f.; vgl. auch S. 100 ff., S. 109.

61 *Ph. Ariès,* L'enfant et la vie familiale sous l'ancien régime, Paris 1960; *F. H. Tenbruck,* Jugend und Gesellschaft, Freiburg 1962.

62 Zit. in Anm. 24.

63 Vgl. dazu, ebenfalls in den Sammelbänden von M. L. und L. W. Hoffman, die Beiträge von J. Kegan, W. Becker, J. Campbell, E. Zigler.

64 Z. B. H. Werner und seine Schule; *M. D. Vernon,* The development of perception, Child. educ. research 1960/61; *A. Peiper,* Die Eigenart kindlicher Hirntätigkeit, Leipzig 1949; *J. Piaget,* La formation du symbole chez l'enfant, Neuchâtel 1946 u. zahlreiche folg. Veröff.; J. McV. Hunt, a. a. O.; *M. Almy,* Children's thinking, New York 1967.

65 Zum genannten Prozeß der »Ausgliederung« vgl. *J. H. van den Berg,* Metabletica – Über die Wandlung des Menschen, Göttingen 1960; F. H. Tenbruck, a. a. O.; *A. Flitner,* Die gesellschaftspolitische Stellung von Jugendschutz und Jugendarbeit, deutsche jugend, Mai 1965.

66 Vgl. insbes. *F. Redl – W. W. Wattenberg,* Mental hygiene in teaching, [2]New York 1959; *E. Zigler,* Mental retardation, in M. Hoffman, a. a. O., Bd. 2, S. 145 ff.

67 *J. Kagan u. Mitarb.,* Personality an IQ.change, J. abnorm. soc. Psychol. 56, 1958; B. S. Bloom, a. a. O.; M. L. Hoffman, Bd. 1, S. 351 f.

68 Vgl. z. B. den Entschluß der KMK vom 14./15. 2. 1963; *K. H. Ingenkamp,* Neuere Untersuchungen zur Frage des Einschulungsalters, Z. f. Päd., 13. Jg. 1967.

69 *E. Groh,* Empirische Untersuchungen zur Frage der Zurückstellung von Schulanfängern, in: Schule und Psychologie, 1960/11; *G. Vieweger,* Zur altersgemäßen Einschulung, Weinheim 1966; K. H. Ingenkamp, a. a. O.; *A. Brenner,* Reexamining readiness, Childhood Education 1967, S. 453 ff.; ders., The contribution of factor analysis to the study of readiness for school, Hektogr. d. Merrill-Palmer-Instituts, Detroit o. J.

70 Hier wird auf das Unternehmen Head Start im ganzen verwiesen (vgl. Anm. 20), nicht jedoch sollen seine Kurzprogramme verteidigt werden, deren Wirksamkeit noch nicht erwiesen ist. Zur Information über die europäischen Vorschuleinrichtungen vgl. jetzt: *B. Trouillet,* Die Vorschulerziehung in neun europäischen Ländern. Dt. Inst. f. Internat. Päd. Forschung, Weinheim 1967.

Autorenverzeichnis

Alice Balint, ungarische Psychoanalytikerin. Emigrierte 1939 mit ihrem Mann, Michael Balint, nach England, wo sie zu Beginn des 2. Weltkrieges starb. Hauptwerk: Psychoanalyse des Kindergartens, zuerst 1931 in Ungarisch, 1932 in Deutsch, 1953 in Englisch erschienen. (Deutsche Neuauflage, Psychoanalyse der frühen Lebensjahre, 1966).

Günther Bittner ist Professor an der Pädagogischen Hochschule Reutlingen und Privatdozent an der Universität Tübingen. Veröffentlichungen u. a.: Für und wider die Leitbilder, 1964; Psychoanalyse und Erziehung (gemeinsam hrsg. mit Rehm), 1964; Psychoanalyse und soziale Erziehung, 1967; Sprache und affektive Entwicklung, 1969.

Elisabeth Blochmann war Dozentin an der Universität von Oxford und ab 1952 Direktorin des Pädagogischen Seminars in Marburg, emeritiert. Veröffentlichungen unter anderem: Das »Frauenzimmer« und die »Gelehrsamkeit«, 1966; Hermann Nohl in der pädagogischen Bewegung seiner Zeit 1879–1960, 1969. Außerdem ist sie Herausgeberin der »Marburger Pädagogischen Studien«.

Sibylle K. Escalona promovierte an der Columbia University und war Professorin für klinische Psychologie an der University of Kansas, an der Yale University und an der Yeshiva University. Seit 1963 hat sie eine Forschungsprofessur am Albert Einstein College of Medicine in New York inne. Hauptforschungsgebiete sind Forschungsmethodologie, sowie Diagnose und Behandlung von psychischen Erkrankungen bei Kindern. Veröffentlichungen: Understanding Hostility in Children, 1954; Prediction and Outcome. A Study in Child Development, 1959; Roots of Individuality. Normal Patterns of Development in Infancy, 1968.

Andreas Flitner: Seit 1958 Professor für Pädagogik an der Universität Tübingen und Direktor des Pädagogischen Seminars. Er veröffentlichte u. a.: Soziologische Jugendforschung – Darstellung und Kritik aus pädagogischer Sicht, 1963; Wege zur pädagogischen Anthropologie, 1963; Einführung in pädagogisches Sehen und Denken (mit H. Scheuerl), 1967; Brennpunkte gegenwärtiger Pädagogik, 1969; seit 1969 Herausgeber der ›Zeitschrift für Pädagogik‹.

Anna Freud, die Tochter Sigmund Freuds, ist Psychoanalytikerin in London und Leiterin der Hamptstead Child Therapy Clinic. Sie veröffentlichte unter anderem: Einführung in die Technik der Kinderanalyse, 1927; Das Ich und die Abwehrmechanismen, 1936; Wege und Irrwege der Kinderentwicklung, 1968; Mitherausgeberin der ›Psychoanalytic Study of the Child‹, 1945 ff.

Sigmund Freud ist (neben Josef Breuer) der eigentliche Begründer der psychoanalytischen Methode. Er war Professor in Wien, emigrierte im Sommer 1938 aus politischen Gründen nach London, wo er im September 1939 starb. Seine gesammelten Werke wurden 1946 ff. in 18 Bänden veröffentlicht.

Phyllis Greenarce ist Psychoanalytikerin. Sie promovierte 1916 am Rush Medical College und lehrte von 1917–28 an der Johns Hopkins University. Von 1932 bis zu ihrer Emeritierung im Jahre 1964 war sie Professorin für klinische Psychiatrie am Medical College der Cornell University in Ithaca, New York. Spezialgebiete: Klinisch-psychiatrische Studien, besonders Entwicklungsprobleme der frühen Kindheit. Veröffentlichungen: Affective Disorders. Psychoanalytic Constribution to their Study, 1953; The Quest for the Father, 1963; Hauptwerk: Trauma, Growth and Personality, 1952.

Erika Hoffmann ist Fröbel-Forscherin und langjährige Leiterin des Fröbel-Seminars in Kassel-Wilhelmshöhe. Sie ist Herausgeberin zahlreicher Fröbel-Schriften. Veröffentlichungen u. a.: Das dialektische Denken in der Pädagogik, 1929; Das Problem der Schulreife, 1956; Kindheitserinnerungen als Quelle pädagogischer Kinderkunde, 1960; Erziehung zur Freiheit in den ersten Lebensjahren, 1964.

Lydia Jacobs ist Psychoanalytikerin. Sie lebt in London und ist Mitarbeiterin des West Sussex Child Guidance Service.

Alice Joseph ist Dozentin an der Harvard University. Sie promovierte in Medizin und trieb hauptsächlich kulturanthropologische Studien auf der Insel Saipan, bei den Hopi und Papago Indianern.

Otto Klineberg, geb. 1899 in Quebeck, Kanada, promovierte 1928 in Psychologie an der Columbia University. Bis zu seiner Emeritierung im Jahre 1962 lehrte er an der Columbia University Psychologie und Anthropologie und lebt seitdem in Frankreich. Er ist als Gastprofessor an der Sorbonne tätig. Seine Hauptforschungsgebiete sind psychologische und anthropologische Unterschiede zwischen Völkern und Rassen, sowie die Sozialpsychologie von Einstellungen. Hauptveröffentlichungen: Race Differences, 1935; Race Psychology, 1951; Social Psychology, 1954; The Human Dimension in International Relations, 1964.

Margaret Mead ist Kulturanthropologin. Sie lehrte an der Columbia University und an der Universität von Cincinnati. Von 1956–57 war sie Präsidentin der World Federation for Mental Health und ab 1960 Präsidentin der American Anthropological Association. Veröffentlichungen u. a.: Coming of Age in Samoa, 1928; Growing up in New Guinea, 1930; Sex and Temperament in Three Primitive Societies, 1935; Male and Female, 1951; People and Places, 1959.

Alfred Nitschke war von 1948 bis zu seinem Tode 1960 Professor für Kinderheilkunde an der Universität Tübingen. Seine gesammelten pädagogischen Abhandlungen erschienen in dem Band: ›Das verwaiste Kind der Natur‹, 1962.

Lilli E. Peller, Psychoanalytikerin, leitete in Wien das »Haus der Kinder« und arbeitete mit Anna Freud eng zusammen. Aus dieser gemeinsamen Arbeit gingen zahlreiche Publikationen hervor, die sie vor allem in der ›Zeitschrift für psychoanalytische Pädagogik‹ und später, nach ihrer Emigration in die USA, in ›The Psychoanalytic Study of the Child‹ veröffentlichte. Sie lehrte an der George Washington University und zuletzt am City College New York bis zu ihrem Tode Anfang der sechziger Jahre.

Joyce Robertson arbeitete als Social Worker in London an der Hampstead Child Therapy Clinic, jetzt an der Tavistock Clinic.

Theodor Schulze ist Professor für Pädagogik an der Pädagogischen Hochschule Flensburg. Er promovierte bei E. Weniger über Schleiermacher und gab mit diesem gemeinsam eine Auswahl pädagogischer Schriften Schleiermachers heraus.

René A. Spitz, Psychoanalytiker, lehrt an der Universität von Colorado. Sein Hauptarbeitsgebiet ist die systematische Erforschung der psychoanalytischen Psychologie des frühesten Lebensalters. Wichtige Veröffentlichungen sind u. a.: Die Entstehung der ersten Objektbeziehungen, 1957; Nein und Ja, 1960; Vom Säugling zum Kleinkind, 1967.

Laura Thompson promovierte 1933 an der University of California in Anthropologie und begann dann umfangreiche kulturanthropologische Forschungstätigkeiten auf Hawaii, Guam, Island, den Fidji-Inseln und in den Indianer-Reservaten der Hopi, Papago, Zuni, Navaho und Sioux. Sie lehrte

Anthropologie und Soziologie an verschiedenen Universitäten der USA, zuletzt am San Francisco State College. Seit ihrer Emeritierung im Jahre 1963 lebt sie in New York. Hauptforschungsgebiete: Kultur und Persönlichkeit, angewandte Anthropologie, Indianer, Europäische Volksgemeinschaften. Hauptwerke: The Hopi Way, 1944; Culture in Crisis, 1950; Personality and Government, 1951; Toward a Science of Mankind, 1961; Secret of Culture. Nine Community Studies, 1969.

Magdalen D. Vernon promovierte 1953 in Psychologie an der Universität von Cambridge und spezialisierte sich auf Wahrnehmungsforschung und die experimentelle Erforschung des Lesens. Von 1956 bis zu ihrer Emeritierung im Jahre 1967 lehrte sie an der University of Reading in Berkshire, England. Wichtigste Veröffentlichungen: The Experimental Study of Reading, 1931; Visual Perception, 1937; Backwardness in Reading, 1957; The Psychology of Perception, 1962; Experiments in Visual Perception, 1966.

Namenregister